Das 48ger

wie no kan's

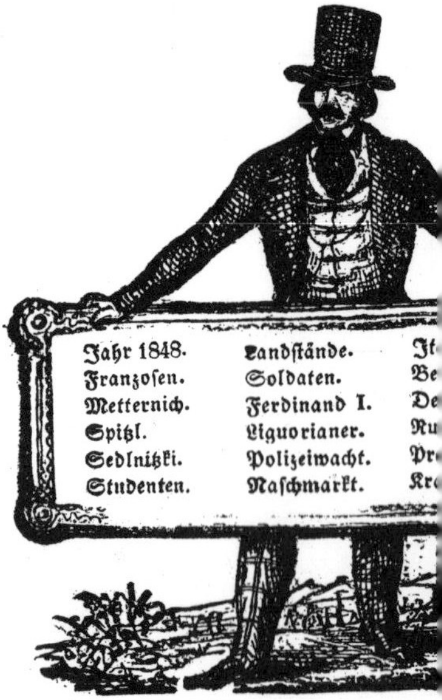

Wien, 184
Gedruckt in der Josephstadt,

WOLFGANG HÄUSLER

Von der Massenarmut zur Arbeiterbewegung

Demokratie und soziale Frage
in der Wiener Revolution von 1848

JUGEND UND VOLK WIEN MÜNCHEN

Die vorliegende Studie wurde 1978 als Habilitationsschrift von der Geisteswissenschaftlichen Fakultät der Universität Wien angenommen.

ISBN 3-7141-6550-9 Jugend und Volk Wien

Die Titelvignette ist ein Holzschnitt aus der „Wiener Gassenzeitung“ (1848). ÖNB.

Einbandgestaltung: Renate Uschan
 4428-79/1/20
Satz: Inter-Letter, 1020 Wien; Druck: Novographik, 1230 Wien

FÜR ANNELIES UND MARTIN

INHALT

EINLEITUNG

„Ihr geht voran, ihr seid die ersten,
Zerstört des Vorurteils Geheg;
Die Vorläufer seid ihr zu nennen,
Bereitend einen neuen Weg[1]*.“*

Diese Worte sprach der Student Hesser als Prolog am 15. Juli 1848, als der Wiener Arbeiterverein seine erste öffentliche Sitzung in einem Saal des Josefstädter Theaters abhielt. Die Arbeiter und Studenten des Revolutionsjahres 1848 waren wahrhaft Vorläufer und Wegbereiter zu nennen; nach Jahrzehnten des härtesten politischen Drucks waren sie es, die in der ersten Reihe der Kämpfer um eine demokratische Gesellschaftsordnung standen.

In dieser Studie soll die Verbindung von demokratischer Intelligenz und entstehender Arbeiterbewegung am Ursprung ihres gemeinsamen Weges aufgesucht werden. Es sind namentlich zwei Aspekte des Geschehens, das zur Revolution führte, und des Sturmjahrs selbst, die uns beschäftigen werden. Zum ersten sollen jene Prozesse, die zur Modernisierung der Gesellschaftsstruktur führten, untersucht werden, besonders im Hinblick auf den sozialen Wandel in der werdenden Großstadt Wien.

Der Schriftsetzer Stefan Born, der in Deutschland 1848 die „Arbeiterverbrüderung“ organisierte, gab dem Bewußtsein der Zeitgenossen, daß mit diesen Wandlungen Probleme ganz neuer Art gestellt waren, Ausdruck: „Die soziale Frage! Es gibt wohl keine andere, in der neuern Zeit aufgetauchte, welche die Köpfe so vieler Menschen in Anspruch genommen, und die so verschiedenartige Beantwortung und Beantwortungsversuche hervorgerufen[2]“.

Die hier mit diesem allgemein verbreiteten Schlagwort bezeichnete Problematik wird vor allem im Hinblick auf die Situation der Arbeiterschaft Gegenstand der Untersuchung sein. Dabei soll in einem historischen Rückblick die Genesis des modernen Industrieproletariats in den Hauptzügen dargestellt, aber auch das

Fortleben der weiterhin eine bedeutende Rolle spielenden vorindustriellen Arbeiterschichten beachtet werden. Zweifellos ist dies nur ein Teilbereich der „sozialen Frage", wie sie sich im Revolutionsjahr stellte: Die Probleme der die traditionelle Sozialstruktur umwälzenden Neuregelung der agrarischen Verhältnisse können hier aber nur so weit berücksichtigt werden, als sie auf die großstädtische Sozialbewegung zurückwirkten, zumal gerade für diese Frage auf ein jüngst erschienenes Werk hingewiesen werden kann[3]. Die Verflechtung der nationalen Strömungen mit der gesellschaftlichen und politischen Entwicklung der Donaumonarchie kann hier gleichfalls nicht ausführlich behandelt werden, wird aber am Beispiel der Beziehungen zwischen deutschen und tschechischen Demokraten und Arbeitern sowie der Verbindungen zum revolutionären Ungarn zumindest exemplarisch gezeigt werden.

Zum zweiten geht es um die Analyse der theoretischen Antworten auf die Herausforderung der Industriegesellschaft bzw. um die Versuche, die neue Situation praktisch zu bewältigen. Die Entwicklung dieser ersten, noch tastenden Versuche, sich in einer veränderten Welt zu orientieren, wird anhand der Lösungsvorschläge für das Problem der Massenarmut, des „Pauperismus" im Vormärz, wie auch der Auseinandersetzung mit der selbständig ihre Rechte fordernden Arbeiterschaft im Revolutionsjahr zu verfolgen sein. Wir werden sehen, daß hier vom konservativen Rückgriff auf ältere Formen sozialen Zusammenlebens bis zur Antizipation der Folgen einer erst in Ansätzen sichtbaren Entwicklung zur modernen Klassengesellschaft eine breite Skala von Möglichkeiten bestand.

Es war ursprünglich geplant, im Rahmen dieser Studie einzelne Repräsentanten der „Demokratie" in der Wiener Revolution biographisch ausführlich zu würdigen. Ich habe als Beispiele für die Entwicklung der politischen und sozialen Gedankenwelt der Achtundvierziger biographische Studien über Hermann Jellinek, Ernst Violand und Karl Scherzer veröffentlicht; weitere Arbeiten über Karl Beck und Anton H. Springer sind im Druck, andere in Vorbereitung. Ich kam aber zu der Einsicht, daß biographische Details in diesem Problemzusammenhang den Rahmen der Arbeit gesprengt hätten. Die Zusammenfassung der Schicksale der österreichischen Achtundvierziger nach der Niederwerfung der Revolution – viele von ihnen gingen in die Emigration, nicht nur nach

Deutschland, Frankreich und England, sondern auch in die Türkei und in die USA – bedarf überhaupt einer eigenen Studie. Ich habe daher nur in Einzelfällen, wenn der politische Charakter einer bestimmten Persönlichkeit in der Literatur umstritten ist, etwas ausführlicher Stellung genommen.

Dieser Verzicht im Rahmen der vorliegenden Arbeit entbindet nicht von einer Auseinandersetzung mit der grundsätzlichen Frage nach der Rolle der Persönlichkeit in der Geschichte, konkret nach dem Verhältnis zwischen Masse und Führungsgruppen in einer revolutionären Bewegung. Jedermann assoziiert mit den Namen eines Mirabeau, Danton, Robespierre, Babeuf bestimmte Entwicklungsphasen der Französischen Revolution, deren Tendenzen sich im Wirken dieser Einzelpersönlichkeiten gleichsam verkörperten. Die österreichische bürgerlich-demokratische Revolution hat – ebenso wie die deutsche – keine sogenannten „großen Männer“ hervorgebracht. Dieser Umstand war keine historische Zufälligkeit; auch war die „Führungslosigkeit“ nicht, wie immer noch bisweilen behauptet wird, die Ursache für das Scheitern der Revolution. Vielmehr war die Tatsache, daß keine scharfumrissenen, energisch handelnden und die Kräfte der Massenbewegung zusammenfassenden Führungsgruppen auftraten, selbst das Ergebnis einer ungemein komplizierten Klassensituation, in der keine einzelne Klasse die Hegemoniestellung beanspruchen und die Revolution zu Ende führen konnte. Diese inneren Widersprüche waren es auch, die die revolutionäre Bewegung von innen her schwächten und den konterrevolutionären Kräften den Gegenstoß erlaubten.

Das Revolutionsjahr brachte mit der Gründung von Vereinen und den ersten Vorformen politischer Parteien im modernen Sinn wichtige Ansätze zu einer wirkungsvollen Organisation der demokratischen Massenbewegung. Ein Mann, der ohne Zweifel theoretisch und praktisch sehr viel von Revolutionen verstand, Leo Trotzki, gebrauchte einmal für diese Wechselbeziehung ein ungemein prägnantes Bild: „Nur aufgrund des Studiums der politischen Prozesse in den Massen selbst kann man die Rolle der Parteien und Führer begreifen, die zu ignorieren wir am allerwenigsten geneigt sind. Sie bilden, wenn auch kein selbständiges, so doch ein sehr wichtiges Element des Prozesses. Ohne eine leitende Organisation würde die Energie der Massen verfliegen wie Dampf, der nicht in einen Kolbenzylinder eingeschlossen ist. Die

Bewegung erzeugt indes weder der Zylinder noch der Kolben, sondern der Dampf[4]."

Für den Historiker revolutionärer Bewegungen scheint die Auffindung jenes Punktes entscheidend zu sein, an dem sich der Druck der zunächst spontan aufbegehrenden Massen gegen ein von den sozialen und wirtschaftlichen Verhältnissen überholtes politisches Herrschaftssystem in Organisationsformen konkretisiert, die erst ein wirkungsvolles und zielbewußtes Handeln ermöglichen. Es kann kein Zweifel daran bestehen, daß dieses hier angedeutete Problem in der gegenwärtigen Forschungsdiskussion ein Anliegen von zentraler Bedeutung ist. Während die Auseinandersetzung mit der Geschichte der politischen Partei- und Ideologiebildung schon seit langem in Gang ist, kann die sozialgeschichtliche Erforschung der Ursachen von revolutionären Massenbewegungen noch nicht auf eine so lange Tradition zurückblicken. Peter H. Amann, der die Organisation des Pariser Vereinswesens von 1848 untersuchte, sprach angesichts der intensiven Bemühungen der historischen Forschung treffend von einem „vast and growing ‚history from below' movement[5]."

Was Österreich betrifft, muß freilich gesagt werden, daß noch recht wenig moderne Literatur über die Ursachen, die Geschichte und die Folgen der Revolution von 1848 vorliegt. Lediglich der Wiener Aufenthalt von Marx mit seinen bedeutsamen Implikationen wurde jüngst von Ernst Hanisch und Herbert Steiner gründlich untersucht[6]. Es gibt zwar eine Fülle von neuen Dissertationen über Einzelfragen; die oft höchst wertvollen Ergebnisse dieser Arbeiten werden aber in der Regel zu wenig beachtet. Es ist auch hier wie in der übrigen Literatur ein Auseinanderklaffen zwischen sozialgeschichtlichen und ideologiekritischen Fragestellungen zu beobachten.

Wer sich mit der österreichischen Revolution auseinandersetzt, muß also immer noch auf zum Teil sehr alte Literatur zurückgreifen, um sich über das Faktische ihres Ablaufs zu informieren. Hier ist zunächst das ein Vierteljahrhundert nach der Märzrevolution erschienene zweibändige Werk von Heinrich Reschauer und Moritz Smets zu nennen, dessen Verfasser als Zeitgenossen noch sehr viel Selbsterlebtes in ihre farbige, noch immer lesenswerte Darstellung einfließen ließen. Das Prädikat der Lesbarkeit konnte man den Werken Josef Alexander Helferts schon zum Zeitpunkt ihres Erscheinens kaum zubilligen; sie sind aber trotz ihrer wenig ansprechenden, oft geradezu chaotischen Form unentbehrliche Hilfsmittel für viele Aspekte der Geschichte von 1848 und ein wahrer „Steinbruch" für Informationen. Helfert, der als Reichstagsabgeordneter während der Revolution eine extrem konservative Politik verfolgte, blieb in einer eigenartigen Form von Haßliebe dem Phänomen der Revolution verhaftet. Die Fakten und Quellen kannte Helfert wie kein zweiter vor und nach ihm; die fehlende Fähigkeit zur plastischen Darstellung und die völlige Verständnislosigkeit gegenüber den sozialen Triebkräften der Revolution mindern allerdings den Wert von Helferts gewaltigem historiographischen Oeuvre sehr.

Zum fünfzigjährigen Gedenken der Revolution erschienen die Werke von Zenker und Bach über die Wiener Revolution. Ernst Victor Zenker verdanken wir den nach dem zeitgenössischen Werk des Achtundvierzigers Violand ersten Versuch, eine sozialgeschichtliche Interpretation der Wiener Revolution zu leisten. Zenker war ein vorzüglicher Kenner des verstreuten Quellenmaterials zu dieser Fragestellung; von seinem damaligen politischen Standpunkt eines bürgerlichen Radikalismus aus hatte er viel Verständnis für die Bestrebungen der Achtundvierzigerdemokraten, konnte aber den selbständigen Organisationsversuchen der Arbeiterschaft nicht gerecht werden[7]. Ein monumentales Werk ist die reich mit zeitgenössischem Illustrationsmaterial ausgestattete Geschichte der Wiener Revolution von Maximilian Bach, die die Haltung der Sozialdemokratie zu 1848 widerspiegelt. Der Wert von Bachs materialreicher Darstellung wird allerdings durch das Fehlen von Quellennachweisen erheblich gemindert. Die liberale Geschichtsschreibung äußerte sich vor allem mit Heinrich Friedjungs großangelegtem Werk über die Folgen der Niederlage der bürgerlichen Revolution. Es muß betont werden, daß alle diese Werke Resultate der außeruniversitären Geschichtsforschung sind.

Auch nach 1918 vermochte man sich mit der brisanten Thematik nicht recht anzufreunden. Während Veit Valentin in Deutschland sein im Geist der Weimarer Republik im liberaldemokratischen Sinn gehaltenes Werk über die deutsche Revolution von 1848/49 vorlegte, das die Massenbewegungen ausführlich würdigte und bis heute das Standardwerk geblieben ist, sah der führende österreichische Neuzeithistoriker, Heinrich von Srbik, die Revolution vor allem von ihren nationalen Aspekten her. Seine

Bemühungen um die Ehrenrettung der Metternichschen Politik wirkten sich auch auf seine Beurteilung der Revolution aus. Die konservative politische Grundhaltung Srbiks ließ ihn auch dann, wenn er sich unmittelbar mit den sozialen Triebkräften der Revolution auseinandersetzte, in ihnen vorwiegend eine zerstörende Macht sehen – der von ihm in diesem Zusammenhang mit Vorliebe abschätzig gebrauchte Ausdruck „Mächte der Tiefe"[8] bezeichnet eine Distanzierung von den demokratischen Traditionen der österreichischen Geschichte, die folgenschwere Nachwirkungen – nicht nur in forschungsgeschichtlicher Hinsicht – haben sollte.

Nach dem Zusammenbruch der Monarchie zersplitterte sich die Forschung über 1848 in den einzelnen Nachfolgestaaten; die Ergebnisse der nationalen Historiographie wurden wechselseitig kaum zur Kenntnis genommen – ein Mißstand, der bis heute keineswegs überwunden ist, sondern sich noch eher verstärkt hat.

Nach 1945 erkannte man in allen österreichischen Parteilagern die Notwendigkeit, sich mit den Traditionen von 1848 kritisch auseinanderzusetzen. Das Jubiläumsjahr 1948 brachte eine große Ausstellung und eine Reihe von Monographien – unter anderem von Alexander Novotny, Robert Endres und Ernst Fischer –, die zwar infolge der damaligen Situation an den Bibliotheken und Archiven keine neuen Forschungsergebnisse vorlegen konnten, aber durch den jeweiligen politischen Standort des Autors stark geprägte populäre Zusammenfassungen gaben. Wertvolle Ergebnisse zeitigten die Forschungen von Julius Marx. Seit diesem Anlauf ist ein gewisses Stocken des Forschungsinteresses an 1848 in Österreich unverkennbar; das zum 125jährigen Gedenken an das Revolutionsjahr erschienene Buch Walter Pollaks konnte, auf einer allzu schmalen Literaturgrundlage basierend, den Erwartungen auf eine moderne Geschichte der österreichischen Revolution nicht entsprechen.

Umso größer ist das Interesse an den komplexen Problemen der Donaumonarchie gerade zur Zeit ihrer ersten großen, die Existenz des Vielvölkerreichs in Frage stellenden Krise im Ausland. Die letzte große, zusammenfassende Geschichte der Wiener Revolution von R. John Rath erschien 1957 in Austin/Texas; Raths Verdienst war es vor allem, in großem Umfang das publizistische Quellenmaterial für seine Darstellung herangezogen zu haben. Bei der Beurteilung der Aktivität der Demokraten folgte auch Rath allerdings den von der älteren Literatur vorgeprägten Stereotypen, wenn er sie undifferenziert als „would-be Robespierres" oder „rabblerousers" bezeichnet[9]. Das Interesse der englischen und amerikanischen Historiker an der österreichischen Revolution hält unvermindert an; so erschien jüngst in den USA die erste Zusammenstellung der Wiener Flugblattliteratur der Revolutionszeit. Auch sonst ist die österreichische Revolution vielfach gewürdigt worden. In Jacques Droz' „Revolutions Allemandes de 1848" ist Österreich breiter Raum gewidmet; 1970 erschien eine Geschichte der Revolution in Österreich in russischer Sprache (von Rebekka Abramovna Averbuch). Von den Historikern der Nachbarstaaten seien nur beispielhaft der Tscheche Josef Polišenský und die ungarischen Forscher Erzsébet Andics und György Spira genannt, die sich in den letzten Jahren intensiv mit den Fragen der Geschichte des Vormärz und der Revolution beschäftigten. Als sehr gründlich erforscht darf auch die Epoche des italienischen Risorgimento gelten.

In Deutschland war das Geschehen von 1848 durch eine lange Latenzperiode im historischen Bewußtsein verschüttet. Die Revolution, die als „tolles Jahr" – sozusagen als vorübergehende Phase der Unzurechnungsfähigkeit sonst braver und treuer Untertanen – von den konservativen Kräften, aber auch von weiten Teilen des Bürgertums abgelehnt wurde, hatte keine nationale Geschichtstradition begründet, wie dies bei der bürgerlichen Revolution Frankreichs der Fall war. Von den Zeitgenossen bis zum heutigen Tag steht die Französische Revolution in einem ununterbrochenen Kontinuum der kritischen Erforschung und Darstellung. Sie steht nicht nur im Mittelpunkt der Diskussion der Gelehrten, sondern auch, was die Interpretation ihrer Ursachen, Strategien und Ziele betrifft, im Brennpunkt des Interesses der politischen Öffentlichkeit[10].

Anders in Deutschland. Je nach politischer Haltung sprach und spricht man von Unterdrückung, Niederlage, Scheitern, Versagen oder Verrat; in jedem Fall blieb ein Mißbehagen an der „halben" Revolution zurück, das einer intensiven Befassung mit ihr starke emotionale Hemmungen entgegensetzte. Auch die politischen Verhältnisse waren bekanntlich einer kritischen Aufarbeitung der Revolution nicht günstig. Mit Recht hat eine neuere Arbeit von einer „Verdrängung" der Revolution von 1848 aus dem historischen und politischen Bewußtsein der Deutschen gesprochen[11].

Von der Durchbrechung dieses „Tabus" durch Außenseiter der etablierten historischen Forschung und Lehre wie Veit Valentin war schon die Rede.

Nach 1945 änderte sich dieses Bild schlagartig. Sowohl die Detail- und Regionalforschungen als auch die theoretischen Interpretationsversuche, die seit der Erkenntnis der epochalen Bedeutung der „gescheiterten" Revolution erarbeitet wurden, sind kaum mehr zu überblicken. Auch die Repräsentanten der traditionellen Geschichtsauffassung konnten sich dieser tiefgreifenden Bewußtseinsänderung nicht entziehen[12]. Die große Herausforderung der Frankfurter Paulskirche stand weiterhin im Mittelpunkt der Bemühungen um ein besseres Verständnis des deutschen 1848, die namentlich um die Frage der Vereinbarkeit von Einheit und Freiheit kreisten. Daneben ist eine an Intensität stets zunehmende Erforschung der sozialgeschichtlichen Wandlungsprozesse in der deutschen Gesellschaft infolge der industriellen Revolution und ihrer Beziehung zu den politischen und ideologischen Strömungen im Vormärz und im Revolutionsjahr zu beobachten; zahlreiche theoretische Modelle bis zu den quantifizierenden Methoden der letzten Jahre wurden an diesem Vorgang der „Modernisierung" erprobt[13].

Besonders in der Stellungnahme zur frühen Arbeiterbewegung in Deutschland, die als Schlüsselproblem der bürgerlich-demokratischen Revolution erkannt wurde, machte sich die politische Teilung Deutschlands stark bemerkbar. Die sozialgeschichtliche Forschung der Bundesrepublik setzte in der Studie Rudolf Stadelmanns von 1948 mit einem explizit gegen die marxistischen Vorstellungen gerichteten Erklärungsmodell ein: Es habe in Deutschland 1848 eigentlich noch keine Arbeiterbewegung gegeben, Träger der „sozialen Unterströmungen" der Revolution seien vor allem die Handwerker gewesen. Stadelmanns polemische These war in ihrer einseitigen Überspitzung zweifellos falsch; sein Hinweis, daß vorindustrielle Arbeiterschichten in der Revolution noch eine sehr erhebliche Rolle spielten, war aber durchaus ernstzunehmen. Wesentlich differenzierter als Stadelmann gingen Werner Conze und sein Heidelberger Arbeitskreis zu Werk, die sich besonders den sozialgeschichtlichen Voraussetzungen und den ideologischen Folgen der Entwicklung der sozialen Unterschichten „vom Pöbel zum Proletariat" widmeten. Wichtige und materialreiche Arbeiten zur Frühgeschichte der deutschen Arbeiterbewegung lieferten, um nur einige wenige Autoren zu nennen, Wolfgang Schieder, Ernst Schraepler und Frolinde Balser.

Die entsprechenden Forschungen in der DDR konnten durch die Übernahme des marxistischen Interpretationsmodells auf wichtige Zusammenhänge zwischen sozialökonomischer Entwicklung, politischer Struktur und Ideologiebildung in der bürgerlichen Gesellschaft hinweisen. In einem vor allem in früheren Werken der DDR-Historiographie stark spürbaren dogmatischen Herangehen an die Auslegung der Schriften von Marx und Engels blieben allerdings viele kritische Ansätze dieser revolutionären Denker unbeachtet, was zu schematischen Verkürzungen komplexer Zusammenhänge führen konnte. Der Altmeister der Forschung in der DDR über den Vormärz und 1848 ist Karl Obermann, dessen Lehrbuch die Ergebnisse seiner zahlreichen gründlichen Einzelstudien zusammenfaßt[14]. Rolf Weber verdanken wir die derzeit wohl beste und gründlichste Darstellung der revolutionären Ereignisse in einem deutschen Territorium. In seiner Darstellung der Revolution in Sachsen räumte Weber auch der ,,kleinbürgerlichen" Demokratie einen breiten Raum ein und legte seiner Kritik an ihr eine umfassende sozialgeschichtliche Analyse zugrunde.

Die in beiden deutschen Staaten feststellbare Abneigung, die Forschungsergebnisse bzw. die Thesen der anderen Seite zur Kenntnis zu nehmen, wirkte sich lange Zeit hemmend auf die wissenschaftliche Erhellung der Revolution von 1848 aus. Dieter Dowe hat jüngst im Vorwort zu seiner ungemein verdienstvollen Bibliographie zur Geschichte der frühen Arbeiterbewegung in Deutschland die Notwendigkeit betont, Voreingenommenheiten abzubauen: ,,Es besteht kein Grund, Marx und Engels sowie dem Bund der Kommunisten innerhalb der Frühgeschichte der deutschen Arbeiterbewegung – um die es hier geht – nicht den wichtigen Platz zuzuweisen, der ihnen wegen ihres theoretischen und praktischen Wirkens zukommt, ohne deshalb die von ihnen unabhängigen Faktoren zu gering zu bewerten[15]."

Wie viel der deutschen und österreichischen Geschichtsforschung noch für eine gründliche Kenntnis der demokratischen Strömungen von 1848 zu leisten bleibt, zeigen die Ergebnisse der intensiven Befassung mit den mitteleuropäischen Jakobinern, die in knapp zwei Jahrzehnten eine ungeheure Fülle an Material über diese frühdemokratische Bewegung zutage gefördert hat. Während die Jakobiner in Deutschland und Österreich vergeblich eine Massenbasis suchten, standen die Achtundvierziger inmitten einer Bewegung und Aktivität der Massen von bisher unerhörtem Ausmaß. Während das theoretische Hauptwerk der Ideologie der österreichischen Jakobiner ein lateinisches Lehrgedicht ist (Hebenstreits „Homo hominibus"), kann man von der Generation von 1848 sagen, daß sie die erste war, die sich in unserer Sprache ausdrückte. Wir bedürfen keiner Übersetzung, auch nicht im übertragenen Sinn, mehr, um die die Menschen der Revolution des 19. Jahrhunderts bewegenden Ideen zu verstehen. Gewiß – viele Begriffe, die damals in den allgemeinen Sprachgebrauch übernommen wurden – auch und vor allem „Demokratie" und „Sozialismus" gehören dazu! –, hatten 1848 zum Teil andere Bedeutungsschwerpunkte, und es bedarf der sorgfältigen historischen Interpretation, um ihren zeitgenössischen Bedeutungsgehalt herauszuarbeiten. Es gab 1848 ohne Zweifel sehr viel zeitbedingtes Pathos, auch die Phrase und das Schlagwort fehlten keineswegs; sehr vieles aber von dem, was in der Revolution gedacht und gesagt wurde, ist in seiner klaren rationalen Analyse von überraschender Modernität. Zum ersten Mal in der österreichischen Geschichte (sieht man von dem ephemeren Vorspiel im Jahrzehnt Josefs II. ab) gab es eine öffentliche Meinung im modernen Sinn, gab es auch die Möglichkeit für eine kritische Theorie, die praktische Verwirklichung ihrer Ziele anzustreben. Im Verlauf der Darstellung wird nicht nur deshalb verhältnismäßig ausführlich zitiert, weil die meisten benützten Quellen außerhalb Wiens kaum zugänglich sind, sondern auch weil wir meinen, daß die Sprache einer bestimmten Epoche sehr viel über diese Zeit auszusagen vermag. So sollen die systemkritische Literatur des Vormärz, die Zeitungen und Flugschriften der Revolution ebenso zu Wort kommen wie die Memoiren und Reflexionen von Zeitgenossen über das Geschehen von 1848. Von der oft enthusiastischen Sprache der Lyrik bis zum spröden Amtsdeutsch der Akten spannt sich der Bogen der vielfältigen Ausdrucksmöglichkeiten jener Zeit, die wir hier zum Reden bringen wollen.

Der Optimismus des 19. Jahrhunderts, sein zuversichtlicher Glaube an den Fortschritt ist „ruchlos" genannt worden. Das Vertrauen in die technische Machbarkeit des Fortschritts, das die industrielle Revolution begründete, ist in der Tat heute mehr denn je fragwürdig. Das Fortschrittsdenken dieser Entstehungszeit der bürgerlichen Gesellschaft enthielt aber mehr: In ihm war ein emanzipatorisches Element von gewaltiger Dynamik eingeschlossen, Freiheit und Gleichheit sollten innerhalb der gesellschaftlichen Beziehungen immer mehr Raum gewinnen. Die Hoffnung auf soziale Gerechtigkeit, dieser uralte Traum der Menschheit, wurde im 19. Jahrhundert nicht zum ersten Mal ausgesprochen. Zum ersten Mal aber schien die Möglichkeit, eine menschliche Gesellschaft an die Stelle von Herrschaft und Ausbeutung zu setzen, in erreichbare Nähe gerückt zu sein.

Emile Zola, der die Gesamtheit der sozialen Problematik seines Jahrhunderts in seinem literarischen Werk darzustellen versuchte, ließ Lucas, den Helden seines Romans „Arbeit", am Ende des 19. Jahrhunderts Rückschau halten auf das Neue und Weiterwirkende, das die Epoche der Revolutionen ins Leben rief: „Das große und heldenhafte neunzehnte Jahrhundert stand vor seinem Geiste auf, mit seinen unablässigen Kämpfen, seinem tapferen und leidensvollen Ringen um Wahrheit und Gerechtigkeit. Von einem Ende zum anderen war es erfüllt von der unwiderstehlichen demokratischen Bewegung, von dem Aufwärtsstreben des Volkes. Die Revolution hatte nur das Bürgertum zur Macht gebracht, es bedurfte noch eines Jahrhunderts, damit die Entwicklung sich vollende, damit das ganze Volk sein Teil erhalte. (. . .) Und mit den Tagen von 1848 erhob die soziale Frage ihr Haupt, die Forderungen der Arbeiter traten immer stärker hervor, rüttelten an den Säulen des neuen bürgerlichen Regiments, das an der Macht war und das durch den egoistischen, tyrannischen Besitz der Fäulnis verfiel. (. . .) Die furchtbare Krise, die die Monarchien stürzte, als die alte Welt von der persönlichen Sklaverei zur Lohnsklaverei überging, ist nichts im Vergleiche zu der jetzigen Krise, die seit hundert Jahren die Völker rüttelt und schüttelt, zu der Krise des in Entwicklung begriffenen Proletariats, das sich umgestaltet, das etwas anderes wird. Und aus diesem anderen wird das glückliche und brüderliche Reich der Zukunft herauswachsen[16]."

Von der Welt von 1848, die eben erst aus der alteuropäischen ständischen Gesellschaftsordnung heraustrat, trennen uns Generationen. Die industrielle Revolution hatte damals erst begonnen, alle Lebensverhältnisse und sozialen Beziehungen von Grund auf umzuwälzen. Dennoch gibt es ein Kontinuum der Entwicklung von dieser Zeit bis heute. Staat und Gesellschaft befanden sich in einer Situation des totalen Umbruchs; alle bisher anerkannten Werte und Traditionen waren mit einem Schlag fragwürdig geworden. Die Massen betraten, selbständig handelnd und mit eigenen Forderungen, die Bühne der Geschichte. Das Problem wachsender Verelendung eines großen Teils der arbeitenden Bevölkerung bei einer gleichzeitig in einem bisher unerhörten Ausmaß steigenden Produktivität stellte sich den Zeitgenossen der revolutionären Bewegungen des 19. Jahrhunderts in voller Schärfe. Sind dies nicht auch Fragen, die uns heute noch betreffen und – in einem weltweiten Rahmen gestellt – mehr denn je nach einer Antwort rufen?

WIRTSCHAFT UND GESELLSCHAFT IM WANDEL

DAS ZEITALTER DER MANUFAKTUR

„Die ökonomische Struktur der kapitalistischen Gesellschaft ist hervorgegangen aus der ökonomischen Struktur der feudalen Gesellschaft. Die Auflösung dieser hat die Elemente jener freigesetzt[1]." Diese Worte aus jenem Abschnitt des Marxschen „Kapital", der von der „ursprünglichen Akkumulation" handelt, bezeichnen den langwierigen, immer wieder unterbrochenen und verzögerten, aber unaufhaltsamen Prozeß, der zunächst in Europa, dann weltweit eine Revolutionierung des menschlichen Lebens und aller gesellschaftlichen Verhältnisse herbeiführte.

Die Geschichte dieser gewaltigen Umwälzung, die, wie Marx weiter ausführt, in „die Annalen der Menschheit eingegraben ist mit Zügen von Blut und Feuer", ist für Österreich noch nicht geschrieben worden. Die Abweichungen vom „klassischen" Modellbeispiel England, wo die Auflösung der feudalen Bindungen, die technischen Innovationen und die handels- und wirtschaftspolitische Expansion ineinandergriffen und die Voraussetzungen der für Europa wegweisenden „industriellen Revolution" schon in der frühen Neuzeit geschaffen wurden, liegen auf der Hand. Der kontinentale Machtblock des habsburgischen Staatsgebildes zwischen den Ostalpen, dem Sudeten- und Karpatenbogen lag am Schnittpunkt zweier in sozialgeschichtlicher Hinsicht höchst unterschiedlicher Großräume. Gehörten die großen Ebenen des Ostens der Monarchie schon in den Bereich der noch lange Zeit nahezu rein agrarisch strukturierten Gesellschaftssysteme Osteuropas, so wurden die Alpen- und Sudetenländer am Schnittpunkt von wichtigen Verkehrs- und Handelswegen im Anschluß an die dynamische Entwicklung Westeuropas Zentren früher und tiefgreifender Industrialisierung.

Im folgenden soll der Versuch gemacht werden, einige wichtige Aspekte dieser widersprüchlichen, durch politische und kulturelle Faktoren wie die Multinationalität des Habsburgerreiches zusätzlich komplizierten Entwicklung hervorzuheben. Es kann hier keineswegs eine umfassende Wirtschafts- und Sozialgeschichte der österreichischen Länder seit der frühen Neuzeit gegeben werden, doch soll gezeigt werden, welche spezifischen sozialökonomischen Voraussetzungen den Problemen der bürgerlichen Revolution und den ersten Anfängen der Organisation der heterogenen Arbeiterschaft zugrunde lagen. Es war ja keineswegs so, daß in Österreich im Revolutionsjahr eine definitorisch scharf abzugrenzende Bourgeoisie bzw. Arbeiterklasse mit festgefügten ökonomischen und politischen Zielvorstellungen agierte; vielmehr ergriff die europäische Revolutionsbewegung hier eine Gesellschaft, die sich nach langem Ringen eben erst von den Organisationsformen des Feudalismus freimachte und in ersten Ansätzen ein Bewußtsein zu entwickeln begann, das den neuen Gegebenheiten Rechnung trug.

Da die aus der Konfrontation der Elemente der modernen bürgerlichen Gesellschaft mit den traditionellen Machtträgern resultierenden politischen und ideologischen Krisen hier am Beispiel Wiens dargestellt werden sollen, erschien es zweckmäßig, auch die Schilderung der sozialökonomischen Wandlungsprozesse auf diese Großstadt und den sie umgebenden niederösterreichischen Raum zu konzentrieren. Dabei soll keineswegs übersehen werden, wie etwa die Industrialisierung Böhmens und Mährens und bestimmter Zonen der Alpenländer auf die Metropole – nicht zuletzt durch die intensive Zuwanderung infolge erhöhter Bevölkerungsmobilität – zurückwirkte, und wie andererseits die besonderen Bedingungen einer grundlegenden Reform Ungarns den revolutionären Konflikt mit dem Gesamtstaat heraufbeschworen; all diese Vorgänge können aus Raumgründen nur insofern berücksichtigt werden, als sie für den Gang der Entwicklung in der Metropole des Reiches unmittelbar von Bedeutung wurden.

Für die am Beginn der Neuzeit stehenden sehr komplexen revolutionären Vorgänge in Mitteleuropa, die sich als Bauernkriege und -aufstände und als Reformationsbewegung im ländlichen und städtischen Bereich manifestierten, wurde in den letzten Jahren mit guten Gründen verstärkt der Begriff einer „frühbürgerlichen Revolution" in Anspruch genommen. Diese krisenhafte Erschütterung der Gesellschaft im 16. und 17. Jahrhundert berührte Österreich tief und strahlte auch in den osteuropäischen Raum aus. Die wirtschaftliche und politische Befreiung des Bürgertums und der Bauernschaft von den immer noch dominierenden feudalen Herrschaftsstrukturen konnte aber nicht durchgesetzt werden; der fürstliche Absolutismus erhob sich über die Gegensätze der von diesen Auseinandersetzungen betroffenen Gesellschaftsschichten und stabilisierte seine Macht vor allem dank seiner zielbewußten Verwaltungspolitik.

Mit dieser – hier nur in gröbsten Umrissen skizzierten – Entwicklung traten auch die frühen Ansätze zu privatkapitalistischen Wirtschaftsformen im städtischen Gewerbe und vor allem im Montanwesen in den Hintergrund[2]. Der Niedergang der spätmittelalterlichen und frühneuzeitlichen Blüte des Bergbaus aus vielerlei Gründen (Raubbau, vor allem am wichtigen Rohstoff Holz; schwere soziale Krisen im Gefolge der Bauernkriege; Konkurrenz des überseeischen Edelmetalls) brachte das Bergwerkswesen weitgehend unter staatliche Kontrolle. Die Unternehmerinitiative war durch die fortwährende Schwächung der bürgerlichen Mittel- und Oberschichten im Zuge der gegenreformatorischen Maßnahmen in ihrem Lebensnerv getroffen; die ständige Finanznot infolge der gegen Osmanen und Franzosen geführten Zweifrontenkriege verhinderte die Bildung ausreichender Kapitalreserven zur Errichtung großgewerblicher Betriebsformen. So zeichnete sich schon früh ein wesentlicher Zug im Charakter des entstehenden österreichischen Kapitalismus ab: Nicht private Unternehmerinitiative war der wichtigste Träger der wirtschaftlichen Neuerungen, sondern der Staat übernahm die wesentlichsten Aufgaben einer Förderung und Lenkung der Wirtschaft.

Der absolutistische Staat in seinem Streben nach expansiver Großmachtpolitik war auf die Vermehrung seiner Bevölkerung, den Ausbau seines militärischen Machtmaterials und seiner Bürokratie und damit auf die Vermehrung der zirkulierenden Güter angewiesen. Bezeichnenderweise standen die Anfänge des Großbetriebs in der Form der Manufaktur in engstem Zusammenhang mit der Aufstellung und Ausrüstung der modernen Massenheere. Wallenstein hatte mit den gewaltigen, auf seinen böhmischen Gütern errichteten Betrieben für die Versorgung seiner Truppen durch Konzentration der Betriebe und Arbeitsteilung der Wirtschaft neue Wege gewiesen. Für die Weiterführung dieser im Verlauf des Dreißigjährigen Kriegs, der sich gegen sein Ende zu mehr und mehr zu einer Materialschlacht entwickelte, aufgetauchten Tendenzen war kennzeichnend, daß nicht an die traditionellen Formen ökonomischer Organisation wie Zünfte und Gewerkenverbände angeknüpft wurde. Man bemühte sich vielmehr, die technologische Überlegenheit des Auslands im eigenen Staat durch die direkte Verpflanzung von Betrieben fruchtbar zu machen – ein Umstand, der späterhin, besonders was die Herkunft der Unternehmer und der Facharbeiterschicht betrifft, weitreichende sozialgeschichtliche Folgen haben sollte.

So wurden 1656 vom Niederrhein und aus Belgien (Solingen, Aachen, Lüttich) 23 Meister und 38 Gesellen nach Wiener Neustadt berufen, wo sie als „Niederländische Armaturenmeisterschaft" für den Waffenbedarf der nunmehr stehenden Armee zu sorgen hatten. Die Textilerzeugung nahm der Reichsvizekanzler Graf Ferdinand von Kurz, der seine politische Karriere im Zug der Gegenreformation gemacht hatte, in Horn im Waldviertel seit 1650 in großem Stil auf. Kurz ließ für seine aus Mähren, Schlesien, Deutschland und den Niederlanden berufenen Arbeiter eine eigene Vorstadt, bestehend aus 30 Häuschen und einer der Wallfahrtskapelle von Alt-Ötting nachgebildeten Kirche, errichten – ein noch heute erhaltenes bedeutendes Baudenkmal einer frühkapitalistischen Manufaktursiedlung. In den letzten Jahren abgetragen wurde dagegen der aus dem 18. Jahrhundert stammende Barockbau (von Johann Michael Prunner) der 1672 gegründeten Linzer Wollzeugfabrik. Damit ist nicht nur das wichtigste Industriedenkmal Oberösterreichs, sondern ein Bauwerk von europäischer Bedeutung zugrunde gegangen[3].

In ein volkswirtschaftliches System gebracht wurden diese vielfältigen Bestrebungen durch den in Österreich zumeist als „Kameralismus" bezeichneten Merkantilismus, der wirtschaftliche „Independenz" des Staates und Bevölkerungsvermehrung als Mittel militärischer und politischer Expansion des Staates anstrebte. „Industrie" bedeutete in der Terminologie der Wirtschaftstheoretiker der Barockzeit exportfähiges Gewerbe; besonders die kostspieligen Luxusbedürfnisse des Hofes und des Adels sollten von den die Zahlungsbilanz arg belastenden Einfuhren unabhängig gemacht werden[4].

Die Manufakturen des Barockzeitalters produzierten also zu einem sehr beträchtlichen Teil nicht für den Massen-, sondern für den Luxusbedarf. Johann Joachim Becher, der nicht nur als Unternehmer und Wirtschaftsberater Kaiser Leopolds I., sondern auch als Alchimist und oft phantastischer Pläneschmied rastlos tätig war, rief gemeinsam mit dem Hofkammerpräsidenten Georg Ludwig von Sinzendorf 1666 ein Seidenfilatorium und eine Strumpfwirkerei in Schloß Walpersdorf bei Herzogenburg (NÖ) mit Hilfe ausländischer Facharbeiter ins Leben. Der an dieses Schloß angebaute, mit frühbarocken Ornamenten und Büsten habsburgischer Regenten geschmückte Saal für die Manufaktur hat sich bis heute erhalten. 1667 folgte die Orientalische Handelskompagnie, die in Schwechat mit der Errichtung einer Textilmanufaktur experimentierte, sich dabei aber auf allzu gewagte Spekulationen einließ. 1675 projektierte Becher ein Manufakturhaus am Wiener Tabor, das halb Lehr- und Versuchswerkstätte, halb technologische Zentral- und Musteranstalt sein sollte. Geplant waren die Erzeugung von Majolikageschirr, eine Seidenband- und Wollmanufaktur, eine venezianische Glashütte und eine Metallscheideanstalt für Gold- und Silbermünzen[5].

All diesen nur auf schwachen Beinen stehenden Unternehmungen blieb dauernder Erfolg versagt; zu ihrem Scheitern trugen die Pest von 1679 und der Türkensturm von 1683 ebenso bei wie die Unredlichkeit des Hofkammerpräsidenten Sinzendorf, dessen betrügerische Amtsführung die Staatsfinanzen in einer Zeit starker politischer Spannungen zerrüttete. Überhaupt fand das Geld- und Kreditwesen des Barockzeitalters zu keiner geregelten Form. Typisch für diese Übergangsepoche von der Natural- zur Geldwirtschaft war die gesellschaftliche Außenseiterposition der großen Finanziers, die zwar wie die „Hofjuden“ und „Oberhoffaktoren“ Samuel Oppenheimer und Samson Wertheimer eine exzeptionelle Stellung im Wirtschaftsleben einnahmen, aber als Mitglieder einer gesellschaftlich geächteten Gruppe nie voll akzeptiert und integriert wurden. Die risikoreichen Transaktionen, mit denen diese erfindungsreichen Geldgeber die Mittel für jahrzehntelange Kriege und eine verschwenderische Hofhaltung zu beschaffen hatten, glichen einer gefährlichen Gratwanderung zwischen Fürstengunst und Bankrott. Auch unter Karl VI. war den Versuchen, eine Staatsbank ins Leben zu rufen, nur geringer Erfolg beschieden (Universalbankalität, Wiener Stadtbanko); immer wieder mußte auf Anleihen potenter Privatbankhäuser zurückgegriffen werden – eine Tendenz, die sich bis in die erste Hälfte des 19. Jahrhunderts fortsetzen sollte.

Im Zeitalter des Aufkommens der Manufakturbetriebe bildete ein immer weitere Kreise ziehendes Massenelend den dunklen Hintergrund zu den glanzvollen Kulturleistungen der Barockepoche. Die jede Lebensäußerung streng reglementierende ständische Gesellschaft (man denke etwa an die Kleiderordnungen dieser

Zeit!) stellte Menschen, die – aus welchem Grund immer – aus dem Rahmen dieser Ordnung herausfielen, unter Ausnahmegesetze. Zwar bedurfte die von Adel und Kirche beherrschte Gesellschaft einer breiten „unterständischen" Schicht für eine Unzahl untergeordneter Dienstleistungen und als Taglöhner bei den berühmten Großbauten dieser Epoche, doch galten Armut und Bettel nicht länger mehr als notwendige Begleiterscheinung des glanzvollen Lebens der Oberschichten, sondern – schon unter dem Zeichen eines frühindustriellen Arbeitsbegriffes – als Müßiggang, der als Verbrechen ausgelegt werden konnte.

Die einsetzende Rationalisierung der Wirtschaft im Bereich der Grundherrschaften, die mit dem Übergang zur Produktion für den Markt die überschüssige Landbevölkerung abzustiften trachteten (ein Bestreben, das die landesfürstliche Gesetzgebung Leopolds I. und Karls VI. nur ungenügend hemmen konnte), schuf solche subsistenzlosen Menschen in wachsender Zahl. Die nach dem Ende der großen Feldzüge dieser Epoche entlassenen Soldaten und deren Kinder, beschäftigungslose Dienstboten und Handwerksgesellen, die Menge der „unehrlichen" Leute (wie etwa die Spielleute, Abdecker und Halter) verstärkten die Reihen der die Landstraßen und die Elendsviertel der Städte unsicher machenden Vagabunden, Dirnen, Bettler und landfahrenden Leute. England, wo sich diese Erscheinung schon weitaus früher bemerkbar gemacht hatte, kannte schon im 15. und 16. Jahrhundert eine Blutgesetzgebung gegen diese Art der Vagabondage, die in den Jahrhunderten der frühen Neuzeit vor allem während und nach den großen Kriegen in ganz Europa beängstigende Formen annahm. „Die Väter der jetzigen Arbeiterklasse wurden zunächst gezüchtigt für die ihnen angetane Verwandlung in Vagabunden und Paupers. Die Gesetzgebung behandelte sie als ‚freiwillige' Verbrecher und unterstellte, daß es von ihrem guten Willen abhänge, in den nicht mehr existierenden alten Verhältnissen fortzuarbeiten. (. . .) So wurde das von Grund und Boden gewaltsam expropriierte, verjagte und zum Vagabunden gemachte Landvolk durch grotesk-terroristische Gesetze in eine dem System der Lohnarbeit notwendige Disziplin hineingepeitscht, -gebrandmarkt, -gefoltert[6]" – so kennzeichnete Marx die Schreckensjustiz des absolutistischen Staates gegen die aus der traditionellen Sozialordnung herausfallenden Menschen.

Auch der österreichische Staat griff – mit diesen Problemen

konfrontiert – im 17. und 18. Jahrhundert zu Zwangsmitteln von schonungsloser Härte. 1671 deutete ein kaiserliches Mandat an, welche Schichten durch die Einweisung in das im ,,Unteren Werd" (Leopoldstadt) errichtete Zuchthaus diszipliniert und ,,unschädlich" gemacht werden sollten. Es wurde verfügt, daß ,,nicht allein das herrenlos und starcke Bettler Gesind / sondern auch die trutzige Dienstbotten mann- und weiblichen Geschlechts / deßgleichen die unbändige Handwercks-Pursch / neben andern schlimmen Gesindel / in specie aber die leichtfertige Weibs-Personen / wie auch derselben Kupplerinnen in das Zuchthaus gebracht" werden sollten[7]. An alle Ortsobrigkeiten erging 1695 der gemessene Befehl, ,,daß selbe auff dergleichen bettlende Leuth / es mögen die seyn / wer sie immer wollen / fleißige Obsicht tragen / die im bettlen betrettende / und zur Kriegs-Diensten untüchtige Personen alsobalden in Verhafft nehmen / solche zu harter Arbeit mit aller Schärffe anhalten" sollten[8]. War die Schanzarbeit an den Befestigungswerken Wiens (der berüchtigte ,,Stadtgraben") und der ungarischen ,,Grenzhäuser" schon eine nach der Niederwerfung der Bauernaufstände häufig verhängte und gefürchtete Strafe gewesen, so kam nun die Beschäftigung in Manufakturen hinzu, die, wie eine Verordnung gegen die Bettler von 1714 sagt, ,,heilsame und nützliche Fabriquen" für Leute dieses Schlages seien[9]. 1716 war die Ferdinandeische Landgerichtsordnung dahingehend geändert worden, daß starken Männern bei Eigentumsdelikten nicht mehr die Hand abgehackt werden und an die Stelle dieser Strafe die Verschickung der Gebrandmarkten auf die Galeeren nach Neapel treten sollte. Als die Landgerichte immer mehr Delinquenten – zum Teil wegen lächerlicher Vergehen – zu diesem einem langsamen und qualvollen Tod gleichkommenden Strafvollzug einlieferten, wurde 1728 an Stelle der Galeerenstrafe Zwangsarbeit in den oberungarischen Bergwerken angeordnet. In Zusammenarbeit mit den Herrschaften wurden in diesen Jahren wiederholt Streifungen auf dem flachen Land durchgeführt, um ,,Räubergesindel, Zigeuner und landstreichendes Troßgesindel", dem standrechtliche Behandlung angedroht wurde, ,,auszurotten"[10].

Mit den Zünften geriet die merkantilistische Wirtschaftspolitik in zweifacher Beziehung in Konflikt. Zum ersten war den Kameralisten die gebundene, nicht expansionsfähige Organisation des zünftischen Gewerbes ein Dorn im Auge. So wetterte Wilhelm von Schroeder gegen diese das Wirtschaftsleben der Städte kontrollierenden Verbände: „Sind derohalben die vermaledeiten und als die ärgerlichste Pest von ganz Deutschland verfluchte Zünfte die Ursache, warum in Deutschland die Manufakturen bis dato nicht haben über sich kommen können[11]."

Noch bedrohlicher empfand man andererseits die soziale Unruhe der Handwerksgesellen, die sich mehrfach zu offener Revolte gegen Meister und staatliche Exekutive steigerte. Auch die Gesellen verfügten seit dem Spätmittelalter – in Wien belegt seit 1411 – über eigene, als Bruderschaften bezeichnete Verbände, die Unterstützung für wandernde und erkrankte Gesellen und einen gewissen Rückhalt gegenüber den Meistern boten[12]. Die Wiener „Schuhknechtrevolte" versetzte die Stadt einige Jahre lang in Spannung und Aufregung. 1715 war es zu einem Ausstand gekommen, dessen Ursachen in Lohndifferenzen und dem Verlangen der Gesellen nach Einfluß auf die Geldgebarung der Gesellenlade und nach der Befreiung vom Zwang, in die von den Meistern verwaltete Herberge einkehren zu müssen, lagen. Vor allem aber machte die Einführung von „Arbeitszetteln" zwecks besserer Kontrolle der wandernden Gesellen böses Blut. Der Konflikt, der durch Arreststrafen, Verurteilungen zu Schanzarbeit und „Unehrlich"-Erklärungen vorderhand unterdrückt wurde, schwelte aber im stillen weiter und führte 1722 zu neuen Tumulten. Nun griff die Regierung scharf durch: Zusammenkünfte von mehr als zehn Schuhmachergesellen wurden mit Arrest, Standrecht und Strafen an Leib und Leben bedroht[13]. Die Stadtguardia, deren Mitglieder selbst in ärmlichen Verhältnissen lebten, wurde schließlich zum Einschreiten gegen die „Zerstörer des gemeinsamen Ruhestandes" kommandiert; es gab Tote und Verwundete. Aus der großen Zahl der Verhafteten wurden zwei Rädelsführer im Oktober 1722 gehenkt[14]. Eine Bewegung unter den Maurern und Zimmerleuten, die gegen das unter drakonischen Strafen angedrohte Verbot der Arbeitsniederlegung protestierten, wurde im folgenden Jahr unterdrückt[15].

Der Regierung hatten allerdings die Unruhen der Gesellen die Augen für Mißstände im Gewerbebetrieb geöffnet; mit dem Patent Karls VI. vom 12. April 1725 erfuhr die Zunftverfassung einen ersten tiefen Einschnitt. Die Bestimmung, daß nur Katholiken das Bürgerrecht erwerben konnten, wurde beseitigt. Fortan konnten Handwerksgesellen, die durch eine bestimmte Zeit in

Wien gearbeitet hatten, gegen Erlegung einer im Verhältnis zu den bei der Erlangung der Meisterschaft zu entrichtenden Gebühren geringen Taxe die Befugnis zum Gewerbebetrieb ohne Rücksicht auf Religionsbekenntnis, Heimat- oder Familienverhältnisse erhalten. Die Handwerksordnung von 1732 beseitigte für die Befugten oder ,,Dekreter" das Verbot des Haltens von Lohnarbeitern und befreite einzelne Gewerbe vom Zunftzwang. Damit war – ungeachtet des Einspruchs der Meister – die erste Bresche in die Zunftverfassung gelegt, die aber sozusagen als ,,Normalfall" aufrecht blieb. Das Neben- und Gegeneinander zünftischen und freien Gewerbes blieb für die österreichische Wirtschaftsverfassung typisch; das oft sehr inkonsequente Verhalten der staatlichen Gewerbepolitik zwischen diesen beiden Polen ließ über ein Jahrhundert lang keine klare Linie erkennen[16].

Das Wiener Gewerbe der hochbarocken Epoche war den ungemein differenzierten Bedürfnissen des Hofes und des Adels angepaßt und demgemäß spezialisiert. 1728 zählte man 2841 selbständige Gewerbsleute in 136 verschiedenen Gewerben[17]. Nach einer auf das Jahr 1736 bezogenen Berechnung teilten sie sich in 32% Zunftmeister, 28% Dekreter, 27% Störer (d. h. außerhalb der Zunft und unbefugt arbeitende Handwerker, wobei hier noch mit einer größeren Dunkelziffer zu rechnen ist), 10% Stadtguardia (die Soldaten dieser im übrigen wenig zuverlässigen Polizeitruppe besserten ihr karges Salär in vielen Fällen als Schneider, Schuster und Schankwirte auf, wobei sie in letzterem Gewerbe oft von ihren nicht den besten Ruf genießenden Lebensgefährtinnen unterstützt wurden) und 3% Hofbefreite, d. h. Künstler und Spezialhandwerker für den höfischen Bedarf[18]. Auf diesen letzteren Absatzbereich orientiert waren auch die im Zeitalter Karls VI. in Wien errichteten Manufakturen. 1717 gründete der aus Genf stammende François Dunant eine Taftfabrik auf der Wieden (später am Tabor); 1718 folgte die berühmte Porzellanmanufaktur (zuerst in der Roßau – ,,Porzellangasse", später im Augarten) als Gründung von Claude Innocence du Paquier. Auf Schloß Neuhaus im Triestingtal war schon 1701 ein Betrieb für die Erzeugung von Spiegelglas unter finanzieller Beteiligung der Hofkammer ins Leben gerufen worden, der dann vom Wiener Stadtbanko übernommen wurde. In die Zeit um 1700 fallen auch die Anfänge der bald in großem Stil betriebenen Seidenmanufakturen, die bis 1848 die typische Wiener Industrie bilden sollten.

In sozialgeschichtlicher Hinsicht bedeutender als diese Betriebe wurden aber jene Manufakturzweige, die mit ihrer Massenproduktion in die Konsumgewohnheiten breiter Schichten eingriffen. Voraussetzung hiefür war der systematische Ausbau der jahrhundertelang vernachlässigten Verkehrsverbindungen, die mit dem Werden der habsburgischen Großmacht im Donauraum und seiner Öffnung zum Osten und zum Adriatischen Meer eine Notwendigkeit für den Bestand des Reiches wurden. Die Kommerzialstraßen, auch ,,Kaiserstraßen" genannt, wurden von Ingenieuren geplant und nicht selten in erstaunlich kurzer Zeit durch die zur Robot angehaltenen Bauern, Taglöhner und zwangsarbeitenden Bettler gebaut. Die unter Karl VI. geschaffenen Straßen hatten ihren Mittelpunkt in Wien, von wo sie nach Prag, Brünn und Breslau, westwärts ins Reich, nach Süden über den Semmering und den Loiblpaß (noch heute erinnern Barockdenkmäler auf diesen Paßhöhen an den einstigen Bauherrn) zum Freihafen Triest führten. Ein ganzes Bündel von Chausseen verband Wien über Hainburg, Bruck und Wimpassing mit Ungarn und dem Südosten. Kroatien erschloß die ,,Karolinerstraße" über Karlstadt (Karlovac) nach Porto Ré (Kraljevica), auch der siebenbürgische Rotenturmpaß wurde noch unter Karl VI. ausgebaut. Unter Josef II. folgten die Verbindung nach dem wichtigen Grenz- und Handelsort Brody in der neuerworbenen Provinz Galizien und die ,,Josefinerstraße" über den Karst nach Zengg (Senj). Der Arlberg wurde durch eine Kunststraße erschlossen. Unter Franz II. (I.) kamen als Schlußstein dieser bedeutenden Epoche österreichischen Straßenbaus die Louisenstraße nach Fiume (Rijeka), die Siebenbürgen mit der Bukowina verbindende Franzensstraße und – als kühnste und berühmteste Trasse altösterreichischer Straßenbaukunst und höchste Paßstraße Europas – die vorwiegend aus strategischen Gründen angelegte Verbindung über das Stilfserjoch (2760 m) hinzu[19].

Der Aufschwung der Textilmanufaktur hing eng mit dem Ausbau der Fernhandelsorganisation zusammen. So bestand eine Verbindung der 1719 gegründeten Ostindischen Kompagnie mit der von Graf Ferdinand von Mallenthein in Groß-Siegharts im oberen Waldviertel aufgenommenen Textilproduktion. Mallenthein gründete eine Kolonie von 160 Arbeiterhäusern. Die Hochkonjunktur flaute allerdings mit der durch die Seemächte erzwungenen Auflösung der Handelskompagnie bald ab – so wurde das Gebiet von Groß-Siegharts zur Heimstätte einer traditionsgebundenen Handweberei und -wirkerei, die erst im späteren 19. Jahrhundert von industriellen Organisationsformen aufgesogen wurde. Der Name „Bandlkramerlandl" – die Erzeugnisse wurden durch eine Hausierorganisation in der ganzen Monarchie vertrieben – blieb dieser Gegend des Waldviertels bis heute[20].

Weitaus günstigere Standortbedingungen für den Manufakturbetrieb gab es im Wiener Becken mit seinen verkehrsgeographisch bedeutsamen Handelsstraßen und der Nähe zur wachsenden Großstadt Wien mit ihren ansteigenden Konsumbedürfnissen. Zudem waren die aus den Voralpen kommenden, zum Teil von Grundwasser gespeisten und daher ganzjährig eisfreien Flüsse für die Betriebsgründungen eine nie versiegende Quelle der Antriebskraft. Die Orientalische Handelskompagnie vermittelte den neuen Werkstoff Baumwolle aus der Levante, der die Textilproduktion revolutionierte. 1723/26 wurde die Baumwollmanufaktur Schwechat gegründet, die zunächst mit ausschließlichem Privileg arbeitete. In diesem für alle späteren Werke vorbildlichen Manufakturbetrieb wurde nur die Endfertigung des Produkts vorgenommen; die Arbeiten des Spinnens und Webens wurden nach dem im großen Maßstab ausgebauten Verlagssystem vergeben.

Johann Heinrich Gottlob Justi, einer der bedeutendsten deutschen Nationalökonomen des 18. Jahrhunderts, der die Lehre der Populationistik, d. h. der Bevölkerungsvermehrung durch Binnenkolonisation und Wirtschaftsförderung, vertrat und 1751 als Lehrer ans Wiener Theresianum berufen wurde, schilderte den Schwechater Betrieb sehr anschaulich: „Die Kattunfabrik auf der Schwechat bei Wien hat einen solchen Umfang, daß sie eine kleine Stadt vorstellen kann. Sie hat über 300 Drucker, einige hundert Weber und fast ebenso viel Bleicher und andere Fabrikenarbeiter, die auf der Schwechat wohnen; über 400 Weber aber, die vor die Fabrik arbeiten, wohnen auf dem Lande in dieser Gegend, so daß alle Dörfer davon voll stecken. Das Landvolk, in einem Distrikt von sechs bis acht Meilen um die Schwechat herum, spinnet vor die Fabrik, so daß sich die Anzahl ihrer Spinner auf 9 bis 10 000 belaufen dürfte[21]." Das staatlich gebundene System der merkantilistischen Wirtschaftsförderung sollte durch größere Freizügigkeit in der Gewerbepolitik ersetzt werden, wie Justi vorschlug: „Die Freiheit ist die Seele der Kommerzien; und der Staat tut alles, was er zur Beförderung derselben tun kann, wenn er diese Freiheit (. . .) gestattet und ihnen keine Hindernisse in den Weg legt[22]."

Tatsächlich entstand aus dem Fortwirken der älteren Wirtschaftstraditionen und den neuen Tendenzen ein Mischtypus, bei dem die Unternehmerinitiative stets in das System des staatlichen Protektionismus eingebunden blieb[23]. Nach dem Erlöschen des ausschließlichen Privilegs für Schwechat (1762) folgte bald eine Reihe weiterer Betriebsgründungen; die Manufakturen von Kettenhof, Ebreichsdorf und Himberg im Viertel unter dem Wienerwald sowie Friedau bei Obergrafendorf und St.Pölten gehörten zusammen mit Schwechat zur Gruppe der sogenannten sechs „erbländischen Hauptkottonfabriken". In Böhmen traten vor allem adelige Grundherren als Gründer von Textilbetrieben der mariatheresianischen Epoche auf.

Die Bezeichnung „Fabrik" darf nicht darüber hinwegtäuschen, daß erst in sehr geringem Maß mechanische Vorrichtungen in der Produktion eingesetzt wurden. Theoretisch kannte man zwar die Unterscheidung zwischen Manufaktur und Fabrik, wie Justi ausführt: „Unter Manufaktur verstehet man eigentlich diejenigen Bearbeitungen, die bloß mit der Hand ohne Feuer und Hammer geschehen. Fabriken aber heißen diejenigen Arbeiten, zu welchen Feuer und Hammer oder ähnliche Werkzeuge angewendet werden[24]." Dennoch wurden beide Begriffe in der Terminologie der Zeit ständig miteinander vermengt, so daß von der Bezeichnung „Fabrik" nicht ohne weiteres auf Maschinenindustrie geschlossen werden darf. Der Begriff „Fabrik" sagt in dieser Zeit weder über die Größe noch über die Mechanisierung des Betriebes etwas Bestimmtes aus, sondern bezeichnet lediglich die außerzünftische Form der Produktion.

Für die weitere sozialgeschichtliche Entwicklung bedeutsam wurde der Umstand, daß die größten Manufakturen nicht in der Großstadt Wien selbst, sondern in der näheren und weiteren Umgebung angelegt wurden. Dies hängt mit dem Umstand zusammen, daß nur hier die notwendige Wasserkraft verfügbar war, aber auch mit den wesentlich niedrigeren Lebenshaltungskosten der noch halbagrarischen Arbeiterbevölkerung auf dem flachen Land. Charakteristisch hiefür ist die Argumentation in Josef von Sonnenfels' in vielen Auflagen erschienenen und bis in die Zeit Kaiser Franz II. (I.) als Lehr- und Handbuch der Staats- und Verwaltungswissenschaft verbindlichen „Grundsätzen der Polizei, Handlung und Finanz": „Die untergeordneten Arbeiter, welche in größeren Städten leben müssen, zahlen alle nach dem Verhältnisse teurer als die Verzehrung der großen Städte die Bedürfnisse verteuert. (. . .) Es ist daher nützlich, nicht nur den gemeinen Manufakturen ihren Sitz auf dem Lande anzuweisen, sondern selbst von denen, deren Hauptsitz gewissermaßen notwendig in der Stadt ist, wenigstens diejenigen untergeordneten Arbeiter auf das Land zu verlegen, bei deren Handarbeit das gegenwärtige Auge des Oberaufsehers nicht erfordert wird[25]."

Mit der Expansion des Betriebes mußten die niederösterreichischen Manufakturen ihr Einzugsgebiet weit ausdehnen; nicht nur in das Wald- und Mühlviertel, sondern bis nach Böhmen und Mähren hinein wurde Spinn- und Webarbeit verlegt. Im einzelnen ist die Organisation dieses von Faktoreien aus gelenkten Systems der Zirkulation von Rohstoffen und Halbfertigprodukten wegen der mangelnden Überlieferung der einschlägigen Quellen wenig bekannt; jedenfalls begannen seit dem 18. Jahrhundert kapitalistische Wirtschaftselemente, bisher rein agrarisch strukturierte Räume in rasch wachsendem Ausmaß zu erfassen.

Die enge Verbindung von grundherrschaftlicher Ökonomie, staatlicher Wirtschaftsförderung und Unternehmerinitiative im Manufakturbetrieb kann etwa am Beispiel der Friedauer Fabrik gut studiert werden. Johann Georg Grechtler (1701–1780), der als Sohn einfacher Leute im Schwarzwald geboren wurde, hatte sich vom Fuhrmann zu einem der bedeutendsten Heereslieferanten in der Zeit des Österreichischen Erbfolgekrieges emporgearbeitet. Franz Stefan von Lothringen, der Gemahl Maria Theresias, der bekanntlich selbst als Unternehmer große Aktivität entfaltete und von Friedrich II. der „größte Fabrikant seiner Zeit" genannt wurde[26], erhob Grechtler, der die Herrschaft Friedau von verschuldeten Hochadeligen erworben hatte, in den Reichsfreiherrenstand. Grechtler arrondierte seinen Besitz durch den zielbewußten Erwerb sämtlicher Grundherrschaften an der oberen Pielach und schuf sich durch den Holzschwemmbetrieb auf diesem Fluß eine solide Kapitalgrundlage. Zusammen mit dem Kalvinisten Johann Fries aus Mülhausen im Elsaß, Daniel Hüg aus Basel und dem Wiener Fabrikanten Johann Franz Obermayer begründete Grechtler eine Tuchmanufaktur, die dann in einen Baumwollbetrieb umgewandelt wurde[27]. Die Spinn- und Webarbeiten wurden im Verlagssystem an die kleinbäuerliche Bevölkerung des ausgedehnten Herrschaftsbezirkes und auch des Waldviertels ausgegeben; für die Fertigstellung und das Bedrukken der Stoffe stellte der Staat 100 Soldatenkinder als billige Arbeitskräfte zur Verfügung. Über die Behandlung dieser Kinder wurden von Seite der Eltern ernste Klagen erhoben (1774): Die Kinder waren krank, unterernährt, wurden von brutalen Aufsehern geschlagen und erhielten Unterricht erst nach Beendigung ihrer erschöpfenden Arbeit von 8 bis 10 Uhr abends. Eine Kommission fand diese Beschwerden nicht übertrieben: Die Kinder waren „fast nackend, grindig und voll Krätze". Zur Besserung dieser Zustände geschah freilich nichts Entscheidendes[28].

Überhaupt bildete die Kinderarbeit im System der Manufaktur wie auch der frühen Fabrik einen integrierenden Bestandteil. Die in einer ständischen Gesellschaftsordnung aufrechterhaltenen Heiratsbeschränkungen für die Unterschichten führten zu einer unverhältnismäßig hohen Zahl von unehelichen Geburten. Dem Nützlichkeitsdenken des aufgeklärten Absolutismus erschien es einleuchtend, sich für den Unterhalt der Findel- und Waisenkinder schadlos zu halten. Unter Maria Theresia wurde zwar das Waisenhaus vom Zucht- und Arbeitshaus, mit dem es bisher verbunden gewesen war, getrennt, doch sollten die Kinder weiterhin einer harten, auf ihre Erziehung zur „Arbeitsamkeit" ausgerichteten Disziplin unterworfen bleiben. Der Fabrikant Johann Michael Khünmayr plante die Verbindung des neuen Waisenhauses mit seinem Betrieb und nahm diesbezüglich Kontakt mit den Behörden auf. In dem am Rennweg neuerrichteten Wiener Waisenhaus konnte sich aber unter der Leitung des Jesuitenpaters Ignaz Parhammer die Tendenz zu einer militärischen, am Vorbild der Kadettenschulen orientierten Waisenerziehung für einige Zeit durchsetzen, doch galt immer die Heranführung der Kinder an die industrielle Arbeitsdisziplin der Manufaktur als oberstes Ziel der mariatheresianischen Verwaltung[29]. Justi stellte in dieser Hinsicht Westeuropa als Vorbild hin: „Man bemerket, daß in solchen Landen, wo sich ein besonderes Genie zu Kommerzien und Manufakturen zeigt, die Kinder schon in ihren frühesten Jahren zur Arbeit und Fleiß angehalten werden. In Holland und Engelland siehet man schon Kinder von vier bis sechs Jahren allerlei ihrem Alter gemäße Arbeiten verrichten. (. . .) Die Pflichten des bürgerlichen Lebens sollten ein so eifriger Gegenstand des Unterrichts der Kinder als die Pflichten der Religion sein[30]."

Ein bemerkenswertes Dokument dieses besonders in der josefinischen Epoche vertretenen Utilitätsdenkens im pädagogischen Bereich ist die in Prag 1785 erschienene Schrift „Über die Bildung der Jugend zur Industrie", die zu einer Verbindung der Schulen mit Manufakturen und polytechnischem Unterricht ab dem sechsten Lebensjahr rät[30a].

Das theoretische Modell wandelte sich freilich in der Praxis des Manufakturbetriebes von Anfang an zu schonungsloser Ausbeutung der Arbeitskraft von Kindern und Jugendlichen beider Geschlechter, die sich bis weit in das 19. Jahrhundert fortsetzen sollte. So begründete der Stockerauer Batistfabrikant Gabriel Metsch 1770 die Beschäftigung von Kindern in seinem Betrieb mit der Behauptung, er täte dies „aus Liebe zum allgemeinen Besten und zu Ausrottung des schändlichen Müßigganges, welcher bis zur Ärgerniß unter der Jugendt herrschet[31]". Ein Gesuch der Seidenfabrikanten Franz Andrä und Karl Bräunlich, die im aufgehobenen Karmeliterkloster zu Wiener Neustadt eine Seidenmanufaktur gründeten, um die Dispens der in ihrem Betrieb arbeitenden Kinder von der Schulpflicht wurde vom Staatsrat mit dem folgenden bezeichnenden Argument bewilligt: „Es wäre wirklich hart, den armen Eltern die Gelegenheit zu benehmen, ihre Kinder noch eher an Arbeitsamkeit zu gewöhnen[32]." Nur in Extremfällen sah sich die staatliche Verwaltung genötigt, den bezüglich des Einsatzes von Kinderarbeit hemmungslosen Fabrikanten entgegenzutreten. So wurde 1785 ein Ansuchen um die Überlassung von Waisenkindern abschlägig beschieden: „Die Bedingnisse, welche der Fabrikinhaber Lang [in Ebreichsdorf] verlanget, wären einigermaßen noch härter als bei dem Sklavenhandel[33]."

Episode blieb das oft genannte Einschreiten Josefs II. gegen skandalöse Zustände bei der Behandlung der Fabrikskinder. Bei einer Besichtigung der Seidenflorfabrik Consolati in der Grünmühle bei Traiskirchen war der Monarch auf die grauenvolle Verwahrlosung der Kinder aufmerksam geworden, die hier zusammengepfercht dahinvegetierten. Der Kaiser ordnete 1786 die Trennung der Geschlechter in den Schlafräumen an, wo jedem Kind ein eigenes Bett zugewiesen werden sollte, ferner die regelmäßige Reinigung der Leib- und Bettwäsche sowie die ärztliche Visitation. Auch sollten keine Kinder unter neun Jahren beschäftigt werden[34]. Wir müssen allerdings annehmen, daß selbst diese Minimalforderungen wegen des Fehlens von Kontrollorganen kaum eingehalten wurden; die josefinische Verordnung wurde 1816 erneut publiziert, blieb aber das einzige Gesetz zum Schutze der arbeitenden Menschen bis 1848.

Das Vordringen kapitalistischer Produktionsformen ging Hand in Hand mit der Reformtätigkeit des aufgeklärten Absolutismus im bäuerlichen Bereich. Die Steuerreformen Maria Theresias und die gesetzliche Verankerung der Freizügigkeit der Bauern durch die Gesetzgebung Josefs II., mit der die letzten Reste der Leibeigenschaft verschwanden, können hier nur in ihren wichtigsten sozialgeschichtlichen Folgen kurz gestreift werden. An die Stelle der Zwangsgesindedienste trat die Taglöhnerarbeit; für die ländlichen Unterschichten bedeutete das Reformwerk eine Lösung aus alten Bindungen und erhöhte die soziale Mobilität[35]. Eine grundlegende Umgestaltung der Agrarverhältnisse, die mit der Urbarialregulierung und der Ablösung der Robot angestrebt wurde, kam jedoch nicht zur Ausführung. Der Fortbestand der überlebten grundherrschaftlichen Organisation der Landwirtschaft sollte die wirtschaftliche und soziale Entwicklung bis zu ihrer endgültigen Aufhebung 1848 schwer belasten.

In den landwirtschaftlichen Produktionsmethoden leitete das 18. Jahrhundert Umwälzungen ein, deren Folgen tief in die sozialen Verhältnisse der Landbevölkerung einschnitten. Neue Akkerbautechniken wurden propagiert. Der Anbau von Futterpflanzen, vor allem des Klees, ermöglichte entscheidende Verbesserungen der Viehzucht. Die Hutweiden, ehemals Gemeindeland, wurden aufgeteilt und kultiviert. Mit dem Verschwinden der alten Gemeinderechte verloren die ländlichen Unterschichten ihre Lebensgrundlage, sie waren auf die durch die Manufakturen vermittelte Heimarbeit angewiesen – Vorstufe ihrer Proletarisierung, die in großem Maßstab aber erst nach der Auflösung des grundherrschaftlichen Verbandes nach 1848 erfolgte. Zugleich ermöglichten diese Neuerungen einen erheblichen Bevölkerungsanstieg, der auch durch das Ende der großen Seuchen infolge wesentlicher Verbesserungen im Gesundheitswesen gefördert wurde. Die ursprünglich als Hilfsmittel gegen Hungersnöte, wie sie etwa 1770/71 Böhmen katastrophal heimsuchten, angepflanzte Kartoffel wurde im 19. Jahrhundert zum Hauptnahrungsmittel breiter Bevölkerungskreise.

Bevölkerungsanstieg und das Vordringen kapitalistischer Produktionsformen sollen durch einige Zahlen verdeutlicht werden.

Vor dem Einsetzen der Industrialisierung lebten 1754 in Niederösterreich (mit Wien) 929 576 Menschen, 1772 belief sich die Gesamteinwohnerzahl der Monarchie auf etwa 18,6 Millionen Menschen[36]. 1780 zählte man in Niederösterreich bereits 1,100 000 Einwohner – auf Wien entfielen 1754 175 609, 1782 206 120 Einwohner[37]. Die Zahl der in den Kommerzgewerben Tätigen stieg während der mariatheresianisch-josefinischen Epoche rasch an: 1762 waren in Niederösterreich 19 733, 1782 50 065 Menschen gewerblich tätig; für 1790 wird ihre Zahl mit 182 473 angegeben. Dabei ist allerdings zu berücksichtigen, daß die letzte Angabe die Gewerbstätigkeit im weitesten Sinn einbezog, d. h. auch die Heimarbeiter, die das stärkste Kontingent stellten, berücksichtigte. Man zählte damals 10 612 Meister und Witwen, 14 928 Gesellen, 5627 Lehrjungen, 19 158 ,,Weibspersonen" und 119 906 Spinner, Spinnerinnen und Spulerinnen[38]. Bedenkt man noch die Zahl der hier nicht ausgewiesenen nicht selbständig erwerbstätigen Familienangehörigen, so wird der tiefgehende Wandel der Bevölkerungsstruktur im Zeitalter der Manufaktur deutlich. Die wenig später einsetzende Maschinenindustrie traf schon auf eine Gesellschaft, deren traditionelle Gemeinschafts- und Familienbeziehungen gelockert waren.

Es konnte nicht ausbleiben, daß diese sozialen Veränderungen zu Konflikten führten, die noch innerhalb der ständischen Ordnung ausgetragen wurden. Besonders die Handwerksgesellen, denen die Konkurrenz der Frauen- und Kinderarbeit in den Manufakturen, aber auch schon in den kleineren Gewerbebetrieben unangenehm fühlbar wurde, gerieten in Unruhe. So kam es 1770 zu einer Revolte der Seidenzeugmachergesellen in Wien. Sie wendeten sich vor allem gegen die den Lohn drückende Einstellung weiblicher Arbeitskräfte. 1772 bestanden in Niederösterreich (zum ganz überwiegenden Teil konzentriert in den Wiener Vorstädten) 31 Seidenfabriken. Schon damals überwog die Zahl der Frauen die der beschäftigten Männer in der Seidenmanufaktur. Man zählte 462 Meister, 917 Gesellen, 610 Jungen, 728 Arbeiterinnen, 606 Lehrmädchen, 1519 Seidenwinderinnen, 286 Faktoren und Beamte. Das Aufbegehren der Gesellen wurde im Keim erdrückt, 149 von ihnen wurden bei Wasser und Brot eingesperrt; für Unbotmäßige drohten als Strafen Abstellung zum Militär und Zuchthaus[39].

Nach dem Regierungsantritt Franz II. (I.) achteten die Behörden und die Polizei auf Unmutsäußerungen der Unterschichten besonders sorgfältig. Was diese im Zeitalter der Französischen Revolution den Herrschenden so gefährlich erscheinen ließ, war die Möglichkeit einer Verbindung zwischen der demokratisch-revolutionären Intelligenz mit der sozialen Unruhe in Stadt und Land.

Während Josef II. nie daran gedacht hatte, auf seine absolutistische Regierungspraxis zu verzichten, übertrug sein Nachfolger Leopold II. einer Anzahl liberal und demokratisch gesinnter Beamter und Intellektueller in seinem geheimen Mitarbeiterkreis bestimmte Aufgaben, wobei er jedoch alle Fäden in der Hand behielt. Der Tod Leopolds II. und der Übergang zu einer offenen Reaktionspolitik unter Franz II. (I.) machte die Hoffnungen dieses Kreises auf einen friedlichen, reformistischen Weg zum Verfassungsstaat zunichte und nötigte ihnen die Form des Geheimbundes zur weiteren Verfolgung ihrer Ziele, die sie im revolutionären Frankreich verwirklicht sahen, auf. In der breiten Öffentlichkeit, die eine wirkungsvolle Propaganda mit Greuelnachrichten über die Französische Revolution zu erschrecken verstand, konnten ihre Bestrebungen keinen Widerhall erwarten. Als Beispiel für diese gegenrevolutionäre Literatur sei aus dem „Lied eines Würstelbuben gegen die Jakobiner" zitiert:

„Ein Würstelbub hat mehr Vernunft, hessa,
Als jede Jakobinerzunft, tralla,
Der Würstelbub sieht jetzt schon ein,
Daß er dem Landsherrn treu muß sein[40]."

Andererseits konnten die demokratisch gesinnten Intellektuellen mit weitverbreiteter Unzufriedenheit unter den Bauern, die durch den Abbruch und die teilweise Rücknahme des josefinischen Reformwerks verbittert waren, und unter den großstädtischen Unterschichten rechnen. Wieder waren es die Seidenweber, die – durch die Absatzkrise brotlos geworden – gegen die übermäßige Einstellung von Lehrjungen und Frauen protestierten. 1792 wollten sie den jungen, „von Schönbrunn nach Wien reisenden Monarchen auf eine unruhige Art um Unterstützung bitten". Von dem Bänkeldichter Johann David Hanner, Kirchendiener in Neulerchenfeld, ließen sie ein „treuherziges Sendschreiben eines Zeugmachergesellen an seinen Freund über den schlechten Verdienst dieser Profession in Wien“ verfassen. Der vorwitzige Dichter büßte seine Stellungnahme für die Gesellenforderungen mit Arrest; das „Sendschreiben“ wurde sofort konfisziert. Das darin enthaltene Gedicht ist in seiner volkstümlichen Ausdrucksweise und mit der scharfen Anklage gegen Herrenwillkür und Ausbeutung ein Vorläufer des anonymen Weberliedes, das von den schlesischen Webern während ihres Aufstands von 1844 gesungen und in Gerhart Hauptmanns berühmtes Drama übernommen wurde. Im Wiener Weberlied heißt es mit einer bezeichnenden, an den „guten“ Kaiser Josef erinnernden Schlußwendung:

„Dies hätt' man nie in Wien gesucht,
Ja, schön geht es hier zu.
Die Herren, ist das nicht verflucht,
Die geben keine Ruh.
Sie haben nicht genug Profit
Bey ihrer Jungen Schaar.
Auch viele Menscher machen mit,
Was selten üblich war. (. . .)

Man weiß doch, wie die Zeiten sind,
Fast alles klaget sich;
Und viele haben Weib und Kind,
Wer nähret sie und mich?
Da wird der Mensch oft desperat,
Ihm fehlet die Geduld –
Sagt, wer die meiste Ursach hat?
Ihr Herren habt die Schuld.

Ach! wüßte dies die Obrigkeit,
Die stets für Ordnung wacht,
Wie man uns kränkt bey dieser Zeit,
Was Joseph nie gedacht.
Zu früh starb leider dieser Herr,
Er hat es gut gemeint,
Im Grab gebührt ihm noch die Ehr';
Er war ein Menschenfreund[41].“

Wesentlich schärfer und ohne die versöhnlich-loyale Wendung des Hannerschen Gedichtes formulierte wenig später das von

Walter Grab erstmals veröffentlichte „Eipeldauerlied“ sozialen Protest und Fürstenhaß. Der Verfasser dieses Gedichts dürfte zusammen mit anderen der Platzoberleutnant Franz Hebenstreit von Streitenfeld gewesen sein, der nach der Aufdeckung der sogenannten „Jakobinerverschwörung“ am 8. Jänner 1795 in Wien hingerichtet wurde. Ausdrücklich wendet sich das „Eipeldauerlied“ an das niedere Volk, das zur Revolution und zum Sturz des Fürsten aufgerufen wird:

„S' ist ja das Volk kein Arschpapier
Und darf auf sich wohl denken,
Wer halt nicht lernen will Manier,
Den Lümmel muß man henken. (. . .)

So manches gute Mutterkind
Hat elend sterben müssen,
Weil enker Franz, von Hoffart blind,
Will, daß d' Franzosen büßen.

Was geh'n ihn denn d' Franzosen an,
Dort hat er nichts zu kehren,
Wär er lieber hier ein rechter Mann
Und hielt enk fein in Ehren.

Enk, das heißt enk, die er nicht kennt,
Enk Trager, Schiffleut, Hauer,
Den, der's Holz hackt, der d' Kohlen brennt,
Den Handwerksg'selln, den Bauer.

Denn sagt's mir's, ist im ganzen Land
Wer z'finden, der was macht,
Wenn er nit ist mit enk verwandt
Und nit mit enk veracht[42]?“

Hebenstreit ist auch der Verfasser eines langen Lehrgedichts in lateinischer Sprache („Homo hominibus“), in dem er – beeinflußt von Rousseau und der französischen Aufklärungsliteratur – für die Abschaffung des Privateigentums und die Einführung der Gütergemeinschaft eintritt[43]. Dem Bericht des Buchdruckers Josef Vinzenz Degen, eines Vertrauensmanns der Polizei, zufolge, der Hebenstreit aushorchte, soll dieser seine Revolutionspläne auf ein Bündnis zwischen den Armen und Ausgebeuteten und der demokratischen Intelligenz aufgebaut haben: ,,Die Opinionen seien bereits formiert, weil jeder Handwerksgeselle und Taglöhner es bei sich fühle, daß in der ganzen Monarchie der Arbeiter nichts habe und der Nichtstuende viel; es wäre hier nicht um gebildete, sondern um handfeste Leute zu tun.“ Die zweckmäßigste Assoziation für eine revolutionäre Erhebung ,,bestünde aus Studenten, welche sich in die niedrigsten Biergelage und Schenken verfügen müßten, um dort die Träger, die Krone aller handfesten Revolutionärs, wie er sagt, alle Gattung der schwer arbeitenden Handwerksgesellen und Taglöhner unter allerlei Vorwand an sich zu ziehen[44].“

Den österreichischen Jakobinern gelang es aber nicht, eine soziale Basis ihrer revolutionär-demokratischen Bestrebungen zu finden. Weder war für eine bürgerliche Revolution ein analog zur französischen Umwälzung in Frage kommendes Bürgertum vorhanden, noch war von den höchst unterschiedlichen und zersplitterten Gruppen der sozialen Unterschichten, deren heterogene Zusammensetzung ja auch das ,,Eipeldauerlied“ andeutet, ein zielbewußtes Vorgehen zu erwarten. So verhallten ihre Appelle an das ,,Volk“ ungehört und blieben nur in den lange Zeit streng geheimgehaltenen Gerichtsakten erhalten. Die brutale Unterdrückung dieser Zirkel durch Galgen und Kerker – ähnliche Verbindungen wurden in der Steiermark und Ungarn aufgedeckt und zerschlagen – verhinderten die Begründung einer demokratischen Tradition; die Achtundvierziger wußten von diesen Vorläufern ihrer Bestrebungen so gut wie nichts.

DIE INDUSTRIELLE REVOLUTION UND DIE LAGE DER ARBEITERSCHAFT

Die panische Revolutionsangst, die hinter den Jakobinerprozessen der frühen Regierungszeit des Kaisers Franz stand, sollte sich auch hemmend auf den zusammen mit der politischen Revolution Frankreichs für die Neugestaltung der europäischen Gesellschaft wichtigsten Prozeß auswirken: die industrielle Revolution, die von England ausging.

Dazu kam, daß die Zunftmeister nach dem Tod Josefs II., der eine gegen die Zünfte gerichtete, auf die Förderung der Manufakturen ausgerichtete Wirtschaftspolitik betrieben hatte, Morgenluft witterten. Auch der Wiener Magistrat machte sich diese der Gewerbefreiheit feindlichen Anschauungen zu eigen. Im Sinne einer gebundenen Wirtschaft wurde nunmehr heftig gegen die Theorie der Kameralisten von der wünschenswerten Bevölkerungsvermehrung polemisiert. So hieß es schon 1790: ,,Seit der Zeit, als man den Bevölkerungsgrundsatz auch auf die Haupt- und Residenzstadt Wien auszudehnen anfing, auch selben zum Maßstabe aller politischen Anordnungen angenommen zu haben scheinet, ist die hiesige Bürgerschaft von ihrem vormaligen Wohlstand sehr merklich und empfindlich herabgesunken. Um die aus dem Bevölkerungsgrundsatze fließende Vervielfältigung der Nahrungswege zu bewirken, wurden die Fabriken in der Hauptstadt zusammengedrängt, die sogenannten fabriksmäßigen Befugnisse fast bis ins Unendliche erteilt, die Gewerbe ohne Rücksicht auf das Bedürfnis des Publikums zu einer den Gewerbsinhabern und dem Publikum selbst lästigen, übermäßigen Anzahl gesetzt, alle Zünfte und Professionen mit neuen Meistern überschwemmt und dadurch veranlasset, daß nicht nur das Publikum nunmehr alle Bedürfnisse viel teurer als vorhin zu bezahlen genötigt ist, sondern daß auch die Gewerbsleute einer mit den andern zu Grunde gehen muß[1]."

1791 verband ein anonymer ,,Patriot" seinen Haß ,,gegen die dummen Aufklärer, die Gemeinplätze von Despotismus der Fürsten, von Menschenrechten, von allgemeiner Naturfreiheit und von politischer Sklaverei" mit der Forderung nach Verlegung der Fabriken und Entfernung der Fremden aus Wien. Den Fabrikanten wirft dieser Autor vor, „daß sie durch das Anhäufen der Arbeiter gemeinschaftlich mit dem fremden Abenteuervolk, dem Glücksrittergesindel, dem Spionengeschmeiß, den Bettlerlegionen, dem Kuppler- und Negotiantenkomplott, die wöchentlich zu allen Toren Wiens einbrechen, das Leben der Hauptstadt verteuern[2]".

Diesen industriefeindlichen Tendenzen war in der frühfranziszeischen Epoche ein vorübergehender Sieg beschieden. Wer Kaiser Franz bei seiner tiefverwurzelten Revolutionsfurcht zu packen verstand, konnte des Erfolges sicher sein. Besonders die Manufakturarbeiter und Gesellen galten in einer Zeit wirtschaftlicher und politischer Krisen als revolutionäres Element, man sah in ihnen das Gegenstück zu den Sansculotten der Französischen Revolution. So meinte der Polizeichef Pergen 1794: „Diese Gattung nahrungsloser und größtenteils ungesitteter Menschen [sei es], welche jedem Staate die größte Gefahr, besonders bei jetzigen Zeiten androhe, da durch dieselbe die Jakobiner den Umsturz der französischen Regierung und das allgemeine Unglück Europas bewirkt haben[3]." In diesem Sinn wurde schon 1795 eine kaiserliche Verordnung erlassen, die verfügte, „daß die Anlegung neuer Fabriken in der Hauptstadt auf alle Art verhindert, hingegen die Errichtung derselben auf dem Lande begünstigt werde".

1802 meinte Graf Ferdinand von Kuefstein, „es würde von unverkennbarem Vorteile sein, die Fabriken so viel möglich von der Hauptstadt zu entfernen und nach dem platten Lande zu verlegen[4]". Die Errichtung von Arbeitsanstalten sollte nach Kuefsteins Vorstellungen einer gleichmäßigen Verteilung der Bevölkerung dienen und das bedrohliche Anwachsen der Großstädte verhindern. In der Arbeiterschaft sah Kuefstein eine höchst gefährliche Klasse; er sprach von ihr als „jenem unnützen, unterbeschäftigten und überflüssigen Gesindel, das auf jeden Fall nichts zu wagen, nichts auf das Spiel zu setzen hat, mithin zur Unruhe, zu Schwärmerei und Parteigeist, zur Aufwiegelung und Empörung seiner Natur nach immer aufgelegt und bereit ist[5]".

Die Bevölkerungszunahme Wiens (1791: 209 231 Einwohner; 1800: 232 637) erregte die Besorgnisse der Polizei derart, daß 1802 und 1804 das Verbot der Gründung von Fabriken innerhalb des Linienwalls bzw. in einem Umkreis von vier Meilen neuerlich eingeschärft wurde. Diese vom Monarchen persönlich betriebenen Maßnahmen hatten allerdings nur wenig praktische Bedeutung, da die maßgeblichen Behörden, Hofkammer und Hofkanzlei, in diesem Punkt ihren eigenen, an der josefinischen Tradition orientierten und schon von frühliberalen Tendenzen geprägten Vorstellungen folgten. So ließ sich die Hofkammer 1807 gegen die Zünfte, denen das Fabrikenverbot zugute kommen sollte, vernehmen: ,,Daß das gotische Gebäude der Zunftverfassung, welches sich noch aus den finsteren Zeiten des Mittelalters herschreibt, wo der Handelsstand unter dem Joche der Knechtschaft seufzte, nicht mehr für unsere Lage und Verhältnisse passe, ist eine ziemlich allgemein anerkannte Wahrheit; so wie die Geschichte beweist, daß der Handel stets nur der Freiheit sein Gedeihen verdanke[6]."

Wenn die ,,Vaterländischen Blätter für den österreichischen Kaiserstaat" 1808 über die Arbeiter schrieben, es verdiene ,,keine andere Klasse von Menschen unter eine scharfe spezielle Aufsicht genommen zu werden, wenn nicht diese, aus welcher so vieles Unheil, so vieler Unfug und so manche Verletzung des Eigentums hervorgeht[7]", so hielt die Hofkanzlei diese Bedenken für stark übertrieben: ,,Was die Hilfsarbeiter betrifft, so mögen jene der untersten Klassen immerhin sehr roh sein, aber ganz unrichtig ist das allgemeine und ungünstige Urteil, mit dem über sie gesprochen wird. (. . .) Nie werden endlich die Gewerbe und Fabriken so nahe grenzen, daß Verabredungen unter den Hilfsarbeitern zu gefährlichen Maßregeln eintreten können, zu denen sie unter besonderen Umständen etwa geneigt sein dürften[8]."

Das langjährige zähe Ringen um den in der staatlichen Wirtschaftspolitik einzuschlagenden Weg endete mit einem Sieg der liberalen Kräfte. 1809 verkündete ein Hofkammerdekret als Maxime für die Kommerzialgewerbe, man solle ,,die Industrialfreiheit zur unabweichlichen Grundlage annehmen, insbesondere aber bei deren Entscheidungen in keinem Falle von dieser Richtschnur abweichen und in keinem Falle den gefährlichen Einstreuungen des Monopols und des Zunftgeistes Gehör geben, sondern die freie Konkurrenz mit Entfernung aller ängstlichen Nebenrücksichten standhaft behaupten[9]". 1811 fielen die einschränkenden Bestimmungen für die Wiener Industrie, die nur noch auf dem Papier standen, auch de jure. Aber auch in der Folgezeit fand die Wirtschaftspolitik keine klare Linie. Die allgemein verbreitete Scheu vor der Konkurrenzwirtschaft ließ immer wieder den Ruf nach staatlicher Protektion laut werden. 1822 baten die Gewerbetreibenden um ein Verbot weiterer Gewerbsbefugnisse. Der Kaiser stimmte dieser Forderung, die seinem statischen Wirtschaftsdenken entsprach, zu; doch fiel auch diese Bestimmung wenig später (1827)[10].

Mit Recht konnte der Hofkammerpräsident Kübeck bei Antritt seines Amtes (1840) zu Metternich sagen: „Die österreichische Regierung hat in dem Bereiche der Industrie und des Handels wohl verwaltende Maximen und darauf gegründete gesetzliche Bestimmungen und Maßregeln befolgt, aber eine ausgesprochene, positiv festgesetzte Richtung ihrer Politik fehlt allerdings in diesem wichtigen Zweige[11]."

All diese Schwankungen konnten nicht verhindern, daß seit dem Beginn des 19. Jahrhunderts die wesentlichsten Grundlagen für die industrielle Revolution in Österreich gelegt wurden. In wenigen Jahrzehnten wurden Teile Niederösterreichs, Böhmens und Vorarlbergs zu Industriebezirken, wobei wie in England der Baumwollindustrie die führende Rolle zufiel. Bald schon konnte der Vergleich mit Großbritannien angestellt werden – der Topograph Blumenbach schrieb 1835 über das Viertel unter dem Wienerwald, es sei „zum Teil mit einer fast zusammenhängenden Reihe von Fabriken bedeckt, ungefähr so, wie man es in manchen Gegenden Englands findet[12]". Für das Jahr 1811 nennt derselbe Gewährsmann 191 „größere Fabriken" in Wien, 93 im Viertel unter dem Wienerwald. Demgegenüber fielen die übrigen Landesviertel von Niederösterreich mit zusammen nur 16 Industriebetrieben stark ab[13].

Es darf freilich nicht übersehen werden, daß die frühen Industriegründungen hauptsächlich in besonders begünstigten Gebieten stattfanden und nur Inseln inmitten eines weitgehend agrarischen Staates bildeten. 1816 waren von 27 613 000 Einwohnern der Gesamtmonarchie (dazu sind noch 800 000 Mann Militär zu rechnen) 1 200 000 Menschen in der Leinen-, 300 000 in der Woll-, 110 000 in der Seiden- und 100 000 in der Baumwollproduktion beschäftigt. 60 000 Menschen lebten unmittelbar vom Bergbau; mit den Familien und den metallverarbeitenden Gewerben wurde die Zahl der hier Beschäftigten aber auf 500 000 geschätzt[14]. Auffällig an diesem statistischen Schema, bei dem infolge der recht rohen Methoden der Volkszählung mit Ungenauigkeiten zu rechnen ist, ist die relativ geringe Zahl der in der Baumwollproduktion beschäftigten Arbeitskräfte, umso mehr, wenn wir die erstaunlich hohen Beschäftigungszahlen gerade in dieser Branche im ausgehenden 18. Jahrhundert zum Vergleich heranziehen. Das hängt damit zusammen, daß in der Baumwollerzeugung damals bereits die Mechanisierung eingesetzt hatte, die in der Leinen- und Wolltucherzeugung wegen technischer Schwierigkeiten erst später vordrang. England hütete eifersüchtig den Vorsprung, den seine Industrie dank der Erfindungen auf dem Sektor der Spinnmaschinen gegenüber dem Kontinent gewonnen hatte[15]. Um John Thornton aus Manchester, der die Geheimnisse der englischen Maschinenspinnerei nach Österreich brachte, bildete sich 1801 die ,,k. k. privilegierte Garnmanufakturgesellschaft", die ihren Betrieb in Pottendorf gründete. Charakteristisch für die Zusammensetzung der österreichischen Unternehmerschaft war die soziale Stellung der Mitglieder dieses Konsortiums, in dem der dem westeuropäischen Bourgeois entsprechende Unternehmertyp gegenüber Hochadel und Großhandelshäusern zurücktrat. An der Spitze der Pottendorfer Gesellschaft stand Fürst Nikolaus Esterházy, der Herrschaftsinhaber von Pottendorf. Dann folgten Fürst Colloredo, Graf Keglevics, Graf Vrbna, Freiherr von Badenthal (Besitzer der Schwechater Manufaktur), der Regierungsrat Josef Hartl von Luchsenstein und die jüdischen Großhändler Th. Berger und O. Frank[16].

Der Erfolg des Pottendorfer Betriebes zog einen wahren Gründungsboom nach sich; 1828 bestanden in Niederösterreich 31, im Jahr 1848 schon 50 Baumwollfabriken – die überwiegende Mehrzahl davon im Viertel unter dem Wienerwald. 1815 waren 25 Millionen Gulden Kapital in die junge Baumwollindustrie investiert; in den Fabriken arbeiteten 1059 Mules und 110 Waterframes. Zählte man, wie bereits erwähnt, im ausgehenden 18. Jahrhundert noch über 100 000 Handspinner und -spinnerinnen in Niederösterreich, so sank ihre Zahl zu Beginn des 19. Jahrhunderts rapid auf etwa 7000[17]!

Ähnlich rasch verlief die Entwicklung in Böhmen und Vorarlberg. Mit dem Aufstieg der Baumwollindustrie konnten die übrigen Zweige der Textilindustrie nicht Schritt halten. Während die Mechanisierung der Baumwollspinnerei buchstäblich mit einem Schlag die Handspinnerei überflüssig machte, hielt sich das Verlagssystem in den anderen Sparten der Textilproduktion, besonders in der Leinenherstellung, wesentlich länger. Das qualvoll langsame Absterben dieser veralteten Produktionsweise und der Druck der ausländischen Konkurrenz führten zu furchtbarer Verelendung der in dieser Hausindustrie Beschäftigten. So konnte in Böhmen nach den „Tafeln zur Statistik der österreichischen Monarchie" für 1841 ein Flachsspinner als Wochenlohn 15 bis 36 kr, ein Leinenweber 36 kr bis 1 fl 48 kr verdienen. Hält man dagegen die Lebensmittelpreise (1 Metzen Korn – 2 fl 28 kr, 1 Metzen Erdäpfel – 34 kr, 1 Pfund Rindfleisch $6^3/_4$ kr) und den geringsten Taglohn (15 kr), so wird deutlich, daß für diese am Rand des Existenzminimums vegetierende Arbeiterschicht (1841: 200 000 Beschäftigte) die Verteuerung der Lebensmittel in den späten vierziger Jahren zu einer Katastrophe führen mußte. 1847 stieg der Preis für einen Metzen Kartoffel, das Hauptnahrungsmittel der Spinner und Weber, auf 2 fl 30 kr! In den Hungergebieten Böhmens und Schlesiens wurde im Vormärz ein Volkslied gesungen, das als höchste Sehnsucht das Verlangen zum Ausdruck brachte, sich in einem besseren Jenseits einmal richtig satt essen zu können:

„San das halt schwere Zeiten
Bei uns armen schlachten Leuten!
Wenn mer war'n in Himmel kumme,
Hat de Plag a End genumme.
Ach in Himmel is a Lab'n,
Dort ass'n mer lauter Pfannenwabn,
Honigflaten, daß se klacken,
Daß mer tut de Finger lacken[18]."

Wenn es in Niederösterreich dieses vor allem vorindustrielle Gewerbeschichten treffende Elend auch nicht in dem erschrekkenden Maß wie in den Sudetenländern gab, so war doch die Situation der Arbeiter trist genug. Die schon im Manufakturzeitalter einsetzende Ausbeutung der Arbeitskraft von Kindern, Jugendlichen und Frauen verschärfte sich weiter. Die „leichte" Arbeit an den Maschinen der Textilfabriken wurde bis an die äußerste Grenze der physischen Leistungsfähigkeit ausgedehnt. Seit dem späten 18. Jahrhundert hatte sich in den Wiener Seidenfabriken der Brauch herausgebildet, die Lehrjungen zum halben Gesellenlohn aufzudingen. Sie hatten dabei freilich die ganze Gesellenarbeit zu leisten, ohne daß der Meister oder Fabriksinhaber für ihre weitere Ausbildung und Versorgung Verantwortung trug. Der Wiener Magistrat klagte 1792, daß diese Jugendlichen sich früh an das Wirtshausleben gewöhnten und so „schon in der frühen Jugend der Grund zu ausschweifenden Gesellen" gelegt werde. Über die Prager Seidenarbeiterkinder bemerkte man 1790, sie würden „sich gleich in ihrem noch zarten Alter ihre noch weichen Glieder verunstalten, und die meisten durch Verengung ihrer Brüste gebrechliche Menschen werden"[19]. Schon damals wurde die weitgehende Untauglichkeit der Fabriksjugend zum Militärdienst konstatiert. In der Regierungszeit Ferdinands I. erwies sich nur noch die Hälfte der ausgehobenen Rekruten als militärdiensttauglich[20].

Der Staat war also daran interessiert, Maßnahmen gegen den rücksichtslosen Umgang der Unternehmer mit der Gesundheit besonders ihrer kindlichen und jugendlichen Arbeiter zu treffen. Eine Kommission der Hofkammer wies 1835 nachdrücklich auf die „physische und moralische Vernachlässigung der Kinder in den Fabriken, ihre übermäßige Anstrengung und dadurch hervorgebrachte Verkrüppelung und moralische Herabwürdigung" hin. Von den Landesregierungen wurden 1839 Gutachten über dieses Problem eingeholt; besonders die niederösterreichische und die Tiroler Landesstelle traten für eine gesetzliche Verhinderung der ärgsten Mißbräuche auf diesem Gebiet ein.

In diesen Jahren setzten auch in Westeuropa Bemühungen ein, die Arbeitgeber durch staatliche Kontrolle zur Verbesserung der Arbeitsbedingungen zu zwingen. In England schrieb die Truck-Act von 1831 die Bezahlung der Löhne in bar vor, die Althorp-Act (1832) untersagte im Textilbetrieb (mit der charakteristischen Ausnahme der Seiden- und Bortenerzeugung) die Beschäftigung von Kindern unter neun Jahren, schränkte die Arbeitszeit der neun- bis achtzehnjährigen Arbeiter ein und verbot die Nachtarbeit für Kinder und Jugendliche. Die Collieries-Act (1842) verbot die Beschäftigung von Frauen und Kindern im Bergbau unter Tag. Die Ten-Hours-Act von 1847 galt für Frauen und Jugendliche. Die englische Reformgesetzgebung, schon unter dem Druck einer sich formierenden Arbeiterbewegung entstanden, bedurfte freilich zu ihrer Durchsetzung noch langfristiger Bemühungen seitens der Gewerbeinspektorate. Ein französisches Gesetz legte das Mindestalter für Fabrikskinder mit acht Jahren fest und begrenzte ihre Arbeitszeit[21]. Auch die westeuropäische Arbeiterschutzgesetzgebung nahm also von den erwachsenen männlichen Arbeitern keine Notiz, lediglich auf den Schutz der besonders gefährdeten Kinder und Frauen sollte Bedacht genommen werden.

In diesen Bahnen bewegte sich auch der Gesetzentwurf der österreichischen Hofkanzlei (1839), der Kinderarbeit erst nach dreijährigem Unterricht ab neun Jahren vorsah. Neun- bis Zwölfjährige sollten höchstens zehn, Zwölf- bis Sechzehnjährige höchstens zwölf Stunden täglich arbeiten. Für Kinder und Jugendliche war ein Nachtarbeitsverbot vorgesehen. Selbst gegen diese Bestimmungen leisteten die Unternehmer hinhaltenden und schließlich von Erfolg gekrönten Widerstand. Der Gesetzentwurf geriet in das Labyrinth der Begutachtung durch die verschiedenen Instanzen und trat nie in Kraft. Erst die Gewerbeordnung von 1859 kannte ähnliche Bestimmungen über die Beschränkung der Kinderarbeit – aber auch sie blieben ohne entsprechende Gewerbeinspektorate, die bekanntlich erst unter der Regierung Taaffe in den achtziger Jahren des 19. Jahrhunderts geschaffen wurden, illusorisch[21a].

Während die Beratungen über den Gesetzestext der Hofkanzlei noch andauerten, hielt Dr. Ludwig Mauthner im Kreis des 1839 gegründeten Niederösterreichischen Gewerbevereins, der einflußreichen Organisation der niederösterreichischen Fabrikanten, einen Vortrag über den Gesundheitszustand der Kinder in den Fabriken Wiens und der Umgebung. Dieser Arzt deckte schonungslos die verheerenden Folgen einer vierzehn- bis sechzehnstündigen Arbeitszeit in den Fabriken auf: „Auffallender als inner der Linie zeigt sich die schwächliche Körperkonstitution der Fabrikkinder in den großen Baumwollspinnereien der Umgebungen. Der Menschenschlag, welcher diese Etablissements bevölkert, ist durchgängig weniger robust als das Bauernvolk in den angrenzenden Dörfern. Bauchskrofeln und skrofulöse Abzehrung sollen nicht selten, hitzige Krankheiten häufig, frühzeitiges Altern und Absterben das gewöhnliche Los derselben sein. Unter den besonderen Formen von Kranksein müssen noch erwähnt werden bei den Posamentiererkindern Beinfraß des Brustbeins infolge der Brustbrettel, bei den Streicherbuben die Augenentzündung und erfrorene Füße infolge des Arbeitens in kaltem Wasser und des Farbenprüfens, weißer Fluß bei den Steckermädeln infolge des andauernden Sitzens[22].“

Der Gewerbeverein verhinderte, daß die hier offen ausgesprochene Wahrheit an den Tag kam, und ließ den Text des Vortrags Mauthners in seinem Archiv verschwinden. Eine bestellte Denkschrift, für deren Abfassung der niederösterreichische Regierungsrat und Professor an der Wiener Universität Dr. Josef Johann Knolz gewonnen wurde, sollte die Zustände in möglichst rosigem Licht erscheinen lassen. Dieses 1843 erschienene Buch schildert eingangs drastisch die Folgen der Maschinenproduktion für die Arbeiterschaft: „Es ist nur zu sehr eine leidige Wahrheit, daß die mittelst der Maschinen hervorgerufene größere Produktion nur einen geringen Ersatz für den verlorenen Verdienst der Handarbeiter liefert, erstere den Fabriksarbeiter vielmehr zu einem ergänzenden Teile der Maschine, somit zu einer sklavischen und anstrengenden Tätigkeit verdammt, wobei der Arbeiter nur als passives Organ der Maschine der Willkür des Fabrikanten, jedwelchen Wechselfällen des Handels und Verkehrs ausgesetzt, bald zur Fristung seines Lebens alle Kräfte über das Maß beinahe ununterbrochen Tag und Nacht aufzubieten bemüßiget ist, bald aus Abgang an Absatz und Verdienst dem Hungertode mit Weib und Kindern preisgegeben wird[23].“ Diese Einleitung diente Knolz lediglich dazu, um die österreichischen Zustände möglichst positiv erscheinen zu lassen. Nur in den westeuropäischen Industrieländern würden diese Übelstände herrschen, in Österreich leite „eine weise und schützende Hand das Wohl der arbeitenden Klasse“. Die „Philanthropie einzelner sentimentaler Schriftsteller, die über das sein sollende Elend der arbeitenden Klasse in langen Phrasen, ohne Sachkenntnis und hinreichende praktische Überzeugung, ja oft ohne alle Veranlassung wehklagen“, hält Knolz für völlig unangebracht[24]. Die Tatsache der Kinderarbeit konnte aber selbst dieser Autor nicht leugnen. Unter 10 000 niederösterreichischen Baumwollspinnern waren nach Knolz 2 500 Kinder und Jugendliche. Nach der von ihm gegebenen Aufstellung überwog in manchen Betrieben die Zahl der Kinder sogar die der erwachsenen Arbeiter. Die Arbeiter seien „ein ehrlicher, gesunder, arbeitsamer und mit seinem Schicksale zufriedener Schlag Menschen“. Widersprüche in der eigenen Darstellung kümmerten Knolz wenig: „In neuerer Zeit werden keine Kinder unter zwölf Jahren angenommen, und geschähe es ausnahmsweise, so ist es aus Mitleid gegen ganz verwahrloste Kinder, die um Arbeit betteln[25]“. Was aus den Kindern wurde, die nach seinen

Angaben nach vier Jahren durch andere ersetzt wurden, verrät der Verfasser nicht. Überhaupt stand für diesen Arzt fest: „Ihr guter Gesundheitszustand muß jedem Beobachter auffallen, der sie nach vollbrachtem Tagwerk mit der größten Heiterkeit die Fabriken verlassen sieht[26]." Ob die Kinder nach einer Arbeitszeit von 4 Uhr morgens bis 8 Uhr abends (oder 5 Uhr bis 9 Uhr), wie sie in den meisten Fabriken nach den Angaben Knolz' üblich war, tatsächlich noch jene Heiterkeit aufbrachten, kann wohl bezweifelt werden. Da die Kinder meist erwachsenen Arbeitern als Hilfskräfte zugeteilt waren, hatten sie auch deren volle Arbeitszeit abzuleisten. Wie Knolz treuherzig versichert, „bitten die Arbeiter sehr oft um Verlängerung ihrer Arbeitszeit", was immerhin ein bezeichnendes Licht auf das Ausmaß ihrer Löhne wirft. Als Mediziner beurteilt unser Autor die Fabriksarbeit als geradezu gesundheitsfördernd: „Eine langjährige Erfahrung hat endlich bewiesen, daß bei Brustkrankheiten der Aufenthalt in der warmen und mit Ölteilen geschwängerten Atmosphäre allen, die damit behaftet sind, sehr zuträglich ist, so daß oft Kinder und alte Leute lange Jahre diesem Übel widerstehen und sich gerade in den Fabriksälen am wohlsten fühlen[27]." Im großen und ganzen konnte Knolz mit der solcherart erzielten Arbeitsdisziplin zufrieden sein: „Während die ersten Fabriksunternehmer in Niederösterreich früher den härtesten Kampf mit der Indolenz und Trägheit der gemeineren Arbeitsklasse zu bestehen und hieran eine der größten Schwierigkeiten zu besiegen hatten, während sie diese Arbeiter kaum durch unverhältnismäßige Löhne zu einem mittelmäßigen Fleiße zu bewegen vermochten, wird jetzt die Anlage neuer Etablissements immer leichter, weil sich bereits mehr Gewohnheit des Arbeitsfleißes und mehr Tätigkeit durch die frühzeitige, ihren Kräften angemessene Beschäftigung der Jugend in den Spinnereien unter der einheimischen Bevölkerung verbreitet hat[28]."

Die extrem schlechte Situation der Textilarbeiterschaft des Wiener Beckens hatte ihre Ursache nicht zuletzt in dem Konkurrenzkampf, den sich die Arbeiter untereinander ums Überleben liefern mußten. Die beginnende Auflösung der alten agrarischen Gemeinschaftsformen, das Absinken der Kleinbauern, Häusler, Inleute und Knechte – der ehemaligen Heimarbeiter der Manufakturen – in die Taglöhnerschaft führten dem werdenden Industrieproletariat immer neue Bevölkerungsschichten als industrielle

Reservearmee zu. Sozialtopographisch weist die auffällige Ähnlichkeit der von den Grundherrschaften angelegten Taglöhnerkolonien mit den frühen Industriesiedlungen, die zumeist – vor dem Aufkommen der späteren „Wohnkasernen“ – noch als Einzelhäuschen mit Garten angelegt wurden, auf diese Zusammenhänge hin.

Nicht nur die staatlichen Stellen, sondern auch die Kirche wurde auf die Übelstände in den Fabrikbezirken aufmerksam – sie erwies sich freilich als ebenso verständnis- und machtlos gegenüber den Folgen der neuen Wirtschaftstendenzen wie die Behörden. Die Visitationsberichte der Erzbischöfe von Wien und der Dechanten beklagten schon früh die Auflösung der Familien und den moralischen Tiefstand der Arbeiterschaft, suchten aber die Ursachen hiefür in mangelnder Religiosität (insbesondere wurde die Zuwanderung ausländischer, häufig protestantischer Facharbeiter mit Besorgnis vermerkt), fehlender Sparsamkeit und in der Untergrabung der hausväterlichen Gewalt über Gesinde und Gesellen. Aus diesen Berichten erhalten wir auch Nachricht von der starken Zuwanderung tschechischer Arbeiter; so meinte der Inzersdorfer Visitationsbericht von 1831, für die Seelsorge der Arbeiter von Inzersdorf, Wiener Neudorf, Laa und Vösendorf wäre bereits ein tschechischer Priester nötig[29]. Im Vormärz gelang es der Kirche nicht, der Bevölkerung der wachsenden Industriebezirke soziale Hilfe anzubieten bzw. neue Formen der Seelsorge zu entwickeln.

Die industrielle Revolution bedurfte auch neuer Rohstoffe. Um die Wende vom 18. zum 19. Jahrhundert machte sich bereits eine empfindliche Knappheit an Holz bemerkbar. Eisenwerke und Glashütten hatten von diesem Brennstoff hemmungslos Gebrauch gemacht, ohne daß entsprechende Aufforstungsmaßnahmen die Verluste ausgeglichen hätten. Das Gewerbe verhielt sich zur Mineralkohle, die in Niederösterreich seit der Mitte des 18. Jahrhunderts abgebaut wurde (ältester Bergbau war Thallern an der Donau bei Hollenburg), lange Zeit mißtrauisch. So ging es für die aufkommende Industrie zunächst darum, bisher unzugängliche Forste zu erschließen. Josef Weber Edler von Fürnberg, der sich auch um den Ausbau des niederösterreichischen Postwesens Verdienste erwarb, erschloß gegen Ende des 18. Jahrhunderts die großen Wälder des Viertels ober dem Manhartsberg (Weinsberger Forst); Holzschwemmen, Glashütten, Siedlungen und Straßen wurden hier in einem bislang fast menschenleeren Gebiet angelegt. Noch eindrucksvoller war das Lebenswerk Georg Huebmers, der mit seinen protestantischen, aus dem Salzkammergut stammenden Holzknechten die Urwälder des Schneeberg- und Raxgebiets und den im Besitz der Grafen Hoyos befindlichen Neuwald hinter Gippel und Göller für die Forstwirtschaft zugänglich machte. Huebmer, der kaum des Lesens und Schreibens mächtig war, zeigte sich bei diesen Arbeiten als naturwüchsiges technisches Genie: Sein Lebenswerk, von dem Triftanlagen, Holzaufzüge und vor allem die Anlage des Dorfes Naßwald kündeten, krönte er mit dem Tunnelbau durch das Gscheidl, die Wasserscheide zwischen der Schwarza und der Stillen Mürz (1822–1827). Dieser Stollen war mit 227 Klafter der damals längste Tunnel Europas[30].

Der Weiterbeförderung des von Huebmers Holzknechten geschlägerten Holzes diente der Wiener Neustädter Kanal, der 1797–1803 von Sebastian von Maillard und Josef Schemerl von Leytenbach angelegt worden war[31]. Ursprünglich als Teil eines großen Kanalnetzes geplant und bis zur Adria projektiert, blieb dieses Kanalfragment bis zum Einsetzen des Eisenbahnverkehrs einige Jahrzehnte der wichtigste Verkehrsweg für die Versorgung Wiens mit Massengütern von Süden her.

Huebmer, der mit seinen Leuten alle Entbehrungen und die härteste Arbeit teilte und von ihnen als Patriarch verehrt wurde, bildete unter den Unternehmerpersönlichkeiten seiner Zeit eher eine Ausnahme. Die immer stärker werdende Entfremdung zwischen den Arbeitern und den größtenteils aus dem Ausland stammenden Unternehmern war schon im Manufakturzeitalter gegeben. Von 62 Betriebsgründungen bis 1795 im Viertel unter dem Wienerwald standen 39 unter der Leitung von Ausländern, 7 Gründer waren Adelige, 5 Bürger, 5 Juden, bei 5 Betrieben hatte der Staat, bei einem die Stadt Wien die Initiative ergriffen[32].

Der Typus des Erfinder-Unternehmers, der in England eine so bedeutende Rolle spielte, trat in Österreich eher zurück. Dies hängt damit zusammen, daß bei dem Überangebot an Arbeitskräften die Nachfrage nach arbeitssparenden Erfindungen eher gering war. Man braucht nur an die allgemein bekannten Erfinderschicksale wie die Josef Madersspergers, Peter Mitterhofers oder Josef Ressels zu erinnern, um diesen in der allgemeinen sozialökonomischen Rückständigkeit wurzelnden Umstand zu veranschaulichen. In der Frühzeit der Industrialisierung fallen nicht allzu viele Unternehmer (z. B. Josef Hardtmuth – Bleistifte, Johann N. Reithoffer – Gummiwaren, Michael Thonet – Bugholzmöbel) in diese Gruppe. Stärker vertreten waren ausländische Ingenieure, die bestehende Erfindungen verbesserten, wie John Haswell aus England oder William Norris aus Amerika im Lokomotivenbau. In der Seidenbranche blieben italienische Familien weiterhin stark repräsentiert; hier gelang dem aus einer Hamburger Familie stammenden Johann Georg Hornbostel der Durchbruch zur Maschinenproduktion durch die Errichtung von Jacquardwebstühlen, die er in Lyon kennengelernt und verbessert hatte, in seinem Leobersdorfer Betrieb (1816). In den an der Mode orientierten Textilsparten sind zahlreiche Franzosen zu finden. Die sächsische Familie Coith und die französische Familie Puthon waren in der Baumwollindustrie repräsentiert. Carl Wilhelm Brevillier, der Gründer der Neunkirchner Schraubenfabrik, Hermann Krupp und Alexander Schoeller, die Gründer der Berndorfer Alpacca-Fabrik, stammten aus dem Rheinland.

Der Anteil des Hochadels an Industriegründungen war ebenfalls stark, besonders in Böhmen (Waldstein, Salm-Reifferscheid, Rottenhann, Metternich). Mitglieder des Kaiserhauses setzten die von Franz Stefan von Lothringen begründete Familientradition fort, wie der Olmützer Erzbischof Erzherzog Rudolf, auf den die berühmten Witkowitzer Eisenwerke in Mähren zurückgehen, oder Erzherzog Johann, der seine landwirtschaftlichen Interessen mit montanistischem und industriellem Engagement verband[33].

Es blieb überhaupt ein Charakteristikum des österreichischen Wirtschaftsbürgertums, daß es – völlig unähnlich dem von Max Weber und Werner Sombart gezeichneten westeuropäischen Bourgeoistypus – nicht in der rastlosen Vermehrung seines Kapitals sein höchstes Ziel sah, sondern einem aufwendigen Konsum huldigte und in vielen Fällen den Lebensstil des Adels imitierte. Schon der Statistiker Liechtenstern bezeichnete 1805 den „unmäßigen häuslichen Aufwand der Gewerbsunternehmer“ als wesentliches Hindernis industrieller Expansion[34]. Der gesellschaftlichen Führungsrolle des Adels[35] entsprach das Streben des Bürgertums, wirtschaftlichen Aufstieg nach außen hin durch die Erwerbung eines Adelstitels und, wenn möglich, einer Herrschaft zu dokumentieren. Für die jüdischen Finanzmänner und Unternehmer war die Erwerbung des Bürgerrechts durch die Einschränkungen der vormärzlichen Judengesetzgebung unmöglich; ihre Assimilation kam bezeichnenderweise in der Verleihung des Adelstitels zum Ausdruck (z. B. Rothschild, Arnstein, Eskeles, Todesco). Auch die Schweizer Bankiers Fries und Geymüller wurden nobilitiert. Beim Grafen Moritz Fries d. J. führte das Kopieren des hocharistokratischen Lebensstils infolge leichtsinniger Geldgebarung zur Katastrophe. Fries verschleuderte das von seinem Vater ererbte Millionenvermögen – er wurde das Urbild zu Ferdinand Raimunds „Verschwender". Die Bankierfamilie Geymüller gründete 1833 die Kammgarnspinnerei in Vöslau. Bezeichnenderweise genossen Bankiers und Großhändler, wenn man ihren Anteil an den Adelserhebungen als Maßstab heranzieht, ein höheres Sozialprestige als die Industriellen. Unter den Adelsverleihungen zwischen 1815 und 1859 ist erstere Gruppe mit 64%, letztere mit 21% repräsentiert. Auffallend für das „Von außen Kommen" vieler führender Wirtschaftstreibender dieser Epoche ist der Umstand, daß die Akatholiken unter den Geadelten 52% ausmachten[36].

Der Übergang von der berufsständischen Elite der feudalen Gesellschaft zur Funktionselite der bürgerlich-kapitalistischen Epoche kommt auch im Erwerb landtäflicher Güter durch Bürgerliche seit Josef II. zum Ausdruck (wobei mit dem Erwerb von Herrschaften in etwa einem Drittel der Fälle die Adelsverleihung verbunden war). Diese Erscheinung der Mobilität des Grundbesitzes war in den industriellen Ballungsräumen besonders auffällig. So wechselten im Viertel unter dem Wienerwald in der Zeit von 1815 bis 1848 133 Herrschaften ihre Besitzer, 1848 bis 1850 waren es 181. Die entsprechenden Zahlen für das Viertel ober dem Manhartsberg waren 38 bzw. 27, ähnlich in den übrigen Landesvierteln. Der Anteil von Inhabern bürgerlicher Herkunft am landtäflichen Grundbesitz stieg von 1815 bis 1849 im Viertel unter dem Wienerwald von 11 auf 28%, im Viertel ober dem Wienerwald von 3 auf 16%, im Viertel unter dem Manhartsberg von 7 auf 16%, im Viertel ober dem Manhartsberg von 3 auf 20%[37].

Aus dem Bereich der Grundherrschaft kam auch einer der bedeutendsten Wirtschaftskapitäne des Vormärz, Alois Miesbach. Er begann seine Laufbahn als Gutsverwalter der Kaunitzschen Ländereien in Mähren und pachtete 1820 die Ziegelöfen am Wienerberg, die er zum bedeutendsten Betrieb dieser Art in Europa machte. Die Notwendigkeit, den Ziegelbrand auf Kohlenfeuerung umzustellen – was seit 1800 wiederholt durch Regierungsdekrete angeordnet wurde, um dem Holzmangel abzuhelfen –, ließ Miesbach durch den Erwerb zahlreicher Kohlengruben zu einem der größten Montanunternehmer seiner Zeit werden. Bezeichnend für die damalige Betriebsführung, die mit einem nahezu unbeschränkten Angebot billigster Arbeitskräfte rechnen konnte, ist Miesbachs Stellungnahme gegen die Umstellung seines Betriebes auf Maschinenproduktion – die Handziegelerzeugung blieb für ihn weitaus wirtschaftlicher (1840). In den Inzersdorfer Ziegeleien begann sich all das abzuzeichnen, was in der Folge zur totalen Abhängigkeit der Arbeiterschaft vom Unternehmer führen sollte: Miesbach war der Hausherr seiner Arbeiter (die von ihm errichteten Wohngebäude bezeichnete er selbst als „Kasernen“) und kontrollierte die Lebensmittelversorgung. Waren diese Erscheinungen unter seiner Führung noch durch einen gewissen patriarchalischen Zug gemildert, so wurden sie unter seinem Neffen und Nachfolger Heinrich Drasche zu Mitteln zusätzlicher Ausbeutung, deren Folgen in späteren Jahrzehnten Victor Adler so drastisch geschildert hat[38].

Während die Maschinenindustrie im Textilbereich nur räumlich an die alten Manufakturstätten anknüpfte, tatsächlich aber alle Produktionsbedingungen revolutionierte, gab es in der Eisenindustrie mit ihrem seit dem Spätmittelalter und der frühen Neuzeit hochentwickelten Organisationssystem Anknüpfungspunkte für die neue, industrielle Produktionsform. Auf Dauer freilich konnten die traditionellen Hammerwerksbetriebe, deren letzte Ausläufer noch in unsere Zeit hereinreichen, der Konkurrenz der Großindustrie nicht standhalten; doch dauerte hier der Ablösungsprozeß wesentlich länger als in der Textilindustrie[38a].

Die Manufaktur hatte auch hier den Prozeß der Betriebskonzentration und Arbeitsteilung vorangetrieben. Bedeutende niederösterreichische Betriebe des 18. Jahrhunderts waren der Hirtenberger Kupferhammer (1746), die Pottensteiner Klingenfabrik (1765) und die von dem Engländer Matthäus Rosthorn in Fahrafeld gegründete Messingfabrik (1790). Die Messingwaren- und Nadelfabrik bei Lichtenwörth (1751) wechselte häufig ihre Betriebsleitung (Ärar, Grafen Batthyány, der Wiener Großhändler Hainisch). Hier entstand eine Siedlung von 50 Häusern, die „Nadelburg“, die eine eigene Herrschaft bildete und eine Pfarrkirche erhielt[39].

Die Kriege gegen Napoleon führten in der Waffenherstellung zur Konzentration der Gewehrfabrikation in einigen Betrieben des Traisentals, das damals von der Industrialisierung erfaßt wurde. In der Folgezeit entstand hier die wichtige Weicheisengießerei in Traisen, die auf die Erfindung des Tempergusses durch den Schweizer Kupferschmied Johann Conrad Fischer zurückgeht[40]. Als typisches Beispiel eines Eisenunternehmens, das aus der Hammerwerkstradition hervorging und eine der frühesten Gründungen der österreichischen Schwerindustrie bildete, sei das Werk des aus der Untersteiermark stammenden Andreas Töpper in Neubruck bei Scheibbs genannt. Töpper kaufte sich hier 1817 an; 1838 beschäftigte der Betrieb, in den ein Kapital von 200 000 fl investiert war, 450 Menschen. Die Töppersche Fabrik, die als erste der Monarchie gewalztes Eisenblech erzeugte, produzierte jährlich 14 000 Zentner ihrer Fabrikate. Die Topographie Schweickhardts zeichnet ein gutes Bild dieses frühen Industriebetriebs, der noch ganz von der Persönlichkeit seines Gründers abhing und nach seinem Tod zugrunde ging[41].

Der nach kontinentaleuropäischem Maßstab sehr frühe Beginn des österreichischen Eisenbahnbaus hing eng mit der Leistungsfähigkeit der Eisenindustrie zusammen. Die große Epoche des Baues von Staatsstraßen, die in der Barockzeit begonnen hatte, klang im Vormärz aus: Die Länge der ärarischen Straßen wuchs von 2 122 Meilen im Jahr 1831 auf 2 324 im Jahr 1847; die nichtärarischen Straßen wuchsen im gleichen Zeitraum von 4 611 auf 10 814 Meilen[42]. Schon 1809 wurde eine Pferdebahn vom Erzberg nach Eisenerz nach dem Vorbild ähnlicher Anlagen in den englischen Bergwerksorten errichtet[43]. Als man zu Beginn des 19. Jahrhunderts erwog, zwischen Böhmen und der Donau eine Kanalverbindung entlang des uralten Verkehrswegs des „Goldenen Steigs“ über den Böhmerwald zu schaffen, trat der Vorsteher des 1806 gegründeten Prager Polytechnikums, Franz Josef von Gerstner, 1807 mit dem Plan einer Schienenverbindung auf, den er in einer 1813 erschienenen Schrift – der ersten des Kontinents über Eisenbahnen – ausführlich begründete („Zwei Abhandlungen über Frachtwägen und Straßen und über die Frage, ob und in welchen Fällen der Bau schiffbarer Kanäle, Eisenwege oder gemachter Straßen vorzuziehen sei“). Sein Sohn Franz Anton von Gerstner, Professor am Wiener Polytechnikum, war dann der technische Leiter der 1828–1832 erbauten Eisenbahn

Wien–Budweis, die vor allem dem Salztransport diente und dann bis Gmunden verlängert wurde. Eine von den Wiener Bankhäusern Sina, Geymüller, Stametz und Mayer getragene Aktiengesellschaft hatte das Kapital für diesen ersten großen Eisenbahnbau des europäischen Kontinents beschafft, der von 3 000–6 000 Arbeitern in verhältnismäßig kurzer Zeit in zum Teil schwierigem Gelände geschaffen wurde. Gerstner, ein seiner Zeit vorauseilender Ingenieur, wollte die Trassierung für einen zukünftigen Dampfbetrieb geplant wissen, doch waren die Erfahrungen mit dem neuen Verkehrsmittel noch nicht so überzeugend, daß sich die Geldgeber auf dieses Projekt einlassen wollten. So kam der Plan des bei der Übernahme der Bauführung erst einundzwanzigjährigen Matthias Schönerer (übrigens der Vater des bekannten deutschnationalen Politikers Georg von Schönerer) zur Ausführung – es blieb bei der Pferdebahn, die sich nur allzu schnell als überholt erweisen sollte. Spärliche Ruinen von Viadukten im Mühlviertel sind alles, was von der ersten Großeisenbahn Kontinentaleuropas geblieben ist[44]. Gerstner ging später als Bahntechniker nach Rußland; auf diesen österreichischen Ingenieur geht übrigens die bis heute beibehaltene größere Spurweite der russischen Eisenbahnen zurück.

Aber auch im Dampfeisenbahnbau stand Österreich zumindest in den Anfängen dieser Verkehrsform auf der Höhe der kontinentaleuropäischen Entwicklung. Dies muß umso höher eingeschätzt werden, als bisher nur geringe Erfahrungen mit der Dampfkraft gemacht worden waren. Zwar hatte schon 1722 der Architekt Josef Emanuel Fischer von Erlach, der Sohn des großen Barockbaumeisters, eine „Feuermaschine" nach dem System Newcomens im Wiener Schwarzenberggarten aufgestellt, doch diente diese Dampfmaschine ebenso wie ihre 1803 im Esterházy-Park von Eisenstadt in Betrieb genommene Nachfolgerin nur den Wasserspielen der fürstlichen Schloßbesitzer, ohne daß diese Erfindung auch technisch verwertet wurde. Im Jahr 1816 folgte die erste Fabriksdampfmaschine in der Brünner Tuchfabrik J. H. Offermann, nachdem schon vorher eine Watt'sche Dampfmaschine im Prager Polytechnikum[45] zu Lehrzwecken gedient hatte. Erst 1825/26 folgte Niederösterreich mit Maschinen in Atzgersdorf und Hirtenberg diesem Beispiel.

1830 reiste Franz X. Riepl, Professor am Wiener Polytechnikum, mit Leopold von Wertheimstein, dem Geschäftsführer des

Bankhauses Rothschild, nach England, um sich dort über die Fortschritte der englischen Eisenbahntechnik zu informieren. Das Mißtrauen des Kaisers Franz – von ihm ist das bezeichnende Wort überliefert: „Na, na, durch die Eisenbahnen käm' nur die Revolution ins Land"[46] – gegen diese Neuerung verhinderte zu seinen Lebzeiten entscheidende Schritte; sein Nachfolger Ferdinand I. erteilte schon 1836 Salomon M. Rothschild das Privileg für die seinen Namen führende Nordbahn. Hauptanliegen bei der Planung der Strecke war die bessere Verbindung der mährischen Kohlengruben und Eisenhütten – in Witkowitz entstand mit dem ersten Puddelhochofen der Monarchie (weitere folgten in Prävali, Neuberg an der Mürz und Lilienfeld) ein bedeutendes Industriekombinat – und der ärarischen Salzbergwerke Galiziens mit der Hauptstadt und den Alpenländern[47]. Die Vermengung von privater Unternehmerinitiative und staatlicher Förderung war typisch für den frühen Eisenbahnbau.

Der ökonomische Multiplikatoreffekt des Bahnbaus war enorm: Erstmals wurden Kapitalien von bisher unerhörtem Ausmaß mobilisiert (das Grundkapital der Nordbahn belief sich auf 11 360 000 fl), andererseits beschäftigten die Bahnen ein Heer von „freien" Arbeitern, Taglöhner aus allen Teilen der Monarchie (bei der Nordbahn durchschnittlich 10 000). „Das zahl- und rastlose Menschengewirr, das sich aus dem entlegenen Böhmen, den mährisch-ungarischen Niederungen, aus dem steinigen Karst und dem gesegneten Friaul" (Ferdinand von Saar, „Die Steinklopfer") bei den Bahnbauten zusammenfand, bildete mit den Arbeitern der Textilfabriken den Stamm des österreichischen Proletariats.

Vorderhand sah niemand die sozialen Probleme, die aus der Zusammenballung und Entlassung dieser Menschenmassen entstanden; man pries nur den wirtschaftlichen Fortschritt durch ein über die ganze Monarchie gelegtes Bahnnetz. So hieß es in einer Denkschrift des Jahres 1834: „Wer ist im Stande, den hohen Aufschwung des öffentlichen Wohlstandes, die Szenen eines gesteigerten glücklichen Volkslebens zum voraus zu beschreiben, welches sich in der österreichischen Monarchie unfehlbar ergeben müßte, wenn z. B. eine wohlkonstruierte Eisenbahn von Brody über Lemberg nach Wien und von da über Wieselburg, Agram nach Fiume oder von Karlstadt über Laibach nach Triest gleichsam als eine Achse für den Umschwung des Handels und der mannigfaltigsten bürgerlichen Betriebsamkeit hergestellt würde[48]." Eine weitere wichtige Folge des Eisenbahnbaus war die Möglichkeit, große Menschenmassen zu transportieren, die eine Mobilität von bisher ungeahntem Ausmaß mit sich brachte.

Im November 1837 wurden die ersten Probefahrten zwischen Floridsdorf und Deutsch-Wagram mit der aus Stephensons Werkstätten stammenden Lokomotive „Austria" unternommen; am 6. Jänner 1838 begannen die öffentlichen Fahrten vom Nordbahnhof aus; 1839 war Brünn erreicht.

Mittlerweile hatte der Großhändler und Bankier Georg Sina, der im Osthandelsgeschäft den größten Einfluß besaß, die Konzession für die Linien Wien – Raab und Wien – Gloggnitz erhalten (1836). Auf die Aktien dieser Gesellschaft fand ein wahrer Sturm statt; Polizei und Militär mußten die Ruhe aufrechterhalten. 1838 fuhr die erste, aus Amerika importierte Lokomotive, die „Philadelphia" in Meidling auf dieser Linie; 1842 war Gloggnitz erreicht. Die Raaber Linie gelangte im Vormärz wegen der politischen Schwierigkeiten mit Ungarn nur bis Bruck an der Leitha; aus diesem Grund und wegen der von Erzherzog Johann befürworteten Interessen der obersteirischen Eisenwerkbesitzer wurde die Fortsetzung der Gloggnitzer Bahn nicht in der technisch problemlosen Führung um den Ostsporn der Alpen herum in Aussicht genommen. Mit der Fertigstellung der Linie Mürzzuschlag–Graz (1844) waren noch vor der technischen Möglichkeit einer derartigen Gebirgsbahn die Weichen für die Semmeringstrecke gestellt, die 1848 nicht zuletzt deshalb in Angriff genommen wurde, um die große Zahl der als politisch gefährlich geltenden Arbeitslosen von Wien abzuleiten[48a].

Mittlerweile hatte die Eisenbahnpolitik eine entscheidende Wandlung erfahren: Die Privatinitiative konnte auf Dauer nicht jene gewaltigen Mittel vorschießen, die der Bahnbau erforderte, andererseits war das Publikum durch häufige Unfälle auf den allzu rasch errichteten Linien mißtrauisch geworden. Metternich selbst notierte in Wien kursierende Witze über die Nordbahn, in denen ihr Name als „Mordbahn" oder ihre Initialen KKFNB im Satz „kein Kluger fährt nach Brünn" gedeutet wurden[49].

Unter dem Hofkammerpräsidenten Kübeck wurde ein großzügiges Konzept für ein Staatsbahnnetz entworfen, das Linien über Prag nach Dresden, nach Triest und Bayern vorsah. 1845 war die Verbindung nach Prag fertiggestellt, im Revolutionsjahr wurde der Anschluß an das preußische Bahnnetz und damit die Verbindung Wiens mit Berlin und Hamburg geschaffen. Auch auf Lombardo-Venetien dehnte sich der Eisenbahnbau aus; größtes Projekt war hier der 1841 bis 1845 erbaute Bahndamm von Mestre nach Venedig. Ungarn blieb im Eisenbahnbau hinter den Erbländern weit zurück; im Vormärz entstanden nur die kurzen Stichbahnen Preßburg–Tyrnau (als Pferdebahn) und Pest–Szolnok (als Lokomotivbahn). Zusammen mit den Bahnlinien errichtete man Telegraphenverbindungen, die im Vormärz aber nur den Behörden und dem Militär zur Verfügung standen. 1848 war Wien durch den Fernschreiber schon mit Brünn, Prag, Preßburg und Cilli verbunden[50].

Ein Plan zu einer „Donau-Dampfschiffahrts-Post" war schon 1810 vorgelegt worden; erst seit 1830 kam die Angelegenheit unter der Patronanz der Bankhäuser Geymüller und Puthon in Schwung. 1844 waren 28, 1847 schon 41 Dampfer der DDSG in Betrieb. Der österreichische Lloyd in Triest dehnte seinen Wirkungsbereich auf die wichtigsten Häfen Südeuropas, der Levante und des Schwarzen Meeres aus. Schiffahrtshindernisse auf der Donau wurden beseitigt; das starke Gefälle der oberen Donau ließ aber die Pferdeschiffszüge noch lange neben den Dampfschiffen weiterbestehen[51].

Trotz dieser anerkennenswerten Bemühungen gelang es Österreich nicht, im Vormärz mit der Verkehrserschließung Westeuropas und Deutschlands Schritt zu halten; in der Eisenbahnkarte klafften aufgrund der Größe der Monarchie noch riesige weiße Flächen.

Eine Tabelle soll dieses Zurückbleiben verdeutlichen[52]:

	Bahnkilometer (1840)	*Bahnkilometer* (1850)	*km-Dichte je 1 000 km²* (1850)
Österreich	144	1 357	4,5
Ungarn	–	222	0,7
Großbritannien	1 349	10 660	33,5
Deutschland	468	5 899	10,8
Frankreich	427	3 009	5,6

Ähnliche Erscheinungen waren bei der Entwicklung der Dampfkraft zu beobachten[53]:

	(1840) 1 000 PS	*(1850) 1 000 PS*
Österreich-Ungarn	20	100
Großbritannien	620	1 290
Deutschland	40	260

Die in der Statistik zutage tretende technische Rückständigkeit Österreichs ging keineswegs auf mangelndes technologisches Wissen zurück. Österreichische Ingenieure und Erfinder haben gerade im Vormärz immer wieder erstaunlichen Ideenreichtum und hervorragende Fähigkeiten bewiesen. Im Wiener Polytechnikum (seit 1871 Technische Hochschule) konzentrierten sich die durchaus praktisch orientierten Bestrebungen der österreichischen Ingenieurwissenschaften. Der Zusammenhang mit dem wirtschaftlichen und sozialen Aufstieg des Bürgertums wurde gesehen und bejaht; so hinterlegte Kaiser Franz im Grundstein des neuen Instituts eine Urkunde mit folgender Widmung (1816): „Als Denkmal meines Strebens, wissenschaftliche Aufklärung unter allen Ständen der österreichischen Staaten zu verbreiten und insbesondere die gemeinnützige Ausbildung meines lieben und getreuen Bürgerstandes zu befördern, habe ich diesen Grundstein eigenhändig gelegt und vermauert[54]."

Das politische Regierungssystem dieses Herrschers legte allerdings, wie wir sahen, den Schwerpunkt auf die Attribute „lieb und getreu", eine „Ausbildung des Bürgerstandes" zu Freiheit und Selbständigkeit galt ihm ebenso wie Metternich als erster Schritt zum Umsturz der bisherigen Herrschafts- und Gesellschaftsordnung. Es sollte sich nicht nur für die wirtschaftliche, sondern auch für die politische Entwicklung Österreichs negativ auswirken, daß die Anfänge des Maschinenzeitalters in eine Periode unausgeglichener und gestörter Wirtschaftsentwicklung fielen[55].

Weder die staatliche Wirtschaftspolitik noch die Unternehmer fanden eine klare Linie zur Entwicklung neuer Strukturen vor dem Hintergrund der fortbestehenden, längst überlebten halbfeudalen Herrschaftsverhältnisse, unter denen die Mehrheit der Bevölkerung leben mußte. Eine eindeutige und kompromißlose

1 Holzscheiber (um 1840)

2 Straßenpflasterer (um 1840)

3 Heimspinner und -weber (um 1840)

Stellungnahme des Unternehmertums zur Konkurrenzwirtschaft fehlte. Wer den Aufstieg in die Schicht der Wirtschaftsführer – sehr oft über die Hintertür der Bürokratie – geschafft hatte, forderte nicht mehr Wirtschaftsfreiheit, sondern möglichst exklusive Privilegien. Der k. k. privilegierte Fabrikant bzw. Großhändler wurde der Typus des österreichischen Wirtschaftsbürgers. Franz Grillparzer hat die daraus resultierende politische Haltung des österreichischen Bürgertums treffend in seinen spöttischen Zeilen beschrieben (1842):

„Sie wollen Freiheit, nun wohlan!
Gebt ihnen eine Eisenbahn,
Da mögen sie denn frei verkehren,
Der Schacher wird sie dienen lehren[56].“

Der Zusammenbruch des Systems der Kontinentalsperre brachte die junge österreichische Industrie in eine schwere Krise. Die zerrütteten Geldverhältnisse im Gefolge der Kriege gegen Napoleon legten einer kontinuierlichen Entwicklung der Wirtschaft Hindernisse in den Weg. Der Staatsbankrott von 1811 hatte nicht nur die Vermögen des unteren Mittelstandes, der kleinen Gewerbetreibenden und Beamten erschüttert und sie mit sozialem Abstieg bedroht, sondern verhinderte nach einer kurzen Scheinkonjunktur im Gefolge einer inflationistischen Papiergeldwirtschaft für Jahrzehnte eine Konsolidierung der Staatsfinanzen[57]. Bis über das Jahr 1848 hinaus rechnete man in zwei Währungen. Das Verhältnis des Papiergelds der Österreichischen Währung zur Conventionsmünze wurde mit 250:100 festgesetzt. Die 1816 gegründete Nationalbank konnte zwar das schlimmste Papiergeldchaos im Gefolge der Kriegswirtschaft nach und nach beseitigen, doch blieben die Kreditverhältnisse stets angespannt – ein Umstand, der durch die Unzufriedenheit der Mittelklasse zum Entstehen einer revolutionären Situation viel beigetragen hat. Die Abhängigkeit des schwerverschuldeten Staates vom Finanzkapital gewährte einzelnen Großbankiers einen unverhältnismäßig großen wirtschaftlichen und politischen Einfluß, ließ aber den ungestillten Kredithunger der Industrie und des Gewerbes immer fühlbarer werden. Die 1819 ins Leben gerufene Erste Österreichische Sparkasse konnte hier nur in bescheidenem Maß Abhilfe schaffen. Im Sturmjahr sollten die vom großen Kapital bedrängten, vom Absinken ins Proletariat bedrohten, stets kredithungrigen „kleinen Leute“, Handwerker und Kleinhändler, durch diesen Mißstand auf die Seite der Revolution getrieben werden.

Im Zuge dieses gehemmten und immer wieder von schweren Rückschlägen heimgesuchten Wachstumsprozesses setzten sich die bürgerlichen Wirtschaftselemente trotzdem immer stärker durch. Sammelpunkt dieser Bestrebungen wurden die Gewerbeausstellungen in Wien, denen ähnliche Veranstaltungen in Prag und Linz vorangegangen waren. Im Anschluß an die Ausstellungen von 1835 und 1839, die von 594 bzw. 732 Teilnehmern beschickt wurden[58], kam es zur Gründung des Niederösterreichischen Gewerbevereins (1839), der sich bald zu einer wirkungsvollen Interessenvertretung des jungen Industriebürgertums entwikkelte[59].

Die dritte Wiener Gewerbeausstellung von 1845 wurde unmittelbar vor dem Hereinbruch der in weiterer Folge die Revolution auslösenden Handelskrise eine eindrucksvolle Dokumentation des technischen Fortschritts und der wirtschaftlichen Prosperität der jungen Industrie Österreichs. Die Ausbildung wurde von 1900 Teilnehmern beschickt; ihre Eröffnung wurde durch die Anwesenheit Kaiser Ferdinands I. ausgezeichnet, der – soweit ihm dies im Rahmen seiner bescheidenen intellektuellen Fähigkeiten möglich war – großes Interesse für die technischen Wissenschaften zeigte. Bei der Eröffnung sagte Anton von Kraus-Elislago, der bedeutende Nationalökonom, über den Zweck der Ausstellung: „Sie soll endlich das Bewußtsein der Gemeinnützigkeit gewerblicher Bestrebungen beleben, die Privatinteressen durch jene des Staates heiligen[60].“ Der Katalog dieser imposanten Schau, die auf großes Interesse stieß, ist 1 300 Seiten stark – ein eindrucksvoller Leistungsbericht über die wirtschaftlichen Fortschritte im Vormärz und mit seinen detaillierten Ausführungen eine bisher noch nicht gewürdigte Quelle zur Industriegeschichte[61]. Zusammen mit den vom Begründer der wissenschaftlichen Wirtschaftsstatistik in Österreich, Karl Czoernig, erarbeiteten „Tafeln zur Statistik der österreichischen Monarchie für das Jahr 1841“ (Wien 1845) vermittelt sie uns einen Einblick in den Stand der österreichischen Industrie, vor dem schweren Rückschlag durch die Krise der späteren vierziger Jahre.

Die Monarchie zählte im Jahr 1841 35 550 684 Einwohner;

13 797 735 davon entfielen auf die Länder der Stefanskrone. Die am dichtesten besiedelten Provinzen waren die Lombardei (2 569 520 Einwohner, 6 850 Menschen je Quadratmeile), Venetien (2 180 952 Einwohner, Dichte 5 255), Böhmen (4 221 588 Einwohner, Dichte 4 681) und Niederösterreich (1 410 748 Einwohner, Dichte 4 103). In seiner Wirtschaftsstatistik rechnete Czoernig zu den Fabriken „alle Manufaktur-Gewerbe, welche in einem ausgedehnteren, bei bloßen Handwerkern und Meistern nicht gewöhnlichen Betriebe stehen und in der Regel alle Arbeiten vereinen, welche zur gänzlichen Vollendung ihrer Fabrikate erforderlich sind.“ An solchen Betrieben zählte Czoernig 7 315 (Wien: 425, Niederösterreich: 536, Steiermark: 441, Oberösterreich: 307, Böhmen: 1 389, Mähren: 347, Lombardei: 1 847, Venetien: 1 027). An Polizeigewerben, d. h. für den unmittelbaren Konsum produzierenden Gewerben, nannte er für Wien 15 122, für Niederösterreich 29 389 Betriebe; die Zahl der Kommerzialgewerbe wurde für Wien mit 9 939, für Niederösterreich mit 14 016 angegeben. Die wirtschaftliche Rückständigkeit Ungarns wurde durch die auffallend niedrige Zahl seiner Fabriken und Manufakturen dokumentiert: 584. In der Baumwollfabrikation zählte die Statistik in der Monarchie 172 Spinnereien mit 5 088 Maschinen, 988 248 Spindeln und 21 265 Arbeitern (mit Nebenbeschäftigten 40 000). Die immer noch weitgehend auf Handarbeit angewiesene Leinenproduktion – es gab erst acht mechanische Flachsspinnereien – beschäftigte 200 000 Menschen. In der Tuchfabrikation zeigte sich dagegen schon eine starke Konzentration in Großbetrieben; das mährische Iglau allein zählte in dieser Branche 8 000–10 000 Beschäftigte.

Obwohl etwa auf dem Gebiet der Kraftmaschinen eine deutliche Rückständigkeit zu bemerken war (das hängt allerdings auch mit der in den meisten Industriegebieten ausreichend verfügbaren Wasserkraft zusammen), hatte der Fabriksbetrieb den Kleinbetrieb an Produktionskapazität weit hinter sich gelassen. Im Rahmen der Wirtschaft der Gesamtmonarchie betrug der Wert der von den Fabriken produzierten Waren 510 715 000 fl, jener der Erzeugnisse des Kleingewerbes 184 896 000 fl. Für Wien lauteten die entsprechenden Vergleichszahlen 45 840 000 fl zu 15 075 000 fl, für Niederösterreich 35 947 000 fl gegenüber 10 982 000 fl.

In den wenigen Jahren seit ihren frühesten Anfängen konnte

die österreichische Maschinenfabrikation bedeutende Leistungen erbringen. An der Spitze stand die unter der technischen Leitung von John Haswell stehende Lokomotivenfabrik der Wien-Gloggnitzer Eisenbahn am Südbahnhof, die 1845 600–800 Arbeiter beschäftigte und über 105 Maschinen verfügte. Seit der Gründung (1840) bis zur Gewerbeausstellung (1845) waren 11 Dampfmaschinen, 18 Dampfkessel, 14 hydraulische Pressen, 15 Lokomotiven und 320 Waggons aus ihren Werkstätten hervorgegangen – während der Dauer der Gewerbeausstellung wurden noch 16 Lokomotiven und 227 Waggons hergestellt. Die Eisenbahnwerkstätten am Südbahnhof verdankten ihren technologischen Vorsprung ihrer engen Verbindung mit England: ,,Die Wien-Gloggnitzer-Eisenbahn-Gesellschaft hat das eigentümliche Verdienst, die neuesten und kostspieligsten Werkzeuge aus England so schnell als möglich sich zu verschaffen und zu gestatten, daß diese von technischen Schülern und Industriellen gezeichnet und studiert werden. Sie hat auf diese Weise den anderen mechanischen Werkstätten als Muster gedient und einen starken Impuls zur schnellen Entwicklung dieses Industriezweiges in Österreich gegeben[62]." Zu ähnlicher Bedeutung wuchsen die Werkstätten der Nordbahn heran; in Wien erzeugten noch H. D. Schmid Dampfmaschinen, Leo Müller Buchdruckerschnellpressen und Daniel Speker am Tabor Spinnmaschinen. Für den Bedarf der Baumwollindustrie des Wiener Beckens lieferte seit 1838 auch die Maschinenfabrik Philipp Schmidts in Wiener Neustadt Spinnmaschinen. In dieser Stadt wurde schon im Vormärz der Grundstein zu einer der wichtigsten Produktionsstätten der Schwerindustrie gelegt: 1842 nahm die k. k. privilegierte Lokomotivfabrik, die Wenzel Günther auf der ,,Schleife", anstelle einer alten Gewehrfabrik, anlegte, ihren Betrieb auf. Bis 1858 wurden in Wiener Neustadt 310 Lokomotiven hergestellt; den Höhepunkt seiner Produktivität erlebte dieser Betrieb aber erst unter der Leitung Georg Sigls seit 1861[63].

Kennzeichnend für die stoßweise vorangetriebene frühe Industrialisierung der österreichischen Monarchie war die ungleichmäßige Entwicklung, die zu auffallenden Mißverhältnissen führte. Die Rückständigkeit Ungarns wurde schon angedeutet – soziale und politische Ursachen waren hier gleicherweise wirksam. Die feudale Agrarverfassung des Landes – die sogenannte Avitizität verhinderte eine Kapitalisierung der Grundrente – wurde im

Vormärz von einer zunehmenden Zahl fortschrittlicher Adeliger als Haupthindernis für Reformen erkannt und bekämpft. An der Spitze dieser Gruppe stand der einflußreiche Magnat Graf Stefan Széchenyi, den sein späterer politischer Gegner Ludwig Kossuth den „größten Ungarn" nannte. Széchenyi hatte sich auf ausgedehnten Reisen mit den wirtschaftlichen Neuerungen in Westeuropa vertraut gemacht und versuchte als Politiker, Publizist und praktischer Unternehmer die Rückständigkeit seines Heimatlandes zu überwinden. Er förderte die Bestrebungen der DDSG, beteiligte sich an Projekten zur Regulierung der unteren Donau und setzte in der Ofen und Pest verbindenden, 1848 fertiggestellten Kettenbrücke ein bis heute eindrucksvolles Denkmal seiner vielseitigen Bemühungen. Besonders auf dem Sektor der Großmühlen drangen kapitalistische Wirtschaftsformen schon im Vormärz in die ungarische Agrarwirtschaft ein. Bis 1848 hatten diese Wandlungsprozesse noch keine grundlegenden Veränderungen in der Gesellschaftsstruktur bewirkt, da bis dahin die bäuerliche Untertänigkeit nicht zu Fall gebracht werden konnte[64]. Ofen und Pest zählten im Revolutionsjahr 100 000 Einwohner, unter ihnen 10 000 Zunftgesellen, 7 000 Dienstboten, 3 000 Fabriksproletarier und 2 200 Taglöhner. Der größte Betrieb war mit 1 000 Arbeitern die Altofener Schiffswerft[65].

Außer den in den sozialökonomischen Strukturen des Landes selbst begründeten Ursachen dieser verzögerten Entwicklung vom Feudalismus zum Kapitalismus spielte hier das gespannte Verhältnis Ungarns zur Zentralregierung eine entscheidende Rolle. Die Rivalität der Zentralisierungsbestrebungen der Wiener Hofstellen mit dem autonomen Verfassungsleben Ungarns, die Zollpolitik Österreichs, die Ungarn möglichst lange als agrarisches Hinterland und Absatzgebiet der eigenen Industrieprodukte erhalten wollte, ließen im Land das in politischer Hinsicht folgenschwere Mißtrauen gegen Wien entstehen.

Während der Reformer Széchenyi bei seinen Bestrebungen auf einen Ausgleich mit der Zentralregierung bedacht blieb, forderte die jüngere Politikergeneration, in deren Reihen sich Ludwig Kossuth als Führer der Opposition profilierte, entschieden die politische und wirtschaftliche Unabhängigkeit Ungarns. Die Maßnahmen des von Kossuth geförderten Schutzvereins zur Herstellung einer autarken ungarischen Wirtschaft (1844) trafen den Export der österreichischen Industrieprodukte schwer und vertieften die politischen Spannungen zwischen den beiden Hälften des Habsburgerreiches.

Fragen wir, nachdem wir die wichtigsten Züge der industriellen Revolution, die in der ersten Hälfte des 19. Jahrhunderts das Wirtschaftsleben Österreichs von Grund auf veränderte, kennengelernt haben, nach der Lage der Arbeiter in diesem neuen System, so lassen uns die Quellen weitgehend im dunkeln. So ausführlich die Zeitgenossen über den technischen und industriellen Fortschritt berichteten, so uninteressant schien offenbar das Schicksal jener Menschen zu sein, die die Kosten dieser Entwicklung zu tragen hatten. Erst ab etwa 1830 kam es zu einer echten Auseinandersetzung mit den Problemen der Verelendung breiter Bevölkerungsschichten inmitten wachsenden gesellschaftlichen Reichtums.

In eklatantem Widerspruch zur gesellschaftlichen Realität standen die harmonisierenden Schilderungen Österreichs, besonders Wiens, von ausländischen Beobachtern, zu deren Prototyp Schillers berühmtes Distichon über die ,,Donau in⁺⁺" wurde:

,,Mich umwohnt mit glänzendem Aug das Volk der Phajaken;
Immer ist's Sonntag, es dreht immer am Herd sich der Spieß."

Vielen ausländischen Beobachtern galt das Volk von Wien als Musterbeispiel einer statischen, selbstzufriedenen Gesellschaft. So schrieb der Norddeutsche Johann Friedrich Reichardt: ,,Hier wird wirklich ein echt gegründeter Wohlstand auf die froheste Weise allgemein genossen. (. . .) Man will nicht mehr als man hat; man ist zufrieden damit, es ohne Plackerei genießen zu können. Der gemeine Mensch schreitet nicht leicht über diesen Kreis des reellen Bedürfnisses und Genusses hinaus; politische, moralische Grillen und Grübeleien kümmern ihn nicht leicht[66]."

Stellvertretend für viele ähnliche in dieser Tradition stehende Äußerungen sei die Stellungnahme des sonst recht kritischen Berliner Schriftstellers Adolf Glaßbrenner zitiert, der Wien 1835 besuchte. Die Wiener Wirtshausgeselligkeit schien in den Augen dieses Reisenden alle gesellschaftlichen Unterschiede zu überbrücken: ,,In demselben Wirtshaus, wo Lakaien, Holzträgerinnen, Fiaker und Packknechte ihr Seidel Bier trinken, siehst du berühmte Künstler, Kaufleute, Beamte und reiche Kavaliere mit ihren geputzten Frauen, Töchtern und Geliebten, die es gleichfalls nicht geniert, wenn neben ihnen eine Hetäre ihre lockenden Blicke schießt[67]."

Österreich ist in den Augen des deutschen Gastes eine Insel der Ruhe inmitten stürmischer Veränderungen: „Während ringsumher von der Meerenge von Gibraltar bis zu dem Irischen Meere und der Ostsee Europa in den Geburtswehen einer neuen Zeit liegt, während alles krampfhaft durchzuckt ist und fieberhaft erbebt, während überall das moderne Leben sich in den härtesten Gegensätzen abarbeitet, überall neue Zustände, neue soziale Verhältnisse sich hervorbilden, Spekulationen aller Art erwachen, findet sich dort absolute Ruhe, verstummt dort der wilde Löwe, ermattet dort der ungestüme Lauf der Bewegung. (. . .) Während das ganze gebildete Europa der politischen Emanzipation mit Enthusiasmus zufiel, regte sich hier kein Laut der Teilnahme: Österreich allein besitzt keine Ansteckungsfähigkeit. Hierher allein hat der moderne Geist sich nicht mehr brechen können. Hier herrscht noch die sogenannte goldene Zeit, nachdem sie von der übrigen Erde verschwunden, hier ist der heitere Genuß, unbefangene Lust ohne Reflexion, fast ohne Bewußtsein[68]." Das spießbürgerliche Behagen war allerdings mit der Verinnerlichung der Normen eines paternalistischen Regierungssystems erkauft: „Österreich ist der patriarchalische Staat der neueren Zeit, wo die unmündigen Kinder dem Vater ihr Wohl vertrauensvoll in die Hände legen, ohne weitere Garantie als die, welche ihnen seine väterliche Gesinnung darbietet[69]."

Dem Engländer Turnbull schien noch 1840 Österreichs „Bevölkerung in einem blühenden Zustande" zu sein, nur in einigen Gebirgsgegenden Böhmens sei „etwas Armut" zu finden[70].

Nur sehr wenige Quellen beschreiben uns konkret die Lebensverhältnisse der arbeitenden Menschen. Einige wenige Autoren erkannten den Zusammenhang zwischen technologischer Rückständigkeit und maßloser Ausbeutung der überreichlich vorhandenen menschlichen Arbeitskraft, wie sie in den Anfangsphasen der Industrialisierung gang und gebe war. So schildert der Begründer der wissenschaftlichen Mineralogie in Niederösterreich, Abbé Andreas Stütz, die Zustände in dem von ihm gegen Ende des 18. Jahrhunderts besuchten Braunkohlenbergwerk Thallern an der Donau: „Die Grubenwasser, die, da die Grube so nahe an einem solchen Strome und sogar unter denselben hineingebauet ist, häufig sein müssen, wurden doch, wie ich die Grube befuhr, durch Menschenhände bewältigt. Die armen Leute verrichteten diese Arbeit nackt im Finstern und in einem so schlechten Wetter, daß ich in den paar Minuten, als ich mich darin aufhielt, ganz von Schweiß überdecket war. Freilich werden sie von Zeit zu Zeit abgelöset, aber grausam bleibt es doch immer, da keine Wasserkünste anzulegen, wo die Menschheit so viel durch selbe erleichtert werden könnte[71]."

Über die erwähnte Spiegelfabrik in Neuhaus liefert uns der Botaniker und Geograph Josef A. Schultes einen aufschlußreichen Bericht. In dieser Manufaktur war die Fabriksdirektion, wie es auch sonst nicht selten vorkam, gleichzeitig Grundherrschaft und Polizeibehörde. Selbst am arbeitsfreien Sonntag durften die Arbeiter nach der Betriebsordnung von 1785 den Ort nicht verlassen; für Versäumnisse und Vergehen waren als Strafen Arbeit in Eisen und die Rekrutierung angedroht[72]. Gelegentlich eines Ausflugs auf den Schneeberg – damals noch eine umständlich vorbereitete Expedition – besuchte Schultes diesen Betrieb. Anders als die meisten seiner Zeitgenossen, die wohl für ,,pittoreske Gegenden" und ,,romantische Szenerien" schwärmten, soziale Mißstände aber geflissentlich übersahen, kritisierte Schultes die Arbeitsverhältnisse in Neuhaus scharf: ,,Das Pochen und Sieben der gerösteten Kiesel sowohl als des Kalkes und der übrigen Materialien geschieht hier aus freier Hand ohne Pochwerke. Die Taglöhner, die diese mörderische Arbeit verrichten müssen, stampfen mit verbundenem Munde[73]." Das Schleifen der großen Spiegelglasplatten geschah gleichfalls von Hand aus mit schweren steingefüllten Kisten: ,,Obschon hier kein Staub zu befürchten ist, so greift doch das Hin- und Herschieben der ungeheuren Kisten und die feuchte dumpfige Luft der Schleifzimmer, deren Fenster nie geöffnet werden dürfen, die Brust der Arbeiter so sehr an, daß nur wenige von ihnen hier lange aushalten können und alle mehr oder weniger die Anwartschaft auf Lungensucht an der Stirne tragen. Von dem Geräusche in den Schleifstuben, das dem Rauschen eines stürmenden Meeres gleicht, sind die meisten Arbeiter halb taub[74]."

Viele Zeitgenossen fanden aber selbst solche und ähnliche Zustände idyllisch, wie etwa der Schauspieler Johann Anton Friedrich Reil, der 1815 das Waldviertel durchwanderte und die Glasbläser während ihrer aufreibenden Arbeit beobachtete: ,,Man denke sich die ungeheure Ofenglut, draußen die Sonnenhitze, die auf das Holzdach und die vielen großen Öffnungen einbrennt, und zwölf Stunden die schwere, kraftnötige Arbeit; die Leute sehen wie die Leichen aus, und ihre Hemden sind durchnäßt vom Schweiß, und doch die Arbeiter selbst fröhlicher Natur. Gleich von dieser Arbeit geht der Bursche eine Stunde oder zwei Stunden weit zum Tanz, tanzt die ganze Nacht, geht des Morgens wieder zur Arbeit, und so die ganze Woche durch, bis dann wieder zum Tanz." Die Schlußfolgerung unseres Autors aus diesem ihm geradezu beneidenswert erscheinenden Zustand lautete: „Das ist wahr, so wie der Hunger den besten Speisezettel macht, so bereitet auch die Arbeit das weichste Bett und den ruhigsten Schlaf[75]."

Eine frappierende Einsichtslosigkeit bewies auch der Verfasser eines Berichts über die Lage der Kärntner Nagelschmiede, der in der „Carinthia" 1815 veröffentlicht wurde. Es hieß da: „Die Lebensart dieser Leute ist keineswegs die beneidenswürdigste; täglich müssen sie, und zwar durch alle Jahreszeiten, mit Weibern und Kindern um 1 Uhr früh zur Arbeit aufstehen, die sie dann bis 6 Uhr Abend, drei Zwischenstunden ausgenommen, fortsetzen müssen. Nur am Mittwoch wird zu Mittag und Samstag früh um 7 Uhr aufgehört, an welchen Tagen sich die Weiber mit Waschen und Brotbacken beschäftigen; und da diese in den wenigen nächtlichen Ruhestunden sich meist mit Stillung kleiner Kinder abgeben müssen, so sind sie von dieser Seite wahrlich zu bedauern. Dennoch macht die Gewohnheit auch hier alles gut. Von frühester Jugend dieser Arbeit zugetan, sind sie dabei zufrieden und würden ihren Stand mit keinem andern verwechseln." Die Frauen waren auch in hochschwangerem Zustand buchstäblich bis zur letzten Stunde bei ihrer schweren Arbeit am Amboß: „Gewöhnlich wärmt das Weib im Hammer neben der Arbeit in einem großen Geschirr das Wasser, welches zum Bade des in Kürze zu gebärenden Kindes bestimmt ist." Schon vier bis fünf Tage nach der Niederkunft standen die Mütter wieder beim Hammer, dessen Erschütterungen, wie unser Gewährsmann treuherzig versichert, zu einer leichten Geburt viel beitrugen. Die „Altersversorgung" scheint unserem Autor hauptsächlich Diebstahl am Vermögen der Unternehmer zu sein: „Der Bettelstab ist übrigens das gewöhnliche Los dieser Arbeiter, mit dem sie, wenn sie zur Arbeit nicht mehr tauglich sind, von einem Werke zum andern im Lande herumziehen und von ihren noch arbeitenden

Kameraden mit Nägeln beschenkt werden, durch welches der Gewerkschaft entfremdete Almosen sich diese ein Verdienst zu erwerben hoffen[76]."

Das Bild der Rechtlosigkeit des Arbeiters und seines Ausgeliefertseins an die Willkür des Unternehmers bestätigt auch ein Blick auf die juristische Situation im Rahmen der Gesetzgebung dieser Zeit. Das Strafgesetzbuch von 1803 stellte den Zusammenschluß von Arbeitern und Gesellen gegen Unternehmer und Meister unter Strafsanktion (§ 229). Hier bestand eine Analogie zur berühmten loi le Chapelier der Französischen Revolution, die 1791 das Koalitionsverbot – angeblich zur Wahrung der bürgerlichen Freiheitsrechte – aussprach. Anders als in Frankreich bestanden allerdings in Österreich die Zünfte weiter – die werdende Arbeiterschaft war also dem doppelten Druck einer überlebten Wirtschaftsorganisation wie auch der neuen Form einer unter dem Vorwand wirtschaftlicher „Freiheit" hemmungslos praktizierten kapitalistischen Ausbeutung ausgesetzt. Das Allgemeine Bürgerliche Gesetzbuch regelte das Dienstverhältnis des Arbeiters auf der Basis des individuellen Vertrags (§§ 1151–1174).

Das Nebeneinander patriarchalischer Arbeitsverhältnisse und moderner Industrieorganisation schuf für Gesellen und Arbeiter höchst unterschiedliche Bedingungen, die sich mit dem Fortschreiten der Industrialisierung und dem Rückgang des selbständigen Handwerks mehr und mehr im Sinn einer kapitalistischen Wirtschaftsordnung vereinheitlichten. Noch in der Zeit des Wiener Kongresses konnte der Bortenmachergeselle Heinrich Wilhelm Richter „bei einem echten geborenen Wiener Meister" alten Handwerksbrauch erleben, wie er für den aus Deutschland Kommenden schon recht anachronistisch wirkte: „Hier konnte ich mancherlei verjährte reichsstädtische Eigenheiten beobachten, denn dergleichen eingefleischte Großstädter kleben dermaßen an dem altherkömmlichen Schlendrian fest, daß es in so einem Ort nicht auszuhalten wäre, wenn nicht durch neue Ansiedler allmählich ein liberalerer Ton sich verbreitete. Statt daß er wie andere Meister sich lediglich auf plaisirliche Galanterie-Artikel legte, so plagte er sich so gut wie unsereiner mit der schweren Goldarbeit, die wir machten[77]."

Die Neuerungen, die sich unser Handwerksgeselle bei seinem allzu biederen Meister noch herbeigewünscht hatte, sollten dann allerdings recht unangenehme Nebenwirkungen haben. Ein Blick in die gewerberechtliche Literatur der folgenden Jahrzehnte macht diese Wandlungen deutlich.

Ignaz Wildner leitete seine 1838 erschienene Abhandlung über das österreichische Fabrikenrecht mit einem dem technischen Fortschritt huldigenden Motto ein:

„Ehrt die Fabriken! sie zeichnen und weben
Freundliche Blumen ins irdische Leben;
Weben der Hoffnung und Liebe das Band,
Hüllen die Grazie in züchtige Schleier,
Nähren für donnernde Waffen das Feuer,
Fördern das Wohlsein mit rühriger Hand!“

Noch faßt Wildner den Begriff der Industrie sehr weit und bezieht auch die immer noch fortbestehenden Formen des Manufakturbetriebs und des Verlagssystems mit ein: „Wenn daher jemand sein Vermögen dazu verwendet, den rohen Stoff einzukaufen, damit ärmere Meister zu verlegen, und die von ihnen verfertigten Waren weiter abzusetzen, so verdient ein solches Verfahren wirklich schon die Benennung eines fabriksmäßigen Betriebes[78].“

Fabriksmäßiger Betrieb bedeutete im rechtlichen Sinn Befreiung von der Zunft, die „förmliche Landesfabriksbefugnis“ bot darüber hinaus weitere Vorteile für den Unternehmer, wie das Recht auf die Führung des kaiserlichen Adlerwappens und auf die Errichtung von Niederlagen in allen Provinzhauptstädten. Die Inhaber der einfachen fabriksmäßigen Befugnis mußten ihre Lehrlinge noch bei den Zünften aufdingen lassen. Nur die religiös gebotene Sonntagsruhe sollte nach Wildners Gesetzesinterpretation der Arbeitszeit Grenzen setzen, wobei er allerdings zugeben mußte, daß auch die Feiertagsruhe nicht selten verletzt wurde: „An allen anderen Tagen aber darf der Fabrikant die Arbeit begehren, denn da der Geselle die Arbeit im allgemeinen versprach, ohne eine Beschränkung hinzuzufügen, so muß er sie, so weit das Gesetz nicht im Wege steht, zu jeder Zeit leisten, in der es dem Herrn beliebt. (. . .) Außer diesen Stunden zur Erholung und Nahrung darf aber der Fabrikant den Gesellen in jeder Stunde der Werktage zur Arbeit verhalten, da diese für alle, nicht ausdrücklich oder stillschweigend ausgenommene Zeit versprochen und angenommen wurde[79].“ Der Arbeitsvertrag beinhaltete keinerlei persönliche Beziehung und über die Lohnzahlung hinausgehende

Sorgepflicht des Unternehmens: „Außer dem Lohne im Gelde hat der Geselle, wenn nichts weiter bestimmt ist, nichts mehr zu fordern[80]."

Während die Unternehmer ihre Interessen korporativ sehr wirkungsvoll zu wahren verstanden, waren solidarische Lohnforderungen der Arbeiter kriminalisiert: „Um die Arbeitsherrn nicht in Verlegenheit zu setzen, wenn sämtliche Gesellen die Arbeit infolge geschehener Verabredungen verweigern sollten, sind solche Verabredungen der Gesellen, um durch gemeinschaftliche Weigerung zu arbeiten oder durch andere Mittel einen höheren Tag- oder Wochenlohn, oder andere Bedingungen von ihren Meistern (Fabriksherrn) zu erzwingen, an den Rädelsführern mit durch Fasten und Züchtigung verschärftem Arreste von drei Tagen bis zu einer Woche zu bestrafen; und nachdem diese entweder Eingeborne oder Ausländer sind, sind sie aus der Provinz oder aus den sämtlichen Erbländern abzuschaffen[81]."

Vertrautheit mit den Lehren der klassischen Nationalökonomie zeigt das Lehrbuch des Universitätsprofessors Josef Kudler[82]. Kudlers Handbuch von 1846 weist schon auf die Systeme der französischen Sozialisten und Kommunisten hin, die, „wenn sie auch beschränkten Anklang fanden, doch als ein Zeichen der Zeit anzusehen sind, auch wohl durch ihre Verbreitung in der großen Volksmasse leicht sehr gefährlich werden könnten" (§ 16). Gelegentlich der Besprechung der utopischen Entwürfe Fouriers bemerkt Kudler: „Jedenfalls haben sie aber auf ein dringendes Bedürfnis der Gesellschaft aufmerksam gemacht, nämlich auf das: die Lage der unteren arbeitenden Volksklassen gründlich zu verbessern" (§ 20). Kudler weiß um die Anpassung des Arbeitslohns an den Mechanismus des Marktes: „Was dem Arbeiter aber in seinem Lohne wirklich zufällt, ist der Marktpreis der Arbeit. (. . .) Das Angebot geht von den Arbeitern aus, welche die Arbeit zu leisten sich erbieten, die Nachfrage aber von den Unternehmern, welche der Arbeit bedürfen" (§ 28). Immerhin wird hier schon mit dem Blick auf die realen Verhältnisse die liberale Theorie des freien Arbeitsvertrags kritisch in Frage gestellt: „In dem Widerstreite der Interessen der Arbeiter, welche hohen Lohn begehren, und der Unternehmer, die ihren Vorteil in der Zahlung eines niedrigen Lohnes suchen, stellen mehrere Umstände den letzteren günstig. (. . .) Können sich demnach Unternehmer und Arbeiter über die Höhe des Lohnes nicht einigen, so müssen gemeiniglich die letzteren, die nicht aushalten können, nachgeben, und der Lohn wird sich niedriger stellen, als wenn die Lage beider Teile gleich gewesen wäre" (§ 67).

Dennoch verwirft Kudler Selbsthilfemaßnahmen der Arbeiter: „Verbindungen unter den Arbeitern (Arbeiter-Assoziationen), soweit sie nur dahin gehen, ihre erlaubten Interessen am Markte wahrzunehmen und den Verbindungen der Unternehmer durch rechtliche Mittel entgegenzuwirken, wären an sich nicht unzulässig. Da sie jedoch fast immer vom Zwange Gebrauch machen, die Freiheit der Mitarbeiter beschränken, zum Müßiggange führen und oft selbst den öffentlichen Ruhestand bedrohen, so haben sie die Gegenwirkung der Polizeigewalt auf sich gezogen, und es gehören auch wirklich die Mittel, den erwähnten Gefahren zu begegnen, in den Bereich der Staatspolizei" (ebd.). Schließlich müssen Krisen des kapitalistischen Wirtschaftssystems aber doch nach Meinung Kudlers einer „natürlichen" Selbstregelung überlassen werden, die – auf Kosten der Arbeiter und durch ihre zeitweise Herabdrückung unter das Existenzminimum – das ökonomische Gleichgewicht wieder herstellt (§ 70)[83].

Das österreichische Bürgertum, uneinheitlich nach seiner sozialen Herkunft und gespalten in seinen Interessen, hatte im Vormärz keine tragfähige ökonomische Theorie entwickeln können. Selbst die bedeutendsten Leistungen, wie die zitierte Volkswirtschaftslehre Kudlers, blieben im Eklektizismus stecken; theoriegeschichtlich waren sie zwischen Smith und Malthus angesiedelt. Der unfertigen und unsicher tastenden Theoriebildung entsprach eine Praxis, die sich den Folgen des wirtschaftlichen und gesellschaftlichen Wandels nicht gewachsen zeigte und vor allem den Problemen der Massenarmut im Zeitalter der Industrie hilflos gegenüberstand. Ebenso schwankend war die politische Haltung des österreichischen Bürgertums. Es kritisierte zwar Einzelzüge des vormärzlichen Regierungssystems, hatte sich aber daran gewöhnt, bei jeder Krise und vor allem im Falle eines Aufbegehrens der Arbeiterschaft Schutz bei Bürokratie und Staat zu suchen.

DER PAUPERISMUS ALS PROBLEM DER INDUSTRIELLEN GESELLSCHAFT

Das System der Armenfürsorge, das in der ersten Hälfte des 19. Jahrhunderts mit dem erschreckenden Anwachsen einer in den traditionellen Kategorien der „Armut" und „Caritas" nicht mehr erfaßbaren Verelendung konfrontiert wurde, reicht weit in die Traditionen absolutistischer Regierungspraxis zurück. Ferdinand I. hatte 1552 ein wichtiges Prinzip aufgestellt: Jede Gemeinde sollte ihre Armen selbst versorgen; fremde, nicht zuständige Bettler sollten abgeschoben bzw. bestraft werden[1]. Damit war der Selbständigkeit der aus dem Spätmittelalter bekannten überregionalen Bettlerzünfte, die ihre eigene Organisation besaßen, zumindest theoretisch ein Ende bereitet. Wesentliche Elemente der weiterbestehenden Subkultur der heimatlosen, fahrenden Leute, der Bettler und Zigeuner sollten den Behörden allerdings auch weiterhin noch genug Kopfzerbrechen bereiten.

Wir haben bereits gehört, auf welche Weise das „Gesindel" an die Arbeitsdisziplin des barocken Manufakturbetriebs herangeführt werden sollte. Man begann in der Armengesetzgebung dieser Zeit zwischen unverschuldeter und verschuldeter Armut zu unterscheiden, wobei freilich sehr häufig von gesellschaftlichen Veränderungen verursachte Verelendung den davon Betroffenen als persönliche „Schuld" und mangelnde Moralität angerechnet wurde. Typisch für die Wiener Armen- und Altenpflege der Barockzeit wurde die Errichtung geräumiger Armenhäuser neben den traditionellen, von der Gemeinde erhaltenen Bürger- und Grundspitälern, die vor allem der Altersversorgung der ansässigen Bürger dienten. Das seit 1693 auf dem Grund, wo später Josef II. das Allgemeine Krankenhaus errichten ließ, erbaute Großarmenhaus zählte 1700 schon 1 200 Insassen, Arme und Invalide, aber auch 100 mittellose Studenten. Soweit wie möglich wurden die hier Untergebrachten zu „labores publicos", Straßen- und Festungsbauten, herangezogen[2]. 1697 verlegte der Seidenerzeuger Bratti einen Teil seiner Spinnarbeiten in das Armenhaus. Armenhaus, Waisenhaus, Zucht- und Arbeitshaus waren in der Epoche des barocken Absolutismus nahezu synonyme Begriffe; die organisatorischen Formen flossen, wie wir bei der Besprechung der Behandlung der Waisen- und Unterschichtenkinder sahen, ineinander. Ein markantes Beispiel für diese Verbindung bietet die der Innsbrucker Strafanstalt angeschlossene Textilerzeugung, die von 1717 bis 1735 und von 1818 bis 1860 bestand: Sie führte den bezeichnenden Namen „k. k. Strafhausfabrik"[3]. 1750 bis 1765 bestand das Arbeitshaus im Schloß Kaiserebersdorf; unter Maria Theresia und ganz besonders unter ihrem Sohn Josef II. machte sich die Tendenz geltend, Krankenpflegeanstalten, Waisenhäuser, Armenversorgung und Gefängnisse zu trennen. Die bahnbrechenden Leistungen der josefinischen Epoche für die Krankenversorgung (Josefinum, Allgemeines Krankenhaus und die für damalige Verhältnisse fortschrittliche Pflege der Geisteskranken im „Narrenturm") sind allgemein bekannt und bedürfen hier keiner weiteren Besprechung.

Die von Josef II. eingeleiteten Reformen auf dem Gebiet der Armenpflege wurden auch für seine Nachfolger wegweisend. Der Kaiser löste 1783 die Bruderschaften auf und zog ihr Vermögen ein[4]. Diese Körperschaften hatten nicht nur die Funktion, das religiöse Leben ihrer Mitglieder, das in Prozessionen und Wallfahrten gipfelte, zu organisieren, sondern hatten für viele kleine Leute auch die Funktion einer Versicherungskasse. Die Aufhebung dieser tief im Volk verwurzelten Institute erregte große Unruhe, was die Umsetzung der karitativen Pläne in die Praxis erschwerte. An die Stelle der vielen Bruderschaften trat eine allgemeine „Bruderschaft der tätigen Liebe des Nächsten". Neben der geschlossenen Fürsorge, wie sie die Barockepoche begründet hatte, und an Stelle der Vorherrschaft privater Stiftungen und Mildtätigkeit wurde die offene, vom Staat zentral gelenkte Armenfürsorge eingeführt.

Vorbildlich für die josefinische Armengesetzgebung wurden die Versorgungseinrichtungen, die Graf Johann N. Boucquoi auf seinen böhmischen Gütern gegründet hatte. Das Armeninstitut, an der Basis in den Pfarren organisiert und von „Armenvätern" geleitet, sollte die Bedürftigkeit verarmter Personen feststellen und deren Not durch regelmäßige Verabreichung von Geld- und Naturalgaben lindern. In dieser Grundform bestand das Armeninstitut bis 1873. Die Bedeutung dieser Einrichtung kommt in den hohen Zahlen der betreuten Personen zum Ausdruck. Während 1837 in der Monarchie (ohne Ungarn) 1 268 geschlossene Versorgungsanstalten für 27 047 Personen bestanden, wurden 1830 von 6 212 Pfarrarmeninstituten 456 093 Bedürftige betreut. 1847 hatte sich ihre Zahl auf 7 133, die der betreuten Personen auf 545 377 erhöht[5].

Für Personen, die durch Alter oder Krankheit dauernd erwerbsunfähig waren, wurde seit der josefinischen Zeit die Versorgung aus sanitären Gründen, aber auch aus Gründen der Wohlfeilheit der Verpflegung auf das flache Land verlegt, wobei aufgehobene Klöster diesem karitativen Zweck dienten. 1784 entstand das Versorgungshaus Mauerbach, 1805 folgte Ybbs, 1828 St. Andrä an der Traisen.

Zu Beginn der Regierungszeit Franz II. (I.) wurden Pläne zu einer grundlegenden Reform des Armenwesens erwogen. Leopold II. hatte dem Ajo seines Sohnes Franz, dem Grafen Colloredo, als Erziehungsmaxime eingeschärft: „Man muß sein Gefühl zugunsten der Armen wecken, man darf niemals die Klasse der Reichen derjenigen der Armen vorziehen[6].“ Nun entsprach dem paternalistischen Regierungsstil Franz II. (I.) wohl das Prinzip der Fürsorge für seine „Untertanen“; die Verständnislosigkeit gegenüber den gesellschaftlichen Veränderungen seiner Zeit verhinderte jedoch entscheidende Maßnahmen im Sinne einer echten Reform der Armenversorgung.

Um eine solche Reform durchzuführen, dachte man ursprünglich an die Verwirklichung der weitausgreifenden Projekte des Hamburger Kaufmanns Caspar Voght, der sich als Philanthrop einen europäischen Ruf erworben hatte. Voghts Plan umfaßte ein ganzes System einander ergänzender Fürsorgeeinrichtungen, für das er seit 1797 in Österreich wirkte[7]. Die von ihm vorgeschlagenen Institutionen – Armenanstalt, Medizinalanstalt, Erziehungsanstalt für Armenkinder, Hospiz für fremde Arbeiter, Zwangsarbeitshaus, Kochöfen für Rumfordsuppen, Vorschußkassen für Gewerbetreibende, Rentensparkasse, Armenwohnungen – traten freilich nur zum geringsten Teil wirklich ins Leben. Eine Hofkommission beschäftigte sich jahrelang mit der Ermittlung bedürftiger Personen, bis das ganze Projekt wieder einschlief[7a].

Nur die Rumfordsuppe – gekocht aus Hülsenfrüchten, Kartoffeln und Knochen und als Nahrungsmittel für die bedürftigsten Volksschichten gedacht – wurde seit 1802 ausgegeben. Sonst wurde nur das Zwangsarbeitshaus, das am besten in die Tradition

Haus und Seidenband Fabrik
des Herrn Joseph Göbel
am Schottenfeld Ziegler.g. №: 486.

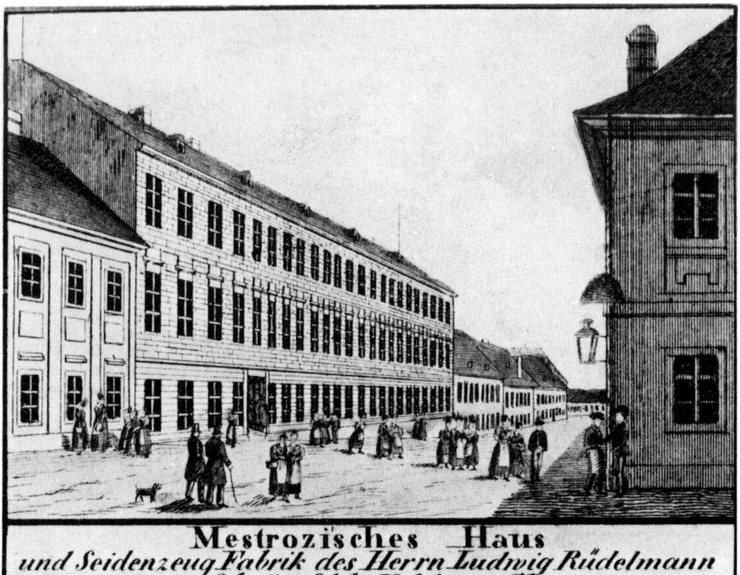

Mestrozisches Haus
und Seidenzeug Fabrik des Herrn Ludwig Rüdelmann
am Schottenfeld, Feldgasse №: 318.

4, 5 Vormärzliche Manufakturen auf dem „Brillantengrund“

6 Der Einbruch der Technik:
Vor einem Zug der Südbahn scheuende Pferde (1847)

7 Arbeitssaal der Apollo-Kerzenfabrik (um 1845)

des österreichischen Armenwesens paßte, errichtet, und zwar in einem aufgehobenen Kloster auf der Laimgrube (1804). Sein Zweck war, ganz ähnlich den schon 1671 ausgesprochenen Prinzipien, „Müßiggänger, Bettler, arbeitsscheue Menschen, mutwillig vazierende Dienstboten und Leute, die keinen ehrlichen Erwerb ausweisen können, zur Arbeit anzuhalten und zu nützlichen Mitgliedern der Gesellschaft zu bilden[8]." Dieser wegen der harten Behandlung der Insassen mehr als das im Vormärz keineswegs humane Gefängnis[9] gefürchteten „k. k. Arbeits- und Besserungsanstalt" wurde eine „freiwillige Arbeitsanstalt" angegliedert, die jedoch den schlechten Ruf, der ihr anhaftete, nie loswurde und selbst in Zeiten arger Arbeitslosigkeit keine Hilfe bot[10]. Eine ähnliche, von Josef II. gegründete Anstalt (1783–1787) war schon früher gescheitert.

Trotz mancher guter Vorsätze wurden in der franziszeischen Epoche keine grundlegend neuen Modelle zur Bewältigung der Armutsprobleme in der werdenden Großstadt Wien verwirklicht. Der rasche Bevölkerungsanstieg Wiens ließ die von der Revolutionsfurcht des Monarchen inspirierten Behörden auf Abhilfe sinnen. Die Aufhebung der Steuerfreiheit für Neubauten ließ die Bautätigkeit erlahmen; die Mietzinse schnellten in die Höhe und wurden die Ursache weitverbreiteter sozialer Unruhe. Andererseits konnte man sich nicht zu einem Verbot von Mietzinserhöhungen entschließen, Erzherzog Karl setzte in dieser Frage sein Votum für die Freigabe der Mietzinse durch: „Wohlfeilheit überhaupt läßt sich nicht gebieten, nicht durch Strafgesetze erzwingen. Die Vermehrung des gesuchten Bedürfnisses durch weise und zweckmäßige Mittel zu befördern, ist alles, was der Staat tun kann. Das Übrige muß er den Privaten unter sich überlassen[11]." Diese Entscheidung machte den Hausbesitz zum Spekulationsobjekt; für eine kleine Vorstadtwohnung zahlte man 1810 100 fl, für eine Wohnung in der Innenstadt 400 bis 2 000 fl jährlich. Die Spekulation erreichte in der Zeit des Wiener Kongresses einen ersten Höhepunkt. Wie ein späterer Kritiker schrieb, wurden die bürgerlichen Haushaltungen durch diese Vorgänge „in die physisch und sittlich ungesunde Nachbarschaft des Pöbels hineingedrängt[12]."

Die beengten Verhältnisse auf dem durch den Basteiengürtel um die Innere Stadt und den Ring des Linienwalles um die Vorstädte eingeengten Raum ließen die Wohnungsnot zu einem der sozialen Hauptprobleme Wiens werden. Ein Wiener Arzt beschrieb die Wohnungsverhältnisse „zu ebener Erde und im ersten Stock“ zu Anfang des 19. Jahrhunderts: „Die Treppen der Häuser sind oft so schmal, finster, hochstufig und schneckenartig geformt, daß das Steigen derselben nicht nur sehr ermüdend, sondern auch das Ausgleiten sehr begünstigt wird. Die Höfe oder Fluren der Häuser sind oft so eng, daß die Luft kaum sich darin zu erneuern vermag. Hier befinden sich übrigens die Pferdeställe und die zur Aufbewahrung des Unrats angelegten Senkgruben, welche am hellen Tage ausgeräumt werden. Die Zimmer sind von verschiedener Beschaffenheit. Die sogenannten Herrschaftszimmer mit der Aussicht auf die Gasse sind etwas geräumiger, regelmäßiger und luftiger, die rückwärtigen aber sind minder geräumig, manchmal so dunkel, daß man sich zur Mittagszeit des Kerzenscheines darin bedienen muß, genießen im Vergleiche mit den ersteren eine weit schlechtere Luft und haben nicht selten feuchte oder gar nasse Wände; sie erzeugen bei den Kindern Rheumatismus, Durchfälle, Auszehrungen, Bleich- und Wassersuchten und Augenentzündungen[13].“

Eine statistische Zusammenstellung der Häuser und der Einwohnerzahl Wiens macht die hier angedeutete Problematik schlagartig deutlich[14]:

	Häuser	*Einwohner*
1800	6 739	239 373
1830	8 037	338 694
1840	8 385	377 601
1846	8 756	425 521

Bei der Bevölkerungsvermehrung, die von der josefinischen Zeit bis zum Revolutionsjahr eine Verdoppelung der Einwohnerzahl brachte, spielte die Zuwanderung, vor allem aus dem böhmischen Raum, eine gewichtige Rolle. Um 1848 lebten in Wien gegen 60 000 Tschechen[15]. Von 100 Verstorbenen waren im Jahr 1850 46 aus Wien, 12 aus Niederösterreich, 3 aus den übrigen Alpenländern, 14 aus Böhmen, Mähren und Schlesien, 4 aus Ungarn, 1 aus Galizien, 5 aus Deutschland, 1 aus dem Ausland gebürtig (14% waren unbekannter Herkunft)[16].

Alle genannten Zahlen beziehen sich auf den Bereich der Stadt und der 35 Vorstädte innerhalb des Linienwalls. Dazu kam noch die Zunahme der zwar außerhalb des städtischen Jurisdiktionsbereichs gelegenen, aber durch ihre wichtigen Industrien durchaus städtischen Charakter tragenden Vororte außerhalb der Linie. Die Bevölkerungsvermehrung in einigen dieser Vororte dokumentiert den Sprung vom Dorf zum Industriezentrum: Im Zeitraum von 1830 bis 1851 stieg etwa die Bevölkerungszahl in Meidling von 793 auf 2 731, in Gaudenzdorf von 2 433 auf 6 606, in Sechshaus von 2 873 auf 5 574, in Reindorf von 1 106 auf 2 456, am Braunhirschengrund von 3 884 auf 5 789, in Rustendorf von 65 auf 3 700, in Fünfhaus von 2 566 auf 10 676, in Ottakring von 988 auf 3 345, in Neulerchenfeld von 4 677 auf 9 052, in Hernals von 3 337 auf 10 708[17]. Wir werden sehen, wie die hier wachsenden sozialen Probleme der modernen Großstadt 1848 zu einer Lösung drängten.

Die kommunale Entwicklung hielt mit dieser Bevölkerungsexplosion nicht Schritt. Gewiß war die weitere Expansion Wiens in der zweiten Jahrhunderthälfte noch weit eindrucksvoller; in der ersten Hälfte des 19. Jahrhunderts waren aber alle Fragen, die sich aus den großstädtischen Lebensformen ergaben, noch völlig fremd und trafen auf eine unvorbereitete, immobile Verwaltung. Wien war um 1800 die drittgrößte Stadt Europas und konnte diesen Rang als viertgrößte Stadt 1850 noch knapp behaupten. Die Vergleichszahlen für 1850 lauten[18]:

London	2 363 341 Ew.
Paris	1 053 262 Ew.
Petersburg	487 278 Ew.
Wien	448 688 Ew.
Berlin	412 154 Ew.

Kommunale Einrichtungen und die Versorgung mit Lebensmitteln blieben weit hinter den Bedürfnissen der wachsenden Bevölkerung zurück. Erst 1804 speiste die Albertinische Wasserleitung aus Hütteldorf einen kleinen Teil der Vorstädte; auch die Kaiser-Ferdinand-Wasserleitung (1835–1841) bedeutete keine Lösung des Trinkwasserproblems, da ihr aus dem Donaukanal filtriertes Wasser weiterhin die Gefahr von Cholera- und Typhusepidemien über der Stadt schweben ließ.

Schon zu Beginn des 19. Jahrhunderts kam es während der Teuerungswelle im Gefolge der unaufhörlichen Kriege zu Brotkrawallen. 1805 forderte der Einsatz von Militär gegen Plünderer von Bäckerläden Tote und Verwundete, 1808 richtete sich der Zorn der hungernden Bevölkerung gegen die Fleischhauer, drei Jahre später wurde eine Kundgebung von 1500 Schustergesellen von der Kavallerie gesprengt[19].

Der Wiener Kongreß brachte mit der vermehrten Inanspruchnahme der in Wien stark vertretenen Dienstleistungsgewerbe und der verstärkten Geldzirkulation eine kurze Scheinkonjunktur – nach seinen rauschenden Festen, die den Kongreßteilnehmern eine in Wohlstand und Üppigkeit schwimmende Stadt vorgaukelten, folgte der Katzenjammer. Die Jahre 1816/17 waren auf Grund von Mißernten Hungerjahre. Die Wirtschaftskrise infolge des Endes der Kontinentalsperre und des Hereinbrechens der englischen Waren, die Vermögensverluste des Mittelstandes und der Beamtenschaft durch die Abwertung der Währung schufen eine gefährliche Krisensituation. Das Bettelwesen nahm einen bedrohlichen Umfang an[20]; im gesamten Wirtschaftsleben breitete sich Unsicherheit aus[21].

Atavistische Formen sozialen Protests manifestierten sich in Räuberbanden, die die Landstraßen unsicher machten. Der bis heute berühmteste dieser Räuber, der 1818 hingerichtete Johann Georg Grasel, fand Unterstützung und Unterschlupf bei bäuerlichen Unterschichten, besonders bei den Außenseitern der ländlichen Gesellschaft, den Abdeckern und Haltern, und konnte von dieser Basis aus seine Raubzüge im mährisch-niederösterreichischen Grenzgebiet erfolgreich durchführen. In der volkstümlichen Überlieferung erhielt Grasel die Züge des „edlen Räubers", den nur die Reichen zu fürchten hatten, der aber mit den Armen gut Freund war[22].

Im großstädtischen Bereich wurde die fortdauernde Lebensmittelknappheit durch eine fiskalische Maßnahme weiter verschärft. Die Einhebung einer Verzehrssteuer am Linienwall seit 1829 verteuerte die Lebenshaltung der arbeitenden Bevölkerung Wiens in unerträglichem Maß. Wie der Begründer der modernen Sozialstatistik, Frédéric le Play, zu Anfang der fünfziger Jahre des 19. Jahrhunderts berechnete, verbrauchte die Familie eines Wiener Tischlergesellen 97,5% des Einkommens für lebenswichtige Bedürfnisse, 63% für die Ernährung allein[23]! Im September 1830 kam es zu Volksaufläufen, die sich gegen die Steuerämter an der Linie wandten. An das Militär wurden scharfe Patronen ausgegeben, da man im Gefolge der französischen Julirevolution eine Entwicklung des spontanen Protests zu einer politischen Aufstandsbewegung befürchtete. Allerdings fehlten dafür alle Voraussetzungen. Der Schweizer Geschäftsträger Effinger berichtete damals an seine Regierung: „In Wien, wie in allen großen Städten, gibt es einen zahlreichen Pöbel, den nur die Furcht vor der Strafe von allem erdenklichen Unfuge abhält. Der Auflauf, der letzthin an der Lerchenfelder Linie stattfand, und eine ähnliche, obwohl weniger ernste Szene an der Taborlinie, gleichfalls aus Anlaß der Verzehrssteuer, haben nur dargetan, wie auch in Wien das Volk bereit sei, zu Gunsten desjenigen, den es in seinen Rechten gekränkt glaubt, sich tätlich gegen die Behörden zur Wehr zu setzen. Sollte indessen auch in einer der Vorstädte eine Empörung ausbrechen, so würde sie aller Wahrscheinlichkeit auf der Stelle gedämpfet werden[24]."

Die Unterschichten Wiens, die in diesen Revolten ihren Protest gegen unerträglich gewordene Lebensbedingungen zum Ausdruck brachten, waren in sich noch stark differenziert und von einem einheitlichen Klasseninteresse weit entfernt. In diesem Zusammenhang ist etwa an die uns heute schier unvorstellbare Zahl von Dienstboten zu denken, die nicht nur im adeligen, sondern auch im bürgerlichen, ja selbst kleinbürgerlichen Haushalt in Arbeit standen. Unter den 50 000 Einwohnern der Wiener Innenstadt waren in den zwanziger Jahren des 19. Jahrhunderts 15% Gewerbetreibende, aber 46% Hauspersonal; ein Anteil, der sich mit zunehmender Industrialisierung rasch verringerte[25].

Schon im 18. Jahrhundert hatten die Kupferstichserien der sogenannten „Kaufrufe" (Christian Brand, Jakob Adam u. a.) die Vielfalt von Kleingewerbetreibenden und Kleinhändlern gezeigt, die für Wien lokaltypische Bedeutung hatten. Diese Serien fanden auch noch im 19. Jahrhundert ihre Fortsetzung (Georg Emanuel Opiz, Anton Zampis) und erhielten sogar noch im Zeitalter der Photographie Nachfolger[26]. Die hier vorgestellten Dienstleistungsträger und Hausier- und Straßenhändler erfüllten in einer Stadt, deren Handels- und Versorgungsorganisation der wachsenden Größe nicht mehr entsprach, wichtige Funktionen. Diese Bilder aus dem Leben des „gemeinen Volkes von Wien" führen nicht nur die soziale, sondern auch die ethnische Differenzierung Wiens vor Augen. Da gab es zum Teil noch bis in die zweite Jahrhunderthälfte den slowakischen Rastelbinder, den italienischen Salamihändler, den ,,Zwiebelkroaten", den ,,Gottscheer" aus der deutschen Sprachinsel in Krain, der Südfrüchte und Holzwaren verkaufte, und den jüdischen Trödler, der vom Verkauf der unansehnlichsten Altwaren sein Leben fristete[27]. Ein Heer von Lumpensammlerinnen trug den Rohstoff für die Papierfabrikation zusammen, und der weithin vernehmbare Ruf des ,,Hadernmannes" ist als letzter aus diesem vielstimmigen Chor erst in unseren Tagen für immer verklungen. Manche dieser Gestalten haben durch die Literatur Unsterblichkeit erlangt, wie der Aschenmann aus Ferdinand Raimunds ,,Bauer als Millionär", den der Dichter selbst ergreifend darzustellen wußte, oder der ,,Evangelimann" – ein alter Mann, der Dienstboten und Kindern das Sonntagsevangelium in den Höfen der Häuser vorsang – in der gleichnamigen Oper Wilhelm Kienzls.

Franz Grillparzer hat in seiner 1848 erschienenen Novelle ,,Der arme Spielmann" all diesen Unbekannten ein Denkmal gesetzt: ,,Wie aus einem aufgerollten, ungeheuren, dem Rahmen des Buches entsprungenen Plutarch lese ich aus den heitern und heimlich bekümmerten Gesichtern, dem lebhaften oder gedrückten Gange, dem wechselseitigen Benehmen der Familienmitglieder, den einzelnen halb unwillkürlichen Äußerungen mir die Biographien der unberühmten Menschen zusammen, und wahrlich! man kann die Berühmten nicht verstehen, wenn man die Obskuren nicht durchgefühlt hat. Von dem Wortwechsel weinerhitzter Karrenschieber spinnt sich ein unsichtbarer, aber ununterbrochener Faden bis zum Zwiste der Göttersöhne[28]."

Die detaillierte Schilderung der Vielfalt der Wiener Unterschichten war ein feststehender Topos der Wien-Literatur dieser Zeit. So versuchte der Vormärzpublizist Groß-Hoffinger ,,jene Klassen näher zu bezeichnen, welche ich unter dem Ausdruck Pöbel begreife. Es gehören darunter: primo loco 1. die Sesselträger, 2. die Holzhauer und Holzschieber, 3. die Träger (von der Maut), 4. die Faßzieher, 5. die Hausierer, 6. die Fiaker, 7. die Fratschelweiber, 8. die Hausmeister (Portiere), 9. die herumziehenden Musikanten (Leiermänner, Pradlgeiger, die Leute, welche in den Höfen musizieren und singen), 10. die Taglöhner, 11. die Fabriksarbeiter, 12. die Zettelträger, 13. die Gassenkehrer, 14. die Laternanzünder, 15. die Nachtwächter, Gewölbwächter etc., 16. die Bettler, 17. die Pflasterer[29]."

Jeder Leser Nestroys kennt die Vielfalt der von diesem genialen Dramatiker auf die Bühne gestellten Typen aus der vielschichtigen Wiener Vormärzgesellschaft. Die Überprüfung des Realitätsgehalts der Nestroyschen Gestalten etwa anhand der zeitgenössischen Publizistik ist noch eine von Literaturwissenschaftlern und Sozialhistorikern gemeinsam zu lösende Aufgabe. Manche für den Publikumsgeschmack allzu realistische Wendungen seiner Stücke hat Nestroy selbst gemildert: So etwa wurde der logische Schluß des „Lumpazivagabundus", der den Untergang der beiden „liederlichen" Handwerksburschen Zwirn und Knieriem – in der sozialen Realität der Zeit das tatsächliche Absinken großer Teile der Gesellenschaft ins Proletariat bzw. Lumpenproletariat – darstellte, versöhnlich gemildert. Wie bezeichnend ist auch der Umstand, daß der „fleißige" Leim nur durch die recht zufällig zustande gekommene Heirat mit der Meisterstochter seine bürgerliche Reputation erhält. Nestroy ist aber nicht nur ein Typenschilderer von satirischer Schärfe und Treffsicherheit, er hat auch die soziale Mobilität seiner Zeit in unvergeßlichen Szenen auf die Bühne gebannt. Man denke etwa an die Dialoge zwischen Emporkömmling und Hausknecht in den „Früheren Verhältnissen" oder die gesellschaftskritischen Ansätze im „Talismann".

Hinter den bisher nur in folkloristischer Hinsicht, nicht aber in sozialgeschichtlicher Perspektive untersuchten Erwerbsmöglichkeiten der Wiener Unterschichten stand der tägliche Kampf um das schwer genug zu erringende Stück Brot. Die Krisenanfälligkeit der Wirtschaftsstruktur Wiens lag auf der Hand, zumal große Teile des städtischen Gewerbes für den Luxusbedarf der gesellschaftlichen Oberschichten, des Adels und des Großbürgertums, produzierten. Besonders auffällig waren diese extremen Schwankungen zwischen Hochkonjunktur und Krise in der für Wien typischen, traditionsreichen Seidenindustrie. Um die Wende vom 18. zum 19. Jahrhundert beschäftigte die Seidenerzeugung die größte Zahl der Wiener Gewerbetreibenden. 1813 arbeiteten in Wien 235 Meister und 600 Fabrikanten mit 6000 Gesellen, 800–900 Lehrlingen und 7000–8000 Arbeiterinnen[30]. Durch die enge handelspolitische Verflechtung mit der lombardischen Rohstoff- und Seidengarnproduktion blühte die vor allem in den westlichen Vorstädten Wiens (Schottenfeld, Lerchenfeld) angesiedelte Seidenweberei auf. Noch heute kann man bei einem Rundgang durch die Wiener Bezirke Mariahilf und Neubau die stattlichen Betriebs- und Wohngebäude der Seidenfabrikanten des alten „Brillantengrundes", wie man diese Gegend zur Zeit ihrer höchsten Blüte nannte, sehen[31] – einige wenige beherbergen bis heute „Borten- und Posamentierfabriken", Kleinbetriebe, deren Tradition in die große Zeit dieser Altwiener Produktion zurückreicht[32]. Die aufwendige Lebensführung der Söhne der reichen Seidenfabrikanten war geradezu sprichwörtlich; die „Apollosäle" waren der Schauplatz rauschender Feste. Die glänzende Fassade konnte allerdings nicht darüber hinwegtäuschen, daß die Tage dieser hochspezialisierten und in ganz Europa geschätzten Industrie gezählt waren. Wie krisenanfällig diese Luxusindustrie war, hatte sich etwa schon unter Maria Theresia zur Zeit der Hoftrauer um Franz I. gezeigt (1765). Die entstehende bürgerliche Gesellschaft mit ihrer Tendenz zur Uniformierung der Kleidung ließ die Seidenproduktion zurückgehen; die „zunehmende Demokratisierung der Sitten" ließ, wie Ignaz Beidtel treffend vermerkte, „den schwarzen Frack mit schwarzen Beinkleidern das gewöhnliche Galakleid für alle Stände werden[33]."

Die überlieferte patriarchalische Betriebsführung wich mit wachsender Konzentration der Werkstätten und der Einführung der mechanischen Webstühle industriellen Produktionsformen. Die einst hochqualifizierte und relativ gut entlohnte Handarbeit der Webergesellen wurde mehr und mehr durch Frauen- und Lehrjungenarbeit verdrängt. Überhaupt ging die Zahl der Beschäftigten zurück, 1848 zählte man 3027 Gesellen, 5905 Arbeiterinnen und 603 Lehrjungen[34]. Der rapide Niedergang vollzog sich aber erst nach der Revolutionszeit: Von 1850 bis 1887 fiel die Zahl der in der Wiener Seidenweberei Beschäftigten von 8616 auf 1134, die der Seidenbandarbeiter von 3068 auf 785[35].

Die Selbständigkeit der kleinen Meister in der Textilbranche war – wie in der gesamten Bekleidungs- und Lederproduktion – im Vormärz nur noch ein Schatten der alten Unabhängigkeit. Großproduzenten, welche die benötigten Rohstoffe en gros einkauften, beschäftigten in der Regel 30 bis 40 Kleinmeister mit ihren Gesellen. Während das selbständige Gewerbe in seiner Entwicklung stagnierte, stieg die Zahl der „Fabrikanten" rapid an: In den Jahren 1837–1841 vermehrten sich die selbständigen Gewerbetreibenden nur um 7,8%, die „Fabrikanten" aber um 164%[36].

Die Loslösung der Gesellen dieser Betriebe aus den überkommenen Bindungen, ihre Preisgabe an eine noch ungewisse Zukunft sollte der entstehenden Wiener Arbeiterbewegung das Gepräge geben. Rückwärtsgewandte Bestrebungen zu einem in verklärtem Licht gesehenen Zunftsystem und auf die tatsächlich bestehende proletarische Situation antwortende Organisationsformen sollten in enger Verflechtung nebeneinander herlaufen.

Wie anfällig diese hier skizzierte Sozialstruktur für schwere Erschütterungen war, zeigte sich mehrmals während der allgemeinen Wirtschaftskrisen der ersten Hälfte des 19. Jahrhunderts. Schon 1817 hatte man als Auskunftsmittel „zur Abstellung der Bettelei und Steuerung des Notstandes", der weite Teile der arbeitslosen Bevölkerung erfaßt hatte, öffentliche Arbeiten (vor allem Wiederherstellung der auf Napoleons Befehl zerstörten Stadtbefestigung) angeordnet[37].

Zur Zeit der schweren Choleraepidemie, die 1831 zusammen mit der gesamteuropäischen politischen Krise die Geschäfte zum Stocken brachte, griff man erneut zu dieser Maßnahme – diesmal liegen auch schon genauere Daten über ihren Umfang vor. Zunächst wurden 5500 auswärtige Gesellen, 3560 Juden, denen durch die repressive Gesetzgebung im Vormärz der Aufenthalt in Wien ohne besondere Genehmigung untersagt war, und 404 arbeitslose Dienstboten aus der Stadt abgeschoben. Trotzdem stieg die Zahl der Arbeitslosen bis zum 5. August 1831 auf 7630 – davon 3500 Seidenzeugarbeiter und 2100 Weber – und am 12. August 1831 auf 10 300. Zur Beschäftigung dieser Arbeitslosen wurden wiederum Fortifikationsarbeiten und der Bau von Unratkanälen parallel zum Wienfluß in Angriff genommen – ein für die Beseitigung arger sanitärer Mißstände gerade in den am dichtesten besiedelten westlichen Vorstädten notwendiges Projekt. Der Höchststand der auf den öffentlichen Baustellen, die Kaiser Franz einige Male besuchte, beschäftigten Notstandsarbeiter wurde mit 9395 erreicht. Man gab einen Taglohn von 20 kr. Damals verdiente ein Textilarbeiter durchschnittlich 35 kr, ein Seidenweber 45 kr, ein Maschinenbauer 1 fl, ein Heimweber aber nur 5 kr täglich. Der Preis für ein Pfund Rindfleisch betrug 8 bis 9 kr, für ein Pfund Schwarzbrot 3 kr[38]. Von der öffentlichen Hand angeordnete Notstandsarbeiten waren also im Jahr 1848, als man erneut zu dieser Maßnahme griff, keineswegs eine Neuheit – eine bisher in den einschlägigen Darstellungen zu wenig beachtete Tatsache.

Wohltätigkeitsvereine konnten das Absinken immer weiterer Schichten des kleinen Mittelstandes in proletarische Existenzformen kaum verzögern[39]. Die 1810 gegründete „Gesellschaft adeliger Damen zur Beförderung des Guten und Nützlichen in Wien" betreute 1840 2221 Arme[40]. Nur kurzfristig, während der Zeit akuter Krisen, waren der „Verein zur Unterstützung der Armen und Hilfsbedürftigen" (1816–1818) und der „Privatverein zur Unterstützung dürftiger Gewerbsleute" (1831–1832) tätig. Den Auswirkungen der Industrialisierung und der Frauenarbeit trugen die Kinderbewahranstalten Rechnung. Das älteste Wiener Institut dieser Art gründete der jüdische Philanthrop Josef Wertheimer gemeinsam mit dem Pfarrer der Waisenhauskirche Maria Geburt 1830 am Rennweg. Die Aufsicht über diese 1838 schon sieben Zweigvereine umfassende Anstalt übernahm Erzbischof Milde. Ausdrücklich waren diese Kinderbewahranstalten „für die dürftige Volksklasse und für Kinder solcher Eltern berechnet, welche zur Erhaltung ihres Lebens ihre Tageszeit außer Haus zubringen müssen[41]."

Trist war die Lage der Findel- und Waisenkinder, deren Zahl ungemein hoch war – eine Folge der Schwierigkeiten bzw. Unmöglichkeit für Angehörige der Unterschichten, einen eigenen Hausstand zu gründen, und auch der niedrigen Lebenserwartung der Eltern. Diese Situation schien Raimund Melzer, dem wir eine detaillierte Untersuchung über das Findlingswesen in den illyrischen Provinzen verdanken, eine zentrale Frage der entstehenden Industriegesellschaft zu sein, deren Folgen auch das flache Land überschatteten: „Als Adam Smith die Nationalökonomie gründete, sollte dieselbe eine Wissenschaft des Wohlstandes werden. (. . .) Seitdem sind 68 Jahre verflossen. (. . .) In dem Gefolge des Reichtums erschien auch die Armut. Übersehen und nicht beachtet wurde sie immer zudringlicher und ungestümer, bis man sich endlich genötigt sah, ihr in der Nationalökonomie einen gleichen Platz mit dem Reichtum einzuräumen[42]."

1844 entstand ein „Schutzverein zur Rettung verwahrloster Kinder", doch konnten diese wohlgemeinten Versuche die aus der Auflösung der alten Familienstrukturen erwachsenden Probleme nicht lösen. Das „Haus" als soziale Einheit der vorindustriellen Zeit hörte auf zu bestehen. 1869 waren in Wien 86% der selbständig Erwerbstätigen, aber nur 36% der Arbeiter verheiratet oder verwitwet. Damals waren 55,1% der Arbeiter ohne eigene Wohnung. Für 1848 liegen uns keine diesbezüglichen Zahlenangaben vor; doch war der Prozeß der Auflösung der traditionellen Familienbeziehungen schon im Vormärz weit vorgeschritten[43].

Die Zahl der von der kommunalen Fürsorge Wiens (einschließlich des Armeninstituts) erfaßten Personen stieg von 16 966 im Jahr 1843 auf 18 956 im Jahr 1848; dazu kamen noch 1096 in staatlichen Fürsorgeeinrichtungen untergebrachte Personen[44].

Die Anzahl der statistisch erfaßten Erwerbs- und Unterstandslosen wuchs in erschreckendem Maß (hier ist auch mit einer besonders hohen Dunkelziffer zu rechnen): 1840 zählte man 5745, 1847 bereits 9161 Personen zu dieser Kategorie der Pauperisierten. Die Zahl der registrierten Bettler wuchs im selben Zeitraum von 4966 auf 8430[45].

Die Versuche einer Selbsthilfe der Betroffenen wurden durch die politische Repression im Keim erstickt, die jede Vereinsbildung mit Argusaugen überwachte, Pensions- und Krankenversicherungen umfaßten jeweils nur einen sehr kleinen, durch ständische Organisationsformen bestimmten Personenkreis, wie etwa der schon im Jahr 1683 begründete „Privatverein der in Wien befindlichen k. k. Rechnungs- und Controlbeamten zu wohltätigen Zwecken für sich und ihre Mitglieder" oder das „Pensionsinstitut der herrschaftlichen Livreediener in Niederösterreich" (1793)[46]. Unter diesen frühen Pensionskassen finden sich auch sonst recht kurios anmutende Bezeichnungen, wie „Witwen- und Waisen-Pensions-Institut für herrschaftliche Hausoffiziere in Niederösterreich" oder das „Privatinstitut der k. k. Leiblakaien und der k. k. Kammerbüchsenspanner zur Unterstützung ihrer Witwen und Waisen", aber im Bereich des Gewerbes nur eine „Witwenkasse der bürgerlichen Gold-, Silber- und Galanteriearbeiter"[47].

Versuche der Arbeiterschaft, den Weg der Selbsthilfe zur sozialen Absicherung zu gehen, wurden von den Behörden höchst mißtrauisch angesehen und zumeist unterbunden. Dennoch gab es solche Bemühungen im Untergrund. So entdeckte die Polizei allein in der Vorstadt St. Ulrich 1839 drei Arbeiterkrankenvereine[48]. Lediglich die Buchdrucker konnten, nachdem ähnliche Organisationen in Innsbruck und Linz vorangegangen waren, den allerdings von den Prinzipalen kontrollierten „Verein zur Unterstützung erkrankter Buchdrucker- und Schriftgießer-Gehilfen Wiens" 1842 legal ins Leben rufen[49].

Der Wachsamkeit der Polizei entgingen auch nicht die Beziehungen einzelner Handwerker zu den frühsozialistischen Ideologien und Bünden Westeuropas. So wurden die Brüder Karl und Josef Schestag, die als Schneider- bzw. Lackierergesellen während ihrer Schweizer Wanderjahre die Bekanntschaft Wilhelm Weitlings gemacht hatten, 1844 wegen Hochverrats zum Tod verurteilt, dann allerdings begnadigt[50]. Mit den Schriften Weitlings, der 1834 und 1836 in Wien weilte, und auch mit den Theorien Etienne Cabets war der Tischler Franz Eggert aus dem Böhmerwald vertraut, der später nach Amerika auswanderte[51]. Von den Unterstützungsvereinen der böhmischen Textilarbeiter – 1804 gründeten die Reichenberger Kattundrucker die erste Kasse dieser Art – wird noch in Zusammenhang mit den Arbeiterunruhen von 1844 die Rede sein.

Die Zeitgenossen faßten das Erscheinungsbild der massenhaften Verelendung im Vormärz unter dem vielschichtigen Sammelbegriff *Pauperismus* zusammen. Ehe wir auf die Diskussion dieses Problems in der zeitgenössischen öffentlichen Meinung Österreichs eingehen, wird es notwendig sein, einen Blick auf die wichtigsten theoretischen Erklärungsmodelle zu werfen, die in der neueren Forschung erarbeitet wurden.

Das Problembewußtsein für die tief in alle gesellschaftlichen Beziehungen und Lebensverhältnisse eingreifende Übergangskrise zwischen Feudalismus und Kapitalismus setzte sich erst erstaunlich spät in der historischen Forschung durch. Die erste bibliographische Zusammenstellung der ungemein reichhaltigen Pauperismusliteratur Deutschlands durch Paul Mombert in Carl Grünbergs „Archiv für die Geschichte des Sozialismus und der Arbeiterbewegung" kam einer Neuentdeckung dieses außerordentlich wichtigen Quellenmaterials gleich[52]. Hans Stein, der erstmals eine – notwendigerweise unvollkommene – Zusammenschau der hier anstehenden Probleme versuchte, nahm den zeitgenössischen Terminus für die sozialgeschichtliche Begriffsbildung in Anspruch: „Unter Pauperismus im Sinne der neueren Sozialgeschichte ist die Verelendung breiter städtischer und ländlicher Bevölkerungsschichten in den Anfängen des modernen Industriekapitalismus zu verstehen, auf der einen Seite charakterisiert durch scharfe soziale Spannungen und Gegensätze, auf der andern Seite durch das Fehlen von Solidaritätsgefühl als organisierte Massenerscheinung, d. h. von Klassenbewußtsein als bewegender gesellschaftlicher Kraft[53]."

Während Stein die Entstehung der kapitalistischen Wirtschaft als konstitutiv für seinen Pauperismusbegriff betrachtet, wurden in der neuesten Forschung der BRD weniger die Industrialisierung, als die traditionellen Agrarkrisen für den Pauperismus verantwortlich gemacht. Als bedeutendster Vertreter dieser Auffassung ist Wilhelm Abel zu nennen, der einige sehr beachtenswerte und materialreiche Studien zum Problem der Massenarmut vorlegte[54]. Rolf Engelsing[55] und Wolfram Fischer[56] stehen Abels Theorie, von gewissen Modifikationen abgesehen, nahe. Abel betont nachdrücklich, daß der Pauperismus nicht als Folge der Industrie und des Maschinenwesens zu betrachten sei; Engelsing führt diesen Gedanken in seiner Interpretation der Ursachen der Revolution von 1848 fort: „Man möchte die deutsche Revolution von 1848 die letzte, an mittelalterliche Empörungen anknüpfende spontane Erhebung einer primär vom Ernteergebnis abhängigen Gesellschaft nennen, die in der Stadt in der Periode des Vormärz durch romantische und sozialkritische Belletristik in eine unklare Spannung versetzt worden war[57]." Demgegenüber ist wohl die Frage berechtigt, ob tatsächlich „Belletristik" – wozu übrigens in diesem Zusammenhang die abwertende Wortwahl? – soziale Spannungen verursacht oder nicht vielmehr diese reflektiert. Fischer ist der Meinung, die Industrialisierung habe die Standeslosen der alten Gesellschaft aus ihrem Pariadasein erlöst[58]. Diese These erscheint insofern als problematisch, da ja nicht die Industrialisierung als ökonomisches Faktum schlechthin die Emanzipation der arbeitenden Menschen bewirkte, sondern erst die gewerkschaftliche und politische Organisation des Proletariats den Kampf um die Befreiung aus dem „Pariadasein", zu dem es die Frühphase der Industrialisierung tatsächlich und in erschreckendem Ausmaß verdammte, mit Erfolg führen konnte.

Abel hat gegenüber der in Friedrich Engels' berühmter Schrift „Die Lage der arbeitenden Klasse in England" (1845) vorgetragenen These, erst die Industrialisierung habe die vorindustrielle Harmonie der Gesellschaft zerstört, mit Recht auf die weiter zurückreichenden Wurzeln und Erscheinungen der Massenarmut hingewiesen[59]. Zweifellos hat Engels in dieser seiner Frühschrift, deren Quellenmaterial hauptsächlich zeitgenössische Berichte und Autopsie waren, den historischen Aspekt des Verelendungsprozesses nicht korrekt gesehen und um seiner These willen die vorindustriellen Lebensbedingungen mit Kennzeichnungen wie

„ganz behagliche Existenz", „rechtschaffenes und geruhiges Leben", und den Gesellschaftszustand mit „patriarchalisch", „idyllisch", „stilles Pflanzenleben", „romantisch-gemütlich", recht erheblich verzeichnet[60]. Das Verdikt Abels besteht gegenüber diesem Aspekt der Frühschrift von Engels mit Recht; seine darauf beruhende generalisierende Ablehnung der marxistischen Erklärung für die Verelendung geht jedoch am Kern der Sache vorbei. Marx selbst hat den Pauperismusbegriff wohl im „Kommunistischen Manifest"[60a] verwendet, ihm aber in seiner Kritik der politischen Ökonomie keine zentrale Bedeutung eingeräumt; dieser Terminus schien ihm wohl durch den von ihm abgelehnten und bekämpften „kleinbürgerlichen" und „wahren" Sozialismus zu abgegriffen, als daß er ihm einen bedeutenderen Platz in seinem wissenschaftlichen System geben wollte. Dennoch finden sich im Marxschen Hauptwerk verstreut wichtigste Ansätze zu einer Theorie der historischen Genese des Pauperismus, die Marx parallel zur Analyse der „ursprünglichen Akkumulation" beschreibt. Der zu seiner Zeit (wie übrigens auch heutzutage in vulgarisierter Form) weitverbreiteten, von Thomas Robert Malthus extrem formulierten Lehre von einer unvermeidlichen, weil im biologischen Wachstum begründeten „absoluten" Übervölkerung stellte Marx seine Auffassung von der gesellschaftlich und historisch begründeten „relativen" Überbevölkerung entgegen. Die Massenarmut ist für Marx unabdingbare Begleiterscheinung des kapitalistischen Wachstumsprozesses. Abweichend von Engels' früherer Darstellung sieht er sie zwar im Zeitalter der modernen Industrie im höchsten Maß aktualisiert, aber schon in der Epoche der Manufaktur ursächlich angelegt[61].

Konstitutiv für den Marxschen Verelendungsbegriff ist bekanntlich der von ihm beschriebene Widerspruch zwischen wachsender gesellschaftlicher Produktion und gesellschaftlichem Reichtum einerseits und der „Akkumulation von Elend, Arbeitsqual, Sklaverei, Unwissenheit, Brutalisierung und moralischer Degradation auf dem Gegenpol, d. h. auf der Seite der Klasse, die ihr eigenes Produkt als Kapital produziert[62]." Innerhalb dieses Gesamtzusammenhangs der Bedingungen der kapitalistischen Produktion bildet das Phänomen des Pauperismus für Marx nur einen, obschon wichtigen, Teilaspekt, über den er folgende Aussagen macht: „Der tiefste Niederschlag der relativen Überbevölkerung endlich behaust die Sphäre des Pauperismus. (. . .) Seine

Produktion ist eingeschlossen in der Produktion der relativen Überbevölkerung, seine Notwendigkeit in ihrer Notwendigkeit, mit ihr bildet er eine Existenzbedingung der kapitalistischen Produktion und Entwicklung des Reichtums. Er gehört zu den faux frais[63] der kapitalistischen Produktion, die das Kapital jedoch größtenteils von sich selbst ab auf die Schultern der Arbeiterklasse und der kleinen Mittelklasse zu wälzen weiß. Je größer der gesellschaftliche Reichtum, das funktionierende Kapital, Umfang und Energie seines Wachstums, also auch die absolute Größe des Proletariats und die Produktivkraft seiner Arbeit, desto größer die industrielle Reservearmee. Die disponible Arbeitskraft wird durch dieselben Ursachen entwickelt wie die Expansivkraft des Kapitals. Die verhältnismäßige Größe der industriellen Reservearmee wächst also mit den Potenzen des Reichtums. Je größer aber diese Reservearmee im Verhältnis zur aktiven Arbeiterarmee, desto massenhafter die konsolidierte Überbevölkerung, deren Elend im ungekehrten Verhältnis zu ihrer Arbeiterqual steht. Je größer endlich die Lazarusschichte der Arbeiterklasse und die industrielle Arbeiterarmee, desto größer der offizielle Pauperismus. Dies ist das absolute, allgemeine Gesetz der kapitalistischen Akkumulation[64].“

Auf einen sehr wesentlichen Aspekt in der zeitgenössischen Diskussion des Pauperismusproblems, der auch für unser Verständnis dieser Texte von großer Bedeutung ist, hat der marxistische Sozialhistoriker Jürgen Kuczynski hingewiesen, wenn er zwischen „bürgerlicher“ und „halbfeudaler“ Literatur zu dieser Frage unterscheidet[65]. Er sieht die Pauperismusliteratur in den gesellschaftlichen Hauptwiderspruch des Vormärz eingebettet: Während die Feudalen die Erschütterung ihres Herrschaftssystems fürchteten und das Wirtschaftsbürgertum publizistisch mit der Hauptschuld an der „Zersetzung“ und „Pauperisierung“ der Gesellschaft belasteten, drehten die Liberalen den Spieß um und gaben den Vorwurf zurück. Nicht die wirtschaftliche Freiheit und soziale Ungebundenheit sei Schuld an der Verelendung, sondern es handle sich um die Konservierung und Verschärfung der in den feudalen Verhältnissen wurzelnden Armut durch eine überholte feudalbürokratische Herrschaftsordnung. In gewissem Sinn trugen beide streitende Parteien zu unserem Verständnis der sozialen Situation im Vormärz wesentlich bei: Der doppelte Druck eines überlebten feudalen Herrschaftssystems und eines weder durch zügelnde staatliche Eingriffe noch durch die Gegenwirkung einer organisierten Arbeiterbewegung in seinen Folgen gemilderten frühen Industriekapitalismus lastete auf den unterdrückten Massen und wurde zur Ursache der Revolution.

Fassen wir zusammen, was als gesichertes Ergebnis aus der kontroversen Diskussion der Zeitgenossen wie der gegenwärtigen Historiker gelten kann. Es dürfte ein Konsens darüber herzustellen sein, daß ,,Pauperismus" ein typisches Übergangsphänomen in einem gesellschaftlichen Wandlungsprozeß von größter Tragweite repräsentiert. Während ,,Armut" in der ständischen Gesellschaft selbst bei massenhaftem Auftreten als schlechthin gegebenes soziales Faktum hingenommen wurde, akzentuierte sich in der Erkenntnis des Pauperismus als qualitativ neuer Form der Massenarmut das Bewußtsein einer revolutionsträchtigen Gesellschaftskrise. In diesem Sinn muß das Phänomen des Pauperismus gegenüber manchen neueren Interpretationsmodellen doch wohl mit der Industrialisierung in einem kausalen sozial- und ideologiegeschichtlichen Zusammenhang gesehen werden. In der Pauperismusdiskussion wurde zum letztenmal die ,,soziale Frage" im alten Sinn als ein gewissermaßen ,,von oben her" lösbares Problem gestellt, ehe die Betroffenen selbst ihr Schicksal in die Hand nahmen. Mit der Revolution von 1848 endete auch in Mitteleuropa die Pauperismusliteratur schlagartig. Aus dem ,,Pöbel" als der heterogenen Masse der Pauperisierten war das moderne Proletariat entstanden.

Saint-Justs inhaltsschweres Wort ,,Les malheureux sont les puissances de la terre, ils ont le droit de parler en maîtres aux gouvernements qui les négligent"[66] enthüllte die von der bürgerlichen Emanzipationsbewegung ins Rollen gebrachte revolutionäre Dialektik. Die ,,Elenden" wurden vom Objekt polizeilicher Aufsicht bzw. staatlicher und privater Fürsorge zum geschichtsmächtigen Subjekt. Im 19. Jahrhundert schlug der Strukturabbau herrschaftlicher Bindungen des Feudalismus, der das historische Werk des aufsteigenden Bürgertums war, in den gleichzeitigen Aufbau neuer Abhängigkeiten und Entfremdungen um – Widersprüche, welche die bürgerliche Gesellschaft, die ihre Verfassung seit 1789 in den Kategorien der Freiheit und Gleichheit definierte, nicht zur Ruhe kommen ließen. Das Bewußtwerden des ,,Pauperismus" als Frage nach den strukturell begründeten Antagonismen eines Gesellschaftssystems, das eben erst die Fesseln des Feudalismus abstreifte, implizierte einen Bewußtseinswandel, der seinerseits als revolutionierende Potenz auf den sozialökonomischen Veränderungsprozeß zurückwirkte. Eine neue kritische Einstellung zur gesellschaftlichen Realität brach sich Bahn, die sich von der unwiderruflich zum Untergang verurteilten ständischen Gesinnung Alteuropas grundlegend unterschied. Zwischen der in voller Auflösung befindenden ständischen Gemeinschaft und einer dem Vermögenslosen das Recht auf menschenwürdiges Dasein de facto versagenden neuen Ordnung war der Ort einer Klasse der bürgerlichen Gesellschaft, die zum Opfer all dieser Widersprüche wurde[67].

Die Frage nach der historischen Entstehung dieser Klasse und dem damit verbundenen ideologischen Prozeß, wird seit Werner Conzes vielbeachtetem Beitrag ,,Vom ‚Pöbel' zum Proletariat"[68], wie an einigen Beispielen gezeigt wurde, in der Geschichtswissenschaft der BRD wie der DDR immer noch lebhaft diskutiert und bildet einen Schwerpunkt der sozial- und ideologiegeschichtlichen Forschung.

Von dieser intensiven Beschäftigung mit der sehr widerspruchsvollen und komplexen Materie hebt sich das Desinteresse an der parallel verlaufenden, allerdings spezifische Eigenheiten zeigenden österreichischen Entwicklung ab. Carl Jantke und Dietrich Hilger, die eine verdienstvolle Anthologie der Pauperismusliteratur herausgaben, haben mit einer noch anzuführenden Ausnahme (Perthaler) kein Beispiel aus Österreich zitiert[69]. Lediglich Walter Krebs gab eine – allerdings unsystematische und unvollständige – Auswahl aus der österreichischen Literatur zum Pauperismusproblem[70].

Die Durchsicht der österreichischen Pauperismusliteratur und ein Vergleich mit dem zeitgleichen deutschen Schrifttum lassen ein Theoriedefizit erkennen, das als Indikator einer gewissen gesellschaftlichen und ideologischen Zurückgebliebenheit gedeutet werden muß – ein Umstand, der allerdings den Quellenwert dieser Schriften für den Historiker nicht mindert, sondern selbst ideengeschichtlichen Aussagewert besitzt. In Deutschland hatte die kritische Philosophie einer Kritik der Gesellschaft und einer gesellschaftsverändernden Praxis den Weg gebahnt. Hegels Ausführungen in den berühmten Paragraphen 243 bis 246 seiner ,,Grundlinien der Philosophie des Rechts" haben die Fragestellung für die nach ihm kommenden Gesellschaftstheoretiker bündig formuliert. Die Antwort auf Hegels Herausforderung konnte dann ganz unterschiedlich ausfallen – man denke nur an die weitere Ausformung der Hegelschen Sozialdialektik bei Lorenz Stein bzw. Karl Marx! Ganz in der Tradition der älteren Literatur behandelt Hegel das Problem der Armut in der Rubrik „Polizei" des großen mit dem Titel „Die bürgerliche Gesellschaft" überschriebenen Kapitels, deutet aber schon die diesen Rahmen sprengenden Konsequenzen an: „Das Herabsinken einer großen Masse unter das Maß einer gewissen Subsistenzweise, die sich von selbst als die für ein Mitglied der Gesellschaft notwendige reguliert – und damit zum Verluste des Gefühls des Rechts, der Rechtlichkeit und der Ehre, durch eigene Tätigkeit und Arbeit zu bestehen –, bringt die Erziehung des Pöbels hervor, die hinwiederum zugleich die größere Leichtigkeit, unverhältnismäßige Reichtümer in wenige Hände zu konzentrieren, mit sich führt. (. . .) Die wichtige Frage, wie der Armut abzuhelfen ist, ist eine vorzüglich die modernen Gesellschaften bewegende und quälende. (. . .) Durch diese ihre Dialektik wird die bürgerliche Gesellschaft über sich hinausgetrieben[71]."

Die Tatsache der fehlenden Rezeption der kritischen Philosophie seit Kant ist als Eigentümlichkeit der Geschichte des österreichischen philosophischen Denkens konstatiert worden, ohne daß bisher die Ursachen hiefür untersucht worden wären[72]. Man wird nicht nur dem jede geistige Regung kontrollierenden System einer kleinlichen Zensur die Schuld an diesem Umstand geben können. Die geistige Enge an den Hochschulen war freilich schlimm genug; fortschrittliche Professoren, die ihre Ansichten laut werden ließen, büßten ihren Lehrstuhl meist recht rasch ein[73]. Wenn im Jahr 1837 in einer Rektoratsrede gesagt wurde, der „wahre Philosoph" solle ein „guter Untertan und ein guter Christ" sein[74], so zeugte dies von einer weitgehenden Verinnerlichung der Normen des paternalistischen Regierungssystems des Kaisers Franz. Die Zustände an den Universitäten erklären aber das weitgehende Fehlen eines kritisch-philosophischen Bewußtseins nur zur Hälfte. Man wird auch daran denken müssen, daß die erstaunlich lange Konservierung der Denkgewohnheiten des 18. Jahrhunderts durch die österreichische Intelligenz – und gerade auch durch die oppositionelle Intelligenz – auf den ungemein stark fortwirkenden Einfluß des Josefinismus besonders in der Beamtenschaft zurückgehen mag. Die josefinische Tradition beinhaltete auch Unterordnung unter den Staat – während ihre zweifellos vorhandenen emanzipatorischen Ansätze schon in der frühen Regierungszeit von Kaiser Franz verschüttet wurden, blieb die Obödienzgesinnung ein langfristiges Phänomen. Die ökonomische und politische Schwäche des Bürgertums machte es zudem für radikale Denkansätze, wie sie die deutsche Philosophie seit Kant, Fichte und Hegel entwickelte, wenig aufnahmebereit.

Sehen wir, ohne den Anspruch auf Vollständigkeit erheben zu wollen (die Mehrzahl aller Vormärzbroschüren über Österreich lassen in irgendeiner Form die gleichsam in der Luft liegende soziale Problematik anklingen), einige als Beispiele interessante Abhandlungen durch, so läßt sich in der kurzen Zeitspanne zwischen den dreißiger Jahren und der Revolution von 1848 eine beachtliche Erweiterung des Horizonts feststellen. Das Spektrum reicht von gut gemeinten „Lösungsvorschlägen" der noch in traditionellem Sinn verstandenen Armenfrage bis hin zu Äußerungen, welche die soziale Disproportionalität als mögliche Ursache politischer Umwälzungen darstellen und analysieren.

Der Publizist und Historiker Matthias Koch, der im Vormärz das zentralistisch-absolutistische Regierungssystem kritisierte, sich aber dann in der Revolution auf die Seite der extremen Reaktion stellte, gab in seiner 1835 erschienenen „Abhandlung über Armen-Kolonien und ihre Errichtung im österreichischen Kaiserstaate" ein noch ganz den traditionellen Vorstellungen verhaftetes Programm zur Beseitigung der Armut. Ganz im Sinn der franziszeischen Politik sah er in der Verstädterung der Gesellschaft das Hauptübel; in den von ihm projektierten Armenkolonien sollte der Arme „wirklich einem bürgerlichen Stande und zwar dem ältesten und ehrenwertesten einverleibt werden[75]." Gemeint ist hier landwirtschaftliche Betätigung. Der Autor weist auf die reichen Möglichkeiten der Binnenkolonisation in Niederösterreich (nach Koch gab es 80 000 Joch ungenütztes Hutweideland in Niederösterreich) und Ungarn hin[76]. Koch steht hier deutlich in der Tradition der populationistischen Volkswirtschaftsschule des 18. Jahrhunderts und ihrer praktischen Siedlungspolitik – man denke an die einschlägigen Unternehmungen des Prinzen Eugen, Maria Theresias und Josefs II.! Die militärisch anmutende Organisation und Disziplin, die Koch für seine Ackerbaukolonien ins Auge faßt, könnte mit dem eigentümlichen Aufbau der Militärgrenze zusammenhängen, wenngleich diese auffällige Parallele nicht ausdrücklich bestätigt wird. Den Armen Wiens, deren Zahl der Verfasser mit 50 000 sehr hoch veranschlagt, sollte dadurch zu Brot verholfen werden. Seine konservative Grundhaltung verrät Koch mit seiner die Industrie durchaus ablehnenden Stellungnahme: „Keine Armenkolonie soll in der Nähe einer Fabrik errichtet werden. Geschieht es dennoch, so muß streng darauf gehalten werden, daß die Armen-Kolonisten nicht in derselben als Taglöhner und Handarbeiter sich verdingen. Dies würde ihnen zwar Geldvorteile, aber gewiß auch Sittlichkeitsnachteile bringen[77].

Vergleicht man Kochs Traktat mit der gleichzeitig erschienenen Schrift des bedeutenden süddeutschen Konservativen Franz von Baader („Über das dermalige Mißverhältnis der Vermögenslosen oder Proletairs zu den Vermögen besitzenden Klassen der Sozietät"), so fällt die „Altertümlichkeit" der noch ganz in den Überlieferungen des 18. Jahrhunderts verwurzelten Argumentation des österreichischen Autors ins Auge, für den die moderne Industrie erst am Rande des Bewußtseinshorizonts aufdämmert, während bei Baader schon der Klassenkonflikt der industriellen Gesellschaft als zentrales Phänomen gesehen wird. Seine konservative Grundhaltung formulierte Koch auch in einer am Vorabend der Revolution erschienenen Broschüre, in der er gegen die Gewerbefreiheit und für eine Erneuerung des Zunftwesens eintrat. Die Regierung sollte ihre gesellschaftspolitische Aufgabe als „schützende Minerva im Kampfe der Plutokratie-Tyrannen mit den ohnmächtigen Zwergen der untern Güterwelt" erfüllen[79].

In theoretischer Hinsicht weit bedeutender als Kochs inhaltlich eher bescheidene Schriften sind die zwei Bücher des Kärntner Freiherrn Albert von Hummelauer, eines sehr belesenen, dem Kreis um Erzherzog Johann nahestehenden Mannes, der auch als praktischer Ökonom tätig war. Hummelauer stellt seine Analyse „Über die Verarmung der ackerbauenden Klasse", die er 1833 niederschrieb und 1836 veröffentlichte, in große Zusammenhänge hinein. Die Armut sei „ein europäisches Übel" geworden, „kein Klima, keine Verfassung, keine Stufe der Zivilisation schützt vor ihr[80]." Die Ursachen seien nicht in der Staatsverfassung, sondern in der Sphäre der Produktion zu suchen. Über seine im Titel der Schrift angekündigte Problematik hinaus bringt das Buch eine Klassentheorie und Wertlehre in engem Anschluß an Malthus und Ricardo; Hummelauers Ausführungen über „reellen Wert" und „Tauschwert" zeigen ein beachtlich hohes Niveau seiner theoretischen nationalökonomischen Kenntnisse. Das Wesen der modernen Gesellschaft erblickt der Kärntner Freiherr im Antagonismus der Klassen: „In der Tat teilt sich das Menschengeschlecht überhaupt in zwei Klassen, deren eine arbeitet, während die andere arbeiten läßt. (. . .) Armut gehört nur der arbeitenden Klasse an, und diese macht der Natur der Sache nach den größten Teil der Bevölkerung aller Länder der ganzen Erde aus. Die Interessen beider Klassen sind einander gerade entgegengesetzt; wer nämlich arbeiten läßt, gewinnt um so viel mehr, je weniger er für die Arbeit des andern gibt[81]." Hummelauer bekennt sich zum „ehernen Lohngesetz", das bekanntlich weiterhin in der nationalökonomischen Theoriebildung auch der frühen Arbeiterbewegung eine bedeutende Rolle spielte: „Die Unternehmer waren daher zu allen Zeiten darauf bedacht, die Lohnarbeiter in einen gewissen Grad von Abhängigkeit von sich zu setzen, der es ihnen möglich machte, den Arbeitslohn auf den zur Erhaltung der arbeitenden Klasse unentbehrlichen, möglichst niederen Satz zurückzudrängen[82]."

Trotz dieser aus der englischen Literatur bezogenen Erkenntnisse gelang Hummelauer nicht die praktische Anwendung dieser Theoreme auf die konkreten österreichischen Verhältnisse. In einer erst 1849 in Klagenfurt veröffentlichten, aber noch in den Vormärz gehörenden Studie, die 1847 als Antwort auf die von Erzherzog Johann bei der zehnten Versammlung deutscher Land- und Forstwirte in Graz gestellte Preisfrage „Durch welche Verhältnisse die allgemeinen Klagen über den Verfall der dienenden Klasse herbeigeführt worden sind" entstand, zeigte sich, daß Hummelauer die ihm durch seinen Stand gezogenen Schranken nicht zu überschreiten vermochte, sondern sozialkonservativ auf die Herausforderung des gesellschaftlichen Wandels reagierte. In dieser Schrift, die besonders dem Zerfall der alten Lebensordnung unter dem ländlichen Gesinde gewidmet ist, operiert der Baron mit dem klassischen konservativen Idealbild des „Hauses", dessen Restauration eine stabile gesellschaftliche Ordnung verbürgen würde: „Die Anerkennung des hausväterlichen Rechtes und der hausväterlichen Gewalt muß demnach die Grundlage jeder Gesindeordnung sein. (. . .) Die wieder hergestellte Würde und der Einfluß der Hausväter, welche jetzt beinahe überall ganz darnieder liegt, würde bald hinreichen, der Familie Achtung und

Schutz zu verschaffen, während anderseits in der dienenden Klasse mit der Überzeugung, daß nun wieder einmal ein Herr im Hause sei, sich gewiß bald ein höherer Grad von Folgsamkeit, Ordnung, Fleiß und Aufmerksamkeit entwickeln würde[83]." An allgemeinen Reformen schlägt Hummelauer Pensionskassen für die arbeitenden Klassen und Kolonisation vor. Die radikalen Formulierungen seiner Erstlingsschrift blieben also im Bereich einer praxisfernen theoretischen Reflexion; im konkreten Fall wurde zur Beseitigung des Pauperismus kein vorwärts-, sondern ein rückwärtsführender Weg eingeschlagen.

Wir besitzen außer den bekannten Tagebüchern Kübecks[84], die an einigen Stellen Einsicht in die soziale Problematik der von ihm als Hofkammerpräsidenten entscheidend geförderten wirtschaftlichen Innovationen zeigen, ein weiteres, zumeist übersehenes Dokument für die Einstellung der hohen Bürokratie zu den Fragen der modernen Gesellschaft. Es handelt sich um die Selbstbiographie von Anton Josef Emanuel Kraus-Elislago, den wir als Organisator der Wiener Gewerbeausstellung kennengelernt haben. Die josefinische Tradition wird deutlich in Kraus' Bekenntnis, ,,daß zeit- und vernunftgemäße Reformen das einzige, nachhaltigste und sicherste Mittel sind, um dem Ausbruche der Revolutionen als Krankheitserscheinungen des Staatskörpers zu begegnen[85]." Kraus bekennt sich vorbehaltlos zur liberalen Wirtschaftsordnung[86]. Daß von dieser Seite wenig Hilfe im Kampf gegen die Ausartungen des frühen Kapitalismus zu erwarten war, beweist Kraus' prinzipielle Bejahung der Kinderarbeit, wenngleich er auf diesem Gebiet ,,höchst bedenkliche Unfüge und Mißbräuche" wahrnahm[87].

Während so in der hohen Bürokratie der Standpunkt des ,,laissez faire" eingenommen wurde, erhoben manche kritische Juristen Einwände gegen eine den Unternehmer einseitig begünstigende Rechtsordnung. Wir haben gesehen, wie solche kritische Elemente selbst in Universitätslehrbüchern wie Kudlers Volkswirtschaftslehre Eingang fanden. Wesentlich schärfer formulierte Johann A. Perthaler, später der eigentliche Schöpfer des Februarpatents, seine Kritik in der ,,Zeitschrift für österreichische Rechtsgelehrsamkeit und politische Gesetzeskunde" (1843)[88]. Die angesichts der Zahmheit der sonstigen in Österreich von der Zensurbehörde zugelassenen Schriften erstaunlich scharfe Kritik Perthalers verdankt das Licht der Öffentlichkeit wohl hauptsächlich dem exklusiven und weitgehend abstrakt-juristischen Charakter der Zeitschrift, in der die Abhandlung erschien.

Das Neue an Perthalers Schrift ist die volle Akzeptierung der durch die Industrialisierung geschaffenen Umwälzung: ,,Es liegt in diesem Stadium eine tiefe, eine unendlich bedeutungsvolle Emanzipation des Menschen von solchen Beschäftigungen, welche der verständigen Leitung und Vornahme nichts mehr übrig lassen[89].“ Diese Epoche ist aber auch zur ,,Zeit der materiellen Leiden“ geworden. An die Stelle des kleinen, in sich geschlossenen Lebenskreises des Hauses ist eine in ihren Folgen noch unbekannte Freiheit der Industrie und der Zusammenschluß in neuen Assoziationsformen getreten: ,,So ist der Mensch durch diese industrielle Eroberung an die Schwelle einer neuen Epoche herangekommen; er tritt aus dem engen Hause, das er bisher bewohnte, und dieses Heraustreten ist kaum von minderer Bedeutung als der Schritt, mit dem die Familien in die Gesellschaft des sich organisierenden bürgerlichen Vereins heraustreten[90].“ Die an die Marxsche Definition der industriellen Reservearmee erinnernde Analyse Perthalers läßt aufhorchen: ,,Zwei Erscheinungen ergeben sich, eine Anzahl Arbeiter wird für den Anfang beschäftigungslos und die noch beschäftigten Arbeiter beziehen geringere Löhne. Dieser ganze Zustand wirkt ferner, da er sich günstig für den Kapitalisten und Unternehmer herausstellt, darauf hin, daß die Maschinenfabrikunternehmung erweitert, die Maschinenkraft gesteigert wird, wodurch abermals eine relative Steigerung des mißlichen Zustandes der Arbeiter hervorgebracht wird und so fort in geometrischer Progression[91].“

Der Staat ist für den Juristen Perthaler die zum Eingreifen in diese Interessensverschiedenheiten berufene Instanz; seine Aufgabe ist es, Konflikte durch Reformen zu verhindern. Der Staat solle ,,innerhalb des inländischen Industriekörpers Maßregeln ergreifen, wodurch die Möglichkeit eines privatenmäßigen und das Blut der Arbeiterklasse ausbeutenden Industriebetriebes abgeschnitten wird. (. . .) Der Staat hat ein hohes Interesse, daß dem Anwachsen der antisozialen Elemente ein Damm gesetzt werde, das Interesse der Arbeiter wird dadurch unmittelbares des Staates[92].“ Perthaler fordert die Garantie eines Minimalarbeitslohnes durch Besteuerung der Unternehmer; ein sozialpartnerschaftliches Modell schwebt ihm als Endziel fortschreitender Reformen vor: ,,Der Hauptgedanke der neuen Organisation scheint uns jedenfalls der sein zu müssen, die Verschiedenheit der Interessen des Kapitalisten, des Unternehmers und des Arbeiters dadurch auszugleichen, daß der Arbeiter zur Teilnahme am Kapitalbesitze und Gewinn ebenso wie an der Unternehmung und ihrem Gewinn herangezogen wird[93]."

Die Verwerfung des revolutionären Weges läßt Perthaler allerdings eine aktive Teilnahme der Arbeiter an diesen Bestrebungen als bedenklich erscheinen; Reformen will er im Sinn einer aufgeklärten Bürokratie nur von oben kontrolliert und gesteuert wissen: „Es ist eine abenteuerliche Meinung, daß durch Teilnahme des Proletariats an der Staatsgewalt das soziale Übel gehoben werden könne[94]." Dies war der Schluß, zu dem Perthaler das Erlebnis der Revolution von 1848 führte, das ihn die Fabrikarbeiterschaft „mit einer platzenden Pestbeule, einer Staatskrankheit, lebensgefährlich und schaudererregend" vergleichen ließ[95].

Die Besorgnisse dieses Liberalen vor einem selbständigen Auftreten der Arbeiterschaft in einer spontanen Aufstandsbewegung wurden bei den Zeitgenossen durch die böhmischen Arbeiterunruhen von 1844 genährt[96]. Bekanntlich brachte dieses Jahr den zu tragischem Scheitern verurteilten Aufstand der schlesischen Lohnweber, in dem Marx das „Bewußtsein des Wesens des Proletariats" diagnostizierte[97]. Tatsächlich vereinten sich in dieser Revolte regressive Tendenzen einer absteigenden Lohnarbeiterschicht des vorindustriellen Verlagssystems mit einem als Vorspiel künftiger Auseinandersetzungen deutbaren Protest gegen die kapitalistische Ausbeutung. In Böhmen nahm die nur wenige Tage später ausbrechende Revolte der Kattundrucker schon den Charakter eines Aufstandes der Fabrikarbeiterschaft an; Friedrich Engels betonte den Zusammenhang dieser Bewegungen, in der von ihrer Stellung im Produktionsprozeß her unterschiedliche Arbeiterschichten erstmals im großen Maßstab in offenen Konflikt mit Unternehmern und Staatsgewalt gerieten[98].

Prag war in dieser Zeit auf dem Weg seiner Entwicklung zur Großstadt und zählte 115 000 Bewohner (1846); darunter befanden sich 4 000 bis 5 000 Fabrikarbeiter im engeren Sinn. Stärker industrialisiert war das mährische Brünn, das unter seinen 45 000 Einwohnern etwa 10 000 Arbeiter zählte. Im ganzen gesehen, hatte sich die Zahl der Handwerker in Böhmen in der Zeit von 1780 bis 1840 zu Gunsten der Fabrikarbeiterschaft halbiert[99]. Den Kern des unruhigen Prager Proletariats bildeten die Kattundrucker, einst eine hochqualifizierte Facharbeitergruppe, nun durch die Einführung der Druckmaschinen, der nach ihrem französischen Erfinder benannten Perotinen, schärfstem Lohndruck und innerbetrieblichen Rationalisierungsmaßnahmen ausgesetzt.

Am 17. Juni 1844 legten die Kattundrucker in der großen Baumwollfabrik Porges im Prager Vorort Smichow die Arbeit nieder, die Belegschaften weiterer Betriebe schlossen sich an; es kam zur Zerstörung der verhaßten Perotinen. Eine Kundgebung vor dem Schloß des Statthalters, Erzherzog Stefan Victor, wurde von Militär zerstreut, die Drucker wurden wieder zur Rückkehr an ihre Arbeitsstätten gezwungen. Ende des Monats breitete sich aber die Streikbewegung auf die Industriezentren Nordböhmens, vor allem Reichenberg, aus. Im Juli gerieten die Eisenbahnarbeiter – damals versammelte der Bau der Strecke Wien–Prag eine große Menge dieses fluktuierenden Proletariats in Böhmen – in Bewegung und zogen gegen die Stadt. Nun schritt das Militär ein, um eine Verbindung dieser wichtigsten und stärksten Arbeitergruppen untereinander zu verhindern. Die Wiederherstellung von Ruhe und Ordnung oblag dem kommandierenden General in Böhmen, Fürst Windischgrätz, dem späteren Bezwinger der Wiener Revolution, der im Gegensatz zu den eher vermittlungsbereiten Anschauungen des Erzherzogs Stefan Victor einer schonungslosen Unterdrückung des Aufstands das Wort redete und sich damit durchsetzen konnte. Die Gelegenheit, die Spannungen durch eine Fabriksarbeitsordnung, wie ursprünglich geplant, zu entschärfen, scheiterte an der Indolenz der Wiener Zentralbehörden. Graf Kolowrat protestierte dagegen, „die unglückliche Zeit der böhmischen Arbeiterunruhen durch ein Proletariergesetz dem Gedächtnisse zu erhalten." Die Fabrikskassen, die den mißtrauisch gewordenen Behörden als „der eigentliche Nerv des so störrigen und in öffentlicher Hinsicht so bedenklichen Korporationsgeistes der Kattundrucker" erschienen, wurden unter strengste Aufsicht genommen und waren ständigen Schikanen ausgesetzt.[100] Der Verbindung der Erhebungen in den einzelnen Industriezentren dürften tatsächlich, wie die Polizei argwöhnte, die Kontakte der Kassen untereinander zugrunde gelegen haben.

Die Diskussion der Pauperismusfrage erhielt durch die böhmischen Unruhen eine neue Dimension: Das entstehende Proletariat konnte nicht länger mehr allein als Objekt gouvernementaler Fürsorge bzw. polizeilicher Überwachung betrachtet werden, sondern mußte als aktiver Faktor ins Kalkül gezogen werden. Diese Erkenntnis kommt in dem Bericht eines anonymen Autors über den Prager Aufstand zum Ausdruck: „Die Erbitterung war eine furchtbare, und die Kühnheit, mit welcher meistens unbewaffnete Menschenhaufen, selbst Frauen und Kinder sich dem Feuer der Truppen förmlich entgegenstürzten, zeigte wenigstens, wessen jene Leute, die sich aufs äußerste gebracht glaubten, fähig waren[101]." Die Erhebung wird hier als Protest gegen unzumutbare Zustände zwar nicht gerechtfertigt, aber doch in ihren Ursachen erkannt: „Es ist also eine törichte, und durch nichts gerechtfertigte Phrase, wenn es heißt, der und jener große Fabrikunternehmer ernährt 200 bis 300 Menschen. Es werden im Gegenteil die Kräfte und die Zeit von 300 Menschen ausgebeutet, um den Fabrikunternehmer zu ernähren, der denen, die er beschäftigt, durchschnittlich kaum 30 Prozent ihres eigenen, in seinen Diensten und zu seinem Vorteile verwendeten Kapitals der Arbeitskräfte zukommen läßt. Unter so bewandten Umständen ist die Unzufriedenheit der im Schweiße ihres Angesichts und dennoch für ihre eigene Person so wenig erfolgreich arbeitenden Proletarier sehr wohl zu begreifen, wenn es auch niemandem einfallen wird, die gewaltsamen und darum törichten und fruchtlosen Versuche derselben zur Abwehrung ihrer Not gutheißen oder entschuldigen zu wollen[102]."

Ein Umstand war geeignet, die wahren Ursachen der Vorgänge in Böhmen zu verschleiern, daß nämlich etwa zwei Drittel der von den Streiks betroffenen Fabrikanten jüdischer Herkunft waren. Bekanntlich war den Juden im Vormärz die Ausübung bürgerlicher Gewerbe und Handwerke untersagt; so sahen sie sich in ihrer Wirtschaftstätigkeit auf den Handel und den nichtzünftischen Manufaktur- und Fabriksbetrieb verwiesen. Die Tatsache der starken Vertretung von Juden unter den böhmischen Unternehmern konnte nun zu einer demagogischen Ablenkung der antikapitalistischen Volksbewegung gegen eine gesellschaftlich und gesetzlich diskriminierte Gruppe führen. Hier zeigte sich eine der Wurzeln des modernen Antisemitismus – eine für die Entwicklung der in ihren Kinderschuhen steckenden Arbeiterbewegung sehr bedrohliche, doch bald überwundene Gefahr, die dann vor allem das Bewußtsein der vom sozialen Abstieg bedrohten Mittelschichten vergiftete. So bemerkte der antisemitische Schriftsteller Ferdinand von Schirnding, ein deklassierter Adeliger, über die

Prager Unruhen, „das Judentum und der Druck, den dasselbe auf die arbeitende Klasse ausübte, sei die alleinige Ursache gewesen[103]."

Die Diskussion über den Pauperismus in Österreich erhielt nicht nur durch die sozialen Konflikte im eigenen Staat, sondern auch durch die Kenntnis der Vorgänge in Westeuropa neue Akzente. Neue Begriffe – „*Proletariat*" und „*Kommunismus*" – wurden in den vierziger Jahren in die Terminologie der Pauperismusliteratur einbezogen.

Die gehaltvollste Anklageschrift gegen das vormärzliche absolutistische Regierungssystem, Victor von Andrian-Werburgs „Österreich und dessen Zukunft", sah im Proletariat schon den Träger kommender Revolutionen: „Wann hat es größeres materielles Elend gegeben, wann hat die Menschheit aus tieferen, schreckhafteren Wunden geblutet als eben jetzt? Tausende von Menschen sind inmitten einer reichen, einer stets wachsenden Zivilisation verwaist, vergessen und einem namenlosen Elende preisgegeben, wissen von einem Tage zum andern nicht, wo sie ihr Haupt hinlegen, wo sie das ärmliche Stück Brot finden werden, das ihr jammervolles Leben fristen soll – und durch diese habe- und heimatlosen Proletarier, deren Anzahl mit jedem Tag wächst, bereitet sich rasch und drohend eine Umwälzung vor, von deren Umfang und Folgen wir wohl nicht einmal eine Ahnung haben – und alles dieses, während die materiellen Interessen gepriesen, vergöttert, auf die Altäre gestellt werden[104]."

Ein reformwilliger Adeliger wie Andrian-Werburg, der seine politische Programmschrift der Erneuerung der ständischen Selbstverwaltung im Sinne des englischen Vorbilds widmete, war auch der liberale ungarische Magnat Johann von Dercsényi. In einer viel beachteten, in mehrere Sprachen übersetzten Schrift empfahl er dringend einen Ausbau des Erziehungs- und Unterrichtswesens, um einer Erhebung der sozialen Unterschichten vorzubeugen. Dercsényi empfahl den Zeitgenossen sein philanthropisches System mit dem deutlichen Hinweis auf die in Westeuropa bereits realisierte „Gefahr" der Verbindung der Arbeiterbewegung mit dem „Kommunismus": „Waren die kommunistischen Lehren des Claudius Heinrich Grafen von St. Simon, Robert Owen, Karl Fourier und anderer auch schon vom Anfange an geeignet, bei den untern Volksklassen Unzufriedenheit mit ihrer Lage hervorzubringen: so kommt nun noch der

Umstand hinzu, daß Daniel O'Connell durch seine Monster-Meetings vor kurzem der Welt einen praktischen Beweis gegeben hat, es sei heutzutage – wenigstens in Ländern wie England – nicht gar so schwer, als man ehedem gemeint, wenn man auch kein Machthaber des Staates ist – große selbst über 100 000 Individuen zählende Volksmassen bald auf diesem, bald auf jenem Punkte eines Landes zu versammeln und gewissermaßen ihr Diktator zu sein[105]."

Trotz des herrschenden Zensurdrucks war es den Gebildeten keineswegs unmöglich, Informationen über die Systeme des französischen Sozialismus und Kommunismus zu erhalten. So bekannte sich der besonders in den technischen Fächern hochgebildete Offizier Karl Moering[106] in seinen unmittelbar vor dem Ausbruch der Märzrevolution erschienenen „Sibyllinischen Büchern aus Österreich" zu den gesellschaftskritischen Ansätzen Fouriers, dessen eigentümliche Mischung von rationalistisch-mathematischer Deduktion seines sozialen Systems und utopischer Verheißung ihn, wie viele seiner Zeitgenossen, faszinierte. Fourier wird bei Moering, der übrigens einer wohlhabenden Familie von Schottenfelder Seidenindustriellen entstammte, als „der bekannte Sozialist, das größte philosophisch-philanthropische Genie aller Zeiten, dem die kommenden Jahrhunderte erst volle Anerkennung zollen werden", vorgestellt[107]. Auch Moering weist nachdrücklich darauf hin, daß der Kommunismus durch seine Verbindung mit den Forderungen der „unteren Klassen" eine revolutionäre Potenz geworden sei: „Eines steht fest, und zwar, daß die untern Klassen den krassen Materialismus der oben herrschenden Kasten ganz richtig erkannten und diese Erkenntnis ihrerseits in dem ihren Neigungen entsprechenden Materialismus einer neuen gesellschaftlichen Ordnung, in dem Kommunismus, formulierten[108]."

Josef Tuvora, der dann als Publizist im Revolutionsjahr vom demokratischen ins reaktionäre Lager abschwenken sollte, formulierte dieses Bewußtsein der Zeitgenossen, daß eine rein politische Revolution unmöglich geworden sei, so: „Hunger und Aufklärung sind unverträgliche Dinge. Alle politischen Revolutionen unserer Zeit sind nichts als Mittelglieder eines radikal veränderten Zustandes, der zum Troste der gebeugten Menschheit aus goldener Wolke fernher winkt[109]."

Den zeitgenössischen Beobachtern schien sich auch die österreichische Gesellschaft in zwei antagonistische Klassen aufzuspalten; der bürgerliche Mittelstand drohte sich für diese Betrachter in Großbürgertum und Proletariat aufzulösen. So beklagte schon die Gewerbe-Enquete von 1833 die „Herabwürdigung der Kaufleute zu bloßen Krämern und der Handwerker zu bloßen Taglöhnern" sowie die „Aufreibung der unteren Klasse und des Mittelstandes[110]."

In diesem Sinn analysierte auch eine anonym in Leipzig 1847 erschienene Schrift über „Soziale und politische Zustände Österreichs mit besonderer Beziehung auf den Pauperismus" den Zerfall der tradierten Gesellschaftsordnung. Mit der „gewerblichen Einfachheit" habe auch „die soziale Sicherheit der Arbeit" aufgehört[111]. „Diese heillose Ungleichheit von Reich und Arm hat seit den drei jüngsten Dezennien in Österreich eine schauerliche Gestaltung angenommen und so hat sich der sogenannte Mittelstand beinahe schon gänzlich aufgelöst, während jeder einzelne, der sich daraus bereicherte, Hunderte in den Stand der Not herabgedrückt hat[112]." Die Industrialisierung zeitigte ihre Auswirkungen auf die gesamte Gesellschaft, nicht nur auf die direkt in den Fabriken Beschäftigten: „Während nun durch großartige Maschinengewerbe, Fabriken, Berg- und Hüttenwerke, Eisenbahnen, Dampfschiffahrten usw. eine beträchtliche Anzahl von arbeitsfähigen Menschen überflüssig und sofort brotlos gemacht wird, hat sich andernteils wieder durch den veränderten industriellen Betrieb auch die Lebensbedingung derjenigen verändert, welche scheinbar so glücklich waren, Beschäftigung und Erwerb zu finden, aber sich in vielfacher Hinsicht als sehr ungünstig herausgestellt[113]." Das Problem der Massenarbeitslosigkeit bei wachsender Produktivität wird als Begleiterscheinung der Industrialisierung aufgezeigt. „Truppen rüstiger Burschen" und „ganze Bettlerfamilien" durchzogen das Land und bildeten eine Gefahr für die öffentliche Sicherheit[114]: „Nach unserem Gesichtspunkte gibt es für die Gegenwart kaum eine wichtigere Zeitfrage als das Armenwesen; denn die großen und stets wachsenden Massen der Dürftigen müssen den Regierungen eben dieselben, wenn nicht noch größere Besorgnisse erwecken als einst die wohlgerüsteten Heere oder Flotten der Nachbarstaaten[115]." Von hier ist es nur noch ein kleiner Schritt zur Kriminalisierung der Armut und Erwerbslosigkeit: „Die Wohlhabenden sind in der Regel bessere Mitglieder der Gesellschaft als die Dürftigen. Nachweislich sind auch die armen Klassen die produktiven Pflanzschulen aller Arten von Verbrechern, daher man sie mit Recht mit dem Titel der gefährlichen Klassen bezeichnet[116].“ Als Heilmittel empfiehlt der Verfasser „wahre beseligende Aufklärung bei freier staatsbürgerlicher Öffentlichkeit“; die Armut bleibt freilich, wie er meint, ein nicht aufzuhebender integrierender Bestandteil der neuen Gesellschaftsordnung[117].

Der Bildungsgedanke schien überhaupt dem liberalen Bürgertum das wichtigste Mittel im Kampf gegen die Verwahrlosung und Pauperisierung der Unterschichten zu sein. Darüber hinaus forderte Karl Scherzer, der dem wohlhabenden Wiener Bürgertum entstammte, 1848 an der Spitze der Organisationsbestrebungen der Buchdrucker stand und später als bedeutender Forschungsreisender berühmt wurde, praktische Reformmaßnahmen zur Hebung der Lebensverhältnisse der Arbeiterschaft: „Die Erbauung von Häusern in großem Maßstabe, wo ganze Arbeiterfamilien in gesunden lichten, wohnlichen Räumen gegen billige Zinsungen Unterkommen fänden, wo ein Arbeiter dem andern Hilfe und Unterstützung angedeihen lassen könnte; die Errichtung von Waschhäusern und Badeanstalten, welche dem Handwerker um mäßigen Preis den Genuß der Reinlichkeit und Gesundheitspflege verschafften; die Gründung von Hilfsvereinen für Kranke und Erwerbsunfähige; von Armenkolonien, wo überschüssige und brotlos gewordene Fabriksarbeiter bei der Urbarmachung und Bebauung des Bodens Verwendung fänden[118].“

Die umfassendste Kritik an der Industrialisierung als Ursache des Pauperismus stammt von dem jungen Praktikanten beim mährisch-schlesischen Landrecht Karl Beidtel (gestorben 1893 als Universitätsprofessor in Innsbruck). Die Unzufriedenheit der elend besoldeten niederen Beamtenschaft, die nicht wenige aus ihren Reihen an die Seite der Revolution führen sollte, beschrieb Beidtel sehr anschaulich aus eigener Erfahrung: „Die niedern Beamten waren nicht im Stande, mit diesem Einkommen zu leben, die höhern hatten nur einen sehr kargen Unterhalt. Die Armut der österreichischen Beamten wurde ein Paradepferd des Pöbelwitzes. Ihre Töchter waren Dienstboten oder gehörten der Stadt. Es trieben viele Beamte Taglöhnerbeschäftigung, viele waren Wirtshausmusikanten. Die Beamten waren so feil, so arbeitsscheu, so in jeder Beziehung vernachlässigt, als man das nach den Umständen erwarten konnte. (. . .) Der Staat verläßt die Beamten; sie verlassen den Staat[119]." Das allgemeine Mißbehagen bringt Beidtel auf eine bündige Formel: „Der Staat, dessen Kitt Büros und Bajonette sind, ist ein gebrechliches Wesen[120]."

Von allen Autoren, die wir bisher zum Pauperismusproblem gehört haben, formulierte Beidtel seine Anklagen am schärfsten: „Ich bin in den Gebirgsgegenden und auf dem flachen Lande Niederösterreichs und Böhmens gefahren. Ich sah die Industrialanstalten an. Da sah ich Mädchen zwischen 12 und 20 Jahren sehr beschwerliche Arbeiten verrichten; ihre Arbeiten fingen früh um 5 Uhr an und dauerten, mit einziger Unterbrechung einer Stunde, bis 8 Uhr abends. Der Lohn der halberwachsenen Mädchen betrug 7 kr für den Tag, die erwachsenen erhielten 8 kr. Es hatten die armen Geschöpfe müde, glanzlose Augen und die bleiche, grünliche Gesichtsfarbe der meisten Fabriksarbeiter. Ich fragte, wie sie lebten? Da erfuhr ich von dem Aufseher, es wären diese Mädchen die Kinder der Tagelöhner und Bauern aus den umliegenden Dörfern. Sonntags gehen sie zu ihren Eltern; die geben ihnen so viel gekochte Erdäpfel mit, als sie für die ganze Woche brauchen. Diese essen sie nun Tag für Tag ohne die kleinste Zugabe und fristen so ihr elendes Leben[121]."

In immer düsterer werdenden Farben malt Beidtel das Elend des Proletariats, dessen Herkunft er – auch im Licht der modernen Sozialgeschichte durchaus zutreffend – von deklassierten Handwerkern, Bauern, Taglöhnern, Inleuten, Knechten, Fabriksarbeitern und Dienstboten herleitet. „Überall begegne ich heute diesen arbeits- und heimatlosen Menschen, die das Land durchziehen und die öffentliche Sicherheit gefährden. Sie haben starke Arme zur Arbeit, aber alle Beschäftigungszweige sind überfüllt; sie flehen um Hilfe, aber Ekel, Unwille und Furcht sind die einzigen Gefühle, die sie wachrufen. Ängstlicher sperren sich die Reichen ab, und wüster sind die Straßen, wenn es Abend wird. Wenn Hunger, Kälte oder Krankheit diese Elenden nicht fortnimmt, verfallen sie den Kriminalgefängnissen, dem Zuchthause, den Galeeren[122]." Europa geht, wie Beidtel pessimistisch meint, infolge dieser Fehlentwicklung einer sozialen Katastrophe entgegen: „Europa ist seit 80 Jahren verarmt wie ein Hausvater, der seine Familie vergrößerte, ohne den Bleistift zur Hand zu nehmen. Seine Leute sind aus luftigen Wohnungen in enge, feuchte und dumpfige Stuben gezogen. Sie durchfrieren den Winter unter zerlumpten Decken. (. . .) Ihre Nahrung ist ungesund

und unzureichend, und so sterben sie zeitig und hinterlassen ein immer schwächeres Geschlecht. (. . .) Die Götter verlassen Europa! (. . .) Wie den Pflanzer das Ächzen seiner Sklaven nicht stört, so wird das Glück des Reichen das Elend im Erdgeschosse seines Palastes nicht beirren. Wer kein Herz hat für die Armut, hat überhaupt kein Herz[123]."

Seine Lösungsvorschläge bleiben allerdings hinter der Kritik zurück und reflektieren ein noch weitgehend vorindustrielles Bewußtsein. Das Bild von der heilen Welt des Dorfes wird mit der Seelenlosigkeit der städtischen Zivilisation konfrontiert: „Ich finde den Anblick eines Dorfes anheimelnd, beruhigend, gemütlich. Die willkürliche Lage und Richtung der Häuser, der Wein, der sich an ihren Wänden hinaufschlingt, der schützende Dachvorsprung, der Blumengarten vor den Fenstern – dieses alles sind die wunderbar erfreulichen Dinge (. . .) Man halte dagegen die gleichen, kalten, toten Mauern einer Stadt. Palastartige Luxusgebäude überstreuen die Plätze mit taghellem Gasfeuer, aber hinter diesen gefirnisten Wänden, hinter diesen glänzenden Spiegelscheiben arbeiten weiße Sklaven im Schweiße ihres Angesichts, damit die Reichen reicher werden. Aus den breiten Toren der Industrialhäuser ergießt sich alle Abende ein Strom gelber, abgemagerter, in Lumpen gehüllter Leute, deren todmüde Glieder zusammenbrächen, wenn sie der Hunger nicht anspannte[124]." Der Konzentrationsprozeß des Kapitals hat, wie Beidtel betont, Stadt und Land erfaßt: „Wo alles der Industrie anheimgefallen, wo alles in Bewegung ist, da zieht der Reichtum mehr denn je andern Reichtum an sich (. . .) Die Kapitale werfen sich auf die Geldgeschäfte des Staates und der großen Gutsbesitzer. Nach und nach ist der Staat arm geworden, und die Großen sind eben auch arm geworden. Dann werfen sich die Kapitalien auf das Grundeigentum. Ganze Gassen der Stadt Wien werden von *einem* Reichen gekauft und der Logiszins unmäßig in die Höhe geschraubt. Sie fallen über Grund und Boden her. Wer eine Herrschaft verkaufen will, findet seinen Mann in Wien. Bald werden ganze Bezirke aus Wiener Comptoiren regiert werden[125]." Der Staat droht zum Instrument der herrschenden Klasse zu werden: „Arme gibt es, weil die Reichen Gesetze geben[126]." Der Wirtschaftsliberalismus – „Smith ist noch heute der Mann der deutschen, insbesondere der österreichischen Universitäten" – trägt die Schuld an der Entartung der Gesellschaft; die Fabriken sind für Beidtel „verfluchte

Bettlerkolonien", die freie Industrie „ein ekelhaftes, dem Allgemeinen überaus lästiges Treiben[127]".

In der Wiederherstellung bzw. Neuorganisation der Zünfte sieht Beidtel das Heilmittel für die Gebrechen der Zeit; es gelingt ihm nicht, seine Sozialkritik mit fortschrittlichem Wirtschaftsdenken zu vereinen. Die starke Vermehrung des Proletariats will er unter anderem durch beschränkte Gestattung der Ehe und mit Mitteln zur Empfängnisverhütung verhindert wissen – ein Nachhall der von den Schülern Malthus' empfohlenen Systeme zur Verhinderung der Überbevölkerung. Trotz dieser Rückfälle im Bereich des ökonomischen Denkens ist Beidtel kein politischer Reaktionär. Er hält – im Gegensatz etwa zu Andrian-Werburg – die Landstände für nicht mehr reformierbar und tritt für eine liberale Repräsentativverfassung ein. Der Patrimonialstaat, wie ihn Haller theoretisch begründete und Kaiser Franz in Österreich zu verwirklichen suchte, ist endgültig tot: „In Frankreich, England, Portugal, Belgien, in der Schweiz, endlich in mehreren Staaten Deutschlands hat das Volk gesprochen. Das für nichts geachtete, verhöhnte, verspottete Volk hat Verträge geschlossen, und sein Blut hat sie aufrecht erhalten. Es stehen Ordnungen da, über welche kein Segen gesprochen wurde, an deren Enden keine Wappen glänzen[128]."

So wird bei Beidtel ein wesentlicher Zug der noch näher zu betrachtenden „kleinbürgerlichen" Demokratie der Achtundvierzigergeneration sichtbar: Scharfsichtige Sozialkritik und politisches Fortschrittsdenken wurden nicht selten von rückständigen ökonomischen Vorstellungen, die von einem undialektischen Kapitalismusbegriff ausgingen, in ihren praktischen Konsequenzen relativiert. Beidtel hat sich wenig später noch einmal in einer in Stuttgart 1848 erschienenen Schrift mit diesen Fragen auseinandergesetzt – er gehörte damals der Frankfurter Nationalversammlung an. Das Erlebnis der revolutionären Aktivität der in Bewegung gekommenen Massen ließ ihn seine Ansichten noch schärfer formulieren. Ein Revolutionsappell an die Erniedrigten und Beleidigten klingt als neuer, bisher noch nicht vernommener Ton an: „Ein Fabrikherr – tausend Bettler. Ein Reicher – tausend Arme. (. . .) Wo sind deine Blitze, Herr! Die Reichen sind die Patrone der Kirche. Die Priester verkaufen ihre Gebete an die Reichen. (. . .) Die ihr nichts habt und nichts seid, die ihr nicht wißt, von wannen ihr gekommen und wohin ihr geht, die ihr kein Auge habt, das über euch wachte, steht auf wie ein Mann, oder ihr seid verloren[129].“ Am Horizont der Erkenntnis der sozialen Frage taucht ein Proletariat auf, das nichts zu verlieren hat als seine Ketten: „Der Mensch, dessen Existenz in Frage ist, hat nichts zu verlieren. (. . .) Er hat das Recht des Krieges gegen die Gesellschaft. Aber die Gesellschaft erkennt dieses Recht nicht an. Sie übt eine ungeheure Tyrannei gegen ihn, indem sie mit Stock und Kerker, Rad und Galgen ihn zwingt, nach den schmachvollsten Demütigungen unterzugehen. Die Gesetze sind die Feinde der Arbeiter[130].“

Beidtel nennt die Quellen seiner radikalen Sozialkritik. Es sind Lamennais, Fichte, Babeuf, Owen, St. Simon, Fourier, „deren Anhänger über den ganzen Erdball verbreitet sind[131].“ Nach der bürgerlichen Revolution – der Frankfurter Deputierte fordert die Beseitigung des Lehensverbandes, der Fideikommisse sowie die unentgeltliche Aufhebung der Fronen und Zehente – muß der bürgerliche Eigentumsbegriff einer Revision unterzogen werden. Das Eigentumsrecht darf nicht absolut gesetzt und dadurch zum Instrument der Ausbeutung gemacht werden: „Die Theorie von einem in der Natur gegründeten, unverletzlichen Eigentum ist die Grundursache der Übelstände, an welchen wir leiden. (. . .) Daß der freie Arbeiter zugleich ein vogelfreier Arbeiter ist, darum kümmern sich die Eigentumsverteidiger nicht. (. . .) Es soll zur Anerkennung kommen, daß das Eigentum ein Staatsinstitut sei und daß der Staat die Verbindlichkeit habe, wie alle seine übrigen Einrichtungen auch diese Einrichtung umzuformen, insofern die Wohlfahrt der großen Mehrzahl seiner Bürger es erheischt[132].“

In diesen, seltsamerweise in der einschlägigen Literatur bisher nie beachteten Schriften deutet sich jene radikale Wende an, welche die vormärzliche Reflexion der sozialen Frage von einer den Rahmen einer nur formalrechtlich verstandenen Gleichberechtigung überschreitenden sozialistischen Revolutionstheorie trennt. Die beiden Bücher Beidtels bezeichnen den Wendepunkt dieser theoretischen Entwicklung sehr genau. Während die Pauperismusliteratur, der Beidtels erste Schrift noch voll angehört, in ihren Zielvorstellungen noch überlebten Gesellschaftsmodellen verhaftet blieb, trat mit der entscheidenden Teilnahme der Massen an der Revolution ein völlig neues Problembewußtsein auf: Die Erkenntnis, daß die durch die Industrialisierung entstandene Gesellschaft ein neues Denken, ein neues Recht, einen neuen Staat –

kurz, eine neue Organisation verlangte, ließ die bisherigen, zögernden und tastenden Versuche, sich in der geänderten Realität zurechtzufinden, weit hinter sich.

Zur Ergänzung dieser Überschau über die sozialkritische Literatur des österreichischen Vormärz seien abschließend noch einige Beispiele aus der politischen Lyrik dieser Zeit angeführt, die – vielleicht noch mehr als die theoretischen Schriften – zur Vermittlung neuer Gedanken in weite Kreise beitrug[133]. Gedicht und Lied als wesentliche Form öffentlicher Meinungsbildung spielten ja in dieser Zeit bis hinein in analphabetische Kreise die Rolle eines Mediums sozialer Kommunikation. Sie dienten der wirkungsvollen Aussage und Verbreitung von Opposition und Protest. Die Bedeutung der Lyrik für die Mobilisierung revolutionärer Gruppen muß in diesem Zusammenhang als wesentlich höher eingeschätzt werden, als dies uns geläufig ist – man denke etwa an die Wirkung der Marseillaise oder an das nach der uralten Volksliedmelodie „Es steht ein Schloß in Österreich" gesungene Kampflied der schlesischen Weber von 1844, das Gerhart Hauptmann in seinem Drama zitierte[134].

Es würde viel zu weit führen, hier die Gesamtentwicklung der politischen Literatur Österreichs, die seit den revolutionären Erschütterungen Europas von 1830/31 zum Ausdruck der oppositionellen Gesinnung eines bedeutenden Teils der Intelligenz wurde, auch nur in den Grundzügen darzulegen. Es sei nur an Anastasius Grün (Graf Anton Auersperg) und Nikolaus Lenau erinnert, um den raschen Entwicklungsprozeß von ständisch-liberalem Reformwillen zu revolutionär-demokratischen Forderungen wie in Lenaus „Albigensern" zu verdeutlichen, die in den vielsagenden Schlußversen ausklingen:

„Das Licht vom Himmel läßt sich nicht versprengen,
Noch läßt der Sonnenaufgang sich verhängen
Mit Purpurmänteln oder dunklen Kutten;
Den Albigensern folgen die Hussiten
Und zahlen blutig heim, was jene litten;
Nach Huß und Ziska kommen Luther, Hutten,
Die dreißig Jahre, die Cevennenstreiter,
Die Stürmer der Bastille und so weiter[135]."

Die Zensur konnte lediglich die Drucklegung dieser Oppositionsliteratur im Inland verhindern, nicht aber die eifrige, gerade durch das Verbot angeregte Lektüre[136].

Zwei aus Österreich stammende Dichter behaupten in der den sozialen Problemen ihrer Zeit gewidmeten Dichtung einen hohen Rang: Karl Isidor Beck aus Ungarn und Alfred Meißner aus Böhmen. Beide sind außerhalb der Literaturgeschichte, die ihre einst gefeierten Namen, wenn überhaupt noch, nur mehr am Rande nennt, durch die Kritik, die Friedrich Engels an ihren Werken übte, bekannt[137]. Ohne hier auf diese interessante Frage eingehen zu können (Engels verurteilte nach anfänglicher Begeisterung die Gedichte Becks und Meißners wegen ihrer „wahrsozialistischen" und „kleinbürgerlichen" Tendenzen scharf), sollen einige in unserem Zusammenhang interessante Aspekte ihres Schaffens hervorgehoben werden[138].

Beide Dichter erlebten den Höhepunkt ihres literarischen Schaffens in der Emigration zu Leipzig, das zum Sammelpunkt vieler österreichischer „Zensurflüchtlinge" wurde. Karl Beck darf für sich den Ruhm beanspruchen, als erster Dichter die epochale Bedeutung der Industrialisierung hervorgehoben zu haben. Diesem Thema ist sein berühmtestes Gedicht „Die Eisenbahn" gewidmet. In ihr sieht Beck den Bürgen technischen und gesellschaftlichen Fortschritts wie auch der zukünftigen Einheit Deutschlands:

„Rasend rauschen rings die Räder,
Rollend, grollend, stürmisch sausend,
Tief im innersten Geäder
Kämpft der Zeitgeist freiheitsbrausend.
Stemmen Steine sich entgegen,
Reibt er sie zu Sand zusammen,
Seinen Fluch und seinen Segen
Speit er aus in Rauch und Flammen[139]."

Segen und Fluch der Technik und der neuen, industriellen Zivilisation – dies blieb fortan das Hauptthema von Becks Lyrik. Seine „Lieder vom armen Mann" sind zur Gänze der sozialen Problematik gewidmet. Im „Trommellied" oder in dem Gedicht „Im wilden Viertel" erreichte Beck den Höhepunkt seiner Aussagekraft:

„O Schmerzensbild!
Die Hütten morsch, die Menschen wild.
Die frierenden Kinder hocken,
Verlassen und müßig,
Barfüßig,
Mit ungekämmten Locken.
(. . .)
Da kommen geschlichen
Vermagert, verblichen,
Aus den Fabriken der Reichen,
Aus den Gehöften ihrer Treiber
Die Männer, die Weiber,
Ein langer, langer Zug von Leichen[140]."

In einigen Gedichten Becks wird ein revolutionärer Ton angeschlagen, wie in „Warum sind wir arm?" Die Elenden erscheinen hier nicht mehr als passives Objekt des Mitleids, sondern als Wortführer ihrer eigenen Sache:

„Ihr sitzet, im Glanz und in Ehren geboren
Und spielt mit Dukaten und Louisdoren;
Wir scheuern die Wappen an euren Toren
In Hunger und Harm,
In Hunger und Harm.
(. . .)
Wir borgen und sorgen, ihr häufet die Gulden;
Wir füllen die Kirchen und beten und dulden.
Dies Dulden ist unser unendlich Verschulden,
Und – darum sind wir arm,
Und – darum sind wir arm[141]!"

Alfred Meißner, der Sohn eines Arztes, hatte im Epos „Ziska" (1846) die revolutionäre Tradition seiner böhmischen Heimat beschworen. In Böhmen hatte er auch jene Not gesehen, die in seinen Dichtungen Widerhall fand. So schrieb er 1845 an seinen Freund Moritz Hartmann: „Die neuen Bewegungen unter den Fabriksarbeitern, die Not im Erzgebirge und auf dem Lande um Prag machen die Leute auf die Armutfrage ganz besonders aufmerksam, und daß ich *die* so hervorgehoben, wird mir allgemein gedankt. Wir stehen ja gerade hier in der Mitte des traurigsten Proletariats[142]."

Wie Beck zeichnet Meißner die Schattenseiten des Lebens in den wuchernden Großstädten, so in seinem Gedicht „Demos“:

„(. . .) Ein Wanderer durch die Stadt,
Blickt ich durch verhang’ne Fensterscheiben,
Und ich sah beim Scheine, bleich und matt,
Not und Sünde ihr Gewerbe treiben.
Was ich so gesehn, vergess’ ich nie:
Kinder hört ich wimmern, sterbensmatte,
Weil der Mutter welke Brust für sie
Keinen Tropfen süßer Labung hatte.
Andre wieder, eine blasse Brust,
Sah ich dort, wo hohe Essen dampften,
Und die eh’rnen Räder in der Glut
Einen Tanz in schwerem Takte stampften[143].“

Auch bei Meißner wandelt sich die soziale Anklage zur Drohung – am stärksten in jenem Gedicht aus dem Jahr 1848, in dem das Volk zu „Den Reichen“ sprechend auftritt:

„Ihr habt das Gold, ihr seid die Reichen,
Ihr habt die Macht und macht das Recht,
Mit oder ohne Wappenzeichen –
Ihr seid ein stolz und schnöd Geschlecht.
Ihr nennt die alte Zeit begraben
Und wollt kein neues Morgenrot,
Die Presse frei – in kleinen Gaben –
Und Freiheit – die nicht frei macht – haben,
Das arme Volk will schwarzes Brot.
(. . .)
Doch andre Zeiten seh ich tagen,
Von tausend Lippen schmal und bleich
Hör ich die wilden, düstren Fragen:
Wie lang der Spalt von Arm und Reich?
Ist’s recht, für uns allein die Kette?
Für euch die Lust, für uns die Not?
Für euch die Ruh’ auf seidnem Bette,
Für uns das Stroh zur Sterbestätte
und kaum noch schwarzes, hartes Brot?

O stolzes Volk, du Volk der Reichen,
Sieh um dich her, erbebst du nicht?
Den Harten wird in Flammenzeichen
Entsetzlich nahn ein Strafgericht.
Die Zeit des Herrn, sie ist gewesen,
Der Zorn der Unterdrückten loht,
Und sind des Menschenrechtes Thesen
Dereinst in Feuerschrift zu lesen,
So nimmt man mehr als schwarzes Brot[144]."

Der Ruhm beider Dichter verblaßte mit der Revolution 1848; ihr späteres literarisches Werk war in politischer Hinsicht belanglos. Als Beobachter der revolutionären Ereignisse in Paris, wohin er 1849 kam, faßte Meißner seinen Standpunkt noch einmal zusammen: „Ja! der große Prozeß der Zeit, der immer mehr und mehr den furchtbaren Charakter eines Klassenkampfes annimmt, wird anderswo ausgefochten als in den Parlamenten! Ihr jüngsten Söhne der Gesellschaft, ihr Enterbten, ihr müßt an die Reihe kommen als Erneuerer der Welt und ihrer Ordnung[145]!" Trotz dieses Bekenntnisses hat Meißner nicht den Weg zur Arbeiterbewegung gefunden; die Reaktionszeit hat ihm ebenso wie Karl Beck den revolutionären Schwung seiner Jugend geraubt. Es bleibt aber das Verdienst dieser beiden vergessenen österreichischen Dichter, erstmals im Rahmen der deutschen Literatur die Probleme der modernen Industriegesellschaft zum Hauptthema ihres literarischen Schaffens gemacht zu haben.

VOR DEM STURM

Viele Menschen assoziieren mit dem zwischen Wiener Kongreß und Revolution liegenden Zeitabschnitt der österreichischen Geschichte den Begriff ,,Biedermeier", der sich von seiner ursprünglichen, gutmütig das deutsche Spießbürgertum verspottenden Bedeutung zu einem Stilbegriff für bildende Kunst und Literatur und schließlich zu einem Symbol für einen von revolutionären Tendenzen noch unberührten Gesellschafts- und Geisteszustand wandelte[1]. Wenn Josef Weinheber in seinem bekannten, die versunkene Welt des Biedermeier anmutig schildernden Gedicht mit der Wendung schließt ,,. . . plötzlich wettert scharfe Luft in den Trödelladen, Biedermeiers Traum verpufft auf den Barrikaden", so gab er damit der Überraschung, mit der viele Zeitgenossen dem plötzlichen Hereinbruch einer neuen Zeit gegenüberstanden, bildhaften Ausdruck. Die ,,halkyonischen Tage", von denen Leopold von Ranke sprach, die Zeit der scheinbaren Windstille nach den Stürmen der Französischen Revolution und der Napoleonischen Kriege, waren nach den revolutionären Erschütterungen von 1830/31, in denen die Völker Europas aufs neue ihre Rechte anmeldeten, endgültig vorüber.

Damit versank die harmonische Welt des Bildungsbürgertums – eine neue, kritische Generation, das ,,Junge Deutschland", wußte mit den Bildungsidealen Goethes im politischen Tageskampf nichts mehr anzufangen. Bedeutende Repräsentanten des österreichischen Geisteslebens wie Grillparzer und Stifter weigerten sich, diesen Wandel mitzuvollziehen. Die Differenz zwischen idealem Anspruch und der Realität ließ jene dann als ,,typisch österreichisch" bezeichnete Haltung der Resignation entstehen, für die etwa Grillparzers Rudolf II. oder die abendliche Stimmung einer zu Ende gehenden Epoche in Stifters ,,Nachsommer" so kennzeichnend geworden sind.

Dieses Phänomen des Rückzugs des Bildungsbürgertums in die Innerlichkeit und seiner Abkehr von der Wirklichkeit ist literarhistorisch wohl bekannt, aber in seinen sozialgeschichtlichen Dimensionen noch wenig erhellt. Aus dem traditionellen Mittelstand, der in Österreich vor allem im Staatsdienst, in der Bürokratie seinen Platz gefunden hatte, wurde durch das Verschmelzen mit neuen Gruppen das moderne Bürgertum. Die enge Verbindung mit dem bestehenden Staat blieb auch weiterhin für das österreichische Bürgertum kennzeichnend: Zwischen konservativer Bejahung der Habsburgermonarchie und den liberalen, aus Westeuropa kommenden Ideen blieb nur ein schmaler Raum für den Ausgleich zwischen politischer Realität, traditionellen Machtstrukturen und den neuen Forderungen des bürgerlichen Zeitalters[2].

Die Träger der ökonomischen Neuerungen kamen, wie wir sahen, zu einem nicht geringen Teil aus dem Ausland oder aus gesellschaftlich ursprünglich isolierten Gruppen wie dem Judentum oder protestantischen Unternehmerkreisen; sie rückten gewissermaßen von „außen" her in die wirtschaftlichen Führungspositionen einer noch den überlieferten Vorstellungen verpflichteten Gesellschaft ein. Die Formierung des Bürgertums als dynamische Klasse der entstehenden Industriegesellschaft war unter so beschaffenen Umständen das Ergebnis eines langwierigen Prozesses, der erst in der zweiten Hälfte des 19. Jahrhunderts zu einem gewissen Abschluß kam.

Bei diesem Prozeß der Vereinheitlichung und des Zusammenschlusses zu Interessengruppen hatten die Vereine eine wichtige Integrationsfunktion nicht nur in ökonomisch-sozialer Hinsicht, sondern auch – als Vorform und Keim der Partei – als politischer und ideologischer Zusammenschluß gleichgesinnter Kräfte. Als Faktor der Mobilisierung und Interessenvereinigung im Übergang von der ständischen zur bürgerlichen Gesellschaft kam ihnen eine zentrale Rolle in der vorrevolutionären Epoche zu. Durch sie wurde eine aus der von Amt und Obrigkeit geprägten, ständisch-korporativ geordneten Welt entlassene Gesellschaft in politischen Verbänden neu strukturiert[3].

Als bedeutendster Verein der aufstrebenden Industriebourgeoisie wurde der Niederösterreichische Gewerbeverein (1839) bereits genannt. Ihm folgte als Zusammenschluß der bürgerlichen Intelligenz der juridisch-politische Leseverein, der 1841 ins Leben trat und die Spitzen des geistigen Lebens Wiens in seinem Kreis versammelte. Der von der Polizei argwöhnisch kontrollierte Verein – Sedlnitzky meinte, die Leute würden sich hier zu „Verbrechern" lesen – umschloß Mitglieder von unterschiedlicher politischer Tendenz, von denen viele in der Revolution von 1848 hervortreten sollten. Josefinisch geprägtes gesamtstaatliches Denken dominierte während des Vormärz noch stark; sehr intensive Beziehungen bestanden auch zu der starken liberalen Gruppe unter den niederösterreichischen Ständen[4].

Zwei Tendenzen bestimmten die ,,Verbürgerlichung" der altehrwürdigen Institution der Stände, deren Kompetenzen der Absolutismus stark beschnitten hatte. Zum einen hatten, wie wir hörten, zahlreiche Bürgerliche landtäfeligen Besitz erworben und sich dadurch einen Platz in der Ständeversammlung gesichert, zum anderen drängte die Mehrzahl der Gutsbesitzer auf Reformen im landwirtschaftlichen Bereich, wie etwa die Ablösung der unergiebigen Robotleistung. Am Vorabend der Revolution berieten die Stände auch über die Lage der Lohnarbeiter. 1847 rieten die Stände der Regierung, eine ,,Ausgleichung seines [des Arbeiters] Elendes durch den Überfluß begünstigter Klassen, welche durch die Macht der Verhältnisse und noch mehr durch eine immer greller hervortretende Immunität von einer verhältnismäßigen Beitragsleistung geschützt sind", ins Auge zu fassen. Weiters wurde gesagt: ,,Es ist tatsächlich erwiesen, daß der Lohn des Arbeiters im allgemeinen kaum, im einzelnen aber bestimmt nicht mehr genügt, die gewöhnlichen Lebensbedürfnisse anzuschaffen; für Krankheitsfälle und Arbeitslosigkeit bleibt kein Überschuß. Der Gewinn, der sonst der Lohn der Arbeit war, hat sich von ihr losgerissen und ist auf die Mittel übergegangen, die sie in Bewegung setzen. Ihre Besitzer beuten die Vorteile aus, die jener gebühren, und von ihnen wird der Anteil bemessen, den sie dem Arbeiter davon abtreten wollen. So mußte es wohl kommen, daß auch der Lohnarbeiter zum Teile auf Mitleid oder Nebenquellen oder Verschuldung angewiesen ist, um seine Ausfälle auszugleichen. Gegen dieses Mißverhältnis gibt es nur eine Hilfe: wohlfeilere Nahrung als erste und Grundbedingung der Zufriedenheit des Volkes[5]."

Wieweit in diesen liberalen Kreisen das in Westeuropa entwikkelte politische Ideengut zur Kenntnis genommen wurde, zeigte sich etwa anläßlich einer Revision der Bibliothek des juridisch-politischen Lesevereins, in der die Polizei Werke Rousseaus, des süddeutschen Liberalen Rotteck, Bücher über die Schweizer Kommunisten und die Jahrbücher Arnold Ruges beanstandete[6].

Der gesellschaftlichen Kontaktaufnahme dienten die vor allem von Schriftstellern und Künstlern frequentierten Vereinigungen ,,Concordia“ und ,,Soupiritum“; auch hier verbreitete sich ein politisch oppositioneller Geist.

Folgenschwer wurde der Umstand, daß der in den vierziger Jahren erwogene Beitritt Österreichs zum Deutschen Zollverein nicht zustande kam. Der Hofkammerpräsident Kübeck befürwortete diesen Anschluß; auch Staatskanzler Metternich stand anfänglich diesen Plänen nicht ablehnend gegenüber[7]. Friedrich List, der große Wortführer der wirtschaftlichen Einigung Deutschlands, kam 1844 nach Österreich – in den Augen Metternichs war er ein ,,heroischer Schwindler“[8]. Der juridisch-politische Leseverein veranstaltete zu Lists Ehren ein Festbankett, das als die erste politische Versammlung in Österreich gelten kann[9]. Der Dichter Eduard Bauernfeld brachte bei dieser Gelegenheit einen Toast auf die wirtschaftliche Einigung und die Gedankenfreiheit aus:

,,Verein – ein schönes trautes Wort,
Erschließt euch herrliche Weiten;
Und geht's auch Zoll für Zoll nur fort,
Es wird sich weiter verbreiten. (. . .)
Und wann die Gedanken erst zollfrei sind,
Dann wollen wir weiter sprechen[10].“

Eine Schlußwendung, die ihm als Beamtem prompt eine Rüge durch seinen Vorgesetzten eintrug. Das Zollvereinsprojekt scheiterte aber trotz der enthusiastischen Begrüßung Lists am Widerstand der österreichischen Industriellen selbst, welche die Konkurrenz der deutschen Produkte fürchteten und den handelspolitischen Anschluß an Deutschland verwarfen. Damit waren eigentlich schon die Weichen gestellt für einen Weg, der – trotz aller schwarz-rot-goldenen Begeisterung im Revolutionsjahr – über 1848 hinweg zur kleindeutsch-preußischen Lösung der deutschen Frage von 1866 hinführte.

Die Reformwünsche der Liberalen konnten im Vormärz nicht öffentlich geäußert werden, sondern nur in den bei ausländischen Verlegern vor allem in Hamburg und Leipzig erscheinenden Broschüren. Andrian-Werburg und Moering wurden als Verfasser der bedeutendsten dieser Schriften bereits genannt; zu ihnen kam – neben einer großen Zahl kleinerer Geister, die das Interesse des

Auslands am „europäischen China" publizistisch nützten – der Kreis um Ignaz Kurandas in Leipzig erscheinenden „Grenzboten". Alle diese Kritiker befürworteten nicht eine Revolution zur Beseitigung der auch von ihnen als unerträglich empfundenen Zustände, sondern forderten mehr Rechte, sei es für den Adel, sei es für das Bürgertum, gegenüber der allgemein verurteilten Bürokratie und dem absolutistischen Regierungssystem. Franz Schuselka formulierte in seiner anonym veröffentlichten Schrift „Deutsche Worte eines Österreichers" das für diese Kompromißbereitschaft noch in der Revolution so typische Programm der „demokratischen Monarchie"[11].

Die „pia desideria" der liberalen Kreise, die zaghaft genug vorgebracht wurden – man denke nur an die Vorgänge im Zusammenhang mit der überaus loyal formulierten Petition der Wiener Schriftsteller um die Milderung der Zensur (1845) –, wurden überholt durch die wirtschaftliche Krisensituation und ihre sozialen Folgen in den späteren vierziger Jahren. Die vorrevolutionäre Krise hatte mehrere Ursachen.

Eine schwere Agrarkrise als Folge verhängnisvoller Mißernten in den Jahren 1845–1847 ließ die Lebensmittelpreise, insbesonders bei Erdäpfeln wegen der Kartoffelfäule, um ein vielfaches hochschnellen, während die Löhne nicht anstiegen, sondern eher eine fallende Tendenz zeigten[12]. Eine Detailuntersuchung über die Lohn-Preis-Entwicklung anhand der Daten der Wiener Porzellanmanufaktur zeigte, daß die Beamtengehälter den Weizenpreisen eher angepaßt blieben als die Arbeiterlöhne den Kornpreisen[13]. Die Verteuerung der Grundnahrungsmittel traf also die sozialen Unterschichten mit größter Härte.

Zum anderen bewirkte die von Großbritannien ausgehende Handelskrise ein Stocken der Geschäfte der Textilindustrie, die sich infolge der eben einsetzenden Mechanisierung wichtiger Branchen, wie der Seidenindustrie, Baumwolldruckerei und Tucherzeugung, ohnehin gerade in einer schwierigen Übergangssituation befand. Fragen wir nach den konkreten Auswirkungen dieser Doppelkrise auf die Wiener Bevölkerung, so geben uns vor allem die Polizeiberichte einen guten Einblick in die sich akut zuspitzende Notlage der Bevölkerung. Der Stimmungsumschwung im Jahr 1845 läßt deutlich das Einsetzen der Krise erkennen. Noch im September 1845 gab man sich optimistisch: „Die gute Laune der Wiener und ihr Hang zum geselligen Vergnügen haben im allgemeinen keinen merklichen Abbruch erlitten, denn die Teuerung trifft weniger die großen Massen der Handwerker, Gewerbsleute und Hilfsarbeiter, die immer verhältnismäßig mit ihren Erzeugnissen und dem Arbeitslohn aufschlagen, als den kleineren Teil jenes Mittelstandes, der, ohne eigenes Vermögen, wie z. B. viele minder besoldete Beamte, auf ein bestimmtes, meistens noch auf bessere Zeiten berechnetes Einkommen angewiesen ist. Da zudem an Beschäftigung und Erwerb für den gemeinen Mann noch kein Mangel fühlbar war, konnte man an öffentlichen Orten immer sehr zahlreiche Gäste, auch aus den unteren Klassen finden, die in ihrer gewählten, mitunter luxuriösen Kleidung und in der reichlichen Zeche, die sie machten, gewiß keine bedrängte Lage verrieten, sondern wie sonst fröhlich und guter Dinge waren[14]."

Schon einen Monat später lauteten die Berichte weit weniger zuversichtlich: „Die drückenden Verhältnisse wurden im Oktober noch durch die Arbeitsstockung und den Erwerbsmangel vermehrt. Nicht nur, daß der Verdienst für den gemeinen Mann bei dem Eintritte der rauhen Jahreszeit gewöhnlich abnimmt, Maurer und Gartenarbeiter, Handlanger bei Bauten und andere Taglöhner in dieser Periode gewöhnlich weniger Beschäftigung finden, so trat auch ein bedeutend verringerter Absatz der Fabrikate ein, infolgedessen viele Arbeiter aus den Fabriken entlassen wurden. Dies war seit kurzem in verschiedenen, nächst den hiesigen Linien liegenden Ortschaften, besonders in den Druckerfabriken zu Atzgersdorf, Perchtoldsdorf, Himberg, Mödling, Hacking, Meidling und Penzing der Fall, in welchen zusammen an 660 Arbeiter, darunter viele Familienväter, brotlos wurden." Die Lage der Stoffdrucker war überhaupt denkbar schlecht: „Die arbeitslos gewordenen Druckergehilfen sind auch gewöhnlich diejenigen, die am schwierigsten wieder anderwärts Arbeit finden und für die öffentliche Ruhe am bedenklichsten werden, da sie meistens schon mit sieben bis acht Jahren als Streicherjungen verwendet, bei einiger Leistungsfähigkeit bald als Lehrjungen angenommen und, auf halben Gesellenlohn gesetzt, eine äußerst einseitige technische Bildung erlangen, unter dem schlechtesten Beispiele in den Fabriken aufwachsen, selbst ihre Körperkraft nicht entsprechend üben und so gewöhnlich die traurige Erscheinung noch junger und doch schon an Leib und Seele verdorbener Leute gewähren. Ein anderer Umstand, der mit auf die Arbeiterentlassungen in den Druckfabriken einwirkt, liegt darin, daß sich mehrere Drucker sogenannte Perotinmaschinen angeschafft haben, von welchen eine ungefähr 30 Gesellen ersetzt[15]."

Ein „gänzliches Stocken" dieser Textilbetriebe wurde im März 1847 gemeldet; die Arbeitslosen, die in Gruppen von 20 und 30 Mann Fünf- und Sechshaus durchzogen, ließen die Fabrikanten „Gewalttaten gegen ihre Person und ihr Eigentum" fürchten[16].

Angesichts dieser Mißstände fielen der Stadtverwaltung, die 1842 das Armenwesen an sich gezogen hatte, wesentliche Aufgaben zu, die sie allerdings nur zu einem geringen Teil erfüllen konnte. Ignaz Czapka von Winstetten, seit 1838 Bürgermeister von Wien, hatte sich zwar einige Verdienste um die Verbesserung der Administrationsstruktur der Stadt erworben, indem zahlreiche ehemalige Herrschaftsbezirke in den Vorstädten der kommunalen Verwaltung eingegliedert werden konnten, doch wurde im Bereich der Lebensmittelversorgung erst zu spät der Entschluß gefaßt, gegen den Widerstand der mächtigen Fleischhauer öffentliche Schlachthäuser zu errichten (1846). Die Furcht vor drohenden Arbeiterunruhen ließ wieder zu dem bereits anläßlich der Cholerakrise erprobten Mittel der Notstandsarbeiten greifen. 3 000 Arbeitslose fanden seit April 1847 bei Arbeiten an der Befestigung, der Wienflußregulierung und am Bauplatz des Versorgungshauses Beschäftigung, wobei ein Taglohn von 36 bis 40 kr ausgezahlt wurde[17]. Besonders bedrohlich erschien dem Magistrat die anhaltende Bevölkerungsvermehrung: 1847 waren unter den 410 947 Einwohnern Wiens 166 057 Fremdbürtige – der Magistrat ersuchte die Regierung, den in Wien den Heiratskonsens erhaltenden Mährern und Schlesiern nicht die Heimatberechtigung zu erteilen[18].

Die Abneigung der Bevölkerung gegen Bürgermeister Czapka, dem gewisse Verdienste in Anbetracht des sonst allgemein herrschenden Immobilismus nicht abgesprochen werden können, vertiefte sich angesichts seines Widerstands gegen private Wohltätigkeitsvereine. 1847 wurde der sogenannte Kreuzerverein von Dr. Josef Zweřina gegründet, der in diesem Jahr schon 8 000 Mitglieder zählte, in späteren Jahren aber auf 2 000 bis 3 000 Mitglieder sank. Der Verein sollte durch die Einzahlung von Kreuzerbeträgen seiner Mitglieder besonders den selbständigen Kleingewerbetreibenden eine bescheidene Unterstützung gewähren[19].

Die „Grenzboten" meldeten aus Wien furchtbare Details über die Not der Bevölkerung[20]. Ein nicht mehr übersehbares Lumpenproletariat entstand; Kriminalität, Alkoholismus und Prostitution hielten unter den Deklassierten ihre traurige Ernte. Der spätere demokratische Reichstagsabgeordnete Ernst Violand gab eine eindringliche Schilderung der Folgen der Massenarbeitslosigkeit: „Die Folge der furchtbaren Zustände der abhängigen Arbeiterklasse war, wenigstens in Wien, grenzenlose Immoralität und sittliche Verkommenheit. Ganze Vorstädte wie Thury, Liechtenthal, Alt-Lerchenfeld, Strozzi'scher Grund, Margarethen, Hundsthurm, Neue Wieden, Fünf- und Sechshaus, wimmelten von ausgehungerten, zerlumpten Arbeitern, und abends erfüllten die unglücklichen Mädchen der Fabriken in dem jugendlichsten, selbst kindlichen Alter die Glacien und den Stadtgraben, um für einige Groschen jedem dienstbar zu sein[21]." Hunderte von Obdachlosen fanden auch im Winter nur in den Kanälen Unterschlupf[22]. „Österreich hatte ein Proletariat, welches dem von Frankreich nicht viel nachstand", faßte dieser Zeitgenosse die Lage zusammen[23].

In den Vorstädten kam es immer häufiger zu Plünderungen von Bäckerläden, selbst Attacken auf nach Schönbrunn fahrende Hofwägen fielen vor. Im Hungerjahr 1847 bemühte sich die private Wohltätigkeit vergeblich, diesem Übelstand abzuhelfen. Auf Betreiben des juridisch-politischen Lesevereins trat ein „Allgemeiner Hilfsverein" ins Leben, der für die Ärmsten der Armen die Ausgabe von Rumfordsuppe organisierte. Bis Jahresende waren 257 926 Portionen dieser Suppe, ferner Brot und Holz an Bedürftige gegeben worden, ohne daß dadurch eine spürbare Verminderung der Not eingetreten wäre[24].

Die akute Notlage der großstädtischen Unterschichten war aber nur ein Teil der allgemeinen Wirtschafts- und Finanzkrise, die den Staat erfaßt hatte. 1847 standen im Staatsbudget Einnahmen von 151,7 Millionen fl Ausgaben in der Höhe von 208 Millionen fl gegenüber. Davon entfielen allein 45 Millionen fl auf Zinsen für die Staatsschuld und 62,96 Millionen fl auf Ausgaben für das Militär[25].

Während der kleine Mittelstand unter hartem Steuerdruck seufzte – in den letzten Jahren vor der Revolution konnten die Steuerraten meist nur durch Pfändungen eingetrieben werden – und ihm die meisten Kreditquellen verschlossen blieben, wurde die Abhängigkeit des Staatshaushalts von den großen Bankhäusern immer stärker. Moering klagte, daß die Nationalbank nur die großen Bankiers berücksichtige, den „ehrlichen" Kaufmann und Gewerbetreibenden aber im Stich lasse[26]. Metternich selbst hat in einem Gespräch mit Salomon M. Rothschild diesen allzu engen Verbindungen des Staats mit dem Finanzkapital drastischen Ausdruck gegeben: „Politisch stehen wir gut; die Börse steht schlecht; ich erfülle meine Pflicht und Sie erfüllen die Ihrige nicht. Holt mich der Teufel, so holt er Sie auch; ich sehe der Hölle gerade ins Gesicht; Sie schlafen statt zu kämpfen; Ihr Schicksal ist also geschrieben[27]!"

Um die Jahreswende 1847/48 verdichteten sich die düsteren Ahnungen von einer nahe bevorstehenden Katastrophe. So schrieb der sächsische Diplomat Karl Friedrich Vitzthum von Eckstädt am Silvesterabend des Jahres 1847: „Denn wenn nicht alle Zeichen trügen, so gehen wir einer Zeit entgegen, wo die Geister sich nicht mehr mit Welt und Seele philosophisch und wissenschaftlich, sondern praktisch und politisch beschäftigen werden. Es geht ein unheimliches Brausen durch die Welt. Die Sturmvögel eines Krieges ziehen durch die Lüfte. Es gibt Leute, die da meinen, daß gewisse Staaten dem marasmus senilis, von dem sie bedroht sind, nur durch einen tüchtigen Aderlaß vorbeugen könnten. So kann es nicht fortgehen. Die Verwirrung ist zu groß[28]."

Am 27. Jänner 1848 konstatierte Friedrich Engels in der „Deutsch-Brüsseler Zeitung" den „Anfang des Endes in Österreich". Engels sah den Konflikt der auch hier entstehenden Industriegesellschaft mit dem „Feudalismus, Patriarchalismus und demütigen Spießbürgerei unter dem Schutz des väterlichen Haselstockes" voraus und stellte das von Kaiser Franz überlieferte Bonmot „Mich und den Metternich hält's noch aus" in Frage: „Die französische Revolution, Napoleon und die Julistürme hat's ausgehalten. Aber den Dampf hält's nicht aus. (. . .) Der Dampf hat die österreichische Barbarei zu Fetzen gerissen und damit dem Hause Habsburg den Boden unter den Füßen weggezogen[29]." Als Engels diese Worte niederschrieb, wurde schon das erste Wetterleuchten einer revolutionären Krise des österreichischen Kaiserstaats am Horizont sichtbar.

Zu Jahresbeginn hatte der Mailänder „Zigarrenrummel" die in Oberitalien herrschende Unzufriedenheit gezeigt; die drohende

Proklamation Radetzkys vom 15. Jänner 1848 machte Europa darauf aufmerksam, daß der Zusammenhalt der Monarchie nur noch von der Armee verbürgt werden konnte. Die Frage, ob die Habsburgermonarchie auch ohne die Initialzündung der französischen Februarrevolution von der Revolutionsbewegung ergriffen worden wäre, muß nach den Sturmzeichen, die sich in den letzten Jahren gehäuft hatten, bejaht werden. Seit 1846, dem Jahr der schweren galizischen Bauernunruhen, war das Vertrauen in die Regierung, die keinen entscheidenden Schritt zur Lösung der Agrarfrage wagte, für immer dahin. Das Scheitern der Pläne einer Intervention im Schweizer Sonderbundkrieg zeigte, daß die Rolle Österreichs als europäischer Ordnungshüter und konservative Vormacht ausgespielt war (1847). In Ungarn steuerte der Landtag seit der Jahreswende 1847/48 immer offener auf Oppositionskurs.

Die auch für die Revolutionäre überraschende Leichtigkeit, mit der das alte Regierungssystem hinweggefegt werden konnte, zeigte, daß die Nachricht von der Februarrevolution bereits ein zusammenbrechendes Kabinett traf. „Eh bien, mon cher, tout est fini!“ rief Metternich entsetzt dem russischen Geschäftsträger zu, als ihm am letzten Februartag die Kunde vom Sturz Guizots und des Bürgerkönigs Louis Philippe überbracht wurde[30].

So war es in der Tat. Vergeblich blieben die Beschwichtigungsversuche der amtlichen „Wiener Zeitung“, die das Bürgertum mit dem Bild der das Eigentum gefährdenden sozialen Revolution zu erschrecken versuchte: „Verfolgen wir die Geschichte der gefährlichen Grundsätze, welche die letztere [Februarrevolution] leiteten, weiter zurück, so führt uns diese Untersuchung auf Babeuf und seine Mitverschwornen, welche schon unter dem Direktorium den Versuch, das Eigentum zu bekämpfen und die Grundfesten der menschlichen Gesellschaft zu zerstören, mit dem Tode büßten. (. . .) Zum ersten Male steht also ganz Europa den bis zu diesem Grade von Folgerichtigkeit entwickelten und zur Anwendung gebrachten Lehren der heutigen Weltverbesserer gegenüber. Wir brauchen es unsern Lesern nicht erst zu sagen, daß eben diese Grundsätze jedwedes Eigentum, jedwelches Leben, jedwede Familie in jedem Lande der Welt bedrohen. (. . .) Unter diesen Umständen gibt es nur ein Mittel des Heils: festes Anschließen der Regierten an ihre Regierungen und treue und ehrliche Pflichterfüllung in der Stunde der Gefahr auf jedem Standpunkte und innerhalb jeder Klasse der Gesellschaft[31].“

Während die Regierung verzweifelt versuchte, im Kontakt mit Rußland und Preußen die Politik der Heiligen Allianz gegen die europäische Revolution zu erneuern, griff die revolutionäre Stimmung in Wien immer weiter um sich. Unmittelbar nach dem Eintreffen der Pariser Nachrichten war am Kärntnertor ein Plakat mit dem lapidaren Text angeschlagen: „In einem Monat wird Fürst Metternich gestürzt sein! Es lebe das konstitutionelle Österreich[32]!" Auf die sozialen Ursachen der Revolution wies ein anderes Plakat hin, das die Polizei in der Kirche Am Hof entdeckte: „Sagt, seid ihr denn noch nicht der Tyrannei müde, in der man euch gefangen hält! Ist es euch noch immer gleichgültig, ob ihr in jeder Beziehung geknechtet und geknebelt werdet? Laßt ihr euch noch immer von eurem Magistrat die Haut über die Ohren ziehen, damit euer gestrenger Herr Bürgermeister in stattlicher Equipage euch über den Haufen führen kann? Nehmt ihr das Brot noch immer in derselben Größe, als es war, wie das Korn das Doppelte kostete, und lauft ihr trotzdem immer noch zur Wache, um euren untertänigsten Knix den vorbeifahrenden Sechsspännern zu machen[33]?"

Eine Reihe von Petitionen hielt die Öffentlichkeit in Atem. Während der Gewerbeverein am 6. März dem Erzherzog Franz Karl noch eine höchst bescheidene Adresse übergab, stellte die von Alexander Bach und Eduard Bauernfeld verfaßte und am 9. März zur Unterschrift aufgelegte Petition der Wiener Bürger bereits ein liberales Programm auf (Veröffentlichung des Staatshaushalts, Teilnahme der durch bürgerliche Elemente verstärkten Stände am Staatsleben durch Steuerbewilligung und Gesetzgebung, Öffentlichkeit in der Rechtspflege und Verwaltung). Noch in loyalem Rahmen gehalten war auch die Adresse der Studenten an den Kaiser vom 12. März, die Preß- und Redefreiheit, Lehr- und Lernfreiheit, Gleichstellung der Konfessionen und „allgemeine Volksvertretung" an die Spitze ihres Programms stellte[34].

Während an der Börse Panik ausbrach und das Bürgertum die Kassenschalter der Banken stürmte, um das Papiergeld gegen Münzen einzutauschen, geriet in den Vorstädten die Arbeiterschaft in Unruhe. Besonders die arbeitslosen Textilarbeiter machten ihrer Unzufriedenheit in Versammlungen am 10. und 11. März lautstark Luft; auch die Arbeiter der Maschinenfabrik am Gloggnitzer Bahnhof nahmen eine drohende Haltung ein[35].

Die Regierung zeigte sich gegenüber den an sie herangetragenen Forderungen entscheidungsunfähig. Nachdem noch am 10. März ein Artikel Pilats in der ,,Wiener Zeitung" jedwede Reform brüsk abgelehnt hatte, erging am 12. März ein kaiserliches Handschreiben über die Einberufung eines ständischen Ausschusses, dessen gewundene und nichtssagende Formulierung erst recht bewies, daß mit Reformbereitschaft von oben her nicht zu rechnen war.

So kam der 13. März mit der für diesen Tag anberaumten Sitzung der niederösterreichischen Stände heran, von denen allgemein entscheidende Schritte in den schwebenden Fragen erwartet und verlangt wurden. Diese Entscheidung kam aber weder von den Ständen noch vom Bürgertum, sondern von den Arbeitern und Studenten Wiens. Die Erregung dieser Tage klingt noch in den 25 Jahre nach den Ereignissen von 1848 niedergeschriebenen Erinnerungen des ,,Bauernbefreiers" Hans Kudlich nach: ,,All dies loyale Gewinsel würde den Gewalthabern (. . .) keinerlei Konzessionen abgeschmeichelt haben. Das wilde Ungetüm, der Wüstenlöwe der Revolution, mußte mit mächtigen erbarmungslosen Krallen dies Regime bei der Gurgel fassen, blutiger Ernst mußte entwickelt werden, sollte die Bewegung der Geister ein praktisches Resultat erzeugen[36]."

DEMOKRATIE UND SOZIALE FRAGE IN DER WIENER REVOLUTION

MÄRZERRUNGENSCHAFTEN UND MASCHINENSTURM

Die oft geschilderten Ereignisse der drei Tage vom 13. bis zum 15. März 1848 können hier nur in Stichworten in Erinnerung gerufen werden. Der parallel zur „bürgerlichen" Revolution in der Innenstadt verlaufenden „proletarischen" Revolution in den Vorstädten und Vororten Wiens soll dagegen eine ausführliche Würdigung zuteil werden.

Die Studenten hatten sich nicht abhalten lassen, am Vormittag des 13. März zum Landhaus in der Herrengasse zu ziehen, um den Forderungen ihrer Petition Nachdruck zu verleihen. Der juridisch-politische Leseverein hielt sich von dieser politischen Kundgebung ostentativ fern. Bauernfeld berichtet in seinen Tagebüchern von einem charakteristischen Vorfall, der sich beim Vorbeimarsch der von der Universität zur Herrengasse ziehenden Studenten beim Lokal des Vereins in der Rotenturmstraße zutrug: „Als uns [Bauernfeld und Auersperg-Grün] die Studenten im Fenster erblickten, forderten sie uns zum Reden auf. Auersperg zog flugs den Kopf und mich zurück[1]."

Zwischen Studenten und Arbeitern waren bereits im Vormärz Kontakte angeknüpft worden. Seit den vierziger Jahren bestanden nach dem Vorbild deutscher Universitäten auch in Wien geheime Studentenverbindungen, die nationales Engagement (schon die Namen – Iduna, Arminia, Liberalia, Teutonia – waren programmatisch gewählt) mit der Anteilnahme an sozialen Fragen verbanden. Ludwig August Frankl – ihm verdankt die Wiener Revolution das erste zensurfreie Gedicht „Die Universität" – berichtet, daß in diesen Zirkeln „Werke über das Proletariat, über den Stand der Fabriken, die Forderungen der Herren und der Arbeiter" besprochen wurden[2]. Kudlich erzählt von der Agitation der Studenten unter Arbeitern und kleinen Gewerbsleuten[3]; zu Adolf Pichler sagte ein Freund am 13. März: „Laß es gut sein; wenn es dämmert, kommen die Arbeiter, und dann soll es ernstlich losgehen[4]."

Tatsächlich war es einer beträchtlichen Anzahl von Arbeitern –

teils Arbeitslose, teils Handwerker aus den am Montagmorgen („blauer Montag") feiernden Betrieben – gelungen, in den Morgenstunden, ehe noch die Stadttore vor dem Andrang der Menge geschlossen wurden, in die Innenstadt zu kommen und sich der Kundgebung der Studenten anzuschließen. Violand erschien ein Arbeiter, dem er am frühen Morgen in der Herrengasse begegnete, als Sinnbild der Kampfbereitschaft des Proletariats: „Ein Riesenmensch mit einem an allen Seiten geflickten Rock, der ihm sicher nicht angemessen und für ihn gemacht worden war, bewegte sich, die schmutzige Kappe kühn auf ein Auge gedrückt, mit geballten Fäusten, mit leuchtendem Blick und rückwärts gebogener Haltung, ganz schlagfertig wie zum Kampfe herausfordernd mit Riesenschritten, obgleich bedächtig mitten durch die Straße gegen das Ständegebäude hin[5]." Die entschlossene Haltung der Arbeiter gab, wie Violand weiter ausführt, „den entscheidenden Ausschlag, denn nur die schlechten Röcke wagen in der Regel, wo es gilt, und niemand konnte auch wütender über die Zustände in Österreich sein als das Proletariat, welches für das Leben kämpfte[6]".

Als die Ständeversammlung zusammentrat, waren der Landhaushof, die Herrengasse und die anschließenden Straßenzüge von einer dichtgedrängten Menge von Bürgern, Arbeitern und Studenten erfüllt. Nun überstürzten sich die Ereignisse. Die Rede des Sekundararztes am Allgemeinen Krankenhaus, Dr. Adolf Fischhof, gab der ihrer Ziele noch unbewußten, chaotisch durcheinanderwogenden Masse ein klares Programm. Außer den liberalen Forderungen nach bürgerlichen Freiheitsrechten, vor allem Pressefreiheit, gab Fischhof auch die bedeutungsvolle Parole nationaler Gleichberechtigung aus: „Eine übelberatene Staatskunst hat die Völker Österreichs auseinandergehalten; sie müssen sich jetzt brüderlich zusammenfinden und ihre Kräfte durch Vereinigung erhöhen[7]."

Die Verlesung der Preßburger Landtagsrede Ludwig Kossuths vom 3. März, in der dieser Volkstribun das absolutistische System verdammt und konstitutionelle Reformen für alle Provinzen des Reiches gefordert hatte, ließ den Ruf nach dem Sturze Metternichs laut werden. Ein rasch gebildetes Komitee, das sich vor allem aus jungen Medizinern – der unruhigsten und geistig regsamsten Gruppe unter den Akademikern – zusammensetzte, trug diese Forderungen den Ständen vor, die endlich dem Druck der

Freiheits-Rede

des dermaligen ungarischen Ministers

Kossuth Layos,

siegreichen Vorkämpfers für Volksrechte.

Deutsch vorgetragen von dem

Juristen Putz aus Tyrol,

am 13. März 1848,

am Brunnen, im Hofe des Ständehauses.

Zur Erinnerung

an die, durch diese Rede hervorgerufene,

beispiellos folgenreiche Begeisterung.

Aufgenommen und herausgegeben von J. B. Mauß.

Menge, die das Landhaus stürmte, weichen mußten und um die Mittagsstunde zur Hofburg zogen.

Die Tumultszenen im Landhaus und die Kundgebungen vor der Staatskanzlei gegen Metternich hielten an. Der Einsatz des Militärs gegen die Demonstranten um 2 Uhr nachmittags, der vor dem Landhaus fünf Todesopfer forderte, machte die spontane Volksbewegung zur Revolution.

Auch die Bürger, die bisher eher Zuschauer der Vorgänge gewesen waren, schlossen sich nun der Revolution an. Die Bürgergarde, die im Vormärz bei Prozessionen und Spalieren ein zwar äußerlich glanzvolles, in militärischer und politischer Hinsicht aber bedeutungsloses Dasein geführt hatte, stellte sich gegen die Regierung; Offiziere aus ihren Reihen gingen als Deputierte in die Hofburg, wo die Mitglieder der Staatskonferenz in völliger Ratlosigkeit und Verwirrung tagten. Als in den Abendstunden aus dem Polizeigebäude auf Bürgermilitär geschossen wurde, wuchs die Erbitterung in den Reihen dieser Körperschaft, die sich nunmehr weigerte, gemeinsam mit dem Militär gegen das Volk einzuschreiten, wie ihr zugemutet wurde. Zwischen Metternich und dem Bürgeroffizier Johann Georg Scherzer entspann sich ein Dialog, in dem die Wendung des berühmten Gesprächs Ludwigs XVI. mit dem Herzog von Liancourt am Tag des Bastillesturms[8] eine Wiederholung fand. Auf des Staatskanzlers Anrede: „Sie sind ein Bürger, die Bürger Wiens haben sich bei jeder Gelegenheit ausgezeichnet, und es wäre eine Schande für sie, wenn sie im Vereine mit dem Militär nicht im Stande wären, einen Straßenkrawall zu besiegen", antwortete Scherzer mit den Worten: „Durchlaucht! Hier handelt es sich nicht um einen Straßenkrawall, sondern um eine Revolution, an der alle Stände teilnehmen[9]." Während mit dem Einbruch der Dunkelheit die noch zu schildernde Erhebung der Arbeiter der Vorstädte und Vororte immer weiter um sich griff, sah sich Metternich, nun auch vom Hof fallengelassen, genötigt, gegen 9 Uhr abends seiner Abdankung zuzustimmen.

In derselben Nacht bewaffneten sich Bürger und Studenten aus den Beständen des bürgerlichen Zeughauses Am Hof. Dabei überwog das großbürgerliche Element, das gegenüber der Volksbewaffnung mißtrauisch blieb und für „Ordnung und Sicherheit" – so die Aufschriften der improvisierten Fahnen – eintrat: „Es waren nur wenig junge Leute darunter, es waren gereifte Männer aus allen Klassen, erbgesessene Bürger der inneren Stadt, Handelsleute, Bankiers, aber auch Adelige, Herren vom Hofe, höhere Staatsbeamte, Advokaten, Ärzte[10]."

Die allgemeine Freude über den Sturz des verhaßten Staatskanzlers wurde getrübt durch die Versuche des Hofes und des Militärs, die Volksbewegung doch noch zu unterdrücken. Fürst Windischgrätz, der am Hoflager weilte, erlangte noch in der dem 13. März folgenden Nacht Vollmacht zur militärischen Niederwerfung der Revolution. In den frühen Morgenstunden des 14. März wurde an den Straßenecken ein Plakat angeschlagen, laut dem Windischgrätz nicht nur alle Zivil- und Militärbehörden untergeordnet werden sollten, sondern auch, wie in Parenthese gesagt wurde, der Belagerungszustand verhängt wurde. Der General sei „mit vollständiger Vollmacht ausgerüstet, Ruhe und Ordnung in der in Belagerungszustand erklärten Residenz herzustellen und aufrecht zu erhalten[11]". Professor Anton Hye und der Juwelier Josef Türck machten aber dem Fürsten klar, daß dieser Affront ein Auflodern der Empörung bewirken würde, sodaß das Plakat ebenso schnell, wie es angeschlagen war, wieder entfernt wurde. Nichtsdestoweniger blieben die faktischen Vollmachten für Windischgrätz aufrecht, wie die Plakate des Regierungspräsidenten Talatzko vom 14. März und die Windischgrätz' vom 15. März bezeugten[12].

Unter dieser wie ein Damoklesschwert über Wien hängenden Drohung, die Windischgrätz nur aus Mangel an Truppen nicht wahrmachen konnte, nahm die Revolution ihren Fortgang. Am 14. März wechselte die Stimmung der Stadt von Stunde zu Stunde: Bald drückten rote Bänder und Kokarden die revolutionäre Kampfbereitschaft, bald weiße Abzeichen den Friedenswillen aus. Die Hauptforderung dieses Tags war der Ruf nach Aufhebung der Zensur und Pressefeiheit, die schließlich zugestanden wurde – dem Standbild Kaiser Josefs II., in dem man den Wegbereiter liberaler Reformen sah, wurden spontane Ovationen dargebracht[13].

Die Bewaffnung der Bürger – nunmehr schon unter den Namen Nationalgarde bzw. akademische Legion – ging weiter; bald zählte man 30 000 Bewaffnete. Auf der Grundlage von „Besitz und Bildung" errichtet und zum Einsatz gegen den „Pöbelaufstand" gedacht, sollten diese Körperschaften nicht die Arbeiter umfassen. Dennoch gelang es in der allgemeinen Verwirrung auch Handwerksburschen, Taglöhnern und Lehrjungen vereinzelt, zu Waffen zu kommen. Während die Studenten in der Regel für, die Bürger aber entschieden gegen eine Bewaffnung der Arbeiter eintraten, glückte es einer kleinen Schar von Arbeitern, in das Zeughaus einzudringen und Waffen herauszuschaffen. Trotz dieser Versuche, die Volksbewaffnung allgemein zu machen, blieb der bürgerliche Charakter der revolutionären Wehrkörper aufrecht[14].

Der 15. März brachte mit dem Versprechen einer Konstitution den Abschluß der Märzbewegung; die verschlungene Formulierung dieser Konzession in der die Märzerrungenschaften zusammenfassenden, als „Magna Charta Österreichs" bezeichneten Kundmachung Ferdinands I. von diesem Tag ließ allerdings bezüglich des zukünftigen Charakters dieser Verfassung noch alles offen: „Wegen Einberufung von Abgeordneten aller Provinzialstände und der Zentralkongregationen des lombardisch-venetianischen Königreiches in der möglichst kürzesten Frist mit verstärkter Vertretung des Bürgerstandes und unter Berücksichtigung der bestehenden Provinzialverfassung zum Behufe der von Uns beschlossenen Konstitution des Vaterlandes ist das Nötige verfügt[15]."

Das Bürgertum hatte die Zugeständnisse der drei Märztage, gestützt auf die Schultern einer machtvollen Volksbewegung, der schwankenden Regierung abgetrotzt, konnte sich aber nicht entschließen, nach der Macht zu greifen. Der Leseverein weigerte sich, die ihm angebotene Leitung der Bewegung zu übernehmen; einzelne seiner in der Revolution engagierten Mitglieder, wie Dr. Ludwig Löhner, sprachen mit „wegwerfender Verachtung" über den Verein, „der sich stets nach der Freiheit gesehnt, aber in dem Momente, wo es diese Sehnsucht zu erfüllen galt, sich feige ins Privatleben zurückgezogen habe". Wenn am 14. März am Haus des Lesevereins ein Zettel mit der Aufschrift „Hier sind Minister zu bekommen" klebte, stand wohl schon Ironie hinter diesem Text[16].

Das Bürgertum, das von der Volksbewegung in die Revolution hineingedrängt worden war, war nicht bereit, auch die Konsequenzen dieses Schrittes zu tragen und mit den alten Mächten vollends zu brechen. Seine Bereitschaft zum Kompromiß resultierte aus seiner eigentümlichen, auch für den Verlauf der bürgerlichen Revolution Deutschlands ausschlaggebenden Klassensituation. „Die deutsche Bourgeoisie befindet sich also schon im Gegensatz zum Proletariat, ehe sie noch als Klasse sich politisch konstituiert hat. Der Kampf zwischen den Untertanen ist ausgebrochen, ehe noch Fürsten und Adel zum Land hinausgejagt sind[17].“ Diese noch am Vorabend der Revolution getroffene Feststellung von Marx bezeichnete den entscheidenden Punkt, von dem die Zwiespältigkeit der Revolution von 1848 ausging. Das Großbürgertum konnte seine liberalen Forderungen nur mit Hilfe der in Bewegung gekommenen Massen verwirklichen; die Erhebung des Proletariats schien ihm aber im gleichen Augenblick jenes Wirtschaftssystem zu gefährden, dem es seine ökonomische und soziale Machtstellung verdankte.

Die Ereignisse in den Wiener Vorstädten und Vororten, die parallel zu den Vorgängen in der Innenstadt verliefen, wurden in den bisherigen Darstellungen der Revolution zumeist als „Pöbelrevolte“ gegen Ordnung und Eigentum geschildert und als dunkler Hintergrund mit dem „Freiheitskampf“ in der Innenstadt konfrontiert. Diese Vorgänge, die mit elementarer Wucht die sozialen Probleme des werdenden Großstadtproletariats ankündigten, wurden eher als peinliche Verlegenheit der bürgerlichen Revolution dargestellt, als in ihren eigentlichen Ursachen erklärt.

Fassen wir die in ihrer Entstehungsgeschichte bereits besprochene Sozialstruktur der von der Erhebung betroffenen Teile Wiens zusammen: Die Seidenindustrie der westlichen Vorstädte lag durch die Handelskrise darnieder, zudem hatte die Einführung mechanischer Webstühle bei gleichzeitiger Ausdehnung der Frauen- und Kinderarbeit viele Gesellen arbeitslos gemacht. Jene Volksschichten, deren Einkommen an den Rand des Existenzminimums herabgedrückt wurden, litten besonders unter der am Linienwall eingehobenen Verzehrungssteuer, welche die Grundnahrungsmittel erheblich verteuerte. Vor der Linie waren die noch vor wenigen Jahrzehnten dörflichen Vororte zu Industriebezirken angewachsen. Hier konzentrierten sich vor allem die konsumnahen Textilbetriebe, die das in den Fabriken des Wiener Beckens erzeugte Baumwollmaterial weiterverarbeiteten (Färbereien, Druckereien)[18]. Die Druckfabriken waren in den letzten Jahren vor der Revolution weitgehend mechanisiert worden – die Perotine, die schon die Ursache der Prager Unruhen von 1844 gewesen war, hatte auch in Wien viele Gesellen brotlos gemacht.

Eine Schilderung aus dem Jahr 1848 macht deutlich, mit welcher Besorgnis die Zeitgenossen das Anwachsen der Bevölkerung in diesen von der Wirtschaftskrise betroffenen Vororten und die Vermehrung der Arbeitslosen und des Lumpenproletariats beobachteten: „Unterhalb des Bodens, auf welchem die Gesellschaft mit ihren Vorurteilen und Gewohnheiten, ihren Adelsdiplomen, Kaufbriefen und eisernen Urkunden über die Begriffe Mein und Dein wandelt, höhlt die Zeit einen tiefen schauerlichen Abgrund. Es ist der Abgrund des Proletariats. (. . .) Meist sind es gewisse Vorstädte und Vorortschaften, wo diese finsteren Schachte zu Tage laufen. Wien hat diese qualmenden Ventile zunächst vor einigen seiner Linien. Dort sind die Nester eines bleichen verwilderten Pöbels. Der Sturm der Märztage trieb diesen heißen Wüstensand der Gesellschaft tief in das Herz der Hauptstadt, und wo er niederfiel, gab es Feuer[19].“ Die Sozialstruktur dieser in 700 Häusern der westlichen Vororte zusammengepferchten Menschenmenge von 38 000 Einwohnern beschreibt ein Zeitgenosse folgendermaßen: „Wir finden da reiche und intelligente Leute, vielleicht der dreißigste Teil, tüchtige Gewerbsmänner, meist aber Fabrikswesen in allen Fächern bis zur kleinsten Stuhlweberei, und dann, wie es sich von selbst versteht, Menschen aus allen untern Klassen, bis zur tiefen Armut, also Einwohner aus allen Elementen, (. . .) während das meiste sich schon zur Grenze vollkommener Verarmung hinneigt[20].“

In den Märztagen machten diese der totalen Verelendung preisgegebenen Massen ihrem lange verhaltenen Groll gegen die verhaßten Einrichtungen Luft. Die Kunde von den Vorgängen in der Innenstadt veranlaßte viele Bewohner der Vororte und Vorstädte zum Zug zur Innenstadt. Hier waren aber schon am Vormittag die Stadttore geschlossen worden, so daß nur ein kleiner Teil von ihnen an den Schauplatz der Ereignisse gelangen konnte. Eine Attacke der Menge gegen die Hofstallungen (heute Messepalast) wurde von der Bewachungsmannschaft mit einer scharfen Salve beantwortet, die mehrere Tote forderte. Daraufhin wurden die Kandelaber auf dem Glacis aus ihrer Verankerung gerissen und das ausströmende Gas angezündet – in der einbrechenden Dämmerung umgab ein Kranz von Feuer die Stadt. Die Augenzeugen haben dieses Schauspiel als furchterregend beschrieben, es hat zum Nachgeben der Regierung und zum Sturz Metternichs tatsächlich wesentlich beigetragen, hatte man doch in der Hofburg die auflodernden Flammensäulen vor Augen. Die Menge strömte über die Mariahilfer Straße zurück; ihre Wut richtete sich zunächst gegen das Verzehrssteueramt an der Mariahilfer Linie, das niedergebrannt wurde. Wohl kam es zu Drohungen und Tätlichkeiten gegen die verhaßten Finanzwächter; die vielfach kolportierte Erzählung, daß ein Beamter von der rasenden Menge in die Flammen gestoßen worden wäre, entbehrt jedoch jeder realen Grundlage[21].

Weiters wurden das Polizeikommissariat Sechshaus und das Amtshaus des Vorortes Braunhirschengrund zerstört. Die bedrohten Geschäftsleute und Wirte suchten sich loszukaufen; einige durch ihren Wucher besonders verhaßte Hausherren, Kaufleute, Bäcker und Wirte wurden von der Menge geplündert[22]. Die Unruhen dauerten die ganze Nacht hindurch an. In den frühen Morgenstunden des 14. März richtete sich der Sturm gegen die Fabriken. Die Druckfabriken Granichstaedten und Weiß, die Appreturfabrik Zappert und die Branntweinfabrik Friedmann wurden demoliert und gingen zum Teil in Flammen auf. Die Aktionen nahmen den Charakter eines planmäßigen Maschinensturms an; in den Fabriken wurde nicht geplündert, wie Violand bemerkt: ,,Gestohlen wurde nicht um eines Pfennigs Wert. (. . .) Übrigens jenen Fabrikanten, welche milde gegen sie [die Arbeiter], nicht hartherzig waren, brachten sie donnernde Hochs, und sie arbeiteten mit aller Anstrengung, daß deren Häuser und Habseligkeiten nicht vom Feuer ergriffen wurden. Hier war ein Volksgericht. Es war streng, brutal, aber die davon schwer Getroffenen trugen großenteils nur selbst die Schuld[23].“

Diesen Umstand betonte auch Auguste Zimmermann, die Tochter eines Tapetenfabrikanten, in ihrem Tagebuch. Während der Betrieb des Vaters von den Arbeitern selbst geschützt wurde, demolierte die Menge die nahegelegene Druckfabrik, wobei der Charakter dieses Maschinensturms besonders deutlich wird: ,,Ansehnliche Summen Geldes, die den Bösewichtern angeboten wurden, verschmähten sie, mit wildem Geschrei erstürmten sie die Fabrik, zerschlugen und verbrannten die Maschinen, zerhämmerten die Dampfkessel, warfen die Waren zerrissen aus den Fenstern[24].

Noch knapp vor dem Ausbruch der Märzrevolution hatte sich das Bürgertum zuversichtlich gezeigt, das Proletariat im Fall einer revolutionären Bewegung niederhalten zu können: ,,Wenn das Proletariat eine solche Gelegenheit auch benützt, um Ausschreitungen zu machen, die Besitzenden und Gebildeten, die an Ruhe und Ordnung ein Interesse haben, finden schon, wenn es wieder notwendig ist, die erforderlichen Mittel, um die außer Rand und Band gekommenen Massen wieder in die gehörigen Bahnen hineinzuleiten. Das Proletariat ist nicht so gefährlich, wie die Regierung den Besitzenden glauben machen will[25]."

Am 13. März meinte Dr. Löhner in einer Versammlung der medizinischen Fakultät, man müsse unter allen Umständen „verhindern, daß das Proletariat nicht Herr werde der Stadt und Bewegung, was die schauderhaftesten Konsequenzen von Plünderung und Mordbrennerei mit sich führen müßte[26]."

Die Bewilligung der Bewaffnung der Bürger und Studenten war nicht zuletzt unter dem Eindruck der geschilderten Vorgänge erfolgt; Nationalgarde und akademische Legion sollten gegen die Maschinenstürmer in den Vororten eingesetzt werden. Die Studenten konnten in den meisten Fällen durch ihr Dazwischentreten die Ruhe wiederherstellen, wie Adolf Pichler, der selbst einer solchen Patrouille angehörte, schrieb: „Das Volk wußte gar sehr zu würdigen, wie viel wir gewagt. Ein Handwerker trat zu mir und zeigte die schwieligen Hände: ‚Sehen Sie, das ist vom Arbeiten; wenn ich dann samstags die paar Kreuzer Wochenlohn erhielt, mußt' ich noch davon Akzis zahlen; das ist schön von den Herren, daß sie für uns arme Leute so viel tun!' Das Volk faßte den neuen Umschwung der Dinge zuerst mit Rücksicht auf seine Lebensbedürfnisse auf. – Unser Zureden reichte überall hin, Plünderung und Brand zu verhindern[27]." Es kam auch der Fall vor, daß Studenten, die als gefährliches revolutionäres Element galten, vor die Linie geschickt wurden, um sie aus der Stadt zu entfernen; einzelne Abteilungen, die dieses Manöver durchschauten, weigerten sich, dem Befehl Folge zu leisten.

Während die Studenten versuchten, mit den Mitteln der Überzeugung die Ruhe wiederherzustellen, drängten die Besitzbürger in den Reihen der Nationalgarde zu einem offensiven Vorgehen gegen den revoltierenden „Pöbel". Noch am 13. März traten einige Fabrikanten dafür ein, sich an den Hof um die Entsendung von Truppen zu wenden, die gegen Plünderer und Maschinenstürmer einschreiten sollten. Die Mehrheit erklärte sich zunächst dagegen; man wollte die Ausschreitungen durch den Einsatz der eigenen Ordnungskräfte beenden. Unter der Führung des Grafen Ferdinand Colloredo-Mansfeld, des späteren Kommandanten der akademischen Legion, schickte sich eine Anzahl bewaffneter Bürger an, gegen die Tumulte vor dem Linienwall einzuschreiten. Beim Marsch stadtauswärts sank allerdings den meisten Teilnehmern dieses Unternehmens der Mut. An der Mariahilfer Linie angekommen, „fand auf einmal eine weit überwiegende Mehrheit der den Zug bildenden Herren, daß sie in der inneren Stadt unter den gegebenen Verhältnissen notwendiger als in den Vororten seien[28]".

So wurde schließlich doch Militär angefordert; ein Zusammenstoß einer Infanterieabteilung mit einer Schar Aufständischer in der Reindorfer Kirchengasse forderte die meisten der in den Märztagen gefallenen Toten[29].

Überhaupt bildeten Handwerksgesellen und Arbeiter die überwiegende Mehrheit unter den Märzgefallenen – die meisten Opfer dieser Tage sind nicht in der Innenstadt, sondern vor den Linien gefallen. Ganz exakt wird sich die Zahl der Opfer der Märztage nie mehr eruieren lassen, da die Aufzeichnungen in diesen bewegten Tagen nur nachlässig geführt wurden. Bei der Leichenfeier am Schmelzer Friedhof am 17. März wurden 15 Tote beigesetzt. Bei diesem Begräbnis wurde kein Unterschied zwischen den Konfessionen gemacht. Der katholische Priester Dr. Anton Füster, der evangelische Superintendent Dr. Josef Pauer und der israelitische Prediger Isak Noa Mannheimer hielten die Trauerreden[30]. Die Gesamtzahl der Opfer der Kämpfe in den Märztagen war aber weit höher – nach der Verlautbarung in der „Wiener Zeitung" vom 4. Mai, die auch die nachträglich an ihren Wunden Gestorbenen mitzählte, waren insgesamt 48 Tote, davon zwei Unbekannte, zu beklagen. Nur ein Fünftel der Gefallenen gehörte dem Bürgertum an: Unter den Toten waren ein bürgerlicher Essigsieder, ein Hutmacher, ein Schuhmachermeister, ein Tischler, ein Hausmeister, ein Lehrer und zwei Studenten. Sonst waren die Gefallenen Handwerksgesellen, Taglöhner und Lehrjungen. Unter den toten Frauen war eine Professorsgattin, die durch eine verirrte Kugel bei den Hofstallungen getötet wurde, eine Dienstmagd, eine Wäscherin und eine Pfründnerin[31]. Nach Adolf Pichlers Zeugnis waren im Allgemeinen Krankenhaus schon am 14. März 60 Leichen aufgebahrt, im ganzen wird man also wohl noch mit einer etwas höheren Zahl als der im offiziellen Bericht angegebenen rechnen müssen. Als man im Jahr 1861 nach den Jahren der Reaktion den Märzgefallenen ein Denkmal errichtete (die Staatsbehörde ordnete übrigens damals die Enthüllung des Denkmals am frühen Morgen, in aller Stille, an und verbot Reden und Lieder), waren nur noch die Namen von sieben Gefallenen bekannt – die Tradition der revolutionären Erhebung war wirkungsvoll unterdrückt worden[32].

Die Niederwerfung des Aufstands der Vororte durch das Militär benützte die Nationalgarde zur Abrechnung mit den Ruhestörern. Schon am 17. März waren 532 Gefangene eingebracht, die zum größten Teil unter entsetzlichen hygienischen Verhältnissen in den Kasematten der Basteien zusammengepfercht wurden. Das Einfangen von „Proletariern" wurde für nicht wenige Bürger, die sich nun mit ihren Waffen und der Rückendeckung durch das Militär stark fühlten, eine Art Sport. Selbst ein zeitgenössischer Polizeibericht kritisierte diese oft in Brutalitäten ausartende Vorgangsweise und warnte davor, den Zorn des Volkes zu sehr zu reizen: „Kurz, es droht ein gewaffneter Volksaufstand, wenn das dürftige Volk nicht vor allem durch materielle Hilfe unverzüglich besänftigt wird. (. . .) Ein zweiter Ausbruch des Volkes könnte noch verheerendere Folgen haben als der erste, zumal auch ein Teil des hiesigen Militärs zu einigem Mißtrauen wegen ihrer stets vermeinten felsenfesten Treue für den Thron und die Staatsregierung Veranlassung gegeben haben soll. Das exzentrische Hausvisitieren einiger junger Leute der Nationalgarde und die unüberlegten vielen Arretierungen nicht selten ganz schuldloser Menschen, wobei oft körperliche Mißhandlungen vorfallen, wird bereits zum Ekel und im Volke nicht mehr gebilligt[33]."

Der Fabrikensturm hatte sich auch über den engeren Umkreis von Wien hinaus fortgepflanzt. Die Maschinenstürmer traten, wie die Berichte übereinstimmend meldeten, geschlossen auf und verschonten andere Gebäude. So wird in der Pfarrchronik von Hetzendorf eine bezeichnende Äußerung der durchziehenden Arbeiter festgehalten: „Das ist ein kaiserliches Schloß, da haben wir nichts zu suchen, wir gehen nur in die Fabriken, um die Maschinen zu zerstören, welche uns um das Brot bringen[34]." In der ganzen südlichen Umgebung Wiens wurden die Maschinen zerstört, in Meidling, Penzing und Hacking ebenso wie in Perchtoldsdorf[35], Himberg und Schwechat[36].

Ein detaillierter Bericht liegt uns aus Mödling vor. Die „Constitution" meldete, daß die Mödlinger Bürger den Maschinenstürmern am 15. März nicht entgegentraten: „Obschon in Mödling eine sehr zahlreiche bewaffnete Bürgergarde besteht, war doch kein einziger Mann derselben gegen die Plünderer ausgerückt. Die ankommende [Wiener] Nationalgarde wurde von den Bürgern ohne Gruß empfangen, ja der Herr Anführer der Nationalgarde konnte den Bürgermeister nur durch Androhung der Verhaftung und Abführung nach Wien dahin bringen, daß eine Abteilung Mödlinger Bürger die patrouillierende Nationalgarde verstärkte. Als Erklärung eines so auffallenden Benehmens wurde das Versprechen der Plünderer, nur die beiden Fabriken zerstören zu wollen, gegeben[37]."

Eine Gegenerklärung der Mödlinger Bürgerschaft schilderte diesen Vorgang folgendermaßen. Als der Bürgermeister den „Drucker-Rotten" entgegentrat, antwortete deren Anführer, „in dessen Zügen sich Wut und Entschlossenheit ausdrückte": „Seit sechs Wochen haben wir keine Arbeit und kein Brot; die Maschinen sind daran schuld, wir kommen sie zu zerstören. Wenn Sie uns daran hindern wollen, so haben wir Helfershelfer in Mödling, die sogleich Feuer legen werden und Tausende stehen uns von einer anderen Seite zu Gebote." Die Einwendungen des Bürgermeisters verhallten ungehört, „der Schwarm drängte vorwärts und zertrümmerte in der Elias Steiner'schen und Rosenberg'schen Fabrik die Maschinen mit einer gewissen systematischen Ordnung, zerschlug die Fenster in den Sälen, wo die Maschinen standen und ließ alles andere unverletzt. Während ihrer Zerstörungsarbeit legten sie die Tabakspfeifen auf die Seite; auch wurde nicht das Geringste entwendet[38]." Wie der Schreiber betonte, wurde auch an den übrigen Orten den Maschinenstürmern kein Widerstand geleistet. Der Tatsache, daß die Kleinbürgerschaft der Zerstörung der für sie eine lästige Konkurrenz bedeutenden Fabriken untätig zusah, tat auch die Gegenerklärung keinen Abbruch.

Wie bei den böhmischen Unruhen von 1844 kam auch beim Maschinensturm in Wien und Umgebung Antisemitismus mit ins Spiel. Die zünftischen Gewerbsmeister, deren Gesellen sich in kaum besserer Lage als die Fabriksarbeiter befanden, schoben dem Umstand, daß unter den Fabrikanten der Wiener Vororte Juden stark repräsentiert waren, die Schuld an der Ausbeutung der Arbeiter zu. Die Arbeiter selbst konnten sich von diesen demagogischen Verlockungen im Verlauf des Revolutionsjahrs weitgehend frei halten, doch spielten antisemitische Motive in der kleinbürgerlichen Kapitalismuskritik, wie sie in Handwerkskreisen weit verbreitet war, eine starke Rolle. Bezeichnend dafür war etwa die Versammlung der Zunfthandwerker von Neubau und Schottenfeld am 27. März: ,,Im großen Hofe der Weberherberge wogte eine zahllose Menge, an welche einzelne Redner ergreifende Worte richteten. Auch die Vorstände jeder einzelnen Zunft der Fabrikarbeiter, wie Bandmacher usw., waren anwesend und suchten die unruhige Menge durch begütigende Vorschläge zu besänftigen. Am Ende wurde beschlossen, daß eine Deputation der angesehensten Fabrikanten sich zu Seiner Majestät begeben sollte, um die allerhöchste Entschließung zu erflehen, daß überall die Löhnung der Arbeiter erhöht und die Arbeitsstunden vermindert würden. (. . .) Ferner wurde beschlossen, daß kein Arbeiter mehr bei einem jüdischen Fabrikbesitzer in Arbeit treten dürfe; jeder dawider Handelnde wird von der Innung ausgeschlossen. Der Grund liegt darin, daß der israelitische Fabrikant soviel als möglich drückt und schlecht bezahlt[39]."

Die antisemitische Publizistik beutete dieses Argumentationsschema weiter aus. Wortführer des bedrohten Kleinbürgertums setzten Judentum mit kapitalistischer Ausbeutung gleich, wie etwa Johann Quirin Endlich: ,,Man blicke hin auf die vielen Opfer menschlicher Entwürdigung, welche in jüdischen Fabriken oder Industrial-Anstalten alle Jahre der Härte, der Treulosigkeit, des schwarzen Undanks und vorzüglich der Verleumdung fallen[40]." Die Konkurrenz zwischen den noch zum Teil zünftisch organisierten Textilerzeugern der Vorstädte und den Fabrikanten der Vororte kam auch in den Anklagen zum Ausdruck, die der Schottenfelder Seidenfabrikant Franz Kargl gegen die Druckfabrikanten richtete: ,,Die Druckfabriken haben keinen Vorsteher, sie bilden kein Mittel [Innung], sie haben nur einen losen und willkürlichen Verband. Wenn ein Kind kaum dem Gängelbande entwachsen und seine Hände zu gebrauchen weiß, so wird es in diesen Fabriken zum Farbenaufstreichen und dergleichen verwendet. (. . .) Fast keiner von diesen Arbeitern kann lesen oder schreiben; für ihn gibt es keine Kirche, keine Schule. Die bitterarmen Eltern, größtenteils selbst in dichte Geistesnacht begraben, haben nicht Mittel und Wege, das Schulgeld zu bestreiten, und harren mit Ungeduld den wenigen Zwanzigern entgegen, welche der älter und größer werdende Knabe schon mit Widerstreben in die Hände der Eltern legt." An die Unternehmer richtet Kargl die Anklage: ,,Habt ihr nicht selbst das arme gute

Volk zur Kanaille gemacht? Ja wahrlich! Ihr selbst habt eure Fabriken angezündet und zerstört, ihr habt den Sturm geboren und erzogen, der heulend euer Eigentum verzehrte[41]." Diese Vorwürfe verband Kargl mit antisemitischen Ausfällen.

Unter diesen Umständen war es kein Zufall, daß die beiden publizistischen Wortführer des frühen Antisemitismus in Österreich, die Priester Sebastian Brunner und Albert Wiesinger, beide aus Seidenfabrikantenfamilien des Schottenfelds stammten – Brunner war sogar ein naher Verwandter des zitierten Kargl[42].

In den Maschinenstürmen der Märztage macht die Wiener Arbeiterschaft die „Kinderkrankheit" der europäischen Arbeiterbewegung durch. Dieser primitive und in seiner unmittelbaren Erscheinungsform regressive Protest gegen eine höherstehende Produktionsform hatte seine früheren Parallelen in der englischen Ludditenbewegung (1811–1814) und in den Erhebungen der Lyoner Seidenweber von 1831 und 1834 gegen die Folgen der Industrialisierung. Wie in Westeuropa, konnte auch in Österreich dieses erste, archaische Stadium der Arbeiterbewegung rasch durch höherstehende Organisationsformen überwunden werden.

Gerade der aktive Eintritt der Arbeiterschaft in die bürgerlich-demokratische Revolution hat diesen Lernprozeß ungemein beschleunigt. Die Maschinenstürmer des März 1848 stehen entwicklungsgeschichtlich am Berührungspunkt der Revolte einer noch an ein überholtes Wirtschaftssystem gebundenen Lohnarbeiterschaft gegen neuartige Produktionsformen und des Einsetzens der modernen Arbeiterbewegung, die die Industrialisierung, den ökonomischen und technischen Fortschritt als Voraussetzung ihres gewerkschaftlichen und politischen Kampfes zu akzeptieren bereit war.

Daß das elementare Aufbegehren des Wiener Proletariats auch in anderen Industriezentren Widerhall fand, zeigt ein in der oberösterreichischen Hauptstadt beschlagnahmter Aufruf an die „Armen von Linz", in dem die jakobinische Tradition, wie wir sie vom „Eipeldauerlied" her kennen, mit dem Aufruf zum Fabrikensturm vermengt wird: „Der Magistrat saugt euch das Blut aus, der Bürgermeister ist ein Räuber, weg mit den Hunden! (. . .) Der Adel schwelgt in Überfluß und verachtet euch, auf, vertilgt ihn. Die reichen Hausbesitzer und Bürger sehen mit Stolz auf eure Armut herab, sie sind Wucherer, die euch das Blut aussaugen, nehmt ihnen den Raub ab. Schlagt die Hunde tot. Dierzler, Rädler und Grillmaier [Textilfabrikanten in Linz, Kleinmünchen und Schörgenhub] stehlen euch Arbeit und Verdienst, sie werden reich und ihr arm, brennt ihnen die Fabriken nieder, wie es in Wien geschah[43]!" Von ähnlichem Haß erfüllt ist auch ein Wiener Flugblatt aus Fünfhaus: ,,Alle Webermeister und Fabrikanten, welche hier ihr Geschäft gebildet haben und jetzt ausführen, ihre Waren aber in anderen Städten und Dörfern um einen billigeren Preis verfertigen lassen und dadurch einen schwächeren Geschäftsmann stürzen und den hiesigen Arbeitern ihr Brot rauben, diese sollten mittels Transport zu ihren Arbeitern oder Landsleuten geschickt werden, um dort ihren grenzenlosen Wucher und Geiz mit Erdäpfeln nähren. (. . .) Alle Druckfabrikanten, welche gesonnen sind, wieder mit der Maschine zu arbeiten und dadurch die Gesellen zu Bettlern zu machen, diese sollen bei der Brandstätte des Granistädter [!] in Sechshaus mit einem Vitriol-Druck vom Augenlicht beraubt werden[44]."

Das Zusammenwirken von Bürgertum und Militär stellte die Ruhe in Wien und Umgebung bald wieder her. Am 16. März riefen Magistrat und provisorischer Bürgerausschuß, der die Verwaltung der Stadt anstelle des gestürzten Bürgermeisters Czapka übernahm, die Fabrikanten, Handels- und Gewerbsleute auf, ,,die hierortigen Bemühungen zur Herstellung der Ruhe und Ordnung sowie der Sicherheit für die Person und das Eigentum dadurch unterstützen zu wollen, daß ihr Dienst- und Arbeitspersonale möglichst bei Hause behalten und zu seinen gewöhnlichen Verrichtungen zurückgeführt werde[45]". Wirkungsvoller als dieser angesichts der Arbeitslosigkeit illusorische Aufruf war die Verhängung des Standrechts vom 16. bis zum 22. März, das den Ausnahmezustand für die unruhigen Arbeiter proklamierte[46].

Der erste Tagesbefehl, den FML Graf Hoyos als Kommandant der Nationalgarde an diese am 16. März richtete, rief auf zum ,,Kampf gegen das wilde, verbrecherische Treiben eines verworfenen Proletariats, dem nichts heilig ist, das nur im Umsturze aller sozialen Verhältnisse seinen Gewinn zu finden glaubt[47]". Am 22. März sprach Professor Hye von der ,,Bewältigung verbrecherischer Frevler und Rotten, welche die erhabenen Errungenschaften der großen Woche zur Aufwiegelung, Plünderung, Mord und Brand schänden wollten[48]". Der ,,Kampf zwischen den Untertanen" war in der Tat ausgebrochen, ehe noch das alte Regierungssystem völlig gestürzt worden war.

Der im Sommer 1848 geführte Prozeß vor dem Wiener Kriminalgericht gegen die „Maschinenzerstörer-Komplizität von der Umgebung von Wien“ verhängte eher milde Strafen gegen die Angeklagten, zwischen 8 Tagen und drei Monaten Kerker. Allerdings muß auch die lange Untersuchungshaft in Rechnung gestellt werden. Es erwies sich als unmöglich, „Anstifter“ und Mitläufer der Vorfälle zu ermitteln. In der Rechtfertigung mancher Angeklagter kamen antisemitische Ressentiments zutage: „Es sei eine Strafe für die Juden, weil diese Maschinen haben und damit auch schlechte Waren erzeugen, die nur von Juden gekauft werden.“ Es hieß auch: „Wir brauchen keine Maschinen zum Arbeiten, wir haben fünf Finger dazu.“ Das Gericht konnte feststellen, daß die Maschinenstürmer mit einer gewissen Organisation an ihr Zerstörungswerk gingen (in Mödling zogen ein Trompeter und zwei Fahnenträger voran; auch Ortsbewohner schlossen sich mit Hämmern an). Es zeugte immerhin von bemerkenswerter Einsicht, daß das Kriminalgericht „die Not im Winter für die ganze Familie, die Aufregung der gesamten Population und Entlassungen wegen Lohnforderungen“ als Milderungsgrund gelten ließ[49]. Der Schaden belief sich auf die beträchtliche Summe von 169 952 fl[50].

Ein kleiner Erfolg war der spontanen Protestbewegung doch beschieden: Die Verzehrungssteuer wurde zwar nicht aufgehoben, aber doch für Grundnahrungsmittel etwas gesenkt[51]. Im weiteren Verlauf des Revolutionsjahres tauchte der Vorschlag auf, statt der Verzehrungssteuer eine Luxussteuer einzuführen, der allerdings nicht verwirklicht wurde[52].

Die sozialen Forderungen der großstädtischen Massen, die in den Märztagen erstmals stürmisch erhoben wurden, erschreckten und verunsicherten das Bürgertum, das sich im Genuß der errungenen Rechte gestört fühlte. So schrieb Bauernfeld über einen Agitator am 15. März: „Die auf dem politisch jungfräulichen Wiener Boden bisher noch nie vernommenen Ideen der Sozialdemokratie schlugen an unser Ohr und fanden an der naiven Bevölkerung gläubige, ja entzückte Zuhörer. Ich leugne nicht, daß mich das überraschte, ja erschreckte. Wer kann berechnen, wie weit die Utopien von Aufhebung des Eigentums, von Gütergemeinschaft und dergleichen eine wild aufgeregte und ungebildete Masse führen mögen[53].“

Der Märzsturm hatte mit einem überraschenden Sieg der bürgerlichen Kräfte über die Träger des alten Regimes geendet – ,,wir lagen damals alle auf dem Bauche", sagte König Friedrich Wilhelm IV. von Preußen[54]. Die Frage der tatsächlichen Machtverhältnisse blieb aber offen. Der konservative Historiker Hermann Meynert beschrieb die Situation treffend: ,,Die Märztage an sich glichen mehr einem bloß pantomimischen Gefechte, in welchem, wie durch eine stillschweigende Übereinkunft, der eine Teil sich überwunden erklärte, ohne eigentlich überwunden zu sein; der andere faktisch den Sieger spielte, ohne eigentlich gesiegt zu haben. Auch über die Märztage hinaus werden wir dieses unerquickliche Schein- und Schattengefecht noch eine Weile fortdauern sehen; aber es nimmt unvermerkt immer mehr Körper an, die gegenseitigen Waffen schleifen sich durch die fortgesetzten blinden Streiche von selbst schärfer und schärfer, die gestikulierenden Puppen beleben sich, die Pantomime wird zur wirklichen Schlacht[55]."

Die Aufspaltung der Klasseninteressen, die sich schon in der Anfangsphase der Revolution manifestierte, wurde zu einer schweren Bewährungsprobe für die Demokraten, die eine gemeinsame, revolutionäre Intelligenz und Arbeiterschaft umfassende Kampffront aufbauen wollten.

„REVOLUTION" IN DER SICHT DER ZEITGENOSSEN

Ein Blick auf die gegenwärtig intensiv betriebene Revolutionsforschung zeigt die Theorie- und Begriffsbildung im Fluß. In einem Zeitalter, in dem Revolution in allen Formen und Abstufungen zu einem weltumspannenden Prozeß geworden ist, andererseits dieser Begriff bis hinein in den Jargon der Werbung banalisiert und entleert wurde, ist für den Historiker wie für den Politikwissenschaftler die Definition von „Revolution" zu einer notwendigen und aktuellen Aufgabe geworden[1].

Angesichts der Vielfalt der angebotenen Interpretationsmodelle scheint zunächst nur ein Minimalkonsens feststellbar zu sein: Revolution meint einen gesellschaftlichen Wandlungsprozeß, der einen Bruch mit Tradition und Vergangenheit herbeiführt und eine tiefgreifende Veränderung der ökonomischen, sozialen und politischen Verhältnisse bewirkt. Damit beginnen aber erst die Fragen: Bedeutet Revolution unter allen Umständen einen Bruch der Kontinuität, wo sind die Grenzlinien zur Evolution zu ziehen? Meint Revolution nur einen kurzfristigen, plötzlichen Veränderungsprozeß, oder auch Strukturwandlungen über lange Zeiträume hinweg? Wann schlagen quantitative Veränderungen in eine qualitative Umgestaltung um? Ist Gewalt stets ein konstitutives Element einer Revolution? Sind wirtschaftliche, soziale, politische oder ideologische Momente primär für den Ausbruch einer Revolution maßgebend? Kann auch dann von Revolution gesprochen werden, wenn die Bewegung noch vor oder knapp nach ihrem Sieg von einer gegenrevolutionären Reaktion besiegt wurde? Ist Revolution unabdingbar mit einem Prozeß der Emanzipation zu größerer Freiheit verbunden, oder läßt sich auch die „revolutionäre" Errichtung eines gegen solche Tendenzen gerichteten Herrschaftssystems mit diesem Begriff abdecken? Werden auch in der Restauration ursprünglich von der Revolution intendierte Veränderungen weitergeführt? Alle diese Fragen haben in der in den letzten Jahren ungemein lebhaft geführten Diskussion höchst unterschiedliche Antworten gefunden.

So hat etwa Crane Brinton deskriptiv auf einige wesentliche

Aspekte einer revolutionären Situation hingewiesen: Der Zweifel der herrschenden Klasse an sich selbst, der Abfall eines Teils der Intellektuellen vom alten System, ungenügendes Funktionieren des Staats- und Verwaltungsapparats angesichts neuer Wirtschafts- und Kommunikationsmethoden. Brinton betont ferner den wirtschaftlichen Aufstieg – langfristig gesehen – am Vorabend einer Revolution – ein schon von Alexis de Tocqueville vorgeprägter Gedankengang[2].

Hannah Arendt untersuchte die Dialektik von Freiheit und Notwendigkeit im modernen Revolutionsdenken und deutete den Übergang von der politischen zur sozialen Revolution im 18. und 19. Jahrhundert[3]. Konservativen Vorstellungen über den revolutionären Prozeß blieb Theodor Schieder verhaftet[4]. Chalmers Johnson unterschied drei qualitativ differenzierte Stufen der Systemveränderung: Sturz der formalen Institutionen bzw. der Regierung; Wechsel des „Regimes", d. h. der fundamentalen Funktionen des politischen Systems; grundlegender Wandel in der sozialen Organisation und den Wertvorstellungen der Gesellschaft. Im ersten Fall wäre nach Johnson von Rebellion, sonst von Revolution (bei jeweils unterschiedlichem Grad der Intensität) zu sprechen[5]. Clausjohann Lindner und Klaus von Beyme näherten sich dem Problem der Revolution auf dem Weg soziologischer und psychologischer Erhellung der Massenbewegung[6].

Dem historischen Kontext stärker verhaftet als diese eher generalisierenden Ansätze blieb der in Österreich aufgewachsene englische Revolutionsforscher Eric Hobsbawm, der den „Doppelcharakter" eines umfassend verstandenen Revolutionsbegriffs – in ökonomisch-sozialer und politisch-ideologischer Hinsicht – betonte[7]. Sozusagen in umgekehrter Richtung, vom Phänomen der Restauration her, hat sich Robert A. Kann den gesellschaftlichen Wandlungsprozessen genähert. Sein methodisch ungemein interessanter Ansatz wurde allerdings durch seinen allzu sehr ausgedehnten Anwendungsbereich etwas überstrapaziert[8]. Nach wie vor grundlegend für jede Beschäftigung mit der geschichtlichen Entwicklung des revolutionären Denkens ist die Arbeit Karl Griewanks[9].

In den systematischen Darstellungen der Revolutionszyklen vom 18. bis in unser Jahrhundert bietet die Revolution von 1848 sehr häufig eine Verlegenheit, da sie sich weder dem Bild der klassischen „bürgerlichen" Revolution Frankreichs von 1789 bzw. der „sozialistischen" Revolution Rußlands von 1917 ganz einfügen läßt.

Als verspäteter Nachvollzug von 1789 in Mitteleuropa und Teilen des europäischen Ostens stand 1848 nicht mehr am Beginn, sondern schon inmitten einer bereits relativ weit stärker fortgeschrittenen bürgerlichen Umwälzung. Der Industriekapitalismus hatte schon wichtige Teilbereiche der Gesellschaftsstruktur erfaßt, ehe noch der feudalabsolutistische Überbau beseitigt war. In Frankreich wies der Juniaufstand schon über die bürgerliche Revolution hinaus auf die Perspektive der Pariser Kommune – ein Konflikt, der zumindest in Ansätzen auch das Erscheinungsbild der Revolution in Deutschland und Österreich mitbestimmte. In dem aufbrechenden Klassenkonflikt zwischen Großbürgertum und werdendem Proletariat kam den „kleinbürgerlichen" Mittelschichten zeitweilig eine wichtige Funktion zu. Das Kleinbürgertum konnte aber die ungenügend ausgebildete und den Kompromiß mit den traditionellen Mächten suchende Bourgeoisie in der Rolle des Hegemons nicht ersetzen, ebensowenig wie für die proletarischen Klassenkräfte eine reale Perspektive der politischen Machtergreifung bestand[10].

Angesichts dieser vielschichtigen Problematik der mitteleuropäischen „bürgerlich-demokratischen" Revolutionen des 19. Jahrhunderts, der mit a priori gefaßten Modellvorstellungen – will man grobe Verzeichnungen und Fehleinschätzungen vermeiden – nicht beizukommen ist, empfiehlt sich der Rekurs auf die Interpretation der komplexen Vorgänge durch die Zeitgenossen.

Wie sah etwa der „Hauptbetroffene", Fürst Metternich, den Zusammenbruch seines „Systems" unter dem Anprall der Revolution? In Metternichs Gedankenwelt hatte ein selbständiges Wollen und Handeln des Volkes keinen Platz[11]. Andererseits hatte sich ihm das für ihn traumatische Erlebnis der Französischen Revolution tief eingeprägt. Er schwankte zwischen Furcht und Bagatellisierung der Revolution. Nicht die Massen, sondern die „niveleurs" und „doctrinairs" seien die Urheber der Revolutionen[12]. Folgerichtig konnte der alte Metternich in der Wiener Revolution nur eine „Literaten- und Studentenverschwörung" sehen, die „genügte, um das Reich in allen seinen Lebensquellen aufzulösen[13]". Metternichs Aussagen über die Revolution von 1848 blieben widersprüchlich. Am 14. März 1848, unter dem unmittelbaren Eindruck seines Sturzes, schrieb der Fürst an den

Zaren Nikolaus I.: „L'Europe, Sire, est livrée à une crise qui dépasse de beaucoup un mouvement politique; cette crise a lieu dans le corps social[14].“ Trotz dieser Erkenntnis hielt Metternich als echter Konservativer an der Vorstellung einer statischen, letztenendes unveränderbaren Gesellschaft fest, wenn er 1850 über die Revolutionen reflektierte: „Alte wie neue haben sie keinen anderen Wert als den von Episoden; sie bilden Übergänge, aber keine bleibenden Stätten und ändern nichts in der Natur der Sachen. Mehr als Formen vermögen sie nicht zu ändern, denn die Grundbedingungen des gesellschaftlichen Lebens sind einer Änderung nicht fähig[15].“

Fragen wir sozusagen auf dem Gegenpol zu Metternichs Anschauung nach dem Stellenwert von 1848 im Bewußtsein der „revolutionären“ Zeitgenossen, so bietet Marx' berühmte Formulierung „Die Revolutionen sind die Lokomotiven der Geschichte[16]“ die Quintessenz des dynamischen und universellen Revolutionsbegriffs des 19. Jahrhunderts. Die Verkoppelung des technisch-industriellen Fortschritts im Zeitalter der Eisenbahn und der Dampfkraft mit der politischen Revolution blieb der Zentralgedanke der marxistischen politischen Revolutionstheorie. Engels sprach von der „industriellen Revolution, einer Revolution, die zugleich die ganze bürgerliche Gesellschaft umwandelte[17]“. Wenn die Begründer des wissenschaftlichen Sozialismus die entscheidende revolutionäre Wende als Machtergreifung des Proletariats schon für 1848 vorausgesagt und erwartet hatten, trafen sie später differenziertere Feststellungen: „Die sogenannten Revolutionen von 1848 waren nur kümmerliche Episoden – kleine Brüche und Risse in der harten Kruste der europäischen Gesellschaft. Sie offenbarten jedoch einen Abgrund. Sie enthüllten unter der scheinbar festen Oberfläche Ozeane flüssiger Masse, die nur der Expansion bedarf, um Kontinente aus festem Gestein in Stücke zerbersten zu lassen. Lärmend und verworren verkündeten sie die Emanzipation des Proletariers, d. h. das Geheimnis des 19. Jahrhunderts und der Revolution dieses Jahrhunderts[18].“

Sehen wir uns noch weiter auf der äußersten Linken des politischen Spektrums nach dem Selbstverständnis der Revolutionäre um, so finden wir bei Michael Bakunin eine deutlich von Marx' technologisch-rationaler Definition der Revolution abweichende Ausdrucksform. Der Russe, der wie Marx 1848 kurz in Österreich weilte – er nahm am Prager Slawenkongreß und am Pfingstaufstand teil –, repräsentierte gewissermaßen die romantische Seite der europäischen Revolution: „Ein Völkerfrühlingsmorgen brach blutrot an. Die alte Staatenpolitik versank in nichts: Eine neue Politik trat ins Leben, die Politik der Völker[19]." Revolution ist für diesen ewigen Rebellen gegen alle Autorität die Existenzform schlechthin, eine alles Alte zerstörende und eine neue Welt aufbauende Kraft – losgelöst von der nüchternen Bestandsaufnahme der politischen Situation und der Analyse der Klassenkräfte bei Marx. Bakunin ist in seiner politischen Praxis dieser Stimmung des vormärzlichen Radikalismus, der spontanen Revolte, der enthusiastischen, ans Mystische grenzenden Begeisterung für die große Menschenverbrüderung treu geblieben. Mit glühender Beredsamkeit appellierte Bakunin 1848 an die totale Revolution: „Ist nicht die Anarchie permanent geworden und jeder Versuch, der gemacht wird, sie zu bändigen, selber noch anarchischer als die erste Anarchie? Schauet um euch! Die Revolution ist überall. Sie allein herrscht, sie allein ist gewaltig. Der neue Geist mit seiner auflösenden, zersetzenden Kraft ist unwiderruflich eingedrungen in die Menschheit und durchwühlt die Gesellschaft bis in ihre tiefsten dunkelsten Schichten. Und nicht ruhen wird die Revolution, bis sie die alte vermorschte Welt völlig zerstört und eine neue herrliche Welt daraus geschaffen hat. In ihr also und nur in ihr ist alle Kraft und Stärke, alle Siegesgewißheit. Nur in ihr ist das Leben, außer ihr der Tod[20]." Schon im Jahr 1848 verwarfen Marx und Engels diese und ähnliche Äußerungen Bakunins als leeres Pathos; sie konnten ihm nie verzeihen, daß er stets in den Kategorien der Rebellion, nicht aber der revolutionären Strategie dachte.

In der politischen Mitte zwischen den Extremen des Konservatismus und den Vorboten der proletarischen Revolution bzw. des Anarchismus sind vergleichsweise eher weniger aussagekräftige Dokumente zum Komplex „Revolution" zu finden. Typisch für die ängstliche Haltung der österreichischen Liberalen ist die grundsätzliche Stellungnahme Professor Kudlers, der im Vormärz zur Opposition zählte: „Man nennt den in den ewig denkwürdigen Tagen vom 13. bis 15. März eingetretenen Umsturz eines verhaßten, durchaus nicht länger haltbaren Systems eine Revolution; man sucht sogar einen Beweis des Mutes darin, die jenem Umsturze vorangegangene Bewegung ungescheut als eine revolutionäre zu bezeichnen. Wir sollen aber vielmehr der Vorsehung danken, daß sie uns vor der Revolution bewahrte, welche als ein Akt gewaltsamer Notwehr stets voraussetzt, daß einem unerträglich gewordenen gesellschaftlichen Zustande auf keine andere Art abzuhelfen ist. Die Weisheit und Humanität unseres Kaisers hat uns vor jenem unglücklichen Extreme bewahrt[21].“

Eine bürgerliche Revolution ohne bürgerliche Revolutionäre – so könnte man aphoristisch zugespitzt die paradoxe Situation des Jahres 1848 umschreiben. Der Eintritt der Massen in die revolutionäre Bewegung und ihre Forderung nach politischer und sozialer Gleichberechtigung wurden aus dem Bewußtsein verdrängt, um an dem von den Traditionen des aufgeklärten Absolutismus stark geprägten Reformmodell festhalten zu können. Selbst wenn von Revolution gesprochen wurde, was sich auf die Dauer denn doch nicht gut vermeiden ließ, bestritten die Liberalen entschieden – und unter Negierung offenkundiger Tatsachen – ihre materiellen Ursachen: „Unsere Revolution hat das eigene Schauspiel dargeboten, daß sie nicht durch hereinbrechende Not, durch den Unverstand der Regierenden bei Lösung der materiellen Fragen, durch Verlegenheiten in den Finanzen wie in anderen Ländern herbeigeführt wurde, sondern bloß durch das Gefühl mündiger Reife, das aller Gemüter wie mit einem Schlage sich bemächtigte[22].“

Im Gegensatz zu den Liberalen betonten die Demokraten, daß die Revolution erst mit der Durchsetzung der Volkssouveränität und der vollen rechtlichen und sozialen Gleichheit beendet werden könne und daß bis dahin der revolutionäre Zustand andauere. Das Widerstandsrecht sollte diese Revolutionstheorie untermauern: „Das Volk ist so lange im Zustand gesetzlichen Widerstands und in steter Bereitschaft, die Waffen wieder aufzunehmen, bis das Grundgesetz durch das Nationalparlament zum Abschluß und zur Veröffentlichung gebracht worden ist[23].“

Für diesen Zustand wurde von der demokratischen Publizistik der Ausdruck der „Permanenz der Revolution“[24] geprägt, der zwar noch nicht wie wenig später in den folgenschweren Äußerungen von Marx die Überleitung der bürgerlichen in die proletarische Revolution meinte, aber bereits über eine nur politische Demokratie hinaus die Erkämpfung sozialer Grundrechte implizierte.

In diesen unterschiedlichen Stellungnahmen zur Revolution, die in der Folge auf ihre praktischen Konsequenzen hin untersucht werden müssen, kommt die Kräfteverschiebung des politischen Spektrums, die sich ruckartig mit der Märzrevolution vollzogen hatte, zum Ausdruck. „Liberalismus" und „Konservatismus" wurden zu relativen Begriffen. So schrieb der Demokrat August Silberstein über die Altliberalen: „Ihr System ging einen Schritt dem alten, bisher üblichen, voraus, und sie kämpften gegen dasselbe. Das Volk hielt sie dadurch für Freiheitskämpfer. Nun kam der Sturm der Zeit, nun kam die Tragweite des Geistes, das Volk ging nicht mehr, das Volk eilte, das Volk übersprang im raschen Lauf das Ziel, das sich diese Männer gesetzt hatten, und nun standen sie da und schauten in die Weite, sahen und sahen, verstanden die Zeit nicht, verstanden das Volk nicht, glaubten, der Punkt, auf dem sie stehen, sei der der Freiheit, und jener, auf welchem sich das Volk befinde, sei der der Anarchie. Daher kam es, daß all die Liberalen vor dem März die Reaktionäre nach dem März waren, daher kam es, daß Männer, die sonst die äußerste Linke repräsentierten, durch die Wendung der Dinge zur äußersten Rechten wurden[25]."

PRESSE UND ÖFFENTLICHKEIT IN DER WIENER REVOLUTION

In der Geschichte der öffentlichen Meinung Österreichs wirkt das Jahr 1848 wie ein Dammbruch: Lange zurückgestaute Gedanken konnten nun frei geäußert werden; die öffentliche Kritik erfaßte alle Bereiche des Lebens und der Gesellschaft[1].

Die Forderung nach Pressefreiheit gehörte zu den zentralen Anliegen der Märzrevolution. Die erste öffentliche politische Rede Österreichs, Adolf Fischhofs Ansprache im Hof des Landhauses vom 13. März, hob die Bedeutung der Meinungsfreiheit eindrucksvoll hervor: „Vor allem verlangen wir Preßfreiheit! Die Wünsche der Individuen, so lange sie nur vereinzelt ausgesprochen werden, bleiben unbeachtet, sie sind wie Wassertropfen, die, wenn sie einzeln niederfallen, vom Boden getrunken werden, im Sande zerrinnen, in die Luft verdampfen; wenn aber die Einzelwünsche in den tausend Rinnsalen, Bächlein und Bächen der Presse zusammenfließen, dann werden sie allgemach zum mächtigen, unwiderstehlichen Strome der öffentlichen Meinung und wehe dem Staatsmanne, der das Staatsschiff gegen den Strom zu lenken die Stirne hätte[2]!"

Als Chefredakteur der „Neuen Rheinischen Zeitung" betonte Marx in seinem Preßprozeß vom Februar 1849 die Bedeutung der demokratischen Presse im Ringen um die Vollendung und Weiterführung der bürgerlich-demokratischen Revolution: „Woran ist die Märzrevolution gescheitert? Sie reformierte nur die höchste politische Spitze, sie ließ alle Unterlagen dieser Spitze unangetastet, die alte Bürokratie, die alte Armee, die alten Parquets, die alten, im Dienste des Absolutismus gebornen, herangebildeten und ergrauten Richter. Die erste Pflicht der Presse ist nun, alle Grundlagen des bestehenden politischen Zustandes zu unterwühlen[3]."

Dieses konkrete Programm, das die Weiterführung der Revolution auf der Grundlage der Märzerrungenschaften beinhaltete, machte sich auch die Wiener Demokratenpresse zu eigen. Eine Woche nach dem Ausbruch der Wiener Revolution forderte Leo-

8 Kaiser Franz I. besichtigt die Notstandserdarbeiten am Wienfluß (1831)

9 Arbeiter der Maschinenfabrik am Gloggnitzer Bahnhof am 11. März 1848

10 Fabrikensturm in Sechshaus am 13. März 1848

11 Einsatz von Militär in Mariahilf am 14. März 1848

pold Häfner im ersten Artikel der von ihm gegründeten „Constitution" zu „Wachsamkeit und Ausdauer" auf: „Den Sieg vollständig zu benützen ist nicht minder schwierig als ihn zu erkämpfen. Eine beispiellose Einigkeit der Gemüter hat eine in der Weltgeschichte beispiellose Revolution vollbracht; eine absolute Monarchie binnen drei Tagen in eine konstitutionelle verwandelt, die schmachvollste Zensur mit einem Schrei der Volkswut vernichtet, einem brutalen und perfiden Polizeisystem eine Volksbewaffnung entgegengestellt. (. . .) Noch sind wir ein konstitutionelles Volk ohne Konstitution, wir haben eine Preßfreiheit ohne Preßgesetze, eine Nationalgarde ohne definitive Organisation. Riesige Aufgaben müssen gelöset werden; denn alle Zweige der Gesetzgebung, der Verwaltung und Besteuerung sind vom Grunde aus zu reformieren. (. . .) Es wäre kindisch und bis zur Albernheit gutmütig zu glauben, ein wahrhaft freies Bürgertum werde ohne weitere Wehen zur Welt kommen können. Es wäre unnatürlich, wenn die gestürzte Partei der Finsternis, welche mit kurzer Unterbrechung unter Kaiser Josef seit Jahrhunderten alle Macht und alle Ehre besitzt, keinen Widerstand leisten, keine Reaktion versuchen würde. (. . .) Dieser unausbleiblichen Reaktion muß die Macht der öffentlichen Meinung, des Volksbewußtseins entgegengesetzt werden[4]."

Die „Constitution", die es in ihren besten Zeiten auf eine Tagesauflage von 40 000 Stück brachte (die in den vierziger Jahren im Druckgewerbe eingeführten Schnellpressen ermöglichten diese beeindruckende Expansion des Zeitungsmarktes), repräsentierte die Bestrebungen der Wiener Demokraten mit ihren Verdiensten, aber auch mit ihren Schwächen am eindrucksvollsten. Die liberalen „Grenzboten" schrieben, das Blatt „hetzt die Arbeiterklasse gegen die Bürgerschaft" auf, räumten aber gleichzeitig ein: „Es ist ein Volksblatt, roh wie das Volk, aber auch gesund und ehrlich wie dasselbe[5]." Andere Zeitgenossen beurteilten Zeitung und Herausgeber weit ungünstiger, wie etwa Friedrich Wilhelm Ebeling: „Die ‚Constitution' war das permanente Geprassel der Guillotine, ihre Zeilen trieften von Menschenblut, ihre Logik war die des Schwertes, ihr Mittel die Revolution, ihr Ziel Revolution. (. . .) Häfner hatte alles von Marat, nur nicht dessen Gehirn. Klein wie Marat, bucklig wie Marat, ein widerliches Organ wie Marat, blutdürstig wie Marat, hochmütig wie Marat, persönlich feige wie Marat, ekelhaft sinnlich und den Lustdirnen ergeben wie Marat – so war der ehemalige Hutmachergeselle Häfner; nur der sprühende Geist Marats war nicht in ihm[6]." In die gleiche Kerbe hieb der Konservative Helfert, wenn er Häfner als „ein kleines buckliges Männlein (. . .), mit sich und der Welt zerfallen, voll Unzufriedenheit und Verbitterung" schilderte[7].

Es wäre nicht notwendig gewesen, auf diese Dämonisierung und Verunglimpfung einer den reaktionären Autoren mißliebigen Persönlichkeit einzugehen, wenn diese Invektiven nicht bis heute ihre unkritischen Nachbeter finden würden[8].

Häfners „Constitution" stand am Anfang einer wahren Explosion der Tagespublizistik des Sturmjahrs, deren Vielfalt und Differenzierung noch heute beeindruckt und sie zur wichtigsten Quelle für die Geschichte der politischen Ideen, aber auch für viele Aspekte der Sozialgeschichte macht. Schon die Zahlenangaben machen den sprunghaften Wechsel von der vormärzlichen Öde der inländischen Publizistik Österreichs zur Revolutionspresse deutlich: Von 39 Blättern des Vormärz überlebten 27 die Revolution, dazu kamen 170 Neugründungen. Ein Zeichen für den harten Konkurrenzkampf am Wiener Zeitungsmarkt ist die Tatsache, daß davon 26 kürzer als eine Woche und 34 gar nur als „Eintagsfliegen" erschienen[9].

Noch empfindlicher als die Zeitungen, die zumeist einem bestimmten politischen Redaktionskonzept verpflichtet waren, reagierten die Flugblätter auf die kleinsten Schwankungen der Stimmung des Tages. Die Durchsicht der großen Flugblattsammlungen bietet einen unvergleichlich farbigen und anregenden Einblick in die Art, wie auf unterster und zugleich breitester Ebene politische Nachrichten und Meinungen kolportiert wurden. Man kann, rechnet man die undatierten Blätter hinzu, schätzen, daß täglich durchschnittlich 20 bis 30 derartige Presseerzeugnisse erschienen. Manche Flugblätter zeigen in ihrer äußeren Gestaltung einen Rückschritt zu den Frühphasen der Journalistik in der beginnenden Neuzeit. Ein klobiger Holzschnitt lenkt die Aufmerksamkeit auf ein aktuelles Ereignis oder eine bekannte Persönlichkeit, worauf ein nicht selten aus Zeitungen verschiedenster politischer Richtungen zusammengewürfelter Text folgt. Gewiß gab es hier oft unseriöse Berichterstattung und Sensationshascherei; viele Flugblätter frappieren aber durch die Schlagkraft und Treffsicherheit ihres Textes. Die Flugblätter und Plakate hatten auf die Meinungsbildung weitester Kreise stärksten Einfluß; man darf

Zum Benefice der Flugschriftenweiber.

Die Flugschriftenweiber sagen ihna Manung

über

die zurückgekommenen Ligurianer, die sich als „Söhne des Volkes" wieder einnisten wollen,

über die nixnutzigen Ligurianerfreundinen, und sonstigen faden Putzkredln,

dann über die constitutionellen Zeitungsschreiber, Splitterrichter und Brateldichter

und no was!

Geschrieben und herausgegeben von an Wiener Flugschriftenweib.

Ein Kreuzer! — oha! — Ein Groschen die neuche Bschreibung, dö mir erscht kriegt haben.

annehmen, daß durch dieses Medium auch Analphabeten durch Vorlesen an die politische Publizistik herangeführt wurden. Die Flugblattliteratur, in der anfangs die demokratische Tendenz überwog, wurde im weiteren Verlauf des Revolutionsjahrs auch von der Reaktion im Kampf um die Gunst der öffentlichen Meinung benützt. Manche Streitfragen, wie etwa die konfessionellen Probleme (Judenemanzipation, kirchliche Fragen), haben gerade in den Flugschriften pro et contra stärksten Widerhall gefunden[10].

Selbst die aus dem Vormärz überkommenen Blätter änderten in dieser radikal gewandelten Öffentlichkeit ihr Gesicht – bei vielen Zeitungen erfolgte dieser Wandel buchstäblich über Nacht. Metternichs publizistisches Sprachrohr, der „Österreichische Beobachter", mußte es sich gefallen lassen, in die „Allgemeine Österreichische Zeitung" Ernst von Schwarzers übergeleitet zu werden, in der Hermann Jellinek und Andreas von Stifft d. J. demokratische Anschauungen vertraten. Andere Zeitungen mußten sich, um nicht in den Geruch des „Zopftums" zu kommen, ein demokratisches Mäntelchen umhängen, das oft nicht der wahren Gesinnung des Redakteurs entsprach, wie etwa Moritz Saphirs „Humorist" oder Adolf Bäuerles „Theaterzeitung". Der „Wanderer" wechselte seinen Titel bezeichnenderweise in „Der Demokrat" (24. Juni) um. Sogar die altehrwürdige „Wiener Zeitung" geriet im Sturmjahr aus ihrem Gleichgewicht; unter rasch wechselnden Redaktionen boten ihre Spalten ein buntes Sammelsurium unterschiedlichster politischer Meinungen[11].

Die Konservativen waren publizistisch vorderhand nur durch die seit 1. April erscheinende „Constitutionelle Donau-Zeitung" vertreten, die nur ein knappes Vierteljahr erschien – trotz so prominenter Mitarbeiter wie Franz Grillparzer oder Adalbert Stifter.

Die demokratische Presse baute dagegen ihren Anteil am Zeitungsmarkt in beeindruckender Weise aus. Der „Freimütige" Moritz Mahlers fand erst durch den Eintritt Josef Tuvoras, der allerdings im Oktober in kompromittierender Weise seine frühere demokratische Überzeugung an die Machthaber der Reaktion verriet[12], und Isidor Hellers in die Redaktion zu einer klaren Linie. Zum Sammelpunkt der nun schon im Abwehrkampf gegen die einsetzende Gegenrevolution stehenden Demokraten wurde der seit 16. Juni erscheinende „Radikale", der durch den Märtyrertod seines Redakteurs, des Musikkritikers Dr. Alfred Julius Becher, und seines bedeutendsten Mitarbeiters Dr. Hermann Jellinek tragische Berühmtheit erlangte[13].

Das abgesehen von der „Wiener Zeitung" einzige Blatt des Revolutionsjahrs, das bis heute – nach mancherlei Wandlungen – besteht, trat am 3. Juli ins Leben: die „Presse"[14]. Der Gründer dieses Blattes, August Zang, hatte sich nach Quittierung des Militärdienstes gemeinsam mit Ernst von Schwarzer in Paris industriellen Unternehmungen gewidmet. Die Bekanntschaft mit Girardin vermittelte ihm die Kenntnis des fortgeschrittenen westeuropäischen Pressewesens, seines gewaltigen Einflusses auf die Öffentlichkeit und seiner neuartigen Marktmethoden. Zang war selbst ohne ausgeprägte politische Haltung – im Frühling 1848 agierte er noch als Demokrat, später wurde sein Wort „Meine Zeitung ist ein Kramladen, ich verkaufe Publizität" zum Motto einer problematischen Entwicklung der Publizistik in der liberalen Ära. Die „Presse" konnte ihren Preis ungemein niedrig halten – wohl durch gute Beziehungen zu Graf Franz Stadion – und dadurch einen großen Leserkreis gewinnen (eine Nummer der großformatigen „Presse" kostete nur einen Kreuzer, die „Constitution" dagegen drei Kreuzer). Während die „Presse" vor allem den Aspekt der wirtschaftlichen Freiheit im Rahmen eines mächtigen österreichischen Staates betonte, war ihre allgemeine politische Tendenz eher konservativ. Als repräsentatives Organ des österreichischen Großbürgertums spiegelte sie das zwiespältige Verhältnis dieser Klasse zur Revolution wider.

Die Reaktion wurde offen nur von einem kleinen Kreis von Blättern gepredigt, wie etwa den „Briefen des Hans-Jörgel", dem „Wiener Zuschauer" und der „Geißel", die ihre revolutionsfeindlichen Ausfälle mit Vorliebe durch antisemitische Schmähungen anreicherten. Die „Wiener Kirchenzeitung" Sebastian Brunners, die nachmals auch in dieses Fahrwasser einlenken sollte, bewahrte sich im Revolutionsjahr bei entschieden konservativer Ausrichtung noch eine seriöse Ausdrucksweise.

Die gesetzliche Regelung des Pressewesens blieb im Revolutionsjahr in der Schwebe. Das erste Preßgesetz vom 30. März wurde einhellig von der öffentlichen Meinung verworfen, da es für die Kritik an Regierung und Verwaltung hohe Strafsanktionen vorsah und eine drückende Kontrolle durch Kautionen beinhaltet hätte. Die provisorische Preßverordnung vom 18. Mai führte das

Geschworenengericht für Preßprozesse ein; seit August wurden Verhandlungen in dieser für die österreichiche Rechtsprechung neuartigen Form abgewickelt.

In den Auseinandersetzungen der auf die Märzrevolution folgenden Monate war die Presse nicht nur Sekundant im Kampf der Parteien, sondern auch eine selbständige politische Kraft von außerordentlicher Bedeutung. Die Neuheit dieses Mediums bewirkte seinen in manchen Abschnitten der Revolution oft geradezu erstaunlich wirkenden Einfluß auf das öffentliche Leben. Bekanntestes Beispiel für diesen Einfluß war die Erhebung und der Sturz des Arbeitsministers Schwarzer, dessen unglückliche Politik gegenüber den Arbeitern Wiens wir noch zu besprechen haben werden. Ein Gedicht der satirischen Zeitschrift „Polichinel" machte dem „Exminister" Schwarzer die Macht der öffentlichen Meinung klar:

„Die Presse von Wien, sie hat dich erhoben,
Die Presse von Wien, sie hat dich gestürzt,
Die Presse von Wien, du mußt sie noch loben,
Weil sie deinen Traum als Minister verkürzt.

Sie hat, als du mit der Freiheit gehandelt,
Sich schnell in die Göttin der Rache verwandelt.
Nun schmähst du und schimpfst du, schreist über Verrat;
Dich verriet nicht die Presse – dich verriet deine Tat[15]."

ERSTE FORMIERUNG DER DEMOKRATISCHEN OPPOSITION: AKADEMISCHE LEGION UND STUDENTENKOMITEE

„Seht an uns hier in kriegrischer Tracht,
Wir sind die Wiener Studenten,
Haben studiert bei Tag und Nacht,
Und haben endlich auf *eins* gebracht,
Was Furcht und Gewohnheit trennten. (. . .)

Die Prüfung aber war scharf und schnell,
Es gab ein schweres Examen,
Die Kugeln pfiffen die Fragen hell,
Der Tod stand nah als grimmer Pedell,
Der Karzer war nicht bloß ein Namen.

Wir aber bestanden und sind graduiert,
Wer könnte, was wir nicht könnten,
Die Hefte, wobei wir die Feder geführt,
Sie werden wohl noch von der Nachwelt studiert.
Holla, die Wiener Studenten!"

Wer den Schöpfer dieses begeisterten Gedichtes über die Teilnahme der Studenten an der Wiener Revolution nicht kennt, würde wohl kaum auf Franz Grillparzer, den sonst so skeptischen Beurteiler und scharfen Kritiker der Revolution, verfallen. Das Gedicht Grillparzers ist symptomatisch für die Stimmung der Märztage, als den Studenten, die als erste das Wort für Recht und Freiheit ergriffen hatten, die allgemeine Sympathie der Wiener Bevölkerung entgegenschlug. Die Begeisterung des Dichters verflog freilich bald, wenn er wenig später mit ätzendem Spott notierte:

„Studenten, die nicht studieren,
Garden, die nicht bewachen,
Regierungen, die nicht regieren,
Das sind mir schöne Sachen[1]!"

Das Bild des akademischen Legionärs mit seinem Schleppsäbel und dem breitkrempigen Kalabreserhut ist – in unzähligen Darstellungen verbreitet, oft karikiert – in der allgemeinen Vorstellung zum Prototyp des Wiener Revolutionärs von 1848 geworden. Die meisten zeitgenössischen Schilderer der Revolution verfallen in einen pathetischen Ton, wenn sie sich den jungen „Freiheitshelden" zuwenden. Hören wir etwa August Silberstein, selbst bis zum Endkampf im Oktober Mitglied der akademischen Legion und des Studentenkomitees, der die Stimmung in der Studentenkneipe bei Entstehen der Adresse an die Stände beschreibt: „. . . plötzlich der laute Ruf: Ja, wir machen eine Adresse! und Gläser und Fäuste dröhnen auf den Tisch, Augen rollen wild, die Stirnen glühen, Sessel stürzen um und werden weggeschleudert, ein buntbewegtes Leben beginnt, der eine schreitet, rasch mit verschränkten Armen im Saale auf und ab, der andere steht in sich gekehrt, den Blick auf den Boden geheftet, ein anderer stürzt den Rest des Glases hinab, um seine Fieberhitze zu kühlen oder um sich noch mehr zu entflammen, dort umarmt man sich, der eine klatscht in die Hände – Bravo! Bravo! und der andere fährt stürmisch wild mit dem Bleistiftstumpfe in weitausgeholten Schriftzügen über den fettäugigen Speisezettel[2]."

Derartige Schilderungen mit ihrer uns heute etwas befremdenden Ausdrucksweise dürfen uns nicht verleiten, die Bedeutung der politischen Aktivität der Studenten und Akademiker im Revolutionsjahr zu unterschätzen. Früh schon war die Polizei auf oppositionelle Strömungen in der Wiener Studentenschaft aufmerksam geworden; 1820 hieß es, daß Ideen des „Teutschtums, der Volksfreiheit, der National-Repräsentation und andere exzentrische Grundsätze" in ihren Köpfen spukten[3].

Die Unterdrückung dieser frühen Ansätze politischer Bewußtseinsbildung unter den Studenten durch die Karlsbader Beschlüsse[4] machte bis zum Sturmjahr die Formierung einer demokratischen Intelligenz in der Öffentlichkeit unmöglich. Erst der Ausbruch der Revolution zeigte plötzlich, wie groß die Unzufriedenheit der Studenten und Akademiker mit dem vormärzlichen Regierungs- und Unterrichtssystem geworden war. „Die Aula", schrieb Albert Rosenfeld, „der Fechtboden der verdorrten Pedanterie, ward jetzt Arena des Weltgeistes[5]."

Die revolutionäre Stimmung der Universität hing nicht nur mit dem Unmut über ein veraltetes, strengstens reglementiertes Unterrichtswesen zusammen, sondern auch mit der sozialen Lage und Herkunft der Studenten. Von 933 im Studienjahr 1848 immatrikulierten Studenten der Wiener Universität waren 228 Söhne von Handwerkern und Gesellen, 128 von kleinen Beamten, 63 von Bauern, 19 von Taglöhnern und Arbeitern[6]. Zumindest ein gutes Drittel gehörte also herkunftsmäßig den sozialen Unterschichten an; die materielle Not weiter Teile der Studentenschaft – nicht wenige Studenten hatten keine geregelte Unterkunft – ließ sie mit den Anliegen der Bauern und Arbeiter sympathisieren[7].

Die Politisierung der Studenten war je nach Fachrichtung unterschiedlich stark. Eine echte Führungsgruppe der Revolution, buchstäblich von ihrer ersten Stunde an, stellten die Medizinstudenten und Ärzte dar. Die Rolle Fischhofs am 13. März wurde bereits erwähnt, andere Mediziner, die an diesem Tag aktiv in das Geschehen eingriffen, waren Dr. Josef Goldmark, Dr. Maximilian Engel und Dr. Siegfried Kapper[8]. Auch in den folgenden Monaten behaupteten die Mediziner ihren Führungsanspruch. Die „Philosophen", zumeist junge Leute von 16 bis 18 Jahren, die nach dem damaligen Studienplan erst die Vorbereitungskurse für das eigentliche Studium absolvierten, konnten trotz ihres oft lebhaften Engagements den Erfahrungsvorsprung der älteren Mediziner nicht wettmachen. Als eher konservativ galt die Gruppe der Juristen, die sich – oft schon vom Elternhaus in diese Richtung gewiesen – auf die Beamtenlaufbahn vorbereiteten. Gerade hier gab es aber Ausnahmen, die zum äußersten linken Flügel der Bewegung tendierten, wie etwa Dr. Ernst Violand. Ein buntes Völkchen bildeten die akademischen Künstler – der Porträtmaler Josef Matthäus Aigner, der vom 13. September bis zum 6. Oktober die akademische Legion kommandierte, war infolge eines Kompromisses angesichts der Rivalität unter den übrigen Gruppen der akademischen Legion auf diesen Posten gekommen, den er nur unzulänglich ausfüllen konnte. Die stärksten Beziehungen zur Arbeiterschaft hatten die Techniker, die zur Organisation und Beaufsichtigung der öffentlichen Arbeiten herangezogen wurden. Überhaupt ist zu beachten, daß die akademischen Körperschaften auch die absolvierten, bereits im Berufsleben stehenden Doktoren umfaßten. Der oft erhobene Vorwurf der allein durch das jugendliche Alter verursachten „Unreife" des politischen Handelns der Aula trifft also in dieser Form nicht zu. Allerdings ist zu beobachten, daß mit dem Auftreten weiterer revolutionärer Körperschaften (Sicherheitsausschuß, Reichstag) viele Doktoren und „ältere Semester" aus den Reihen der politisch aktiven Studentenschaft ausschieden – eine politische Radikalisierung, aber auch eine wachsende Unsicherheit in praktischen Dingen ist als Folge dieser „Verjüngung" gegen den Sommer zu deutlich zu bemerken.

Über den demonstrierenden Studenten des 13. März schwebte das Damoklesschwert der Verhaftung. Ein auf Betreiben des Grafen Hartig bereits ausgefertigtes Handschreiben des Kaisers von diesem Tag ordnete an, daß die Urheber der Studentenadresse ausfindig gemacht und einer strafrechtlichen Behandlung zugeführt werden sollten[9]. Dieser Vorsatz gelangte dank des Sieges der Revolution nicht zur Ausführung. Die rasche Organisation der akademischen Legion machte die bewaffnete Studentenschaft zu einem der wichtigsten Faktoren der kommenden Auseinandersetzungen. Mit dem Statut vom 20. März wurde die Legion der Nationalgarde eingegliedert[10].

Am 29. März folgte die formale Konstituierung des Studentenkomitees, das schon tags darauf mit seinem Protest gegen das als reaktionär bezeichnete Pressegesetz seinen Anspruch auf ein politisches Mandat mit Erfolg anmeldete. Die Aula (heute Akademie der Wissenschaften am Seipelplatz) wurde in der Frühphase der Revolution zum wichtigsten politischen Zentrum der Stadt. „Alles, was Hilfe brauchte und suchte, fand sie in der Aula. Die Studenten waren zu jeder Zeit Richter, Anwälte, Priester, Kuratoren, Tröster und Vermittler und Helfer in der Not; alles pilgerte zu den Nothelfern in die Universität[11]."

Der „Völkerfrühling" des Jahres 1848 fand seinen schönsten und kräftigsten Widerhall in der Aula. „Zuerst Freiheit, dann Nationalität, war der Wahlspruch", schrieb Dr. Anton Füster, der die akademische Legion als Feldkaplan durch das Revolutionsjahr begleitete[12]. Eine große Zahl von Deputationen und Adressen gab diesem Gedanken eines völkerversöhnenden Kosmopolitismus Ausdruck: Frankfurter Abgeordnete wurden ebenso freudig begrüßt wie ungarische, italienische und französische Studenten und Nationaldeputationen der Südslawen und Rumänen[13].

Die Wiener Studenten unterhielten intensive Beziehungen zu den Bestrebungen der deutschen Studierenden, eine Universitätsreform in die Wege zu leiten. Bei dem vom 12. bis 14. Juni in Eisenach tagenden Studentenparlament waren unter 101 Deputierten 26 Wiener, die auch beim zweiten Eisenacher Studententag (25. September bis 4. Oktober) stark repräsentiert waren[14]. Neben den allgemeinen politischen Bestrebungen liefen Bemühungen um eine Studienreform einher, die im Reformentwurf Feuchterslebens ihren Niederschlag fanden (18. Juli). Dieser Entwurf sah Autonomie, Lehr- und Lernfreiheit, die Schaffung einer selbständigen philosophischen Fakultät und – erstaunlich modern anmutend – die Beteiligung gewählter Studentenvertreter an den Fakultätssitzungen vor[15]. Manches davon wurde in der Zeit des Neoabsolutismus durch die Universitätsreform Graf Leo Thuns verwirklicht; die Realisierung der Ansätze der Achtundvierziger zu einer durchgehenden demokratischen Neugestaltung der Hochschule blieb allerdings die Aufgabe einer fernen Zukunft.

Unter den Studenten machten sich nach dem größten Erfolg ihrer politischen Aktivität, der mit der Sturmpetition und den Barrikadentagen des Mai noch zu besprechen ist, unterschiedliche Tendenzen geltend. Ende Mai kam es im Studentenkomitee zwischen dem radikalen Mediziner Dr. Josef Goldmark und dem gemäßigten Jusstudenten Eduard Neusser zu einer lebhaften Auseinandersetzung; Neusser ging aus der Präsidentenwahl siegreich hervor[16]. Die linksorientierte Gruppe der Studenten scharte sich um den von Adolf Buchheim und Oskar Falke (recte Georg Peter) herausgegebenen „Politischen Studenten-Courier", der republikanische Tendenzen verfolgte[17].

Seit der Krise der Revolution im August und September bahnte sich im Studentenkomitee wieder eine allgemeine Linkswendung an, da sich die gemäßigt-liberalen Studierenden mehrheitlich überhaupt von der studentischen Politik zurückzogen. Die demokratische Tendenz trat im Oktober in den Vordergrund, als der Mediziner Moritz Habrowsky unter den wechselnden Vorsitzenden des Komitees den stärksten Einfluß hatte. Die zielbewußte politische Orientierung war freilich auch mit einem Rückgang der Zahl der politisch aktiven Studenten und Akademiker verbunden. Zählte die Legion im Zenit ihres Erfolges im Mai 40 Kompagnien mit 6 000 Mann, so sank ihre Mannschaft im Juli auf 31 Kompagnien mit einer theoretischen Stärke von 4 665 Mann (1 969 Juristen, 1 710 Mediziner, 1 204 Techniker, 282 Künstler). Diese Sollstärke wurde auch damals nicht erreicht;

viele Studenten waren ja in den Ferien heimgekehrt und hielten sich im Herbst von der politisch unruhigen Hauptstadt fern. Die Zahl der an den Oktoberkämpfen teilnehmenden Studenten, die der Sache der Demokratie bis zuletzt die Treue hielten und schwerster Verfolgung und Bestrafung durch die Sieger verfielen, belief sich nur noch auf etwa 900[18].

FORDERUNGEN DER WIENER ARBEITER IM MÄRZ UND APRIL

Am 27. März schrieb Ludwig August Frankls ,,Wiener Abendzeitung" in ihrer ersten Nummer: ,,Der Sozialismus erwacht! Seit zwei Tagen machen Fabriksarbeiter, Handwerksgesellen und Taglöhner drohende Äußerungen. Sie wagen aber nicht offen aufzutreten, denn unsere junge, aber martialische Nationalgarde steht in der Bereitschaft und trifft vereint mit der am Glacis wieder kampierenden Garnison solche Maßregeln, daß sich die Arbeiter hoffentlich bald wieder zur Ruhe begeben dürften, wenn sich auch die Arbeitgeber zu billigen Konzessionen herbeilassen werden[1]." Die Arbeiterschaft Wiens war in Bewegung geraten und forderte ihr Recht.

Der Glasergeselle Friedrich Unterreiter, dem wir eine in acht Bändchen gegliederte Geschichte der Wiener Revolution verdanken, die für uns ein überaus wertvolles Dokument für den politischen und sozialen Horizont eines Angehörigen der handarbeitenden Schichten ist, meinte dazu: ,,Diese Kinder des Volkes erlaubten sich schon entschiedenere Bewegungen und eine Sprache, ein Ideenzusammenhang wurde laut, den man von Arbeitern, Lumpensammlern und Tagdieben durchaus nicht erwartet hätte[2]."

Eine Reihe dieser Forderungen konnte in spontan organisierten gewerkschaftlichen Kämpfen durchgesetzt werden. Charakteristisch für diese Frühphase der Bewegung war das isolierte Vorgehen der einzelnen Handwerker- und Arbeitergruppen; das gleichzeitige Vorbringen ihrer Beschwerden gegenüber Meistern und Unternehmern schuf allerdings schon die Basis einer Solidarisierung auf breiter Ebene.

Die höchstqualifizierten und am besten bezahlten Arbeiter, die Maschinenarbeiter der Wien-Gloggnitzer Eisenbahngesellschaft, setzten zuerst den Zehnstundentag durch. Die Direktion bewilligte diese Regelung ,,in Anerkennung des ruhmwürdigen Benehmens ihrer Arbeiter" in den Märztagen[3]. Die Bahnarbeiter hatten sich als fortgeschrittenste Arbeitergruppe vom Maschinensturm der Textilarbeiter ferngehalten; hinter dem raschen Nachgeben der Betriebsleitung stand aber die Furcht vor dem geschlossenen Auftreten der Belegschaft von nahezu 1000 Arbeitern, die in den Kämpfen des Mai und Oktober die Kerntruppe der Demokratie werden sollten.

In nahezu allen Gewerbesparten kam es im März und April zu Arbeitsniederlegungen und Kundgebungen. Am 26. März verbreitete sich das Gerücht, daß Arbeiter zur Hofburg ziehen wollten, um Arbeitszeitverkürzung und Lohnerhöhung durchzusetzen[3a]. Ein Beobachter wollte bereits „manche verdächtige Gruppen" gesehen haben. Die Maurergesellen versammelten sich auf dem Stephansplatz und wollten eine Deputation zum Kaiser entsenden; doch nahm der Magistrat die Verhandlungen in die Hand. Am 2. April wurde als Ergebnis dieser Verhandlungen die Arbeitszeit auf 12 Stunden (von 6 Uhr morgens bis 6 Uhr abends) festgelegt und ein Minimallohn von 50 bis 60 kr vereinbart. Die Gesellen sollten fortan ihre Innungslade selbständig verwalten. Die Maurergesellen bestanden auch auf der Wahrung ihrer persönlichen Würde: „Es haben die einem Bau vorstehenden Poliere den dabei beschäftigten Gesellen stets auf eine anständige, menschenfreundliche Art zu begegnen, dieselben insgesamt mit Sie anzureden, die allenfalls wahrgenommene Lauheit, Schleuderhaftigkeit der Arbeit und sonstige Gebrechen zwar mit Ernst zu rügen und abzustellen, hiebei jedoch aller beleidigenden Ausfälle und Beschimpfungen oder gar körperlicher Mißhandlungen sich strengstens zu enthalten (. . .) und eine gleiche humane Behandlung auch den Lehrjungen und Taglöhnern angedeihen zu lassen[4]."

Am 29. und 30. März kam es zu ähnlichen Zusammenrottungen der Schneider auf dem Judenplatz, die eine Verkürzung ihrer bisher von 5 oder 6 Uhr morgens bis 8 oder 9 Uhr abends dauernden Arbeitszeit und Erhöhung des Lohns auf 1 fl täglich forderten[5].

Die Durchschnittslöhne konnten zu dieser Zeit kaum mehr die elementarsten Lebensbedürfnisse decken, wie allgemein zugegeben werden mußte. Ein Arbeiter verdiente je nach Qualifikation 24 kr bis 1 fl 20 kr täglich, eine Arbeiterin 10 bis 30 kr – dies bei einer täglichen Arbeitszeit von 12 bis 16 Stunden! An der untersten Stelle der Lohnskala standen die heimarbeitenden Baumwollweber, die auf einen Tageslohn von 10 kr kamen, in den

Baumwollspinnereien war ein Lohn von 20 bis 30 kr üblich; Kinder erhielten bei gleicher Arbeitszeit und – wie man hinzufügen darf – gleicher Arbeitsleistung die Hälfte davon[6]. Selbst bei bescheidensten Ansprüchen mußte täglich durchschnittlich 1 fl zur Erhaltung einer Familie aufgewendet werden. Ein Laib Brot von einem Pfund (dessen allzu häufiges Untergewicht übrigens wiederholt gerügt wurde) kostete 6 kr, ein Frühstück rechnete man zu 10, ein Mittagessen zu 16, das Abendbrot zu 6 kr[7]. Die Ausgaben für Wohnung, Heizung und Bekleidung brauchten den Rest des Einkommens einer Arbeiterfamilie vollständig auf, sodaß keinerlei Rücklagen für Notzeiten gebildet werden konnten.

Im April konnten weitere Übereinkommen einzelner Zünfte mit den Meistern unter Vermittlung des Magistrats geschlossen werden, so am 13. April die Bandmachergesellen, am 14. April die Webergesellen, am 18. April die Zeugmacher- und am 20. April die Schmiedegesellen[8].

Die relativ ungünstige Stellung des kleingewerblichen eisenverarbeitenden Handwerks gegenüber den Arbeitern der Maschinenfabriken zeigt der Umstand, daß die Schmiedegesellen sich mit einer Arbeitszeit von 5 Uhr früh bis 6 Uhr abends zufriedengeben mußten, während die Fabriksarbeiter den Zehnstundentag für sich erkämpft hatten. Andere Gewerbe verbaten sich wie die Kellner vor allem „körperliche Mißhandlungen und rohe Beschimpfungen[9]".

Bei manchen Handwerkern leisteten die Meister hinhaltenden Widerstand gegen die Forderungen der Gesellen: So war bei den Seifensiedern eine Arbeitszeit von 5 Uhr morgens bis 7 Uhr abends (im Winter ab 6 Uhr früh) bereits ein Fortschritt; die Meister sagten zwar die Abschaffung der Nachtarbeit zu, gewährten aber nicht die Sonntags- und Feiertagsruhe (18. Mai)[10].

Gegen diese Mißbräuche richtete sich ein Flugblatt, das noch ganz vom zünftischen Denken her gegen die Sonntagsarbeit in Form eines Dialogs zwischen Meister und Gesellen polemisierte: „*Gesell:* Der Gesell ist auch Mensch, wenn er sieht, wie sich am Sonntage selbst der Holzhacker erholt, da will man halt auch menschlich leben. (. . .) So denken alle meine Nebengesellen in der Stadt. *Meister:* So, gut, das wollte ich nur wissen, Verschwörung, Arbeiterunruhen, Aufstand. Nun, nun, dagegen wird sich ein Mittel finden. (. . .) *Gesell:* Nein, Herr Meister, Sklaverei gibt's nicht mehr, der Sonntag gehört uns, die Woche gehört dem

Herrn Meister. Der Herr Meister kann sich ohnehin alle Tage Sonntag und jede Woche einen Feiertag machen. Ich gönne es ihm von Herzen, aber meinen Sonntag lasse ich mir deshalb nicht nehmen, meine Gesellenjahre nicht verderben, meine Gesundheit opfere ich nicht, und, Herr Meister, meinen Christensinn lasse ich mir auch nicht nehmen, denn hat man den nicht, so fehlt der Segen, und ohne Segen ist der größte Meister ein Pfuscher." Im Flugblatt läßt sich der Meister zur Ansicht seines Gesellen bekehren, worauf dieser ein fröhliches „Arbeiterlied" anstimmt:

„Zur Arbeit ist der Mensch gemacht,
Das wissen wir gar gut,
Drum auch von früh bis in die Nacht
Der Arbeitsmann nicht ruht.

Denn Arbeit bringt uns Brot und Kleid
Und auch ein Gläschen Wein,
Doch merkt es euch, ihr Meisterleut,
Der Sonntag, der ist mein[11]."

Manchen Demokraten schienen schon in dieser Frühphase einer ersten, gewerkschaftlich orientierten Organisation der Arbeiter und Handwerker die Verhandlungen mit den Meistern als nicht zielführend. So forderte der Journalist Fr. Reinisch die „Einsetzung der untersten Volksklassen, der Arbeiter, in die heiligen Rechte jedes Staatsbürgers" und meinte: „Verhandlungen mit den Meistern, diesen despotischen Herrschern der Zunftreiche, werden nicht nur nichts helfen, sondern schon dadurch schaden, daß ihr das Vertrauen der Arbeiter verwirkt, weil ihr bei seinen Bedrückern Rat holt[12]!"

Auch die Lehrjungen traten in die Bewegung ein und veranstalteten am 6. April eine vielbeachtete Demonstration. Am 7. April wurde ihnen die Schulgebühr erlassen[13]. Wer von den Zeitgenossen diese Bestrebungen verspottete – wie etwa der Karikaturist Anton Zampis oder der Verfasser des Flugblatts „Der konstitutionelle Wiener Schusterbuben-Verein"[14] –, zeigte damit freilich, wie wenig er von der Lage dieser jugendlichen Arbeiter wußte. Selbst ein sonst ganz zünftigen Vorstellungen verhafteter Autor wie der ehemalige Handelsmann Carl Rossi fand scharfe Worte, wenn es um die Lage der Lehrlinge ging, von denen ein Teil als

12 Katzenmusik gegen Hausherren, Bäcker und Fleischhauer

13 Antirevolutionäre Karikatur auf die Volksversammlungen

14 Die „Kaiserbarrikade" am 26. März 1848

15 Die slawische Barrikade

„Kappelbuben" (man übersetzt diesen zeitgenössischen Ausdruck für jugendliche Herumtreiber und Zuhälter am besten mit dem heute noch geläufigen „Strizzi") in Arbeitslosigkeit und Kriminalität abglitt. Die Ursache für diese Zustände sah Rossi „in dem schonungslosen Rütteln der Zünfte und Innungen, in der maßlosen Vermehrung aller Gattungen von industriellen Erwerbsquellen, in der unverhältnismäßigen Produktionssucht gegen den Bedarf". Leidtragender dieser Entwicklung war vor allem der jugendliche Arbeiter: „Eine Folge dieser Taglöhne war, daß der Arbeitgeber nur sein Interesse beherzigte und sich wenig mehr um die moralische Benehmungsweise des Lehrlings bekümmerte, solchen nur als sein Lasttier ansah und diese Sorge den Eltern und Vormündern überließ[15]."

Ähnlich kritisch äußerte sich Dr. Andreas Witlačil über den Mißbrauch, der vielfach mit der Arbeitskraft der Lehrlinge getrieben wurde: „In der Tat ist der Lehrling meist zugleich auch Magd, Kindswärterin und Hausknecht, und alles dieses ohne Lohn, bloß um schlechte Kost, kaum die Blöße deckende Kleider und ein elendes Lager, das er sehr häufig selbst bei strengster Kälte auf dem Dachboden suchen muß; die Arbeit, welche er beim Handwerke verrichtet, leistet er dann dem Meister umsonst, und man zählt hier daher nicht wenige Meister, welche bloß mit Lehrlingen arbeiten[16]."

Der Kampf um die Forderungen der Wiener Arbeiter und Handwerker im März und April 1848 brachte zwar für heutige Begriffe sehr bescheidene Ergebnisse, darf aber in seiner Bedeutung nicht unterschätzt werden. Es wäre falsch, diese Bestrebungen als Ökonomismus abzutun. In diesen Aktionen wurde erstmals die Solidarität größerer Arbeitergruppen eine reale Erfahrung. Als etwa ein Tischlermeister in Breitenfeld seine lohnfordernden Gesellen festnehmen ließ, wurden diese durch 300 Tischlergesellen befreit[17]. Der Kampf um soziale Besserstellung schuf erst die Grundlagen für die Wahrnehmung gemeinsamer politischer Interessen. Die Bedeutung des Sturmjahrs ist im Hinblick auf die geschichtliche Entwicklung der österreichischen Gewerkschaftsbewegung ungemein groß. Immerhin haben die Arbeiter und Gesellen der meisten Gewerbe damals die ersten Kollektivverträge erkämpft, die gegenüber der uneingeschränkten Arbeitszeit im Vormärz einen gewaltigen Fortschritt bedeuteten.

Freilich gab es auch schon Stimmen aus den Reihen der Arbeiterschaft wie der Demokraten, die auf die Diskrepanz zwischen den weiterbestehenden sozialen Mißständen und den Errungenschaften der bürgerlichen Revolution hinwiesen. Die Arbeiterschaft blieb vom Nationalgardedienst ausgeschlossen; nur Staatsbürger, ,,welche nicht in die Klasse der Handwerksgesellen, Dienstboten oder jener gehören, die sich vom Tag- oder Wochenlohn erhalten", durften laut Statut vom 8. April in die Nationalgarde eintreten[18].

Demokratische Publizisten bezeichneten diesen Ausschluß klipp und klar als ,,Verrat" an der Revolution: ,,Man will eine Aristokratie des Mittelstandes anerkennen, um statt der unhaltbaren Adels-Aristokratie mit einem neuen Aristokratenheere, das sich gerne hergeben wird, weil man ihm Kommunismus und andere Schrecken vormalt, gegen das Volk zu Felde zu ziehen. (. . .) Ich frage die Herrn Minister, ob sie das Verzeichnis der für unsere Freiheit Gefallenen gelesen haben? Es stehen darin viele Handwerksgesellen, kein einziger von Adel, kein einziger Minister! Also wer stand in der ersten Front, als der Fortschritt sich im Treffen formierte? – Die Handwerksgesellen!! – und diese würdige Bürgerklasse soll jetzt nicht in den Reihen unserer Freiheitsgarde stehen[19]?"

Den wiederholten Einsatz dieser bewaffneten Körperschaft des Bürgertums gegen Versammlungen von Arbeitern und Gesellen, die ihren Unmut durch lärmende Kundgebungen, die sogenannten ,,Katzenmusiken" zum Ausdruck brachten, beklagte der Arbeiter Johann Fischer aus Erdberg mit bitteren Worten: ,,Jetzt sieht man ganze Kompagnien durch Trommelschlag mit Gewehr und scharfen Patronen gegen ein paar wehr- und waffenlose Menschen ausrücken, denen ohnehin gemeiniglich Not und Elend aus den Augen schaut und die sich vor Hunger kaum auf den Füßen erhalten können, die oft unsre nächsten Nachbarn und wir mit denselben in einem Hause wohnen; aber zu was denn die scharfen Patronen? Militär und Nationalgarde haben ja ein Verbrüderungsfest gehalten, sie werden ja mitsammen nicht Krieg führen, ja so, die Proletarier, die muß man möglichst in Respekt erhalten, denn es gibt denkende Köpfe darunter, und die könnten manchem reichen hartherzigen Blutsauger um eine Katzenmusik mehr bringen, darum schön aufgepaßt. Die Religion ist für die Dummen, und die Gesetze für die Armen, mit dem Blei kann man auch gleich jenem benachbarten Kartätschenkönig[20] das Ansehen behaupten. Also wieder um eine Errungenschaft mehr, aber nicht für den Arbeiter, sondern für den Besitz von Grund und Eigentum! Zwei Jahre war die Menschheit im allgemeinen durch eine schändliche Wucherteuerung, in der die Arbeiterklassen am härtesten mitgenommen waren, der Grundeigentümer aber stets eine bedeutend vorteilhaftere Stellung einnahm, bis zum Bettler herabgekommen, und was brachte uns dieses Jahr 1848? Sind etwa bei dem gesunkenen Verdienst des Arbeiters die Zinsen gemindert? Treibt der Hauseigentümer dieselben nicht nach wie vor von den Parteien im vorhinein ein? Sind wir etwa in den Lebensmitteln dem Verhältnisse nach den Getreidepreisen und der verminderten Verzehrungssteuer besser dran? Nein! (. . .)

Man sieht des Ruhmes Tempel offen,
Dehnt nach Unsterblichkeit sich aus,
Doch hat man beides nur zu hoffen:
Durch Hungertod im Armenhaus[21]!"

Die hier angedeutete aggressive Stimmung des wohlhabenden Bürgertums gegen die mit selbständigen Forderungen auftretenden arbeitenden Schichten kritisierte die demokratische Presse scharf, wenn sie ironisch zitierte: „Diese rohen Bauern, diese Fabriksarbeiter, Holzschieber, Taglöhner – dieses fürchterliche Gesindel – die Kanaille! – Diese muß man zusammenschießen; gegen diese muß man Militär und Bürger und Nationalgarde ausschikken." Sie beklagte „das Gesindel, verkauft, verraten, beschimpft, belogen, ausgesaugt, ausgepfändet, besudelt, beklext, begeifert, mit Hohn und Spott hinausgestoßen, mit Fluch und Bann verjagt aus der Gesellschaft der sogenannten Herren[22]".

Einen drohenden Ton schlug der ehemalige, „wegen Insubordinations-Verletzung und Aufforderung zum Zweikampfe, Verleumdung und Aufreizung zum gewaltsamen Umsturz der bestehenden Institutionen und zum Bürgerkrieg" kassierte Deutschmeisterleutnant Jakob Nitschner in seinem am 7. April veröffentlichten Gedicht „Des Bettlers Vater Unser" an:

„Ihr alle, ihr müßigen Wichte,
Feist werdend in Faulheit und Fraß,
Teilt endlich die Leckergerichte,
Zielscheiben dem bettelnden Haß!

Hört, wie euch der Jammer bedroht:
‚Gib uns heut unser tägliches Brot!'

Denn was die Gottheit nicht spendet,
Der Fürst, der Minister versagt,
Was Pfaffengelüst uns entwendet,
Der Schlemmer uns räubrisch benagt –
Wir fordern's auf Leben und Tod!
Drum gebt uns – ‚das tägliche Brot'[23]!"

Während in den meisten Zeitungen und Flugblättern die soziale Frage im Frühjahr 1848 eher am Rand des politischen Horizonts stand und einer allgemeinen Versöhnung das Wort geredet wurde, bildeten die Anliegen der Arbeiter in der „Constitution" ein zentrales Thema. Dieses Blatt war auch das erste, das den Arbeitern die selbständige Formulierung ihrer Wünsche und Beschwerden ermöglichte.

Leopold Häfner stellte die „Constitution" unter das Motto „Freiheit und Arbeit" und zeigte sich bereit, auch den Arbeitern selbst das Wort zu lassen. So ist ein Wort von ihm in einem Gespräch mit einem Handwerker überliefert: „Ich begreife nicht, wie man so wenig gelernt und so vernünftig sein kann wie Sie und so viel wissen kann, und so dumm zu sein wie ich in diesen Fällen[24]."

In einem Leitartikel seines Blattes rief Häfner zur schleunigen Organisation der öffentlichen Arbeiten auf und wies auf das Vorbild Frankreichs hin. Charakteristisch ist die hier zum Ausdruck gebrachte Angst, die Reaktion könne sich sonst der Arbeiter bemächtigen – das warnende Beispiel der neapolitanischen Lazzaroni lag den Zeitgenossen sehr nahe! Mit seinem Aufruf wollte Häfner ein Versprechen einlösen, das er bei ihm „erschienenen Arbeitern in die Hand gelobt" hatte: „Gebt Arbeit! rufe ich im Namen aller, welche Arbeit suchen und nicht finden. Gebt Arbeit! rufe ich im Namen aller, welche wissen, wie die Reaktion den Notstand zu bearbeiten pflegt, um durch Pöbelaufstände die Männer der Freiheit einzuschüchtern. Nicht nur haben wir eine überaus große Anzahl brotloser Arbeiter hier, es strömen bereits wie jährlich Maurer und Taglöhner aus Böhmen und Mähren in Massen zu und steigern die Verlegenheit, ja die Gefahr[25]."

War schon die Ernährungslage der Unterschichten in Wien trist

Heilig ist das Eigenthum.

Swáta gest najemnost.

Fürst Colloredo-Mannsfeld,
k. k. General-Major und Brigadier.

genug, so herrschte in manchen Gegenden Böhmens, besonders in den von der Hausindustrie geprägten Landstrichen, Hungersnot. Wie ein Arzt aus Rumburg berichtete, suchten die Menschen in diesen Notstandsgebieten durch das Verzehren von Kleiensuppe und Pferdedärmen ihr Leben zu fristen. Krankheiten rafften die von Hunger Geschwächten dahin: ,,Der Anblick dieser unglücklichen Armen ist herzzerreißend, sie gehen blaß wie die Schatten einher, und ihr Körper ist vom Kopf bis zu den Füßen gewöhnlich mit Lumpen bedeckt[26]."

Unter diesen Umständen war es nur natürlich, daß immer mehr Menschen aus den Hungergebieten der Sudetenländer nach Wien strömten – damit wurden die Probleme der Versorgung von Massen von Arbeitslosen akut, die in der Folge noch schwere Krisen verursachen sollten.

In der ,,Constitution" meldeten sich zuerst die Typographen der Wiener Staatsdruckerei mit ihren lohn- und arbeitsrechtlichen Forderungen zu Wort. Die Schriftsetzer bildeten auch in der Wiener Revolution eine geistig und organisatorisch fortgeschrittene Avantgarde der Arbeiterbewegung. Die Typographen stellten fest: ,,Der freie Mensch ist moralisch glücklich, der arbeitende sollte es wenigstens materiell, der freie und arbeitende sollte beides zugleich sein. Aber selten ist der arbeitende auch ein freier Mensch, denn die tausend Verhältnisse, unter denen er arbeitet und Arbeit erhält, sind die eisernen Ringe, welche schwerer sind als die Arbeit selbst und die man daher auch der größeren Kraft im Menschen – dem Geiste – aufbürdet, und so dessen Gebrauch und freie Entwicklung hindert[27]."

Auch die Seidenzeugmachergesellen schlugen einen energischen Ton an: ,,Sie [die Fabrikanten] benützen die Menschen zu ihren Zwecken, ohne danach zu fragen, ob diese von ihrem Verdienste leben können oder nicht, sie dürfen gleich die Unmöglichkeit des Lebensunterhaltes einsehen[28]."

Nicht ganz ernstzunehmen war angesichts der realen Verhältnisse die Begründung der Stellungnahme eines ,,Industriellen" gegen die Forderungen der Gesellen: ,,In Bezug auf den Gewinn der Fabrikanten ist die Befugnis zu fabrizieren so leicht zu erlangen, daß, wenn nur drei Arbeiter, jeder mit 50 fl CM zusammenstehen, sie das Glück der Fabrikanten gar leicht mitgenießen können[29]."

Das Mißtrauen der Kattundrucker gegen die Perotinen klang in ihrem Aufruf an die Fabrikanten nach: ,,Wir wollen arbeiten, wir wünschen den rechtmäßigen Nutzen und Wohlstand derjenigen, für die wir arbeiten, wir werden ihn nach Kräften heben und befördern: Gebt uns nur um des Himmels willen Arbeit genug, um unser und unserer Familie Leben fristen zu können; verwerft doch nicht unsere rüstigen, von menschlichem Geiste gelenkten Kräfte gegen eure Maschinen, die euch nicht lieben, nicht danken, euer Hab und Leben nicht schützen können, laßt uns nicht durch sie, wenn nachts unser müder Leib im kurzen Schlafe Ruhe sucht, das Brot eines ganzen Tages stehlen." Sie baten, ,,in jenen Druckereien, deren Perotinen zerstört wurden, die Wiederherstellung derselben erst dann zu unternehmen, wenn günstigere Zeitverhältnisse den Arbeitern ihren Lebensunterhalt gesichert haben werden, bis dahin aber durch Beschäftigung mit Handdruckmodeln die vielen brotlosen Arbeiter ihrem Elend zu entreißen[30]". Über die prinzipielle Feindschaft gegen die Maschine hinaus führten aber schon die weiteren Forderungen nach Schaffung eines ,,Gremiums" als gewerkschaftlicher Organisation, ,,öfterer Zusammentretung und Besprechung der Arbeiter", 10 Arbeitsstunden, Einschränkung der Lehrlingsarbeit und einem Mindestlohn von 7 fl wöchentlich[31].

Angesichts der oft in recht resoluter Form erfolgten Durchsetzung dieser Forderungen hielt es Häfner für angebracht, zur Ruhe zu ermahnen, um ,,Ausartungen, welche den Fabriksherrn wie den Fabriksarbeiter in ein gemeinsames, grenzenloses Elend stürzen würden[32]", zu verhindern. Wie schwankend die Haltung der Demokraten angesichts des selbständigen Auftretens der Arbeiter war, beweist ein anderer Artikel der ,,Constitution", der den französischen Begriff des ,,Ouvrier" auch für Deutschland und Österreich rezipieren wollte: ,, ,Blusenmänner an der Spitze der Regierung, Blusenmänner an der Stelle Louis Philippes in Frankreich!' Der blaue Kittel ist die große Vogelscheuche, die weithin im Lande gesehen wird, aufgesteckt zum Schrecken alles Hochherzigen, das seine Schwingen entfaltet. (. . .) Wahrlich, wir werden bei Hunderten und Tausenden dieser Männer mehr praktisches Wissen, mehr Tatkraft und Lebensweisheit finden als die Hälfte aller unserer Aktenfabrikanten und Bürokraten nur ahnet. Und gewiß nicht jenseits des Rheins allein, wo freilich der Wogenschlag des öffentlichen Lebens sie kräftiget und hebt, nicht nur dort sind sie zu finden, auch bei uns[33]."

Die ,,soziale Frage" wurde in der demokratischen Presse als Hauptproblem der Revolution erkannt; der ,,Constitution" kam das Verdienst zu, erstmals ein eigenes Arbeitsministerium gefordert zu haben: ,,Einen bedauerlichen Mangel von aller politischen oder nur humanen Bildung beurkundet die Intoleranz, mit der eine große Zahl der Wiener Spießbürger diese Arbeiter Gesindel und ihre Forderungen aufrührerische Exzesse nennt. Derartige Äußerungen sind umso törichter, als das Proletariat (die Arbeiterklasse) von Tag zu Tag mächtiger anwächst, als unter dieser Klasse mindestens ebenso viel gesunder Menschenverstand vorhanden ist als in allen übrigen Klassen, und als dieser gesunde Menschenverstand die Ideen des Proletariats (wenn es sich in der Konstitution unberücksichtigt findet) natürlich einer abermaligen Umwälzung dieser Staatsform zuwenden müßte. Wir haben in unsern Märztagen die Revolution des Bürgerstandes (französische Julirevolution) gemacht; sollen wir aber nun der Proletariatsrevolution (Pariserrevolution 1848) entgehen (sie würde leider nicht den sanften Charakter von 1848, sondern jenen von 1789 annehmen) – so ist es dringend notwendig, daß die Regierung die ungeheure politische Wichtigkeit des Arbeiterstandes in den drohenden Fingerzeigen unserer Zeiten erkenne und augenblicklich für Arbeits- und Arbeiterverhältnisse ein eigenes Ministerium ernenne[34]."

Mit diesem Artikel, der die Arbeiterschaft eindeutig als ,,Klasse" ansprach, erreichte die Auseinandersetzung mit der sozialen Frage ihren ersten Höhepunkt in der demokratischen Presse. Das Arbeitsministerium und mit ihm die Frage des ,,Rechts auf Arbeit" sollten in der weiteren Entwicklung eine zentrale Rolle spielen.

Ein Blick in die übrigen Blätter zeigt das große Interesse an der Stellung der Arbeiterschaft in der nachrevolutionären Gesellschaftsordnung. Auffällig ist der frühe Abdruck der 17 ,,Forderungen der kommunistischen Partei in Deutschland", die Marx und Engels in der Zeit zwischen 21. und 29. März in Paris niedergeschrieben hatten und die um den 30. März 1848 als Flugblatt veröffentlicht wurden[35]. Dieses radikale Programm forderte neben der Herstellung der deutschen Republik vor allem Verstaatlichungsmaßnahmen, ohne aber die im ,,Kommunistischen Manifest", das nur zur Verbreitung unter den Mitgliedern des Bundes der Kommunisten bestimmt war, erwartete revolutionäre

Rolle des Proletariats näher darzulegen. Die ,,Allgemeine Österreichische Zeitung", die schon am 8. April die ,,Forderungen" im Volltext brachte, leitete sie mit den Worten ein: ,,Es wird das Publikum überrascht sein, in solch zahmer Form das Ungeheuer vor Augen zu haben, das bisher nur als ein Geselle des tollsten Umsturzes genannt wurde. Wir gestehen offen, daß, wenn einmal von der Entwicklung idealer Zustände die Rede sein könnte, wir uns nicht mit den Forderungen dieser Kommunisten begnügen würden[36]." Das Motto ,,Proletarier aller Länder, vereinigt euch!", das die ,,Forderungen" ebenso wie das Manifest trugen, ,,mißfiel" allerdings dem Wiener Blatt sehr.

Für Bäuerles ,,Theaterzeitung", die gleichfalls die ,,Forderungen" einen Monat später abdruckte, waren sie mit den ,,verrufenen Namen" von Marx und Engels verbunden. Selbst dieses konservative Blatt fand aber in dem Programm der Kommunisten ,,manches Gute und Zweckmäßige", lehnte allerdings die Punkte ab, die die Einführung der Republik und die Aufhebung der Feudallasten betrafen. Der Kommunismus führe ,,zur allgemeinen Geistes- und Eigentumsverarmung, zur Auflösung aller Bande menschlicher Gemeinschaft und Rechtsbegriffe, zur vollkommenen Demoralisierung derselben und Atheisterei. (. . .) Ja, meine Lieben! Wir stehen am Vorabende eines Krieges sämtlicher Armen gegen sämtliche Reiche und vice versa einem Vernichtungskriege, wo nur der Überlebende Recht haben wird", machte die ,,Theaterzeitung" ihren Besorgnissen Luft[37].

Dieses Blatt malte seinen Lesern die ,,kommunistische" Propaganda unter den Wiener Arbeitern in düsteren Farben: ,,Glaubet ihr etwa, die Lehren des Schneiders Weitrag [sic statt Weitling] sind vergessen, weil ihn die Hand der Gerechtigkeit ergriffen und gerichtet? (. . .) Gehet hin und belauscht die Menge der Arbeiter in ihren qualmerfüllten Kneipen, wenn der weitgereiste Bursche aus der Fremde in ihre dichtgedrängte Versammlung tritt, wenn er ihnen erzählt, was er in der Ferne und Nähe gesehen, wenn er mit begeisterter Stimme die Lehre des Kommunismus kündet und mark- und beinerschütternd ruft: Gott schuf uns Menschen zum Arbeiten, nicht zum Faulenzen! (. . .) Und dennoch sind wir die Parias, die Ausgestoßenen der menschlichen Gesellschaft, einzig und allein geboren, um mit unserm Schweiße und unserem Blute, dem Herzblute der Väter für ihre hungernden Kinder und kranken Weiber zu sorgen, um den Lüsten anderer zu frönen, die nicht arbeiten. (. . .) Die Arbeiter in der Nähe Wiens, armselige, zerlumpte Taglöhner, so roh und unwissend ihr sie glaubet, gehet hin, sprecht über dieses Thema, und ihr werdet die Wahrheit, freilich nicht in glänzenden Worten, aber wohl in kurzen Sätzen und bedeutungsvollen Gesten zahlreich bestätigt finden[38].“

Anfang April entwickelte August Silberstein im „Wanderer“ ein umfassendes Reformprogramm. Er forderte als Sofortmaßnahmen Maximalarbeitszeit und Mindestlöhne, eine „Arbeiterschutzkommission“, eine Arbeitsnachweisstelle und ein Verbot der Kinderarbeit in den Fabriken. Selbständige und weiterführende Forderungen der Arbeiter schienen allerdings nicht erwünscht; Silberstein empfahl „energisches und strenges Auftreten gegen alle jene Arbeiter, welche es ungeachtet der aufgeführten Maßregeln wagen sollten, in irgendeiner Weise die Sicherheit des Eigentums oder der Personen, die öffentliche Ruhe und Ordnung zu gefährden“. Auf weitere Sicht wurden Volks- und Gewerbeschulen, Aufhebung der Verzehrungssteuer und „Vermittlung des Staats für Assoziation zwischen Arbeitgebern und Arbeitern“ angeraten, schließlich sollten die Arbeiter Anteil am Gewinn erhalten[39].

Konnte so die periodische Publizistik in den auf die Märzrevolution folgenden Wochen schon beachtliche Ansätze zu einer theoretischen Bewältigung der sozialen Frage leisten, so blieb die Broschürenliteratur weit unter diesem Niveau. Mit welchen simplen Argumentationsmustern man hier die Unzufriedenheit der Arbeiter aufzufangen suchte, zeigt etwa das „Gespräch zwischen einem Altgesellen und einem Lehrjungen“. Die der demokratischen Presse entnommenen Forderungen des vorwitzigen Lehrbuben werden in diesem fingierten Dialog vom klassisch gebildeten Altgesellen – er führt unter anderem die in diesem Zusammenhang offenbar unvermeidliche Parabel des Menenius Agrippa vom Magen und den Gliedern ins Treffen – mit dem Hinweis auf das Wohlwollen der Unternehmer zurückgewiesen: „Du wirst wohl erfahren haben, daß der Gewerbeverein schon seit mehreren Jahren zweimal eine Menge silberner Medaillen an verdiente Werkführer und Altgesellen verteilt und einem jeden noch dazu ein schön geschriebenes Zeugnis ausgestellt hat. Da schau, da ist eine solche Medaille und ein solches Zeugnis. Nach der Verteilung sind wir zu einer großmächtigen Tafel geführt worden: Da haben eine Menge der vornehmsten Herren, darunter auch unser jetziger Minister, Herr von Pillersdorff, auf unsere Gesundheit getrunken, daß die meisten vor Rührung haben weinen müssen[40]."

In einer anderen Schrift dieser Machart warnte ein angeblicher „Arbeiter" Mayer seine Kameraden: „Wir müssen die besonnene Entwicklung unserer neuen Verhältnisse in keiner Weise hemmen und stören[41]."

Ein gewisser Professor Josef Neumann verstieg sich, nachdem er ergreifend die Entbehrungen der eigenen Jugend geschildert hatte, zu der kühnen Behauptung, daß „die Lage der meisten Dienstherren und Arbeitsgeber viel schlechter" als die der Arbeiter sei, und hoffte, diese würden jene „nicht durch Widersetzlichkeit und durch unbescheidene, in dieser Zeit ganz unpassende Begierden zur Verzweiflung treiben"[42].

Mit welchen Hindernissen die entstehende Arbeiterbewegung zu rechnen hatte, zeigen die Auslassungen eines anonymen Nationalgardisten, der der festen Überzeugung war, „daß die Masse des Proletariats dem Pöbel angehört, daß von einer Fähigkeit zu wählen oder gewählt zu werden in dieser Schichte der Gesellschaft nie eine Rede sein kann; daß die Staatsbürger von Intelligenz oder Besitz – denen übrigens allein auch die Zeit zu Gebote steht, sich mit öffentlichen Angelegenheiten zu beschäftigen – durch volle Unabhängigkeit die geeigneten, von Natur und Pflicht berufenen Vertreter des Proletariers sind[43]".

Das tiefwurzelnde Mißtrauen der zünftischen Kreise gegenüber Industrie und Arbeiterschaft und die hier herrschende völlige Begriffsverwirrung manifestierten sich in einer in Salzburg erschienenen Broschüre: „Das Industriesystem und das Papierregiment vereinigten sich, den Arbeiter unglücklich zu machen, schlechte Gebarung mit den Kapitalien und ein wucherndes Fabrikenwesen machten ihn vollends elend. So kam es auch, daß bei den großen Umwälzungen der jüngsten Zeit im Gegensatze zu unglückseligen Zuständen das Gespenst des Kommunismus einherschritt. (. . .) In den guten alten Zeiten, wo man sich noch mit Wenigem begnügte und sehr einfach und eingeschränkt zu leben verstand, ordneten sich die einzelnen Gewerbetreibenden in Zünfte und suchten dadurch das gemeinsame Interesse ihres Erwerbes zu sichern. Dem Meister, dem Gesellen, dem Lehrling, jedem waren die bestimmten Grenzen für seine Tätigkeit gezogen. Alles ging seinen ruhigen ordentlichen Gang und man befand sich ganz wohl dabei. (. . .) Der Proletarier ist der Zigeuner der modernen Zivilisation – lassen wir uns diese Klasse über den Kopf wachsen, so werden wir durch eine furchtbare Anarchie in die Barbarei ursprünglicher Zustände fallen[44]."

Angesichts der zunehmenden Unruhe unter der arbeitslosen Bevölkerung der Hauptstadt wurden die schon vor der Revolution in Angriff genommenen öffentlichen Arbeiten neu organisiert. Als wichtigste Bauobjekte sah das Programm des Innenministers Pillersdorff vom 22. April das Versorgungshaus am Alserbach, das Irrenhaus am Bründelfeld, die Altlerchenfelderkirche, Regulierungsarbeiten am Donaukanalufer und Straßenbauten vor[45]. Ein Plan, die finanzielle Deckung dieser Projekte durch Aufschläge auf Zinserträge und Gewerbesteuer zu gewährleisten, wurde allerdings nicht durchgeführt[46].

Es fiel dem Kabinett überhaupt schwer, eine klare Linie in der Arbeiterfrage zu finden. Am 10. April beschloß der Ministerrat angesichts der häufigen Lohnforderungen und Demonstrationen der Arbeiter und Gesellen, eine „ernste Verwarnung gegen solche Unfüge" auszusprechen[47]. Als man wieder neue Maschinenstürme befürchtete, bewilligte Finanzminister Krauß 100 000 fl zur Auslösung der geringsten Pfänder in den staatlichen Leihanstalten[48]. Der von der demokratischen Presse gemachte Vorschlag der Errichtung eines eigenen Arbeitsministeriums wurde in die Praxis umgesetzt. Am 2. Mai empfahl der ständische Ausschuß ein solches Ministerium" unter Hindeutung auf die nun bald eintretende totale Sistierung des Betriebes gewerblicher und industrieller Beschäftigung und auf deren zu gewärtigende höchst traurige Folgen[49]". Am 6. Mai wurde nach dem Sturz Ficquelmonts im Zuge der allgemeinen Erneuerung des Kabinetts ein Handelsministerium und ein Ministerium für öffentliche Arbeiten errichtet. Anton von Doblhoff-Dier übernahm ersteres, Andreas von Baumgartner – dieser erfahrene Ökonom war übrigens das Urbild zum Freiherrn von Risach in Stifters „Nachsommer" – letzteres Ressort. Angesichts der zerfahrenen Situation und der Fortdauer der wirtschaftlichen Depression sollte das Ministerium, dem andere, aus der Revolution entstandene Behörden konkurrierten, in der Arbeiterfrage einen schweren Stand haben.

DIE ANFÄNGE DES POLITISCHEN VEREINSWESENS UND DAS AUFTRETEN DR. ANTON SCHÜTTES

Noch in die Märztage fallen die ersten Ansätze zur Bildung von Vereinen als Organe politischer Willensbildung. Peter H. Amann, der die Pariser Klubs des Jahres 1848 untersuchte, nannte diese teils in der jakobinischen Tradition stehenden, teils schon auf künftige kleinbürgerliche und proletarische Parteiorganisationen hinweisenden Vereinsbildungen zutreffend „a significant response intermediate between the ritual of collective violence and effective political organization along ‚modern' lines[1]".

Als Ersatz für die nicht mehr funktionierenden traditionellen Gruppenbildungen befriedigten die Vereine im Zeitalter des Übergangs von einem patriarchalisch-absolutistischen Herrschaftssystem zur Epoche der Massendemokratie das Bedürfnis nach politischer und sozialer Gruppenidentität und schufen jeweils bei ihren Mitgliedern das Bewußtsein einer gemeinsamen Interessenlage. Der Umwandlungsprozeß der ständischen, korporativ geordneten Gesellschaft in eine von den Gegensätzen neu entstandener Klassen geprägte Gesellschaftsformation ist an den vielfältigen Formen der Assoziationsbildungen gut abzulesen[2].

Im Sommer 1848 gab ein Artikel der „Sonntagsblätter" eine klare und aufschlußreiche Begründung für das demokratische Recht der Vereine, die Opposition einer Minorität von Staatsbürgern zu organisieren: „Im konstitutionellen und republikanischen Staate ist jeder einzelne an der Gesetzgebung beteiligt und moralisch gezwungen, den Beschlüssen der Überzahl als dem allgemeinen Ausdrucke des Willens die einstweilige Ausführung seiner Ideen zum Opfer zu bringen. Ersatz für dieses Opfer wird ihm durch die Freiheit, aus der Gesellschaft zu treten, und muß ihm werden durch die gegebene Möglichkeit, die Mehrzahl für seine Ideen und Wünsche gewinnen zu können. Er hat praktisch sich den Beschlüssen der Mehrheit zu fügen, auf dem Wege der Theorie muß es ihm freistehen, ohne tatsächlichen Eingriff in die bestehenden, durch die Mehrzahl angenommenen Verhältnisse, für seine Pläne zu arbeiten (agitieren) und für den Fall künftiger Beschlüsse dieselben zur Ausführung vorzubereiten. Die Mittel hiezu können jedoch, da das Experiment ins Gebiet der Praxis und somit Verletzung des Mehrheitsbeschlusses übergreift, nur das freie Wort und die freie Vereinigung zur Anhörung dieses Wortes sein. Soll nun nicht die Mehrheit der Minderheit gegenüber die Rolle des Terroristen, des Despoten (Despotie der Menge) spielen, so muß sie diese beiden Mittel gesetzlich anerkennen. Es ist daher die Pflicht des konstitutionellen Staates, die Redefreiheit und das Assoziationsrecht als die einzigen Mittel und den einzigen Weg für jede Meinung, sich möglicherweise geltend zu machen, unbeirrt und unbeeinträchtigt nicht nur zu gewähren, sondern sogar zu schützen[3]."

Bekanntlich hatte der juridisch-politische Leseverein, von dem man allgemein ein initiatives Vorgehen in den Märztagen erwartet hatte, diese Führungsrolle ausgeschlagen. Das gemäßigt-liberale Bürgertum wollte den revolutionären Prozeß je eher je lieber beendet wissen. Die Organisationsformen der Demokraten in der Wiener Revolution sind noch kaum erforscht. Die Quellenlage für die Entwicklungsgeschichte dieser Vereine ist außerordentlich ungünstig, da die Papiere vor der Niederlage im Oktober vernichtet wurden[4]. Die Militärgerichtsbehörden konstruierten auf der Suche nach „Schuldigen" eine Verschwörungstheorie, in der neben der Aula die Wirksamkeit des demokratischen Vereins an erster Stelle fungierte. Die komplizierte Geschichte der untereinander zum Teil rivalisierenden Gruppen muß so wie ein Mosaik aus vielen, in der Presse und in den Akten verstreuten Nachrichten zusammengestellt werden.

Unmittelbar nach der Märzrevolution wurde das Hotel zur „Kaiserin von Österreich" in der Weihburggasse zum ersten Sammelpunkt der demokratischen Intelligenz, die sich in der Gesellschaft der Volksfreunde organisierte[5]. Zwei in den Berichten der Zeitgenossen sehr umstrittene und höchst unterschiedlich bewertete Männer standen an der Spitze dieser Vereinsorganisation: Chaises und Schütte.

Adolf Chaises, dessen richtiger Name angeblich Awrum Chaizes lautete, ist in seiner tatsächlichen Erscheinung und Wirkung infolge der fast durchgehend ablehnenden Stellungnahmen der Zeitgenossen schwer zu fassen. Nach Violand war Chaises ein galizischer Jude, nach den Polizeiakten stammte er aus Drachenberg in Böhmen[6]. Über das Vorleben des zur Zeit der Revolution etwa Dreißigjährigen ist wenig Konkretes bekannt. Chaises nannte sich selbst Dr., hatte aber wohl nur eine untergeordnete medizinische Ausbildung erhalten; man sprach von ihm als ,,Kurpfuscher" und ,,Barbiergehilfen". Auch am Theater war Chaises im Vormärz tätig; er gehörte zum Gefolge des Hofopernsängers Karl Formes, der sich dann gleichfalls auf die Seite der Revolution stellte. Smets, der sonst der demokratischen Partei freundlich gesinnte Schilderer der Wiener Revolution, fand über Chaises nur verächtliche Worte; er galt ihm als ,,Cagliostro der Politik", als ,,erbärmliches und feigstes Subjekt des Demagogentums", als ,,ganz charakterloser Wicht, ein Industrieritter gemeinsten Schlages", kurzum als die ,,unausstehlichste Persönlichkeit in der ganzen Revolutionsperiode Wiens[7]". Die hier gegen Chaises geschleuderten Schmähungen finden sich schon ähnlich formuliert bei dem Reaktionär Dunder und in den liberalen ,,Grenzboten"[8]. Den meisten Demokraten galt Chaises als unzuverlässig[9]. Lediglich Anton Füster versuchte eine Ehrenrettung: ,,Chaises war der rührigste aller Revolutionäre, es ist wahrhaft erstaunlich, was der Mann alles tat. Er ward viel angefeindet, wir kennen ihn nur von guter Seite, wir haben keinen Grund an die Beschuldigungen zu glauben, welche auf ihn geschleudert werden[10]."

Die Frage der Bewertung einer bestimmten Persönlichkeit wurde im Fall Chaises etwas ausführlicher dargelegt, weil sich hier die Schwierigkeiten, die einer gerechten Beurteilung vieler Achtundvierziger im Wege stehen, besonders deutlich zeigen. Persönliche und politische Antipathien, oft auch Rivalitäten innerhalb einer dieselben Ziele verfolgenden Gruppe, mehr noch die Darstellung durch gegenrevolutionäre Autoren, haben das Bild vieler Protagonisten der demokratischen Bewegung in der Geschichtsschreibung verzerrt.

Bei so harten Vorwürfen, wie sie aus den Reihen der eigenen Gesinnungsgenossen gegen Männer wie Chaises geschleudert wurden, muß bedacht werden, daß sich in der Emigration die politischen und persönlichen Differenzen, die sich schon in der Revolutionszeit bemerkbar machten, weiter verschärften. Man suchte Schuldige für das Scheitern der Revolution; dieser Umstand erklärt das schonungslose Aufdecken der Fehler und Schwächen auch ehemaliger politischer Freunde. Dieses auch sonst zu beobachtende Phänomen in der politischen Auseinandersetzung der Emigration sollte vom Historiker bedacht werden, wenn er Schilderungen wie diese auf ihren Wahrheitsgehalt überprüft. Es kann dabei auch nicht um „Ehrenrettungen" um jeden Preis gehen, sondern um möglichst sachliche Darstellung des politischen Wollens und Wirkens der betreffenden Persönlichkeit.

Das erste Lebenszeichen gab die Gesellschaft der Volksfreunde am 20. März, als ihre Mitglieder Erzherzog Albrecht um die dann tatsächlich erfolgte Amnestierung der politischen Gefangenen ersuchten[11]. Auch mit dem als liberal geltenden Erzherzog Johann nahm der Verein Verbindung auf. Der Erzherzog äußerte sich gegenüber einer Deputation: „Wohl ist die Mauer, die zwischen Fürst und Volk stand, eingerissen: noch aber ist der Schutt vorhanden, der wegzuräumen ist[12]."

Sonst hatte die Gesellschaft der Volksfreunde sehr um ihre Durchsetzung in der Öffentlichkeit zu ringen; auch blieben die Führungsverhältnisse noch unklar. Die Berichte der „Österreichischen konstitutionellen deutschen Zeitung" über die Sitzungen des Vereins bezeichnen den Namen des Präsidenten mit dem Anfangsbuchstaben Z. – es handelt sich hier um Wilhelm Zerboni, der in aus dem April stammenden Flugblättern des Vereins als Vorsitzender erscheint, neben ihm als Vizepräsident Dr. Karl Tausenau, der später als Gegner von Chaises die Führung in der Organisation der demokratischen Vereine übernehmen sollte[13]. Friedrich Hebbel, der von Zerboni am 29. März bei den Volksfreunden eingeführt wurde, gewann keinen guten Eindruck: „Reden, anderthalb Stunden lang, wurden gehalten, aus lauter trivialen Phrasen bestehend, Debatten über kümmerliche Abstraktheiten wurden geführt und Beschlüsse der lächerlichsten Art gefaßt. Dabei ward denn gegessen und getrunken, und alles duzte sich. (. . .) Nein, meine Herren, nein! So langweilte ich mich noch nie[14]."

In ihren Statuten bekannte sich die Gesellschaft zur Aufrechterhaltung der konstitutionellen Monarchie, „und zwar auf der breitesten Basis und ohne reaktionäre Bestrebungen". Die Mitglieder wurden zur „solidarischen Vertretung" der von der Gesellschaft vertretenen politischen Gesinnung und zur wöchentlich zweimaligen Teilnahme an den Sitzungen verpflichtet[15].

Über die Mitglieder in dieser ersten Phase der demokratischen

Organisationsbildung sind wir nur unzulänglich informiert. Die Zeitungsberichte nennen nur die Initialen, so bei der Sitzung vom 1. April einen H. v. S. (möglicherweise Herr von Schwarzer), Dr. Ch. (mit Sicherheit Chaises), Hr. V. (wohl Violand), Hr. E. (wohl Ludwig Eckardt)[16].

Die Rede des Präsidenten Zerboni am 7. April machte die Oppositionsstellung des Vereins klar. Gegenüber der Regierung wurde betont, ,,daß wir ihr nicht gestatten sollen, sich in ihrer Eigentümlichkeit, die so viel Anrüchiges der verhaßten Vergangenheit hat, zu konsolidieren. Sie hat uns so viel Beweise hievon gegeben, daß – da eine versuchte Belehrung nicht hinreicht – es unerläßlich ist, daß eine offene konstitutionelle Opposition sich in der Volksmeinung ihr gegenüberstelle, um wachsam auf jede ihrer Äußerungen sie im Geleise der ungewohnten, vielleicht ungewünschten Konstitution zu erhalten – bis die Organe der Nationen sie dieser, ihrer angebornen Neigung überheben[17]." Eine umfassende Organisation müsse geschaffen werden: ,,Ich fordere Sie auf, gleiche auf legalem Boden sich bewegende Gesellschaften allenthalben ins Leben zu rufen, durch Wort und Schrift mit aller Energie dahin zu wirken, daß wir auf konstitutionellen Wegen das Assoziationsrecht für alle Provinzen erhalten, damit in allen, auch in den untern Schichten der Gesellschaft ein einiger Geist und ein klares konstitutionelles Bewußtsein Platz greife, damit durch Belehrung und Aufklärung eine Einheit in das Ganze gebracht werde, wodurch eine so große intensive moralische Kraft erwächst, welche alle Reaktion aufhebt und für die zu versammelnden Reichsvertreter den Boden ebnet und die Atmosphäre klar macht[18]."

Die Regierung sei nicht in der Lage, für die Arbeitslosen zu sorgen und die Nationalgarde zu organisieren, meinte Zerboni weiter: ,,Kaum sind die Fabriksinhaber noch im Stande, ihre Arbeiter zu zahlen, in längstens vier Wochen sind sie es vielleicht nicht mehr. 20 000 bis 30 000 Menschen werden nun in der Umgegend von Wien brotlos – die andere arbeitende Klasse lebt jetzt schon meist nur noch durch das Versatzamt – was geschieht, wenn dieses ihr letztes Mittel erschöpft sein wird? (. . .) Ich frage, was hat die Regierung getan, um allem diesem vorzubeugen? Haben wir überhaupt ein Ministerium für öffentliche Arbeiten? Haben wir überhaupt nur die Grundzüge einer Konstitution? Auch frage ich, welche Macht wird diesen furchtbaren Massen entgegengestellt werden können? Etwa die Nationalgarde, die notorisch jetzt kaum 7 200 Mann zählt, während sie hier wenigstens 60 000 Mann zählen sollte. Und selbst diese ist in immerwährender Auflösung begriffen[19]."

Vor einer dann tatsächlich in ähnlicher Form eingetretenen Bedrohung warnte der Präsident in der Sitzung der Volksfreunde vom 13. April: ,,Warum ruft der Adel das Gespenst der Proletarier durch sein passives Verhalten jetzt auf? (. . .) Sollte er von der Not der untern Klassen keine Ahnung haben? – Ich glaube, daß er eine zu genaue Kenntnis davon hat, ja daß er diese Not vielmehr zu seinem Verbündeten macht. Er will der Verzweiflung die Nationalgarde, die ohnehin schon meist ein Werkzeug des Hoyos ist, entgegenstellen; – so werden sich die Kräfte des Volkes in einem unschönen Kampfe aufreiben, wodurch die Veranlassung entschuldigt wird, mit Militärgewalt die ganze neue Ordnung der Dinge dann über den Haufen zu werfen, für die Heimkehr seiner fürstlichen Durchlaucht des Metternich eine Triumphpforte aus den Gebeinen der erschlagenen Freiheit zu bauen[20]."

Zu diesem Zeitpunkt gehörte bereits jener Mann der Gesellschaft der Volksfreunde an, dessen politische Aktivität ganz Wien in Unruhe versetzte: Dr. Anton Schütte, eine der merkwürdigsten und schillerndsten Gestalten der Wiener Revolution. Schütte wurde 1817 zu Coesfeld in Westfalen als Sohn des dortigen Bürgermeisters geboren; er studierte – angeblich – Philosophie und Naturwissenschaften in Münster und Bonn und wurde in Würzburg zum Dr. phil. promoviert. Er soll in Brüssel und Rußland an industriellen und Eisenbahnunternehmungen beteiligt gewesen sein; in der letzten Zeit des Vormärz wirkte er als Agent der englischen Gasbeleuchtungsgesellschaft in Prag[21].

Die widerspruchsvollsten Gerüchte waren über diesen weitgereisten Mann im Umlauf; den einen galt er als Sendbote der deutschen Republikaner Hecker und Struve, den andern als Agent der russischen Regierung, wieder andere bezeichneten ihn gar als verkappten Jesuiten. Immerhin hatte Schütte sehr weitreichende und merkwürdige Verbindungen. Die Polizeiberichte wußten über ihn zu melden, daß er, der seit Anfang März in Wien weilte, Zutritt bei Metternich und Erzherzog Johann hatte[22]. Als Schütte nach dem Oktober die Gefangennahme und exemplarische Bestrafung durch Windischgrätz drohte, setzte sich Graf Stadion persönlich für seine Sicherheit ein[23].

Zu diesem widerspruchsvollen Image Schüttes paßte das Milieu, in dem er sich in Wien erstmals politisch artikulierte: Es war die Redaktionsstube von Ernst von Schwarzers „Allgemeiner Österreichischer Zeitung". Auch Schwarzer hatte sich im Vormärz in den verschiedensten Berufen und Bereichen des Wirtschaftslebens umgetan und war mit Stadion und Bruck, den Förderern des österreichischen Handels in Triest, in Beziehung getreten. Sein Blatt wurde zum Sammelpunkt der bürgerlichen Opposition gegen die fortbestehenden Reste des alten Systems, wobei sich unter den Mitarbeitern liberale und radikal-demokratische Elemente noch nicht klar geschieden hatten. Schüttes erstes öffentliches Auftreten auf der Aula, wo er über die politischen Verhältnisse Europas sprach, wurde kein Erfolg: Professor Hye, der die Wiederherstellung der Ruhe unter den Studierenden betrieb, verbot ihm die Universität und ließ die Aula für drei Tage schließen[24].

Publizistisch stellte Schütte in der „Allgemeinen Österreichischen Zeitung" zunächst das Nationalitätenproblem in den Vordergrund seiner Ausführungen, er befürwortete ein föderatives System mit fünf nationalen Vertretungskörperschaften („vereinigtes deutsch-österreichisches Parlament in Wien, ungarisches Parlament, polnisches Parlament in Lemberg, südslawisches Parlament, tschechisch-böhmisches Parlament") und – als wichtigster Punkt der kommenden politischen Auseinandersetzungen – das Einkammersystem[25]. Ein slawenfreundliches Programm legte Schütte auch in der Gesellschaft der Volksfreunde vor[26].

Schütte präzisierte sein Programm in der Versammlung der Volksfreunde vom 13. April. Gegen die Reaktion gebe es nur ein Mittel, nämlich „das gesamte Volk von alldem aufmerksam zu machen und zu solchen Demonstrationen zu bewegen, daß mit einem Schlage die ratlose Regierung abgesetzt und durch energische tat- und sinneskräftige Männer ersetzt werde. (. . .) Reichstag in einer Kammer, das Volk mit Adel und Besitzern gleich stark vertreten, das ist das Ziel, auf das wir lossteuern müssen[27]."

Die Gesellschaft der Volksfreunde faßte diese Forderungen Schüttes in einer Adresse an den Thron zusammen: „Eure Majestät mögen

1. Die augenblickliche Zusammenberufung des konstituierenden Reichstages anzuordnen geruhen.
2. Mit Umgehung aller historisch-ausgelebten landständischen

Institute, mit Umgehung jedes Wahlzensus, Glaubensbekenntnisses und Standes, nach Inhalt und Form des von dem Fünfziger-Ausschusse zu Frankfurt am Main bestimmten Wahlgesetzes für das deutsche Nationalparlament, den konstituierenden Reichstag einberufen[28]."

Genau zur gleichen Zeit beriet eine Kompagnie des Medizinercorps unter der Führung Dr. Lautners eine Petition an das Ministerium, die einer Massenversammlung im Odeon am 14. April vorgelegt werden sollte. Das Odeon, der größte und prächtigste Tanzsaal des vormärzlichen Wien – Johann Strauß komponierte zu seiner Eröffnung den „Odeon-Walzer" – ging in den Kämpfen um die Leopoldstadt am 28. Oktober in Flammen auf (Odeongasse in Wien II). Das Gebäude wurde so zum Symbol des abrupten Übergangs von der Leichtlebigkeit des ausklingenden Biedermeier zu den ohne Erbarmen geführten Entscheidungskämpfen zwischen Revolution und Gegenrevolution; im Verlauf des Sturmjahrs fanden hier zahlreiche, oft von Tausenden Menschen besuchte Volksversammlungen statt.

Am Abend des 14. April 1848 war der Saal des Odeons von einer dichtgedrängten Menschenmenge gefüllt, deren Stärke man auf 6 000 Personen schätzte. Zuerst wurde die Petition Dr. Lautners verlesen, die die Veröffentlichung des Verfassungsentwurfs in den nächsten Tagen, ein freisinniges Wahlgesetz, die Absetzung der als reaktionär geltenden Minister Ficquelmont und Taaffe und die Ersetzung des Nationalgardekommandanten Graf Hoyos durch Karl Moering verlangte[29]. Die letzte Forderung bewegte schon seit geraumer Zeit die Angehörigen der Nationalgarde. Hoyos hatte sich durch ungeschickte Erlässe, in denen er die Nationalgarde zu Polizeidiensten aufforderte, und sein hochfahrendes Benehmen unbeliebt gemacht. Als vom Hof in dieses Amt eingesetzter Aristokrat konnte er in diesem bürgerlichen Wehrkörper kein Vertrauen gewinnen. Die demokratischen Elemente der Nationalgarde, die sich vor allem aus dem Kleinbürgertum der Vorstädte rekrutierten, verlangten die Wahl des Oberkommandanten. Ein Aufruf des quittierten Offiziers Wenzel C. Messenhauser, der dann selbst im Oktober als Oberkommandant der Nationalgarde ein tragisches Schicksal erleiden sollte, schlug den als liberal geltenden Karl Moering für diese Wahl vor[30]. Die Verzögerung der Bewaffnung und Organisation ließ die Zweifel an der Redlichkeit der Regierung bzw. des Oberkommandanten hinsichtlich der Volksbewaffnung nicht verstummen. So war die Versammlung im Odeon schon in einer gereizten, oppositionellen Stimmung, die sich durch das Verlesen des soeben bekanntgegebenen Verfassungsentwurfs der Regierung mit seinem Zweikammersystem noch steigerte[31].

Die formlose Versammlung war zu keiner Beschlußfassung fähig und drohte sich aufzulösen, als Dr. Schütte die Rednertribüne bestieg und die erwähnte Petition der Gesellschaft der Volksfreunde verlas. Sie ging entscheidend über die Forderungen der Medizinerkompagnie hinaus und stellte die Grundsatzfrage nach der Neugestaltung Österreichs: Dem Prinzip der Vereinbarung der Verfassung mit dem Thron, wie es den Liberalen vorschwebte, wurde hier im Ruf nach dem konstituierenden Reichstag der Grundsatz der Volkssouveränität gegenübergestellt. Mit der Anerkennung des für die Wahlen nach Frankfurt geltenden allgemeinen und gleichen Wahlrechts durch die österreichische Regierung war diese demokratische Forderung nur eine logische Konsequenz für die österreichische Volksvertretung[32].

Schüttes von allen Zeitgenossen übereinstimmend gewürdigter glänzender Beredsamkeit gelang es, die Versammlung mit sich fortzureißen. Er erörterte drei Möglichkeiten, die Forderungen durchzusetzen: den Weg über die Behörde, durch eine Deputation oder schließlich als von ihm empfohlene Methode, die Petition en masse zu überreichen, ein Weg, den er von englischen Vorbildern herleitete[33]. Dr. Lautner, besonders heftig aber der konservative Dr. Adolf Schmidl opponierten gegen diesen letzteren Antrag Schüttes, der sich genötigt sah, seinen Vorschlag der Massenkundgebung zurückzuziehen. Dennoch war die Petition der Volksfreunde schon am nächsten Tag mit 20 000 Unterschriften bedeckt.

Die folgenden Ereignisse, die zur Ausweisung Schüttes und zum Sturm des konservativen Bürgertums gegen das Programm der Demokraten führten, müßten ohne die Verknüpfung des politischen Programms mit sozialen Forderungen unverständlich bleiben. Dieses zentrale soziale Anliegen war die Zinsfrage, die den ganzen April hindurch die Bevölkerung der Hauptstadt in zwei einander schroff entgegenstehende Parteien spaltete. Der Zorn breiter Volksschichten richtete sich nicht nur gegen die durch ihre Machenschaften die Lebensmittel verteuernden Zwischenhändler[34], Geldwucherer und Pfandleiher[35], sondern auch gegen die Hausherren. Violand maß diesen mit Erbitterung geführten Auseinandersetzungen eine grundsätzliche Bedeutung bei: „Man sieht hier auf überraschende Weise, wie ohne jeden Einfluß von Sozialisten, bloß durch die Macht der Verhältnisse die Volksmeinung, welche früher in der pünktlichen Zinszahlung einen Ehrenpunkt fand, auf einmal umschlug, und das Recht der Rentenfähigkeit des Kapitals leugnete[36].“ Die Wohnverhältnisse der Arbeiter schilderte drastisch der Volksdichter Anton Langer: „In einer weitentlegenen Vorstadt, nahe an der Linie, vielleicht, ja sehr häufig außerhalb der Linie, erhebt sich ein niederes Gebäude. Elende, kleine, niedere Zimmer, deren Atmosphäre von aufgehängter Wäsche, dem aus der Küche hineinschlagenden Rauch, durch unreine kleine Kinder usw. vergiftet wird, nasse Wände, gebrochene Fenster, durch die der Wind hereinpfeift, ein Plafond, der bald den Staub herunterfallen läßt, wenn ein Wagen vorbeirasselt, bald wieder den Regen durchsickern läßt, elende, zerbrochene Möbel, ein Tisch, ein paar Stühle, ein, höchstens zwei Betten, das ist der Palast des braven Mannes, der als unterstes Glied im Staate auch zugleich das breiteste, festeste ist. Und für diese elende Baracke – ich hätte bald gesagt Wohnung – zahlt er 60, 70, auch 80 Gulden CM Zins. Zusammengepfercht mit Weib, Kind, häufig auch mit Bettgehern, kann er sich kaum bewegen, wohin er sein Auge wendet, leuchtet ihm das Bild seines Elends entgegen, es fehlt ihm die Ruhe im Hause, die Freude am Hause: ist's ein Wunder, wenn er aus diesem Fegefeuer ins Branntweinhaus flüchtet. In dieser unreinlichen, übelriechenden, von Ungeziefer wimmelnden Wohnung soll er schlafen, sich ausrasten von den Mühen des vergangenen, stärken zu den Mühen des kommenden Tages. Bei Tagesanbruch muß er auf, denn eine Stunde, oft mehr vergeht, bis er von seiner Wohnung zu dem Orte seiner Arbeit gelangt. Ebenso lange braucht der von der Arbeit Ermüdete, bis er heimgelangt. Woher soll ihm des Lebens Freudigkeit kommen? (. . .) In solchen Wohnungen muß der Mensch zu Grunde gehen. Alljährlich fordert die Brustwassersucht zahlreiche Opfer aus den Arbeitern[37].“

Eine wahre Flut von Flugblättern, die teils in bittendem, teils in drohendem Ton Zugeständnisse von den Hausherren verlangten, beschäftigte die Öffentlichkeit schon lange vor dem ominösen Georgitag (23. April), dem ersten der beiden Zinstermine Altwiens (der zweite war Michaeli, 29. September). Der Nationalgardist C. Mith rief unter dem Motto „Nur leben und leben lassen“ den hartherzigen Hausherren zu: „Die Not tut weh! und der beste Mensch vergißt sich und verzweifelt, weil er keine Rettung und keine Hilfe von keiner Seite sieht, er wird bösartig, und dadurch ist die Ruhe und Ordnung gefährdet. – Wir haben lange Geduld gehabt, Hunger und Not gelitten, während die Hausherren an den gefüllten Geldsäcken sich erfreut haben, allen Vergnügungen beigewohnt, ihre Tafeln mit Leckereien besetzt, indem unser Herz geblutet, da wir nicht Brot genug für uns und unsere Kinder verdienten. Gott hat dieses grausame Verfahren des Reichen gegen den Armen nicht mehr ersehen können, er hat dem Reichen durch die Zeitverhältnisse sein übermütiges Treiben eingestellt, und sehet manchen Wucherer zittern, er wacht Tag und Nacht über sein Metall, er lebt in der Todesangst, um dieses nicht zu verlieren[38].“ Mith argumentierte bereits wie viele andere Flugschriften auch mit dem Umstand, daß der Zins gewohnheitsmäßig im vorhinein entrichtet werden müsse, er sei also – besonders bei den jetzt herrschenden schlechten Zeiten – als schon bezahlt zu betrachten[39]. Andere Flugblätter verlangten eine prinzipielle Herabsetzung des Mietzinses[40].

Die Erregung über die übermäßigen Profite der Hausherren machte sich bisweilen in derben Drohungen Luft: „Könnte man da keine Schranken setzen, könnte man so einen dicken, pamstigen Hausherrn nicht dünner machen? Zu was braucht der Hausherr so viel Prozent, zu was braucht ein Hausherr den ganzen Tag müßig zu seinem Fenster hinauszusehen, daß er nicht weiß vor Faulheit, wohin er seinen dicken Bauch legen soll? (...) Heda, heraus damit, wir wollen es wissen! Wir wollen uns nicht von einem benkelhaften Hausherrn in die Enge ziehen lassen, wir wollen es denen Herrn von Hausherrchen schon zeigen, daß uns auch der Schnabel auf dem rechten Flecke steht!!! – Wir wollen den Hausherrn die Hälfte Zins nur zahlen, oder höchstens etwas über die Hälfte, da können die Hausherrn und der Staat bestehen[41]!!“

In den Fabriksvorstädten verband sich die lebhafte Agitation gegen die Mietzinszahlung mit der fortdauernden Unruhe wegen der Arbeitslosigkeit. Hier hörte man Worte wie: „Was geht uns die Preßfreiheit und Konstitution an. Sie hätten schau'n soll'n, daß 's wohlfeiler wird und wir mehr Arbeit haben – jetzt sperrn's alle zu[42].“

Die Mietzinsbewegung erreichte ihren Höhepunkt in der Odeonversammlung vom 17. April, in der Senkung des Zinses um ein Viertel und Bezahlung nicht im vorhinein, sondern erst nach Ablauf eines Vierteljahrs verlangt wurden. Zwar war diesen Forderungen keine Erfüllung beschieden, dennoch wurde den Hausherrn von den Behörden geraten, sich nachgiebig zu zeigen und den Zins in Härtefällen zu stunden. Jedenfalls spielte die Zinsfrage in der Frühphase der Revolution eine Rolle von zentraler Wichtigkeit bei der Mobilisierung der Massen – man denke in diesem Zusammenhang an ähnliche Forderungen der Pariser Kommune!

Zusammen mit der Proklamation der Volksfreunde bildete der Ruf nach der Senkung der Mietzinse den Grund wachsender Revolutionsangst im Besitzbürgertum. Der Agent Dionys Häberlin, der für den kroatischen Banus Jellačić Stimmungsberichte aus Wien lieferte, schrieb am 16. April besorgt von „Arbeitermassen mit drohenden Fahnen ‚Tod und Not' "; die Gesellschaft der Volksfreunde erschien diesem konservativen Beobachter als Herd des gefährlichsten Radikalismus. Mit Genugtuung notierte Häberlin am 20. April: „Der Klub der Volksfreunde hat gestern abends keine Versammlung mehr halten können. Der Eigentümer des Lokals, erschreckt durch die öffentliche Meinung, hat dasselbe sperren lassen[43]."

Was hatte diesen plötzlichen Umschwung in der öffentlichen Meinung heraufbeschworen? Durch die Verbindung demokratischer Forderungen mit der parallel laufenden sozialen Unruhe fühlte sich das Bürgertum von einer neuen revolutionären Welle bedroht. Auf Schütte, den „Ausländer" und „Wühler", konzentrierten sich die aus diesen Kreisen kommenden Angriffe. Der Schriftstellerverein unter dem Vorsitz Saphirs setzte für den 15. April eine Sitzung an, um Schütte, der erst vor wenigen Tagen in den Ausschuß dieses Vereins gewählt worden war, wegen seiner Äußerungen in der Odeonversammlung zur Rechenschaft zu ziehen. Heinrich Laube, der spätere Burgtheaterdirektor, der in den April- und Maitagen 1848 in Wien weilte, hat uns ein anschauliches Bild dieser Versammlung gezeichnet, in der die Demokraten Becher, Jellinek, Messenhauser und Tausenau für Schütte eintraten[44]. Die Stimmung gegen Schütte war sehr gereizt. „Das ist ein Verführer! Das ist einer von den Demagogen, die wir nicht haben wollen! Den soll der Teufel holen; wenigstens soll er aus Österreich hinaus!“ hieß es. Dennoch gelang es Schütte, der sich ruhig rechtfertigte und seinen Vorschlag der Massenpetition nur als theoretische Erwägung hinstellte, den Verein für sich zu gewinnen und die Lossprechung von dem Verdacht der Unruhestiftung zu erhalten.

Das Kesseltreiben gegen ihn begann aber erst. Die Arbeiter wurden in Plakaten aufgerufen, „verdächtigen und vielleicht im Solde des Auslandes stehenden Aufhetzern“ zu mißtrauen[45]. Der Gewerbeverein hieb mit seinem Appell an die Arbeiter gegen die „betrüglichen Verlockungen nichtswürdiger Aufwiegler“ in dieselbe Kerbe: „Ihr habt euch von den massenhaften Versammlungen entfernt gehalten, welche das edle Herz unseres guten Kaisers nur mit Betrübnis hätten erfüllen müssen. (. . .) Wer euch zu Schritten gegen das Recht, gegen die Ordnung und gegen das Gesetz, die festen Grundlagen der Freiheit, verleiten will, um dadurch die Ruhe unseres väterlichen Kaisers, die Sicherheit des Eigentums und das wahre Wohl des Allgemeinen wie des Einzelnen auch nur auf einen Augenblick zu bedrohen, der ist euer Feind wie der unserige. Wir wollen doch sehen, ob wir nicht vermögen, mit vereinigten Kräften jene Brut der Finsternis zu Paaren zu treiben[46].“

Zum Mittel persönlicher Verunglimpfung griff Josef Neumann in seinem „Anruf an einen sogenannten Herrn Dr. Schütte“ vom 16. April. Schütte wird in diesem Pamphlet ein „Verderber des Gemeinwesens und der bürgerlichen Ordnung genannt, der „in den schmerzdurchzuckten Eingeweiden meines lieben Vaterlandes und meiner Heimat gewühlt“ habe und sich „auf solche Leute, welche nach Unordnung ihre Nüstern spähend aufblasen und auf Plünderung sinnen“, stützen wolle[47].

Die solcherart gegen Schüttes „dämonisches Treiben“ geschürte Stimmung des Bürgertums machte es Pillersdorff möglich, mit dem lästigen Kritiker seines Verfassungsentwurfs kurzen Prozeß zu machen. Schütte wurde kurzerhand am 18. April angeblich wegen Ablaufens seiner polizeilichen Aufenthaltsbewilligung aus Wien abgeschoben. Die konservative Presse verbuchte diese Maßnahme triumphierend als großen Erfolg. Die „Donauzeitung“ hatte Schütte als „einen Mann, den niemand kennt, niemand achtet, der Revolutionen nachgeht und wie ein Schakal dort erscheint, wo er Leichen wittert“, apostrophiert[48]. Der drohende Hinweis auf Frankreich durfte in diesem Zusammenhang nicht fehlen: ,,Alles, was die siegreiche Partei in der Kommunisten-Republik von Frankreich fordert, wird bereits bei uns begehrt[49]". Wieweit die Aggression gegen den ,,fremden" Ruhestörer ging, zeigt folgende Stelle: ,,Ich habe Männer getroffen, die geladene Pistolen in der Absicht bei sich trugen, sie auf den Fremdling abzudrücken, wenn er sich noch einmal an der Spitze der Menge zeigen sollte[50]."

In der demokratischen Öffentlichkeit erregte das Vorgehen gegen Schütte Bestürzung und Empörung. Man erblickte in der Anwendung von Polizeipraktiken zur Abschiebung politisch mißliebiger Personen nicht nur ein Unrecht, sondern einen Rückfall in vormärzliche Methoden. Zugleich sah man in der Behandlung Schüttes eine Brüskierung der Einigungsbestrebungen mit Deutschland, wenn man den Westfalen als ,,Ausländer" bezeichnete. Die ,,Constitution" erschien mit einem Trauerrand und verkündete: ,,Wiener, reißt die deutschen Farben von der Brust; ihr seid nicht deutsch, ihr werdet es nicht werden! (. . .) Von gestern an ist unsere Freiheit ein Trugbild, eine Lüge; was gestern Schütte traf, kann heute jeden von uns treffen, die Polizei hat den Szepter wieder[51]!"

Schütte, der in der Folge wegen heftiger Angriffe der Bürger Prags auch aus dieser Stadt ausgewiesen wurde[52] und nach Sachsen ging, hatte die Genugtuung, daß die von ihm erstmals formulierten Gedanken der Volkssouveränität schon einen Monat nach seinem Auftreten in Wien realisiert wurden. Er nahm in einem Brief aus Dresden vom 1. Juni nicht zu Unrecht das Verdienst für sich in Anspruch, als erster die Gefahr der Reaktion erkannt und das im Mai erkämpfte demokratische Programm aufgestellt zu haben[53].

Auch die akademische Legion nahm sich des Falles an, wiewohl sich Dr. Lautner öffentlich gegen Schütte erklärte[54]. Die ,,gesamte akademische Legion" vereinte sich am 19. April zu einem Protest gegen einen ,,solchen höchst ungesetzlichen Akt, der einen deutschen Mann, welcher politischen Farbe er auch angehören möge, brutal und femeartig seiner persönlichen Freiheit beraubt, der die Gesamtmonarchie mit der alten Polizeiknechtschaft bedroht, der das heilige Wort des Kaisers in Frage stellt, der das Mißtrauen gegen das verantwortliche Ministerium mit den gerechtesten Verdachtsgründen unterstützt[55]".

Heftiger noch waren die Vorwürfe, die ein gewisser

J. M. Oewel an die Adresse des ruhesuchenden Bürgertums richtete: „Einen Mann, den ihr in geschlossener Phalanx mit eurer Brust, mit eurem Leben hättet decken sollen, hat die keck und zuversichtlich werdende Reaktion vor euren Augen in den Kerker geschleppt, um euch ratlos eine sichere Beute der wieder Köpfe ansetzenden Hyder des Bürokratismus und der russischen Knute werden zu lassen. Ihr selbst mußtet dabei die Spione spielen, eure Nationalgarde mußte den Häscher machen, und eure freie Presse, diese noch immer feile Metze, diese abgelebte alte Pfennigshure mit der von eurer Begeisterung erkauften Schminke mußte ihn richten. Verflucht sei eine Freiheit, die mir Knechte deuten müssen. (. . .) Ihr habt die Diktatur der Intelligenz und des Fortschritts gefürchtet und durch eure Verblendung die Diktatur der Spießbürgerlichkeit und Engherzigkeit auf den Thron des Augenblicks gehoben[56]."

Daß die hier geäußerten Befürchtungen nicht grundlos waren, zeigt das Vorgehen des Magistrats und des provisorischen Bürgerausschusses in der Zinsfrage. Blicken wir zurück auf die Entstehungsgeschichte dieser Körperschaft in den Märztagen! Bürgermeister Czapka hatte vergeblich versucht, durch Einberufung eines Bürgerausschusses den Märzsturm von seiner Person abzulenken. Dem am 15. März zur Abdankung gezwungenen Bürgermeister – in der Reaktionszeit sollte er im Polizeidienst eine zweite Karriere machen – folgten derbe Spottverse wie diese:

„In Peking war ein Bürgermeister,
Der war ein rechtes Elendkleister;
Denn als er hat gebürgermeistert,
Da war das Elend angekleistert.
(. . .)

Er lebte fast als wie ein Kaiser,
Und kaufte sich viel große Häuser;
Er konnt gar nobel zechen, prassen,
Und hat das Volk doch hungern lassen.
(. . .)

Doch hat die Sache umgeschlagen,
Das Recht den Sieg davongetragen
Drum ward der Herr von Bürgermeister
Ein abgedankter – abgereister[57]."

Am 15. März trat der 24 Mitglieder zählende Bürgerausschuß ins Leben, der sich im wesentlichen aus Repräsentanten der liberalen Fraktion der Landstände, des Großgewerbes und des juridisch-politischen Lesevereins zusammensetzte. Am 20. März wurden 12 weitere Mitglieder als Vertreter der Gewerbe, der äußeren Räte und der Vorstädte beigezogen[58]. Die Neuorganisation der Stadtverwaltung brachte also keine Demokratisierung, sondern die Stabilisierung der Macht des Besitzbürgertums. Die am 19. April veröffentlichte Wahlordnung für den Gemeindeausschuß war in diesem Sinn gehalten: 100 Vertreter sollten von den über 24 Jahre alten Bürgern, die eine jährliche direkte Steuerleistung von mindestens 20 fl nachweisen konnten (ein sehr hoher Zensus!), bzw. den Angehörigen der Intelligenzberufe gewählt werden. Vorwegnehmend sei gesagt, daß das Wahlergebnis vom 20. Mai dann ganz den Vorstellungen entsprach: 79 Vertreter des Gewerbes, 17 des Handels und 4 Beamte und Intellektuelle erhielten Sitze im Gemeindeausschuß. Auch die Wahlen des erweiterten Gemeinderats (150 Mitglieder) am 5. Oktober brachten ein ähnliches Ergebnis – nur 8717 Wähler in einer Stadt mit über 400 000 Einwohnern waren zum Urnengang berechtigt! Diesmal waren auch einige Demokraten gewählt worden; sie waren aber an den Fingern einer Hand abzuzählen[59]. Es ist wichtig schon jetzt zu betonen, daß ein politisches Mitspracherecht der sozialen Unterschichten im Bereich der städtischen Verwaltung während der ganzen Dauer der Revolution nicht verwirklicht wurde; auch der auf breiterer Basis gewählte Sicherheitsausschuß schloß Arbeiter und Gesellen von der politischen Vertretung aus.

Unter diesen Umständen war es nicht verwunderlich, daß der Bürgerausschuß im Streit um die Mietzinse eindeutig die Partei der Hausherren ergriff; in einem Erlaß vom 20. April, der auch vom Ministerium unterfertigt war, wurde die Agitation gegen die überhöhten Zinsforderungen verpönt: „Aufforderungen und Drohungen der letzteren Art [um Aufschub bzw. Senkung der Zinszahlungen] empören das Gerechtigkeitsgefühl eines jeden Ehrenhaften; sie sind ein eigenmächtiger Eingriff in das Privateigentum, sie sind eine unmittelbare Zerreißung der einem jeden ehrlichen Menschen heiligen Verträge, sie sind nur der erste Schritt zur gänzlichen Zertretung allen Rechtes, zur völligen Auflösung aller gesetzlichen Ordnung. (. . .) In letzter Richtung führt dieses Beginnen zum Umsturze aller rechtlichen Ordnung und zur Auflösung aller bürgerlichen Gesellschaft, wobei jene Aufwiegler nur im Trüben fischen und bei dem Angriffe auf unser aller Habe und Gut und auf unseren Erwerb jeder Art nur für sich selbst zu gewinnen hoffen.“ Magistrat und Bürgerausschuß hatten sich der „kräftigsten Mitwirkung der Nationalgarde“ und „nötigenfalls der Mithilfe der Militärgewalt“ versichert und ein eigenes Sicherheits-Komitee zum Schutz der angefeindeten Hausherrn gegründet: „Recht muß Recht bleiben in allen Lagen der Gesellschaft, damit wir nicht allesamt untersinken im bodenlosen Abgrund! Es muß und wird daher jeder eigentümlichen Widersetzlichkeit in Zahlung der schuldigen Mietzinse von Seite des Gerichtes mit kräftiger Unterstützung des obigen Sicherheits-Komitees die strenge Vollziehung des Gesetzes und der gerichtlichen Exekution entgegengestellt werden[60].“

Sogenannte „Friedensmänner“ aus den Reihen des wohlhabenden Bürgertums, die mit Armbinde und weißem Stab gekennzeichnet die Ordnung aufrechterhalten sollten, hatten wenig Erfolg, da die Bevölkerung unruhig blieb und weiterhin unbeliebten Hausherren, Bäckern und Fleischhauern Katzenmusiken darbrachte. Bei der Schaffung dieser Institution war England vorbildlich, wo ähnliche Ordnungshüter, dort Konstabler genannt, gegen die Demonstrationen der Chartisten eingesetzt wurden. Die Wirkungsmöglichkeit der „Friedensmänner“ war umso geringer, als sich auch die dem Kleinbürgertum der Vorstädte entstammenden Nationalgardisten nicht als Hüter der vom magistratischen Sicherheits-Komitee gewünschten Ruhe und Ordnung verstanden, sondern selbst an den sehr drastischen und zum Teil erfolgreichen Kundgebungen beteiligt waren[61]. So schritt man zur Aufstellung einer „Munizipalgarde“ genannten Sicherheitswache und Polizeitruppe, die dann im Sommer vor allem gegen die unruhige Arbeiterschaft eingesetzt wurde[62].

Die geschilderten Auseinandersetzungen öffneten die Kluft zwischen den großbürgerlichen Liberalen und den demokratischen Kräften – dieser Gegensatz sollte fortan die Entwicklung der Wiener Revolution prägen. Am Höhepunkt der Diskussionen um Schüttes Forderungen und die Mietzinsfrage beschuldigten die Volksfreunde die Liberalen des Bündnisses mit der Reaktion (17. April): „Sie wollen, jene schlauen Herren, Studenten, Nationalgarden, Bürger und Arbeiter in feindlich gegenüberstehende Lager teilen, sie haben jeden redlichen Mann, der die wahren Interessen seines Monarchen mit denen seines ganzen Volkes verschwistert und zusammenfallend erklärt, als Republikaner proskribiert, sie haben eine eigentümliche Menschenrasse, die Liberalen seit dem 13. März, zu bewußten und unbewußten Helfershelfern ihrer mittelalterlichen Intentionen mit gewohntem Scharfblick bestellt[63]."

In den April fällt auch die Gründung eines zweiten demokratischen Vereins, der zwar weniger öffentlich in Erscheinung trat, aber gleichfalls in die geschilderten Auseinandersetzungen hineingezogen wurde. Dieser Verein nannte sich „der Deutsche Adler". Aus der Presse erfahren wir erst von der zweiten Sitzung dieses Vereins unter dem Vorsitz Sigmund Engländers am 11. April; die Gründung ist daher wohl für Anfang des Monats anzusetzen[64]. Sigmund Engländer arbeitete zu dieser Zeit noch an der hochkonservativen „Donauzeitung" mit; seine Vorträge im „Deutschen Adler" erschienen noch in diesem Blatt, ehe er sich auch publizistisch selbständig machte – ein Symptom für den unscharfen Verlauf der politischen Fronten in der ersten Phase der Revolution[65]. Schon hier bekundete Engländer Interesse und Verständnis für die soziale Frage, wenn er schrieb: „Bisher haben die unteren Volksklassen immer alle Revolutionen mitgemacht, ohne einen Nutzen für ihre Lage davon zu ziehen. (. . .) Das gemeine Volk darf weder wählen noch kann es zum Vertreter gewählt werden. Es steht ganz einsam, gleichsam außerhalb der Gesellschaft, versteht unsere Sprache nicht, und diejenigen, die menschenfreundlich seine Interessen wahren wollen, wissen seine Naturlaute nicht zu deuten. (. . .) Wir dürfen es uns nicht verhehlen, daß die gebildeten Stände den untern Volksklassen gegenüber sich aristokratisch verhalten. Der ganze geschichtliche Prozeß der Neuzeit geht aber auf Ebnung der Zustände und Ausgleichung der Verhältnisse hin." Engländer betonte die Bedeutung der Bildung für den Aufstieg der Arbeiterschaft, lehnte aber die Theorien der französischen Sozialisten wie nahezu alle Wiener Demokraten ab: „Bildung ist Freiheit, und die Freiheit des Armen besteht in Brot. (. . .) Es handelt sich nicht um die Neugestaltung der Verhältnisse der arbeitenden Klassen, sondern um die Neugestaltung der Gesellschaft überhaupt. (. . .) Die Sozialisten sind wohl in dem Punkte auf dem richtigen Weg, daß sie nur in einer gänzlichen Umbildung der Gesellschaftsformen das Mittel gegen das Proletariat suchen, aber alle ihre Theorien widersprechen dem

Geiste des Lebens. (. . .) Muß auch die Gesellschaft gänzlich reformiert werden, so ist doch das Projekt der Sozialisten und Kommunisten ein Unding[66]." Der „Deutsche Adler", zu dessen Mitgliedern später noch sehr aktive Demokraten zählten, wie der Medizinstudent Josef Hrczka, der Hebraist Simon Deutsch und Dr. med. Karl Hammerschmidt, der noch 1849 in Ungarn kämpfte und später als Abdullah Bey im türkischen Gesundheitswesen wirkte, trat wie die Volksfreunde für einen konstituierenden, aus einer Kammer bestehenden Reichstag und für Schütte ein. Unter den Rednern im „Deutschen Adler" trat häufig der Student Theodor Mannheimer auf, ein Sohn des Predigers der Wiener Judengemeinde Isak Noa Mannheimer, der, wie der damals in der akademischen Legion dienende berühmte Geologe Eduard Sueß berichtet, sich intensiv mit den Theorien der französischen Sozialisten auseinandersetzte[67].

Dem „Deutschen Adler" blieben die gegen Schütte und die Volksfreunde gerichteten Anfeindungen nicht erspart. Der niederösterreichische Gewerbeverein griff den „Deutschen Adler" in beleidigender Weise an: „Der wahre deutsche Adler, der zur Sonne fliegt, ist nicht das Sinnbild solcher Gesinnung, es gibt aber auch gemeine Geier, die vom Aase ihr Leben fristen[68]."

Der Verein rechtfertigte sich vor der Öffentlichkeit mit der Bekanntgabe der Statuten und seines politischen Bekenntnisses: „Wir wollen keine Republik, aber wir wollen eine freisinnige, alle beglückende, konstitutionell-monarchische Verfassung!" Als „reaktionäre Partei" definierte der Verein „jene Personen aus dem hohen Adel, welche für ihre Privilegien und Vorrechte zittern, jene aus den hohen Beamten und Militärs, die um ihrer Güter und Würden willen in Sorge sind, gewisse Doktoren der Rechte und der Medizin, die wegen Schmälerung ihrer bisherigen Befugnisse, gewisse Bürger, die um ihre Häuser und ihres Reichtums willen bangen und zagen[69]".

Die Spuren der Wirksamkeit des „Deutschen Adlers", der in Leopold Engländers[70] Gasthof in der Währinger Straße tagte, wo sich auch die Volksfreunde nach ihrer Aussperrung aus dem bisherigen Lokal, der „Kaiserin von Österreich", zeitweilig zusammenfanden, verlieren sich nach seiner Teilnahme an der Petitionsbewegung im Mai – der „Deutsche Adler" kämpfte gemeinsam mit den anderen Demokraten um die „schleunigste Einberufung des konstituierenden Reichstags in einer Kammer" und um

„ein freisinniges Wahlgesetz mit Aufhebung jedes Zensus[71]." Seine Mitglieder gingen in der „Neuen Gesellschaft der Volksfreunde" bzw. im demokratischen Verein auf. Ein letztes Lebenszeichen gab der Verein im Juni mit einer Proklamation, die den Zerfall der Monarchie prophezeite[72]. Unter den unterzeichneten Mitgliedern dieser Kundgebung fehlt der Name Engländers; an prominenten Demokraten scheinen nur noch Ludwig Eckardt und Dr. Hammerschmidt auf.

Fassen wir die Ergebnisse der verworrenen politischen Auseinandersetzungen des April zusammen: Vor dem Hintergrund einer drohenden Auflösung der Habsburgermonarchie (Ungarn erhielt mit der Aprilverfassung auch de jure seine staatliche Selbständigkeit; die italienischen Provinzen mußten nach dem Rückzug Radetzkys aus Mailand als verloren betrachtet werden; die Tschechen meldeten energisch ihre Autonomiewünsche an) polarisierten sich schon in dieser Frühphase der revolutionären Bewegung, wie bisher kaum beachtet wurde, die gesellschaftlichen und politischen Kräfte. Ein Zeitgenosse bemerkte treffend, daß die Zinsfrage ein Vorwand werden könnte, „um die Angst der Besitzer zur vollständigen Reaktion gegen die Intelligenz und Freiheit zu organisieren". Das „niedlichste Polizeistandrecht" sei eingeführt worden, um „Ruhe um jeden Preis" herzustellen. „Man scheint den Plan gefaßt zu haben, sich auf das Bürgertum und den Besitz gegenüber den gerechten Anforderungen der Intelligenz und der Arbeit zu stützen[73]."

Die Demokraten, die sich freilich erst auf eine rudimentäre Organisation stützen konnten, traten mit einem bereits in den Grundzügen fertigen Programm gegen die Liberalen auf, die sich in der Stadtverwaltung eine feste Position geschaffen hatten und sich an die Regierung anlehnten. Es war bereits deutlich zu erkennen, daß die Stoßkraft der Demokraten, jener zahlenmäßig sehr schwachen Gruppe von Intellektuellen und Journalisten, davon abhängen würde, wieweit es ihnen gelingen konnte, das Programm der politischen Demokratie mit den sozialen Anliegen der großstädtischen Massen, des Kleinbürgertums und der Arbeiterschaft, zu verbinden. Dies sollte sich im Kampf um die Verfassung erweisen, den die Wiener Demokratie zu führen hatte.

DER STREIT UM DIE APRILVERFASSUNG

Das Ministerium, das sich schon in der Angelegenheit der Ausweisung Schüttes und der Mietzinsfrage unsicher und schwankend gezeigt hatte, verlor sein Gesicht vollends durch die Oktroyierung einer untauglichen Verfassung. Der Weg von der absolutistischen Regierungsform zum System konstitutioneller Ministerverantwortlichkeit war mit Schwierigkeiten gepflastert. Nur Schritt um Schritt erfolgte die Machtablöse in den Führungsgremien. Am 17. März hielt die Staatskonferenz ihre letzte Sitzung ab; das am 20. März gebildete Kabinett setzte sich aber ausschließlich aus Männern zusammen, die schon dem alten Regime gedient hatten[1]. Metternichs persönlicher Gegner Graf Kolowrat, der unverdient in den Ruf einer gewissen Liberalität gekommen war, bekleidete die Stelle des Ministerpräsidenten, dankte aber schon am 4. April ab und wurde am 19. April in den Ruhestand versetzt. Das Auswärtige übernahm Graf Ficquelmont, der dann in Kolowrats Funktion eintrat; für das Innere war Freiherr von Pillersdorff, für die Justiz Graf Taaffe, für die Finanzen der ehemalige Hofkammerpräsident Kübeck zuständig. Am 27. März wurde Sommaruga zum Unterrichtsminister ernannt, am 2. April Feldmarschalleutnant Zanini zum Kriegsminister, den Graf Latour am 29. April im Amt ablöste. An die Stelle Kübecks trat am 3. April Baron Krauß. Taaffes Ressort bekleidete seit 20. April Sommaruga, der auch sein früheres Portefeuille provisorisch weiterführte[2]. Es waren also durchgehend Angehörige der traditionellen Führungsschichten, vor allem der vormärzlichen Bürokratie, die in einem noch völlig unsicher agierenden Kabinett den geänderten Verhältnissen gegenüberstanden. Wenig respektvoll, aber nicht unzutreffend nannte man im Volk das Ministerium den „fünffachen Zopf"[3].

Die häufigen Revirements im Kabinett ließen die Regierung im März und April keine klare Linie finden. Von allen Ministern erwies sich Freiherr Franz von Pillersdorff, ein damals 62jähriger, in der Schule der altösterreichischen Bürokratie hochgedienter Beamter, noch als die bedeutendste Persönlichkeit[4]. Seine Tätigkeit als Innenminister stellte ihn am stärksten in das Rampenlicht der Öffentlichkeit. Pillersdorffs schwierigste Aufgabe war die Einlösung des vom Monarchen in höchst vager Form am 15. März abgegebenen Konstitutionsversprechens. Zur Beratung der Verfassung setzte sich der Minister mit dem vom 10. bis zum 17. April in Wien tagenden ständischen Ausschuß ins Einvernehmen[5].

Angesichts der erwähnten Forderungen der Demokraten nach der Einberufung eines konstituierenden Reichstags drängte die Zeit; das Ministerium mußte schon bei der übereilten Ausarbeitung des Verfassungstextes fürchten, daß sein Oktroy ein Mißerfolg werden könnte. Die Ausschreibung der Wahlen nach Frankfurt berührte die staatsrechtlichen Verhältnisse Österreichs in ihrem Innersten, setzte aber auch die Frage des allgemeinen Wahlrechts, das man auf alle Fälle vermeiden wollte, auf die Tagesordnung.

August Zang, der schon am 8. April in einer Flugschrift „Lebensfragen für die österreichische Monarchie" die „augenblickliche Anordnung allgemeiner Wahlen, wo jeder großjährige Staatsbürger Wähler und wählbar ist", und die „unverzügliche Eröffnung der aus diesen Wahlen hervorgegangenen wahren Volksvertretung" verlangt hatte[6], stellte in einem weiteren Flugblatt mit dem ironischen Titel „Bescheidene Fragen" vom 16. April die Verlegenheit des Kabinetts in ein grelles Licht. Die eben veröffentlichten Grundzüge des Verfassungsentwurfs Pillersdorffs wurden einer ätzenden Kritik unterzogen, wenn Zang sein Befremden darüber ausdrückte, „daß ein so besonnener und in der legislativen Laufbahn ergrauter Staatsmann gerade an diesem Tage und mit so sichtlicher Übereilung für notwendig fand, diese politische Sonde in den Ozean der öffentlichen Meinung zu werfen". Zang machte auf die Widersprüche des geplanten Verfassungswerkes mit den Frankfurter Einigungsbestrebungen, der ungarischen Verfassung und den Forderungen der eben in Wien weilenden galizischen Deputation aufmerksam und bemerkte bissig: „Dürfte es daher dem ehrfurchtsvollst Unterzeichneten erlaubt sein, an Seine Exzellenz den Herrn Minister des Innern die bescheidenen Fragen zu stellen, für wen denn eigentlich diese mit solchem à propos angekündigte Konstitution bestimmt sei? Und ob Herr von Pillersdorff durch das außerordentliche Schicksal seines Preßgesetzes ermutigt, der Konstitution seines unteilbaren

Ganzen ein ähnliches Schicksal am deutschen Bundestage bereiten wolle[7]?"

Auch im Kabinett selbst war man sich dieser Schwierigkeiten bewußt, wie Ministerpräsident Ficquelmont in seiner Rechtfertigungsschrift bemerkte: „Zweifelhaft war der Erfolg von dem Augenblicke geworden, wo die deutschen Ideen eines allgemeinen Wahlrechtes schon bis nach Wien vorgedrungen waren, eine Unmöglichkeit aber, sobald man sich in Wien der Notwendigkeit hatte fügen müssen, den Beschluß des Bundestages für die Wahlen zu dem deutschen Parlamente anzunehmen. Bei dieser Sachlage hatten wir zu besorgen, einen konstituierenden Reichstag als Produkt eines allgemeinen Stimmrechtes zu bekommen, welches Recht allen früheren österreichischen Verhältnissen so entfernt lag. Aber auch die Oktroyierung hatte ihre eigentümlichen Gefahren; wir mußten darauf gefaßt sein, einen Teil der Bevölkerung gegen die neue Verfassung protestieren zu sehen[8]."

Trotz dieser Bedenken entschloß sich das Kabinett, nach Rücksprache mit dem Hof und „wenigen, jedoch für die Gewissensruhe des hohen Rates wesentlichen Modifikationen"[9] die Verfassungsurkunde zu publizieren[10]. Für die Endredaktion war die belgische Verfassung als Vorbild herangezogen worden; den spezifischen nationalen und politischen Gegebenheiten der Habsburgermonarchie trug die Pillersdorffsche Charte in keiner Weise Rechnung.

Zentralgedanke der Aprilverfassung war das Prinzip der „Vereinbarung", die zwischen Krone und einem aus Adel und Großbürgertum gebildeten Reichstag stattfinden sollte. Von der Souveränität dieser Versammlung, wie sie von den Demokraten gefordert wurde, war keine Rede. Dem Kaiser sollte die vollziehende Gewalt allein, die gesetzgebende „im Vereine mit dem Reichstage" zustehen. Der Reichstag zerfiel nach Pillersdorffs Entwurf in den Senat, gebildet aus den Prinzen des Kaiserhauses, vom Monarchen frei zu ernennenden Mitgliedern und aus 150 „von den bedeutendsten Grundbesitzern" zu wählenden Abgeordneten, und in die Abgeordnetenkammer mit 383 Mitgliedern, für die eine Wahlordnung erst in Aussicht gestellt wurde. Wesentliche Punkte wie Preßgesetz, Vereinsgesetz, konfessionelle Gleichberechtigung, Schwurgerichtsordnung, Nationalgarde- und Gemeindegesetz blieben zukünftigen Gesetzgebungsakten vorbehalten. Den Provinzialständen war eine bedeutende Rolle zugewiesen, insbesondere sollten sie ,,die zeitgemäßen Änderungen über die Art der Ersatzleistung der ablösbar erklärten Grundlasten" dem Reichstag vorlegen[11]. Die Klärung der Agrarfrage sollte also von oben erfolgen, nicht auf demokratischem Weg. Ein kaiserliches Patent vom 11. April war in diesem Sinn vorausgegangen[12].

Die Pillersdorffsche Verfassung mit ihren auf die Landstände und das Großbürgertum zugeschnittenen Prinzipien konnte nur in diesen Kreisen Anklang finden. Man hatte den Tag ihrer Verkündigung mit den Geburtstagsfeierlichkeiten für den Monarchen zusammenfallen lassen; juridisch-politischer Leseverein und Gewerbeverein veranstalteten einen Fackelzug als Geste der Dankbarkeit für das ,,Geschenk" der Verfassung. Daß bei dieser Gelegenheit eine schwarzgelbe Fahne – die Farben der Dynastie und des österreichischen Gesamtstaatsdenkens – vorangetragen wurde, verärgerte die Demokraten, denen die schwarzrotgoldenen Farben als Symbol ihrer politischen und nationalen Bestrebungen galten[13].

In der demokratischen Presse erhob sich ein Sturm gegen die Tatsache des Oktroys und gegen das Zweikammersystem[14]. Noch vor der offiziellen Publikation der Verfassung protestierte die demokratische Publizistik in scharfen Worten gegen die Bevorzugung des Adels: ,,Hebet euch hinweg, ihr erbärmlichen Sprossen eines wankenden Stammes! Mit euch ist nichts anzufangen, und schart ihr euch wirklich in einer oberen Kammer zusammen, so sollt ihr sehen, wie der Hauch des Volkszornes euch auseinanderstäuben wird. (. . .) Der ärmste Kleinhäusler soll durchaus nicht weniger sein als der Fürst Liechtenstein. (. . .) Denn die Aristokratie ist gerichtet von ganz Europa, und sie soll nicht länger leben als drei Tage, um sich auf ihr letztes Stündlein reumütig vorzubereiten[15]."

Ferdinand Kürnberger, der später als Kritiker und Essayist berühmt gewordene Schriftsteller, damals noch Student, schrieb: ,,Das Zweikammersystem ist eine Ungerechtigkeit, ein Unsinn! Ein Volk, Eine Kammer, Ein konstitutioneller Monarch! Jede andere Form wie in England ist nur ein vergoldeter Zopf, ein gutgemachter Fehler und widerspricht der Aufgabe des modernen Staates[16]."

Am schärfsten kritisierten die demokratischen Journalisten Andreas von Stifft d. J. und Hermann Jellinek[17] die Verfassung.

Stifft hob die Problematik der Verbindung von Krone, Aristokratie und Besitzbürgertum hervor und warnte vor den Konsequenzen dieser Allianz: „Eine Krone kann in Europa aber nur dann gerettet werden, wenn sie sich über den sozialen und politischen Bewegungen der Zeit erhält. Durch das Zweikammersystem begibt sich die Dynastie erst recht in die Mitte der stürmischen Bewegung, weil sie ihr Heil, ihre Hoffnung nicht auf die Gesamtheit, sondern auf das aristokratische Element derselben setzt, ein Element, welches früher oder später dem Untergang geweiht ist und mit sich reißen wird, was auf ihm ruht, während das demokratische Element das stabile ist, weil es bestehen wird, bestehen muß in aller Zeit, der Zeiten letzter Erbe, neben und mit den aristokratischen Potenzen, oder nach und über ihnen. (. . .) Österreichs Regierung ist in diesem Werke wahrlich nicht über sich hinausgekommen, sie hat beabsichtigt ein Bollwerk zu schaffen für den Monarchen, seine Familie und den historischen Adel, und die besitzende Klasse eingeladen, es zu bilden, zu verstärken, da sie ja auch Republik und Kommunismus zu fürchten habe wie jene.“ Durch die Verfassung sah Stifft die Klassenspaltung, die in der Organisation der Nationalgarde auf bürgerlicher Basis ihren Grund hatte, verewigt: „Die Nationalgarde wurde derzeit schon in so hohem Grade als Aristokratie der Ruhe und des Kleinbesitzes gegen das Volk verwendet, daß ihr der Lichtschein des volkstümlichen Elementes in Bälde entzogen sein wird, eine Munizipalgarde wird in Kürze den zitternden angstscheuen Besitz noch kräftiger schützen, und mit allen diesen Vorkehrungen eine eherne Mauer gegen den Demos, gegen das Proletariat gebildet sein, über dessen Brustwehr ihm nun die Almosen der Staatsbauten und der Pfänderauslösung zugeworfen werden[18].“

Jellinek stellte fest, daß das Volk, dessen Werk die Revolution gewesen war, durch die Verfassung um die von ihm erkämpften Rechte betrogen werden sollte. Das Recht für alle, das die Revolution auf ihre Fahnen geschrieben hatte, drohte sich in Vorrechte und Privilegien des Adels und des Besitzbürgertums aufzulösen: „Die Märzrevolution hat das Volk gemacht, der ‚Pöbel‘, auf den die Bourgeoisie so stolz herabblickt, das ‚Gesindel‘, welches der ‚hohe Adel‘ für ‚Bestien‘ erklärte: Die Märzrevolution war das große Werk der Volksmassen.“ Die Verfassung Pillersdorffs, so Jellinek, kenne nicht die „Rechte eines souveränen Volkes; sie negiert die Volksbedeutung und setzt an deren Stelle ein philistrӧses Bürgertum. (. . .) Das Wiener Volk wird doch wahrlich seine eigene blutig vollbrachte Revolution nicht verspotten lassen[19]?"

Die Appelle der Demokraten konnten sich auf eine wachsende Volksbewegung stützen. Mit dem Streit um die Verfassung setzte die politische Bewußtseinsbildung in den Massen ein, die – zunächst noch ohne zielbewußte Führung – ihrem Groll gegen Einzelpersonen und Institutionen Luft machte. Der Unmut richtete sich zunächst gegen den Ministerpräsidenten Ficquelmont, den man geheimer Verbindungen mit Rußland und reaktionärer politischer Machenschaften bezichtigte. Lärmende Kundgebungen am 2. und 3. Mai nötigten Ficquelmont, der die Lage nicht mehr zu überblicken vermochte, zum Rücktritt[20]. Pillersdorff trat den Vorsitz im Ministerrat an; am 20. Mai übernahm der alte Freiherr von Wessenberg das Außenministerium. Die Parolen, die bei den Demonstrationen gegen Ficquelmont ausgegeben wurden, wendeten sich auch gegen den juridisch-politischen Leseverein, der alles Vertrauen im Volk eingebüßt hatte und dessen Mitglieder nun als „Servile! Bürokraten! Ultra-Konservative! Schlafhauben!" insultiert wurden. Gegen diese „Aristokraten, Bürokraten und Philister" wurden Pereat-Rufe laut[21].

Wer geglaubt hatte, daß die Revolution schon als abgeschlossen zu betrachten wäre, wurde durch diese Kundgebungen eines Besseren belehrt. Es zeigte sich, daß der Mai für die aus der alten Regierungstradition kommenden Träger der Macht ein unruhiger Monat werden sollte.

DIE „ZWEITE REVOLUTION" IM MAI – EIN SIEG DER DEMOKRATIE?

Der erste Sieg über das nachrevolutionäre Kabinett war von einer noch ganz unorganisierten Volksmenge errungen worden. Für die Demokraten ging es darum, diesen Erfolg abzusichern und die Verwirrung der konservativen Kräfte zur Festigung der eigenen Reihen zu benützen. Vorderhand wurde die Aprilverfassung als gegebene Tatsache akzeptiert, vom Wahlrecht her wurden aber ihre Grundlagen in Frage gestellt. Den ersten Schritt tat das Studentenkomitee unter dem Vorsitz Dr. Goldmarks mit der Petition an das Ministerium vom 5. Mai. Mitunterfertigter Schriftführer des Komitees war damals übrigens Josef Unger, der es später als bedeutender Jurist selbst bis zum Minister brachte[1].

Die Studentenschaft verlangte die Demokratisierung des Wahlrechts; für das Abgeordnetenhaus sollte überhaupt kein Zensus gelten. Die erste Kammer sollte vom Volk selbst gewählt werden und nur „ein nicht ganz unbedeutender Grundbesitz" zur Wahl in den Senat befähigen; auch sollte der Monarch nicht das Ernennungsrecht von Mitgliedern für die erste Kammer erhalten. In eine nach den Bestimmungen der Aprilverfassung gewählte Kammer „würde das Volk das höchste Mißtrauen setzen, da es mit vollem Recht befürchtet, daß die in derselben sitzenden Mitglieder als bloße Vertreter der gefährlichsten aller Aristokratien, der Geld-Aristokratie, die wahren Bedürfnisse des Volkes nicht entsprechend befriedigen werden[2]".

Eine von der Nationalgarde und dem Bürgerkorps gefertigte Adresse vom folgenden Tag machte sich die Forderungen der Studenten zu eigen[3]. Diese angesichts der Haltung der Nationalgarde im April erstaunliche Stellungnahme hing mit einem Vorstoß der kleinbürgerlichen Elemente zusammen. Die Mehrzahl der kleinbürgerlichen Nationalgardisten aus den Vorstädten erhoffte sich von der Mietzinsbewegung eine Besserung ihrer Lage und wurde sich immer stärker der sozialen Kluft bewußt, die sie von den Geschäftsleuten und Hausherren trennte, die den Nationalgardedienst vor allem als waffenklirrendes Auftreten gegen die aufbegehrenden Unterschichten verstanden.

Auch die Abneigung gegen den Kommandanten Hoyos, der am 2. Mai von seinem Posten abtreten mußte, aber schon am 8. Mai wieder auf ihn zurückkehrte, trug zu dieser Radikalisierung von Teilen der Nationalgarde bei. Die Zeit der Führungslosigkeit wurde benützt, um von unten her eine Organisation der Nationalgarde zu schaffen, welche die politischen Rechte dieser Körperschaft wahrnehmen sollte. Die Agenden der Nationalgarde wurden vom Verwaltungsrat ausgeübt. In dieser Körperschaft, deren Hauptsorge Uniformierung und Adjustierung der Nationalgarde war, saßen nur wohlhabende Bürger, welche die Tradition der alten Bürgermiliz mit ihrer Freude an pseudomilitärischem Pomp und politischer Abstinenz möglichst bruchlos fortführen wollten[4].

Gegen dieses Gremium begehrten die kleinbürgerlichen Elemente der Nationalgarde anfangs Mai auf. Am 7. Mai konstituierte sich das „Politische Zentralkomitee der gesamten Nationalgarde Wiens" als „Organ, durch welches die Meinungen der Nationalgarde bezüglich der Entwicklung der konstitutionellen Freiheit auf dem Wege der Gesetzlichkeit zur Geltung kommen sollen[5]".

Am 10. Mai wählten die Kompagnien der Nationalgarde und der akademischen Legion je einen Vertreter in dieses neue, 200 Köpfe zählende Gremium. Das Zentralkomitee hatte freilich nur wenige bewußt politisch denkende und noch weniger demokratische Mitglieder in seinen Reihen, doch gaben die Repräsentanten der akademischen Legion wie Fischhof, Goldmark oder der Jusstudent Anton Willner den Ton in der eher schwerfälligen und parlamentarisch unerfahrenen Körperschaft an. Die konservativ gesinnten Deputierten der großbürgerlichen Nationalgardekompagnien der Innenstadt fühlten sich im Zentralkomitee wenig behaglich, die „schwarzgelben" Garden des Kärntnerviertels traten sofort wieder aus dem Komitee aus[6].

In diese sich ihrer Ziele noch kaum klar gewordene Bewegung hinein fiel die Wahlordnung Pillersdorffs vom 9. Mai, die eine Polarisierung der politischen Kräfte bewirkte. Bezüglich der Wahlberechtigung für den Senat hielt die Kundmachung an den in der Aprilverfassung proklamierten Grundsätzen fest. Die Wahlen für die Abgeordnetenkammer sollten indirekt über Wahlmänner stattfinden. Kategorisch wurde festgestellt: „Arbeiter gegen Tag- oder Wochenlohn, Dienstleute und Personen, die aus öffentlichen Wohltätigkeits-Anstalten Unterstützungen genießen, können nicht als Wähler auftreten[7]." Das Zentralkomitee schritt sofort zur Diskussion dieser Wahlordnung (12. Mai). Die Ausschließung der Arbeiter vom Wahlrecht bildete in dieser Phase erst für wenige Deputierte des Zentralkomitees einen Stein des Anstoßes, nur Theodor Mannheimer, ein Sohn des Predigers der Wiener jüdischen Gemeinde, protestierte gegen diese Bestimmung[8]. Wie man damals die Arbeiterfrage noch mit einer Almosenaktion lösen zu können glaubte, zeigt ein „Aufruf zur Beschäftigung brotloser Arbeiter" vom 10. Mai. Gegen die „Gefahr des Proletariats" sollten die Wohlhabenden nach diesem Programm täglich einen Kreuzer als Spende für die Arbeitslosen opfern: „Darum beteiligt euch und bedenkt, daß der Kreuzer von jetzt euch vielleicht euer ganzes Eigentum für alle Zukunft sichert[9]." In kleinbürgerlich-zünftischen Kreisen hielt man das Wahlrecht für die „Arbeitenden und Dienenden" für nicht sinnvoll: „Jede Berufsklasse bildet eine große Familie, in welcher keine Parias aufkommen dürfen. (. . .) Jede Berufsklasse hat, wenn auch mit sehr verschiedenartigen Benennungen Meister, Gesellen, Lehrlinge. Politische Rechte können nur durch die Meister ausgeübt werden[10]."

Unter diesen Umständen war vom Zentralkomitee wenig Initiative in der Arbeiterfrage zu erwarten; immerhin wurde eine Kommission nominiert, die sich mit diesen Problemen beschäftigen sollte. Die Stimmen der wenigen „Radikalen" im Zentralkomitee, die einen konstituierenden Reichstag forderten, gingen in der gemäßigten Mehrheit unter.

Die Tatsache allein, daß unter der intellektuellen Leitung der akademischen Legion politische Diskussionen in der Nationalgarde geführt wurden, erregte aber das Mißtrauen der Regierung aufs höchste. Schon am 6. Mai hatte Kriegsminister Latour als Antwort auf die Studentenpetition im Ministerrat vorgeschlagen, aus der akademischen Legion Rekrutierungen für die Italienarmee vorzunehmen[11]. So erließ Hoyos, um weitere Debatten abzuschneiden[12], am 13. Mai einen Tagesbefehl mit der brüsken Anordnung der Auflösung des Zentralkomitees: „Politische Verhandlungen sind mit dem Institute der Nationalgarde unverträglich, und Beratungen über solche Gegenstände in den Versammlungen der Nationalgarden, wobei sich gewählte einzelne Individuen als Vertreter des Gesamtwillens ihrer Kommittenten mit unbeschränkter Vollmacht vereinen, sind durchaus unzulässig[13]."

Nachdem Deputationen, die bei Pillersdorff die Rückgängigmachung dieses Befehls durchzusetzen versuchten, abschlägig beschieden worden waren, beschloß die akademische Legion, in einer Massendemonstration das Ministerium zum Nachgeben zu zwingen. Die von Schütte vor einem Monat empfohlene Vorgangsweise wurde nunmehr realisiert. Als Parolen wurden Rücknahme des Tagesbefehls vom 13. Mai, Abänderung des Wahlgesetzes im Sinne der Studentenadresse vom 5. Mai und Räumung der Stadt vom Militär ausgegeben. Der Tag der Sturmpetition ist von Teilnehmern und Beobachtern wie Kudlich, Füster und Laube so oft und anschaulich beschrieben worden, daß sich hier ein näheres Eingehen auf den äußeren Ablauf der Ereignisse erübrigt.

Der Aufmarsch der Legion und großer Teile der Nationalgarde in geschlossenen Massen vor der Hofburg, wo der Ministerrat tagte, bewirkte ein Nachgeben des Ministeriums in allen Punkten. Das Prinzip der Volkssouveränität mußte von der Regierung zugestanden werden; die gegebene Verfassung und die Wahlordnung galten nur mehr als Provisorien. In den Ablauf der Sturmpetition hatten die Arbeiter, die auf den öffentlichen Bauplätzen beschäftigt waren, entscheidend eingegriffen. Ursprünglich war eine Dankkundgebung für die Arbeitsbeschaffung durch das erst vor wenigen Tagen ins Leben gerufene Arbeitsministerium geplant[14], doch wurde am 15. Mai schon der Ruf nach Barrikaden laut, um den Forderungen Nachdruck zu verleihen. Friedrich Kaiser berichtet vom Zug der Arbeiter „mit Schaufeln, Spaten und Eisenstangen versehen" durch die geöffneten Stadttore zum Josefs- und Michaelerplatz, wo sie sich hinter der akademischen Legion aufstellten: „Es war ein Werk des demokratischen Vereins, welcher einige seiner Mitglieder in die Fabrikswerkstätten entsandt und die dortigen Arbeiter hatte harangieren lassen. Auf die Frage, was sie eigentlich wollten, gaben diese die Antwort: ‚Wir sind die Barrikadenbauer!' Dieser Ausdruck überraschte selbst uns Legionäre, da bis dahin niemand noch an die Erbauung von Barrikaden gedacht hatte, und derselbe nur zu deutlich die Absicht des demokratischen Vereins, eine Revolution nach französischem Muster in Szene zu setzen, verriet[15]."

Wieweit der hier behauptete Einfluß des demokratischen Vereins auf die Arbeiter tatsächlich ging, muß dahingestellt bleiben. Jedenfalls fallen in die Zeit der fieberhaften politischen Aktivität der ersten Maiwochen auch wichtige Ansätze zu einer strafferen Organisation der demokratischen Gruppen. An die Stelle von Chaises, der die durch die Ausweisung Schüttes gerissene Lücke nicht schließen konnte, trat Karl Tausenau, ein vierzigjähriger Mediziner und Sprachlehrer aus Prag. Tausenaus Persönlichkeit, besonders sein Auftreten als effektvoller Volksredner, wurde von Freund und Feind als außerordentlich eindrucksvoll beschrieben. Kaiser, der sonst den Demokraten wenig Gutes nachzusagen wußte, nannte Tausenau einen „Mann von wirklich vielseitiger Bildung"[16]. Nach Violands Dafürhalten war Tausenau der einzige, der „die ganze Bewegung klar erkannte und welcher bei seinem umfassenden Wissen, seinem Talente, seiner außerordentlichen, das Volk unwiderstehlich ergreifenden kühnen Beredsamkeit derselben vielleicht eine andere Richtung zu geben im Stande gewesen wäre[17]". Tausenau hatte schon im Vormärz im Bierhaus „zur großen Tabakspfeife" in der Goldschmiedgasse einen oppositionellen Kreis um sich geschart; er gehörte auch dem juridisch-politischen Leseverein an. Seinem Einfluß gelang es rasch, Chaises von seiner Führungsrolle in der Gesellschaft der Volksfreunde zu verdrängen. Die beiden Männer sollten zwar später gemeinsam in demokratischen Organisationen wirken, blieben einander aber nicht gewogen. Chaises organisierte die bei ihm Verbleibenden im „Alten Verein der Volksfreunde", der in den „Fünf Lerchen" in der Weißgerber-Vorstadt tagte, aber nur wenig Erfolg hatte und nach einigen Wochen zu bestehen aufhörte[18].

Tausenau gelang es, im „Neuen Verein der Volksfreunde" die bedeutendsten Demokraten um sich zu scharen, unter ihnen Becher, Jellinek, Stifft, den ehemaligen k. k. Hofsekretär Maximilian Gritzner und seinen gleichnamigen Sohn, der bei der „Constitution" mitarbeitete, Eckardt, Violand und Dr. Johann N. Berger, der es in der liberalen Ära bis zum Minister brachte.

Der Verein Tausenaus gab sich am 10. Mai Statuten, die uns in einer Abschrift im Kriegsarchiv überliefert sind. Die Gesellschaft Tausenaus verfolgte – wie es in der damals üblichen Umschreibung hieß – die „demokratische Entwicklung des monarchisch-konstitutionellen Prinzips" (§ 1) und gab als Mittel dazu an: „Sie wählt nur die legalen Hebel der Freiheit zur Erreichung ihrer Zwecke, die Presse in allen Formen ihres mächtigen Wirkungskreises, Eingaben, Vorschläge und Petitionen an alle gesetzlichen

Autoritäten, Einfluß auf die Wahlen als reines Ergebnis der Volksgesinnung und Verhinderung der Wahlumtriebe, organische Einigung der um dasselbe Banner gescharten politischen Kämpfer usw. werden die wichtigsten Werkzeuge ihrer Tätigkeit sein[19]."

Wie Violand berichtet, beteiligte sich Tausenau aktiv an den Vorgängen des 15. Mai. Seine Forderung nach direkten Wahlen konnte allerdings nicht mehr durchgesetzt werden. Im Gedränge verletzt, konnte Tausenau bis September seine Wohnung nicht verlassen. Dieser Umstand ermöglichte es Chaises, wieder stärkeren Einfluß in der demokratischen Bewegung zu gewinnen.

Angesichts der leicht errungenen Erfolge der demokratischen Massenbewegung – man wagte es nicht, das Militär gegen die Sturmpetition einzusetzen – gerieten die in die Defensive gedrängten Konservativen in heftigen Zorn. Für den „Hans Jörgel" war der 15. Mai ein „Tag der Verblendung für Wien", er empörte sich über die „Roten": „Dös sein die Wühler, Aufwiegler und Republikaner mit ihrer Blutfahn[20]."

Die Demokraten feierten ihren Erfolg. Stifft konstatierte das Ergebnis des 15. Mai: „Österreich ist zu einer demokratischen Monarchie geworden[21]." Dieses Programm der „demokratischen Monarchie", das bis in den Oktober hinein das Losungswort der Linken blieb, die geradezu ängstlich das Wort „Republik" vermied, verknüpfte der „Freimütige" mit einem Reformprogramm für die Arbeiter: „Ja, wir sind Emissäre der großen europäischen Propaganda, die 200 Millionen Köpfe zählt, wir zittern nicht wie ihr vor der Frage des Proletariats, das jedenfalls eine größere Berechtigung hat als euer Schoßkind, der Adel, dieser Auswurf der modernen Gesellschaft, ja, wir wollen republikanische Einrichtungen. (. . .) Wir wollen die Monarchie als respektable Spitze eines republikanischen Baues; wir wollen die friedliche Lösung der sozialen Frage, die Erziehung des Proletariats zum bewußten Menschentume und dessen angemessene Versorgung[22]."

Von den politischen Rechten der Arbeiter, deren Eingreifen wesentlich zum Erfolg der Sturmpetition beigetragen hatte, war allerdings in der Folgezeit wenig die Rede. Charakteristisch für die Haltung der Demokraten gegenüber ihren wichtigsten und zuverlässigsten Kampfgenossen ist das „Den Proletariern" gewidmete Gedicht Ferdinand Sauters, dessen anklagender Ton dann in Resignation ausklingt:

„Gott zum Gruß, ihr wackern Leute,
Glaubt, ich kenne eure Not;
Lange schon des Kummers Beute,
Gibt die Freiheit euch kein Brot.

Und ihr müßt noch immer darben,
Euch berührt der Jubel nicht,
Der, beschwingt von deutschen Farben,
Aus der Jugend Kehlen bricht.

Gleichheit ist euch eine Fabel,
Wißt, die Habsucht blieb sich gleich;
Kärrner ihr am Turme Babel,
Glaubt, ihr werdet nimmer reich.
(. . .)

Dennoch tragt mit starken Schultern,
Des Entbehrens Riesenlast;
Wißt, daß auch bei vollen Multern
Sitzt die Trauer oft zu Gast. –

Mag ein Strahl erleuchten jene,
Denen Liebe ward zum Spott;
Brüder, schluckt hinab die Träne,
Denn noch lebt ein ew'ger Gott[23].“

Die Freude der Demokraten über den gegen eine schwache Regierung so leicht errungenen Sieg sollte bald getrübt werden. Die Familie des Kaisers entführte in der Nacht des 17. Mai den schwachen Monarchen nach Innsbruck. Der Plan zu diesem folgenschweren Entschluß war von Erzherzogin Sofie ausgegangen, der Gemahlin des Erzherzogs Franz Karl und Mutter Franz Josefs I. Die konservative Bevölkerung Tirols und die Anlehnung an die italienische Armee sollten dem Hof jene Distanz von den Ereignissen geben, von der aus die revolutionären und nationalen Bewegungen durch geschicktes Ausspielen gegeneinander unter Kontrolle gebracht werden konnten. Erzherzogin Sofie soll den Grund für die Abreise des Hofes aus der Residenz in diesem Sinn formuliert haben: „Nur außerhalb des Herdes des Aufstandes kann man dessen Herr werden[24].“

Vom Hochgefühl des Sieges über das Ministerium schlug die Stimmung in Wien in einen wahren Katzenjammer um. Die Anhänglichkeit an die Dynastie und an den Monarchen war in der „Kaiserstadt" so groß, daß man die Schuld nur auf die Aristokratie und eine reaktionäre Hofpartei, die „Camarilla", schob. Der wegen seiner Leutseligkeit und durch die von ihm in den Märztagen bewiesene Gutmütigkeit – „ich laß' net schießen" – beliebte Kaiser Ferdinand I. blieb von den Vorwürfen, die gegen die Ratgeber der Krone geschleudert wurden, zu dieser Zeit noch ganz verschont[25]. Bei der Beurteilung dieser in weiten Teilen der Bevölkerung verbreiteten Treue für einen unfähigen und nur der gerade am Hof stärkeren Partei hilflos nachgebenden Herrscher muß auch bedacht werden, daß die typische „Wiener Industrie" wie Seidenerzeugung, Leder- und Galanteriewarenfabrikation sehr wesentlich vom Residenzcharakter der Stadt abhing. Der Verlust des Hofes und der Aristokratie als Kundenkreis brachte das ohnehin schwer um seine Existenz ringende Kleinbürgertum an den Rand des wirtschaftlichen Ruins und ließ die meisten seiner Angehörigen die revolutionären Anwandlungen rasch vergessen[26]. Laube, der diesen Stimmungsumschwung in den Maitagen aufmerksam beobachtete, sprach von einem „konservativen Sturmwind", der sich nach dem 17. Mai erhob: „Ich weiß es nicht, von wo jetzt plötzlich das andere Heer kam, das feindliche gegen die Revolution. Aber es war da[27]." Laube hielt auch die Worte eines älteren Offiziers fest, der den Plan der Reaktion kurz und bündig aussprach: „Deshalb wird man keine neuen Truppen [nach Wien] hineinwerfen, sondern man wird mählich, mählich die toll gewordene Hauptstadt ‚zernieren' und wird endlich mit einem großen Schlage die revolutionäre deutsche Wirtschaft begraben[28]."

Unter diesen Umständen war es eine schwere Fehleinschätzung der Lage, wenn einige wenige Revolutionäre glaubten, die Abreise des Kaisers zu einem offensiven Vorgehen nützen zu können bzw. gar an das Vorhandensein einer revolutionären Situation dachten. Das Unternehmen Häfners und Tuvoras vom 18. Mai, in den Fabriksvorstädten Wiens die Republik zu proklamieren, scheiterte kläglich. Anstelle des langsamen und systematischen Aufbaus einer demokratischen Organisation wollten sie im sogenannten „Journalistenputsch" eine Überrumpelung der Regierung versuchen. Häfner hat selbst in der Emigration offen über sein damaliges Verhalten gesprochen. Er „unterrichtete das Volk von der Wegführung des Kaisers und forderte, unter Ermahnungen, Eigentum und Personen zu schonen, auf, mit den Waffen in der Hand, die Einsetzung einer provisorischen Regierung zu verlangen, da die Freiheit auf dem Spiele stehe, der Kaiser entflohen und das Ministerium Pillersdorff ohnehin nur ein provisorisches sei“.

Nach der Schilderung Häfners hätten ihn die „Gumpendorfer wackeren Blusenmänner“ gegen die „aufgeblasenen Spießbürger“ der bürgerlichen Mariahilfer Nationalgarde, die ihn und Tuvora hängen wollten, beschützt. Die beiden Journalisten wurden in der Nähe der Seidenfabrik Hornbostel verhaftet und in einem Wagen zuerst ins bürgerliche Zeughaus, dann ins Kriminalgericht gebracht, wobei sie vor einer aufgehetzten Menge geschützt werden mußten. Den Illusionismus Häfners zeigt sein mit den realen Machtverhältnissen in krassem Widerspruch stehender Plan. Er wollte „mit 30 000 Vorstadtgarden und Proletariern die sogenannte Staatskanzlei (Ministerium des Äußern und des Hauses) und die daranstoßenden Lokalitäten der Regierung für Niederösterreich, sofort die Staatsdruckerei und mit Hilfe der Menge, die gewiß jeden Augenblick zahlreicher zugeströmt wäre, sämtliche Ministerialgebäude besetzen, für den gewaltsam entführten Kaiser eine provisorische Regierung mit diktatorischen Vollmachten einrichten, zahlreiche Verhaftungen vornehmen, alsogleich Abgeordnete an das ungarische Ministerium, an den slawischen Kongreß, an das deutsche Parlament und an die Mailänder provisorische Regierung senden, Revolutionskommissäre für alle Landesteile bestellen und alle Völker Österreichs einladen, Abgeordnete zu einem Völkerkongreß nach Wien zu schicken[29].“

Nach der Darstellung des reaktionären Beamten Paul Schulz hätte Häfner gedruckte Plakate mit einer ihn und Tuvora an die Spitze setzenden Ministerliste unter das Volk gestreut[30]. Dabei handelte es sich jedoch um eine schon um den 9./10. Mai kursierende, von reaktionärer Seite ausgehende Mystifikation[31]. Die beiden Journalisten blieben bis zum Barrikadentag, dem 26. Mai, in Haft, dann wurden sie von einer Volksmenge befreit.

Ein unter anderem von Becher und Tausenau unterschriebenes Plakat vom 18. Mai, das zur Einsetzung einer provisorischen Regierung unter Erzherzog Johann anstelle des geflohenen Monarchen aufrief, hatte ebensowenig Erfolg[32].

Angesichts der gereizten Stimmung des Volkes gegenüber „republikanischen“ Bestrebungen beeilten sich die demokratischen Blätter, ihre loyale Gesinnung zu beteuern[33]. Auch die vorläufig von Maximilian C. Gritzner redigierte „Constitution“ distanzierte sich entschieden von republikanischen Gelüsten[34]. Wenige Tage später konnte allerdings schon wieder ein Zurückschwingen des Pendels der öffentlichen Meinung Wiens beobachtet werden: „Die Furcht vor dem Gespenst ‚Republik‘ verschwindet allgemach[35]“, hieß es nun.

Die allgemeine Zerknirschung nach der Flucht des Kaisers brachte auch dem politischen Zentralkomitee der Nationalgarde, das sich in seiner überwiegenden Mehrheit ohnehin nicht besonders kühn und entschlußfreudig gezeigt hatte, ein unrühmliches Ende. Am 18. Mai erklärte das Zentralkomitee das Erlöschen seiner politischen Funktion und benannte sich in „Zentralkomitee der Nationalgarde zur Aufrechterhaltung der Ruhe und gesetzlichen Ordnung“ um. In diesem neuen Gremium übernahm der niederösterreichische Regierungspräsident Graf Albert Montecuccoli den Vorsitz. Nicht genug damit, wurden Nationalgarde, Bürgercorps und akademische Legion dem Kommando des militärischen Oberbefehlshabers von Wien, Graf Auersperg, unterstellt. Das Zentralkomitee wurde mit dem wiederbelebten magistratischen Sicherheitsausschuß verschmolzen, löste sich aber schon am 21. Mai auf. Ein erster, auf breiter Ebene unternommener Organisationsversuch von der Basis her, in dem ursprünglich das demokratische Element eine wichtige, weitertreibende Rolle gespielt hatte, war kläglich gescheitert. Überdies wurde noch das Standrecht in Wien und seiner Umgebung von zwei Meilen im Umkreis angedroht, das gegen „Verbrechen des Hochverrats, Aufruhrs, Mordes, Raubes und der Brandlegung“ in Anwendung kommen sollte[36].

Ein von Innsbruck aus am 20. Mai erlassenes Manifest des Kaisers, das von einer „anarchischen Faktion, sich stützend auf die meist durch Fremde irregeführte akademische Legion und einzelne Abteilungen von der gewohnten Treue gewichener Bürger- und Nationalgarde,“ sprach[37], erzeugte aber bei seinem Erscheinen in Wien nicht mehr den gewünschten Widerhall. Am 25. Mai veröffentlichte Dr. Gustav von Franck, ein ehemaliger Offizier, einen die politischen „Schattierungen“ der Wiener Revolution analysierenden Artikel. Die Aristokratie, so Franck, habe „der

Revolution, sogar der Reform, den Krieg auf Leben und Tod angesagt". Auch der Mittelstand, bestehend aus „Beamten, Militärs, Geschäftsleuten, Kaufleuten, Fabrikanten, Hausbesitzern, Kapitalisten", sei reaktionär. Die Intelligenz dagegen wolle „durchwegs den Fortschritt", wobei sie sich auf die „arbeitende Klasse stützen" könne[38].

Der akademischen Legion gelang es relativ schnell, sich von dem Odium, den „guten Kaiser vertrieben" zu haben, zu befreien. So verwahrte sich der Nationalgardist Josef Knes gegen den „schändlichen Undank dieser Studentenfeinde[39]". „Viele Volks- und Bauernfreunde" stellten in einem für die Aufklärung der Landbevölkerung gedachten Flugblatt fest: „Die Aristokraten haben uns unsern Kaiser entführt", und riefen zur Solidarität auf: „So haltet fest und in brüderlicher Einigkeit mit den Wiener Bürgern und Studenten zusammen, denn nur dann, wenn wir alle einig sind, werden wir eine felsenfeste Mauer bilden, an der die satanische Bosheit der Aristokraten und ihrer Speichellecker wie ein schwaches Glas in tausend Scherben auseinanderstäuben wird[40]." In einem pathetischen Aufruf bezeichnete der Student Josef Hrczka die akademische Legion als im Volk verwurzelte Wächterin der Freiheit: „Wir Studenten aber sind nur ein Teil von euch, wir sind ja aus euch, wir haben unsere Wurzel, das sind unsere Väter und unsere Mütter, in euch stecken, und unsere Zweige, das sind unsere Brüder, unsere Schwestern, und – warum sollte ich es nicht sagen? – unsere Bräute unter euch zerstreuet, und wer uns hart angreift, der erschüttert den ganzen Nationalboden in seinen innersten Tiefen. Das ist die Studentenschaft, die sich nennt die akademische Legion, die sich nennt einen Teil der Nationalgarde, die sich nennt die ganze Nation[41]".

Angesichts des wiedererwachenden Oppositionsgeistes in der Studentenschaft schloß der Unterrichtsminister am 24. Mai vorzeitig das Semester „in Erwägung des billigen Wunsches vieler Studierender, unter den gegenwärtigen Verhältnissen zu den Ihrigen in die Heimat zurückzukehren[42]". In Teilen der akademischen Legion hatte sich nach den turbulenten Ereignissen eine gewisse Revolutionsmüdigkeit verbreitet, so daß an eine Selbstauflösung gedacht wurde. Dr. Fischhof hat in seinen Aussagen vor dem Militärgericht die Hintergründe für die zweite revolutionäre Krise des Mai beleuchtet. Er und der Professor der Botanik Stefan Ladislaus Endlicher verlangten vom Ministerium die

Verbürgung der Errungenschaften des 15. Mai: „Dafür wollten wir bewirken, daß die Studenten auf Ferien gehen, die Universität geschlossen und von den Studenten keine Wachposten mehr bezogen werden. Wir hofften, daß dadurch der von der Aula ausgehenden Agitation ein Ende gemacht und bei Beginn des Schuljahres nach vier Monaten die Studenten wieder zu ihren Studien zurückkehren werden[43]." Diese Bemühungen schienen anfangs erfolgreich zu sein: „Ich und meine Freunde suchten nun in der Aula und im Studentenkomitee die Legion zum Abtreten vom politischen Schauplatze zu bewegen. (. . .) Nach vielen Bemühungen wurden diese Bedingungen von der Legion angenommen. Wir erwarteten nun, daß das Ministerium auch auf unsere Wünsche eingehen werde – da erschien wie ein Blitz aus heiterem Himmel in der Nacht vom 25. auf den 26. Mai der vom Grafen Montecuccoli unterzeichnete Erlaß, durch welchen die akademische Legion aufgelöst wurde[44]".

Ungeachtet dieser Versuche, einen friedlichen Ausgleich zwischen den politischen Lagern herbeizuführen, wollte es die Reaktion auf einen Gewaltstreich ankommen lassen. Es ist nicht mehr restlos zu klären, wieweit das Ministerium selbst für diesen Schritt verantwortlich war und wieweit der Einfluß Innsbrucker Hofkreise mit im Spiel war. Kriegsminister Latour arbeitete im Kabinett am intensivsten gegen den Weiterbestand der akademischen Legion. Als er am 20. Mai die Errichtung von Freicorps für den italienischen Krieg, in die die Studenten eingereiht werden sollten, und die Rekrutierung der Arbeiter zur Linieninfanterie befürwortete, stieß er auf den Widerstand seines Ministerkollegen Doblhoff. Eine „Epuration" der akademischen Legion war schon am 19. Mai im Ministerrat beschlossen worden. Mit der Abreise Doblhoffs an das Innsbrucker Hoflager fiel der Widerspruch dieses liberalen Ministers weg. Man beschuldigte die Aula, die Entfernung des Militärs zu planen, die Freigebung Italiens zu fordern und in einer gefährlichen Verbindung mit 150 000 Arbeitern zu stehen. So faßte der Ministerrat am 22./23. Mai den Beschluß der Schließung der Universität und der Auflösung der akademischen Legion[45].

Für die Beseitigung der akademischen Legion und der studentischen Organisationen hatten besonders Graf Hoyos und der Kommandant der Legion selbst, Colloredo-Mansfeld, plädiert. Der niederösterreichische Regierungspräsident Montecuccoli un-

Barrikaden-
Lied.

Frisch auf! frisch auf! Ihr Kameraden!
Verfertigt rasch nur Barrikaden!
Wir dulden keine Knechtschaft mehr!
Bringt Bretter und auch Balken her!
Nur nieder mit Aristokraten!
Bringt Schaufeln her und scharfe Spaten!
Wir geh'n nicht mehr am Gängelband!
Seid auch mit Hacken schnell zur Hand!
Wir wollen uns zum Kampf vereinen!
Heran! heran! mit Ziegeln, Steinen
Verderben den politischen Katzen!
Bringt Pölster her und auch Matratzen! —
Jetzt muß es werden mit Einmahl besser
Bringt zur Verstärkung her auch Fäßer!
Die Tyrannei nun weichen muß! —
Jetzt bringt auch Wasser noch zum Schluß!
Nun jauchzet auf ihr Kameraden!
Verfertigt sind die Barrikaden! —
Jetzt seid auch frisch zum Kampf bereit!
Bis wir vom Drucke sind befreit. —
Bis ist befreit jedwede Nation!
Bis fest besteht die Studenten-Legion!
Wer sonst verläßt die Barrikaden
Den nehme Gott nicht auf in Gnaden!
Und wer da kämpft mit tapf'rer Hand!
Der sei mit Ehren stets genannt.

Geschrieben auf einer Barrikade bei der Wiener Universität am 26. Mai von

Adolf Buchheim.
Student.

terfertigte „über Auftrag des Ministerrates" den Auflösungsbefehl, der am frühen Morgen des 26. Mai an den Straßenecken klebte. Feldmarschalleutnant Auersperg gab dieser Kundmachung in einem eigenen, in drohendem Ton gehaltenen Plakat den entsprechenden Nachdruck[46]. Colloredos Bemühungen, im Verein mit den noch aus dem Vormärz als liberal geltenden Professoren Hye und Endlicher die Studenten zum Nachgeben zu zwingen, scheiterten ebenso wie die Mission Montecuccolis zur Aula.

Füster und Gustav von Franck riefen die Studenten zum Widerstand auf, die sich mit dem Ruf „Die Legion stirbt, doch sie ergibt sich nicht!" dem anrückenden Bataillon von Graf-Nugent-Infanterie entgegenstellte. Das Militär ließ sich in den engen Gassen um die Universität auf keinen Kampf ein und zog sich zurück. Im Ministerrat herrschte völlige Ratlosigkeit und Verwirrung, zumal die kleinbürgerlichen Nationalgardisten der Vorstädte offen auf die Seite der akademischen Legion traten und die Arbeiter von den Bauplätzen in die Stadt eindrangen. Dem Zug der von Friedrich Kaiser geführten Technikstudenten schlossen sich die Arbeiter vom Glacis an, die rund um die Universität die ersten Barrikaden errichteten[47]. Noch größere Arbeitermassen strömten von den Baustellen im Prater in die Stadt; am Rotenturmtor geriet diese Gruppe in ein Handgemenge mit dem Militär; dabei fiel der Gerbergeselle Jaswetz durch einen Schuß – das einzige Todesopfer der Wiener Mairevolution. Im Vorgehen der Arbeiter waren schon gewisse Ansätze zu einer Organisation zu beobachten. So kamen die Arbeiter der Eisenbahnwerkstätten „in geordneten Kolonnen mit ganz gleichen pikenförmigen Eisenstangen[48]".

Mit einem Schlag wuchsen auf den Straßen und Plätzen der Innenstadt Barrikaden – man zählte im ganzen 160 – aus dem Boden, gefügt aus den Granitwürfeln des Wiener Straßenpflasters. Ludwig Bowitsch besang sie in einem schwungvollen Gedicht:

„Barrikaden! Barrikaden! jubelnd wie zum Festgepränge
Nach dem Schauplatz von Ruinen wogt die aufgeregte Menge:
Von den Schanzen wehen Fahnen, weiß wie Leichen, rot wie Blut,
Und auf zornentbrannten Mienen spielt der Wachenfeuer Glut.

Barrikaden! Barrikaden! Wien hat keine noch gesehen,
Sind's die ersten doch, die drohend auf der heil'gen Erde stehen.

Eines zorn'gen Volksbewußtseins unumstößlicher Beweis,
Dran der Puls der Widersacher wohl erstarren mag zu Eis[49]!"

Einer ernsthaften militärischen Konfrontation hätten diese ohne Plan errichteten Bollwerke kaum standhalten können; zu diesem Zeitpunkt hatten aber die Truppen und ihre Führer noch keine Erfahrungen im Straßen- und Häuserkampf eines Bürgerkriegs gesammelt. So kam die schwache Garnison von Wien nicht zum Einsatz. Rasch gedruckte Maueranschläge und Flugblätter verkündeten die „Forderungen des Wiener Volkes": Das Militär sollte die Stadt verlassen, der Kaiser binnen acht Tagen in seine Residenz zurückkehren, man verlangte die Bestätigung der Errungenschaften des 15. Mai und die Hochverratsanklage gegen „diejenigen, welche die heutige Revolution hervorgerufen[50]". – „So lange diese Bedingungen nicht erfüllt werden, wird keine Barrikade abgetragen, und kein Freiheitskämpfer legt früher die Waffe aus der Hand[51]."

Charakteristisch für die Wiener Mairevolution war die ostentativ zur Schau getragene Treue für den Monarchen, die in der Bezeichnung „Kaiserbarrikade" [für eine mit dem Porträt Ferdinands I. geschmückte Barrikade] am Ausgang der Naglergasse zum Graben ihren Ausdruck fand. Eine Lithographie zeigt diese – fast ist man versucht zu sagen – echt Wiener Barrikade mit einer Aufschrift „k. k. Barrikade"! Mit einer roten Fahne und den Nationalfarben der österreichischen Nationen geschmückt war die „Slawische Barrikade" am Stephansplatz, Symbol einer über die Nationalitätengrenzen hinausreichenden Solidarität. Im Erscheinungsbild Wiens in den Barrikadentagen vom 26. bis zum 28. Mai dominierten aber nach wie vor die schwarz-rot-goldenen Fahnen.

Ein „im Namen des Volkes" am 27. Mai herausgegebenes Plakat definierte den demokratischen Charakter der Mairevolution: „Durch alle Ereignisse, welche auf den 15. Mai, den schönsten Tag in der Geschichte Österreichs, gefolgt sind, haben wir die Überzeugung gewonnen, daß Adel, Geistlichkeit, Beamtenstand und andere bevorzugte Klassen der Gesellschaft vorzüglich dadurch den Sieg des Volkes zu schmälern beabsichtigen, daß sie die Provinzen durch Emissäre in den falschen Glauben zu versetzen suchen, wir Wiener wollen die Gleichstellung der Nationalitäten hindern. Wir haben ferner einsehen gelernt, daß die adelige

Partei unserem geliebten Kaiser die Meinung beigebracht, wir Wiener würden dem Kaiser unsere Treue brechen, auch wenn wir alle unsere Forderungen bewilligt erhalten. Das Volk von Wien hat heute durch seine neue Revolution bewiesen, daß es um jeden Preis eine demokratische Monarchie wolle und jede Bevorrechtung einzelner Klassen als eine Ursache großen Unheils ansehe. Wir sind nun aufgestanden, haben empört darüber, daß man es gewagt hat, die Nationalgarde in ihrem hochherzigsten Bestandteile, der akademischen Legion, zu beschimpfen, sie ganz den konstitutionellen Grundsätzen zuwider auflösen zu wollen, Barrikaden errichtet, Bürgerblut ist geflossen, und jeder Tropfen desselben muß unsere Freiheit nur noch mehr befestigen[52].“ Unter anderem wurde hier weiter gefordert, „unsere wackeren Arbeiter mit Lebensmitteln für den heutigen und den kommenden Tag zu versehen“.

Ein weiteres Plakat ging in den sozialen Forderungen einen Schritt weiter und verlangte neben den bekannten Punkten die „Einführung einer Einkommen- und Armensteuer[53]“.

Das Ministerium wich vor der neuerlichen Volkserhebung kampflos zurück; das Militär erhielt den Befehl zum Rückzug, die akademische Legion sollte weiter bestehen. Oberst Anton Pannasch wurde Oberkommandant der Nationalgarde, die mit Geschützen ausgerüstet wurde, Hauptmann Ludwig Koller Kommandant der akademischen Legion. Die Demokratie hatte in den Barrikadentagen einen vollständigen Sieg errungen; am 3. Juni bestätigte der Kaiser die Errungenschaften der Maibewegung und versprach die baldige Einberufung des konstituierenden Reichstags[54].

Freilich zeichnete sich auch schon eine Entwicklung ab, welche die in der Metropole des Reiches errungene Position der Demokratie in Frage stellte. Im Mai spitzte sich die nationale Problematik der Donaumonarchie zu: Im Reich der Stephanskrone, das immer mehr seine eigenen Wege ging, sprachen nach den Kroaten nun auch Serben, Slowaken und Rumänen ihren Wunsch nach nationaler Autonomie offen aus. In Galizien hatte die nationalpolnische Bewegung schon Ende April durch die Beschießung Krakaus eine schwere Niederlage erlitten. In Böhmen, wo am 29. Mai von Graf Leo Thun eine provisorische Gegenregierung gegen das machtlose Wiener Kabinett proklamiert wurde, bereiteten sich folgenschwere Ereignisse vor. Radetzkys Armee stand in

Oberitalien am Beginn ihres Feldzuges gegen die nationale Erhebung, die ihre aus der Offensive hervorgegangenen Erfolge einzubüßen drohte. Wien bildete inmitten dieses vielfältigen Geschehens keinen Mittelpunkt des Reiches mehr; die entscheidenden Auseinandersetzungen verlagerten sich in die Provinzen, ja zum Teil an die Peripherie des Vielvölkerstaats. Zwar war das Ministerium, das zwischen Revolution und Hofpolitik lavierte, gelähmt, aber auch seinen siegreichen demokratischen Gegnern gelang es nicht, über Wien hinaus zu wirken und Kontakte mit den anderen revolutionären Zentren des Reiches anzuknüpfen. Friedrich Engels hat dieses Dilemma der Wiener Revolution klar herausgearbeitet: „So war die Taktik, die Bewegung in der Hauptstadt eine Zeitlang sich selbst zu überlassen, eine Taktik, die in einem zentralisierten und homogenen Lande wie Frankreich unbedingt dazu geführt hätte, daß die Bewegungspartei allmächtig geworden wäre, hier in Österreich, diesem Mischmasch heterogener politischer Kräfte, eines der Mittel, die unfehlbar der Reaktion wieder in den Sattel verhelfen mußten[55]“.

Das weitere Schicksal der Wiener Revolution mußte davon abhängen, ob es ihr gelingen konnte, die eigenen Widersprüche zu überwinden und eine neue Machtorganisation auf breiter Basis zu schaffen. Die Problematik einer bürgerlich-demokratischen Revolution, der die schon mit eigenen Forderungen auftretende Arbeiterschaft zum Sieg verhalf, wurde in den Maitagen offenkundig.

Die Arbeiter waren in den Barrikadentagen des Mai noch als Hilfstruppe der Demokraten aufgetreten. Auch weiterhin wurde ihnen das Recht auf das Tragen von Waffen verwehrt. Sieht man die zahllosen bildlichen Darstellungen von Wiens Barrikaden durch, so erblickt man wohl Nationalgardisten und Legionäre mit Waffen, nicht aber die Arbeiter, die mit ihren Krampen und Schaufeln die Barrikaden errichteten. Wie schon im März wurde auch jetzt unter den Arbeitern der Ruf nach Bewaffnung laut, als sich das Gerücht vom Anmarsch Windischgrätz' verbreitete. Mehrere tausend Arbeiter, die sich vor dem bürgerlichen Zeughaus versammelten, wurden allerdings durch ein Verzögerungsmanöver der akademischen Legion verwirrt und zum Auseinandergehen gebracht. An die verschlossenen Türen der Geschäfte hatten die ängstlichen Besitzer vielfach die Worte „Heilig ist das Eigentum“ geschrieben; Arbeiter fügten hinzu: „Das wissen wir so!“ – „Das braucht man uns nicht zu sagen!“ – „Wir Arbeiter sind keine Räuber und Diebe[56]!“ Bildliche und literarische Darstellungen der Mairevolution stellten den Typus des „braven“, das bürgerliche Eigentum bedingungslos respektierenden Arbeiters in den Vordergrund. Bezeichnend hiefür ist etwa Josef Lanzedellis Lithographie „Der Schwur der Arbeiter am Stefansplatze am 26. Mai 1848“ mit dem den Arbeitern in den Mund gelegten Text: „Mir san arm, aber wir wollen ehrlich bleiben! Alle: Recht is'! Und den ersten, der wos nimmt, den hängen mir selber auf!!! Ein Weib: Und wanns mein Mann is'! Die Männer: Und wann's mein Weib is'![57]“ Füster rief in seinen Erinnerungen aus: „Die guten, braven Arbeiter von Wien! so ehrlich, treu, gemütlich und verständig[58].“

Diese bevormundende Haltung gegenüber den Arbeitern – sie ließe sich noch durch zahlreiche andere Zitate belegen – mußte problematisch werden, sobald diese selbständige Forderungen zu stellen begannen. Am 26. Mai hatte das Ministerium eine zur Beschwichtigung der Arbeiter gedachte Kundmachung erlassen, in der es hieß: „Den Arbeitern wird fortan Arbeit verschafft werden, wogegen sie zur Herstellung der Ruhe zu ihrer Arbeit zurückzukehren haben[59].“

Hinter diesem rasch hingeworfenen, in seinen Konsequenzen wohl kaum völlig erkannten Satz stand ein Prinzip, das über den Rahmen der bürgerlichen Revolution und ihrer Forderung nach formaler politischer Gleichberechtigung hinausging: das *Recht auf Arbeit.* Die Auseinandersetzung um dieses Recht sollte zusammen mit der Frage der politischen Gleichberechtigung der Arbeiter den weiteren Verlauf des Revolutionsgeschehens in Wien entscheidend bestimmen.

DER SICHERHEITSAUSSCHUSS ALS ORGAN DER DEMOKRATIE UND DAS RECHT AUF ARBEIT IN DER BÜRGERLICHEN REVOLUTION

In den Abendstunden des 26. Mai, als das Ministerium Pillersdorff angesichts der Barrikaden der Studenten und Arbeiter kapituliert hatte, versammelten sich im Sitzungssaal des Rathauses in der Wipplingerstraße Deputierte des Gemeindeausschusses, der Nationalgarde und der Studenten, um über die Organisierung der in diesem Augenblick buchstäblich auf der Straße liegenden Macht zu beraten[1]. Außer Mitgliedern des Gemeindeausschusses und des Studentenkomitees hatten sich auch Angehörige der aufgelösten Körperschaften des politischen Zentralkomitees der Nationalgarde und des magistratischen Sicherheitskomitees eingefunden.

Diese rasch improvisierte Versammlung übernahm angesichts der Lähmung des Ministeriums praktisch die Regierungsgewalt in Wien, war sich aber, wie aus den anfänglichen Vorschlägen zur Namensgebung hervorging, seiner zukünftigen Stellung und Aufgabe keineswegs sicher. Bezeichnungen wie Wohlfahrtskomitee, vermittelndes Komitee zwischen Volk und Ministerium, Zentralkomitee der Bürger, Nationalgarde und Studenten wurden verworfen zugunsten der umständlichen, aber die Genesis dieser Institution gut bezeichnenden Benennung „Ausschuß der Bürger, Nationalgarde und Studenten zur Aufrechterhaltung der Ordnung und Sicherheit und für Wahrung der Volksrechte". „Ordnung und Sicherheit" – das war das Motto des Gemeindeausschusses und des seinerzeitigen magistratischen Sicherheitskomitees; „Wahrung der Volksrechte" – diese Aufgabenstellung leitete sich vom politischen Zentralkomitee der Nationalgarde und dem Studentenkomitee her. Die im allgemeinen kurz Sicherheitsausschuß genannte Behörde spiegelte also schon in ihrem Namen jene höchst gegensätzlichen politischen Strömungen wider, die an ihrer Wiege Pate gestanden hatten.

Es wäre falsch, unter diesen Umständen vom Sicherheitsausschuß eine klare politische Linie zu erwarten. Er war ein Provisorium, so wie die politische Herrschaft des demokratischen Kleinbürgertums, das er vor allem repräsentierte, nur eine Übergangserscheinung sein konnte. Die kurze Zeit seines Bestandes – knappe drei Monate – ließ keine klare Scheidung der in ihm vertretenen Fraktionen und Richtungen zu. Grob gesprochen kann man festhalten, daß eine konservative Gruppe die Hauptaufgabe des Ausschusses in der Aufrechterhaltung von „Ruhe und Ordnung" erblickte, während die Fortschrittlichen in ihm eine Garantie für die Errungenschaften der März- und Mairevolution sahen. Eine kleine Gruppe radikaler Demokraten betrachtete den Sicherheitsausschuß als Kontrollorgan der Regierung, wenn nicht gar als provisorische Regierung. Violand hatte wohl diese letztere Fraktion im Auge, wenn er über den Ausschuß schrieb: „Alle Macht in Wien war nun in die Hände jugendlicher, strebsamer, mit ganzer Seele demokratisch gesinnter Männer gelegt." Die Schwäche des Sicherheitsausschusses sah Violand in seinem blinden Vertrauen „auf die Ehrlichkeit der sich überall andrängenden Heuler, der Bourgeoisie und der untröstlichen Bürokraten[2]."

Ähnlich wie im Falle des ebenso heterogenen Zentralkomitees wurde die endgültige Zusammensetzung des Sicherheitsausschusses durch sofort eingeleitete Wahlen aus den Kompagnien der Wehrkörper bestimmt. Die 40 Kompagnien der akademischen Legion, 136 Kompagnien der Nationalgarde, 34 Kompagnien der Bürgermiliz und 4 Kompagnien der Bürgerkavallerie wählten je einen Deputierten; zusammen mit den 20 Abgeordneten aus dem Gemeindeausschuß hatte der Sicherheitsausschuß einen (theoretischen) Mitgliederstand von 234. Viele Mitglieder waren schon im Zentralkomitee der Nationalgarde gesessen. Dr. Adolf Fischhof, dessen Organisationstalent und Fähigkeit zur Führung von Debatten sich schon mehrfach bewährt hatten, wurde zum Vorsitzenden gewählt. Der Zusammentritt des Reichstags riß in die Reihen des Sicherheitsausschusses empfindliche Lücken – gerade die tüchtigsten Repräsentanten der Linken wie Fischhof, Goldmark, Füster und Violand gingen dem Ausschuß durch ihre Wahl zu Deputierten verloren.

Von da an sank die Bedeutung des Ausschusses rapid, weder Dr. August Bach (der Bruder des Ministers Alexander Bach) noch Alois Wessely, die dem Sicherheitsausschuß nach Fischhofs Austritt (17. Juli) vorstanden, konnten dieser schwierigen Aufgabe gerecht werden. Vor dem Zusammentritt des Reichstags und vor der Erneuerung des Kabinetts im Juli war der Sicherheitsausschuß aber die maßgebende Behörde in Wien, die schon am 27. Mai von Pillersdorff in ihrer umfassenden Funktion anerkannt wurde. Formell konstituierte sich der Ausschuß am 1. Juni; seine der Öffentlichkeit zugänglichen Sitzungen fanden im Musikvereinssaal (Tuchlauben Nr. 16) statt.

Die Agenden dieser revolutionären Körperschaft waren keineswegs klar abgegrenzt. Der Sicherheitsausschuß war politischer Debattierklub, Petitionsstelle, beratende Körperschaft, Exekutivorgan, Verwaltungs- und Justizbehörde in einem. Am Höhepunkt seiner Machtentfaltung, als der Ausschuß am Sturz des Ministeriums Pillersdorff maßgeblich mitgewirkt hatte, beschrieb Stifft seine Funktion: „Der Ausschuß zur Wahrung der Volksrechte ist eigentlich Ministerverweser, Kassationshof, Volksappellationsgericht; er steht über dem Ministerium, denn er hat ein solches gestürzt, gerichtet[3]."

Die wichtigste Aufgabe für diese aus der Mairevolution hervorgegangene „Behörde" war die Arbeiterfrage, vor allem das Problem der stets wachsenden Zahl von Beschäftigungslosen. Das Ministerium der öffentlichen Arbeiten delegierte ebenso wie der Magistrat nur zu bereitwillig diese heikle Aufgabe an den Ausschuß. Der Sicherheitsausschuß nahm sich mit großem Elan dieser Aufgabe an, die den Hauptinhalt der Debatten während der ersten Wochen seines Bestandes bilden sollte. In einer Proklamation vom 29. Mai sprach der Ausschuß, an die Arbeiter gewendet, seinen Dank „für den uns geleisteten kräftigen Beistand und für euer biederes höchst ehrenhaftes Benehmen" aus: „Kehret nun so wie wir alle zur Arbeit zurück, damit Handel und Wandel wieder belebt werden und damit nicht durch Stocken aller Geschäfte über unsere Stadt unberechenbares Unglück komme. Das Ministerium der öffentlichen Arbeiten wird dafür Sorge tragen, daß alle Arbeitslosen auf Staatskosten Beschäftigung finden[4]."

Damit war ein großes Wort gelassen ausgesprochen worden. Wie schon früher Pillersdorff, proklamierte der Ausschuß das Recht auf Arbeit, dessen Verwirklichung ihm angesichts der Passivität des Arbeitsministeriums weitgehend zufiel. Während die liberalen Grundrechte die Freiheit des bürgerlichen Individuums gegenüber den Machtansprüchen des Staates sicherten, begründete das Recht auf Arbeit darüber hinaus einen Anspruch auf die Unterstützung einer sozial benachteiligten Gruppe durch eine solidarische Gesellschaft[4a].

Das Erscheinen dieses fundamentalen sozialen Grundrechts in der Verfassungsgesetzgebung steht bezeichnenderweise historisch exakt am Berührungspunkt des bürgerlich-liberalen Konstitutionalismus mit dem Programm der modernen Massendemokratie. Die „jakobinische" Verfassung der Französischen Republik vom 24. Juni 1793 kannte nicht nur die „natürlichen und unveräußerlichen Rechte" von „Gleichheit, Freiheit, Sicherheit, Eigentum", sondern auch in Artikel 21 der Erklärung der Menschen- und Bürgerrechte das Recht auf Arbeit und Hilfe durch die Gesellschaft: „Die öffentliche Unterstützung ist eine heilige Schuld. Die Gesellschaft schuldet ihren unglücklichen Mitbürgern den Unterhalt, indem sie ihnen entweder Arbeit verschafft oder denen, die außerstande sind, zu arbeiten, die Mittel für ihr Dasein verschafft[5]."

In der französischen Februarrepublik wurde das Recht auf Arbeit wieder ein Bestandteil der Verfassung: „In dem ersten Konstitutionsentwurf, verfaßt vor den Junitagen, befand sich noch das ‚droit au travail', das Recht auf Arbeit, erste unbeholfene Formel, worin sich die revolutionären Ansprüche des Proletariats zusammenfassen. (. . .) Das Recht auf Arbeit ist im bürgerlichen Sinn ein Widersinn, ein elender, frommer Wunsch, aber hinter dem Rechte auf Arbeit steht die Gewalt über das Kapital, hinter der Gewalt über das Kapital die Aneignung der Produktionsmittel, ihre Unterwerfung unter die assoziierte Arbeiterklasse, also die Aufhebung der Lohnarbeit, des Kapitals und ihres Wechselverhältnisses. Hinter dem ‚Recht auf Arbeit' stand die Juniinsurrektion[6]."

Während also die jakobinische Grundrechtserklärung noch von dem droit à l'assistance, dem Recht des Notleidenden auf Unterstützung durch die Gesellschaft, ausging, war das Recht auf Arbeit in der Revolution von 1848 schon ein von einer proletarischen Massenbewegung erkämpftes Zugeständnis der bürgerlichen Republik. Es stand, wie der zitierte Marxsche Text hervorhebt, genau am Schnittpunkt der bürgerlichen und der sozialistischen Revolution. Über seine dauernde Verwirklichung oder seine Niederlage mußte der in offenem Konflikt ausgetragene Klassenkampf entscheiden.

Die Forderung nach dem Recht auf Arbeit verband sich in Frankreich mit den die Arbeiterschaft bereits in großem Umfang erfassenden frühsozialistischen Strömungen[6a]. Freilich unterschied sich die Auffassung dieses Rechtsanspruchs, wie sie Louis Blanc vertrat, erheblich von seiner Interpretation durch die Politiker der bürgerlichen Februarrepublik. Blanc ging es nicht um Notstands- und Taglöhnerarbeiten (wie sie schon die Große Französische Revolution als ,,ateliers de la charité" gekannt hatte), sondern um qualifizierte Beschäftigung im Rahmen autonomer Assoziationen der Arbeiterschaft. Das Regierungsdekret vom 26. Februar 1848 (,,le gouvernement provisoire de la république française s'engage á garantir l'existence de l'ouvrier par le travail") ergänzte Blanc durch sein in der Kommission des Luxembourg erarbeitetes ,,Projet d'organisation du travail" vom 20. März 1848. Es sah die Gliederung in ,,ateliers sociaux industriels" und ,,ateliers sociaux agricoles" vor, faßte also auch die Einbeziehung der Landwirtschaft ins Auge. Die dann tatsächlich verwirklichten ,,Nationalwerkstätten" unter der Leitung des Arbeitsministers Marie hatten mit den sozialistischen Zielvorstellungen Louis Blancs, wie immer wieder bis zum heutigen Tag behauptet und geglaubt wird, nichts zu tun[7].

Bei den österreichischen Zeitgenossen der Revolution von 1848 herrschte arge Verwirrung der Begriffe über den französischen Sozialismus und die Nationalwerkstätten. Louis Blanc war, namentlich mit seiner ,,Geschichte der zehn Jahre", unter der demokratischen Intelligenz ein vielgelesener Autor; die konservativen Kräfte verbanden mit seinem Namen höchst vage, aber umso unangenehmere Vorstellungen von einer das bürgerliche Eigentum bedrohenden Wirtschafts- und Gesellschaftsordnung. So beschloß der Ministerrat am 30. Mai ausdrücklich, die öffentlichen Arbeiten nicht im Sinn der ,,Louis-Blancschen Theorien" zu organisieren[8].

Im übrigen vertraute die Regierung darauf, daß der Gegensatz des Besitzbürgertums zu den Arbeitern diese zur Ruhe zwingen würde; man hoffte, daß die der Nationalgarde ausgefolgten Kanonen gegebenenfalls ,,gegen die Masse von 15 000 Arbeitern zur Verteidigung des Eigentums" eingesetzt werden würden. Zu Anfang Juni entwickelte das Arbeitsministerium noch Pläne zur Organisation der öffentlichen Arbeiten; Minister Baumgartner regte die Beaufsichtigung der Arbeitsplätze durch Technikstudenten und die Einführung des Akkordsystems an[9]. Die praktische Durchführung aller mit den öffentlichen Arbeiten in Zusammenhang stehenden Angelegenheiten war aber Sache des Gemeindeausschusses bzw. des Sicherheitsausschusses, wobei die Aufteilung der Agenden anfangs sehr umstritten war. Dem Magistrat boten die in der allgemeinen Verwirrung entstehenden Verlegenheiten Anlaß zu wohlfeilem Spott; Magistratsbeamte wiesen Arbeitssuchende mit den Worten ab: „Geht zu den Studenten auf die Universität, die werden euch Arbeit verschaffen[10]."

Dem Gemeindeausschuß bereitete vor allem der massenhafte Zustrom von nicht nach Wien zuständigen Arbeitslosen große Sorge. Er befürchtete durch die Tätigkeit des Sicherheitsausschusses „Verwirrung und Verzögerung der Geschäfte", und Seiller, der spätere Bürgermeister, sprach unumwunden aus, „daß die Frage wegen Kreierung von Bauobjekten und öffentlichen Arbeiten auf keinen Fall vom Vereine der Bürger und Nationalgarde ausgehen könne, da der letztere kein Geld anzuweisen hat[11]".

Am 30. Mai wurde als Kompromißlösung zwischen den beiden miteinander konkurrierenden Behörden ein Arbeiterkomitee geschaffen, das paritätisch von je acht Vertretern des Gemeindeausschusses und des Sicherheitsausschusses beschickt wurde. Unter den Mitgliedern waren nachmals berühmt gewordene Architekten wie Ludwig Förster (vom Gemeindeausschuß) und August Siccardsburg und Eduard van der Nüll (vom Sicherheitsausschuß). Sonst setzte sich dieses Gremium weitgehend aus Fabrikanten und einigen Ingenieuren zusammen[12]. Weder die kleinbürgerlichen Demokraten noch Vertreter der Arbeiter selbst waren in diesem Gremium repräsentiert.

Die Beschäftigung des Sicherheitsausschusses mit der Arbeiterfrage ließ sich wenig verheißungsvoll an[13]. Die Versammlung hatte anfangs angesichts der enormen legislativen, administrativen und exekutiven Befugnisse, die ihr zugefallen waren, große Mühe, zu parlamentarischen Verhandlungsformen zu finden, während in den Straßen Wiens eben erst die Barrikaden abgetragen wurden: „Die Debatte, welche vom Anfange her unruhig gewesen war, wurde nun immer tumultuarischer, man schrie und lärmte durcheinander. (. . .) Die Versammlung sah einem polnischen Landtage nicht unähnlich. Wer eine stärkere Lunge hatte, der hatte auch das Wort", vermerkten die Protokolle vom 29. Mai.

Die widersprüchlichsten Meldungen wurden an den Ausschuß herangetragen. In einer Versammlung von 2 000 Arbeitern in der Vorstadt war der Ruf laut geworden: „Wir sind keine Bettler, wir wollen keine Geschenke, wir wollen arbeiten." – „Es wurde Mitteilung gemacht, daß viele Handwerker ohne Gesellen seien, weil diese lieber in der Brigittenau bei den Erdarbeiten faulenzen als für kärglichen Lohn bei den Meistern arbeiten." In diesem Sinn meinte ein Nationalgardist: „Man möchte dahin wirken, daß die Arbeiter zur Genüge arbeiten, nicht bei der Arbeit halb müßig gehen, sonst schleicht sich der Kommunismus ein."

Neben ernstzunehmenden Vorschlägen wie dem dann wenig später verwirklichten „Angriff des Semmerings" wurden auch höchst problematische Äußerungen laut, wie etwa diese: „Man möge sie arbeiten lassen, wenn auch nutzlos, bloß um der Arbeit willen[14]." Ähnlich sinnvolle Vorschläge gab es noch mehr: „Goldschwemmen, Straßenreinigung, Hinbringen des Tages mit Aufstellen und Verteilen der Arbeiten." Demgegenüber machte ein Ausschußmitglied geltend: „Wer lebt, hat das Recht zu leben, wir müssen den Arbeitern zu leben geben, haben wir keine Arbeit, so muß man ihnen Geldunterstützung geben[15]."

Bezeichnenderweise wurde der Antrag Dr. Herrmanns, einige Arbeiter als Vertreter ihres Standes dem Ausschuß beizuziehen, von der überwältigenden Mehrheit der Versammlung verworfen[16].

Nach wie vor blieb also die Berechtigung der Arbeiter, über ihre eigenen Angelegenheiten mitzubestimmen, illusorisch. Daran änderten auch wohlgemeinte Beteuerungen wie etwa diese nichts: „Wir verdanken euch Reaktionären durch die Barrikaden noch eine Überzeugung, nämlich jene, daß unsere Arbeiter, die bisherigen Parias unserer Gesellschaft weit mehr moralischen Kern in sich bergen als man ihnen ihrer Stellung, Behandlung und ihrer ganzen Lebensweise gemäß zugemutet hätte[17]."

Die als Bundesgenossen im Kampf gegen die Reaktion willkommenen „braven" Arbeiter sollten nun wieder zu „Ruhe und Ordnung" zurückkehren. Die wilden Holzschlägerungen im Prater wurden am 31. Mai streng untersagt[18]; für die Unterkunft der Erdarbeiter, die sich bei ihren Arbeitsplätzen Hütten errichteten und gemeinsam abkochten, wurde allerdings nicht gesorgt. Die Notwendigkeit der Entrichtung der Verzehrungssteuer wurde eingeschärft; aus jeder Arbeitspartie sollte zur Aufrechterhaltung der Disziplin ein „Ehrengericht" von sechs Arbeitern gewählt werden[18]. Da der Zustrom von Arbeitern aus den von der Wirtschaftskrise betroffenen Fabriken und Gewerbebetrieben weiter anhielt, sollten Erdarbeiter nur noch mit einem schriftlichen Ausweis ihrer bisherigen Arbeitgeber eingestellt werden[19].

Zu einem ersten Konflikt führte das Aufbegehren der Arbeiter gegen den Plan, sie durch Rekrutierung zur italienischen Armee von Wien wegzuschaffen. Der Gemeindeausschuß arbeitete in dieser Angelegenheit dem Kriegsministerium in die Hand. Julius Zerboni bemerkte am 31. Mai im Gemeindeausschuß, „daß durch die auf Befehl des Kriegsministers veranstaltete öffentliche Werbung von Freiwilligen zur Ergänzung des Heeres ein nicht unbedeutender Abzug der in Wien beschäftigungslos lebenden jüngeren Leute bevorstünde[20]". Am 1. Juni schrieb die Landesregierung diese Werbungen aus[21]. Während im April eine erste derartige Aktion reibungslos abgelaufen und auch ein Teil der Studenten unter Adolf Pichler zum Kampf an die Tiroler Grenzen gezogen war, bäumten sich die Arbeiter nun gegen den Plan auf, sie als Kanonenfutter von Wien wegzuschaffen[22]. Die Arbeiter, deren Widerstand von ihrem erwachenden politischen Bewußtsein zeugte, standen in diesem Kampf allein; auch der Sicherheitsausschuß nahm gegen sie Stellung. Fischhof sandte zur Beschwichtigung Studenten zu den Arbeitern, „die Werbung sei nur eine freiwillige, sie mögen keine beunruhigenden Schritte vornehmen, die den Bürger von seinem Geschäfte und Erwerbe abziehen. Von dem Wohle des Bürgers, durch den sie beschäftigt werden, hängt auch das Wohl der Arbeiter ab."

Die Arbeiter ließen sich aber nicht so leicht beruhigen. Aufgeregt berichtete Samuel Jägermayer im Sicherheitsausschuß: „Er komme vom Schottentor, das Werbkommando sei vertrieben, die Arbeiter schreien, wir brauchen kein Militär, die Aristokraten, sagen sie, haben uns den Kaiser entführt, nun wollen sie Soldaten, die uns zusammenschießen, die Not steige von Augenblick zu Augenblick, man solle energisch einschreiten." Die Werbehütten wurden von den aufgebrachten Arbeitern zertrümmert; es drohte ein blutiger Konflikt mit dem Militär: „Massen von Arbeitern seien auf dem Glacis vor dem Burgtor in äußerster Wut angelangt und haben die dort aufgestellte Kompagnie Deutschmeister mit Steinwürfen aufgereizt; schon habe dieselbe scharf geladen, als die Kompagnien der akademischen Legion und Nationalgarde unbewaffnet angelangt die aufgeregten Massen besänftigte und zerstreute[23]." Gleichzeitig warnte der Ausschuß die Arbeiter eindringlich vor weiteren „Ruhestörungen"[24]; doch hatten die Arbeiter mit der Einstellung der Werbungen einen immerhin beachtlichen, durch ihren selbständigen, spontanen Einsatz erkämpften Erfolg errungen.

Zur selben Zeit erhoben die Arbeiter die Forderung nach Bezahlung der Feiertage. Im Sicherheitsausschuß herrschte bezüglich dieser Frage keine einhellige Meinung. Während Winiwarter unerbittliche Strenge gegen die lohnfordernden Arbeiter verlangte – „man müsse solchen Drohungen ein für allemal ein Ende machen, und müßte die ganze Legion aufgeboten werden“–, meinte ein anderes Mitglied, „der Arbeiter wolle auch am Feiertag essen“. Schließlich entschloß man sich zu einem Kompromiß. Der letzte Feiertag sollte bezahlt werden „mit der Erinnerung, daß dies für alle kommenden Feiertage nicht möglich sei[25]“. In diesem Sinn wurde den Arbeitern bekanntgegeben, daß fortan Feier- und Regentage nicht bezahlt werden sollten[26].

Mittlerweile wuchs die Zahl der bei den öffentlichen Arbeiten Beschäftigten wie der Arbeitssuchenden in Wien von Tag zu Tag. Anfang Mai waren bei den städtischen Bauten 3 707, bei Staatsbauten 1 670 Menschen beschäftigt. Diese Zahl stieg um den 11. Juni auf 14 734 Personen, die bei den Staatsbauten ihr Brot fanden. Die stärksten Kontingente stellten die Arbeitergruppen am Bründelfeld bei den Planierungsarbeiten für das Irrenhaus (3 971), beim Überschwemmungsschutzdamm in der Brigittenau (3 200) und im Prater (3 020). Bei der Umlegung der Taborstraße waren 1 163 Menschen beschäftigt. Am Bau der Wiener Verbindungsbahn arbeiteten etwa 1 000 Menschen – die Trassierung der Eisenbahn Cilli–Laibach beschäftigte 3 000 Arbeiter, in Böhmen und Mähren waren gegen 40 000 Menschen bei den Staatsbahnen beschäftigt[27]. Am 12. Juni gab der Sicherheitsausschuß die Gesamtzahl der bei öffentlichen Arbeiten in Wien beschäftigten Personen mit 20 000 an; nicht nach Wien zuständige Personen sollten von nun an keine Arbeit mehr in Wien erhalten. Eine im Archiv für Niederösterreich erliegende Aufstellung des Sicherheitsausschusses, die kein Datum trägt, aber die Zahl der Arbeiter mit 20 011 berechnet, dürfte daher in die Zeit um Mitte Juni gehören. Diese Tabelle gibt einen außerordentlich interessanten Einblick in die bisher unbekannte soziale Zusammensetzung der Erdarbeiter und zeigt, welche Schichten besonders von der Krise betroffen waren:

„Übersichtstabelle der bei den öffentlichen Arbeiten in und bei Wien aus Staats- und Gemeinde-Fonden beschäftigten Arbeiter nach ihren Professionen. Vom Ausschuß der Bürger, Nationalgarde und Studenten für Aufrechterhaltung der Ruhe, Sicherheit und Wahrung der Rechte des Volkes, Abteilung für öffentliche Arbeiten

		Summa der Arbeiter	
Arbeiter-Klasse		*Männer*	*Weiber*
1.	Anstreicher	48	
2.	Bäcker	61	
3.	Buchdrucker	16	
4.	Buchbinder	32	
5.	Blumenmacher	9	19
6.	Bürstenbinder	13	
7.	Binder	43	
8.	Bildhauer	32	
9.	Chirurgen	8	
10.	Chocolademacher	8	3
11.	Drechsler	282	
12.	Dienstleute	359	392
13.	Drucker	405	
14.	Fleischhauer	102	
15.	Färber	89	
16.	Formstecher	44	
17.	Gärtner	64	9
18.	Gold-, Silber- etc. Arbeiter	224	
19.	Gerber	14	
20.	Glaser	16	
21.	Händler	103	28
22.	Handarbeiter	116	2 861
23.	Hafner	28	
24.	Hutmacher	17	
25.	Handschuhmacher	50	56
26.	Instrumentenmacher	47	2
27.	Lederer	62	
28.	Maler	101	
29.	Maurer	603	
30.	Müller	22	
31.	Posamentierer	89	41

Arbeiter-Klasse	*Summa der Arbeiter* *Männer*	*Weiber*
32. Pflasterer	285	
33. Seiler	30	
34. Seifensieder	7	
35. Schlosser	8	
36. Spuler	8	462
37. Schneider	178	18
38. Schuhmacher	240	39
39. Tischler	390	
40. Taglöhner	2 501	2 930
41. Uhrmacher	67	
42. Weber	2 703	346
43. Wäscher	14	237
44. Zeugmacher	382	385
45. Zimmerleute	61	5
46. ohne Profession	227	385
Summa	10 343	8 218

Summa der Arbeiter 18 561

Hiezu kommen noch die gegenwärtig bei der Verbindungs-Eisenbahn beschäftigten Arbeiter mit 1 450.

Somit im Ganzen 20 011[28].“

Besonders auffällig ist in dieser Tabelle der starke Anteil der Textilarbeiter an den bei den Erdarbeiten Beschäftigung Suchenden; bei den unqualifizierten Arbeitskräften stellten Frauen ein besonders hohes Kontingent.

Die unter diesen Massen anwachsende soziale Unruhe konnte mit den herkömmlichen Beschwichtigungsmitteln nicht mehr gedämpft werden. Auch der Einfluß der akademischen Legion auf die Arbeiter ging spürbar zurück. Wie oberflächlich man von dieser Seite an die Probleme der Arbeiterschaft heranging, zeigt das Beispiel des sogenannten „Arbeiterkönigs“, des Jusstudenten und Ausschußmitglieds Anton Willner[29]. Über die Art seines Auftretens gegenüber den Arbeitern berichteten die Zeitgenossen sehr anschaulich: „Willner war der Prototyp des Wiener Legionärs in der Blütezeit seines Ansehens. Eine schöne, jugendliche Gestalt, glänzend schwarzes Auge, langes Kopf- und Barthaar, offene zottige Brust, Sammetrock mit dem deutschen Schwert um die Lenden und ein golddurchwirktes schwarz-rot-goldenes Band über die linke Schulter, eleganter Stürmer mit einer wallenden Straußenfeder. (. . .) Willner war zugleich durch seine imponierende Gestalt und Stimme das anerkannte Orakel der Arbeiter, auf allen Bauplätzen inner- und außerhalb der Linien. Die Damen nannten ihn deshalb den schönen ‚Arbeiterkönig'[30]." In ähnlicher Weise würdigte Violand den zeitweise sehr starken Einfluß Willners auf die Arbeiterschaft: „Er war nicht zu nachsichtig gegen sie, und doch liebten und ehrten sie diesen Jüngling wie ihren Vater, denn er war gerecht. Oft, wenn er die Arbeiter strenge tadelte und doch bei jedem strafenden Worte seine Liebe und Teilnahme für sie hervorleuchtete, da vergossen die Wütendsten Tränen und versprachen ernstlichst Ruhe, Ordnung und Fleiß, und dann konnte er sich selbst nicht mehr halten und mitten unter ihnen trat ihm das Wasser in die Augen[31]."

Willners tränenreiche „Sozialpolitik" war freilich fehl am Platz, wenn es um die handfesten Forderungen der um ihr Existenzminimum kämpfenden Arbeiter ging. Um Mitte Juni flammten die Auseinandersetzungen, die der Sicherheitsausschuß schon mit ein paar Kundmachungen erledigt glaubte, erneut auf[32]. Reformpläne, die Fischhof dem Sicherheitsausschuß vorlegte, wie die Errichtung von Kinderbewahranstalten, Menagier- und Waschanstalten, blieben unerledigt[33]. Am 7. Juni drangen bereits Gerüchte von „Aufwieglern", welche angeblich die Arbeiter zu Lohnforderungen verleiteten, in den Ausschuß[34]. Man erwog, die Arbeiter dadurch unter stärkere Kontrolle zu bringen, daß man die „Bessergesinnten" unter ihnen der Reserve der Nationalgarde zuteilen wollte. Ludwig Eckardt schlug für diesen Zweck die Uniformierung mit Blusen und Bewaffnung mit Piken und Lanzen vor. Fischhof meinte in diesem Zusammenhang: „Man wolle eine Aristokratie unter den Arbeitern schaffen. Man soll sagen, nur die Ehrlosen seien ausgeschlossen[35]."

Der Sicherheitsausschuß hoffte gemeinsam mit dem Ministerium, durch die Ausweisung der „fremden" Arbeiter Luft zu bekommen und die „unruhigen" Arbeiter zu isolieren. Man schrieb die Unruhe in erster Linie den tschechischen Arbeitern zu, die durch die Deputation der Swornost aus Prag aufgewiegelt worden wären. Die Swornost war die tschechische Abteilung der Prager Nationalgarde, eine aus jungen Leuten und Kleinbürgern gebildete Körperschaft, die tschechischnationale Forderungen mit politischem Radikalismus verband. Die anfangs freundlich aufgenommene Deputation, die vom 7. bis 13. Juni in Wien weilte, geriet mit den Trägern der schwarz-rot-goldenen Farben und in Wien weilenden Magyaren in Händel, die zum Teil in Tätlichkeiten ausarteten, und wurde schließlich aus der Stadt ausgewiesen. Die antislawischen Ressentiments der Wiener Revolutionäre ließen die an sich unbedeutenden Streitigkeiten in einem gefährlichen Licht erscheinen; es kam zu Attacken auf den Treffpunkt der Wiener Tschechen, das Kaffeehaus Gerlovich. Besonders Füster war ein extremer Gegner der tschechischnationalen Bestrebungen; für ihn war „der Tscheche" in schlichter Vereinfachung „der gemütloseste, der undankbarste Mensch, den die Erde trägt"[36]. Unter diesen Umständen einer nationalistisch aufgereizten Stimmung lag es nahe, die soziale Problematik auf das Feld der nationalen Auseinandersetzungen hinüberzuspielen. Man raunte sich im Ausschuß zu, daß böhmische Geistliche in der Liguorianerkirche die Arbeiter aufwiegelten und Tschechen die Bauplätze unsicher machten[37].

Der Sicherheitsausschuß war entschlossen, nicht nur die auswärtigen Arbeiter fortzuschaffen, sondern auch gegenüber den Lohnforderungen Härte zu zeigen. Am 15. Juni begannen die offenen Auseinandersetzungen zwischen dem Ausschuß und den lohnfordernden Arbeitern: „Eine Deputation der Arbeiter kommt und bringt eine Bittschrift, worin sie eigentlich um Zahlung des Dienstages, der ein Regentag gewesen, bittet, die aber ganz von kommunistischen Ideen durchweht ist; so wird darin behauptet, der Abstand zwischen dem reichen Bankier und dem armen Arbeiter dürfe nicht so groß sein; wenn der Staat so viel Schulden gemacht, können ihm ein paar Millionen zum Nutzen der Arbeiter nicht schaden. Es wird eine Rechnung gemacht, die ausweisen soll, der Arbeiter könne mit 25 kr täglich nicht leben, man sollte seinen Lohn erhöhen. Es wird darauf hingewiesen, daß die Reaktion sich ihrer bedienen könne und dergleichen mehr. Man heißt die Arbeiter einstweilen abtreten, und in der Versammlung gibt sich allgemeine Entrüstung kund, man müsse jetzt feststehen, ist der allgemeine Ausdruck, man dürfe kein Haar breit mehr nachgeben; um ihren Hunger zu stillen, habe man für einen Regentag ihnen ein Sechskreuzerbrot bestimmt, für den zweiten Regentag ein Sechskreuzerbrot nebst 3 kr CM gewährt, mehr als ihren Hunger zu stillen habe man die Pflicht nicht, sie hätten es besser als die Fabriksarbeiter und Handwerksgesellen. Sie hätten es besser als die Arbeiter bei Privatbauten. Gehe man noch weiter, würden Privatbauten unmöglich gemacht. Diese Adresse sei nicht ihr wahrer Ausdruck, sei ihnen von jemandem diktiert worden. Einige mutmaßen tschechische Aufwiegler[38]." Die Bittschrift, in mangelhafter Orthographie abgefaßt, findet sich noch unter den Akten des Sicherheitsausschusses im Original: „Die Kinder werden Hunger schreien, und wir Arbeiter werden selbst kein Brot nicht haben, so bleibt nichts anders übrig als das wir erst unsere Mitbürger, die uns borgen, betrügen müssen und wen sie nicht mer borgen könen, wir es ihnen mit Gewalt nehmen müßten[39]." Fischhof wies den Wortführer der Arbeiterdeputation mit dem Hinweis, daß er selbst als Sekundararzt täglich nur 40 kr verdiene, scharf zurecht, ließ ihn verhaften und die Straße von den demonstrierenden Arbeitern räumen.

Dennoch sah sich der Ausschuß angesichts der drohenden Haltung der Arbeiter zu einigen Zugeständnissen gezwungen. Für den unmittelbar auf den Feiertag folgenden Regentag der Woche bewilligte der Ausschuß einen halben Taglohn[40], entrüstete sich aber gleichzeitig darüber, „daß einzelne offenbar Irregeleitete oder Böswillige die Opfer, die wir ihnen bringen, mit schmählichem Undanke vergelten und sich nicht nur allein erfrechen, die unbilligsten Forderungen zu stellen, sondern sogar für den Fall, als diese nicht gewährt würden, mit Gewalttätigkeiten drohen[41]". Für die Folgezeit wurde verfügt, daß am ersten Regentag ein Brot zu 6 kr, an jedem folgenden Schlechtwettertag ein Brot und 3 kr in bar ausgegeben werden sollten. Bei Einsetzen des Regens am Vormittag sollte ein halber Taglohn, bei Schlechtwettereinbruch am Nachmittag ein ganzer Taglohn ausbezahlt werden[42].

Die Unruhe auf den Bauplätzen hielt aber an, da es infolge der widersprüchlichen Weisungen bei einzelnen Arbeitspartien (so am Wienerberg) zur Auszahlung des Taglohns für Regentage gekommen war, der nun von allen Arbeitern gefordert wurde.

Am 16. Juni beschloß der Sicherheitsausschuß folgende Maßregeln gegen die widerspenstigen Arbeiter:

„I. für die Nacht vom 16. zum 17. Juni Verstärkung der Patrouillen in der Stadt und den Vorstädten, besonders an den Toren.

II. für den 17. Juni
a) als moralische Mittel neuerliche Veröffentlichung der Verfügung über die Zahlung der Regentage.
b) Erlassung eines Plakats mit der entschiedenen Erklärung, daß alles bisher über die Arbeiter Verfügte ernstlich aufrecht erhalten werde.
c) Erlassung eines Plakats, worin die gesetzliche Strafe auf Besudlung und Herabreißung von sämtlichen Plakaten eingeschärft werde.
d) Aussendung von Nationalgarde und Studenten mit schriftlichen Instruktionen zur Beruhigung der Arbeiter.
e) Ersuchen an Prof. Füster, von der Kanzel in der Aula moralisch auf die Leute zu wirken.

Militärische Maßregeln:
a) die Nationalgarde mit Einschluß der akademischen Legion und des Bürgercorps wird um 6 Uhr morgens in der Art aufgeboten, daß beständig die Hälfte auf den Sammelplätzen mit gehöriger Munition versehen, von 12 zu 12 Stunden konsigniert werde,
b) daß mehrere reitende Ordonnanzen von Stunde zu Stunde von den Ereignissen auf den Arbeitsplätzen Bericht erstatten,
c) daß für die Kassen eine stärkere militärische Eskorte erhalten werde,
d) daß die Tore und Linien mit doppelter Wache besetzt werden,
e) alle Ortschaften in der Umgebung Wiens unter Angabe der Ursache aufzufordern, die Nationalgarde in Bereitschaft zu halten. Mit 64 gegen 6 Stimmen,
f) daß die Nationalgarde-Artillerie mit dem Train im Zeughause bespannt in Bereitschaft gehalten werde. Mit 54 gegen 16 Stimmen,
g) daß das Ministerium und General-Kommando von diesen Maßregeln verständigt werden[43]."

Am 17. Juni kam es infolge der drohenden Haltung der Nationalgarde schon zu gefährlichen Konfliktsituationen; Pannasch forderte Vollmachten für die Bezirkschefs zum bewaffneten Einschreiten gegen die Arbeiter. Die akademische Legion faßte pro Mann 30 scharfe Patronen aus; auch aus einzelnen Gemeinden der Umgebung kamen Ansuchen um Gewehre mit scharfer Munition an den Ausschuß[44].

Nur mit Mühe gelang es Füster, der am Bründelfeld und in Gumpendorf zu den Arbeitern sprach, sie vom Zug in die Stadt abzuhalten; die Arbeiter klagten, daß ihnen die Nationalgardisten mit den scharf geladenen Gewehren und dem Ruf drohten: „Sehet, das sind die Kreuzer, die ihr fordert, ihr sollt sie kriegen[45]!“ Die Spannung wuchs von Stunde zu Stunde, der Sicherheitsausschuß drohte den Arbeitern, falls sie „irgendeine gewalttätige Handlung in der Absicht versuchen, eine unbillige Forderung durchzusetzen, so würde der Ausschuß sich mit Bedauern in die Notwendigkeit versetzt sehen, derlei Versuche mit allen ihm zu Gebote stehenden Mitteln zu unterdrücken[46]“.

Am 18. Juni wurde gemeldet, daß sich Nationalgardeabteilungen während der Unruhen dem Militär zur Verfügung stellten; der Ausschuß beharrte auf der getroffenen Lohnregelung[47].

Der 19. Juni brachte den Höhepunkt der Krise: Die Nationalgarde war in ihrer gesamten Stärke aufgeboten und auf dem Glacis aufgestellt, um die demonstrierenden Arbeiter vom Zug in die Stadt abzuhalten. Die Erbitterung des Bürgertums über die selbständig erhobenen Forderungen der Arbeiter erreichte ihren Höhepunkt. Im Ausschuß jagte eine Nachricht die andere; es kam zu Tumultszenen: „Auf Antrag Willners wurde beschlossen, daß Deputierte aus der Versammlung, begleitet von Offizieren der Nationalgarde sich auf die Bauplätze begeben und die Arbeiter auffordern sollen, sich in die gegebenen Vorschriften zu fügen und die Aufwiegler auszuliefern, widrigenfalls die Bauplätze zerniert und die Aufwiegler mit Gewalt herausgehoben werden sollten.“ Die Nationalgarde drängte auf Härte: „Deputationen der Nationalgarde erscheinen und erklären, sie wollten nicht abziehen, bis ein entscheidender Schritt geschehen sei, sie ließen sich nicht stets hetzen. Man solle den Arbeitern keine Zugeständnisse mehr machen.“ Der Präsident ermächtigte die Nationalgarde zu ernstem Einschreiten; der Sekretär des Sicherheitsausschusses, Schiel, meinte: „Man dürfe fortan zu den Arbeitern nicht mehr durch Deputationen reden, sondern durch Dekrete, und wenn diese nichts fruchten, durch Bataillone.“

Nur ganz wenige Mitglieder des Ausschusses stellten sich auf die Seite der Arbeiter wie der Demokrat Violand. Er sah nicht ein, „was die Arbeiter verschuldet, sie fordern die Regentage bezahlt (. . .), er protestiert gegen alles, was nachmittags geschehen“. Solche Äußerungen verhallten ungehört. „Der Oberkommandant Pannasch erscheint ganz freudetrunken vom Anblicke der imposanten Macht, die heute von der Nationalgarde entwikkelt worden und hofft, die Arbeiter werden nach einem solchen Anblicke nicht mehr Ruhestörungen wagen[48]."

Die Erdarbeiter fanden in ihrem Kampf um gerechte Löhne keine Unterstützung bei den anderen Arbeitergruppen. Die Konkurrenz zwischen qualifizierten Arbeitern und den notdürftig versorgten Arbeitslosen ließ keine Solidarität entstehen, die erst in einer späteren Phase der Revolution verwirklicht wurde[49]. Die Arbeiter der Eisengießereien und Maschinenwerkstätten Wiens stellten sich auf die Seite des Ausschusses und bekundeten ihre „höchste Unzufriedenheit über das undankbare pflichtvergessene Benehmen der bei den öffentlichen Bauten beschäftigten Arbeiter, die die Ruhe der Stadt zu stören beabsichtigen, wo doch für ihre Existenz mit den größten Opfern immerfort gesorgt wird[50]". Die Maschinenarbeiter sagten dem Sicherheitsausschuß ihre Mitwirkung bei der Aufrechterhaltung der Ordnung zu. In ähnlicher Weise erklärten sich die „gesamten Drucker und Formstecher der Fabriken zu Sechshaus, Meidling und Penzing[51]". Die Bildung einer „Arbeiteraristokratie", von der Fischhof gesprochen hatte, war in vollem Gang. Die Maschinenfabriksarbeiter petitionierten an den Ausschuß „um die Bewilligung, unter dem Oberkommando der Wiener Nationalgarde ein besonderes bewaffnetes und uniformiertes Corps bilden zu dürfen; sie berichten, daß sie bisher bei aller bewahrten Ehrenhaftigkeit und obwohl ihr hinreichender Bewerb dauernd und gesichert ist, doch mit der Benennung Proletarier belegt worden sind. (. . .) Sie hätten von Bürgern und Studenten Sympathie erfahren und am 26. und 27. Mai 1848 ihre Bereitwilligkeit zur Aufrechterhaltung der Ruhe und Sicherheit dargetan[52]".

Dem ersten selbständigen Auftreten der Erdarbeiter blieb mangels einer Organisation und der Solidarität der übrigen Arbeiterschaft der Erfolg versagt. Die „Arbeiter-Ordnung" des Ministeriums regelte die Disziplin bei den öffentlichen Arbeiten[53]. Bei zehnstündiger Arbeitszeit erhielten Männer 25, Frauen 20, Jugendliche von 12 bis 16 Jahren 12 kr – ein angesichts des Preises von 6 kr für einen kleinen Laib Brot kaum für die kärglichste Lebensfristung ausreichender Taglohn. Die Arbeiter von St. Marx baten den Sicherheitsausschuß, auch am Feiertag arbeiten zu dürfen, „da wir wegen der traurigen Lage, in die wir vergangenes Jahr wegen merklicher Stockung der Geschäfte gerieten, wo wir wegen der überschwenglichen Teuerung aller nur möglichst entbehrlichen Geräte uns entäußern mußten, einzig und allein auf die Einnahme des Taglohns angewiesen sind[54]". Die Arbeiter-Ordnung untersagte die Sonntagsarbeit. Akkordarbeit sollte ,,bei gehörigem Fleiß einen den Taglohn übersteigenden Betrag verdienen lassen" – ein Prinzip, das eine Konkurrenzsituation auch unter den Erdarbeitern schuf und in der Folge zu Konflikten führte. Der Sicherheitsausschuß hatte sich mehrfach mit Streitigkeiten und Schlägereien zwischen Taglöhnern und Akkordarbeitern zu beschäftigen[55].

Bei den Akkordarbeiten wurde die offiziell festgesetzte Arbeitszeit erheblich überschritten; ein Bericht vom Bauplatz in der Brigittenau stellte fest, daß sich die fleißigsten Arbeiter von 4 Uhr früh bis 8 Uhr abends täglich 48 kr verdienen konnten, ,,welcher Betrag bei der ungemein angestrengten Arbeit und bei der jetzigen heißen Sommerszeit gewiß kein großer, sondern im Verhältnis zur angestrengten Arbeit ein sehr geringer Verdienst ist[56]".

Die Arbeiter-Ordnung bedrohte ,,Zusammenrottungen, Ruhestörungen, Exzesse und Unsittlichkeit" unter den Arbeitern mit Entlassung und Anzeige. Der Sicherheitsausschuß stellte sich voll hinter die Verordnungen des Ministeriums; selbst ein Mann der Linken wie Goldmark plädierte dafür, bei der Publikation der Arbeiter-Ordnung ,,Nationalgarde bereit zu halten, die [Arbeiter], welche sich fügen, von den anderen zu sondern, und wenn sie Exzesse begehen, energisch gegen sie einzuschreiten[57]".

Die Machtentfaltung des bewaffneten Bürgertums, hinter dem das Militär stand, und die drückende Notlage machten die Erdarbeiter, die sich in ihr Schicksal fügen mußten, wehrlos. Immer noch drängten mehr Arbeitslose als aufgenommen werden konnten zu den öffentlichen Arbeiten. Verzweifelte Arbeitslose baten den Sicherheitsausschuß um Beschäftigung: ,,Wir hören nicht eher auf zu bitten, bis uns der Hochlöbliche Ausschuß allen Arbeit erteilet, wir haben jetzt bereits drei Wochen keine Arbeit, wo wir viele Familienväter darunter sind, wir müssen verhungern und sind gänzlich der Verzweiflung nahe, wenn uns heute keine Hilfe erteilet wird[58]", hieß es in einer dieser Bittschriften.

Diese Umstände garantierten bis zum August ,,Ruhe" unter den Arbeitern, deren Angelegenheiten seit Ende Juni in den

Protokollen des Sicherheitsausschusses zurücktreten. Erst die Maßnahmen des Arbeitsministers Schwarzer führten dann zu neuen Unruhen.

Parallel zu den Lohnforderungen der Erdarbeiter verlief die Diskussion um das Wahlrecht für die Arbeiter, in die der Sicherheitsausschuß einbezogen wurde. Auch in der nach der Mairevolution erlassenen Wahlordnung vom 1. Juni behielt das Ministerium den indirekten Wahlmodus und den Ausschluß der Arbeiter von den Wahlen bei[59]. Die Demokraten nahmen nach einer kurzen Periode der Unsicherheit den Kampf gegen diese Mißachtung ihrer Bundesgenossen aus den Maitagen auf.

Noch am 30. Mai meinte die ,,Allgemeine Österreichische Zeitung" über die Arbeiter: ,,Sie sollen mit uns gleichberechtigt sein, aber nicht über uns stehen. Ihre Sphäre ist die Arbeit, mitregieren und weise Gesetze geben kann nur der reife Verstand, nicht aber der Arm und die rohe Gewalt[60]." Über die Furcht, die Arbeiter durch die Verweigerung des Wahlrechtes dem ,,Kommunismus" in die Arme zu treiben, fanden die Demokraten zur prinzipiellen Forderung nach dem allgemeinen Wahlrecht. Ausschluß des Arbeiters von den Wahlen würde bedeuten, ihn ,,der Verwilderung preiszugeben, ja eine politische Räuberhorde zu gründen, welche dem Kommunismus und Sozialismus zugänglich, im Besitzenden und Bürger einen Fremden, im Nationaleigentum ein ihm unzugängliches Gut und im allgemeinen Umsturz sichere Gewährschaft von bedeutendem Gewinne sieht[61]".

Andreas von Stifft, von dem dieser Artikel stammt, setzte sich im ,,Kritischen Sprechsaal" noch intensiver mit dem ,,vierten Stand" auseinander. Stifft bekundete hier ein differenzierteres Verhältnis zum Problem des Sozialismus, als es sein zitierter Artikel in der ,,Allgemeinen Österreichischen Zeitung" vermuten ließ. Unter Berufung auf die Apostelgeschichte meinte er: ,,Die Gedanken der Sozialisten und Kommunisten erfreuen sich in gewisser Weise eines hohen Alters." Er wollte ihnen ,,eine soziale Zukunft nicht absprechen", vielleicht enthielten sie ein ,,Goldkörnlein der Wahrheit[62]". Stifft schwebte eine Art Staatssozialismus zur Lösung der sozialen Frage vor, den er in einigen Thesen näher definierte: ,,Die Produktivität hat im Verhältnis zum Bedürfnis, zum Absatz zu stehen. (. . .) Die Arbeit ist ein Gesamteigentum des Volkes und unterliegt Gesetzen, welche die staatliche Gesellschaft selbst festzustellen hat. Die Arbeit darf nicht Zweck einseitigen Erwerbes sein, der Arbeiter ist nicht Mittel zum Zweck, sondern Selbstzweck. Die Leitung der Arbeit geht von einem hiezu ermächtigten, verantwortlichen Ministerium aus. (. . .) Eine gesetzliche Regelung des Arbeitslohnes und Feststellung der Arbeitsstunden (. . .) ist geeignet, ein größeres Gleichgewicht zwischen dem Proletariat und der besitzenden Klasse herzustellen und das künstliche Aufhäufen von Kapitalien auf der einen, das gänzliche Verarmen auf der andern Seite zu vermeiden[63]." Das Recht auf Arbeit wird von Stifft in einem umfassenden Sinn verstanden: „Das Recht auf Arbeit schließt das Recht auf Vertretung in der beschließenden Kommunität, das Recht auf Bildung zur Arbeit und das Recht auf Teilnahme an den Früchten der Arbeit in sich ein[64]."

Die Demokraten blieben aber nicht bei theoretischen Erörterungen stehen, sondern forderten auch in der Praxis das Wahlrecht für die Arbeiter. Dr. Alfred Julius Becher argumentierte in einem an den Sicherheitsausschuß adressierten Flugblatt vom 5. Juni: „Eine ganze zahlreiche, höchst notwendige wie höchst achtbare Klasse von Staatsbürgern, deren Interessen richtig und würdig vertreten zu sehen nicht bloß für sie selbst, sondern für das Gemeinwohl wichtiger ist als so manches, dessen Aufrechterhaltung die im Finstern schleichende Rückschrittspartei samt ihren gegängelten konservativen Bundesgenossen als unverletzliche Gewissenssache predigt – dieser ganze vierte Stand darf also keinen Einfluß auf die Institutionen ausüben, deren heiliger Zweck es doch ist, den Gesamtwillen der Nation zu offenbaren – dieses ganze, oft vorzugsweise so genannte Volk darf nicht teilnehmen an der Wahl derjenigen Männer, die den schönen Ehrennamen Volksvertreter führen[65]!"

Der Sicherheitsausschuß nahm diesen Appell an das demokratische Prinzip, dem er schließlich seine eigene Entstehung verdankte, mit zwiespältigen Gefühlen auf und drückte sich um eine eindeutige Stellungnahme herum: „Über den ‚offenen Brief des Radikalen' [das zitierte Flugblatt Bechers] wurde über Antrag des Dr. Schiel beschlossen, eine Kundmachung am Publikum zu erlassen, worin das Wahlrecht und die Wahlfähigkeit der Arbeiter im Prinzipe anerkannt, aber auch wegen Gefahr einer Verzögerung des Reichstages die Notwendigkeit ausgesprochen werde, für diesmal nicht darauf zu bestehen[66]." In diesem Sinne schrieb der Sicherheitsausschuß an Minister Pillersdorff am 9. Juni, daß es notwendig sei, „von unseren ehrenwerten Mitbürgern, die um Tag- oder Wochenlohn arbeiten, das große Opfer ihres Wahlrechtes bei so bedrängnisvollen Umständen im Interesse des Vaterlandes anzusprechen[67]".

Der Ministerrat beschäftigte sich am folgenden Tag mit diesem Problem: „Es wurde darauf hingewiesen, daß bei dieser Masse – zu welcher auch Werkführer in Fabriken, Poliere etc. gehören – Intelligenz, Unabhängigkeit und moralische Bildung mindestens in gleichem Grade vorhanden sei, wie z. B. bei den Kleinhäuslern und Dienstleuten auf dem flachen Lande, welchen das Wahlrecht zuerkannt wurde." Charakteristisch für die Behandlung dieser Frage wurde die Erklärung Dr. Alexander Bachs, der als Vertrauensmann des Gemeindeausschusses den Beratungen beigezogen wurde. Bach, der spätere Minister, der nach dem Mai noch von der „leserlichen Barrikadenschrift"[68] gesprochen hatte, verriet mit seiner sophistischen Stellungnahme schon damals die demokratischen Prinzipien: „Er halte es für eine unausweichliche Notwendigkeit, die Arbeiter von den Wahlen nicht völlig auszuschließen. Dafür, daß sie durch ihre Zahl bei den Wahlen in Wien kein zu großes Gewicht ausüben, wäre am einfachsten durch die Bestimmung gesorgt, daß sie nur an dem Orte ihres ordentlichen und bleibenden Wohnsitzes zur Wahl zugelassen würden, wodurch sofort die große Masse der nicht hierher zuständigen Arbeiter ausgeschlossen wäre." Er meinte ferner, daß der größte Teil der Arbeiter sich mit der formalen Zuerkennung des Wahlrechts begnügen würde, ohne davon Gebrauch zu machen. „Würde dagegen dieses Recht verweigert, so ließen sich die daraus entstehenden Folgen nicht voraussehen: gewaltsame Verhinderung der Wahlen durch die Arbeiter, Eindringen derselben in die Wahllokalitäten, Exzesse und Demonstrationen dürften nicht ausbleiben." Pillersdorff meinte überdies, daß die Wahlrechtsänderung in den Provinzen „schon zu spät bekannt werden dürfte, um noch praktische Folgen nach sich zu ziehen[69]".

Das Ministerium bewilligte mit diesem Hintergedanken am 10. Juni allen selbständigen Arbeitern mit bleibendem Wohnsitz das Wahlrecht, was der Sicherheitsausschuß als Stimmrecht und Wählbarkeit für alle „nicht in einem ordentlichen Dienstverhältnisse stehenden Arbeiter, mithin alle Gesellen, alle Handarbeiter und Werkleute, welche in Fabriken und Manufakturen, bei öffentlichen oder Privatbauten, öffentlichen oder Privatarbeiten beschäftigt sind", auslegte[70].

Es kam, wie es Ministerium und Sicherheitsausschuß vorausgesehen und -geplant hatten: Das formale Zugeständnis hatte keine praktischen Folgen. Die Definition des Begriffs ,,selbständige Arbeit" blieb unklar; daß Dienstboten, Kellner und Kaufmannsdiener nicht wahlberechtigt seien, meinten sogar die Demokraten[71]. In vielen Orten entschied die Selbstherrlichkeit der Lokalbehörden – wie etwa in Wiener Neustadt[72] – über die Nichtzulassung der Arbeiter zu den Reichstagswahlen. Der komplizierte Wahlmodus – der Nachweis der Ansässigkeit vor den Behörden, die umständliche Eintragung in die Wählerlisten, überhaupt die indirekte Form der Wahlen – machte die Teilnahme der Arbeiter an den Wahlen weitgehend illusorisch. Eine Verständigung der Wähler untereinander konnte kaum erfolgen, da jeder Urwähler die Wahlmänner aus seinem Wahlbezirk wählen mußte. Diese Bestimmung wurde zwar in letzter Minute geändert, was aber kaum mehr bekannt wurde. Damit sanken die Chancen für demokratische Kandidaten gegenüber den lokalen Honoratioren, die zumeist als Wahlmänner fungierten, erheblich. Die Möglichkeit, sich als Urwähler zu legitimieren, erlosch schon am 16. Juni[73]. Vergeblich blieben auch die fortgesetzten Proteste der demokratischen Presse gegen die indirekten Wahlen.

Die ,,Constitution" hatte sich in der Kampagne für das Arbeiterwahlrecht stark engagiert: ,,Unter rauhen Kitteln schlagen treffliche Herzen, und das Privilegium eines scharfen Verstandes werden in unserer antiprivilegierten Zeit doch hoffentlich nicht die ersten drei Stände in Anspruch nehmen. (. . .) Der Arbeiter muß also ebenfalls die Rechte aller anderen Staatsbürger rücksichtlich aktiver und passiver Wahlfähigkeit genießen, denn er hat in Wien bewiesen, daß er ihrer vollkommen würdig ist, und die in den Provinzen lebenden werden nicht den hiesigen nachstehen[74]".

Auch die Arbeiter selbst ergriffen in dieser Diskussion das Wort. Der Schriftsetzer Josef Hermann Hillisch schrieb in einem, ein waches politisches Bewußtsein verratenden Aufruf: ,,Kameraden! Unsere Wahl kann entscheidend sein, wir können beitragen, ob die Reichstagsversammlung überwiegend ,Gemäßigte' oder ,Ultras' zählen wird, denn unser sind viele, und wenn wir es mit der Sache der Freiheit ehrlich meinen, so wählen wir nicht den nächsten besten aus unseren Handwerksmeistern, die, ihr wißt es ja, größtenteils so gern in ,Ruhe' ihren Säckel füllen und die Fortpflanzung der Spießbürger betreiben möchten. Der Herr Minister Pillersdorff hat ja ausdrücklich gesagt: Alle selbständigen Arbeiter sind wahlberechtigt; seid daher geistig selbständig; sagt, wählen unsere Meister uns Gesellen, die wir ihnen doch oft an Herz und Geist überlegen sind? (. . .) Kameraden! Die Wahlen zum Reichstage sind eine Ehrensache, wählt daher nicht gleichgiltig, denn das wäre ehrlos, und lieber alles in der Welt wollen wir sein als ehrlos! Wählt als Urwähler Arbeiter zu Wählern, und diese dann einen Arbeiter wenigstens zum Deputierten. Denkt euch den Triumph des Arbeiters, wenn einer aus seiner Mitte Deputierter würde[75]!"

Die Enttäuschung über den sich abzeichnenden Ausgang der Wahlen war bei Demokraten und Arbeitern gleich groß. Friedrich Sander, der wenig später den Wiener Arbeiterverein gründete, äußerte sich in bitterer Enttäuschung: „Den Arbeitern ist vor wenigen Tagen erst das Wahlrecht zugestanden worden, manche wissen es kaum, viele müssen sich hinsichtlich der Wahlordnung und der genommenen Maßregeln klar werden, alle sich untereinander erst verständigen, und doch sollen die Wahlen schon Hals über Kopf vor sich gehen. (. . .) Wir werden durch dieses Jagen und Überstürzen den wahren Zweck des Reichstags ganz verfehlen. (. . .) Ich muß gestehen, daß es mich gar nicht wundert, wenn unter solchen Umständen eine Lauheit unter den Wahlberechtigten herrscht; ich für meinen Teil möchte gar nicht wählen[76]."

Höchst ungünstig für die Reichstagswahlen wirkte sich auch die gerade zur Zeit des Urnengangs herrschende gespannte Situation in der Stadt aus. Die Unruhen der Erdarbeiter und das Aufgebot der Nationalgarde gegen sie fiel mit den komplizierten Vorbereitungen zur Wahl zusammen. So konnte von den theoretischen „allgemeinen" Wahlen in der Praxis kaum die Rede sein. Im ganzen wurden in Wien 25 978 Wahlberechtigte in die Listen eingetragen, davon erschienen 18 516 zur Wahl, weniger als 5% der Bevölkerung[77]. Auch für den Sicherheitsausschuß bedeutete der Ausgang der Wahlen eine Niederlage; von den von ihm vorgeschlagenen Kandidaten wurden nur Fischhof, Füster, Goldmark und Schwarzer in den Reichstag gewählt.

Daß kein Arbeiter auch nur als Wahlmann aufgestellt, geschweige denn als Kandidat nominiert wurde, konnte unter diesen Umständen nicht verwunderlich sein. Der Drechslergeselle

Franz Benoit resumierte in einer Zuschrift an den Sicherheitsausschuß die Enttäuschung der Arbeiter über ihren faktischen Ausschluß von der Teilnahme an der politischen Mitbestimmung: „Es sind nämlich die Kundmachungen in der Stadt und Vorstädten mit der Klassifizierung der Wahlmänner ausgeschrieben worden, wozu nur jene, welche die staatsbürgerlichen Rechte genießen, Anteil nehmen können und der, der den Bürger zu seinen staatsbürgerlichen Rechten erheben muß, ohne den der Bürger und der Staat nicht bestehen könnten, ist ausgeschlossen. Ich glaube, es könnte sich auch der Arbeiter eines konstitutionellen Lebens freuen, aber in dieser Kundmachung sind wir ausgeschlossen. Wenn es auch heißen sollte, habt Vertrauen auf eure Meister, die werden für euch sorgen – die Vergangenheit hat's bewiesen, wie man für uns gesorgt, und so lange nicht selbst unter uns Männer gewählt sind, die das Vertrauen unserer Interessen entsprechen, so ist für uns gar keine Konstitution. Der Bürger und der Bauer sind nicht im Stande, auch unsere Wahl zu beachten, und in Zukunft können wir zu gar keinen staatsbürgerlichen Rechten gelangen[78]."

Die Ereignisse des Juni bedeuteten in einem doppelten Sinn einen Wendepunkt im Ablauf der Wiener Revolution. Die selbständig erhobenen Forderungen der Arbeiterschaft um Verbesserung ihrer sozialen Stellung kollidierten mit den wirtschaftlichen Interessen und politischen Ansprüchen des Bürgertums. In der Wahlfrage hatte sich gezeigt, daß die Arbeiter von den demokratischen Rechten, die sie in erster Linie stehend erkämpft hatten, ausgeschlossen bleiben sollten. Im europäischen Maßstab führte der Pariser Juni die auch in der Wiener Revolution zutage getretenen Widersprüche zwischen der bürgerlichen Revolution und dem „Recht auf Arbeit" vor Augen.

16 Totenfeier für die in der „Praterschlacht" gefallenen Arbeiter

17 Sturm auf das Zeughaus am 6. Oktober 1848

18 Mobilgardenabteilung im Oktober 1848

19 Lager der Mobilgarde
im Hof des Belvedere während der Oktoberkämpfe

DIE PARISER JUNISCHLACHT IM LICHT DER WIENER PUBLIZISTIK

Zur selben Zeit, als in Wien Nationalgarde und Erdarbeiter einander drohend gegenüberstanden und der Ausbruch eines offenen sozialen Konflikts unmittelbar bevorzustehen schien, wurde Paris zum Schauplatz eines blutigen Bürgerkrieges. Das Dekret der Regierung über die Auflösung der Nationalwerkstätten vom 21. Juni trieb die Arbeiter auf die Barrikaden; ihr verzweifelter Widerstand wurde in Straßenkämpfen, die mit einer bis dahin unbekannten Erbitterung geführt wurden, von den Truppen Cavaignacs, der bürgerlichen Nationalgarde und den Mobilgarden niedergerungen (23. bis 26. Juni).

Die Nachricht von den Pariser Juniereignissen polarisierte auch in Mitteleuropa, wo sich der soziale Antagonismus noch nicht so scharf ausgebildet hatte wie in der französischen Hauptstadt, die Parteien.

Friedrich Engels hat im Rückblick auf die Geschichte der „Neuen Rheinischen Zeitung" betont, daß sie „das einzige Blatt in Deutschland und fast in Europa war, das die Fahne des zertretenen Proletariats hochgehalten hatte im Augenblicke, wo die Bourgeois und Spießbürger aller Länder die Besiegten erdrückten mit dem Wuste ihrer Verleumdungen[1]". Der „Neuen Rheinischen Zeitung" gebührt ohne Zweifel das Verdienst, am eindrucksvollsten auf den Charakter des hier zutage getretenen Klassenkonflikts hingewiesen zu haben – Engels sprach von der „ersten entscheidenden Feldschlacht des Proletariats", Marx ließ seinen wohl gewaltigsten Artikel aus dem Revolutionsjahr mit den Worten enden: „Aber die Plebejer, vom Hunger zerrissen, von der Presse geschmäht, von den Ärzten verlassen, von den Honetten Diebe gescholten, Brandstifter, Galeerensklaven, ihre Weiber und Kinder in noch grenzenloseres Elend gestürzt, ihre besten Lebenden über die See deportiert – ihnen den Lorbeer um die drohend finstere Stirn zu winden, das ist das Vorrecht, das ist das Recht der demokratischen Presse[2]."

Engels irrte freilich, wenn er für die „Neue Rheinische Zeitung" den Monopolanspruch auf die positive Würdigung der „siegenden Geschlagenen" des Pariser Juni erhob. Eine kleine Schar von Wiener demokratischen Journalisten stellte sich – wie bisher völlig übersehen wurde – auf die Seite der Pariser Insurgenten. Die Argumentation der bürgerlichen Presse, die mit Berichten über angebliche Greueltaten der Pariser Arbeiter den Ruf nach Disziplinierung der Arbeiterschaft im eigenen Land verband, fand allerdings auch in den Reihen der Demokraten Eingang[3].

Die Frage nach dem Charakter und den Folgen des Pariser Juni wurde für die Wiener Demokratie zur ernsten Bewährungsprobe. Die meisten Zeitungen reagierten nach dem Einlangen der ersten Meldungen sehr rasch auf die Pariser Vorgänge, doch setzte sich die Diskussion noch bis in den Herbst hinein fort. Die Einschätzung des Juni prägte wie ein Leitmotiv die Auseinandersetzung mit der sozialen Frage auch im eigenen Bereich und ließ die Stellung der Parteien in künftigen Konflikten scharf heraustreten. Die konservative Presse ergriff sofort unumwunden die Partei der „Ordnung": „Es war eine Schlacht auf Leben und Tod zwischen den Besitzlosen und den Besitzenden. Der Ausgang war glücklich genug, glücklich nicht allein für die Besitzenden, für das Bürgertum, sondern glücklich auch für die Besitzlosen, für die Arbeiter, und darum glücklich für die Gesellschaft.(. . .) Auch bei uns hat sich der Gegensatz zwischen den Arbeitern und den Bürgern in der letzten Zeit ziemlich schroff gestaltet und die Fortdauer der Zeitaufregung wird denselben noch schroffer machen[4]."

Cavaignac erschien nicht nur der Pariser Bourgeoisie, sondern auch dem ruhesuchenden österreichischen Bürgertum als rettender Held: „Dieser Mann ist nun der Abgott der Pariser, dessen Entschlossenheit und Festigkeit die Stadt mit ihrer Million Einwohner allein den Sieg der guten Sache und die Rettung aus der drohendsten Gefahr zu danken hat. (. . .) Cavaignac ist nicht nur ein inniger, sondern auch ein aufrichtiger Republikaner und zugleich ein tüchtiger Mensch, ein wahrer Mensch[5]."

Das führende Blatt des aufstrebenden österreichischen Wirtschaftsbürgertums, die „Presse", nannte die Pariser Junikämpfe schlechthin „das größte Ereignis unserer Zeit" und hob ihre gesamteuropäische Bedeutung hervor: „Das blutige Pariser Drama ist zu Ende; Blut wurde mit Blut gesühnt, und Frankreich, Deutschland, ja ganz Europa vor Greueltaten geschützt, wie sie die Geschichte noch nicht kennt; denn wer kann es leugnen, allenthalben wuchern verderbenschwanger die Grundsätze, die jetzt wieder in Paris Tausende in den Tod führten; allenthalben paßt der Besitzlose auf den günstigen Moment, um den Besitzenden offenen Krieg zu erklären; allenthalben wird das Abnorme unserer sozialen Zustände mit jedem Tage drückender, und noch immer harren wir des Heilandes[6]."

Ein weiteres Argument der Liberalen gegen die Pariser Insurgenten war der Vorwurf, dem ,,Militärdespotismus" die Bahn geebnet zu haben. Der soziale Radikalismus schien ihnen der Wegbereiter einer monarchistischen Restauration bzw. eines neuen Bonapartismus zu sein: ,,In Frankreich ist der maßlose Angriff einer Partei des Umsturzes an der Entschiedenheit der Garden und Truppen gescheitert, und die Republik ist für den Augenblick gerettet; ob aber die Notwendigkeit, sich gegen jene die ganze Gesellschaft mit Vernichtung bedrohenden Angriffe des Kommunismus und Sozialismus durch eine feste Hand geschützt zu sehen, nicht zum Militärdespotismus und somit zum Untergange der Freiheit führen werde, ist sehr zu befürchten; umso mehr, da die noch in unserer Zeit liegende Entwicklung der französischen Zustände in den neunziger Jahren sehr lebhaft daran erinnert. (. . .) Beiläufig folgt aber auch daraus die Bestätigung der alten Erfahrung, daß sich jene Parteien, welche eine Konterrevolution oder Reaktion herbeiführen wollen, zu ihren schändlichen Zwecken immer der extremsten revolutionären Organe, im Volke wie in der Presse, bedienen, und daß daher von diesen angeregte Bewegungen stets mit großem Mißtrauen zu betrachten sind. Der Himmel behüte vor ähnlichem Schicksale unser armes Deutschland[7]."

Dieser Argumentation schloß sich der demokratische ,,Gerad'aus!" an, wenn er einen Teilaspekt der Erhebung absolut setzte. Der Aufstand sei, so meinte dieses Blatt, die wahren Ursachen ignorierend, ,,von irregeleiteten Arbeitern zu Gunsten einiger Regentenfamilien, zu Gunsten der alten Despotenpolitik, zu Gunsten einer Fürstenreaktion gemacht[8]".

Die Angst der politischen ,,Mitte" vor einer Verbindung der Unterschichten mit der aristokratischen Reaktion prägte auch die Stellungnahme Häfners, die in ihrer Widersprüchlichkeit die anfängliche Desorientierung der Demokraten illustriert. Häfner meinte unmittelbar nach dem Eintreffen der ersten Nachrichten über den Pariser Juni, daß „die unterste Hefe des Volkes (nicht der Arbeiter, sondern der Pöbel) sich mit dem obersten Abschaume des Volkes, den Aristokraten", verbinden könne, und warnte davor, „daß die Feinde der Freiheit sich mit den verlorenen, vergessenen, verworfenen Kindern des Volkes verschwören, um die Gesellschaft kopfüber zu stürzen". Häfner würdigt zwar den „tiefdenkenden, menschenfreundlichen Blanc", verwirft aber seine praktischen Versuche zur Organisation der Arbeit – befangen in der nahezu allgemein üblichen Verwechslung der Blancschen Assoziationstheorie mit den Nationalwerkstätten. Der Angriff auf das bürgerliche Eigentum, wie ihn der Demokrat Häfner im Pariser Juniaufstand sieht, bedroht in seinen Augen die Freiheit: „Man machte einen Scheinangriff auf den Besitz, um die Freiheit zu schlagen. (. . .) Heilig jedes rechtmäßige Eigentum[9]!" Die „Constitution" schloß sich in der Folge ganz den Cavaignac huldigenden Stimmen an und stellte sich auf die „Barrikaden der Ordnung" gegen die „Barrikaden der Anarchie"[10].

Ähnlich schwankend wie die „Constitution" verhielt sich der „Freimütige" in seiner Stellungnahme zum Pariser Junikampf. Dieses Blatt nahm zunächst mit bemerkenswerter Offenheit für die Besiegten Partei: „Die Arbeiter sind in Frankreich besiegt, der Notschrei der Hungernden und Leidenden ist übertäubt vom Donner der Kartätschen, die Ehre der bürgerlichen Ordnung ist gerettet, allein auf den Trümmern der republikanischen Floskelwirtschaft sitzt das Soldatentum[11]." Die Zerrissenheit der Demokraten in ihrem Urteil über die Junischlacht offenbart ein im August erschienener Artikel desselben Blattes: „Heil uns, Heil dem zivilisierten Europa, daß die Verzweiflung des Proletariats an der Energie und dem Mute der Freiheitshelden in Paris scheiterte." Demgegenüber erscheint die österreichische Arbeiterbewegung noch integrierbar, wenngleich auch sie zum „Bewußtsein" ihrer proletarischen Existenz gelangt ist: „Vor den März- oder besser Maitagen hatten wir (. . .) kein Proletariat, wir hatten nur Arme. Der Arme fühlt in sich die Ohnmacht (. . .), der Proletarier hingegen fühlt in sich die höhere Kraft, er ist zum Bewußtsein seines unveräußerlichen Menschenrechtes gelangt, er erkennt es, daß Arbeit das einzige Mittel ist, sein Dasein zu fristen, er will arbeiten, viel arbeiten, mit Anstrengung arbeiten, aber er verlangt dafür gut bezahlt zu werden. (. . .) Sie [die Proletarier] haben den Baum der Freiheit uns pflanzen geholfen, sie werden früher oder später seine Früchte verlangen. Es ist die edelste Kraft des Staates in diesem Volkskerne, es ist dies kein Eiter, wie er gewöhnlich fälschlich dafür gehalten wird[12]."

In den auf die ökonomischen Interessen des Bürgertums orientierten Blättern trat der Aspekt einer nach der Niederwerfung des Pariser Proletariats möglich gewordenen Niederhaltung der Arbeiter in den Vordergrund. So hieß es schon am 30. Juni: „Wien wird aber mit fremdem Schaden klug werden. Die eminente Majorität der besten, vermöglichsten Einwohner, die sich bisher auf Klagen über die Gegenwart und Besorgnisse für die Zukunft der Residenz beschränkten und dem verderblichen Treiben der Wühler in unwürdiger Passivität zusahen, werden sich nun ermannen, sammeln, verständigen und mit überwiegender Kraft der Zahl, der wahren Intelligenz und des materiellen Vermögens sich der sozialen Bewegung bemeistern, sie leiten und regeln und allem eigensüchtigen, Ruhe und Wohlstand bedrohenden Streben einen nachhaltigen Damm entgegensetzen[13]." Ein anderer Artikel verknüpfte beziehungsvoll den Hinweis auf die täglichen Auslagen von 8 000 bis 10 000 fl für die öffentlichen Arbeiten in Wien mit einem haßerfüllten Angriff auf die Pariser Arbeiter: „Blicket hin, ihr kommunistischen Träumer! Die Ströme des edelsten Blutes redlicher wackerer Familienväter, das mit der Jauche einer verbrecherischen Räuberhorde gemischt durch die Gassen von Paris fließt, der Tod des ehrwürdigen Seelenhirten, der sein Leben für seine Herde gab[14], der Verlust so vieler tapferer Verteidiger des Vaterlandes, die ihr Schwert gegen ihre verirrten Brüder ziehen mußten, die Verwaisung so vieler Familien und eine lange Reihe der herzzerreißendsten Jammerszenen sind euer Werk[15]!"

Die schwerwiegenden Folgen für die soziale Lage der Arbeiter illustriert das Frohlocken der „Neuen Zeit", des „Zentral-Organs für Politik, Handel und Gewerbe": „Verschwendung und Sittenverderbung, deren Nachwehen niemals ausbleiben, waren auf eine solche Höhe gestiegen, daß nur ein Orkan, wie der viertägige Pariser Straßenkampf im Junimonate derselben ein Ziel zu setzen vermochte. Möge es in anderen Städten von geringerem Umfange auf minder blutigem Wege erreicht werden, was freilich nur allmälig durch unbedingte Einführung der Geding- oder Akkordarbeit, Erniedrigung der Tagelöhne und strenge Beaufsichtigung der Arbeiter und ihrer Leistungen stufenweise erreicht werden kann[16]."

Haben wir bisher gesehen, daß sich sogar den sozialen Problemen aufgeschlossene demokratische Blätter der negativen Meinung der bürgerlichen Presse über den Juniaufstand nicht ganz zu entziehen vermochten, so müssen wir andererseits jene demokratischen Journalisten hervorheben, die sich kompromißlos auf die Seite der Geschlagenen stellten. In der „Allgemeinen Österreichischen Zeitung" hatte anfangs der liberale Dr. Maximilian Engel in der üblichen Terminologie von der „wahnsinnigen, jedem Begriffe menschlichen Rechts zuwiderlaufenden Schilderhebung", von den von „Aposteln der fanatischen Lehre des Kommunismus" und „parteigängerischen Wühlern" hervorgerufenen „greulichen Blutszenen" geschrieben[17]. Es war der aufrechte Demokrat Andreas von Stifft, der in einem fulminanten Artikel die Beziehungen der gegenrevolutionären Bourgeoisie zum Militarismus durchleuchtete: „Cavaignac hat seinen afrikanischen Säbel dem Geldsäckel der Bourgeoisie geliehen, und keine Rache ist so furchtbar, keine Despotie so drückend als die ihre, wenn man an ihre Souverains d'or, an ihre Dublonen und Taler gegriffen hat. (. . .) Es war schon etwas Unheimliches an dieser übereilten Diktatur Cavaignacs, an dieser Bereitwilligkeit, die kaum errungene republikanische Freiheit, die Regierungslast an einen Soldaten los zu werden. Es war etwas Widriges an diesen Verhaftungen in Masse, an diesem Einsperren eines halb geschlachteten Volkes." Stifft nimmt die französischen Sozialisten – er nennt Ledru-Rollin, Blanc und Proudhon – vor den Beschuldigungen ihrer Gegner in Schutz und entwirft das Bild einer Zukunft, „wo das ganze Volk seine Führer und ihr Unglück an der engherzigen, amtsseligen Bourgeoisie rächen wird, wo dieses falsche, höhnische, kalte Staatsleben, dieser konstitutionelle Spuk mit seinen Ministerportefeuilles, mit seinen nachgemachten Wachsfigurenparteien, falschen Aufregungen und künstlichen Leidenschaften zusammenstürzen und ein endloses Gericht über die neuen Völkerbetrüger, über die diesmal bürgerlichen Schauspieler ergehen wird[18]." Die Wahl der nach der Erhebung des 15. Mai eingekerkerten Führer des Pariser Proletariats, Armand Barbès und Louis Auguste Blanqui, in die Nationalversammlung ist für Stifft Symbol des ungebrochenen Widerstandswillens der französischen Arbeiterschaft: „Das Volk hat sich auch noch auf andere Weise gerächt, es hat Proteste eingelegt gegen die Feinde seines 15. Mai, gegen die Rückkehr seiner Junitage, es hat nach

Vincennes geblickt, seines Barbès, seines Blanqui gedacht und fordert Raspail zurück. (. . .) Das Volk fordert seine Männer zurück und seine Wahl, dieser stumme Protest, ist eine noch leise Versicherung für das gesamte Europa, für alle geknechteten, betrogenen Völker, für alle geknickten Hoffnungen, in Frankreich, im großen Frankreich bleibt es nicht immer, nicht lang mehr beim Alten[19].“

Anders beurteilte Sigmund Engländer die französischen Parteiführer. Engländer, der sich seine journalistischen Sporen bei der „Constitutionellen Donauzeitung“ verdient hatte, verfolgte in der von ihm redigierten „Reform“ eine demokratische, für soziale Probleme aufgeschlossene Richtung. Engländer trat im Programm seines Blattes für grundlegende Reformen ein, um „auch dem vierten Stand sein Recht in der Gesellschaft erobern zu helfen“ und dadurch den „freien demokratischen Bürgerstaat zu schaffen“. Er erkannte die Zusammenhänge von Arbeiterbewegung und sozialistischer bzw. kommunistischer Theoriebildung, lehnte aber deren Schlußfolgerungen ab: „Die Menschen fangen an, gleiche Ansprüche nicht nur an den Staat, sondern auch an die Erde zu machen. Ein großer Teil der Philosophie unseres Jahrhunderts geht vom Hunger aus, und dieser Appetit ist der unbestechlichste Raisonneur. Der ganze Freiheitsbau ist daher auf morschem Grunde aufgeführt, wenn nicht die faulen Gesellschaftszustände umgestaltet werden. Babeufs Gespenst, das aus der ersten französischen Revolution uns drohend anblickt, die einsam brütenden Denker Fourier, St. Simon usw., die sich an die morschesten Stellen der Gesellschaft anlehnten und mit verzweifelter Stimme den Kommunismus ausschrien, so wie neuestens Blanqui und Barbès, welche die Gesellschaft nur durch die Bluttaufe zu verjüngen glaubten, müssen uns auf das Dringendste daran mahnen, alle gesellschaftlichen Formen neu zu schaffen, wenn nicht eine soziale Revolution mit den ungeheuersten Greueln zum Ausbruche kommen soll[20].“ Unter den Mitarbeitern dieses Blattes wird neben Jellinek auch Stifft genannt; seinen glänzenden Stil verrät ein Artikel der „Reform“, der nicht nur zu den Spitzenleistungen der österreichischen Journalistik des Revolutionsjahres zählt, sondern auch tiefe Einsicht in die sozialen Ursachen der französischen Klassenkämpfe verrät: „Der Faden, der die Februarrevolution an die erste Revolution knüpft, wurde von Cavaignacs Säbel entzweigehauen, und abermals droht die Frage, die auf Robespierres Lippen erstarb, in dem Blute des niedergemetzelten Proletariats zu ersticken. Wie lautet aber diese Frage? Die soziale Reform – die Ausgleichung des schreienden Mißverhältnisses zwischen Arm und Reich, die Aufhebung jenes Zustandes, der den vierten Stand zum natürlichen Paria des 19. Jahrhunderts macht. (. . .) Frankreich hat sich den Purpur seiner Revolution selbst von den Schultern gerissen, um ihn zum Fußteppich eines Soldaten zu machen; Frankreich, oder vielmehr die sieghafte Bourgeoisie vergißt, daß es noch einen anderen Purpur gibt: die zerfleischten, unter den Krallen des Egoismus und der sogenannten Zivilisation von Blut triefenden Rücken des niedergetretenen Proletariats, das nicht aufhören wird, seinen Krieg fortzuführen, wo es sich um Anerkennung des Menschenrechts, um die Eroberung der Humanität handelt. Die Junitage haben wohl die Proletarier, nicht aber das Proletariat gemordet; es ist mit der gescheiterten Idee Louis Blancs noch nicht der Sozialismus versandet, jener Sozialismus, der die Bereicherung der Gesellschaft anstrebt und in dem Wohlstande des Ganzen das Glück des einzelnen begründen will, und eben darum auch wird. (. . .) Sie [die französischen Bürger] mögen immerhin den an ihrer Selbstsucht gescheiterten ersten Versuch der sozialen Reform für hohle Träume oder verbrecherische Angriffe auf die Gesellschaft erklären, sie mögen immerhin die stets drohender erwachsende Gefahr hinwegdisputieren, das von ihnen zertretene Menschenrecht wird nicht zögern, an ihnen Rache zu nehmen. Sie stehen auf einem Krater, aus dem bald das Rachefeuer der beleidigten Gesellschaft über sie hinausfluten wird. (. . .) Das Recht der Arbeit hat Millionen geballter Fäuste hinter sich, ihm Nachdruck zu geben. Eine Bevölkerung, die so von dem Beinfraß des Egoismus und den Furien der Not gedrängt, muß den Weg, den ihr die soziale Wissenschaft, wie sie sich in Frankreich entwickelte, einschlagen[21]."

Bechers „Radikaler" bekannte sich ohne Vorbehalte zur Partei des Pariser Proletariats, dessen Sache trotz blutiger Unterdrükkung nicht für immer verloren sei: „Man könnte lachen über den Sieg der Republik; denn unter diesem Schlagworte hat die Bourgeoisie (. . .), genau derselbe Teil des Volkes die Zügel Frankreichs ergriffen, welcher 1830 Louis Philippe die Krone aufsetzte, und den andern Teil, die Majorität der Armen und Arbeiter, um ihre heiligsten Rechte bestahl. Viele Tausende der letzteren hat man erschießen, deportieren lassen; ihr Blut, ihre Seufzer, ihr Fluch wird das Proletariat mit einer unerhörten Fruchtbarkeit segnen, und in zwei Jahren die Feinde der alten Gesellschaft viel zahlreicher aufstehen machen[22]."

Einige österreichische Emigranten haben sich nach der Niederwerfung der Revolution mit der Bedeutung des Pariser Juni auseinandergesetzt, wie der in Paris lebende, uns aus dem Vormärz bekannte Dichter Alfred Meißner, der „jene ungeheure Schlacht des Proletariats" als „das größte und großartigste Ereignis der neueren Zeit" bezeichnete. Meißner redete in seinen Erinnerungen aus Paris die Junikämpfer an: „Ihr aber, bleiche Märtyrer, seid nicht unnütz gefallen! Eure erste Erhebung, ohne Plan, ohne Führer, das Vorspiel eines Kampfes, der nur zu bald wieder in Frankreich erwachen und das ganze übrige Europa ob früher, ob später durchbrausen wird, ist der letzte, der verwegenste Ausdruck dieser Zeit und gibt ihr erst ihren wahren Charakter. Jetzt mag niemand mehr fragen, was der Zweck dieser Revolution sei, jetzt mag auch niemand mehr zweifeln, daß sie in allem Ernste gestellt ist, die Frage nach der sozialen Reform, die Frage nach der Aufhebung des Proletariats[23]."

In den vom Leipziger Emigrantenkreis um Kolisch, Gritzner, Franck und Engländer 1849 herausgegebenen „Wiener Boten" dichtete Adolf Franckel:

„Und in Paris zumal, das war
Ein Strauß im Prairiale;
Der Arbeit erstes Treffen war
Es mit dem Kapitale.
Die höchste, soziale:
‚Für alle Brot' – so heißt der Kern,
Und ‚Republik' die Schale[24]."

Das Interesse an den Vorgängen in Frankreich hob auch die bisher eher nebulosen Vorstellungen über die Theorien der französischen Frühsozialisten und Kommunisten auf ein höheres Niveau der kritischen Kenntnisnahme. Das „Nationalblatt" begann mit seiner ersten Nummer „in diesem Augenblick, wo ein kommunistischer Aufstand die Straßen von Paris mit Blut rötet und die Fahne der Empörung unter dem Rufe ‚Tod den Reichen' geschwungen wird", eine Artikelserie über die französischen sozialistischen Systeme[25]. Die Reihe behandelte Babeuf, St. Simon und Fourier mit ihren Schulen, Lamennais, Leroux und Proudhon.

Zwischen Sozialismus und Kommunismus wurde in der zeitgenössischen Literatur bekanntlich nicht scharf unterschieden; die von Friedrich Engels angedeutete Scheidung – ,,Sozialismus bedeutete 1847 eine Bourgeoisbewegung, Kommunismus eine Arbeiterbewegung. Der Sozialismus war, auf dem Kontinent wenigstens, salonfähig, der Kommunismus war das grade Gegenteil[26]" – trifft aber doch den Kern des Sachverhalts.

So definierte der ehemalige österreichische Offizier Fenner von Fenneberg, der dann in der Endphase der Wiener Revolution eine wichtige Rolle spielen sollte, den Kommunismus als das ,,drohende Schreckgespenst unserer heutigen Politiker"; er sei ein ,,Kampf gegen die Gesittung der Neuzeit" und zerstöre die ,,Freiheit des Individuums und die freie sittliche Tätigkeit"[27]. Sozialismus ist für Fenner eine ,,Gesellschaftslehre", die an die Stelle der Herrschaft des Privateigentums die Assoziation setzen wolle; durch den Sozialismus trete ,,an die Stelle des Knechtssinnes und der Verdumpfung der Sinn für Recht und allseitige Wahrheit[28]".

Die von Fenner gebrauchte Formulierung, der Kommunismus sei ein ,,drohendes Gespenst", begegnet noch öfter in der Wiener Publizistik des Jahres 1848[29]. Dieser Ausdruck ist ein deutlicher Hinweis auf die Quelle der Kenntnisse über die französischen Sozialisten und Kommunisten: die Schriften Lorenz Steins[30]. Stein baute seine ideologiegeschichtliche Studie über den ,,Sozialismus und Kommunismus des heutigen Frankreichs" im Vormärz und nach den Erfahrungen der Revolution von 1848 zu einer umfassenden Klassentheorie aus – freilich mit konservativen politischen Schlußfolgerungen. Den Einfluß Steins auf die Begriffsbildung der Wiener Demokraten bezeugt Violand, der im Mai/Juni 1848 in der Wachstube mehreren Nationalgardisten aus Steins zitiertem Werk vorlas. Violands Kameraden stimmten den Ideen des utopischen Kommunisten Etienne Cabet zu, worauf Violand auseinandersetzte, ,,daß der Kommunismus nach meiner Ansicht mit sich selbst im Widerspruche sei, gerade die Freiheit, welche er begründen wolle, wieder aufhebe oder eigentlich unmöglich mache, da wurden sie zum Schlusse, bevor wir endeten, wohl zu sozialen Demokraten umgestimmt[31]".

In diesem Sinn erfolgte die Begriffsbildung unter den Wiener Demokraten, die ,,Kommunismus" als gewaltsamen Umsturz der Gesellschaftsordnung verwarfen, ,,Sozialismus" als friedliche, aber durchaus radikale und systemverändernde Reform bejahten. So schrieben die ,,Sonntagsblätter" zur Zeit der Wiener Arbeiterunruhen an die Adresse des zukünftigen Reichstags: ,,Verwechselt mir den Kommunismus mit dem Sozialismus nicht, der, wenn ich ihn auch nur als wissenschaftlichen Kommunismus bezeichnen wollte, schon eben dadurch von jenem gefürchteten Gespenste verschieden ist. Inzwischen hütet nur brav eure Geldsäcklein und Geldsäcke – habt ihr ja doch noch eine ,auf Besitz und Intelligenz' gegründete Nationalgarde zur Sicherung eures Privateigentums, die es wohl vorderhand noch mit dem ausgehungerten Proletarier aufnimmt – und laßt mich ungehindert meine Ansicht neben der euren entwickeln. (. . .) Wenn du vor deiner Tür mit der geladenen Büchse Weib, Kind und Eigentum schützen mußt und nur mehr in dieser nicht allzu bequemen Position dich halb sicher fühlst, dann wirst du wohl bald und gern auf die Annehmlichkeiten des kultivierten Europas verzichten wollen und dich in die Oasen Saharas oder die Urwälder Amerikas wegsehnen. Wenn du, statt im Kreise der Deinigen von den Mühen eines betriebsamen Lebens behaglich auszuruhen, täglich und nächtlich keuchend Wachposten beziehen mußt, um hier einem Fabrikanten seine Maschine, da einer Stadt ihre Gebäude, dort dem Staate seine Eisenbahnen zu bewachen, in allem aber deine gesellschaftlichen Vorteile und den ,Begriff des Eigentums' zu erhalten, dann wirst du bald Fabriken, Städte und Eisenbahnen zum Teufel wünschen und die gute alte Zeit der ehrsamen Zünfte, der einsamen Weiler und stolpernden Baracken herbeirufen. (. . .) Damit aber wird die Wunde nicht geheilt, wenn man ihr verbietet zu schmerzen, mit andern Worten: Dadurch hört der hungrige Arme nicht auf, ein Todfeind der übersatten Reichen, der brotlose Arbeiter nicht auf, die Geißel des Fabriksherrn zu sein, wenn man Nationalgarden ,auf Besitz und Intelligenz' errichtet, die ihm die Mordwaffe entgegenhalten, wenn er sich einmal nach seiner Art und seinen Begriffen ein ,Eigentum erwerben' will, wenn man ihn beschwichtigt, zeitweise auch sättigt und kleidet, dann aber, wenn die Mittel schwinden, ihn wieder seiner Lage preisgibt. Dann wird weder Ruhe noch Sicherheit wiederkehren, dem Besitzenden wird seine

Furcht, dem Besitzlosen sein Hunger bleiben. So lange der Besitz der Besitzlosigkeit gegenüber keine andere Stellung einnimmt als der Absolutismus stets den Freiheitsbestrebungen gegenüber einnahm, so lange der Reichtum nur der Metternich des Pauperismus bleibt, so lange wird dieser nicht ausgerottet, nicht vernichtet, die Sicherheit und der Begriff des Eigentums bleibt eine Phrase, der Donner bricht trotz Arbeiterkommissionen und Nationalgarde doch los, und es steht sehr im Zweifel, wer dann Sieger bleibt[32]." Der Verfasser fordert „sozialistische Volksvertreter" zur „radikalen" Reform auf, um dieser drohenden Gefahr zu entgehen.

Auf einer anderen Ebene unterschied Hermann Jellinek in der „Allgemeinen Österreichischen Zeitung" zwischen „Sozialismus" und „Kommunismus". Er ging von einer Kritik der klassischen englischen Nationalökonomie aus. Schon Adam Smith habe das Auge geschärft, „um auf die Klasse der Gesellschaft hinzublicken, welche nur durch Arbeit, d. h. vom Arbeitslohne leben und die zugleich sterben muß, wenn das Angebot ihrer Arbeitskraft zurückgewiesen wird. (. . .) Wie also die Nationalökonomie auf das Prinzip der Arbeit hingewiesen, wenn sie behauptete, daß nur sie die ‚Quelle des Reichtums' sei, und doch denjenigen arbeitenden Kräften, welche in der Gesellschaft keine Verwertung fanden, keinen Plan vorlegen konnte, wie sie zu verwerten seien: dann mußte gegen diesen heuchlerischen augenfälligen Widerspruch eine Einsprache geführt werden, dann lag es im Sinn, wie in dem Geiste der Nationalökonomie, daß sie aus sich selbst einen Feind hervorgehen lassen mußte, welcher ihr trügerisches Gebäude mit Unwillen über den Haufen stürzte. (. . .) Daher müssen wir den Satz aufstellen, daß der Sozialismus die notwendige Kritik der Nationalökonomie ist[33]". Der „Kommunismus" – Jellinek bezieht sich auf den utopischen Kommunismus der Franzosen – könne diese praktische Kritik nicht leisten: „Im Sozialen sind wir entschieden gegen den, alle gesunde Ökonomie über den Haufen werfenden Grundsatz der kommunistischen Gleichmacherei. In ökonomischer Beziehung kann nur die volle Anerkennung der Arbeitskraft zu einem glücklichen Resultate der Gesellschaftsglieder führen[34]."

In der Auseinandersetzung mit den Geschehnissen in Paris gelang es nur einer kleinen Gruppe von Wiener Demokraten, Klarheit über die Ursachen dieses ersten großen Konflikts der modernen Klassengesellschaft zu gewinnen. Die Dominanz der bürgerlichen Öffentlichkeit, welche den Pariser Juni fortan als mahnendes Exempel für die Gefährlichkeit einer sozialen Revolution und als Begründung für eine repressive Politik gegenüber der Arbeiterschaft des eigenen Landes stets zitierte, ließ auch viele demokratische Blätter die Partei der Sieger ergreifen. Die Stellungnahme einiger weniger aufrechter Demokraten Wiens gegen die blutige Niederwerfung der Pariser Arbeiter nimmt aber – auch im Rahmen der Publizistik des deutschsprachigen Raums gesehen – eine sehr beachtenswerte Stellung ein[35].

Die Reflexion der Ursachen und der historischen Bedeutung des Pariser Juni ermöglichte es diesem kleinen Kreis, über die Positionen einer „reinen", nur politisch verstandenen Demokratie zur Entwicklung von Strategien in Richtung einer „sozialen Demokratie" vorzustoßen. Die Wachsamkeit gegenüber der sich formierenden Gegenrevolution und die Ansätze einer selbständigen Organisation der Arbeiterschaft gaben den Bestrebungen der Wiener Demokratie, ein vertieftes Selbstverständnis und eine effektivere Politik zur Absicherung und Weiterführung der Revolution zu entwickeln, starken Auftrieb.

DIE BEWÄHRUNGSPROBE DER WIENER DEMOKRATIE IM SOMMER 1848

Man könnte den Zustand, in dem sich Wien während des Sommers 1848 befand, nicht besser charakterisieren als mit dem von den Zeitgenossen geprägten Ausdruck „gemütliche Anarchie"[1]. Mit der Entfernung des Hofs und der offenbaren Macht- und Ratlosigkeit des Ministeriums war vor dem Zusammentritt des Reichstags ein Vakuum entstanden, das unterschiedliche politische Gewalten wie der Sicherheitsausschuß und die demokratischen Vereine nur unzulänglich füllen konnten.

Das komplizierte Zusammenwirken von nationalen und politischen Entwicklungstendenzen, deren zum Teil gegenläufige Bewegung der Konterrevolution ein wichtiges Aktionsfeld eröffnete, soll anhand der Rückwirkung der Prager Ereignisse auf Wien kurz erörtert werden. Die Revolution von 1848 begann in Böhmen mit einer stark gefühlsbetonten Verbrüderungsstimmung, die unter dem gemeinsam erduldeten Druck des vormärzlichen Regierungssystems herangewachsen war. „Čech a Němec jedno tělo" – Tscheche und Deutscher sind ein Leib – lautete das Schlagwort der Märztage[2]. Im oppositionellen „Repeal"-Verein wirkten neben tschechischen auch deutsche Demokraten, während die liberalen Wortführer des tschechischen Großbürgertums, wie Palacký, Rieger, Brauner, Trojan, Anschluß und Anlehnung an den böhmischen Hochadel suchten. Die Verflechtung sozialer und nationaler Aspekte der revolutionären Bewegung im gemischtsprachigen Böhmen trat schon in den ersten politischen Äußerungen der Märztage an die Oberfläche. Während der „Repeal" soziale Forderungen in sein Programm aufgenommen hatte (Abschaffung der Fronarbeit, Organisierung der Arbeit), drängten die Repräsentanten des Bürgertums diesen Aspekt zugunsten eines nationalpolitischen Programms ganz in den Hintergrund. Schon in der Wenzelsbadversammlung vom 11. März, dem ersten öffentlichen Auftreten der oppositionellen Bewegung in Böhmen, trugen die Liberalen den Sieg über die Radikaldemokraten davon[3].

Die Petitionsbewegung, deren einzelne Phasen hier nicht weiter zu verfolgen sind, führte zum kaiserlichen Handschreiben vom 8. April, jener in der Zukunft noch oft zitierten „böhmischen Charte", welche die Gleichstellung der tschechischen mit der deutschen Sprache, die Errichtung zentraler Regierungsbehörden in Prag und einen zeitgemäßen Ausbau der ständischen Vertretung des Königreichs Böhmen zusagte – die gleichfalls gewünschte Vereinigung der Länder der Wenzelskrone (Böhmen, Mähren, Schlesien) wurde offengelassen. Der April brachte die nationale Polarisierung. Während die deutsche Bourgeoisie sich wirtschaftlich stark genug fühlte, um in einem deutsch-mitteleuropäischen Staat bestehen zu können, hielt sich das tschechische Bürgertum, in dem das kleinbürgerliche Element noch stark dominierte, für zu schwach, um diese Konkurrenz bestehen zu können. Der Appell an Böhmen, die Frankfurter Nationalversammlung zu beschicken, wurde so mit Palackýs berühmtem Absagebrief vom 11. April erwidert, der einerseits die Geburt des modernen tschechischen Nationalbewußtseins bezeichnet, andererseits die Verwirklichung der kulturellen und politischen Ansprüche des Tschechentums auf nationale Selbstverwirklichung nur im Rahmen der Habsburgermonarchie für möglich hielt. Die Anhänger der schwarz-rot-goldenen Farben und der slawischen Trikolore gingen von da an getrennte Wege; am 13. April konstituierte sich der Nationalausschuß, aus dem die Deutschen bald ausschieden. Der Nationalausschuß stützte sich auf die bewaffnete Körperschaft der Swornost, von deren Auftreten in Wien wir bereits hörten. Im Gegenzug organisierte Dr. Ludwig von Löhner von Wien aus den „Verein der Deutschen aus Böhmen, Mähren und Schlesien zur Aufrechterhaltung ihrer Nationalität", der sich später kürzer „Verein der Deutschen in Österreich" nannte und mit seinen zahlreichen Mitgliedern starken Einfluß hatte[4]. Trotz dieser Spaltung auf der Ebene der nationalen Politik im Lager der Liberalen gab es unter den Demokraten und Studenten weiterhin Ansätze zu einer die nationalen Gegensätze überbrückenden gemeinsamen Aktivität.

Die Nachrichten vom Erfolg der Wiener Mairevolution riefen einen erneuten Aufschwung der Massenbewegung hervor. Während sich die Konservativen um die provisorische Regierung Graf Leo Thuns (29. Mai) scharten, die sich gegen das Nachgeben des Ministeriums Pillersdorff vor den demokratischen Forderungen erklärte, erkannten die Demokraten in der Ankunft des Fürsten Windischgrätz in Prag (20. Mai) und den von ihm sofort getroffenen Maßnahmen den Angriff der Gegenrevolution auf die bisher errungenen demokratischen Rechte. Der Slawenkongreß, der am 2. Juni in Prag eröffnet wurde, brachte die unterschiedlichen Richtungen in der nationalen Bewegung der slawischen Völker zum Ausdruck. Während der rechte, gemäßigt liberale Flügel unter der Führung Palackýs und Šafaříks die nationale Frage im Rahmen der Habsburgermonarchie durch deren föderative Neugestaltung lösen wollte, proklamierte die Linke, die zu ihren Reihen Männer wie Sabina, Frič, den Polen Libelt und den Russen Bakunin zählte, ein revolutionäres Zusammengehen mit Deutschland und Ungarn, ohne auf die bestehenden politischen Gebilde Rücksicht zu nehmen. Ehe die Beratungen des Kongresses, der an diesen Gegensätzen zu scheitern drohte, zu Ende geführt werden konnten, unterbrach der Pfingstaufstand (12. bis 17. Juni) diesen Versuch einer Verständigung der slawischen Völker über eine gemeinsam zu verfolgende Politik[5]. Die Prager Radikalen und Studenten hofften angesichts der politischen und nationalen Hochstimmung Prags während des Slawenkongresses auf einen leichten Sieg über den verhaßten Militärkommandanten Windischgrätz, der als Inbegriff der Reaktion galt. Zwei Studenten, Wenzel Tieftrunk und Wojtěch Fingerhut, die die Wiener Barrikadentage miterlebt hatten, regten angeblich bei ihren Prager Kommilitonen eine der Wiener Vorgangsweise analoge revolutionäre Taktik an[6]. Eine Kundgebung zur Erzwingung der Rücknahme der von Windischgrätz gegen die unruhige Stadt verhängten militärischen Maßregeln mündete durch den Angriff der Truppe auf einen Demonstrationszug in den offenen Konflikt. Arbeiter und Handwerker von Prag errichteten und verteidigten gemeinsam mit den Studenten die Barrikaden[7].

Windischgrätz wendete gegenüber diesen vom regulären Militär gefürchteten Verschanzungen des bewaffneten Volkes im unübersichtlichen Gassengewirr von Altprag eine neue Taktik an. Er zog seine Soldaten aus der Stadt zurück und versetzte die Zivilbevölkerung durch ein Bombardement von außen in Schrekken. Im Straßenkampf vermied der Befehlshaber den offenen Angriff auf die Barrikaden, sondern ordnete das Durchbrechen der Häusermauern und das Umgehen der Barrikaden an – eine Vorgangsweise, die dem Barrikadenkampf als der Hauptform der

20 Kampf an der St. Marxer Linie am 28. Oktober 1848

21 Erstürmung des Gloggnitzer Bahnhofs am 28. Oktober 1848

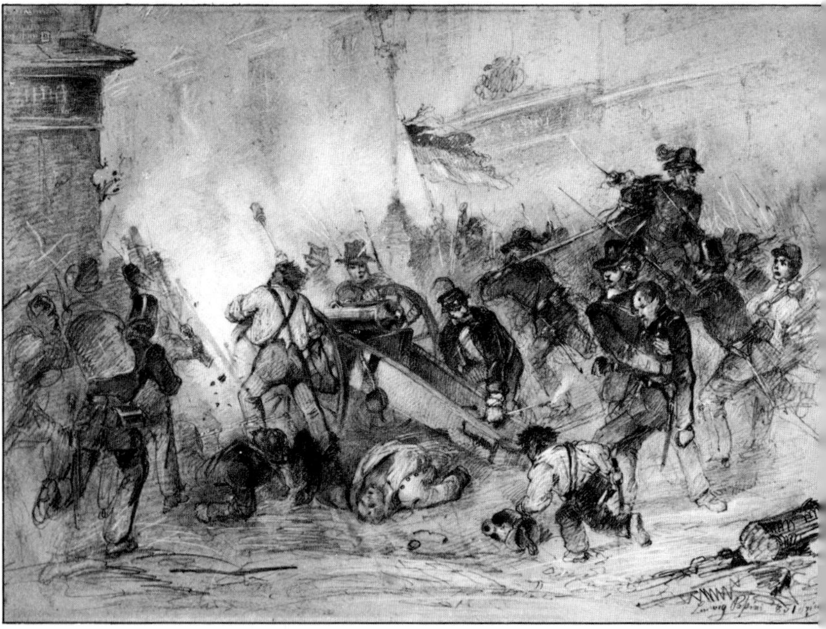

22 „Herauskitzeln“ waffenfähiger Männer in den letzten Oktobertagen

23 Der letzte Verzweiflungskampf

bewaffneten Volkserhebung viel von seinem Nimbus raubte und wenig später in Paris von Cavaignac nachgeahmt wurde[8].

Dieser Sieg der Gegenrevolution in Prag, mit dem der erste schwere Schlag die Erfolgsserie der revolutionären Bewegung unterbrach, fand in Wien ein unterschiedliches Echo[9]. Die Demokraten hatten Mühe, hinter den offenkundigen Motiven nationaler Art die treibenden sozialen Ursachen für die Auseinandersetzungen in Böhmen zu erkennen. Das gewaltsame Ende des Slawenkongresses bedeutete die völlige Ausschaltung des demokratischen Elements in Prag als politischer Faktor und damit für die Wiener Demokraten den Verlust eines potentiellen Partners. Eine Durchsicht der Wiener Presse im Hinblick auf die Prager Ereignisse ergibt als Resultat, daß man hier erst nach geschlagener Schlacht die Möglichkeit und Notwendigkeit eines Bündnisses mit den demokratischen Kräften des Nachbarvolkes erkannte.

Die „Constitution" mokierte sich schon im März über die „Tschechomanen" und hielt es für selbstverständlich, daß sich die Tschechen „bei jetzigen Zeitverhältnissen nur an die Deutschen anschließen könnten[10]." Die Furcht vor der gegenrevolutionären Macht des Zarismus ließ den Argwohn gegen die Tschechen weiter wachsen: „Die Tschechen haben die Maske abgeworfen; ihr Nationalhaß grinst uns an, und ihre geheime Liebschaft mit dem Zarentum ist nun schon beinahe zum offenkundigen Brautstande geworden[11]." Häfner bezeichnete eine „Despotie der Camarilla und des Slawentums" als drohende Gefahr[12] und blieb selbst angesichts der Prager Kämpfe gegenüber einer Bündnismöglichkeit zurückhaltend: „Das tschechische Volk hat das schändliche Netz der tschechischen Camarilla zerrissen; wir hoffen, das siegreiche Prag wird mit dem siegreichen Wien sich verständigen. Sollte aber eine Verständigung nicht eintreten, sollte die deutsche Bruderhand, die Bürgschaft des deutschen Volkstages für alle Nationalitäten zurückgestoßen werden, sollten die Tschechen nicht neben und mit uns, sondern über uns stehen, uns beherrschen wollen, dann bleibt nur mehr ein Kreuzzug gegen panslawistische Tendenzen übrig, dann wird das deutsche Schwert und der ungarische Säbel den Knoten zerhauen, mit welchem Rußland die Freiheit zu erwürgen hofft[13]."

Der „tschechische Radikalismus", so schrieb Tuvora, streife „hart an die Grenzen jenes Programmes, welches der deutsche

Kommunismus durch den Mund seines Apostels Marx ausgesprochen hat[14]". Neben solchen undifferenzierten Stellungnahmen gegenüber den Tschechen, die einerseits als Konterrevolutionäre, andererseits als kommunistische Radikale herhalten mußten, kam aber auch eine tiefergehende Analyse der Ursachen des Prager Pfingstaufstandes zu Wort. Der „Radikale" bemerkte zutreffend, der Sieg von Windischgrätz sei der „erste Stoß, den die junge Freiheit in Österreich erhielt", gewesen. Die politischen Lager gingen über die nationalen Scheidewände hinweg: „Die Deutschen sowohl als die Tschechen nahmen teil an diesem Kampf gegen brutale Soldateska. (. . .) Von der andern Seite waren es wieder ebensowohl Deutsche als Tschechen, die die Pläne des verräterischen Feindes befördert haben[15]."

Welche Widersprüche die Meinungsbildung der Demokraten über die tschechische Frage zu überwinden hatte, zeigen zwei an aufeinanderfolgenden Tagen erschienene Artikel des „Freimütigen". Hieß es noch am 16. Juni: „Wir sehen die Nationalität gerettet, aber vielleicht die Freiheit gefährdet. So viel ist sicher, die Tschechen sind unsere Todfeinde, und wir müssen sie niederschlagen, sobald sie die Waffe zücken[16]", so las man am 17. Juni im gleichen Blatt: „Es ist ein Kampf der Militärherrschaft mit der Freiheit. Die Nationalitätsfrage ist ganz in den Hintergrund getreten, Deutsche und Tschechen kämpfen vereint gegen Windischgrätz[17]." Und wieder einen Tag später formulierte Isidor Heller in einem grundsätzlichen Artikel über „Nationalität und Freiheit" den bemerkenswerten Satz: „Kein freies Volk kann das andre unterdrücken", und rief zur Solidarisierung mit den Tschechen auf: „Verharren wir nicht in selbstmörderischem Zorne gegen die mutigen Männer, gegen lebenopfernde Helden, die in Prag, ohne den Deutschen anzufeinden, nur die Freiheit trotz Bomben und Bajonetten im Sold der Tyrannei verteidigen[18]."

Zu prinzipiellen Feststellungen von ähnlicher Bedeutung stießen auch Stifft und Jellinek vor. „Der Deutsche ist es nun dem Tschechen und Italien schuldig auszusprechen, daß, was er für sich errungen, auch diesem gebührt[19]", schrieb Stifft. Jellinek stellte an die über den Sieg von Windischgrätz frohlockenden Deutschen[20] die ernste Frage: „Tod den Tschechen! ruft der Deutschtümler; es lebe Windischgrätz! Wie aber, wenn sein ganzer Plan gegen die Freiheit, gegen die deutsche Freiheit gerichtet war? Wenn er nur darum gegen die Tschechen auftrat, um die Deutschen zum Schweigen zu bringen[21]?"

Den Wiener Demokraten war es gelungen, nach Überwindung anfänglicher Unklarheiten und Schwankungen ein klares Bild von den Vorgängen in Prag zu gewinnen und antitschechische Ressentiments, wie sie etwa auch bei dem erwähnten Verhalten gegenüber der Swornostdeputation im Spiel waren, zugunsten einer rationalen politischen Analyse weitgehend abzubauen. Angesichts der dramatischen Ereignisse in Prag versuchte der Sicherheitsausschuß, ein allgemeines politisches Mandat für sich in Anspruch zu nehmen. Er sandte eine Deputation nach Prag, die aber von den Militärbehörden brüsk abgewiesen wurde[22].

Diese Vorgänge führten zum Bruch der Demokraten mit dem Ministerium Pillersdorff. Man erkannte in Wien, daß eine siegreiche, schlagbereite Armee in Böhmen auch die eigenen Errungenschaften schwer gefährdete. Der Sicherheitsausschuß protestierte sowohl gegen die Usurpation der Macht durch Graf Thun wie auch gegen die Verhängung des Belagerungszustands durch Windischgrätz. Der Ministerrat war nicht bereit, dem Verlangen nach der Abberufung beider Männer stattzugeben; Pillersdorff hätte auch wohl kaum die Macht besessen, um auf die Ereignisse in Böhmen entscheidend einwirken zu können[23]. Windischgrätz stand seit den Junitagen in direkter Verbindung mit dem Innsbrucker Hoflager; er wurde insgeheim mit dem Oberbefehl über alle Truppen der Monarchie (ausgenommen Radetzkys Italienarmee) betraut[24].

Unter solchen Umständen war das Ministerium Pillersdorff handlungsunfähig. Es hatte nicht nur das Vertrauen der Demokraten nie besessen, die es nach dem Mai gerade noch als kleineres Übel duldeten, sondern auch durch seine Nachgiebigkeit gegenüber der Revolution jeden Respekt bei Hof und beim wirtschaftlich einflußreichen Großbürgertum verloren, das besorgt den drohenden Zerfall der Monarchie beobachtete. So war es den Demokraten ein leichtes, das Kabinett zu stürzen; es bedurfte nur noch eines kleinen Anstoßes, um es zu Fall zu bringen. Die Initiative zur Beseitigung Pillersdorffs als Ministerpräsident ergriff der demokratische Verein, der nach der Überwindung seiner inneren Krise wieder die politische Arena betrat.

Die Spaltung der Gesellschaft der Volksfreunde in die Klubs Chaises' und Tausenaus war noch nicht überwunden. Chaises' „Gesellschaft der alten Volksfreunde“ wandelte sich um in die „Vereinigte Gesellschaft der Volksfreunde und der Liberalen“, deren Mitglieder sich vor allem aus dem radikalen Kleinbürgertum der Vorstadt Wieden rekrutierten. Violands Feststellung, die etwa 800 Mitglieder des Vereins von Chaises seien vorwiegend „Fabrikarbeiter" gewesen, ist in die Literatur eingegangen, muß aber aufgrund der Akten revidiert werden. Der Untersuchungsbericht der militärischen Erhebungskommission schrieb dem „Liberalen Verein" nur 250 aktive Mitglieder zu und bemerkte: „Dieser Verein bestand zumeist aus jungen Meistern, kleinen Fabrikanten und Kaufleuten der Vorstadt Wieden, er hatte seinen Stützpunkt in der dortigen Nationalgarde, in welcher fast alle seine Mitglieder eingereiht waren[25]." Dieses Resümee über die soziale Zusammensetzung des Vereins wird auch durch eine Petition an den Reichstag bestätigt, die vor allem von Angehörigen kleingewerblicher Berufe und nur einigen „Arbeitern" unterfertigt ist[26]. Zu den prominenten Teilnehmern am Vereinsleben gehörten Stifft und nach seiner Rückkehr nach Wien Schütte[27]. Das theoretische Niveau der in diesem Verein geführten politischen Debatten war nicht sehr hoch, wie die zum Teil gedruckten Vorträge zeigen; Chaises polemisierte namentlich gegen die konstitutionelle Monarchie als „Tummelplatz der Schwätzer, eine Rennbahn der Egoisten, eine Pflanzschule der Korruption und eine Anstalt der Lüge[28]".

Weitaus bedeutender wurde der demokratische Verein, der im Juni organisatorisch aus Tausenaus „Neuer Gesellschaft der Volksfreunde" hervorging. Am 12. Juni lud der Verein zum Beitritt ein und gab seine öffentliche Versammlung für den 15. Juni im Gasthof zum „Goldenen Kreuz" auf der Wieden bekannt. Unter den Ausschußmitgliedern des Klubs finden sich die Namen von Becher, Franck, Häfner, Tausenau, Tuvora und Violand[29]. Der Verein bemühte sich um die Herstellung von Beziehungen zu den Organisationsbestrebungen der deutschen Demokraten – Dr. Johann N. Berger und Maximilian J. Gritzner, die als Deputierte in Frankfurt weilten, sollten die Verbindung zu dem dort tagenden ersten Demokratenkongreß herstellen. Trotz dieses Ansatzes zu einer engeren Verbindung scheinen keine sehr intensiven Kontakte zustande gekommen zu sein. Beim Frankfurter Kongreß fanden sich 234 Abgesandte ein, die 89 Vereine aus 66 Städten vertraten[30]. Der unter dem Vorsitz von Julius Fröbel vom 14. bis zum 17. Juni tagende Kongreß wurde nur von zwei im weitesten Sinn zur österreichischen Demokratie zu rechnenden Abgeordneten besucht: Alfred Meißner und Anton Schütte, der als Ersatzmann in den Zentralausschuß gewählt wurde. Berger und Gritzner scheinen unter den Teilnehmern nicht auf, sie dürften erst zu spät von ihrer Delegation erfahren haben. Der Zentralausschuß, der bei der Frankfurter Zusammenkunft gebildet wurde, bestimmte Wien „für alle deutschösterreichischen Länder" als Kreishauptstadt[31].

Die offen republikanischen Tendenzen des Zentralausschusses machten es den österreichischen Demokraten schwer, seine Prinzipien zu den ihren zu machen. Der Aufruf des Zentralausschusses vom Juli 1848 wurde nur in einem einzigen Wiener Blatt abgedruckt – es hieß hier als Kernaussage: „Es gibt nur *eine* für das deutsche Volk haltbare Verfassung, die demokratische Republik, d. h. eine Verfassung, in welcher die Gesamtheit die Verantwortlichkeit für die Freiheit und die Wohlfahrt des Einzelnen übernimmt[32]." Der Wiener demokratische Verein vertrat offiziell als sein Programm die „demokratische Entwicklung des monarchisch-konstitutionellen Prinzips[33]."

Der demokratische Verein begann sein politisches Wirken in der Öffentlichkeit mit einem spektakulären Akt, dem Sturz des wankenden Ministeriums Pillersdorff. Der Anfang des Monats Juli versetzte Wien in festliche Hochstimmung. Zwei Deputierte der Frankfurter Paulskirche, Heckscher und Raveaux, überbrachten Erzherzog Johann die Nachricht von seiner Wahl zum deutschen Reichsverweser. Wien schwamm in einem wahren Freudentaumel, die „schwarz-rot-goldene" Begeisterung erreichte mit pathetischen Reden und Feiern ihren Höhepunkt. Der demokratische Verein benützte diese Gelegenheit zu einem entscheidenden Schritt. Am 8. Juli begab sich eine Deputation des Vereins mit August Silberstein an der Spitze zu Erzherzog Johann, um von ihm die Zusage zur Umbildung des Kabinetts zu erlangen. Der Erzherzog-Reichsverweser versprach, dieses Ansuchen erfüllen zu wollen[34]. Der Sicherheitsausschuß, der am 5. Juli angesichts des bevorstehenden Zusammentritts des Reichstags seine Auflösung erwogen hatte, raffte sich wieder auf und beantragte gleichfalls mit überwiegender Stimmenmehrheit die Absetzung Pillersdorffs, die noch am selben Tag zur Tatsache wurde. Die Demokraten begrüßten das neue Kabinett, das sich am 18. Juli konstituierte. Aus dem Kabinett Pillersdorff wurden Wessenberg (Äußeres und Ministerpräsident), Doblhoff (Innen- und Unterrichtsministerium), Krauß (Finanzen) und Latour (Krieg) übernommen.

Das Ministerium Wessenberg-Doblhoff spiegelte in seiner Zusammensetzung jene bürgerlichen Schichten, die durch einen Kompromiß mit den alten Mächten der Diplomatie, der Bürokratie und des Militärs die Teilnahme an der politischen Gewalt erlangten. Justizminister Bach, den die Demokraten – befangen in einem verhängnisvollen Irrtum – für einen der ihren hielten, sollte diese Verbindung des aufsteigenden Bürgertums mit dem traditionellen Machtapparat herstellen[35]. Der Seidenfabrikant Theodor Hornbostel repräsentierte als Handelsminister das vor allem seine wirtschaftlichen Interessen wahrende Industriebürgertum, während der Publizist Schwarzer das schwierige Ressort der öffentlichen Arbeiten übernahm.

Die Demokraten betrachteten die Einsetzung des neuen Kabinetts als einen politischen Sieg des Bürgertums, beanspruchten aber ihm gegenüber das Kontrollrecht der Öffentlichkeit. „Dem Ministerium des Absolutismus folgte das der Aristokratie, diesem das Ministerium der Bürokratie, und dem letzteren endlich das Ministerium der Demokratie. (. . .) Die politische Treue unserer neuen Minister wird ihr Bündnis mit der öffentlichen Meinung, mit der freien Presse, ihre Untreue die Aufkündigung aller Sympathien sein[36]."

Diese kritische Distanz ließen die Demokraten auch gegenüber dem Reichstag walten. Der demokratische Verein bezeichnete es als seine „Verpflichtung, den Verhandlungen des Reichstags mit demokratischer Schärfe zu folgen, jeden seiner Beschlüsse in freisinnigster Weise zu besprechen, jeden Pulsschlag der Reaktion unerbittlich zu bewachen, jeden Sieg der Volkspartei nach allen seinen Konsequenzen im allgemeinen Bewußtsein zu führen und durch jeden gesetzlichen Hebel der Freiheit, besonders durch Volksversammlungen, die politische Bewegung unserer Zeit wachzuhalten". Der Verein kündigte seine Zusammenkünfte im Hotel zum „Römischen Kaiser" auf der Freyung an[37].

Es ist im Rahmen dieser Studie nicht möglich, das Wirken des am 10. Juli zusammengetretenen und am 22. Juli durch Erzherzog Johann feierlich eröffneten Reichstags zu würdigen. In der jüngeren Forschung ist mit Nachdruck darauf hingewiesen worden, daß dieses erste österreichische Parlament seine vordringliche Aufgabe, die Aufhebung der Feudalverhältnisse und die

Grundentlastung, nur zum Teil lösen konnte. Die Linke des Reichstags erwies sich als zu schwach, um die entschädigungslose Beseitigung der grundherrschaftlichen Lasten durchsetzen zu können[38].

Verhängnisvoll für die Isolierung der Linken von den bäuerlichen Massen wirkte sich die nationale Spaltung aus, die durch den Reichstag hindurchging. Die slawische Majorität des Reichstags ließ das Mißtrauen der Linken gegen das Bündnis der tschechischen Abgeordneten mit der Regierung rege werden. Zwischen den tschechischen Deputierten, unter denen das durch den Pfingstaufstand ausgeschaltete demokratische Element nicht vertreten war, und der deutschen Linken konnte so keine Vereinbarung über gemeinsame Interessen hergestellt werden. Ebensowenig gelang es, sich mit der Hauptmasse der Bauerndeputierten, die aus Galizien kamen, zu verständigen. Nationalistische Vorurteile, Überlegenheitsdünkel gegenüber den zum Teil analphabetischen, der deutschen Sprache nicht oder nur unzulänglich mächtigen Bauern und die Tatsache, daß die nationalpolnischen Abgeordneten, die sogenannten ,,Frackpolen", die einzige Fraktion bildeten, welche die deutsche Linke unterstützte, ließen das für die Weiterführung der Revolution lebensnotwendige Bündnis zwischen der großstädtischen Demokratie und der Bauernschaft nicht zustande kommen. Die Linke wagte sich auch nicht an das Problem der Lage der unterbäuerlichen Schichten der ländlichen Bevölkerung heran, der Häusler, Inleute, Knechte und Taglöhner, da sie fürchten mußte, die Kontrolle über eine sozialrevolutionäre Bewegung zu verlieren. Der Schock des Jahres 1846 war noch in allzu frischer Erinnerung[39].

Waren schon die Wirkungsmöglichkeiten der Linken im Reichstag aus den angedeuteten Gründen sehr eingeschränkt, so blieb der Aktionsradius des demokratischen Vereins noch geringer[40]. Zum Zeitpunkt des Zusammentritts des Reichstags gab sich der Verein eine zentralistische Organisation; ein auf jeweils drei Monate gewählter Ausschuß aus neun Mitgliedern und fünf Ersatzleuten ,,verwaltet die Geschäfte, leitet die Debatten, vollzieht die Beschlüsse der Gesellschaft und entscheidet ohne Angabe der Gründe über die Aufnahme oder Nichtaufnahme neuer Mitglieder[41]". Der demokratische Verein bekannte sich zur Solidarität mit den unterprivilegierten Volksschichten: ,,Der Wiener demokratische Verein ist somit ein Klub der bestimmtesten politischen

Farbe. Er ladet die gleichgesinnten Intelligenzen und Patrioten zum Beitritt ein, weil er nur als Zentralverein der Entschiedenen die geistige und materielle Emanzipation der bisher gedrücktesten Volksklassen fördern kann[42]." Als Mittel zur Verfolgung dieser Ziele wurden angegeben: „Er wählt nur die legalen Hebel der Freiheit zur Erreichung seiner Zwecke. Die Presse in allen Formen ihres mächtigen Wirkungskreises, Eingaben, Vorschläge und Petitionen an alle gesetzlichen Autoritäten, Einfluß auf die Wahlen als reines Ergebnis der Volksgesinnung und Verhinderung von Wahlumtrieben, organische Einigung der um dasselbe Banner gescharten politischen Kämpfer usw. – Volksversammlungen werden die wichtigsten Werkzeuge seiner Tätigkeit sein[43]."

In seiner Sitzung vom 25. Juli erörterte der Verein die Frage, ob ein eigenes Blatt gegründet werden sollte oder ob alle Zeitungen über die Vereinstätigkeit berichten sollten. Man entschied sich für letztere Lösung und gestattete auch Berichterstattern der gegnerischen Presse den Zutritt zu den Sitzungen[44].

Im Sommer distanzierten sich die Demokraten mit zunehmender Schärfe von den Liberalen; das radikale Kleinbürgertum betrachtete sich als Opposition zu den an die Macht gelangten Großbürgern. Isidor Heller machte im „Freimütigen" seinem Zorn über die Kompromißbereitschaft der Liberalen Luft: „Aber das Glück und die Freiheit der Völker haben neue Feinde gefunden an den Mißgeburten der neuen Zeit, an den – Liberalen. (. . .) Diese Liberalen – die Aristokraten und Höflinge des konstitutionellen Thrones – haben so wenig Liebe fürs Volk wie die alten Aristokraten. (. . .) Diese neuen Aristokraten nennen das Volk ebensogut Kanaille wie die alten Aristokraten[45]."

Die Demokraten bezichtigten die Liberalen, die Freiheit um ihrer materiellen Interessen willen zu verraten: „Ist es euch genug, wenn der Geldbeutel der Bevorzugten sich täglich um einige Dukaten mehr füllt und die Maschinerie der Industrie unermüdlich fortarbeitet?! Und diese bleiche, krüppelhafte, egoistische Wohlfahrt, bei der noch Tausende verhungern und Millionen verkümmern können, soll euch die Demokratie zerstört haben? Das Spießbürgertum, die sogenannte Bourgeoisie, beweint den Verfall seiner Fabriken und Gewerbe, und zieht mit allem Hasse eines beleidigten und betrogenen Egoisten gegen die Demokratie und ihre Anhänger zu Felde[46]."

„Liberalismus" wurde für die Demokraten synonym mit

opportunistischer Anpassung an die herrschenden Verhältnisse: „Liberalismus ist mir nichts, Liberalismus ist eine Schlafhaube, die man bald ober den Ohren, bald tief über diesen tragen kann, jetzt muß Entschiedenheit, Entschlossenheit zu wandern bis ans Äußerste vorhanden sein, und das ist der Zeitgeist, dem man folgen, oder durch den man fallen muß[47]."

Die Demokraten betonten das Prinzip der Volkssouveränität als ihr höchstes Ziel gegenüber den „Konstitutionellen": „Die Radikalen sind dagegen die Männer der Geschichte (nicht des geschichtlichen Rechts, sondern des stetigen Fortgangs), der Kritik, der Wissenschaft. Sie wollen den vollen Inhalt einer Revolution (. . .), daher auch die unbedingte Anerkennung des Volkes als der Quelle aller Macht. (. . .) Die Krone soll im Volke aufgehen, das Interesse der Dynastie nur jenes des Volkes sein[48]."

Nach wie vor blieb die „demokratische Monarchie" die Parole. Der „Radikale" schrieb in seinem Programmartikel: „Wir wollen die demokratische Monarchie; wir wollen einen von republikanischen Einrichtungen umgebenen Thron. Das ist unser Wahlspruch, und darin besteht der Radikalismus unseres Blattes[49]." Die Anhänglichkeit an den Monarchen hatte allerdings durch dessen Abwesenheit in Innsbruck einen schweren Stoß erhalten. In die Feierlichkeiten zu seiner Rückkehr nach Wien am 12. August mischte sich schon ein kritischer Ton: „Bedenkt, ihr seid souverän, ihr sollt die Ankunft des Kaisers männlich und mäßig, wie es dem freiesten Volke ziemt, nicht in Festen und Demonstrationen, sondern in der würdigen imposanten Haltung eines freien Mannes feiern, bedenkend, daß unser Nacken kein Fußschemel der Fürsten ist. Es lebe der demokratische Monarch Ferdinand! Es lebe das souveräne Volk von Österreich[50]!"

Unter allen Wiener Blättern verfolgten nur der „Unparteiische" von Matthias Emanuel Löbenstein und der „Politische Studenten-Courier" republikanische Tendenzen. Während das erstere Blatt seine Anschauungen noch in theoretische Erörterungen über mögliche Staats- und Verfassungsformen kleidete, bekannte sich der „Politische Studenten-Courier" offen zu republikanischen Prinzipien: „O Wiener! gewöhnt euch einmal an dieses Wort und verwechselt Republik nicht mit Anarchie. Nur unter einer republikanischen Verfassung kann das Heil und Glück des Volkes sich wahrhaft entwickeln[51]." Die Herrschaft des Sicherheitsausschusses, so meinte die Zeitung der Wiener Studenten, sei eigentlich schon eine republikanische Verfassung[52]. Die radikalen Studenten sahen ihr Vorbild in der französischen Republik: „Richten die Fürsten, die Großen und Mächtigen ihr Augenmerk auf Rußland (. . .), gut! so richten wir unsere Augen auf das Land der wahren Freiheit, auf Frankreich, und wir werden uns in die Arme der Republik werfen[53]!" Sie räumten freilich ein, daß die republikanische Verfassung in der österreichischen Monarchie ein Unding sei und nur als Regierungsform des demokratisch geeinten Deutschland in Frage komme[54].

Wohl die schärfste Kritik am Herrscherhaus übte Moritz Smetaczko, 1848 Mitglied der akademischen Legion und nachmals Historiograph der Wiener Revolution (unter dem Namen Smets): „Bietet uns die Verwandtschaft unseres kranken allgeliebten Kaisers glorreiche Garantien? Etwa der Bruder desselben, Franz Karl, der mit Jellačić geheime Unterhandlungen pflegte und eifrigst der Reaktion und Gebetbüchern huldigt? – etwa der Busenfreund Metternichs – Ludwig? – etwa der Jesuitenliebling Maximilian? – etwa der seit den Märztagen berühmte Albrecht oder zuletzt vielleicht Franz Josef – von Bombelles und derlei Genossen aufgezogen? Ihr seht, Österreicher, welche Zukunft uns ersprießen wird, wenn einer dieser genannten Habsburger unsern Thron *vielleicht* besteigen sollte[55]!!" Die freimütige Sprache des „Studenten-Couriers" zog seinen Herausgebern einen Preßprozeß zu, der – als erstes Gerichtsverfahren dieser Art in Österreich überhaupt – vor einem Geschworenengericht geführt wurde und mit einem Freispruch endete[56].

Im Sinn der „demokratischen Monarchie" äußerte sich auch Engelbert Wintersberg, Mitarbeiter der „Constitution" und Mitglied des demokratischen Vereins. Gesellschaftspolitisch bezog Wintersberg eine kleinbürgerliche Position: Der große Besitz, der eine politische und soziale Privilegierung zur Folge habe, sollte eingeschränkt, nicht aber das bürgerliche Eigentumsrecht selbst angetastet werden: „Den Besitzenden, die bereits ein tatsächliches Übergewicht über die Besitzlosen haben, darf nicht auch noch ein gesetzliches verliehen werden. Dem Mißbrauche des Eigentums zu steuern, ist die einzige gerechte und wirksame Abwehr des gefürchteten Kommunismus. Das Eigentum (Kapital) ist nicht der Arbeit entgegengesetzt; es entstand durch Arbeit[57]."

Die Demokraten überschritten im Sommer nur in Ausnahmefällen den Horizont des politischen Programms der „demokratischen Monarchie"; der Begriff der „sozialen Demokratie", der in Österreich erstmals, soweit ich sehe, von Stifft am 20. Juni gebraucht wurde[58], erhielt erst durch das selbständige Auftreten der Arbeiterbewegung einen konkreten Inhalt.

Dennoch schien den Reaktionären der demokratische Verein eine Keimzelle des Umsturzes zu sein. Mit einer auch vor schlimmen Verleumdungen und antisemitischen Ausfällen nicht zurückschreckenden Pressekampagne, ja sogar durch tätliche Angriffe sollte der Verein mundtot gemacht werden. Diese Attacken erreichten ihren traurigen Höhepunkt im Überfall auf den beim „Römischen Kaiser" tagenden Verein und das Redaktionsbüro des „Freimütigen" am 20. Juli. Konservative Nationalgardisten drangen in die Sitzung des demokratischen Vereins ein und insultierten die Versammelten mit Rufen wie „Ihr Republikaner solltet alle aufgehängt werden, ihr kecken, schmutzigen Saujuden[59]".

Der antisemitische Charakter dieser Ausschreitungen wurde auch in einem weiteren Flugblatt betont: „Da der Saal nicht gesperrt ist, so fand sich eine große Zahl von Gegendemonstranten ein, die es sich zum Zweck machten, einen Krawall hervorzurufen, um den Klub zu sprengen. Als Dr. Jellinek eine Adresse an die Nationalversammlung vortrug, worin der Verein gegen die Unverantwortlichkeit [des Reichsverwesers Erzherzog Johann] protestierte, fing eine Person zu miauen und eine andere zum Zischen an. Der Präsident verwies sie zur Ordnung, das Miauen und Zischen wiederholte sich heftiger, der Präsident erklärte die Sitzung unter solchen Umständen für eine halbe Stunde aufgehoben. Einige Mitglieder protestieren dagegen und verlangen, daß die Debatten fortgesetzt werden sollen und die Unruhestifter den Saal verlassen mögen. Jetzt kam's zum Losbruch. Die Gegendemokraten fingen zum Schreien an: Hinaus mit euch, ihr seid's Republikaner! und begleiteten ihre Worte mit Püffen und Hieben. Auf der Gasse hörte man fortwährend schreien: Lauter Juden! Lauter Republikaner und eine gehörige Zahl Drohworte. Die Klubisten räumten augenblicklich den Saal. Aber unten ging es erst los. Der volle Aufstand war fertig. 300 Munizipalgardisten kamen herbei und Nationalgarde zu Fuß und zu Pferde. Mit größtem Bedauern mußte man sehen, wie sich der Wahn verbreitete, daß da Juden oben seien, die Republikaner wären. Die Zuströmenden meinten, daß man die Republik ausgerufen hätte, worauf die Erbitterung des Volkes gegen die Klubisten auf das äußerste gebracht wurde. Viele schrien: Nur zusammengefangt diese Juden[60]!"

Die antisemitische Tendenz dieses Angriffs kam auch im Überfall auf Moritz Mahler, den Redakteur des „Freimütigen" zum Ausdruck[61]. Anführer dieser Kundgebung, bei der es zu wüsten antisemitischen Beschimpfungen und Tätlichkeiten gegenüber den Journalisten kam, war der bereits erwähnte Seidenfabrikant Franz Kargl[62]. Kargls Verwandter Sebastian Brunner verfaßte um diese Zeit ein gehässiges, demokratische Journalisten und Publizisten verspottendes Flugblatt mit dem Titel „Die jüdischen Federhelden"[63].

Überhaupt erreichte der Antisemitismus in den Sommermonaten des Jahres 1848 einen ersten Höhepunkt. Besonders die „Geißel" und der „Zuschauer" warfen den Juden „zersetzende" politische Tätigkeit vor: „Eine Handvoll Sansculotten, kaum Futter genug für eine einzige Kanone, wirft der gesetzlichen Regierung bei jeder Gelegenheit Prügel zwischen die Füße. (. . .) Menschen, nicht des Strickes wert, der zu ihrer Erhöhung abgenützt würde, erlauben sich ungestraft Schmähungen und die größten Beleidigungen gegen die geheiligte Person des konstitutionellen Monarchen[64]."

Diese Verfechter einer statischen Gesellschaftsordnung schufen sich im dämonisierten „Juden" ein Feindbild, in das sich schon die Züge eines frühen Rassenantisemitismus mischten. So schrieb Ebersberg: „Nicht der Glaube des Juden ist es, welchen wir bekämpfen, aber der Charakter des Juden. Und unsere Revolution hat die Gefährlichkeit, die Unlauterkeit, die Perfidie, die bodenlose Frechheit desselben in ein fürchterliches Licht gestellt[65]." In diesen Klischeevorstellungen wurde den Juden ein unveränderlich schlechter Charakter zugeschrieben:

„So waren die Juden, so werden sie sein,
Und selbst das Taufwasser macht sie nicht rein;
Und weil nun der Jude bleibt ewig ein Jude,
So ist dies der wahre ewige Jude[66]."

Dem Irrationalismus dieser demagogischen Propaganda der Reaktion, die von den wahren Ursachen sozialer Mißstände ablenken sollte und im vom sozialen Abstieg gefährdeten Kleinbürgertum Resonanz fand, traten die Demokraten entschieden entgegen und brandmarkten den Antisemitismus wie Maximilian C. Gritzner als „Schmach des 19. Jahrhunderts und europäischer Gesittung"[67]. 1848 erwies sich der demokratische Gedanke stärker als der Antisemitismus, der dann in der zweiten Hälfte des 19. Jahrhunderts die kleinbürgerlichen Parteibildungen überschattete.

Die plumpe Attacke auf den demokratischen Verein und die demokratische Presse hatte ein anderes Ergebnis, als es die Angreifer erwartet hatten: „Der demokratische Klub, der bisher als ein stiller Privatverein ungekannt und wenig wirksam ein dunkles Leben, eine verhallende Konversation geführt, ist mit eins unter einem gewaltigen Druck von außen zu einer riesigen Höhe emporgeschnellt, er ist – berühmt geworden! (. . .) Schon bedecken sich die vielfach aufgelegten Beitrittserklärungen mit Unterschriften; entschiedene, redlichstrebende Männer des Reichstags werden mitwirken, und schon vom nächsten Montag angefangen wird der Verein in einem großen Lokale öffentliche Beratungen halten[68]."

Zu einem Erfolg für die demokratischen Kräfte Wiens gestaltete sich die am 28. Juli unter großer Beteiligung am Josefstädter Glacis abgehaltene Trauerfeier für die Märzgefallenen. Es zeigte sich allerdings bei dieser Gelegenheit, daß die dem Besitzbürgertum angehörenden Teile der Nationalgarde von der Revolution abrückten. 49 Kompagnien protestierten gegen die Feier; der Verwaltungsrat der Nationalgarde erklärte sich gar mit 109 gegen 2 Stimmen dagegen. Dennoch konnte sich der Sicherheitsausschuß durchsetzen. Der Nationalgardeoberkommandant Pannasch, der gegen die Trauerfeier aufgetreten war, mußte zurücktreten und wurde von Streffleur abgelöst[69]. Die Feier fand unter großer Beteiligung statt, der Reichstag erschien korporativ und legte so ein Bekenntnis zu seinem revolutionären Ursprung ab.

Zwei Tage später fand am selben Platz eine Feldmesse für die Arbeiter statt; Anton Füster hielt vor 20 000 versammelten Erdarbeitern die Predigt[70].

Im August wurde die Aktivität der Demokraten – außer von den gesondert zu besprechenden Arbeiterunruhen – von zwei Ereignissen bestimmt, dem neuerlichen Auftreten Schüttes und der Verbreitung des Deutschkatholizismus in Wien. In einer

Aulaversammlung am 17. August rühmte der von seiner Rundreise durch Deutschland zurückgekehrte Schütte die Fortschritte der Wiener Revolution und berichtete von seinen Verbindungen mit dem deutschen Republikaner Friedrich Hecker[71]. Von Schütte ging auch die Anregung zu einer Sympathieerklärung für die Frankfurter Linke aus. Der demokratische Verein und die demokratischen Mitglieder des Sicherheitsausschusses nahmen sich der Verbreitung dieser Adresse an, in der es hieß, daß durch die Majorität der Frankfurter Nationalversammlung ,,die alte mit dem Nationalfluch belastete Politik des Bundestages in ihrer Wesenheit nicht aufgehoben, sondern nur in gemilderten konstitutionellen Formen fortgesetzt" würde. Die Adresse begrüßte ,,mit umso größerem Troste für die deutsche Zukunft und mit umso wärmerer Sympathie (. . .) die standhaften parlamentarischen Kämpfe der der Volkssouveränität und den Volksrechten treu gebliebenen linken Minorität[72]".

Die Agitation für diese Zuschrift an die Frankfurter Linke wurde mit der Werbung für den Deutschkatholizismus verbunden. Diese freireligiöse Bewegung war 1844 von Johann Ronge als Protest gegen den in Trier mit dem ,,Heiligen Rock" getriebenen Reliquienkult ins Leben gerufen worden und erfreute sich bald regen Zulaufs vor allem aus kleinbürgerlichen Schichten. In Sachsen, wo der Deutschkatholizismus sein Zentrum hatte, nahm sich besonders Robert Blum seiner Verbreitung an – 1845 fand in Leipzig ein Konzil der Deutschkatholiken statt, die 1846 bereits 60 000 Mitglieder in 200 bis 300 Gemeinden zählten. Die freireligiösen, gegen die kirchliche Dogmatik gerichteten Bestrebungen des Deutschkatholizismus waren mit dem Bekenntnis zur politischen Demokratie verbunden. Im hermetisch vor der neuen ,,Irrlehre" abgeschirmten Österreich des Vormärz fand der Deutschkatholizismus keinen Eingang, erlebte aber hier 1848 eine Nachblüte[73]. Antiklerikale Haltung und politischer Protest des Kleinbürgertums, aber auch der Arbeiterschaft verschmolzen in dieser noch keineswegs restlos erforschten Bewegung zu einer merkwürdigen Synthese[74].

Für den Deutschkatholizismus warben in Wien zwei ehemalige katholische Priester, Hermann Pauli und Johann Hirschberger, wenig später kam der ehemalige protestantische Geistliche Carl Scholl aus Deutschland hinzu, der dann vor allem in Graz wirkte. Die erste Versammlung in Wien fand am 18. August im Odeon statt. Ludwig Eckardt verband die Empfehlung des Deutschkatholizismus mit der Vorlage der Adresse an die Frankfurter Linke. Gegner des Deutschkatholizismus und der Demokraten beunruhigten die Versammlung durch das Ausstreuen von Gerüchten vom Herannahen aufständischer Arbeiter und riefen durch mutwillige „Feuer"-Rufe einen Tumult hervor. Die deutschkatholische Bewegung, die in der Presse und Flugblattliteratur eine überaus lebhafte Diskussion für und wider hervorrief, festigte sich im September durch das erfolgreiche Auftreten Ronges in Wien[75]. Es konstituierte sich eine gegen 2 000 Mitglieder zählende Gemeinde.

Trotz harter Bedrückung und Verfolgung seitens der Kirche und der staatlichen Behörden behauptete sich der Deutschkatholizismus noch über die Niederwerfung der Revolution hinaus. Die anfänglich eher kleinbürgerliche Bewegung ergriff, wie ein Polizeibericht von 1850 meldete, dann vor allem Arbeiter „mit solcher Gewalt, daß in kurzer Zeit ganze Fabriken wie im Taumel mitgerissen wurden[76]". 1851 erfolgte das endgültige Verbot, doch bestanden personelle und organisatorische Verbindungen dieser freireligiösen Bewegung zu späteren Zusammenschlüssen der Freidenker.

Während die Demokraten im Sommer 1848 eine Fülle von Initiativen auf politischem und organisatorischem Gebiet entfalteten[77], verstanden es die konservativen Kräfte nur ungenügend, die neuen Möglichkeiten der Assoziation zur Durchsetzung politischer Ziele zu nützen. Es ist zwar eine Reihe von versuchten Vereinsgründungen seit dem Frühjahr nachzuweisen, doch gelangte keiner dieser Vereine zu größerer politischer Wirksamkeit. Ein „Österreichischer Club" gab im April bekannt, daß man bis zum 5. Mai für den Beitritt subskribieren könne und daß die vorbesprechende Versammlung für die Konstituierung am 19. Mai stattfinden solle. Als Ziele wurden die Erhaltung der Einheit der Monarchie und die Lösung der sozialen Fragen angegeben[78]. Die „Constitution" veröffentlichte am 9. Mai ohne Kommentar ein „Verzeichnis der Mitglieder des österreichischen Klubs", zumeist Industrielle und höhere Beamte, mit den berühmten Namen des „Archivdirektors Grillparzer" und des „Literaten Stifter Adalbert"[79]. Ob diese Aufstellung einer tatsächlichen Vereinsbildung entsprach oder nur eine Polemik gegen als konservativ bekannte Persönlichkeiten war, läßt sich heute nicht mehr feststellen.

Konservativ-großösterreichische Zielvorstellungen verfolgte auch der „Österreichische Patrioten-Verein", der sich am 4. Mai erstmals zu Wort meldete[80]. Dieser Verein wollte die bedrohte Monarchie dadurch retten, daß jeder Staatsbürger freiwillig einen Gulden an den Staatsschatz abführen sollte. Dieser Verein, dem an Prominenten unter anderen der Industrielle Rudolf Arthaber, der Bankier Georg Sina und Minister Schwarzer angehörten, konstituierte sich am 25. Juli[81]. Dieser Verein hatte immerhin einen Achtungserfolg aufzuweisen; er meldete am 2. September einen Spendeneingang von 4 353 fl, am 23. September von 28 111 fl. Es war, wie aus den Aufstellungen der Spender hervorgeht, vor allem das wohlhabende Bürgertum der Wiener Innenstadt, das auf diese Weise seine loyale Gesinnung unter Beweis stellen wollte[82].

Stärker politisch orientiert sollte der von dem Hofsekretär J. S. Hohenblum initiierte „Verein der Freunde der konstitutionellen Ordnung und wahren Freiheit" sein, der jedoch über sein am 15. Mai veröffentlichtes Programm kaum hinausgekommen sein dürfte. Am Vorabend der Mairevolution bezeichnete Hohenblum als den Zweck seines Vereinsprojekts, daß „alle kommunistischen und republikanischen Umtriebe und alle Demonstrationen, welche den Stand der Anarchie herbeizuführen beabsichtigen, möglichst hintangehalten werden" und „alle beunruhigenden Umzüge und stürmischen Petitionen als ganz überflüssig" verboten werden[83].

Hohenblum trat im Juli noch einmal mit einem ähnlichen Vereinsprojekt auf – es sollte ein „Trutz- und Schutzbündnis aller rechtlich denkenden, der wahren konstitutionellen Freiheit und dem konstitutionellen Monarchen treuen Staatsbürger gegen alle reaktionären, aber auch gegen alle republikanischen und umso mehr auch gegen alle kommunistischen Umtriebe sein[84]".

Alle diese Gründungen traten entweder nie ins Leben oder führten ein Schattendasein. Für die konservativen Kräfte erübrigte sich das Eintreten in die Vereinsbewegung, da sie ja in den alten, von der Revolution kaum erschütterten Machtapparaten der Bürokratie und der Armee einen festen Rückhalt hatten. Im Gegensatz dazu bot für die Demokraten und dann für die Arbeiter die Assoziation die einzige Möglichkeit, ihren Bestrebungen zur Erkämpfung politischer Gleichberechtigung und sozialer Besserstellung Nachdruck zu verleihen.

DIE „PRATERSCHLACHT"
KLASSENKONFLIKT UND KRISE DER DEMOKRATIE

Der Ausbruch des offenen Kampfes zwischen Bürgertum und Arbeiterschaft in den Unruhen des August ist jüngst von Herbert Steiner ausführlich dargestellt worden[1]. Auf den hier und in früheren Darstellungen geschilderten äußeren Ablauf der Ereignisse braucht in unserem Zusammenhang daher nur kurz eingegangen zu werden; Ursachen und Folgen dieses Klassenkonflikts sollen aber anhand von bisher nicht oder nicht ausreichend beachteten Quellen erörtert werden.

Die Spannungen, die zwischen dem Wiener Bürgertum und dem Heer der Erdarbeiter seit dem Zusammenstoß im Juni bestanden, waren während des Hochsommers wohl hinter die politischen Ereignisse (Reichstag) zurückgetreten, aber keineswegs geringer geworden. Man warf den Arbeitern „Nichtstun" und „Faulheit" vor, ohne aber dabei zu bedenken, daß den als notwendiges Übel betrachteten Erdarbeiten kein leitender Gedanke zugrunde lag. Durch die Einführung der Akkordarbeit hatte man Uneinigkeit und Konkurrenz unter die Arbeiter getragen; nach der Rückkehr des Kaisers wollte das ruhesuchende Bürgertum beweisen, daß es in der Lage sei, die „Ordnung" in der Stadt zu garantieren. Diese Haltung ironisierte ein mit dem Titel „Spießbürgertum" überschriebenes Gedicht treffend, das die Revolutionsmüdigkeit dieser Gesellschaftsschichten aufs Korn nahm:

„Hol der Teufel alle Freiheit,
Wenn sie leer läßt unsre Kassen,
Hol der Teufel diese Freiheit,
Die uns wird verhungern lassen[2]."

Das Bündnis zwischen Hof und Regierung einerseits, bürgerlicher Nationalgarde andererseits kam in der Parade vor dem Monarchen am 19. August zum Ausdruck. Die Nationalgarde wollte mit dieser Schaustellung ihrer Stärke die Anerkennung als loyale Ordnungsmacht erreichen. Es wurde der akademischen

Legion übel vermerkt, daß sie zwar vor den Mitgliedern des Reichstags jubelnd defilierte, am Monarchen aber schweigend vorbeizog, während ihre Musikbande das zwar populäre, in diesem Zusammenhang aber wenig respektvoll wirkende ,,Fuchslied" intonierte[3].

Gestützt auf das Besitzbürgertum, das nach der Rückführung der Arbeiter zu ,,geregelter" Tätigkeit verlangte, glaubte sich Minister Schwarzer stark genug, um eine entscheidende Maßnahme zur Reduzierung der Zahl der Erdarbeiter zu treffen. In der älteren Literatur wurde angenommen, daß Schwarzers Schritt zwar ein ,,arges Versehen" gewesen sei, ,,welchem aber sicherlich keine böse Absicht von seiner Seite zu Grunde lag"; er sei ,,von seinen Kollegen beredet und vorgeschoben worden[4]". Schwarzer war jedoch für die folgenschwere Lohnreduzierung voll verantwortlich. Als er seinen Plan im Ministerrat am 18. August vortrug, wendete Finanzminister Krauß dagegen ein: ,,Insofern aber durch die plötzliche Entlassung so vieler Arbeiter ein großes Elend unter den niedrigen Volksklassen entstehen und die öffentliche Ruhe leicht auf eine sehr bedenkliche Weise gestört werden könnte, sei Baron Krauß erbötig, die unerläßlich nötigen Geldmittel zur Fortsetzung der begonnenen Arbeiten und zur Angriffnahme neuer Objekte anzuweisen[5]."

Noch am 22. August, als es schon zu ersten Unruhen gekommen war, blieb Schwarzer unnachgiebig, obwohl der Innenminister für eine Vergütung des Lohnabzugs bei den Arbeiterinnen eintrat[6]. Schwarzer hatte bei seinem Vorgehen das Pariser Vorbild vor Augen und war durchaus entschlossen, nötigenfalls mit Gewalt gegen die widerspenstigen Arbeiter vorzugehen. Er sagte zu einer Arbeiterdeputation: ,,Wir werden uns nichts abtrotzen lassen, wir können euch nicht helfen, und es wird euch noch so gehen wie den Parisern, denn wir werden alles aufbieten[7]." In einer noch schärferen Form überlieferte eine andere Zeitung die Äußerung des Arbeitsministers: ,,Eher sollen 10 000 Arbeiter niedergeschossen werden, ehe ich von meinem Entschlusse abstehe[8]."

Die Sympathien des Bürgertums für seine Maßnahmen gegen die Arbeiter suchte Schwarzer durch folgende Begründung seiner ,,den wahren Vorteil der wirklichen, redlichen Arbeiter bezweckenden Maßregel" zu gewinnen: ,,Die Verkürzung des Tageslohnes ist daher das wirksamste Mittel, die Professionisten wieder zu ihren Werktischen, die Fabriksarbeiter bei der sich wieder neu entfaltenden industriellen Tätigkeit zum großen Teile wieder in die Fabriken zu führen und dem wirklichen Arbeiter das Feld zu lassen[9]." Deutlicher noch sprach ein weiterer Artikel, in dem die Notwendigkeit begründet wurde, das „Gesindel der Arbeitsscheuen (. . .) auf die eine oder andere Weise zu zwingen, wieder zu Fleiß und Ordnung zurückzukehren[10]".

Der zweite Zweck, den Schwarzer mit seiner Maßnahme verfolgte, war die Ausschaltung des Sicherheitsausschusses, der bislang noch die Hauptagenden der Arbeiterangelegenheiten führte.

Das sehr komplizierte, aus den erhaltenen Akten nur mit Mühe rekonstruierbare Wechselverhältnis von Ministerium, Gemeindeausschuß, Sicherheitsausschuß und Nationalgardeoberkommando hat in der Literatur zu Irrtümern vor allem im Hinblick auf die Stellung des Sicherheitsausschusses geführt. Man hat bisher den nachträglichen Beteuerungen des Sicherheitsausschusses, daß er von der ministeriellen Maßregel nicht in Kenntnis gesetzt worden wäre, Glauben geschenkt. Nun erliegt bei den Akten des Ausschusses eine Kopie des Ministerialerlasses vom 18. August. Darin wurde die Ausscheidung zu alter, zu junger oder gebrechlicher Arbeiter verfügt, der Taglohn für Frauen auf 15 kr (d. h. um ein Viertel), der für Jugendliche auf 10 kr gesenkt. Darüber hinaus sollte der Taglohn der Männer ab 4. September auf 20 kr herabgesetzt werden. Diese Lohnsenkung sollte den Arbeitern „mit Andeutung der Nachsicht und Schonung, mit welcher sie bisher behandelt worden", mitgeteilt werden, doch habe eine Drucklegung zu unterbleiben[11]. Das Datum dieses Schreibens steht mit der Beschwerde des Sicherheitsausschusses in Widerspruch, erst am 21. August von der ministeriellen Entscheidung in Kenntnis gesetzt worden zu sein. Die Note Schwarzers sei erst am Abend dieses Tages durch die Nachlässigkeit des Boten in den Sicherheitsausschuß gelangt. Willner begab sich in dieser Angelegenheit zu Doblhoff, erhielt aber nur eine ausweichende Antwort. Obwohl das Studentenkomitee den Ausschuß aufforderte, „für den Augenblick einen obschwebenden Kompetenzstreit bei Seite zu setzen und nach Wunsch des Gemeindeausschusses mit ihm Hand in Hand die bedrohliche Aufregung niederzuhalten", beschloß der Sicherheitsausschuß, „sich heute in keine Angelegenheiten zu mischen, welche der Gemeindeausschuß zur Aufrechterhaltung der Ruhe für notwendig erachtet"[12]. Tatsächlich hatte der Sicherheitsausschuß aber schon vorher, spätestens aber am 19. August von der Lohnreduktion Kenntnis erhalten, teilte er doch an diesem Tag der Abteilung des Gemeindeausschusses für öffentliche Arbeiten den Ministerialerlaß mit[13]. Vom gleichen Tag datiert ist ein Schreiben des Sicherheitsausschusses an die Stadthauptmannschaft, daß Vorsichtsmaßregeln gegen Arbeiterunruhen ergriffen werden sollten[14]. Die Lösung dieses Widerspruchs ergibt sich aus einem undatierten Schreiben des Sicherheitsausschusses an das Arbeitsministerium. Die Mitteilung sei nur an das Arbeiterkomitee erfolgt, nicht aber an den Ausschuß selbst[15]. Die verworrene Angelegenheit wird klarer, wenn man die politische Differenzierung innerhalb des keineswegs eine einheitliche Linie verfolgenden Sicherheitsausschusses bedenkt.

Aus den lückenhaft überlieferten Akten lassen sich also folgende Zusammenhänge rekonstruieren. Das von Gemeinde- und Sicherheitsausschuß – und zwar ausschließlich von großbürgerlichen Mitgliedern – beschickte Arbeiterkomitee wurde ins Vertrauen gezogen und leitete zusammen mit Ministerium, Stadthauptmannschaft und Nationalgardeoberkommando Unterdrükkungsmaßregeln gegen etwaige Arbeiterunruhen ein. Nur eine Fraktion der Mitglieder fertigte also die zitierten Anordnungen des Sicherheitsausschusses aus. Das Plenum dieser Körperschaft erhielt wohl tatsächlich erst am 21. August mit der offiziellen Kundmachung der Lohnsenkung Nachricht von dieser Maßnahme – die demokratischen Mitglieder des Ausschusses konnten aber die Mehrheit nicht für einen energischen Protest dagegen gewinnen. So begnügte sich der Ausschuß mit einer in beleidigtem Ton gehaltenen Zuschrift an das Innenministerium, in der es hieß, ,,daß er die Verantwortlichkeit des heutigen Tages feierlichst von seinen Schultern wälze“ und sie jenen überlasse, ,,die ohne Zutun dieses Ausschusses Gewaltmaßregeln zu ergreifen für gut fanden[16]“. Im allgemeinen Tumult trat überdies Dr. August Bach als provisorischer Vorsitzender noch am 21. August zurück[17]. Das Organ der kleinbürgerlichen Demokratie trieb führungs- und haltlos in den turbulenten Ereignissen dahin. Die Deputation von drei Mitgliedern des Ausschusses zum Innenministerium am 22. August mit der Erklärung, ,,daß der vereinigte Ausschuß bereit sei, sich in corpore an den heutigen Beratungen des Ministeriums mit der Permanenz des Gemeindeausschusses zu vereinigen, damit unverzüglich die Stellung der Nationalgarde und Munizipalgarde sich auf die Defensive beschränke und jedes Blutvergießen augenblicklich eingestellt werde[18]", war unter diesen Umständen nur noch ein Rückzugsgefecht, das die Ohnmacht der demokratischen Kräfte angesichts des zwischen Großbürgertum und Proletariat ausgebrochenen Klassenkonflikts besiegelte.

Vergeblich hatte auch der demokratische Verein versucht, sich noch in letzter Minute in die Entscheidungsprozesse einzuschalten. In einem Flugblatt an die Arbeiter protestierte der Verein am 22. August gegen die Lohnsenkung, „die allerdings notwendigen Ersparnisse im Staatshaushalte [sollten] künftig nicht von unten, sondern von oben anfangen", der Gemeindeausschuß sollte aufgelöst werden. Die Arbeiter wurden aufgerufen, sich an den Sicherheitsausschuß und an den demokratischen Verein zu wenden, „von welchen ihr wisset, daß sie eure Interessen mit Mut und Kraft vertreten[19]".

Mittlerweile nahmen die Dinge ihren Lauf. Wir können uns hier auf ein kurzes Resümee der oft geschilderten Ereignisse beschränken. Am 21. August war es vor dem im ehemaligen Liguorianerkloster bei Maria am Gestade untergebrachten Arbeiterkomitee und vor dem Rathaus in der Wipplingerstraße zu Demonstrationen der Arbeiter gekommen, die gegen die Lohnsenkung protestierten. Im Handgemenge mit Nationalgarde und Munizipalwache kam es zu Verletzungen. Der 22. August verlief in gespannter Ruhe.

An diesem Tag bekannte sich Minister Schwarzer im Reichstag offen zur Aufrechterhaltung seiner Maßregel; es sei – so sagte er stolz – das erstemal, daß das Ministerium „einer Volksbewegung nicht nachgegeben hat". Minister Bach erklärte unter dem Beifall der Rechten und des Zentrums des Hauses: „Wir müssen uns hier offen darüber aussprechen, daß wir auf dem konstitutionell-monarchischen Boden stehen, und daß wir anarchische und republikanische Bewegungen nicht dulden werden[20]."

Am 23. August wollten die Arbeiter vom Prater in die Stadt ziehen, um ihren Forderungen Nachdruck zu verleihen. Sie trugen eine aus Lehm geformte Puppe als Karikatur auf den „Kreuzerminister" Schwarzer mit – es handelte sich also um einen der damals üblichen Umzüge, in denen auch das humoristische Element nicht fehlte[21]. Die bürgerliche Nationalgarde und die vom Gemeindeausschuß aufgebotene Munizipalgarde waren entschlossen, mit allen Mitteln den Zug in die Stadt zu verhindern. Aus Wortgefechten entwickelte sich ein Handgemenge, in dem die Ordnungstruppen gegen die nur mit ihren Arbeitsgeräten „bewaffneten" Arbeiter, aber auch gegen Frauen, Jugendliche und Kinder rücksichtslos von der blanken Waffe und von ihren Gewehren Gebrauch machten[22]. Die sich in ein blutiges Gemetzel auflösende „Praterschlacht" fand an mehreren Punkten des heutigen II. Bezirks ihre Fortsetzung. Auch die Arbeiter des Nordbahnhofs, die für die verfolgten Erdarbeiter Partei ergriffen, wurden von der wütenden Nationalgarde attackiert.

Über die Zahl der Verwundeten und Getöteten liegen unterschiedliche Angaben vor. Ein erster Bericht bezifferte die Zahl der toten Arbeiter auf 18, die der schwer verwundeten auf 152, die der leicht verwundeten auf 130. Die Sicherheitswache zählte einen Toten, 4 schwer und 18 leicht Verletzte; die Nationalgarde einen Toten, 4 schwer und 30 leicht Verwundete[23]. In einer später veröffentlichten Kundmachung wollte die Stadthauptmannschaft, „um die irrigen oder böswilligen Angaben mehrerer Zeitungsblätter zu widerlegen", nur noch von 7 toten Arbeitern wissen[24].

Die Niederwerfung der aufbegehrenden Arbeiter in der „Praterschlacht" wurde als Sieg gefeiert. Nationalgardisten und Munizipalwache zogen geschmückt mit grünen Reisern und den erbeuteten Fahnen der Arbeiter durch die Straßen, begrüßt von „Beifallsklatschen und Tücherschwenken". Der Konservative Helfert schilderte die auf der Seite der Partei der „Ordnung" herrschende Stimmung: „Es war der ungekünstelte, fast unwillkürliche Ausbruch der Befriedigung und der Freude, daß endlich einmal dem andauernden Übermut, den zügellosen Ausschreitungen und Gesetzwidrigkeiten der Umsturzpartei eine wohlverdiente Züchtigung zuteil geworden war[25]."

Nicht nur für die Arbeiter, sondern auch für die Wiener Demokratie bedeutete das blutige Ende der Augustunruhen eine schwere Niederlage. Der Sicherheitsausschuß löste sich noch am 23. August auf. Das Ministerium beantwortete die vom Ausschuß selbst gestellte Bitte um Auflösung mit freundlichen Floskeln von „wärmstem Dank" und „vollster Achtung", aus denen die Erleichterung über den Zerfall dieser einst so einflußreichen, aus der Revolution geborenen Behörde sprach.

Das Ministerium übernahm nun die uneingeschränkte Exekutivgewalt und ordnete sich die Nationalgarde unter. Widersetzlichkeiten gegen die Nationalgarde sollten als Verbrechen der öffentlichen Gewalttätigkeit – selbst ohne Waffen und ohne „Zusammenrottung" – mit Kerkerstrafen von sechs Monaten bis zu fünf Jahren bestraft werden[26]. Der Kommandant der Nationalgarde und der Kaiser sprachen der Garde für ihr Verhalten gegenüber den Arbeitern Dank und Anerkennung aus[27].

In seinem letzten Schreiben an den Reichstag vom 24. August beklagte der aufgelöste Sicherheitsausschuß den Erfolg des „unablässigen Bestrebens der Reaktion, einen Zusammenstoß der Arbeiterbevölkerung mit der Nationalgarde und hiedurch einen Bruch der Intelligenz mit der Kraft herbeizuführen[28]". Der Ausschuß versuchte vergeblich, als „Verein zur Wahrung der Volksrechte" weiterhin einen gewissen Einfluß auszuüben. Unter seinen Mitgliedern waren die Demokraten Tausenau, Wintersberg, Goldmark, Willner, Fizia, Freund und Wessely[29]. Sonst überwogen im Verein kleine Fabrikanten, Hauseigentümer und Beamte, nur ein „Akkordarbeiter" war unter den Mitgliedern[30].

Für die Arbeiterschaft bedeutete der blutige 23. August aber nicht nur eine schwere und schmerzhafte Niederlage, sondern auch einen Anstoß zu verstärkter Bemühung um einen solidarischen Zusammenschluß. Waren die hochqualifizierten Bahnarbeiter noch im Juni auf der Seite der Nationalgarde gestanden, so hatten die Arbeiter des Nordbahnhofs im August die Partei der Erdarbeiter ergriffen und waren wie sie von den bürgerlichen Nationalgarden mit überlegenen Waffen geschlagen worden. Die von den verschiedenen Arbeitergruppen – Textilarbeiter, Eisen- und Bahnarbeiter – einlaufenden Spenden für die verwundeten Erdarbeiter zeigten diese im August entstandene Solidarität[31].

In der Publizistik fanden die tragischen Vorgänge der Augustunruhen einen lebhaften Widerhall, der deutlich eine Polarisierung der politischen Lager erkennen ließ.

Zwei Stellungnahmen aus der überreichen Flugblattliteratur[32] sollen die Breite des Spektrums der Meinungsbildung zeigen. „Im Namen vieler gutgesinnter Arbeiter" wurden schwere Anklagen gegen das Bürgertum erhoben: „Eine schwere, unheilvolle Stunde ist an uns vorübergerauscht, eine Stunde, die eine unendliche Kluft zwischen uns und euch hervorrief, die wir uns doch durch die Ereignisse des 26. Mai fest verbunden glaubten. Unser Blut ist geflossen und – ihr habt es vergossen, vergossen ohne genügende Veranlassung, ohne drängende Notwendigkeit. Mitbürger! Ihr habt das Verhältnis, in dem wir zu euch stehen sollen, vergriffen; euer kaltes vernichtendes Benehmen gegen uns, die ungebildete Klasse, hat uns verletzt, ihr wolltet euch nicht zu uns herablassen, uns nicht zu euch hinaufziehen, ihr betrachtetet uns nicht als Brüder, als Gleichberechtigte, bildungsfähige Staatsbürger, sondern als ein notwendiges Übel, als eine bissige Bestie, die man durch beständiges Vorwerfen von Brocken vom Anfallen zurückhalten müsse. (. . .) Viele von euch haben gegen uns nicht nur in der ersten Hitze den kalten Stahl und das tötende Blei angewendet, sie haben auch das begonnene Mordwerk stundenlang mit kaltem Blute fortgesetzt, sie haben die wehrlosen, um Gnade flehenden Weiber und Kinder schonungslos niedergemetzelt, sie haben auf uns wie wilde Tiere Jagd gemacht, sie haben die Gefangenen grausam mißhandelt.“ Dennoch endete dieses Flugblatt mit einem Appell zur Versöhnung[33].

Von der Gegenseite war freilich von dieser Versöhnung wenig zu bemerken: „Die Nationalgarde hat sich demnach allein bewährt; sie hat die Feuerprobe ihrer praktischen Tüchtigkeit bestanden. (. . .) Die Nationalgarde hat sich als ein integrierender Teil der Exekutivgewalt bewiesen, die es nun und nimmer dulden darf, daß sich im Staate ein Teil der Bevölkerung gegen den Ausdruck des Zentralwillens rebellisch erhebt, gegen welche Erhebung die Republik selbst ebenso wie jede monarchische Regierung im Notfall mit Bajonetten und Feuerröhren eingreifen lassen muß, wenn sie den Fortbestand des Ganzen sichern will[34].“

Minister Schwarzer, der die Verantwortung für die Augusterereignisse trug, mußte unter dem Druck der öffentlichen Meinung zurücktreten. Er reichte am 3. September seine Demission ein, die am 23. September angenommen wurde[35]. Gegen die Art der Durchführung der Lohnkürzung ohne jegliche Vorbereitung polemisierte auch die „Presse“; bei ihrer Kritik waren auch persönliche Animositäten zwischen Zang und Schwarzer im Spiel[36].

Selbst das ehemals von Schwarzer begründete Blatt, die „Allgemeine Österreichische Zeitung“, erklärte sich gegen ihn: „Säbelhiebe und Gewehrsalven sind keine Argumente gegen die Not[37].“ Jellinek meinte im „Radikalen“, Schwarzers Maßregel sei „ein unvorsichtiger Streich, der das Proletariat recht eigentlich erst geschaffen hat, dadurch, daß er den Arbeitern ein schärferes Bewußtsein ihrer Lage gab[38]“.

Im Reichstag richteten die Demokraten scharfe Angriffe gegen die Politik des Ministeriums und des Gemeindeausschusses. Violand rief am 24. August aus: „Ich weiß, daß mir am 13. März auch so wie gestern die Glut emporgestiegen ist, als der erste Schuß gefallen von dem Militär[39]." Goldmark sagte, daß man seit dem 23. August auch in Wien von „Bourgeoisie" und „Ouvriers" spreche[40].

Gegen das Besitzbürgertum, das mit der Niederwerfung der Arbeiter sympathisierte, wurden von den Demokraten schwere Vorwürfe erhoben, aber auch Selbstkritik geübt: „Damals, als sie [die Arbeiter] mit Aufopferung ihres Lebens auf den Barrikaden bereit standen, unser Leben und Eigentum zu verteidigen, waren sie unsere lieben Brüder und Schwestern, und jetzt belegt man sie mit dem Namen Hunde, die kein anderes Los verdienen als das, nach der Ansicht einer gewissen Partei sich selbst bereitete[41]." – „Ihr reichen Prasser! die ungeheure Kluft, die zwischen dem Höchsten und dem Bettler (Proletarier) ist, muß ausgefüllt werden. Ihr nennt das Volk Gesindel, dasjenige Volk, das für euch arbeitet, schafft, wirkt, hungert, leidet, sich für euch totschlagen läßt – das euch euern Reichtum, eure Millionen verdiente[42]!"

Die akademische Legion erkannte zu spät, daß sie durch ihr Abseitsstehen in den Augusttagen ihrem wichtigsten Bundesgenossen, der Arbeiterschaft, untreu geworden war. Im nachhinein rechtfertigte sie ihre Neutralität mit der Begründung, daß andernfalls die Legion aufgelöst worden wäre[43].

Die Trennung zwischen Demokraten und Studenten einerseits, Arbeitern andererseits sollte durch die Leichenfeier für die am Währinger Friedhof beigesetzten Opfer des 23. August überwunden werden. Die Feier wurde zu einer machtvollen Kundgebung, an der von demokratischer Seite unter anderem Julius Fröbel, der damals in Wien weilte, teilnahm. Matthias Emanuel Löbenstein ließ seine Grabrede in dem Satz gipfeln: „So aber starben sie, weil sie nicht hungern wollten!", und Ludwig Ekkardt forderte die Versammelten auf, einen Schwur auf die „neue Dreieinigkeit: Freiheit, Gleichheit, Brüderlichkeit" zu leisten[44]. Charakteristisch für die unter den Demokraten Wiens herrschende Stimmung war der Geist der Versöhnung zwischen den Klassen, wie ihn Julius Fröbel in einem am Tag der Leichenfeier erschienenen Artikel verkündete. Das Schicksal der demokratischen Bewegung, so Fröbel, hänge „von der Einigkeit zwischen der Mehrheit der Bürgerklasse und dem im engern Sinne so genannten Volke ab. (. . .) Es unterliegt keinem Zweifel, daß in Frankreich und England eine Lösung der sozialen Gegensätze nur auf dem Wege eines gewaltsamen Bruches möglich ist und auf diesem Wege auch eintreten wird. (. . .) Bei uns liegt die Sache anders. Der Gegensatz zwischen der Arbeiter- und Bürgerklasse, dem Volke und der Bourgeoisie kann, weit entfernt, zu einer tieferen Lösung unserer gesellschaftlichen Übelstände zu führen, vielmehr nur die Ergebnisse unserer ganzen Bewegung gefährden und die Demokratie um ihre Hoffnungen betrügen[45]."

Diesen Auffassungen trat Karl Marx, der vom 27. August bis zum 7. September in Wien weilte, scharf entgegen. Marx' Analyse der Wiener Augustereignisse gipfelte in seiner während der Diskussion am 28. August im demokratischen Verein aufgestellten These, „es handelte sich jetzt auch hier – wie in Paris – um den Kampf zwischen der Bourgeoisie und dem Proletariat[46]". Der Aufenthalt von Marx in Wien, seine Kontakte mit Wiener Demokraten und seine Vorträge im Arbeiterverein sind in der Literatur häufig gewürdigt und diskutiert worden, sodaß sich hier ein ausführliches Eingehen darauf erübrigt[47]. Ohne Zweifel haben die scharfen Analysen von Marx die Wiener Demokraten stark beeindruckt, wenngleich auf die Dauer der Einfluß der „kleinbürgerlichen" Richtung der Demokratie, wie sie Fröbel repräsentierte, stärker blieb. Höchst ungünstig für die Rezeption der Marxschen Thesen in Wien wirkte sich die Tatsache aus, daß der Wiener Korrespondent der „Neuen Rheinischen Zeitung", der ehemalige Jurist Eduard von Müller-Tellering, eine sehr unerfreuliche Erscheinung war. Tellerings Korrespondentenberichte strotzen von unqualifizierten Angriffen auf die „Juden-Demokraten" Wiens: „Was Sie Bourgeoisie nennen, das sind hier die Juden, die sich der demokratischen Leitung bemächtigt haben. Dies Judentum ist indessen noch zehnmal niederträchtiger als das westeuropäische Bourgeoistum, weil es die Völker unter der erheuchelten Maske der Demokratie betrügt, um sie direkt in den Despotismus des Schachers zu führen[48]." Tellering faßte seine vulgärantisemitischen Ausfälle auch in einer in Wien erschienenen Broschüre zusammen[49]. 1850 brach Marx mit Tellering, der aber bis dahin Gelegenheit genug gehabt hatte, großen Schaden in der demokratischen Bewegung anzurichten.

Von dieser notwendigen Einschränkung abgesehen darf aber

gesagt werden, daß das Auftreten von Marx den Wiener Demokraten einen wesentlichen Anstoß zu einer kritischen Überprüfung ihrer Haltung gegenüber der Arbeiterschaft gab. Zusammen mit den organisatorischen Ansätzen einer selbständigen Arbeiterbewegung wurden die von Marx vermittelten Klassentheorien ein Anstoß für die Weiterentwicklung der fortschrittlichen Kräfte Wiens zur „sozialen Demokratie".

DER WIENER ARBEITERVEREIN

In seiner Rede zur Gründungsfeier der „Wiener Typographia", der Organisation der Wiener Buchdrucker, sagte der Demokrat Ludwig Eckardt am 30. April 1848: „Wenn der Kaiser seinen Ministerrat hat, muß das Volk, das jetzt mitregiert, seinen Klub haben. (. . .) In Staaten, wo das Volk regiert, entscheidet der Einzelne nichts mehr, sondern die Masse. Die Masse denkt, die Masse lenkt, die Masse allein setzt etwas durch[1]."

Nicht nur die Schriftsetzer als die Vorhut der Arbeiterklasse, sondern auch die übrigen Arbeiter erkannten die Notwendigkeit eines dauernden Zusammenschlusses zur Durchsetzung ihrer gewerkschaftlichen Forderungen und der politischen Gleichberechtigung. Am Anfang der österreichischen Arbeiterbewegung stand – wie dann wieder beim Neubeginn 1867 – der Bildungsgedanke. Josef Hermann Hillisch forderte in diesem Sinn die Errichtung einer „Arbeiter-Nationalbibliothek"[2].

Die Bestrebungen der Handwerksgesellen, die sich objektiv bereits in einer proletarischen Lage befanden, hatten in dem Buchbindergesellen Friedrich Sander ihren fähigsten Wortführer. Sanders Persönlichkeit, die in der frühen Arbeiterbewegung Wiens eine hervorragende Rolle spielte, ist biographisch nicht zu fassen – ein Umstand, den schon Richard Charmatz beklagte[3], der ihm als einziger Historiker bisher einen Essay widmete. Die Durchsicht der Polizei- bzw. Militärgerichtsakten blieb bezüglich Sander ergebnislos. Es ist kaum anzunehmen, daß man diesen in den Augen des gegenrevolutionären Regimes ohne Zweifel höchst kompromittierten Mann selbst im Fall seiner Emigration so gänzlich aus den Augen gelassen hätte, verfolgte man doch sonst die Achtundvierziger durch Spitzel bis in ihr englisches, französisches oder gar amerikanisches Exil. So wissen wir nicht, wie das Leben Sanders verlief, der aus dem Dunkel kam und plötzlich, wie er gekommen war, wieder verschwand. Vielleicht war Sander unter den vielen unbekannten Toten der Oktoberkämpfe, in denen der Arbeiterverein als geschlossene Körperschaft focht – wir wissen es nicht. Vielleicht gelingt es einmal durch einen glücklichen Quellenfund, das Geheimnis um die Persönlichkeit des ersten Führers der österreichischen Arbeiterschaft zu lüften, bis dahin bleibt uns nur sein publizistisches und organisatorisches Werk, das uns die wertvollsten Einblicke in die Frühgeschichte der österreichischen Arbeiterbewegung vermittelt.

Sanders publizistisches Debut begleitete der Herausgeber der „Constitution" einigermaßen verständnislos mit dem Satz: „Die Aristo- und Bürokratie, welche zu wenig Mut haben, um uns direkt an den Leib zu gehen, werden uns die Arbeiter vorführen und an den Hals schicken." Sanders von Selbstbewußtsein und Kampfgeist erfüllte Worte ließen diese Bedenken des kleinbürgerlichen Demokraten Häfner weit hinter sich: „Schon seit Wochen warte ich, daß einer von euch, ihr Dichter, Schriftsteller und Gelehrten, sich auch unser, der Arbeiter, annehmen und unsre Rechte vertreten möge. (. . .) Seht ihr es wirklich nicht, daß wir in Dumpfheit, in Elend und jämmerlicher Unwissenheit verschmachten? Da wird hin und her gesprochen und geschrieben, vom Volke, fürs Volk, vom deutschen Volke, vom freien deutschen Volke! Wer ist denn das Volk? Sind wir nicht wenigstens der größte Teil desselben! Wir aber verlangen Bildung, und möchten sie von euch verlangen! Bildung als die einzige Quelle der Freiheit! (. . .) Kann aber ein geplagter Mensch, der sich von morgens 5 Uhr bis 7 Uhr abends (ja es läßt sich behaupten von 4 bis 8 Uhr) bei schwerer Arbeit abmüht, Sinn für das Wahre, Gute, Schöne haben? Kann er die Erziehung seiner Kinder besorgen? Kann er sich um die Interessen des Vaterlandes kümmern? Nein! deshalb verlangen unsre Nachbarn, die Franzosen, mit Recht Verminderung der Arbeitszeit, damit der edlere Teil des Menschen nicht ganz und gar mit Füßen getreten, damit der Geist sich bewußt werde. Und auch wir machen diese Anforderung! Wie, oder soll der Selbstsucht nicht endlich der Hals gebrochen werden, die auf Kosten anderer nach einem höhern Platze strebt und es verschmäht, Niedere zu sich heraufzuziehen! Und nun hört einmal, ihr Reichen, die ihr verächtlich auf unsern abgeschabten Rock, auf unsre derben harten Hände blickt, die ihr nie empfunden habt, was Sorge und Not ist und nur wißt, wie man den sauer verdienten Lohn schmälert, und ihr, die ihr in den Kaffeehäusern gähnt und herauszuklauben sucht, ob uns der Russe, der Türke oder der Teufel holen wird, ob die deutsche Fahne schwarz, rot und gold oder schwarz, gold und rot sein müsse, alle Nachteile der Zeit tragen wir, wir allein und mit Unrecht für euch mit. (. . .) Schämt ihr euch nicht, das Geschlecht, dem ihr selbst angehört, so zu entehren! Ihr denkt daran frei zu sein? Sklaven seid ihr eurer selbst und macht auch uns zu Sklaven! – Je mehr auf der einen Seite gearbeitet wird, umso mehr wird auf der andern die Faulenzerei begünstigt; wer aber faulenzen will, soll wenigstens die Arbeit würdig bezahlen! – Unmenschlich ist es, zu schwelgen und den Armen weinen zu sehen! Jetzt ist es an der Zeit zu trösten und zu helfen, oder die Zukunft wird lehren, wohin Verzweiflung und Erbitterung führen, wie es die Geschichte schon deutlich genug zeigt! Ihr aber, Brüder, ihr Arbeiter und Armen, wacht auf! Seht, es ist ein großer Glockenguß veranstaltet. Tragt euer Material herzu, dieweil es Zeit ist, ehe denn das Werk vollendet und der Ofen erkaltet ist; damit man nachher weiß, von wem und wonach die Glocke klingt! Laßt uns fest zusammenhalten und auf unsre Rechte bestehen, die nur der unverschämte Despotismus uns so lange vorenthalten konnte. Dann wissen wir, wofür wir kämpfen und unser Waffenklang soll in ganz Europa widerhallen! Noch einmal: Wacht auf! erkennt, gefürstet seid ihr allesamt. Die Freiheit führt Beweis, daß ihr von Göttern stammt[4]!“ Er unterzeichnete diesen Artikel, den man als das erste und grundlegende Manifest der österreichischen Arbeiterbewegung bezeichnen darf, mit „Friedrich Sander, Gesell“. In seinen späteren Artikeln pflegte Sander seinem Namen die Bezeichnung „Arbeiter“ hinzuzufügen – vielleicht in Analogie zum „ouvrier“ Martin Albert, der in die provisorische Regierung der französischen Februarrepublik eintrat.

Sanders weitere publizistische Aktivität blieb nicht hinter diesem fulminanten Beginn zurück. Schon anfangs Mai forderte Sander die Gründung eines Arbeitervereins, zunächst „zur Belehrung durch leichtfaßliche Vorträge und Unterhaltung durch Gesang, Deklamation usw.“ und rief aus: „Das aber sage ich euch, daß alle geschaffen sind, ihr Dasein zu genießen, für alle ist die Erde so schön, der Himmel so blau und die Sterne so hell! Jeder hat Recht auf Freude, Freiheit und Bildung, und es erwarten gewiß alle Menschenfreunde mit mir, daß die Konstitution im Stande sein wird, allen wenigstens das Bewußtsein ihres Menschseins zu verleihen[5].“

Im Anschluß an die Sturmpetition glaubte Sander seinem Ziel

einer selbständigen Organisation der Wiener Arbeiter schon nahe zu sein. Häfner und Gritzner redigierten das in sieben Nummern erscheinende „Wiener Allgemeine Arbeiterblatt“; Sander wirkte als Redaktionsgehilfe mit, drückte aber dem Blatt den Stempel seiner Persönlichkeit auf. In der Probenummer sprach er seine Leser an:

„Schlagt ein! Nehmt hin
Ein Herz für euren Gram, für eure Freude!
Und eine Hand, die bauen hilft an dem Gebäude,
Darin die Freiheit und der Frieden wohnt!“

Hier erneuerte Sander seinen Aufruf zur Gründung des Arbeitervereins[6].

Sander verwahrte sich gegen den Verdacht, einen gewaltsamen Umsturz herbeiführen zu wollen, bekannte sich aber zur radikalen Reform: „Es liegt nicht in meiner Absicht, Neid und Haß gegen den Reichtum zu wecken, denn eine vollständige Gleichheit ist nie herzustellen, und das Eigentum darf von keinem verletzt werden; aber das Geld soll auch nicht der alles beherrschende Gott sein, denn es ist nicht das Einzige und Höchste, was zum Gesellschaftszweck beigetragen werden muß[7].“

Die aktive Teilnahme der Arbeiter an den Barrikadentagen erfüllte ihn mit großen Hoffnungen: „Wir haben mit den Barrikaden unsere Hand dareingelegt, und ich denke, man wird unser Recht jetzt gelten lassen. Das Geklirre der Schaufeln und Hacken auf dem Stefansplatze war mir die schönste Musik, die ich gehört habe[8].“

Die geplante Vereinsgründung kam im Mai nicht mehr zustande, obwohl Sander rastlos weiteragitierte. „Vorbei ist die Zeit, wo den Arbeitern für alle Mühseligkeiten und Plagen nur eine Anweisung auf den Himmel gegeben wurde, und den andern nur die Sorge oblag, das durch sie Gewonnene zu verbringen. Wir haben jetzt die Mittel in Händen, schon hier unsern Lohn zu ernten, aber wir müssen die Mittel benutzen und nicht erwarten, daß uns etwas auf den Schoß gebracht werden soll. (. . .) Ich muß mich besonders dagegen verwahren, weil man gleich an Mord und Totschlag denkt, wenn von Zusammenkünften der Proletarier, wie man uns zu nennen beliebt, die Rede ist. Nein, sie mögen sich vereinen, um ihre Angelegenheiten zu beraten, ihre Anträge in Kürze zusammenzufassen, denn man kann nicht tausend Bitten einzelner Gehör geben, um die kolossale Gleichgültigkeit gegen die Interessen des Vaterlandes abzustreifen und Teil an dem öffentlichen Leben zu nehmen, um sich im echten Sinne der Freiheit von den Haarbeuteln der Zünfte zu befreien und mit Kraft ihre Bildung zu fördern, um mit Stolz der lächerlichen Überhebung der Über- und Unmenschen die Stirn zu bieten; denn diese Überhebung ist Vorurteil und Vorurteil Dummheit[9].“

Sander protestierte gegen die Ausschließung der Arbeiter von den Wahlen, ehe noch die Demokraten diese Forderung in ihr Programm aufnahmen: „Warum schließt ihr die Arbeiter von dem Wahlrechte aus? – Besitzen wir denn gar nichts? – Kommen unsere Kräfte denn nicht im mindesten in Anschlag? Geht hin und zählt die Toten auf den Schlachtfeldern, vergleicht die Zahl der den unteren Ständen Angehörigen, die für das Vaterland gefallen, mit der der übrigen! – Fragt Berlin, wem Preußen seine Freiheit zu danken hat, wer das erste Blut dafür vergossen hat? – Studenten und Arbeiter! – Studenten und Arbeiter, das sind die Elemente, die die Freiheit und das Recht wirklich wollen und dafür einstehen. (. . .) Was ist das Proletariat? Es ist der Grund, darauf das Gebäude des Staates und sein Bestehen ruht, auf welchem die höhern Stockwerke aufgerichtet worden und das unentbehrlichste Mittel zu dieser Aufrichtung und zur Festigung und Erhaltung durch seine Hand[10].“ Während in den ersten Phasen der Arbeiterbewegung die Gesellen noch gegen die weiblichen Arbeitskräfte als ihre Konkurrenz auftraten, solidarisierte sich Hillisch mit den noch mehr als die Männer ausgebeuteten Arbeiterinnen[11].

Einen interessanten, freilich unrealisiert gebliebenen Vorschlag machte ein gewisser Wild, der für die Organisation der Erd- und Bauarbeiter eine sich selbst verwaltende, gleichzeitig als Unternehmer fungierende Assoziation anregte[12].

Sanders Bemühungen gelang es, den von ihm lange geplanten Arbeiterverein am 24. Juni im „Fürstenhof“ in der Beatrixgasse (Wien III) ins Leben treten zu lassen; zur ersten Versammlung fanden sich 80 Teilnehmer ein[12a]. Der Wiener Arbeiterverein umfaßte zur Zeit seiner Blüte „7 000 bis 8 000 Mitglieder, lauter Handwerksgesellen, [sie] hatten den Kreis ihrer Wirksamkeit über alle Vorstädte ausgedehnt“. Der Arbeiterverein galt „unter allen Vereinen Wiens als der zahlreichste[13]." Die weiteren Zusammenkünfte des Vereins fanden in einem Saal des Josefstädter Theaters statt.

In grundsätzlichen Artikeln versuchte Sander, seinen Kameraden ihre Situation klarzumachen. Auf der Grundlage einer Analyse der Widersprüche des Kapitalismus erarbeitete Sander einen Proletariatsbegriff, der von der engen Vertrautheit mit sozialistischer Literatur zeugt: „Mit jeder neuen Erfindung, mit jeder neuen Maschine werden hunderte von Arbeitern brotlos und die einzelnen dabei Beschäftigten selbst zu Maschinen, statt daß dadurch die Arbeit erleichtert und der Genuß erhöht werden sollte. Bei dem Zusammenwirken der Arbeiter wird das zehn-, ja hundertfache geleistet, und doch hat der Arbeiter nicht den mindesten Vorteil davon. Die Arbeit steht in keinem Verhältnisse zum Gelde; das Geld läßt tausend Kräfte für einen Einzelnen arbeiten, der dann, zum Teil von der Konkurrenz genötigt, teils auch aus Habsucht den Lohn so nieder setzt, daß der Arbeiter nur kärglich davon existieren kann. Man sagt freilich, das Verhältnis des Arbeiters zum Arbeitgeber ist ein freiwilliges Übereinkommen, das ist aber nur halb wahr, denn es gibt für ersteren nur zwei gesetzliche Wege, entweder er muß viel leisten und wenig verdienen oder – verhungern. Die Herren denken: Wenn mir der es nicht dafür macht, bekomme ich's von jenem noch billiger, das ist aber die Tyrannei des Elends und der Not[14]." – „Zum Proletariat gehören alle, die ohne feste Stellung im Leben, ohne eigenes Geschäft und ohne Besitz sind, die kein gesichertes fremdes Einkommen haben, deren Existenz von dem bloßen Erwerb ihrer Arbeit abhängt, den sie jedoch noch mit einem Arbeitsgeber teilen müssen. Proletarier ist der Handarbeiter und Taglöhner, der Gesell, der Gehilfe und das Subjekt, der Fabrikarbeiter und alle die, welche bei der Industrie als Lohnarbeiter ihr Brot finden[15]."

Sander entwickelte gegenüber dem Unverständnis vieler seiner Zeitgenossen mit logischer Schärfe einen klaren Begriff des Sozialismus. „Frankreich ist mehrfach ernstlich von seinen Arbeitern beunruhigt worden und selbst in unserem ackerbauenden Deutschland sind die Anforderungen hungernder Menschen mit Kanonen beantwortet – während die Reichtümer einzelner zu ungeheurer Größe wuchsen. Diese Ungerechtigkeiten zu verhindern, die Freiheit aller zu verwirklichen, dem Arbeitenden und

Fleißigen eine Existenz zu geben, der Not und dem Elend einen Damm entgegenzusetzen, das Proletariat zu Ende zu führen, das ist die Aufgabe des Sozialismus. Der Sozialismus ist eine neue berechtigte Wissenschaft, nicht die unsinnige Idee einiger Schwärmer oder unruhiger aufrührerischer Köpfe. Große Männer, scharfe Denker, die edelsten Herzen sehen ihre Aufgabe darin, diese Wissenschaft zu studieren und wenden ihr Leben, ihre Kraft mit Begeisterung daran, die sozialen Ideen zu verbreiten und zu verwirklichen, die auch schon bei tausend und aber tausenden Wurzel gefaßt haben. (. . .) Der Sozialismus will, wenn er auch manches Bestehende in Frage stellt, nicht durch Um- und Überstürzen desselben sein Ziel erreichen, sondern durch die Zivilisation, durch Ordnung und Gesetzmäßigkeit dahin gelangen, und das ist eine Sache der Menschlichkeit, der Notwendigkeit und der Gerechtigkeit[16]."

Der Verein stand in engem Kontakt mit dem Berliner Zentralkomitee für Arbeiter und mit der Generalsversammlung sächsischer Arbeitervereine[17].

Der Wiener Arbeiterverein wählte am 5. August Sander zu seinem Präsidenten; den Vorstand bildeten der Setzer Hillisch, der Buchbinder Brandstetter, der Goldarbeiter Schmit, der Schlosser Gerschmann und der Mechaniker Gennert. Auch eine Unterstützungskasse für Notfälle wurde errichtet[18]. Mit dem demokratischen Verein wurden Beziehungen angeknüpft und ein „Arbeiterparlament" vorbereitet[19]. Am 30. August und am 2. September sprach Marx im Arbeiterverein über die Situation der europäischen Arbeiterbewegung und seine nationalökonomischen Theorien. Auch prominente Demokraten wie Eckardt, Hrczka, Stifft und Schütte nahmen an den Diskussionen im Verein teil[20].

Zu dieser Zeit hatten die Wiener Arbeiter schon eigene Periodika gegründet, um ihre Angelegenheiten zu besprechen und ihre Interessen vertreten zu können. Während das von dem Setzer C. Ph. Hueber herausgegebene „Österreichische Buchdrucker-Organ" (5. Juli–30. September 1848) hauptsächlich ein Fachblatt für die Anliegen dieser Berufsgruppe war, redigierte ein Berufskollege Huebers, Hillisch, die „Österreichische Typographia" als „Journal für Arbeiter von Arbeitern". Hillisch wollte als Mitglied des Arbeitervereins den unter den Typographen zum Teil noch herrschenden Zunftgeist zugunsten eines Bewußtseins allgemeiner Solidarität abbauen: „Fordert es nicht die Bescheidenheit, fordert es nicht der Geist der Zeit, daß der Typograph den andern Arbeitern gegenüber sich nicht selbst erhöhe, sondern mit dem stillen Bewußtsein seiner größeren Bildung zum vereinten brüderlichen Aufstreben den andern Arbeitern freundlich die Hand reiche[21]?"

In diesem Sinn appellierte auch der Setzer Franz Bösl an seine Kameraden: „Werft nieder die chinesische Mauer des Kastenwesens, zerreißt die Zwangsjacke des Vorurteiles, vertilgt in eurem Herzen den Stolz der Arbeiter-Aristokratie[22]."

Auf die Schwierigkeiten bei der Überwindung der Zersplitterung in einzelne Gewerbe wies ein aus Buchdruckerkreisen stammender Artikel in der „Reform" hin: „Die Natur des sozialen Kampfes bringt es mit sich, daß er sich in so viel Einzelkämpfe zerspaltet als es Arbeitszweige gibt, woher es denn nur zu leicht kommt, daß sich die Arbeiterschaft selbst spaltet und, indem jeder Teil seinen Zweck abgeschlossen und ohne Zusammenhang mit den übrigen verfolgt, jeder Teil besiegt wird. Es führt nicht nur jedes Gewerk des Landes, sondern fast jedes Gewerk jeder einzelnen größeren Stadt seinen Kampf abgesondert fort. Dieser Weg, den die meisten Arbeiter-Körperschaften verfolgen, ist aber der gerade Weg zu ihrer Niederlage und zur einstweiligen Unterdrückung des Prinzips[23]."

Als eigenes Organ des Arbeitervereins gab Hillisch nach dem Scheitern seiner „Typographia" die „Arbeiter-Zeitung" heraus, die in sechs Nummern vom 7. bis 24. September erschien. Die Berichte dieser Zeitung – nach den erwähnten Vorläufern das erste als echtes Arbeiterblatt in Österreich zu bezeichnende Organ – vermitteln interessante Einblicke in das Leben des Vereins. Die ersten Nummern standen noch unter dem Schock der Augustereignisse: „Unser väterliches Erbe ist uns abermals vorenthalten, wir sind von der Freiheit ausgeschlossen und – alle sind dadurch unfrei geworden. (. . .) Aber es wird kommen ein Tag, wo auch unsre Bande fallen, ein Tag, wo die Götter uns ihren Arm leihen und die Sonne auf keine Knechte mehr herabblickt[24]."

Die Verbindung mit dem in Berlin tagenden Arbeiter-Kongreß (23. August bis 3. September 1848) zeitigte ihre Früchte[25]. Der Berliner Kongreß, der die „Assoziation der Arbeit" zu seinem Programm erhob, wurde zwar nicht von Wiener Delegierten

Grab-Reden

bei dem

Todtenfeste für die Märzhelden,

oder:

Der Arbeiterverein im Gottesacker.

Der „Arbeiterverein" ist das schönste Institut, welches seit den Märztagen in Wien gegründet wurde, indem es den Zweck hat, die geistigen Fähigkeiten der Arbeiter aller Gewerbszweige durch leichtfaßliche wissenschaftliche Vorträge und durch würdige Unterhaltung im Gebiete der Kunst zu beleben und zu entwickeln. Dieser Verein beging am vergangenen Sonntag eine solch' würdige, erhebende Feierlichkeit am Schmelzer Friedhofe bei dem Grabe der Freiheitsopfer, daß gewiß Jeder, welcher dabei Zeuge war, von dieser schlichten Größe, von dieser erhabenen Einfachheit tief gerührt wurde, und jener Szene innigster Liebe, warmer und wahrer Begeisterung für die Freiheit und deren Opfer ein freundliches Gedächtniß schenken wird.

Der „Arbeiterverein" zog um 5 Uhr Morgens von dem Vereinslokale im Josephstädter Theatergebäude, die aus lauter Arbeitern bestehende Liedertafel des Vereines an der Spitze, nach dem Schmelzer Friedhofe an das einfach geschmückte, von dichter Menschenreihe umgebene Grab der „für das Vaterland Gefallenen." Lautlose, feierliche Stille herrschte in dem Friedenshause; die Liedertafel des Arbeitervereines begann ein ergreifend schönes deutsches Lied zu singen, nach welchem der Buchbindergeselle Fr. Sander folgendes von ihm verfaßtes Gedicht sprach:

Des Vaterlandes Größe lag vernichtet,
Despoten machten es zum Jammerthal,
Da hat sie Gottes Urtheil denn gerichtet, —
Das Volk sprang auf und schwang beherzt den Stahl.

Der Freiheitsruf stieg rauschend in die Lüfte,
Das heil'ge Recht besiegte Trug und Zwang,
Zerschlagen sind des Sklaventhumes Grüfte,
Ganz Deutschland hallt von lautem Jubelklang. —

Wir danken Euch, die Ihr mit hohem Muthe
Das Leben für die Freiheit kühn gewagt,
Die Ihr vorangekämpft; — mit Eurem Blute
Dem Himmelslichte eine Gasse brach't.

Mit fester Treu' das gute Recht zu wahren,
Das schwören wir an diesem heil'gen Ort,
Der Helden Geist sei mit uns in Gefahren,
„Freiheit und Arbeit!" unser Losungswort!

Hierauf trat der Buchdruckergeselle J. H. Hilisch vor und sprach beiläufig folgende Worte:

„Kameraden! Wir zogen heute von dem Gedanken beseelt über das Weichbild der Stadt hinaus: fern von dem dumpfen Werk- und Alltagsleben in unsern gemauerten Bienenkörben, in Gottes freier, herrlicher Natur uns zu laben, den reinen Aether, der die Schöpfung durchzieht, einzusaugen in unsere Brust, damit sie sich froh und frei hebe, damit unsere reine Freude das herzlichste Dankgebet dem Schöpfer werde. Wir zogen hinaus mit dem freudigen Gefühle, einige Stunden frohen Lebens zu genießen, und als wir zu dieser Stätte des ewigen Friedens kamen, da erwachte in uns Allen Ein Gedanke: unsere todten Brüder, die für unsere Freiheit, für unser besseres, schöneres Dasein ihr Leben geopfert im Kampfe, unsere unsterblichen Brüder zu besuchen und Ihnen in die Gruft hinab und in den Himmel hinauf unsern heißen, innigen Dank zuzurufen! Da stehen wir nun mit Wehmuths-Gefühlen vor dem Hügel, der unsere edelsten Brüder bedeckt! Ich sage besonders darum Brüder, weil die Mehrzahl der Opfer des 13. März aus — Arbeitern besteht! Ja, Kameraden! Wir können stolz vor diesem Grabe stehen und rufen: Arbeiter, unsere besten Kameraden, bilden die Mehrzahl dieser ruhmbekränzten

beschickt, erhielt aber eine Zuschrift vom Wiener Arbeiterverein; den Verwaltungsrat sollten Kommissäre aus den Bezirkskomitees (neben Köln, Hamburg, Breslau, München, Berlin auch Wien) bilden[26].

Analog zu den Bestrebungen in Deutschland, eine über die Einzelgewerbe hinausreichende Organisation zu schaffen, bemühte sich Sander um die Einberufung eines „Arbeiterparlaments". Als Programm für diese infolge der Oktoberereignisse nicht ins Leben getretene Körperschaft stellte Sander Gleichstellung in den politischen Rechten, ein Arbeitsministerium unter Beiziehung von Arbeitgebern und Arbeitnehmern, freies Niederlassungsrecht und unbeschränkte Heiratserlaubnis, Arbeitszeitregelung, Bildungsanstalten, Kranken- und Invalidenkassen und Schiedsgerichte auf – also ein durchaus modern anmutendes gewerkschaftliches Programm[27]. Bemerkenswert war die totale Absage an den Zunftgeist und das Bekenntnis zur Gewerbefreiheit durch den Arbeiterverein. Am 22. Juli las Sander im Verein „eine Petition der Innungsmeister vor, welche an den Reichstag gerichtet zum vorhinein gegen jeden Beschluß auf Gewerbefreiheit protestiert", was, wie das Protokoll vermerkt, „allgemeines Lächeln" hervorrief[28].

Der Arbeiterverein trat rückständigen, aus dem Handwerksgesellentum stammenden Anschauungen entschieden entgegen. Als ein Mitglied den Antrag auf Umbenennung in „Handwerkerverein stellte, da unter dem Publikum eine große Mißstimmung für die Arbeiter herrsche", erklärte Hillisch, „eine solche Namensveränderung würde als gesinnungslos und feig erscheinen, und es sei überhaupt eine Aufgabe des Vereins, den Namen ‚Arbeiter' wieder zur Geltung und Achtung zu bringen[29]".

Der Wiener Arbeiterverein beschloß, an den Reichstag eine Petition um die Bewaffnung seiner Mitglieder zu stellen[30]. Die Deputierten für das Arbeiterparlament wurden zu einer Vorbesprechung am 25. September in das Josefstädter Theater eingeladen[31]; doch machte der Oktober allen hoffnungsvollen Ansätzen ein Ende. Der Wiener Arbeiterverein stand in enger Beziehung zum demokratischen Verein und zur demokratischen Presse; die „Constitution", die sich anfangs eher mißtrauisch gegenüber Sanders Ansichten äußerte, berichtete fortlaufend über das Vereinsleben.

In einem von der Redaktion des „Gerad'aus!" herausgegebenen politischen Lexikon wurde die Notwendigkeit der Gründung von Arbeitervereinen ausführlich begründet: „Der Arbeiter kann sein Kapital, die Kraft seiner Hände, seine Arbeit nur zum Teil genießen, weil der andere Teil dem Kapitalisten anheimfällt, oder mit andern Worten: der Arbeiter kann sich nicht selbst so viel Lebensmittel anschaffen, als er durch seine Händearbeit verdient, während der Kapitalist bequem leben kann, ohne zu arbeiten. Auf diese Weise begeht das Kapital einen Raub an der Arbeit, es ist ein Raub, gegründet in den ungeordneten Verhältnissen der Arbeit. (. . .) Die vereinten Arbeiterkräfte müßten sich den Kräften der Kapitalisten entgegenstellen, sie müßten selbst durch gegenseitige Unterstützung die Kraft gewinnen, welche die Kapitalisten durch ihr Geld haben; sie müßten den vollen Verdienst für ihre Arbeit für sich behalten können und nicht gezwungen sein, einen Teil desselben zu verlieren. (. . .) Auch in Wien hat sich in der neuesten Zeit ein Arbeiterverein gebildet, welcher die edelsten Menschenzwecke, freies Streben und freie Ausbildung zum Zwecke hat. Die besitzende Klasse fürchtet solche Vereine, weil es in ihrem Interesse liegt, den Arbeiter unter der Vormundschaft des Geldes und des Geistes zu halten, aber der wahre Menschenfreund freut sich ihres Bestehens, und die Zukunft wird sie segnen[32]."

Neben dem Arbeiterverein Sanders konnte in Wien keine andere Vereinsgründung so recht aufkommen. Dr. Andreas Witlačil versuchte vom bürgerlich-philanthropischen Standpunkt aus, Reformen zugunsten der Arbeiterschaft einzuleiten. In einem „an die gesamten arbeitenden Volksklassen in Wien und der Umgebung" gerichteten Petitionsentwurf (wohl vom Anfang Mai) forderte Witlačil ein Arbeitsministerium, ein „Arbeitsgesetz", eine Volksvertretung mit einer Kammer und allgemeinem Wahlrecht, eine Arbeiterlegion ohne Uniform und Waffen (!), Gewerbefreiheit, ein Arbeiterauskunftsbüro, öffentliche Werkstätten, Abschaffung der Lebensmittelabgaben, Gemeinküchen und Schlafhallen, Leihbanken, Versicherungsverein und Leseanstalt[33].

Im August lud Witlačil zum Eintritt in den von ihm gegründeten Arbeiterverein „Concordia" ein, der seine Versammlungen im Gasthof zum „Weißen Kreuz" auf der Wieden oder im Theater an der Wien abhielt[34]. Über die weitere Tätigkeit des Vereins „Concordia", der in den Oktoberkämpfen ein eigenes Corps stellte, ist wenig bekannt. In einer programmatischen Erklärung hieß es: „Das Bürgertum, der dritte Stand, will die Demokratie nicht; nun wohl, so wird sie der vierte Stand, der Arbeiterstand erringen[35]."

Im Sommer schritt der Rechtspraktikant und Literat Andreas Schumacher an die Gründung eines „Vereins der selbständigen Fabrikarbeiter und Gesellen". Eine Aushilfskasse sollte in Notfällen Hilfe gewähren; sonst bezeichnete Schumacher als Zweck seines Vereins den „festen Anschluß an den Bürgerstand und die Nationalgarde Wiens durch die ausgesprochene Bereitwilligkeit, sich auf ergangene Aufforderung zum Schutze der Maschinen und Fabriken an den Arbeitsgeber anzuschließen[36]". Am 20. August hielt der „Wiener allgemeine Gesellenverein zur wechselseitigen Aushilfe, Organisation der Arbeit und Wahrung staatsbürgerlicher Rechte" – so der endgültige Titel – seine erste Sitzung ab[37]. Auch Schumacher kämpfte im Oktober mit einem eigenen Corps; vor dem Militärtribunal fand er scharfe Worte der Anklage gegen das verräterische Verhalten des Wiener Gemeinderats gegenüber den Oktoberkämpfern[38].

Neben diesen auf dem Gedanken der Selbsthilfe beruhenden Gesellen- und Arbeitervereinen lief noch die Entwicklung der aus einer älteren Tradition stammenden Vereine karitativer Prägung weiter. Die bedeutsamste Aktivität entfaltete der „Verein zur Beschäftigung brotloser Arbeiter", der mit Hilfe der in der Höhe von 15 372 fl 28 kr eingelangten Spenden im Juni und Juli immerhin zwischen 825 und 922 Männern und zwischen 355 und 372 Frauen Arbeit verschaffen konnte[39].

Praktische Politik und Ideologie der Arbeitervereine beruhten einerseits auf den sozialpolitischen Forderungen, die zunächst von einzelnen Gewerben erhoben und dann verallgemeinert wurden, andererseits auf Einflüssen des demokratischen Gedankenguts, aber auch schon auf dem Eindringen frühsozialistischer Ideen und der Bekanntschaft mit der gleichzeitigen Entwicklung in Deutschland. Einen sehr frühen Beleg für ein entstehendes Klassenbewußtsein der Arbeiterschaft, das bemerkenswerterweise auch die Bauern als potentielle Bundesgenossen einbezog, bietet ein noch vor der Errichtung des Arbeitsministeriums, also wohl April/Anfang Mai, veröffentlichtes Flugblatt, das wegen seiner großen Bedeutung in vollem Wortlaut wiedergegeben werden soll:

,,Die Menschenrechte des Arbeiters.

Gesindel, Kanaille! hat man uns lange genug gescholten! Ihr wohnt in den Palästen, die unser Schweiß erbaute, ihr tanzt in Stiefletten, die wir im Schweiße nähen, ihr fahrt in Equipagen, ihr stolziert in Gewändern, ihr verachtet uns – und doch ist jede Kleinigkeit in eurem Luxus ein Werk unserer Mühe, unseres Fleißes!

Ihr nennt uns Gesindel; wir nennen uns von jetzt an Bürger, denn auch der Arbeiter, nicht bloß der Herr, ist konstitutionell geworden.

Handel, Industrie, Ackerbau sind die Lebenselemente eines Volksstaates. Alle übrige Tätigkeit muß sich diesem Hauptzweck unterordnen.

Der Bauer, Handwerker, Taglöhner, Fabriksarbeiter, der Handlanger – diese allein sind es also – welche den Staat erhalten: Sie bilden das Volk.

Der Beamte, der Doktor, der Minister haben die Aufgabe, ein Gleichgewicht unter den Volksklassen dadurch herzustellen, daß die Arbeiter nicht gedrückt, sondern gehoben werden; das heißt: die sogenannten Herren dürfen, mit Ausnahme der Steuern, keine Last dem Arbeiter auflegen, damit seine Waagschale endlich einmal in die Höhe geht. Also: Robot, Zehent, Grunddienst, Bergrecht, Gesellengroschen und dergleichen muß sogleich aufgehoben werden, denn sie haben schon zu lange ungerecht bestanden.

Dann wird der Arbeiter, der Bauer aufatmen! Dann wird er konstitutioneller Bürger. Der Geselle, der Taglöhner, der Maurer, der Fabriksmann, der Zeugmacher, alle werden sich nach Handwerken, der Bauer nach Gemeinden sammeln, jeden Sonntag friedlich beraten, einen Vorsitzenden und Ausschüsse wählen, alle Vorschläge zur Besserung ihrer Lagen besprechen, abstimmen, den Beschluß der Mehrheit in wenig Worte setzen und durch den Vorsitzenden dem Minister des Innern, Herrn Pillersdorff, übergeben lassen.

Dieser Herr wird dann bei seiner Majestät, unserm gütigen Kaiser erwirken, daß ein eigenes Ministerium der Arbeiter errichtet wird, welches sich ausschließlich mit diesen Angelegenheiten beschäftigt. Der konstitutionelle Arbeiter wird jetzt gleich folgende Fragen beraten:

1. Festsetzung der Arbeitszeit auf zehn Stunden.

2. Gleichstellung des Taglohns oder Wochenlohns für alle, die dasselbe Gewerbe treiben.
3. Sonntagsschulen über Gewerbs-Gegenstände auf Staatskosten.
4. Versorgung der Arbeiter-Invaliden auf Staatskosten.

Brunner, Arbeiter[40]"

Eine etwa in dieselbe Zeit fallende, in satirische Form gekleidete Broschüre eines gewissen Theodor Regner (wohl ein Pseudonym) zeigt die Vertrautheit des Verfassers mit den Theoriebildungen der utopischen Kommunisten und Sozialisten Frankreichs. Der Autor geht von einer scharfen Kritik des kapitalistischen Wirtschaftssystems aus, wenn er dem „Gesindel von Wien" klarmacht: „Daß der Mensch nicht da ist, um zu verhungern, begreift auch der Beschränkteste; die daher zunächst in Gefahr sind, bitten, drohen oder gebrauchen sogar Gewalt, um etwas zu essen zu bekommen. Gegen diese hat man seit jeher zweierlei Wege eingeschlagen, entweder man sperrte sie ein, erschoß und erhängte sie oder man fürchtete sich vor ihnen, dann gab man ihnen notdürftig Speise, Kleidung und Unterkunft, wobei sie aber immer arbeiten mußten, damit sie nicht die Sklaverei verlernten, selbst wenn man eigens deshalb ganz oder zum Teile unnütze Arbeiten erfinden mußte. (. . .) Die scharfsinnigen Leute hier haben also im Gelde das Mittel gefunden, wie man die blutige Arbeit seiner Brüder festhalten, sammeln, anscharren und im Kasten aufheben kann. Aber noch mehr, die eigene Arbeit des Gesindels wird demselben wieder feindlich entgegengestellt und zwingt es zu neuer harter Arbeit. Denn einen Teil des Geldes, welches der Reiche für die Feldfrucht erhält, was also ganz den Arbeitern gehören sollte, durch deren Arbeit es allein hergeschafft wurde, verwendet derselbe Mann, um sie das nächste Jahr wieder an seiner Statt arbeiten zu lassen. Ebenso ist es mit dem Fabriksherrn, dem das Fabriksgebäude und die Gerätschaften gehören und der den Arbeitern nur einen geringen Taglohn, aber nichts von dem Gewinne des Unternehmens gibt[41]."

An Proudhons Mutualismus erinnert Regners Appell: „ ‚Weg also mit der schädlichen ungerechten Zerstückelung, es werde das ganze Geschäft geregelt, es herrsche Gleichheit!' Das werden anfangs einige sagen, und sie werden ausgelacht werden, dann mehrere, endlich tausende und zuletzt so viele, daß man sagen wird, die Forderung sei unabweisbar. (. . .) Wären alle Handwerker vereinigt, so würde der Gewinn unter alle gleich verteilt. (. . .) Der Gewinn, der für die Arbeit aller Handwerker eingeht, muß unter alle ohne Unterschied gleich verteilt werden[42]." Stärker von Fourier bzw. von Blanc beeinflußt zeigt sich der Verfasser in Passagen wie dieser: „Das Recht auf Arbeit ist aber ein wahres eigentliches Recht; sobald es dem bisherigen künstlichen Rechtssystem angefügt wird, ist der Anfang zu dem gänzlichen Sturze des Juristentums gemacht. (. . .) Der ganze Staat wird eine Fabrik, die Staatsbürger sind die Fabriksarbeiter, von denen jeder einen gleichen Teil der für den ganzen Staat nötigen Arbeit verrichtet. Das Gearbeitete wird wieder unter alle Staatsbürger gleich verteilt. Jeder arbeitet das, wozu er am meisten Lust und Geschicklichkeit besitzt. Eine eigene Leitung besteht, die die Arbeit zuweist und das Gearbeitete verteilt[43]."

Regners Analyse setzt bei der Kritik der bürgerlichen Revolution Frankreichs – unter Berufung auf Babeuf – an: „Die bevorzugten Klassen der menschlichen Gesellschaft begnügen sich zu keiner Zeit und in keinem Lande mit ihrem Übergewichte, sondern um dasselbe so lange wie möglich zu behaupten, suchen sie auch, sich im alleinigen Besitz der Staatsgewalt zu erhalten und die unterdrückten Klassen keinen oder nur geringen Anteil an der Politik nehmen zu lassen. Sie erhöhen also die gesellschaftliche Ungleichheit durch die politische. Die politische Gleichheit wurde damals von den Franzosen hergestellt; auf die eigentliche, die gesellschaftliche (soziale) war man noch nicht gekommen[44]." Den Beginn des sozialen Kampfes, der in Frankreich schon früher begann, sieht Regner im Aufstand der schlesischen Weber von 1844: „Ihr seid wie alle Opfer des menschlichen Wahns im Falle die Sieger. (. . .) Ihr seid als Same in die deutsche Erde gelegt, und eine herrliche Saat wird hervorsprießen[45]."

Die selbständige Organisation der Arbeiterschaft und die Augustereignisse veranlaßten die Demokraten zu einer bewußten Reflexion der sozialistischen Theorien. Es ist dabei für die relative Rückständigkeit der österreichischen Entwicklung kennzeichnend, daß die in Deutschland 1848 bereits kritisch überwundene Phase des „wahren Sozialismus" wieder auflebte. Unter ausdrücklicher Berufung auf Ludwig Feuerbach und Moses Hess, die die religiösen bzw. die politischen „Illusionen" vernichteten, heißt es: „Die Franzosen kamen durch die Politik zum Kommunismus, die Deutschen durch die Metaphysik, die zuletzt in

Anthropologie umschlug, zum Sozialismus. Beide lösen sich zuletzt in Humanismus auf[46]."

Eng an Moses Hess und seine – übrigens auch im Frühwerk von Marx rezipierte – Entfremdungstheorie lehnt sich ein Artikel über „Gott und Geld" an, der Religions- und Kapitalismuskritik miteinander verknüpft: „Das Christentum ist die Theorie, die Logik des Egoismus. (. . .) Was der Gott fürs theoretische Leben, das ist das Geld fürs praktische Leben der verkehrten Welt: Das entäußerte Vermögen des Menschen, ihre verschacherte Lebenstätigkeit. (. . .) Das Geld ist der geronnene Blutschweiß der Elenden, die ihr unveräußerliches Eigentum, ihr eigenstes Vermögen, ihre Lebenstätigkeit selbst zu Markte tragen, um dafür das caput mortuum desselben, ein sogenanntes Kapital einzutauschen und kannibalisch von ihrem eigenen Fette zu zehren. – Und diese Elenden sind wir alle. Wir mögen uns theoretisch noch so sehr von dem verkehrten Weltbewußtsein emanzipieren, solange wir nicht auch praktisch aus der verkehrten Welt heraus sind, müssen wir, wie es im Sprichwort heißt, mit den Wölfen heulen. Ja, wir müssen unser Wesen, unser Leben, unsere eigene freie Lebenstätigkeit fortwährend veräußern, um unsre Existenz fristen zu können. Wir erkaufen uns fortwährend unsere individuelle Existenz mit dem Verluste unserer Freiheit. Und wohlverstanden, nicht etwa nur wir Proletarier, auch wir Kapitalisten sind diese Elenden, die sich das Blut aussaugen, sich selber aufzehren. Wir alle können unser Leben nicht frei betätigen, können nicht schaffen oder füreinander wirken – wir alle können unser Leben nur verzehren, können uns nur gegenseitig auffressen, wenn wir anders nicht verhungern wollen. (. . .) Wir alle sind – das dürfen wir uns nicht verhehlen, Kannibalen, Raubtiere, Blutsauger. Wir sind es so lange, als wir nicht alle füreinander tätig sind, sondern jeder für sich erwerben muß[47]."

Einen aufschlußreichen Einblick in das Denken und Fühlen der Arbeiter geben uns die Petitionen an den Reichstag[48]. Besonders beachtenswert ist das umfangreiche Memorandum der Arbeiter von 17 Spinnfabriken des Viertels unter dem Wienerwald, das bereits in vollem Wortlaut veröffentlicht ist[49]. Die Tuchfabriksarbeiter von Wagstadt in Schlesien schilderten dem Reichstag ihre Notsituation in düsteren Farben: „Wir haben das Tuchmacherhandwerk erlernt und so auch das Meisterrecht erlangt, wurden aber durch das Emporkommen der Fabriken gänzlich zu Grunde gerichtet, wo wir heute dato in selben als Gesellen arbeiten müssen, wir arbeiten mit Liebe unserm Arbeitgeber, der uns trotz seinen reichlichen Einnahmen kein Leben gönnt, wir arbeiten in einem Tage sehr anstrengend volle vierzehn Stund und uns nur fünfzig Minuten zu unseren Mahlzeiten übrig bleibt, leider aber in einer Woche nicht mehr als einen Gulden fünfzig Kreuzer im Durchschnitt verdienen können, davon sollen wir unsere Familie ernähren und Steuern zahlen; wir sind genötigt, sechs Tage vollauf zu arbeiten und den siebenten Tag betteln zu gehen; unsere Arbeitsgeber kennen unsere bedauernswerte Lage sehr genau, wissen auch, daß wir des Tags nur einmal mäßig Mahlzeit halten können, sehen auch, wie unsere Leiber abgezehrt und dem Hungertode nahe sind, jedoch unsern Liedlohn zu verbessern, um das wir schon so oft gebeten, wird nicht gedacht, sondern wie dem Fabriksherrn sein gewünschtes Prozent von seiner Ware entfällt, so sind wir Arbeiter die ersten, die es durch ihren blutigen Schweiß entgelten müssen, wir Arbeiter, so mancher von uns in seinem Hause 20 bis 25 Jahre und müssen zur Schande in Lumpen zwischen den Mitmenschen einhergehen, wir haben in unserem Europa keine Sklaven, wir sind aber noch schlechter daran, der Leibeigene hat ein Gesetz, Obdach und Nahrung, was wir uns als freie Menschen nicht schaffen können; die gemeinschaftliche Bevölkerung beträgt bei uns 4054 Seelen, davon sind wir gegen 400 Familienväter, denen das hart beschiedne Los drückt. Sollte unsere aufrichtige Bitte verlautbart werden, so dürften sich aus andern Fabriksstädten Tausende unseren gemachten Bitten anschließen[50]."

In der politischen Lyrik des Sturmjahrs trat die soziale Frage mit dem Fortschreiten der Revolution immer stärker in den Vordergrund. Immer noch gab es Beschwichtigungsgedichte, wie etwa das in einem Pseudodialekt abgefaßte Machwerk des Volkssängers und Nationalgardisten August Betz „Der Proletarier", zu singen nach der Melodie „Auf der Alm":

„Wir müssen schwer rackern
Um's wenige Geld,
Weil uns Schicksal darzur hat
Bestimmt und erwählt.
Ja, mir hoffen hoalt ruhig:
Bei Gott is all's gleich,
Ob ma no so bluatarm is
Oder reich[51]!"

Wie anders als dieses seltsame Schnaderhüpfl klang das selbstbewußte ,,Lied" des Schriftsetzers Franz Bösl:

,,Und die Kraft in unsern Händen,
Und ein Schwert um uns're Lenden,
Das sei uns're äuß're Zier,
Um mit Mut zu allen Zeiten
Für Freiheit und für Recht zu streiten,
Mut und Kraft, das haben wir[52]."

Die entschiedenste Sprache führte der Student Julius Schwenda, auf den wohl auch die an die Lieder der Sansculotten in der Französischen Revolution erinnernden Gedichte im ,,Politischen Studenten-Courier" (,,Revolutionslied", ,,A la lanterne") zurückgehen[53]. Schwenda, ohne Zweifel der bedeutendste revolutionäre Lyriker des österreichischen Sturmjahrs, bezog auch die Situation des Proletariats in seine kämpferische Dichtung ein. Seinem Gedicht ,,Proletarier" stellte er als Motto den Kampfruf der Arbeiter von Lyon in ihren Aufständen der dreißiger Jahre voran, den bald die Pariser Juniinsurgenten wieder erheben sollten: ,,Vivre en travaillant, mourir en combattant!"

,,Dort liegt der Säugling; unbeschützt,
In Lumpen eingehüllt, verlassen!
Der Vater in der Schenke sitzt,
Die Mutter bettelt auf der Straßen,
Statt der Familie heiliger Sitte
Herrscht frech dort das Konkubinat,
Und so wird in lichtscheuer Hütte
Erzeugt das Proletariat.
(. . .)

Weil es, von Unrecht rings umstrickt,
Zuletzt zum Unrecht hat gegriffen,
Die Kette, die es wund gedrückt,
Zur Lanzenspitze hat geschliffen:
Da ruft ihr Zeter über Zeter!
,Aufruhr' heißt es und ,Hochverrat'.
Weil jetzt auf euch, die Erdengötter,
Einstürmt das Proletariat[54]."

Der Ton von Schwendas Lyrik wurde nach der Praterschlacht zusehends schärfer. In den Worten, die er in seinem „Nachtstück. 23. August 1848" einem sterbenden Arbeiter in den Mund legt, ist von Versöhnung nicht die Rede.

„Was er da wild zum Himmel schwur,
Aufreckend seine blut'ge Rechte,
Das wird dereinst mit Flammenspur
Glührot durchzucken eure Nächte!
Was sterbend er zum Himmel rief,
Das hör' ich, weh! vom Himmel schallen:
‚Wer frevelnd zu dem Schwerte griff,
Dem ist bestimmt, durchs Schwert zu fallen[55]!' "

Sein „Proletarier-Lied" ist unverhüllter Appell an die revolutionäre Kraft des Volkes, das er als die Gesamtheit der Armen und Ausgebeuteten begreift:

„Du armes Volk, du Volk der Armen!
Verfallen einer schnöden Macht,
Die, selber rechtlos, ohn' Erbarmen
Auf dich noch schleudert Bann und Acht,
Du frierst und keuchst in Frost und Hitze,
Du legst den Grund zum Herrensitz,
Bausteine trägst du zum Besitze,
Und . . . bist geächtet vom Besitz!
(. . .)

Du armes Volk! So klingt die Weise,
Wann naht ein Retter deiner Not!
Wann schmilzt die Rind' vom starren Eise,
Wann wird dir mehr als schwarzes Brot?!
Wenn einst erhellt der Menschenrechte
Goldtafeln Gottes Racheblitz:
Dann wird verteilt nach andrem Rechte,
Nach ew'gem Rechte der Besitz[56]!!"

Schwendas Gedichte bezeugen eine enge Verbindung zwischen Arbeiterschaft, revolutionären Studenten und Demokraten, die ihre Feuerprobe im Oktober zu bestehen hatten.

DIE ANTWORT DES KONSERVATISMUS UND DER KATHOLISCHEN KIRCHE AUF DIE PROBLEME DER INDUSTRIEGESELLSCHAFT IN ÖSTERREICH

Konservatismus und katholische Kirche standen der durch die aufsteigende kapitalistische Wirtschaftsordnung geschaffenen neuen Situation defensiv gegenüber. Die Antwort dieses Lagers auf die Herausforderung durch einen gesellschaftlichen Wandel von epochaler Bedeutung sollte aber in Hinblick auf die in ihr enthaltenen kritischen Elemente auch in unserem Zusammenhang nicht übersehen werden[1].

Es war ja keineswegs so, daß die konservativen Gesellschaftsschichten bzw. die Kirche angesichts der neuen Gegebenheiten einen statischen Block bildeten. Sie waren vielmehr selbst zutiefst von den unaufhaltsamen Veränderungen betroffen. Weder konservative Sozialdenker noch Repräsentanten des kirchlichen Lehramts entwickelten in der ersten Hälfte des 19. Jahrhunderts eine geschlossene und in ihrem Bereich als verbindlich anerkannte Soziallehre; eine Synthese aus den zum Teil höchst unterschiedlichen Traditionssträngen reifte bekanntlich erst gegen Ende des Jahrhunderts heran und fand ihren Niederschlag in der Enzyklika „Rerum novarum" Leos XIII.

Es ist im einzelnen nicht ganz leicht zu entscheiden, ob der jeweils vertretene „Konservatismus" sich in einer reaktionären, jede Neuerung strikt ablehnenden Haltung erschöpfte oder ob er realistische, für Reformen prinzipiell offene Elemente enthielt.

In die historische Diskussion dieser Fragen wurden schon so viele heterogene Begriffe eingebracht – von dem an sich schon problematischen „Josefinismus" über nach einzelnen Denkern benannte Strömungen wie „Bolzanismus" oder „Güntherianismus" bis zu vieldeutigen Umschreibungen wie „Sozialromantik" und „christlicher Sozialismus" –, daß es sehr schwerfällt, hier exakte Abgrenzungen zu finden. Auf diese Problematik kann in diesem Zusammenhang nicht näher eingegangen werden[2]. Es geht uns hier vor allem um die Frage, warum Konservatismus und Kirche trotz sehr beachtenswerter gesellschaftskritischer Ansätze nicht in ein partnerschaftliches Verhältnis mit dem demokratischen Gedankengut und der Arbeiterschaft treten konnten.

In der Zeit der Kriege gegen Napoleon erschien Österreich all jenen, die sich mit den Ergebnissen der preußischen Reformgesetzgebung nicht anfreunden konnten, als *der* konservative Staat schlechthin. Die literarische Romantik, die anfangs die Befreiung des in seinen Gefühlen autonomen Subjekts von hergebrachten Zwängen und Bindungen proklamiert hatte, schlug – wie bei sehr vielen ihrer bedeutendsten Repräsentanten festzustellen ist – um in ein Schutzsuchen bei den traditionellen Gemeinschaftsformen, dem Staat und vor allem der katholischen Kirche. Man braucht nur an die Namen Brentano, Eichendorff, Schlegel oder Werner erinnern, um die hier gemeinten Tendenzen zu charakterisieren. Der Kreis um Clemens Maria Hofbauer, dem von der Kirche heiliggesprochenen „Apostel von Wien", wurde das Zentrum dieser Bestrebungen, die über die „romantische" Vertiefung der persönlichen Erfahrungsdimension im Bereich des Glaubens hinaus auch auf Gesellschaft und Staat Einfluß gewann. Gemeinsam war diesem weitgespannten losen Kreis eine vom vorherrschenden „Josefinismus" scharf abgehobene gemütsbetonte Religiosität und die sich aus der absoluten Gegnerschaft zur Französischen Revolution und ihren Folgen abgeleitete politische Grundhaltung.

Ein Gang über den „Romantikerfriedhof" von Maria Enzersdorf bei Wien, wo sich um die Grabstätte Hofbauers die Denkmäler mit den Namen vieler bedeutender Beamter, Publizisten und Dichter finden, zeigt die große Bedeutung und das Nachwirken der katholischen Romantik in Österreich. Neben den Publizisten Metternichs, Josef Anton von Pilat und Ernst Jarcke, liegt hier auch Adam Heinrich Müller begraben, jener aus Berlin stammende Konvertit, der die Denkanstöße des Romantikerkreises in seinen politischen und volkswirtschaftlichen Schriften systematisierte („Elemente der Staatskunst", 1809; „Die innere Staatshaushaltung systematisch dargestellt auf theologischer Grundlage", 1820)[3]. Die Bedenken des Kaisers Franz gegen die Industrialisierung, die wir bereits in ihren praktischen Auswirkungen kennengelernt haben, erscheinen bei Müller als absolute Verwerfung des „Unwesens der großen kasernierenden Fabriken" und der „lasterhaften Arbeitsteilung". Müller prophezeite schon 1809 Erhebungen gegen den „Fluch der bürgerlichen Gesellschaft", die durch Zerstückelung und Mechanisierung der Produktion den Arbeiter seiner menschlichen Entfaltungsmöglichkeiten beraube. Aufhorchen läßt Müllers Beschreibung der Entfremdung im arbeitsteiligen Produktionsprozeß der modernen Industrie, die auf die psychischen Folgen der neuen Arbeitsbedingungen kritisch eingeht: „Der Mensch braucht ein allseitiges, ich möchte sagen kugelrundes Gebiet seines Wirkens, wie anderweit beschränkt und klein dasselbe auch übrigens sein möge. (. . .) Wenn aber die Teilung der Arbeit in großen Städten oder Manufakturen- oder Bergwerksprovinzen den Menschen, den vollständigen freien Menschen, in Räder, Trillinge, Walzen, Speichen, Wellen usf. zerschneidet, ihm eine völlig einseitige Sphäre in der schon einseitigen Sphäre der Versorgung eines einzelnen Bedürfnisses aufdringt, wie kann man begehren, daß dies Fragment übereinstimmen solle mit dem ganzen vollständigen Leben und mit seinem Gesetze[3a]." Müller wünschte statt dessen die Wiederherstellung der alten, „natürlichen" Ordnung der Stände und Korporationen. Sparbanken sollten den Kapitallosen, auch „den eigentlichen Fabrik- und Manufakturarbeitern und Taglöhnern" und dem „Lohngesinde" helfen, das wiederzugewinnen, was sie durch das „Fabriksystem" verloren hätten: „eine natürliche Basis der Existenz im Ackerbaue oder in den Gewerben". Müllers Vorstellungen wurden in der zu seiner Zeit gegründeten „Ersten österreichischen Sparkasse" dann allerdings nicht verwirklicht. Das Institut orientierte seine Kreditgebarung ausschließlich an den Bedürfnissen des Mittelstandes. Das bäuerlich-zünftische Gesellschaftsgefüge, das Müller in stark idealisierter Form vorschwebte, konnte nicht mehr zurückgeholt werden. Müller, den man als den „klassischen" Typus des Konservativen bezeichnen kann[4], entging ebensowenig wie Liberale und Demokraten seiner Zeit der Problematik der Trennung von Staat und Gesellschaft. Diese Frage wurde pragmatisch gelöst: Zur Durchsetzung ihrer gesellschaftspolitischen Vorstellungen verbündeten sich die Konservativen, deren Denkansätze gewisse kritische, ja oppositionelle Elemente enthielten, mit der bestehenden Staatsmacht und wurden so Helfer und Wegbereiter der politischen Reaktion – eine für die spezifische Situation des österreichischen Konservatismus typische Konstellation, die im späteren Verlauf der Geschichte noch mehrfach aktualisiert werden sollte.

Der engen Verbindung von Staatsmacht, Kirche und Sozialromantik stellten sich aber noch Hindernisse entgegen, zu denen vor allem das langlebige Phänomen des Josefinismus zu zählen ist[5]. Diese typische Form des österreichischen Staatskirchentums war als Versuch der Aufhebung des traditionellen spätbarocken Katholizismus zu verstehen, der im Gewand der Aufklärung in ihrer frühen theistischen Form und der sie begleitenden Säkularisierungstendenzen auftrat. Hatte der aufgeklärte Absolutismus die in seinem Sinn dem Staat untergeordnete Kirche als Instrument seiner Reformbestrebungen auf religiösem und kulturellem Gebiet betrachtet, war das feudalbürokratische Regierungssystem des Vormärz in erhöhtem Maß auf die Mithilfe der Kirche zur Herrschaftsstabilisation angewiesen. Die Verwurzelung josefinischen Gedankenguts in der Bürokratie wie auch im hohen Klerus, der ja seine Ausbildung in den josefinischen Seminaren erhalten hatte, ließ allerdings jenes enge Bündnis zwischen Staat und Kirche, wie es erst nach der Revolution von 1848 verwirklicht wurde, im Vormärz nicht zustande kommen. Daran konnten auch die wachsenden Sympathien des Staatskanzlers Metternich für die katholische Restauration nichts ändern – Grillparzer hat sie bekanntlich in höchst bissiger Weise auf den Einfluß der jungen Gattin Melanie Zichy auf den alternden Fürsten zurückgeführt.

So entstand eine widerspruchsvolle Situation, in der die neuen Tendenzen miteinander rangen, ohne daß im traditionellen staatskirchlichen System eine formale Änderung eingetreten wäre. Josefinische Bischöfe – der markanteste und einflußreichste Vertreter dieses Episkopats war der Wiener Erzbischof Vinzenz Eduard Milde – waren getreue Paladine des vormärzlichen Regierungssystems und wurden im Revolutionsjahr von jungen Reformklerikern und liberalen Antiklerikalen von jeweils verschiedenen Standpunkten aus heftig kritisiert. Angesichts der Vielfalt der teils nebeneinander herlaufenden, teils einander überkreuzenden Strömungen ist es in dieser Zeit schwer möglich, von einer politischen oder sozialen Haltung der „Kirche“ schlechthin zu sprechen.

Auf die junge Klerusgeneration, die 1848 eindrucksvoll in Erscheinung trat, wirkte das Denken des katholischen Theologen Anton Günther stark ein. Günther hatte Einflüsse aus dem Hofbauerkreis und von Müller empfangen. Seine „spekulative Theologie eines positiven Christentums“ vereinte unterschiedliche Ansätze zu einer facettenreichen Synthese. Seine aphoristische, an Jean Paul gemahnende Diktion ließ unterschiedliche Deutungen seiner Lehre zu, in der romantische und rationalistische Motive – Günther befürwortete einen intelligiblen Gottesbegriff, was nachmals zur Indizierung seiner Schriften führte – miteinander verschmolzen. Günthers Religionsphilosophie bezeichnet auch die Hinwendung zu den sozialen Problemen der Zeit. In dieser Hinsicht waren die Wortführer der katholischen Erneuerungsbestrebungen im Revolutionsjahr wie Brunner, Gärtner, Häusle, Hock und Veith seine Schüler[6].

An die katholische Aufklärung knüpften die Lehren Bernard Bolzanos an, dessen Lebenswerk von den intensiven Forschungen Eduard Winters erhellt wurde[7]. Bolzanos Bemühungen galten einem Ausgleich von christlicher Lehre, die er als sozialen Auftrag interpretierte, mathematisch-logischer Wissenschaft und einer modernen Gesellschaftsauffassung. Dieser Versuch des ,,Weisen von Prag", der als Priester, Pädagoge und Gelehrter gleich bedeutend war, scheiterte am Vordringen der katholischen Restauration, die im Bund mit der Staatsmacht Bolzano von seinem Lehramt entfernte; seine Schriften wurden auf den Index gesetzt. Bolzanos Erbauungsreden für die Prager Studenten waren tatsächlich wenig geeignet, ihm das Vertrauen der kirchlichen und staatlichen Obrigkeit zu gewinnen. In dem gegen Bolzano 1819 bis 1824 geführten Prozeß, der zu seiner Suspendierung führte, machte der Leibarzt Andreas von Stifft, übrigens der Großvater des demokratischen Publizisten von 1848, den mißtrauischen Monarchen besonders auf eine Stelle in den Predigten aufmerksam, in der von ,,Verfassungen" – ein Reizwort für Kaiser Franz – die Rede war, und zwar in einem höchst bedenklichen Zusammenhang: ,,Es wird eine Zeit erscheinen, wo die tausendfältigen Rangordnungen und Scheidewände unter den Menschen, die so viel Böses anrichten, in ihre gehörigen Schranken werden zurückgewiesen sein, wo jeder umgehen wird mit seinem Nächsten so wie ein Bruder mit dem Bruder soll. Es wird eine Zeit erscheinen, wo man Verfassungen einführen wird, wo man dem Mißbrauch nicht mehr so schrecklich ausgesetzt sein wird als in unseren gegenwärtigen[8]." Bolzano legte seinen Hörern die Bibel im urchristlichen Sinn aus. So predigte er 1816 am Fest Maria Heimsuchung über den Text des Magnificat (Luk. 1, 47–55): ,,Wie sie [Maria] es wünschte, daß die Machthaber der

Erde einst von ihren Thronen gestürzt würden, so wünscht sie auch, daß jene aufgerichtet werden, die in Erniedrigung leben. Wenn sie es wünschte, daß die Reichen leer ausgingen, so wünschte sie zugleich, daß alle, die jetzt hungern, mit Gütern gesättigt würden[9]!" Seine Deutung des Christentums gipfelte in der Feststellung: „Es klingt Ihnen neu, wenn man sagt, der Zweck des Christentums sei nicht, uns erst im Himmel, sondern auch hier auf Erden schon glücklich zu machen; hier auf der Erde sei es, wo unser Herr ein Reich des Himmels zu gründen willens war[10]."

Die Verwirklichung dieses Anliegens ist für Bolzano in einer dem Sittengesetz entsprechenden sozialen Praxis anzustreben – „Glücklichsein und glücklichmachen, fortschreiten soll ich", formulierte er seine an den Ethikbegriff Spinozas erinnernde Maxime. Bolzanos Anschauungen sind in seinem von der Sittenlehre geprägten Weltbild tiefer verwurzelt, als dies im zeitgenössischen Utilitarismus der Fall war. Seine Sozialkritik läßt das einseitige Fortschrittsdenken des Liberalismus hinter sich: Technisch-materieller Fortschritt allein verfehlt sein Ziel, wenn er mit der Entrechtung und Verelendung der arbeitenden Menschen verbunden ist. Bolzano zählt zu den wachsten Beobachtern des gesellschaftlichen Wandels im Zeitalter der Industrialisierung. Schon 1831 brachte er die Grundgedanken der „Paradoxien der Politik" zu Papier, die ihn zeit seines Lebens als Frage nach dem „besten Staat" beschäftigten. Sein Bild einer auch in den Dimensionen des sozialen Miteinander und der Aufklärung fortschreitenden Gesellschaft wurde durch die intensive Befassung mit den Theorien der französischen utopischen Sozialisten und Kommunisten (im besonderen mit Cabets „Voyage en Icarie") bereichert und präzisiert. Bolzano wagte es freilich nicht, diese Schriften zu veröffentlichen[11]. An praktischen Forderungen machte er staatliche Kontrolle des Eigentums, Arbeitspflicht, Entlohnung nach Leistung, staatliche Wirtschaftsplanung und politische Gleichberechtigung geltend. Er ergänzte seine Soziallehre, in der sich die Rezeption der klassischen Utopien von Plato bis Morus sowie der staatlichen Reformtätigkeit des aufgeklärten Absolutismus mit den modernen Elementen sozialistischer Kapitalismuskritik vermischen, durch das konkrete Aufzeigen von Mißständen, wie etwa des Kornwuchers, des Kinderelends und der Wohnungsnot unter der arbeitenden Bevölkerung Prags[12].

Auch bei einem so fortschrittlichen Denker wie Bolzano sind konservative Elemente nicht zu verkennen. Er erhofft – hier ganz in der Tradition des Josefinismus stehend – Reformen von oben und vor allem durch Aufklärung und Bildung. Der Eintritt der Massen in den politischen Kampf lag noch außerhalb seines Gesichtskreises. Von der Revolution von 1848 – er starb nach langem Leiden am 18. Dezember des Sturmjahres – mit ihren aufbrechenden nationalen Konflikten erhoffte er sich keine Verbesserung der Lage der ausgebeuteten Arbeiterschaft, wie er in einem Brief an seinen Schüler Fesl schrieb (28. März 1848): „Wir schießen niemand tot und prügeln ihn auch nicht zu Tode, aber Tausende lassen wir in finsteren Löchern gesperrt, an eine ihre Gesundheit zerstörende Arbeit gefesselt, durch Hunger und Kälte, durch Kummer und schweres Herzeleid so tief herabgekommen, daß keine menschliche Kunst sie mehr zu erretten vermag vor einem gräßlichem Tode. Darum Fluch unserer bürgerlichen Verfassung, wie sie auch heißen mag, ob absolute Monarchie oder konstitutioneller Staat, ob Republik oder Aristokratie oder wie sie sich nennen mögen[13]."

Die Gedanken Bolzanos, dessen schlichter Persönlichkeit Adalbert Stifter in seiner Erzählung „Kalkstein" ein Denkmal setzte, lebten trotz ihrer offiziellen Verdammung im Kreise seiner Schüler fort[14]. Das Werk des von Kirche und Staat gleicherweise gemaßregelten Theologen und Lehrers könnte – so scheint es – auch heute noch eine tragfähige Basis für den Dialog zwischen Christen und Sozialisten abgeben. Bolzanos zutiefst humanes und tolerantes Anliegen wurde von den herrschenden Mächten zum Verstummen gebracht; die Amtskirche vermochte diesem Priester auf dem Weg eines im Sinn sozialer Verantwortung verstandenen Christentums nicht zu folgen.

Im Revolutionsjahr traten die weltanschaulichen Differenzierungen innerhalb der Kirche, die im Vormärz herangewachsen waren, für die kirchlichen Würdenträger zum Teil sehr überraschend zutage. Während Erzbischof Milde in einem Ordinariatserlaß vom 17. März die Teilnahme des Klerus an politischen Bestrebungen und an der Publizistik entschieden verwarf, opponierte ihm der Priester Johann Michael Häusle entschieden in einer Flugschrift, deren Titel schon die Stimmung eines Teils des jüngeren Klerus gegen die Hierarchie verriet: „Fragen an den Herrn Fürsterzbischof von Wien. Im Namen seines mundtoten

Klerus niedergeschrieben am 19. März 1848. Zugleich ein Wahrzeichen für alle österreichischen Bischöfe[15]." Der Erzbischof geriet in eine unbehagliche Situation. Nach einer lautstarken Katzenmusik vor seinem Palais zog er sich auf sein Schloß Kranichberg zurück, um das Ende des Sturms abzuwarten. Die Anpassung der Amtskirche an das vormärzliche Regierungssystem ließ nun die antiklerikale Stimmung in vehementen Kundgebungen gegen mißliebige Pfarrherren, besonders aber gegen die Redemptoristen ausbrechen. Dieser von Hofbauer in Wien eingeführte Orden wurde Anfang April aus Wien vertrieben und am 7. Mai offiziell durch den Kaiser aufgehoben – der katholischen Restauration war ein unüberhörbares Mißtrauensvotum ausgesprochen worden. Die Vertreibung der „Liguorianer" wurde eines der beliebtesten Themen der Flugblattliteratur, die den Orden pauschal als eine Verschwörung von gefährlichen Dunkelmännern angriff[16]. Die Redemptoristen wurden zu Sündenböcken für das verhaßte alte Regime gestempelt – man denke an Nestroys „Freiheit in Krähwinkel" oder an Johann Strauß' Sohn humoristische „Liguorianer-Seufzer-Polka".

Während sich der hohe Klerus völlig verunsichert vom Schauplatz der turbulenten Ereignisse zurückzog, benützten einige jüngere Priester die Gelegenheit, ihre Anliegen öffentlich zu vertreten; am 17. April tagte eine Klerusversammlung in der Universität, die von Milde prompt als unkirchlich und verderblich verurteilt wurde. Am 15. April erschien die erste Nummer der „Wiener Kirchenzeitung für Glauben, Wissen, Freiheit und Gesetz in der katholischen Kirche", die von dem damals 34jährigen Altlerchenfelder Kaplan Sebastian Brunner herausgegeben und redigiert wurde. Sie erklärte unumwunden als ihre Aufgabe, das „ehrfurchtsvolle Stillschweigen des niederen Klerus dem hohen gegenüber zu brechen[17]". In unserem Problemzusammenhang muß der angedeutete innerkirchliche Aspekt des Erscheinens dieses Blattes außer Betracht bleiben[18]; hier ist nur die Stellungnahme der Zeitung Brunners zur sozialen Frage zu berücksichtigen.

Brunner entstammte einer wohlhabenden Familie Schottenfelder Seidenfabrikanten, also jenem Kreis patriarchalischer mittlerer Unternehmer, denen die Entwicklung der modernen Maschinenproduktion und Massentextilerzeugung als gefährliche Konkurrenz erschien. Brunners stark emotional gefärbte antikapitalistische Haltung, die dann in einen unkontrollierten Antisemitismus abglitt, wurzelte in diesem Milieu – sein Nachfolger in der Redaktion der „Kirchenzeitung", der Priester Albert Wiesinger, der Brunners Argumente vergröbert weiterführte, entstammte denselben sozialen Schichten des vom Abstieg bedrohten Mittelstands der Wiener Vorstadt, die den Glanz des alten „Brillantengrundes" verloren hatte. Besonders intensiv hatte sich der ungemein belesene junge Geistliche mit der Romantik (Jean Paul wurde sein stilprägendes literarisches Vorbild) und der Philosophie Günthers auseinandergesetzt. Metternich zog den begabten Mann in seinen Kreis; in einer 1845 abgefaßten Denkschrift über die „sogenannte deutschkatholische Kirche" für den Staatskanzler erwies sich Brunner als scharfer Kritiker, aber auch als vorzüglicher Kenner der ideologischen und philosophischen Strömungen in Deutschland, die sonst für die meisten österreichischen Intellektuellen terra incognita blieben. Die Hegelsche Philosophie machte Brunner für die Entstehung des Atheismus und Kommunismus verantwortlich[19]. In einer vom Gegner – in diesem Fall Heinrich Heine – entlehnten Form der satirischen Verserzählung kritisierte Brunner die Hegelschüler als „Nebeljungen", wobei auch antisemitische Töne anklangen. Die Entchristlichung des Denkens bereite den Kommunismus vor – ein Leitmotiv, das immer wieder bei Brunner auftauchen sollte:

„Wir haben ein Wort als Theorie,
Das ist der Pantheismus,
Wir haben als Praxis eine Tat,
Das ist der Kommunismus.

Zu gleichen Teilen wird geteilt,
Eh' wollen wir nicht ruhen –
Die Bundeslade ist einmal entzwei,
Nun geht's über eiserne Truhen![20]"

Auch der „kommunistische Schneider" Weitling bekommt seinen Seitenhieb versetzt:

„Ihm ist die Menschheit geschornes Tuch,
Er will sie in Stücke zerschneiden,
Um den ganzen Globus sodann
Mit der Freiheitsmütze zu kleiden[21]."

Brunners Hauptargument gegen den als Feind der Kirche gehaßten Liberalismus, dessen Wurzeln im josefinischen Staatskirchentum gesehen werden, ist die Warnung vor den besitzlosen Massen, die nur Religion und Kirche vor der Plünderung der Reichen – darauf reduziert sich Brunners „Kommunismus"-Begriff – zurückhalten könnten: „Der euch nicht an Gott, an Erlösung und Gericht glaubt, seid versichert, dem werdet ihr den Glauben an einen Besitz nimmer beibringen können; der muß ein Kommunist sein, wenn er nichts besitzt. (. . .) Mit dem Abfall von der Kirche gibt es am Ende kein Privateigentum mehr, der Verleugnung Gottes, wie ihn die Kirche lehrt, folgt notwendigerweise die Verleugnung alles Besitzrechtes, was die bisherige Gesellschaft gelehrt und aufrecht erhalten hat. (. . .) Ja, meine Herren und Damen! Der Kommunismus ist mehr als ein Gespenst mit einer magischen Laterne ihnen vors Angesicht gezaubert; der Kerl gewinnt gewaltig Fleisch und Bein, er hat schon sogar etwas Fettfülle und runde Formen und steht als ein praller Bursche vor Ihnen da! Und nun sage ich Ihnen: Die katholische Kirche allein kann den Kampf mit ihm aufnehmen, aber keine andere Macht auf Erden![22]"

Brunner kannte das Elend der Arbeiter in den Vorstädten und Vororten Wiens: „Es wird mir ganz unheimlich, wenn ich abends die Proletarier von den öffentlichen Arbeiten heimkehren sehe. (. . .) Kennt ihr die öden, abgestorbenen Gassen in den Riesendörfern rund um die großen Städte herum? Tausende und tausende haben gar keine Ahnung, wie es erst in den Zimmern aussieht, das muß man selber gesehen haben. Für den armen Teufel, der im Winter in einer solchen Spelunke wohnen muß, ist die schlechteste Bierkneipe noch ein Parfumladen mit Ätherdüften geschwängert. Da wandeln sie nun ihrer Heimat zu, sie haben fast zwei Stunden bis zum Arbeitsplatze zu gehen. Männer und Weiber, Burschen und Mädchen, viele schleppen Kinder in ihren Armen, die sie bei Seite legen, während sie den Spaten handhaben, oder das weinende Klageinstrument, den Schiebkarren, vor sich herführen. (. . .) Die Leute tragen den Stempel des wahren und echten Proletariats an sich, und der ist außer der leiblichen Armut der Mangel an geistigem Besitz, der Mangel an Glauben und Hoffnung, auf Gott und seine ausgleichende Gerechtigkeit. Und das ist der Höhepunkt des Jammers! Das macht erst die Armut zu einem Elende, größer noch, als es einst im Heidentume war, das steigert die Armut zur Verzweiflung – das ist das Proletariat[23]."

Die Ratlosigkeit selbst jener Repräsentanten der Kirche, die die Bedeutung der sozialen Frage verstanden, gegenüber dem Proletariat hängt mit der sozialen Struktur des Priesternachwuchses aufs engste zusammen[24]. Der Seelsorgeklerus kam fast ausschließlich aus dem Bauernstand oder aus dem Handwerk und mittleren Gewerbe, aus jenen Mittelschichten also, die im Arbeiter mit Schrecken eine Vorwegnahme des eigenen Schicksals erblickten. Nicht nur Brunner wurde durch diese Zwangsvorstellung – das angedeutete Motiv zieht sich durch alle Jahrgänge der „Kirchenzeitung" hindurch – von einer effektiven Kontaktaufnahme mit dem Proletariat abgehalten, sondern auch der Benediktiner Urban Loritz, der 1848 als Kooperator an der Schottenfelder Pfarrkirche wirkte. Selbst Sohn „kleiner Leute" – der Vater war Schuhmacher, die Mutter Dienstbotin –, war Loritz zwar aufgeschlossen für die karitativen Aufgaben der Kirche, lehnte aber entschieden die „Exzesse" der Massen, das heißt den selbständig geführten Kampf der Unterschichten um politische und soziale Rechte ab. Die Kirche zeigte sich selbst bei ihren aufgeschlossensten Repräsentanten nicht fähig, neue Formen der Seelsorge und einer über das traditionelle Almosenwesen hinausgehenden Sozialhilfe zu entwickeln.

Allein die Organisation des Pfarrnetzes fiel hoffnungslos hinter die durch Großstadtentwicklung und Industrialisierung bedingten demographischen Gegebenheiten zurück. Während im Regierungsjahrzehnt des gerade von Priestern wie Brunner vielgelästerten Josef II. in der Erzdiözese Wien 163 Pfarren gegründet wurden, waren es im Zeitraum von 1790 bis 1934 nur noch 34[25]! Ein bedeutendes Denkmal dieser Zeit ist die Altlerchenfelder Kirche, jener übrigens auch josefinischen Pfarre, an der Brunner 1848 wirkte. Die Planung ihres Neubaus wurde an den Hofarchitekten Paul Sprenger vergeben, einen tüchtigen Baumeister von Zweckbauten, dem allerdings künstlerische Phantasie fehlte. Seine Monopolstellung, die er im Vormärz bei den ärarischen Bauten Wiens behauptete, führte 1848 zu seinem Sturz. Binnen acht Tagen entwarf der junge Schweizer Architekt Johann Georg Müller die neuen Pläne im Stil des von den Romantikern verehrten italienischen Mittelalters. Die aufwendige Ausstattung der Altlerchenfelderkirche wurde so bekannten Nazarenern wie Josef von Führich und Leopold Kupelwieser[26] übertragen, die hier ein Gesamtkunstwerk einer verspäteten Romantik schufen. Die Freskenzyklen sollten im Aufgreifen einer mittelalterlichen Idee gleichsam eine ,,Biblia pauperum" bilden. Angesichts der akuten Notsituation unter der Arbeiterbevölkerung der westlichen Vorstädte Wiens, deren Seidenproduktion sich seit 1848 nie mehr von der tödlichen Krise erholen sollte, mußte der domartige Kirchenbau mit seinen gewaltigen Dimensionen und der kostbaren Ausstattung reichlich deplaciert wirken. Der Verweis auf das ,,christliche Mittelalter" – hier in Architektur und Malerei als künstlerisch bedeutsames Denkmal geformt – war jedenfalls keine gültige Antwort auf die Herausforderung durch die brennenden sozialen Probleme des entstehenden Proletariats.

Die Rückkehr zu einer ,,organischen" Ständeordnung war keine Alternative, sondern nur eine rückwärtsgewandte Utopie: ,,Die Konkurrenz ist nicht der ökonomische Messias, von dem das Heil und die Erlösung der wirtschaftenden Völker zu erwarten ist, sondern die organische Einebnung der mitwerbenden Kräfte durch eine organische Gestaltung des Innungswesens und eine organisch gemäßigte Gewerb- und Handelsfreiheit[27]."

Auch der Wiener Katholikenverein, der im Juni 1848 ins Leben trat, konnte diese Schranken eines mittelständischen Wirtschaftsdenkens nicht überschreiten. Kirchengeschichtlich bemerkenswert bleibt der ,,Katholikenverein für Glauben, Freiheit und Gesittung" als erster Zusammenschluß katholischer Laien zur Vertretung ihrer religiösen, politischen und humanitären Interessen. Die Statuten betonten ausdrücklich: ,,Zum Vorstande und dessen Stellvertretern werden für den Zentralverein in der Regel Geistliche nicht gewählt, wohl aber in den Ausschuß, in welchem sie jedoch ein Dritteil der Gesamtzahl nicht übersteigen sollen[28]." Prinzipiell bekannte sich der Verein zu politischer und sozialer Verantwortung der Katholiken; seine Tätigkeit sollte alles umfassen, ,,was die fortwährende Belebung und Stärkung des Sinnes für die heiligen Rechte der Freiheit fördert, um auch die minder Geübten zum klaren Bewußtsein ihrer gesellschaftlichen Stellung und Verpflichtung heranzubilden, und um durch die Anwendung aller gesetzlichen und moralischen Mittel für die religiösen Rechte energisch einzustehen". Die tatsächliche soziale Wirksamkeit überschritt aber kaum den Kreis der karitativen ,,Armenpflege", wenn es hieß: ,,Die humane Wirksamkeit endlich ist die im

Glauben tätige soziale Liebe. In dieses Gebiet gehört vor allem die Obsorge für die Geistesbildung und sittliche Veredlung der Verwahrlosten und Rohen, besonders aus der Jugend und dem sogenannten Proletariat, durch Benützung freier Stunden zum faßlichen Unterrichte in gemeinnützigen Kenntnissen, z. B. in der Pflichtenlehre, Naturkunde, Geschichte, Mechanik, Rechnungswissenschaft, Zeichnungskunst; ferner die freundliche Aufsicht der Mitglieder über ihre Hausgenossen, die Errichtung kleiner Sparkassen für Lehrlinge und Arbeiter, die Abhilfe einzelner dringender Notstände und dergleichen mehr[29]."

Als Vereinsorgan erschien seit 5. Juli der „Aufwärts", der von dem Konvertiten Johann Emanuel Veith, der schon im Vormärz als Domprediger eine bedeutende Massenwirkung erzielt hatte, redigiert wurde. Die soziale Frage klang im „Aufwärts" seltener an als in der „Wiener Kirchenzeitung". Ein bemerkenswerter Artikel beschreibt die prekäre Situation des Bürgertums gegenüber dem wachsenden Proletariat: „Die gedrückte und gepreßte Bürgerschaft, als sie ihre Spannkraft kaum gewann, hat in der ersten Revolution die Aristokratie verdrängt; nun sie selber zur herrschenden Bourgeoisie sich gestaltet hat, die in Voltairischer Aufklärung und durch die Macht des Kapitals zu herrschen strebte, wird sie vom sogenannten vierten Stande mit der Vertilgung bedroht. (. . .) Wie sehr bedarf das Bürgertum der Erneuerung im christlichen Leben, um aus der elenden Halbheit der Bourgeoisie sich hervor zu ringen[30]."

Der Katholikenverein fiel trotz seiner politisch konservativen Haltung der Reaktion zum Opfer. Wie im Vormärz war wiederum jeder Zusammenschluß von Gleichgesinnten auf Vereinsbasis von vornherein verdächtig. Wie Veith treffend bemerkte, hatte nicht nur das Bajonett, sondern auch der Krummstab diesen ersten Versuch, eine katholische Laienorganisation ins Leben zu rufen, erschlagen. Der „Severinusverein", der in den fünfziger Jahren die Nachfolge des Katholikenvereins antrat, beschränkte sich nahezu ausschließlich auf die Pflege privater Frömmigkeit.

Am Rande sei erwähnt, daß der spätere Erzbischof von Wien und Kardinal Anton Gruscha als junger Priester 1848 in der „Wiener Kirchenzeitung" publizistisch auftrat[31]. Gruscha erwarb sich später Verdienste um die Schaffung katholischer Gesellenvereine – in der Zeit der Reaktion die einzige erlaubte Organisationsform der Arbeiterschaft. Bekanntlich ist August Bebel während seiner Wanderjahre dem Salzburger Kolpingverein beigetreten und bewahrte dieser Organisation ein gutes Andenken[32].

Ansätze zu einer Analyse der sozialen Mißstände und die prinzipiell vorhandene Bereitschaft der katholischen Publizistik, in einen kritischen Dialog mit einer sich wandelnden Welt einzutreten, zeigt auch das von Wilhelm Gärtner, Priester an der Universitätskirche, herausgegebene Wochenblatt „Sprecher für Staat und Kirche". Gärtner trat für eine umfassende Sozialreform auf konservativer politischer Basis ein. Die Revolution war, so betont Gärtner, „gleich im ersten Anfang eine soziale, und die Arbeiter-Barrikaden waren eben nur der erste Unterbau zu dem neuen, sozialen Staatsgebäude. (. . .) Die Revolution in Österreich ist in Ursprung und Hauptsache eine menschliche, soziale; ihre Aufgabe ist Sozialismus." Die Pflicht Österreichs sei es, „eine wahrhaft demokratische Monarchie – oder sagen wir es richtiger, den Messiastraum monarchischer Sozialismus frei und frank zu konstituieren[33]". Revolutionäre Konsequenzen, wie sie Lamennais in seinen „Paroles d'un croyant" aus dem Christentum ableitete, wurden von Gärtner entschieden zurückgewiesen. Ein abtrünniger Priester wie Lamennais erschien ihm „in die rote, königsmörderische Henkersjacke gekleidet" und Wegbereiter des Juniaufstands zu sein[34]. Gärtners Blatt forderte den Einsatz von Kaplänen zur Seelsorge für die bei den öffentlichen Arbeiten Beschäftigten; dieser Vorschlag wurde aber von den kirchlichen Vorgesetzten nicht aufgegriffen[35].

Der einzige Priester, der sich voll auf die Seite der Arbeiterschaft stellte, war Anton Füster, der durch seinen radikalen Versuch, die sozialen Aufgaben eines revolutionär verstandenen Christentums zu verwirklichen, in den Bruch mit der Kirche getrieben wurde – auf seine Persönlichkeit kommen wir im Schlußkapitel noch zu sprechen.

Das repräsentativste Publikationsorgan des konservativen Lagers war die bereits mehrfach zitierte „Constitutionelle Donauzeitung", deren Herausgeber, der Konvertit Carl Hock, Schüler Günthers und ein sehr bedeutender Nationalökonom war.

In der katholisch-konservativen Publizistik spielte der Antisemitismus, der sich vor allem in einer großen Zahl vulgärer Flugschriften bemerkbar machte[36], 1848 noch eine eher untergeordnete Rolle. Die publizistischen Fehden, die Sebastian Brunner mit seinen Gegnern von der demokratischen Presse auszutragen hatte, verschärften seine schon im Vormärz feststellbare Aversion gegenüber den liberalen und demokratischen, nach Emanzipation verlangenden Juden. Das traditionsgebundene orthodoxe Judentum nahm er von seinen Angriffen ausdrücklich aus, polemisierte aber in der ihm eigenen derben Diktion heftig gegen die ,,neumodischen, verschliffenen, mit gesinnungsverwandten Salondamen und mit abgenützten Grisetten liebäugelnden, die mit den Kaffeehauslöwen schmollierenden, auf der Rednerbühne wider Christentum und Kirche den Hanswurst spielenden, nach Speck und Plunzen lechzenden Mosaikern der Neuzeit[37]." In der Reaktionsepoche legte sich Brunner auf dieses Motiv fest; die ,,glaubenslosen" Juden schienen ihm schließlich die Schuldigen für alle Mißstände in Welt und Kirche zu sein[38]. Antisemitische Ressentiments sollten in der Folge die Ansätze des Konservatismus und später der christlichsozialen Bewegung zur Analyse der sozialen Problematik überwuchern – auch dies eine bedauerliche Folge des Scheiterns der Revolution von 1848.

Die Regression hinter das in der Auseinandersetzung mit der liberalen und demokratischen Öffentlichkeit im Revolutionsjahr teilweise bereits erreichte Niveau sei nur an zwei Beispielen angedeutet. Es läßt sich kaum ein stärkerer Gegensatz der Auffassungen denken als der zwischen Bolzanos Verständnis einer emanzipatorischen Funktion der christlichen Ethik einerseits und Veiths ,,Politischen Passionspredigten" von 1849 andererseits. Religion wird hier wieder in ihre Funktion als Herrschaftsinstrument eingesetzt, der Ort der Gerechtigkeit ist nicht das Diesseits, sondern das Jenseits, Demokratie und Christentum erscheinen als unvereinbare Gegensätze: ,,Ob auch der Hehre und Heilige [Christus] ein Demokrat gewesen, wie es die Wölfe im evangelischen Gewande, die französischen Sozialisten so marktschreierisch verkünden und wie man es in manchen Fabriksvorstädten einander zugerufen, voll des Entzückens über die Vereinbarung zwischen Belial und Christus, zwischen Aufruhr und Christentum? Die Albernheit dieser Ansicht widerlegt sich schon aus der Weise, wie der Herr von den Pflichten gegen das Staatsoberhaupt und von der Entrichtung des Tributs geredet, so wie aus der Erklärung, daß sein Reich nicht von dieser Welt sei. (. . .) Wir werden daher Christum, so gewiß er wie niemand anderer ein Freund des Volkes ist, dennoch keinen Demokraten, wohl aber mit voller Zuversicht und im höchsten und edelsten Sinne des Wortes einen Aristokraten nennen. In ihm, dem Menschensohn, dem verheißenen Nachkommen und Retter Adams, hat der Erbadel und das Erbrecht seine tiefste und wesentlichste Bedeutung[39].“ Gegen die „jakobinischen Greuel“ der Revolution und das „Scheusal der roten sozialen Republik“ erschien Veith die militärische Gegenrevolution als willkommener Retter in der Not: „Sollten etwa die Völker Österreichs nicht stolz sein dürfen auf so tapfere, humane, hochgebildete Feldherren wie Radetzky, Windischgrätz, Jellačić, Welden, Haynau, d'Aspre, Wallmoden, Schlick, Schwarzenberg, Hess, Schönhals und noch viele andere? Sind diese Herren nicht die Retter des Mittelstandes, des Bürgertums, des Landmanns und seines Grundbesitzes[40]?“

Die gesamtösterreichische Bischofssynode vom Sommer 1849, die das Bündnis von Kirche und Staat erstmals andeutete, wie es über die Verordnungen von 1850 im Konkordat von 1855 realisiert werden sollte, bot sich in ihrem Hirtenbrief der Gegenrevolution als Ordnungsmacht an. Einmal mehr wurde „die Grundlehre der katholischen Kirche von dem Gehorsam der Christen gegen die von Gott gesetzte Obrigkeit“ gegenüber dem „gottverlassenen Streben, Ringen und Kämpfen, welches die Völker der Welt um ein Trugbild von Freiheit und irdischem Wohlsein bewegt“, eingeschärft. Den „Armen“ wird zu „stillem Gottvertrauen“, „genügsamer Tätigkeit“ und „kindlichem Glauben an Gottes Vorsehung und Hilfe“ geraten[41].

Angesichts solcher und ähnlicher Äußerungen ist die Tatsache der Abkehr weiter Teile der Arbeiterschaft von der Kirche nicht schwer verständlich. Die Konservativen hatten – von wenigen Ausnahmen abgesehen – die soziale Frage den Liberalen als Drohung entgegengehalten, ohne aber ein brauchbares Alternativmodell anbieten zu können. Die romantische Utopie einer feudal-zünftischen Ständeordnung war keine ernstzunehmende Antwort auf die brennenden Probleme der entstehenden Industriegesellschaft. Die Ansätze zu einer den neuen Gegebenheiten Rechnung tragenden christlichen Soziallehre, wie sie im Güntherkreis, vor allem aber von Bolzano entwickelt wurden, bzw. eines Reformkonservatismus, wie er im Kreis um die „Constitutionelle Donauzeitung“ und im Katholikenverein gegeben war, wurden durch den Sieg der Gegenrevolution zunichte gemacht. Was blieb, war Enttäuschung auf beiden Seiten.

Die katholischen Konservativen sahen in der Arbeiterschaft eine moralisch minderwertige, politisch gefährliche Masse, gegen deren existentielle Not bestenfalls karitative Palliativmittel zur Verhinderung revolutionärer Erhebungen angewendet wurden. Die Arbeiter ihrerseits mußten den Verweis auf ein besseres Jenseits, den die Vertreter der Amtskirche beständig im Mund führten, als bitteren Hohn empfinden. Zwischen ihnen und dem Klerus trat jene tiefe Entfremdung ein, auf deren wahre Ursachen sich die Kirche erst zu spät zu besinnen begann.

DIE ORGANISATION DES KREDITS UND DIE REVOLTE DES KLEINBÜRGERTUMS

Die selbständigen Handwerker und Kleingewerbetreibenden Wiens befanden sich seit Jahrzehnten in einer prekären ökonomischen Situation. Die schleichende Krise, die sie mehr und mehr in die Abhängigkeit vom großen Kapital brachte, ließ sie in der Reorganisation des Zunftwesens und der gebundenen Wirtschaft ihr Heil erblicken.

In diesem Sinn sprachen sich zahlreiche Adressen an den Reichstag aus, die analog zu den Bestrebungen des Ersten Deutschen Handwerker- und Gewerbekongresses von Frankfurt (14. Juli – 18. August 1848) gegen die Gewerbefreiheit protestierten. Furcht vor dem Absinken ins Proletariat stand hinter dieser Haltung, wie sie etwa die Petition des Gewerbestandes des Viertels unter dem Manhartsberg ausdrückte: „Es handelt sich darum, ob für die künftige politische Verfassung auch ein wohlbegründetes Bürgertum vorhanden sein wird und nicht vielmehr dasselbe sich in allgemeiner Entkräftigung in einem großen Proletarierhaufen aufgelöst haben wird. Entweder Bürger mit dauerhafter Existenz oder desorganisierte Menschenhaufen, in denen jeder einzelne, wie es Glück und Zukunft bringt, nach Erwerb jagt und seine tägliche Hoffnung auf die Zerstörung des Glückes eines anderen baut. Wenn die Staatsbürger Proletarier sind, ist die beste Verfassung nur das prunkvolle Staatskleid einer Leiche[1]."

Die Budweiser Gewerbetreibenden meinten, die Proletarier seien „größtenteils welke Zweige vom kranken Stamme des Handwerkerstandes". Daß die ökonomisch reaktionäre Haltung auch zu einer spießbürgerlichen Verengung des politischen Horizonts führen konnte, ist aus der Adresse der Linzer Innungs- und Gewerbevorsteher ersichtlich, in der es heißt: „Weg mit den Schwindeleien des egoistischen Engländers, der keinen Mittelstand, der nur Reiche und Bettler kennt, weg mit dem überspanntesten Freiheitsschwindel der Franzosen, der mit der scheinbaren Wahrung der Menschenrechte nur Menschenrechte zerstört[2]."

Die Brünner Gewerbetreibenden warnten vor der „furchtbar wachsenden Macht des Kapitals" und forderten rasche Kredithilfe[3]. Das Wiener Gewerbe befand sich in einer besonders schwierigen Lage. Hof, Adel und Großbürgertum schränkten ihren Luxusgüterkonsum, der für viele hochspezialisierte Handwerker die Grundlage ihrer Produktion bot, drastisch ein bzw. verließen überhaupt die unruhige Residenz. Mit dem Krieg in Oberitalien und der Zuspitzung der politischen Krise im Verhältnis zu Ungarn rissen wichtige Handelsbeziehungen ab.

Pläne zur Organisation des Kredits für das vom Ruin bedrohte Kleingewerbe reichen bis in den Vormärz zurück. Schon 1845 hatte ein gewisser D. F. P. Fürst bei der Regierung um die Konzession für einen Kreditverein angesucht, dessen Zweck er folgendermaßen umschrieb: „Der wechselseitige allgemeine österreichische Kreditverein ist eine rechtliche Verbindung von möglichst vielen Personen, Geld gegen eine mäßige Interessenvergütung anzunehmen, an die einzelnen Vereinsmitglieder, insofern kein Hindernis im Wege steht, auf Wechsel (ohne Pfand) vorzuschießen und die etwa sich ergebenden Verluste nach Maßgabe des von den einzelnen Vereinsmitgliedern seinerzeit angesprochenen Kredites verhältnismäßig gemeinschaftlich zu tragen[4]." Fürst trat mit seinem Projekt schon am 26. März 1848 vor die Öffentlichkeit; sein Vorschlag einer zinslosen Darlehensgewährung (gestaffelt von 50 bis 2000 fl) für Handwerker und Gewerbetreibende wurde im Revolutionsjahr in verschiedenen Varianten aufgegriffen. Fürsts Verein scheint aber, soviel wir wissen, nicht ins Leben getreten zu sein[5].

Fürsts noch recht vage Vorschläge wurden durch den Uhrmacher (nach anderen „Klaviertandler") August Swoboda präzisiert und in die Praxis umgesetzt. Swoboda legte sein erstes Projekt Anfang Mai dem politischen Zentralkomitee der Nationalgarde vor. Man solle, so meinte er, die Arbeitslosigkeit bekämpfen, indem man den Arbeitgebern die Weiterführung ihrer Betriebe ermögliche. Eine Kreditanstalt sollte kleinen Fabrikanten und Meistern auf die Bürgschaft ihres Fleißes hin ein kleines Kapital und zwar ohne Zinsen vorstrecken. Die Deckung dieser Kredite sollte nach Swobodas Vorstellungen durch eine Hypothek auf die Hausbesitzer Wiens aufgebracht werden – der Plan stand deutlich unter der Nachwirkung der im April gegen die Hausherren lautgewordenen Unzufriedenheit. In weiterer Folge sollten die Kreditanweisungen als allgemein anerkanntes Tauschmittel das Geld in der Zirkulation ersetzen[6].

Swoboda ließ sich durch die Abweisung seines Plans nicht entmutigen. Am 27. Mai wendete er sich in einem Flugblatt an „die vermöglichen Bewohner Wiens". Einleitend stellt Swoboda hier das Proletariat dem Mittelstand gegenüber. Die Proletarier bilden für ihn „diejenige Klasse, welche schon zufrieden ist, wenn sie weiß, daß sie für ihre Lebensbedürfnisse nur wenigstens auf acht Tage hinaus gesichert ist". Das Absinken der zünftischen Gesellen und Meister in das Proletariat muß unbedingt verhindert werden: „Die Zahl dieser Arbeiter ist nun aber durch Individuen, deren Erwerb bisher im Betrieb eines erlernten Handwerkes bestand, um ein bedeutendes vermehrt worden. Diese letzteren fühlen sich erniedrigt und reihten sich jenen nur ein, um einstweilen ihr Leben zu fristen, hoffend, daß die Geschäfte wieder aufblühen und sie in ihre Werkstätten zurückkehren können; dies sind die Gesellen der verschiedenen Gewerbsleute. Nun die Meister. Kann sich aber ein Bürger, der Familie hat, auch zu derlei Arbeit hergeben? und wollte er es, durch die aufs höchste gestiegene Not zur Verzweiflung gebracht, am Ende tun, erzweckt er etwas? Reicht der Lohn, den er als einzelner erhält, hin, wenn er spätabends nach Hause kömmt, erschöpft, mit zerrissenem Rock, sohlenlosen Stiefeln, geschwollenen Händen, alles Beweise der richtigen Erfüllung seiner Pflicht, reicht der Lohn, frage ich, hin, um den hungernden Angehörigen, deren Zahl oft nicht gering ist, nur Brot genug zu schaffen? Nein!"[7] 30 000 Gewerbsleute sollten nach Swobodas Plan Darlehen von 50 bis 350 fl erhalten; Hof, Adel, Geistlichkeit und die „Reichen" sollten für diese Kredite Bürgschaft leisten[8].

In den Sommermonaten modifizierte dieser unermüdliche Projektant sein System neuerlich: Es wurden Aktien ausgegeben – im ganzen war ein Fundus von 4 000 000 fl gestückelt in 256 500 Aktien vorgesehen –, die anstelle von Geld angenommen werden sollten[9]. In dieser Form fand der „Privat-Darlehen-Verein" großen Zulauf; er zählte bald 40 000 Mitglieder, zumeist „ärmste Kleinfabrikanten und Handwerker", die sich durch das Risiko von ein paar Gulden Kredite zur Weiterführung ihrer Betriebe erhofften. Der Darlehensverein erhielt durch die Zeichnung von größeren Aktienbeträgen seitens der Minister Hornbostel und Doblhoff gleichsam die offizielle Sanktion; auch der Hof zeigte sich interessiert. Schon die Zeitgenossen wiesen auf die Parallelen zu den allerdings erst später realisierten Volksbankprojekten Proudhons hin[10] – Violand bezeichnete den Versuch des Darlehensvereins, den zinslosen Kredit auf der Basis des gegenseitigen Vertrauens einzuführen als „eine gewaltige Idee, welche nichts Geringeres bezweckte als die Herrschaft des Kapitals über die Arbeit zu brechen und sonach die Freiheit des vierten Standes zu begründen[11]".

Die Einschreibung in den Swobodaschen Verein erfolgte in Leopold Engländers Gasthof, dem Versammlungsort der Demokraten. Der Wirt beteiligte sich gleichfalls an diesen Kreditoperationen, wobei nicht ganz klar wird, ob er seine Vereinsgründung den Bestrebungen Swobodas unterordnete oder – durch deren Erfolg ermuntert – eine selbständige Organisation begründen wollte.

Engländer propagierte seine Idee in einer Reihe von Flugschriften, die – bisher übersehen – einen ausgezeichneten Einblick in die das Kleinbürgertum bewegenden Ängste und Hoffnungen gewähren. Der „bürgerliche Gastgeber" aus der Alservorstadt warnte, an die „untern Volksklassen" gewendet, „vor jedem Angriff auf das Vermögen und Leben eurer Mitbürger und eurer gesetzlichen Herren, die ohnedies so großherzig sind, von ihren alten Rechten abzustehen, damit eure Lage verbessert wird[12]". „Diebstahl, Mord und Raub, Sozialismus, Kommunismus und Vandalismus" gehörten für ihn zusammen[13]. Die Schuld an der Notlage des kleinen Mittelstandes maß Engländer den Hausherren[14] und Wucherern bei.

Durch den Beitritt zu seinem Verein versprach Engländer die Aufhebung aller Not: „Gott, der Allgütige, hat in einer Nacht, in der ich schlaflos über menschliches Elend nachgedacht, mir einen Plan eingegeben! Einen Plan, der alle Menschen beglücken kann, jedem Armen helfen, jede Witwe, jede Waise unterstützen, jedem Geschäftsmanne wird mit Rat und Tat geholfen, jeder wird aus allem Unglück errettet und erlöset. Es gibt überhaupt kein Unglück mehr, kein Elend, welches nicht gemildert, keinen Armen mehr, der hungert, keine Witwe oder Waise mehr, die sich selbst überlassen, der Verzweiflung anheimfällt. (. . .) Es gibt keinen Wucherer mehr; er kann nicht wuchern, der Bluthund, er liege zu Hause auf seinen Geldsäcken. (. . .) Ja, ja! ihr niederträchtigen Wucherer, ihr blutaussaugenden miserablen

Schufte! Es gibt keine 60 – 80 – 100 und 200 Perzente mehr! (. . .) Das Kapital, der Besitz, das Geld ist unser Feind, der verfolgt uns durchs ganze Leben. (. . .) Durch Übernahme der allgemeinen Schulden aber hört der Geldwucher auf, durch Aufhören des Wuchers muß der Kapitalist größere Summen loslassen, um von den Interessen leben zu können, durch den Übertritt größerer Summen ins Leben gewinnt der Handel, die Industrie und der Ackerbau, und alles Übel hört auf[15]."

Jedes Mitglied dieses vielversprechenden Vereins, der im Sommer ins Leben trat[16], sollte durch die Einschreibgebühr von 6 kr in den Genuß der verheißenen Wohltaten kommen. Die Möglichkeit, „überallhin und großartig zu wirken", sah Engländer allerdings erst bei einem Mitgliederstand von 100 000 gegeben. Der Verein sollte nicht nur Schulden tilgen und Kredit gewähren, sondern seinen Mitgliedern auch eine Krankenversicherung und Unterstützung der Witwen und Waisen bieten[17].

Auch Engländers Projekt kann die Nähe zum Mutualismus Proudhons nicht verleugnen – die „wechselseitige Hilfe"[18] entsprang aber nicht aus direkter Bekanntschaft mit den Lehren dieses französischen Sozialisten, sondern wurzelte in ähnlichen sozialgeschichtlichen Voraussetzungen[19]. Bekanntlich lehnten Marx und Engels diese Versuche, die Zinsfähigkeit des Kapitals in der Sphäre der Zirkulation abschaffen zu wollen, als „kleinbürgerlich" und utopisch ab: „Seinem positiven Gehalte nach will jedoch dieser Sozialismus entweder die alten Produktions- und Verkehrsmittel wiederherstellen und mit ihnen die alten Eigentumsverhältnisse und die alte Gesellschaft, oder er will die modernen Produktions- und Verkehrsmittel in den Rahmen der alten Eigentumsverhältnisse, die von ihnen gesprengt wurden, gesprengt werden mußten, gewaltsam wieder einsperren. In beiden Fällen ist er reaktionär und utopistisch zugleich[20]."

In der Tat sollten Pläne wie die Proudhons, Swobodas oder Engländers immer wieder bei dem sich von der Polarisierung der Klassen im Hochkapitalismus bedroht fühlenden Kleinbürgertum auftauchen. Das „große" Kapital, der „Wucher", der „Zins" sollten beseitigt werden, ohne aber an die Wurzeln des kapitalistischen Systems selbst zu rühren. Die Theoretiker dieser Richtung übersehen, daß die „Kreditscheine" oder „Aktien" ihrer Vereine selbst im Falle des Funktionierens ihres Projekts als allgemeines Tauschmittel unweigerlich den Charakter von Geld annehmen müßten, Geld, das dann wieder kapitalisiert und gegen Zinsen ausgeliehen werden könnte[21].

Das Swoboda-Projekt scheiterte sehr rasch an diesen inneren Widersprüchen. Das Vertrauen in die Aktien sank nach der ersten Begeisterung rapid; in den Tagen vom 11. bis zum 13. September forderten die aufgebrachten Kleinbürger vom Gemeindeausschuß, Innenministerium und Reichstag in lautstarken Demonstrationen, die zeitweise zu Tumulten ausarteten, die Garantie der „Swoboda-Aktien". Doblhoff konnte nur mit Mühe aus seinem Amt am Judenplatz vor der Volkswut flüchten; die Empörung gegen den Minister erreichte ihren Höhepunkt nach der Kundmachung, daß der Swoboda-Verein nur als Privatverein zu betrachten sei und daß daher der Staat keinerlei Haftung übernehme[22].

In den Septemberunruhen vermengten sich wirtschaftliche und politische Motive. Die Verworrenheit der ganzen Situation offenbarte die Unklarheit der Bewegung des Kleinbürgertums[23]. Nationalgarde und akademische Legion waren in diesen turbulenten Tagen ununterbrochen auf den Beinen. Die sozialen und politischen Meinungsverschiedenheiten führten dazu, daß die kleinbürgerlichen Vorstadtgarden mit den Studenten Front gegen die großbürgerlichen Stadtgarden machten – hier wurde die Saat zu jenem Konflikt gelegt, der dann im Oktober zu blutigem Kampf zwischen diesen Gruppen führen sollte. Die Demokraten versuchten vergeblich, am 13. September durch die Ausgabe der Parole „Bürger Wiens! Nur eins kann euch retten, die Wiedereinsetzung des Sicherheitsausschusses[24]" der Bewegung, die sich in einzelne Tumulte aufzulösen schien, ein politisches Ziel zu geben. Schon an diesem Tag drohte die offene Konfrontation der militärischen Gegenrevolution mit den verunsicherten und verwirrten Wiener Revolutionären.

Allerdings fühlte sich die Regierung zu diesem Zeitpunkt noch zu schwach, um einen entscheidenden Schritt wagen zu können. Noch wußte man nicht, wie sich der ungarisch-kroatische Konflikt weiterentwickeln würde – Jellačić hatte eben zur Zeit der Wiener Unruhen am 11. September die Drau mit seinen Grenzerregimentern überschritten und marschierte gegen die ungarische Hauptstadt. Latour, dem nur eine schwache Garnison zur Verfügung stand, zog zwar Truppen in die Wiener Innenstadt, wagte aber nicht, das Kommando zum Angriff auf die Volksmenge zu geben. Vor dem Reichstag rechtfertigte der Kriegsminister sein Vorhaben mit angeblichen Plänen der akademischen Legion zum Sturz der Regierung und zur Sprengung des Reichstags. Die Mehrheit des Reichstags erkannte dieses Manöver als Täuschung, sprach dem Minister ihr Mißtrauen aus und erklärte sich in Permanenz. Anstelle des zusammengebrochenen Kreditapparats Swobodas[25] votierte der Reichstag einen Kredit in der Höhe von 2 Millionen fl[26]. Aus diesem Fonds wurden nur selbständige Handwerker mit Vorschüssen in der Höhe von 120 bis 300 fl unterstützt[27]. Daraufhin legte sich die Unruhe in der Stadt, die Truppen wurden wieder zurückgezogen.

Die Septemberkrise, die nahe an den Rand eines bewaffneten Konflikts zwischen Regierungstruppen und Volk geführt hatte, ging ohne Blutvergießen vorüber. Nach den Augustunruhen hatte sich die Arbeiterschaft weitgehend von der Bewegung ferngehalten. Das Kleinbürgertum kämpfte ohne ausgeprägtes politisches Ziel für seine ökonomischen Interessen. Der in den Maitagen so leicht errungene Sieg, die Machtübernahme durch den Sicherheitsausschuß, erwies sich angesichts der zunehmenden Stärke der Gegenrevolution und infolge des Verlusts der Arbeiterschaft als Bündnispartner als unwiederholbar.

Im Anschluß an die Frage der Organisation des Kredits sei noch erwähnt, daß als bedeutsamer Vorbote späterer Entwicklungen auch der Genossenschaftsgedanke in der Wiener Revolution auftauchte. Im Gegensatz zum Darlehensverein war diesem Versuch der Selbsthilfe ein beachtlicher Erfolg beschieden. Die Tischler gründeten unter der Führung von Franz Schneider eine gemeinsame Verkaufshalle in der Bäckerstraße, wo 270 Mitglieder dieser Vereinigung ihre Erzeugnisse ausstellten. Ärmeren Mitgliedern stellte die Genossenschaft Rohstoffe zur Verfügung. Die Assoziation, die mit einem Grundkapital von 3000 fl ihre Tätigkeit aufnahm, konnte auf beachtliche Erfolge hinweisen – schon im ersten Jahr ihres Bestandes verzeichnete sie einen Umsatz von 170 000–200 000 fl. Die Tischlergenossenschaft überdauerte sogar die Zeit der Gegenrevolution; leider wissen wir nicht, ob auch andere Handwerker diesem Beispiel folgten[28].

VOR DEM ENTSCHEIDUNGSKAMPF

In der Geschichtsschreibung der deutschen Revolution von 1848 spricht man gewöhnlich von der „Septemberkrise". Der Konflikt zwischen Preußen und der Frankfurter Nationalversammlung in der schleswig-holsteinischen Frage führte zu einer Polarisierung der politischen Lager. Der Frankfurter Aufstand und Struves Versuch, in Südwestdeutschland die Republik zu proklamieren, wurden zu schweren Niederlagen für die außerparlamentarische Linke. In Berlin endete die Ministerkrise mit dem Rücktritt des Kabinetts Auerswald-Hansemann; General Wrangel erhielt das Oberkommando über alle preußischen Truppen. Die Gegenrevolution sammelte allenthalben ihre Kräfte gegen die demokratischen Einigungsbestrebungen.

Auch in Österreich und Wien bereiteten sich im September schwerwiegende Entscheidungen vor. Man wußte auf beiden Seiten der Barrikade, daß wieder schwere Kämpfe bevorstanden, deren Ausgang Sieg oder Niederlage der Revolution entscheiden würde. Nach den Augustunruhen machte sich im demokratischen Lager eine gewisse Erschöpfung bemerkbar.

Die kleinbürgerliche Demokratie war nach dem 23. August zwischen die Fronten des sich mit zunehmender Schärfe zuspitzenden Klassenkonflikts geraten. Das Konzept der Demokraten, die bürgerliche Revolution als „Revolution des ganzen Volkes" – analog zur Auffassung der Jakobiner in der Großen Französischen Revolution – durchzuführen, drohte an diesen Widersprüchen zu zerbrechen. „Wehe über dich, o Wien!" rief Gritzner pathetisch aus, „du wirst es einst schmerzlich bereuen, diejenigen verächtlich von dir gestoßen zu haben, die zu deinem Besten eine Revolution des dritten Standes zu einer Revolution des *Volkes* fortreißen wollten, um dir die Revolution des vierten Standes zu ersparen[1]."

Wir erwähnten bereits, daß die Demokraten ihr Abseitsstehen in der Augustkrise durch eine verstärkte Auseinandersetzung mit den Anliegen der Arbeiterschaft wettzumachen versuchten. Dazu gehörte die Leichenfeier für die Todesopfer des 23. August. Vio-

Die Spekulanten in der Kneipe.

So wären wir also im Reinen und die Rollen sind vertheilt! — **Du**, Kasper, suchst 'ne Gelegenheit — **ich** besorge den **Krawall** und **Du**, Rudolf, spitzest indessen die Feder zu einer tüchtigen **Flugschrift** darüber.

Ungarn in Belagerungsstand — Zichy aufgehängt.

Nach einem aus Pesth erhaltenen Manifeste in ungarischer Sprache, ist durch einen königl. Erlaß des Kaisers von Oesterreich als König von Ungarn der ungarische Reichstag aufgelöst, das Land in Belagerungsstand erklärt und der Ban von Croatien zum Statthalter und Commandirenden erklärt, da er seiner Würde als Ban der Zweite nach dem Palatin ist.

Pesth, 2. Okt. **Graf Eugen Zichy**, früherer Administrator des Weißenburger Comitats, wurde des Hochverraths am Vaterlande überwiesen, starb den 1. Okt., um 9 Uhr früh auf der Insel Czepel den Tod der gemeinen Verbrecher, am Galgen; sein Bruder ist ebenfalls verhaftet. Beide stan- im Briefwechsel mit Latour und Jellachich.

Proßnitz. Die hiesigen christlichen Bewohner scheinen die brüderliche Liebe auf eine sonderbare Art aufgefaßt zu haben. Sie wollten die Juden nicht als Nationalgarden in ihren Reihen dulden. daher diese gezwungen waren, um ihrer Pflicht nachzukommen, eine besondere Nationalgarde zu bilden. Schon vor einigen Wochen wurde ein Jude, der die Kopfbedeckung der Garde trug, insultirt, und konnte nur durch die Flucht der thätlichen Mißhandlung

land schrieb über diese Bemühungen, in denen nach der Auflösung des Sicherheitsausschusses wieder der akademischen Legion und dem demokratischen Verein die Führungsrolle zukam: ,,Es gelang, und die akademische Legion, die Vorstadtgarden und das Proletariat hielten nun fester zusammen als je[2]."

Auch in den Reihen der akademischen Legion, die sich im August ferngehalten hatte, setzte sich die Erkenntnis durch, daß der Schlag gegen die Arbeiter allen demokratischen Kräften gegolten hatte: ,,Endlich verdanken wir dem 23. August eine genauere Absonderung, eine charakteristische Gestaltung der Parteien. Die Reaktionen aller Farben krochen aus ihren Verstecken hervor. Selbst die Metternich-Sedlnitzky-Reaktion fand ihren Ausdruck, unsere sogenannten Bürger überließen sich bisweilen Wutausbrüchen, die ans Lächerliche streiften, und sie hätten gar zu gerne Errungenschaften und Konstitution über Bord geworfen, um die heißgeliebte ,Ruhe' herzustellen[3]."

Der Aufbau selbständiger Arbeiterorganisationen trug, wie erwähnt, gleichfalls dazu bei, den Wiener Demokraten ein tieferes Bewußtsein der sozialen Frage zu vermitteln. Wenngleich sie die von Marx vermittelte These des Klassenkampfes zwischen Bourgeoisie und Proletariat als nicht auf die Wiener Sozialverhältnisse passend weitgehend ablehnten, mußten sie sich doch intensiver als bisher mit den Problemen eines aus dem Gefüge einer ständischen Gesellschaftsordnung herausgetretenen Proletariats auseinandersetzen.

Die Frage nach der politischen Stellung der Demokratie wurde im Reichstag in ihrer grundsätzlichen Bedeutung aufgerollt. Justizminister Bach war der erste, der das im Mai erkämpfte und im konstituierenden Reichstag realisierte Prinzip der Volkssouveränität offen in Frage stellte. Die Politik dieses durch sein Lippenbekenntnis zur Demokratie an die Macht gekommenen Ministers kritisierte ein Zeitgenosse treffend mit der Aussage, Bach sei es, ,,der gradatim den Thermometer der Volksfreiheit auf den Gefrierpunkt des monarchischen Konstitutionalismus hinabschraubt[4]".

Im Zusammenhang mit der Diskussion der Frage der Entschädigung bei der Grundablösung erklärte Bach am 2. September unvermittelt, daß alle Gesetze der kaiserlichen Sanktion zu ihrem Inkrafttreten bedürften und daß die Verfassung nicht allein das Werk des Reichstags sein könne, sondern mit dem Monarchen

„vereinbart" werden müßte[5]. Die Demokraten erkannten die prinzipielle Bedeutung dieser Frage; am 5. September interpellierte Violand beim Ministerium. Es ging, so dieser Wortführer der Linken des Hauses, „um das große Prinzip der Volkssouveränität, diese kostbare Errungenschaft der Neuzeit, kraft welchen Prinzips wir einzig und allein in diesem Hause sitzen und darum nicht etwa auf dem Boden der Vertrags- und Vereinbarungstheorie stehen, sondern eine selbständige konstituierende, vom Kaiser in seinem Manifeste vom 16. Mai feierlich anerkannte und durch die großartigen Umwälzungen und Anstrengungen der österreichischen Völker erkämpfte Versammlung sind[6]".

Der Abgeordnete Alois Borrosch aus Prag erklärte sich ebenso dezidiert für die konstituierende Gewalt des Parlaments und gegen die Verschleppung des Kudlichschen Antrags. Demokratischer Verein und akademische Legion beschlossen, diesem Deputierten, der von der Rechten auf die äußerste Linke des Hauses übersiedelt war, einen Fackelzug zu bringen[7]. Diese Kundgebung am 6. September wurde vorbildlich für eine Reihe weiterer Veranstaltungen während des Septembers, die den demokratischen Verein aus dem engeren Kreis seiner Klubtätigkeit heraustreten ließen und Ansatzpunkt für die Formierung einer demokratischen Massenbewegung und Parteibildung wurden. Die Solidarität zwischen der Reichstagslinken, der außerparlamentarischen Opposition der Demokraten, der akademischen Legion und den Arbeitern, die in diesen Demonstrationen zum Ausdruck kam, konnte allerdings nicht darüber hinwegtäuschen, daß die Linke zur selben Zeit in der Bauernfrage eine schwere Niederlage einstecken mußte.

Kudlichs klare Forderung der Aufhebung der Grunduntertänigkeit und der daraus entspringenden Pflichten und Lasten war in langen Wochen endloser parlamentarischer Verhandlungen und Debatten zu einem Monstrum von 159 Teilfragen angeschwollen[8]. Am 31. August kam es zwischen den die prinzipielle Frage der Entschädigung unterschiedlich beantwortenden Anträgen des Abgeordneten Josef von Lasser und Hans Kudlichs zur Kampfabstimmung. In der allgemein herrschenden Verwirrung wurde Lassers Entwurf, der eine „billige Entschädigung" an den ehemaligen „Guts-, Zehents- und Vogtherren" vorsah, mit 174 gegen 144 Stimmen angenommen – 36 Abgeordnete, zumeist der Linken angehörend, hatten sich der Stimme enthalten und so durch den Mangel an Parteidisziplin den Erfolg der Rechten ermöglicht.

In dem nun folgenden Durcheinander votierte eine Mehrheit von 48 Stimmen für den Einzelpunkt des Kudlichschen Antrags, daß für die nicht auf Privatverträgen beruhenden Lasten die Entschädigung vom Staat geleistet werden sollte. Der Gesetzesentwurf Kudlichs als Ganzes wurde aber in der nachfolgenden Abstimmung von der knappen Mehrheit 152 gegen 148 Stimmen verworfen. Als Zünglein an der Waage hatten die galizischen Bauerndeputierten gewirkt, die, der deutschen Verhandlungssprache meist nicht oder nur unzureichend kundig, völlig verwirrt zum Teil gegen ihre eigenen Interessen stimmten. Die empörte Linke verlangte die Wiederholung des nach ihrer Meinung durch zweifelhafte Mittel zustande gekommenen Skrutiniums – insbesondere warf man Stadion die Manipulierung der galizischen Bauern vor –, konnte sich aber nicht durchsetzen. Die Aufhebung des grundherrschaftlichen Verhältnisses und die Durchführung der Grundentlastung wurden im Sinne des Lasserschen Antrags mit einer Teilentschädigungsleistung durch die Bauern am 7. September vom Kaiser sanktioniert. Der Reichstagslinken und den Demokraten war es nicht gelungen, die Bauernschaft in der Entschädigungsfrage zu mobilisieren – das Agrarproblem war nicht revolutionär, sondern durch einen Kompromiß gelöst worden, der dem adeligen Großgrundbesitz weiterhin sein Übergewicht sicherte. Der Versuch, die Bauern nach dieser Entscheidung zum Widerstand gegen die Konterrevolution in größerem Maßstab zu organisieren, war bei dieser Lage der Dinge von vornherein zum Scheitern verurteilt.

Im demokratischen Verein erkannte man die Bedeutung der nationalen Frage für die weitere Entwicklung der Revolution. Die Sitzung des Vereins am 7. September, über die im Kriegsarchiv ein detaillierter Bericht vorliegt, zeigt, daß die Demokraten sich sowohl der Unterstützung der Wiener Arbeiter als auch der ungarischen Unabhängigkeitsbewegung zu versichern trachteten[9]. Eine Deputation von Arbeitern dankte für die Teilnahme des Vereins an der Leichenfeier vom 3. September und sagte die Hilfe der Arbeiterschaft zu: „Sie entbieten sich, wenn einst dem Vereine Gefahr drohen sollte, ihn mit ihrem Schutze, ihrem Leben zu verteidigen."

Die ungarische Frage, die in ihre Entscheidungsphase getreten war, stand im Mittelpunkt der Beratungen. Der Hof hatte während des Sommers im ungarisch-kroatischen Konflikt, der über

Verfassungsfragen hinaus tief in den Bereich des Nationalitätenproblems reichte, hinhaltend taktiert[10]. Am 10. Juni war der Banus Jellačić durch ein auf Betreiben des ungarischen Ministerpräsidenten Batthyány zustande gekommenes Manifest seines Amtes enthoben und in Anklagezustand versetzt worden. Der „getreue Rebell" verbürgte aber am 19. Juni dem Innsbrucker Hof das weitere Verbleiben der kroatischen Truppen auf dem italienischen Kriegsschauplatz und konnte hinfort auf die geheime Unterstützung seiner Politik durch den Hof und das Wiener Ministerium rechnen. Andererseits beschloß der ungarische Reichstag am 11. Juli nach einer der gewaltigsten Reden Kossuths die Aufstellung einer nationalen Armee von 200 000 Mann, um sowohl in dem bereits offen ausgebrochenen Konflikt mit den Serben als auch in der drohenden Auseinandersetzung mit den Kroaten gerüstet zu sein. Trotz prinzipieller Bedenken sagten auch die Ungarn ihre Waffenhilfe in Italien zu, wollten aber das Vorgehen nur auf die Defensive beschränkt wissen und wünschten einen baldigen Friedensschluß.

Die hinhaltende, ein ränkevolles Doppelspiel betreibende Politik des Hofes und des Wiener Kabinetts wurde immer deutlicher. Während nach außenhin der Anschein korrekter Beziehungen zum selbständigen ungarischen Ministerium und zum Reichstag aufrechterhalten wurde, fand die Sache Jellačić' immer stärkere Unterstützung. Nach dem entscheidenden Sieg Radetzkys bei Custozza (25. Juli 1848) nahm der Plan, Jellačić und mit ihm den erwachenden südslawischen Nationalismus gegen die ungarischen Unabhängigkeitsbestrebungen einzusetzen, immer bestimmtere Konturen an. Eine von Erzherzog Johann Ende Juli in Wien vermittelte Konferenz zwischen Batthyány und Jellačić mußte unter diesen Voraussetzungen scheitern; der kroatische Banus konnte sich aber bei dieser Gelegenheit der Sympathie der Offiziere der Wiener Garnison für seine Sache versichern. Um diese Zeit nahm die Stimmung der öffentlichen Meinung Wiens eine entscheidende Wendung[11]. Die in den Märztagen enthusiastisch zum Ausdruck gebrachte Solidarität mit den parallel geführten Bestrebungen der „edlen Magyaren" um eine liberale Verfassung kühlte sich im Sommer merklich ab. Die aus Gründen politischer Taktik reservierte, ja ablehnende Haltung Kossuths gegenüber der Wiener Mairevolution verstimmte die Demokraten schwer; die Wiener Presse führte eine wenig freundliche Sprache über

Ungarns Selbständigkeitsstreben. Je weiter aber der Sommer fortschritt, umso mehr wuchs die Erkenntnis einer gemeinsamen Bedrohung der Wiener und der ungarischen Revolution durch die Verbindung des Hofes mit Jellačić. Es blieb nicht verborgen, daß der Banus mit großer Energie für die militärische Intervention in Ungarn, die seit dem Sommer beschlossene Sache war, rüstete. Nur noch der Zeitpunkt, zu dem das Wiener Kabinett seine Zustimmung zu diesem riskanten Schritt geben würde, war unbestimmt.

Die Entscheidung fiel Anfang September. Noch Ende August hatten die Ungarn vergeblich versucht, die angespannte Lage durch zu spät kommende Zugeständnisse in nationalen Belangen zu entschärfen. Kriegsminister Latour gab Jellačić zu verstehen, daß er nun den Zeitpunkt für den Einmarsch in Ungarn für gekommen hielt, freilich ohne ihn mit offiziellen Vollmachten zu diesem Schritt, der einem Staatsstreich gleichkam, auszurüsten. Jellačić, der sich bis dahin formal in Anklagezustand befunden hatte, wurde lediglich durch ein Manifest vom 4. September in seine Ämter und Würden als Banus wiedereingesetzt; das Überschreiten der Drau am 11. September erfolgte nach außenhin auf eigene Faust. Das Wiener Kabinett hatte Ende August eine von Minister Bach verfaßte Staatsschrift vorgelegt: Die Unabhängigkeit Ungarns, die in der Märzrevolution erkämpft und in den Aprilgesetzen auch vom Monarchen anerkannt und beschworen worden war, sollte als nicht übereinstimmend mit der Pragmatischen Sanktion wieder zurückgenommen werden. Am 6. September erschien eine über 100 Köpfe zählende Deputation des ungarischen Reichstags in Wien, um zum letztenmal den Versuch zu machen, zwischen der Nation und dem König einen Vergleich herbeizuführen. In der Audienz, die Ferdinand am 7. September in Schönbrunn gewährte, wurde ihre dringende Anfrage bezüglich der Stellung der Zentralregierung im drohenden Konflikt mit nichtssagenden Redewendungen vom Tisch gewischt. Die Deputation verließ enttäuscht und verbittert Wien; viele ihrer Mitglieder trugen rote Federn und Abzeichen auf ihren Kopfbedeckungen – als Zeichen, daß der politische Konflikt nunmehr mit Gewalt entschieden werden müsse.

Vorher hatte noch eine Abordnung dem demokratischen Verein in der erwähnten Sitzung für seine Unterstützung gedankt. Tausenau, der designierte Präsident des Vereins, erwiderte den

Dank mit den an die Ungarn gerichteten Worten: „Unsere Freiheit hängt von der eurigen ab, jeder Schlag, der diese trifft, trifft auch die unsere." Er klagte die Regierung des Verrats an und forderte zu gemeinsamem Widerstand auf: „Das ist ein Staatsstreich, ein reaktionärer coup de main zur Aufhebung der ungarischen Konstitution; was man dort tut, wird man auch hier tun; wir wissen, wer das angestiftet, wir kennen diese Elenden und mögen sie auch noch so hoch stehen, es trifft sie unsre tiefste Verachtung und unser erbittertster Haß. Solche Schmählichkeiten sind unwürdig des Jahres 1848, Brüder, teure Brüder, wir müssen wachen, wir müssen lauschen, in diesem Augenblicke stellt man uns auch schon die Falle, wir dürfen nicht trauen den trügerischen Vorspiegelungen des Ministeriums, es hat sich als Verräter gezeigt, als arglistiger, heuchlerischer Verräter."

Der demokratische Verein suchte seine Politik in großen Volksversammlungen in weitere Kreise zu tragen; am 10. September fand eine solche Kundgebung im Odeon, dem schon traditionellen Ort für diese Zusammenkünfte, statt. Aus den Zeitungsberichten geht hervor, daß bei dieser von 8000 Menschen besuchten Versammlung die Forderung nach einer Zentralisation und Organisation der demokratischen Kräfte mit der ungarischen Frage verkoppelt wurde. Julius Fröbel sprach im Namen des Zentralausschusses der demokratischen Vereine, von dem er nach Wien entsendet worden war, über die Notwendigkeit eines demokratischen Kongresses, „wozu alle Provinzen demokratische Abgeordnete zu senden hätten, damit auch hier wie in Deutschland die Demokraten sich eng aneinanderschließen, um der Reaktion desto wirksamer begegnen zu können". Tausenau brandmarkte den „Konstitutionalismus als Maske der Reaktion" und forderte die Verteidigung der Volkssouveränität[12]. Jellinek sprach „über die ungarischen Wirren und das absolutistische Eingreifen der Krone in die Rechte Ungarns" und setzte „in einer gründlichen Rede die jetzigen Verhältnisse Ungarns in Bezug auf Österreich auseinander und bewies, daß die Freiheit oder der Untergang derselben in beiden Ländern eng miteinander verknüpft ist". Auch Chaises und Schütte ergriffen das Wort. „Allgemein sprach sich in der Versammlung die Sympathie für Ungarn aus, und Jellačić wurde öfters ein Pereat gebracht[13]."

Noch in den endenden August fallen die Versuche, auch die Frauen in einer demokratischen Organisation zusammenzufassen.

Am 28. August berief eine gewisse Frau Strunz eine Frauenversammlung in den Volksgarten ein. Zwischen den Anhängerinnen unterschiedlicher politischer Anschauungen kam es zu heftigen Debatten; mutwillige Neugierige männlichen Geschlechts sprengten schließlich die Versammlung[14]. Eine wirkungsvolle Organisation scheiterte am Widerstand der verständnislosen männlichen Mitbürger; ein politisches Mitspracherecht von Frauen schien zu jener Zeit noch völlig außerhalb des Rahmens des Möglichen zu liegen. Die Bestrebungen einer kleinen Gruppe von Frauen, in die allgemeinen Freiheitsforderungen auch ihre eigene Emanzipation miteinzubeziehen, ernteten nur Spott und Gelächter. Einem Beobachter der Frauenversammlung bot dieser Anlaß lediglich Gelegenheit zur Erprobung seines Witzes: ,,Dies war die erste deutsche Frauenversammlung, von der man sagen konnte: Die Damen waren weder hübsch noch jung, denn die hübsch und jung waren, waren keine Damen[15].“

Diese und ähnliche Stellungnahmen dürfen nicht darüber hinwegtäuschen, daß diesem ersten Versuch, in Wien eine politische Frauenorganisation zu schaffen, sehr ernst zu nehmende Prinzipien zugrundelagen. Der führende Kopf des demokratischen Frauenvereins war die damals vierzigjährige Baronin Karoline von Perin (geb. Pasqualati), die zur Zeit der Revolution mit Dr. Alfred Julius Becher zusammenlebte. Diese von nahezu allen Zeitgenossen als ,,exaltiert“ geschilderte Persönlichkeit hatte keine so unvernünftigen Ideen, wie die bei den Papieren Bechers im Kriegsarchiv aufbewahrten ,,Statuten des ersten Wiener demokratischen Frauenvereines“ zeigen[16]: ,,Die Aufgabe des Vereines ist eine dreifache: eine politische, eine soziale und eine humane:

a) eine politische, um sich durch Lektüre und belehrende Vorträge über das Wohl des Vaterlandes aufzuklären, das demokratische Prinzip in allen weiblichen Kreisen zu verbreiten, die Freiheitsliebe schon bei dem Beginne der Erziehung in der Kinderbrust anzufachen und zugleich das deutsche Element zu kräftigen.
b) eine soziale, um die Gleichberechtigung der Frauen anzustreben, durch Gründung öffentlicher Volksschulen und höherer Bildungsanstalten den weiblichen Unterricht umzugestalten und die Lage der ärmeren Mädchen durch liebevolle Erhebung zu veredeln.

c) eine humane, um den tiefgefühlten Dank der Frauen Wiens für die Segnungen der Freiheit durch sorgsame Verpflegung aller Opfer der Revolution auszusprechen."

Die letztgenannte Aufgabe versuchte der Frauenverein durch Geldsammlungen für die Verwundeten des 23. August und für die durch die Lohnkürzungen betroffenen Arbeiterinnen zu erfüllen. Innerhalb des Vereins kam es bezüglich der Frage des Ausmaßes dieses sozialen Engagements zu Auseinandersetzungen. Als im September die Zinsfrage, die schon im April ganz Wien aufgewühlt hatte, neuerlich aktuell wurde, forderte eine gewisse Frau Bouvard im Verein den Verzicht des Hausherren auf die halbjährliche Zinseinhebung. Perin meinte dagegen, dies sei „ein Eingriff ins Eigentumsrecht, also antidemokratisch", worauf Bouvard erwiderte: „Ihr Verein ist eine Chimäre, ihr alle zieht auch die Schlafhauben bis über den Kopf und legt euch zur Ruhe, wenn der Arme hungert[17]." Die soziale Frage wurde also auch hier zum Prüfstein für die Entschiedenheit der von den Demokraten erhobenen Forderungen.

Daß mit der sozialen Krise des Kleinbürgertums, die in den bereits besprochenen Tumulten um die Swoboda-Aktien gipfelte, auch die unausweichliche Konfrontation zwischen Revolution und Gegenrevolution um einen Schritt nähergerückt war, erkannten die Demokraten klar: „Die Reaktion ist mitnichten das Werk der Camarilla, sondern der ‚Fürsten selbst', sie ist der letzte Kampf der Dynastien mit den Völkern! In Wien muß dieser Kampf ausgekämpft werden. Er beginnt jetzt in entscheidenden Wendungen aufzutreten[18]."

Während bisher die Demokraten das Feld der öffentlichen Meinung beherrscht hatten, formierten sich nun auch die durch die Politik der Regierung zuversichtlich gewordenen konservativen Kräfte. Nachdem am 9. September am Redaktionsbüro der reaktionären Zeitung „Geißel" eine schwarzgelbe Fahne als Symbol der Gegenrevolution ausgehängt wurde, kam es zu einer Reihe von Kundgebungen, bei der die Anhänger der schwarzgelben und der schwarzrotgoldenen Fahnen oft heftig aufeinanderstießen. Nicht zu Unrecht warfen die Demokraten den „schwarzgelben" Bürgern vor, ihre Hoffnungen auf die Restaurierung des gesamtösterreichischen Kaiserstaats durch die militärische Konterrevolution zu setzen. Die „Geißel" hatte

24 Karikatur auf den politischen Opportunismus des Wiener Spießbürgertums

25 Karikatur auf den politischen Opportunismus des Wiener Spießbürgertums

schon am 16. August die Parole WIR – die Initialen der Feldherren Windischgrätz, Jellačić und Radetzky – ausgegeben[19]; ihre Prophezeiung, daß dieses Triumvirat die Revolution besiegen würde, sollte sich erfüllen. Und bereits im Juni 1848 hatte Grillparzer, verdrossen über die revolutionäre Unruhe, auf ein Eingreifen des Zaren gehofft, wie Bauernfeld betroffen in seinen Tagebüchern notierte: „Spaziergang mit Grillparzer, der der neuen Sache abgeneigt ist. Er hofft, die deutschen Fürsten werden sich an Rußland wenden, um Ruhe und Ordnung herzustellen!! – Fast hätten wir uns zerzankt. Wenn die Besten so denken[20]!"

Im September schlossen sich auch die Konservativen, nachdem erste Assoziationsversuche gescheitert waren, auf Vereinsebene zusammen. Am 5. September versammelte sich im „Römischen Kaiser" der konstitutionelle Verein unter Führung Dr. Rudolf Vivenots[21]. Die politische Stellungnahme des konstitutionellen Vereins richtete sich namentlich gegen den „vierten Stand, der ungleich zahlreicher und gefahrdrohender dem dritten Stande, dem besitzenden Bürgertume, heutigen Tages sich gegenüberstellt, als dieser dritte Stand, die Bourgeoisie, vor der ersten französischen Revolution den beiden ersten Ständen gegenübertrat und sie bewältigte[22]". Als sein Ziel bezeichnete der Verein die Wiederherstellung der „nun seit allzu langer Zeit schon entwichenen guten Hauszucht" – ein typisches konservatives Motiv. Der Verein erlebte zwar die Genugtuung, daß sich die Zahl seiner eingeschriebenen Mitglieder aus den Reihen der „Gutgesinnten" bald auf 25 000 belief[23], fand aber zu keinen Formen effektiver politischer Aktivität. So geriet die Tätigkeit des konstitutionellen Vereins, ehe sie sie noch eigentlich begonnen hatte, ins Stocken; was blieb, war eine zunehmend schärfere Tonart der reaktionären Presse gegen die Demokraten.

Die ungarische Frage trat nach der Eröffnung der Feindseligkeiten durch Jellačić in den Vordergrund des politischen Interesses. Die ganze Verworrenheit der Situation kam in der Tatsache zum Ausdruck, daß in Wien sowohl für die Ungarn als auch für die Kroaten Freiwilligenwerbungen vorgenommen wurden[24]. Eine wichtige Chance für eine Verbindung der ungarischen und Wiener Bewegung gegen die Fortschritte der Gegenrevolution ging ungenützt vorüber, als eine zweite Deputation der Ungarn abgewiesen wurde. Die ungarischen Gesandten wandten sich diesmal an den Reichstag; die Linke schickte ihre besten Redner wie Löhner, Goldmark und Violand in die Debatte, um die Zulassung der Ungarn vor der Versammlung und die Vorbringung ihrer Anliegen zu ermöglichen. Rechte und Zentrum verschanzten sich hinter den Paragraphen der Geschäftsordnung; die Ungarn wurden am 18. September abgewiesen.

Die Linke hatte sich vergeblich bemüht, über die Schranken trennender Nationalitätsinteressen hinweg die Solidarität gegenüber der die Freiheit aller Völker der Monarchie bedrohenden Gegenrevolution klarzumachen. Daran konnte auch die am Abend des 19. September abgehaltene Sympathiekundgebung für die Ungarn nichts ändern, an der sich die demokratischen Vereine, Nationalgarden und Studenten beteiligten. Tausenau erklärte in seiner Ansprache das Band der Pragmatischen Sanktion für zerrissen; die souveränen Völker Österreichs und Ungarns müßten sich gegen die drohende Konterrevolution eng zusammenschließen. Der erblindete, hochbetagte Wessélenyi, einer der prominentesten Wortführer der politischen Opposition Ungarns im Vormärz, erwiderte Tausenaus Rede[25].

In der Sitzung des demokratischen Vereins vom 22. September mahnte Fröbel zur Zentralisation der demokratischen Vereine in ganz Österreich und forderte zur Beschickung des demokratischen Kongresses in Berlin seitens der Österreicher und Ungarn auf[26]. Fröbel dachte auch an Kontakte zu den Tschechen: „Da ich hoffe, daß es auch bei den Tschechen echte Demokraten gibt, so müssen wir uns auch mit diesen verbinden[27].“ Schon am 17. September hatte der demokratische Verein alle übrigen freisinnigen Vereine zur Bildung eines Zentralausschusses eingeladen[28], der am 30. September zustande kam[29].

Am 24. September fand erneut eine Volksversammlung im Odeon statt; Tausenau, Schütte, Jellinek und Willner sprachen[30]. An der Versammlung im Odeon nahm auch der „Verein der mit der akademischen Legion sympathisierenden Nationalgarden“ teil, der besonders in der radikalen Vorstadt Wieden zahlreiche Anhänger zählte.

Der Abend des 24. September brachte eine große Kundgebung für den „Bauernbefreier“ Kudlich, zu der viele Bauern der Umgebung, vor allem aus dem Marchfeld, nach Wien gekommen waren. Zu dieser Demonstration hatte der Redakteur des „Freimütigen“, Moritz Mahler, aufgerufen, der seit 18. Juni seinem

Blatt eine „Bauernzeitung" beigab, in der die Landbevölkerung über die Vorgänge in Wien aufgeklärt werden sollte.

Mahler forderte die Bauern auf, für den Initiator ihrer Befreiung von den feudalen Lasten einen Fackelzug zu veranstalten; das Ziel war Kudlichs Wohnung am Mehlmarkt (heute Neuer Markt)[31]. Kudlichs Rede an die versammelten Bauern atmete das Pathos der Revolution von 1848: „Der Freiheitslöwe, der in der Aula sein Lager aufgeschlagen, schüttelte so fürchterlich wild seine Mähnen, erhob mit so mächtigem Donnerhall seine Stimme, daß die Tyrannen von ganz Europa zitterten und die Zwingburgen der Despotie wie die Mauern von Jericho zusammenstürzten und der Freiheit ein Weg angebahnt wurde, auf welchem ich und alle mir Gleichgesinnten fortzuwandeln entschlossen sind, sei es nun im unblutigen Wortstreite im Reichstage oder im toddräuenden Straßenkampfe. (. . .) Seid einig! Ob Deutscher, ob Slawe, reicht euch brüderlich die starken Hände, denn euer Nutzen und Schaden sind gleich. Seid einig, aber auch wachsam! und wenn der Löwe der Aula wieder ruft bei nahender Gefahr, dann werfet fort die friedlichen Werkzeuge eures Berufes, laßt die Flammenzeichen rauchen von Berg zu Berg, laßt den Schlachtruf ertönen von Tal zu Tal, und ein Landsturm wird sich erheben, der die Söldner der Tyrannei wie Spreu hinwegfegen wird[32]!"

Die Demokraten versuchten in der Folge, engere Beziehungen zu den Bauern in der Umgebung Wiens anzuknüpfen. In Groß-enzersdorf, wo der bäuerliche Reichstagsdeputierte Marcher schon Vorarbeit geleistet hatte, agitierten Kudlich und Violand am 1. Oktober für die Bildung eines Volksvereins. Violand sprach bei dieser Gelegenheit „über das Drückende der Besteuerung, er forderte das Volk auf, sich zum bewaffneten Einschreiten bereit zu halten, auf die Geistlichen nicht zu hören, die nur auf den Zehent bedacht seien, und sprach gleiches Mißtrauen gegen die weltliche Obrigkeit aus[33]". Aus der geplanten Vereinsgründung wurde freilich infolge der Ereignisse des 6. Oktober ebensowenig wie aus einer für den nächsten Sonntag angesetzten Volksversammlung in Stockerau. Die Zeitspanne, die den Demokraten noch für ihre Agitation unter den Bauern gegönnt war, erwies sich als zu kurz, um noch einen Stimmungsumschwung unter der konservativ gewordenen Landbevölkerung herbeiführen zu können.

Im Rahmen der Bemühungen der Demokraten, die Basis ihrer

politischen Bemühungen zu verbreitern, sei auch noch das sogenannte Journalistenparlament erwähnt. Die Reichstagsordner hatten den Journalisten einen dunklen Korridor als Aufenthaltsort zugewiesen, um direkte Kontakte zwischen den Vertretern der Presse und den Abgeordneten zu verhindern. Die Journalisten reagierten empört auf diese Zumutung und beschlossen, die Berichterstattung über die Reichstagsverhandlungen einzustellen. Bei der Wahl eines elfköpfigen Komitees aus den 65 Mitgliedern dieses losen Zusammenschlusses zeigte es sich, daß die Demokraten in der Publizistik immer noch eine tonangebende Stellung hatten: Tausenau erhielt 61, Becher 49, Zang 51, Kuranda 58 und Häfner 31 Stimmen[34].

Die vielfachen Berührungspunkte mit der entstehenden Arbeiterbewegung ließen die fortgeschrittensten Demokraten auch ihr bisheriges politisches Programm überdenken. Hier ist vor allem Hermann Jellinek zu nennen, der den Begriff der sozialen Demokratie in einer in den Oktober hinüberreichenden Artikelserie des „Radikalen" präzisierte. Am 23. September schrieb er über die „organisierte Gesellschaft oder die soziale Demokratie": „Diese Staatsform kann natürlich dem Übergewichte des Kapitals nicht das Recht zugestehen, das es jetzt auf Kosten der wirklichen Arbeit hat[35]." Jellinek überschritt bereits de facto den Rahmen der Kompromißlösung der „demokratischen Monarchie", wenn er sagte: „Die soziale Demokratie ist nichts anderes als die Erfüllung, die Konsequenz, die Bewahrheitung der konstitutionellen und der demokratischen Monarchie. Ihr halben, feigen, konstitutionellen, ihr demokratisch-monarchischen, aber auch ihr demokratischen Phrasenhelden werdet lächeln, uns wahrscheinlich für einen falschen Propheten ansehen (. . .) Ihr Heuchler! Versteht ihr denn die Theorie? Kennt ihr wohlbehaglichen Jesuiten das Elend der menschlichen Gesellschaft[36]?"

Höchst bemerkenswert war Jellineks Verknüpfung des Gedankens der sozialen Demokratie mit einer nationalen Föderation, die den dynastischen Verband aufheben müsse, um einen freien Bund der Völker an seine Stelle zu setzen: „Wenn die Freiheit eine wirkliche ist, dann führt sie auch den materiellen Wohlstand nach sich. (. . .) Die ewige, nie auszurottende Idee der Freiheit, welche, von den Heroen Deutschlands entdeckt, ausgearbeitet wurde, sie ist unsere Armee, die siegreich aus allen Hofintrigen hervorgeht. Das Volk hat für diese Idee gelitten, es ist verfolgt worden, es hat sie immer mit Blut und Leben bezahlen müssen. Die Idee lebt aber doch. (. . .) Eine Zentralregierung für alle Völker Österreichs in der Form des Konstitutionalismus führt zum alten System zurück, die Selbstregierung der einzelnen Nationen bahnt den Weg zur sozialen Demokratie – oder mit anderen Worten: Ein Föderativsystem ist der Durchgangspunkt zur Demokratie selbst. In diesem Augenblicke aber führt die Revolution den Kampf gegen das politische Zentralsystem des alten Ministeriums, sie protestiert gegen die pragmatische Sanktion, sie erhebt sich gegen Wessenberg und Bach, sie greift die Politik der Dynastie selbst an. (. . .) Wer für die Selbständigkeit der Nationalitäten in Österreich ist, der ist für das Volk, gegen den alten Kaiser[37]."

So zeigte sich gegen den Herbst zu ein Vordringen sozialistischer Ideen in den Reihen der demokratischen Intelligenz. Dr. Vinzenz Emperger, der Vorsitzende des Grazer demokratischen Vereins, der dann im Oktober eine Abteilung steirischer Freiwilliger an die Seite der Wiener führte, formulierte diesen Umstand vor dem Militärgericht folgendermaßen: ,,Diese selbst in den untersten Volksschichten lebenden Erfahrungen [des vormärzlichen Regierungssystems] wurden von einer Änderung und Abhilfe suchenden Intelligenz benützt, um auch in Österreich das Werk der Umgestaltung anzubahnen, wozu nicht nur Lamennais' kommunistische Tendenzen, sondern vorzüglich die Hegel'sche Philosophie – der Sozialismus – förderlich wirkten[38]."

Gegen Ende des Monats September verdichteten sich in der gewitterschwülen politischen Atmosphäre die Gerüchte von einem nahe bevorstehenden gegenrevolutionären Staatsstreich des Militärs. Daß diese Befürchtungen nicht der überreizten Phantasie der Demokraten entsprangen, wie die Liberalen meinten, zeigten die geheime Korrespondenz des Fürsten Windischgrätz und bald schon offenkundige Tatsachen. Schon am 22. August hatte Windischgrätz, wie aus seinem Schreiben an Fürst Josef Lobkowitz, den Generaladjutanten des Kaisers, hervorgeht, seine Dispositionen zur Niederwerfung der Revolution getroffen: ,,Leider sind schon so viele Fehler geschehen, die nicht mehr gutzumachen sind; allein die Regierung steht auf einem so lockeren Boden, daß es in kürzester Zeit zu einer Revolution kommen muß, wo es sich vorerst nur darum handeln wird, die geheiligte Person Seiner Majestät des Kaisers in Sicherheit zu bringen. Vor allem mache ich Dich verantwortlich, daß Seine Majestät keine Konzessionen mehr mache. (. . .) Sobald Du bemerken solltest, daß man auf eine Konzession dringt oder daß die Person des Kaisers auf irgendeine Art in Gefahr kommt, so nehme so viele Truppen wie möglich zusammen und führe Seine Majestät mit der ganzen kaiserlichen Familie unter dem Schutze seiner Armee und nicht als Flucht über Krems nach Olmütz. Dann werde ich Wien erobern. Seine Majestät wird zugunsten seines Neffen Franz Josef abdizieren, und dann werde ich Ofen erobern[39]."

Spätestens seit dem offenen Angriff Jellačić' auf Ungarn wußte man in Wien, daß Rücksichtnahme auf gewährte Verfassungen und gegebene Versprechen die militärische Konterrevolution nicht von ihren Plänen abbringen würde. In Wien verbreiteten sich Gerüchte von einem nahe bevorstehenden Eingreifen von Windischgrätz, „der sich vielleicht mit gieriger Wut nach dem Augenblicke sehnt, um über Wien herfallen zu können und die Freiheit in Grund und Boden zu bohren[40]". Beflissene Dementis konnten diese Befürchtungen nicht zerstreuen, sondern bestärkten sie vielmehr[41]. Ein Artikel des „Wiener Postillon" bezeichnete sie als „Träume der Reaktion" mit geradezu prophetischer Voraussicht: „Wien in Belagerungszustand – Legion und Nationalgarde entwaffnet und aufgelöst – die liberalen und demokratischen Vereine gesprengt – ihre Rädelsführer und Sprecher gehängt und gespießt, oder wenigstens in sicherem Gewahrsam in Brünn oder Munkács zu wissen[42]."

Das Doppelspiel, das Kriegsminister Latour in den ungarisch-kroatischen Wirren getrieben hatte – als Antwort auf eine Interpellation im Reichstag leugnete er jede Beziehung zu Jellačić –, wurde durch zwischen ihm und dem Banus gewechselte Depeschen aufgedeckt. Ungarische Schweinehirten hatten einen Kurier mit den kompromittierenden Briefen angehalten, die nun in Pester Blättern und in der Wiener Demokratenpresse publiziert wurden. Die demokratische Öffentlichkeit antwortete auf die Enthüllung dieser Intrigen mit Empörung; im „Radikalen" faßte Becher die Anklagen gegen das Kabinett mit schneidendem Hohn zusammen: „So frech-unkonstitutionell, so perfid-reaktionär, so lügnerisch-intrigant, so feig-dynastisch, so plump-stellensüchtig, so boshaft-verleumderisch war vielleicht nie ein verantwortliches Ministerium." Das Kabinett sei, so Becher, ein „Spielball oder Mitschuldiger einer konstitutionswidrigen, konterrevolutionären und mithin volksverräterischen Umsturzpartei. (. . .) Das Ministerium muß stürzen[43]." Am 30. September befragte Borrosch den Kriegsminister wegen seiner hinter dem Rücken des Parlaments und der Öffentlichkeit unterhaltenen Beziehungen zum kroatischen Banus; Latour konnte nur mit vagen Ausflüchten antworten[44].

Für die demokratischen Kräfte wurde es angesichts der über ihrem Haupt schwebenden Bedrohung durch die militärische Gegenrevolution lebensnotwendig, sich in der Garnison von Wien einen gewissen Rückhalt zu verschaffen, ja wenn möglich Teile der Truppe auf ihre Seite zu ziehen. Eine gute Voraussetzung hiefür bot, daß die Demokraten sich mit Vehemenz und Erfolg für die Beseitigung der Prügelstrafe einsetzten, die in der alten Armee das Um und Auf der militärischen Disziplin bildete und vielfach mit äußerster Brutalität gehandhabt wurde. Auch die barbarische Mannschaftsstrafe des Spießrutenlaufens wurde abgeschafft, eine Strafe, die den Betroffenen nicht selten zum Krüppel machte, unter Umständen auch den martervollen Tod herbeiführte[45]. Trotz der formellen Aufhebung dieser Strafarten, die unter dem Druck der demokratischen Öffentlichkeit erfolgt war, wurden unbotmäßige Soldaten immer noch häufig auf die Prügelbank gelegt. Die Soldaten lehnten sich gegen diese entwürdigende Strafe auf, wie etwa in der Gumpendorfer Kaserne[46].

Ein Brief eines Gemeinen an Becher zeigt die Zwangslage, in die Soldaten gerieten, die nicht gutwillig gegen das Volk einschreiten wollten. Das Schreiben gibt einen Einblick in die aus Drohungen und physischer Gewalt gemischten Methoden, mit denen eine zum Teil bereits schwankende Truppe zum Kampf gegen das revolutionäre Wien getrieben werden sollte, aber auch in die Erbitterung vieler Soldaten über ihre Vorgesetzten: ,,Man sagte uns [bei der Verhängung der Prügelstrafe]: Dies der Nutzen, weil euch das Wiener Gesindel helfen wollte, und wie wir am 13. September ausrücken oder vielmehr einrücken in die Stadt mußten: Gebt's der Wiener Kanaille keinen Pardon, wenn wir Befehl zum Einhauen geben, nur so könnt ihr eure Scharte auswetzen und selbst Pardon kriegen. Was sollen wir also tun, wenn einmal Befehl zum Schießen gegeben würde, hinter uns wartet der Stock und Eisen, wir sind noch durch keinen Eid mit dem Volke verbunden. (. . .) Sind Stock und Eisen die Bande, die uns an Österreich ketten sollen? und fällt es nicht so manchem ein, daß so mancher Offizier, der unter den Tapfern in Italien gefallen sein soll, wohl von Feindeskugel getroffen, aber nicht gerade von der vis à vis[47]!" Unter diesen Umständen konnten die Demokraten damit rechnen, daß im Falle eines bewaffneten Konflikts zumindest ein Teil der Wiener Garnison auf die Seite des Volkes übergehen würde.

Am 28. September erschien im „Freimütigen" ein Manifest mit dem Titel „Die Demokraten Wiens an ihre Brüder die Soldaten"[48]. Es handelte sich hierbei um den von Mitgliedern der akademischen Legion veranlaßten Nachdruck eines Aufrufs aus der „Berliner Zeitungshalle", der auch auf österreichische Verhältnisse anwendbar schien und gleichzeitig auch als Flugblatt veröffentlicht wurde[49]. Das Manifest rief die Soldaten zur Solidarität mit den demokratischen Bestrebungen auf: „Soldaten! Ein großer Teil eurer Offiziere hat euch eingeflößt, wir seien eure Feinde, wir wollen Ordnung und Gesetze stürzen, die ihr aufrecht zu erhalten berufen seid. Soldaten! Man hat euch schmählich hintergangen. Wir wollen Ordnung und Gesetz halten; denn ohne diese kann nichts bestehen. Aber wir wollen auch die Freiheit, die uns und euch unser Kaiser verheißen hat. Die aber, welche euch gegen uns zur Feindschaft reizen, fürchten durch diese Freiheit ihre Vorrechte und ihre unbeschränkte Gewalt über euch zu verlieren. Und darum wollen sie euch zur Unterdrükkung der Freiheit mißbrauchen." Weiters wurde unter anderem die Wahl der Chargen bis zum Hauptmann durch die Mannschaft aus den zu diesem Dienst Befähigten verlangt: „Kenntnisse sollen befördern, nicht Gunst oder Vorrechte. Die Offiziersstellen dürfen nicht ferner von den Adeligen als Bevorrechteten gepachtet sein."

Noch ein wichtiges Ereignis fällt in den September 1848: die Veröffentlichung des Entwurfs der Grundrechte am 29. September[50]. Der am 2. August eingesetzte Verfassungsausschuß hatte damit ein imponierendes Werk geschaffen. Der Entwurf, der dann in Kremsier die Grundlage der weiteren Diskussion bilden sollte, lehnte sich eng an die Déclaration des droits de l'homme et du citoyen von 1789 und die französische Verfassung von 1791 an[51]. Die Grundrechte des österreichischen Reichstags wurden als Konsequenz des Prinzips der Volkssouveränität interpretiert, die § 3 (später § 1) so definierte: „Die Gesamtheit der Staatsbürger ist das Volk, alle Staatsgewalten gehen vom Volke aus und werden auf die in der Konstitution festgesetzte Weise ausgeübt." Eine Kriegserklärung an die politischen und sozialen Privilegien des Adels war § 5: ,,Vor dem Gesetze sind alle Arten von Adelsbezeichnungen abgeschafft und dürfen nicht mehr verwendet werden." Im § 21 wurde in Hinblick auf die nationale Frage bestimmt: ,,Jeder Volksstamm hat ein unverletzliches Recht auf Wahrung und Pflege seiner Nationalität überhaupt und seiner Sprache insbesondere. Die Gleichberechtigung aller landesüblichen Sprachen in Schule, Amt und öffentlichem Leben wird vom Staate gewährleistet."

Auch das Recht auf Arbeit kam im Verfassungsausschuß zur Sprache, wurde aber – auch mit dem Hinweis auf seine Folgen in Frankreich (Fischhof) abgelehnt. Palacký und Kajetan Mayer begründeten die Ablehnung mit ,,kommunistischen Konsequenzen", die sich notwendig daraus ergeben müßten: ,,Die Gleichberechtigung spreche keinen Kommunismus aus; es müßte sonst Demokratie mit Kommunismus für gleichbedeutend genommen werden. Es sei formelle und materielle Berechtigung zu unterscheiden. Das Recht auf Eigentum an und für sich habe jedermann, nicht aber auch das Recht auf ein gegebenes Eigentum" (Mayer)[52]. Die Forderung der ,,sozialen Demokratie" blieb also weiterhin den außerparlamentarischen Organisationen der Linken überlassen.

Der Reichstag hatte mit seinem Entwurf die Möglichkeiten und Perspektiven der bürgerlichen Revolution ausgeschöpft und den Grundriß für einen liberal-demokratischen Verfassungsstaat gezeichnet. Die Verwirklichung dieses Plans sollte freilich von der Entscheidung der Machtfrage abhängen, die – wie Ferdinand Lassalle so treffend bemerkte – alle Verfassungsfragen im Grunde impliziert.

Der September hatte den Demokraten und der jungen Arbeiterbewegung Wiens noch eine kurze Atempause gegönnt, ehe sie erneut auf die Bewährungsprobe im revolutionären Kampf gestellt wurden. Alle wußten: Es war die Ruhe vor dem Sturm. Die Demokraten waren entschlossen, nicht kampflos das Feld zu räumen: ,,Wir sagen es der Reaktion, daß sie sich täuscht. Der Demokrat läßt sich nicht einschüchtern. Zumal jetzt. Entweder der Sieg oder Tod – ein drittes erkennen wir nicht an[53]."

DIE DEMOKRATEN UND ARBEITER WIENS IM OKTOBER 1848

Es ist unmöglich, an dieser Stelle eine umfassende Analyse der Oktobererhebung, der Ursachen und Folgen ihrer Niederlage in politischer und militärischer Hinsicht zu geben. Die Rolle der Demokraten und der Arbeiter Wiens im Abwehrkampf gegen die militärische Konterrevolution ist es, die hier vor allem gewürdigt werden soll.

Die Quellenlage für diese Frage ist höchst ungünstig, da die meisten Selbstzeugnisse über die Tätigkeit der demokratischen Körperschaften vernichtet wurden. Die Sieger schreckten auch vor gröbsten Fälschungen nicht zurück, um die Träger der überwundenen Revolution politisch und moralisch zu brandmarken – die Historiographie hat vielfach den Fehler begangen, diese tendenziösen Berichte kritiklos zu übernehmen. Die Aussagekraft der Publizistik, die bisher unsere wichtigste Quelle zur Erforschung der organisatorischen und ideologischen Entwicklung der demokratischen und Arbeiterbewegung gewesen ist, läßt während des Oktoberkampfes sehr nach. Die Berichterstattung oder vielmehr die Vermutungen und Hoffnungen über die militärische Lage der Dinge standen ganz im Vordergrund des Interesses der Zeitungen, Flugschriften und Plakate; die politische Analyse und Weiterbildung der demokratischen Ideologie traten in den Hintergrund. Die Memoirenliteratur – Angehörige aller Lager bezogen zu dem dramatischen Geschehen der Wiener Oktoberrevolution Stellung – hilft, diese Lücke etwas zu füllen[1].

Wie erwähnt, trugen sich die gegenrevolutionären Kreise schon im September mit dem Gedanken, gewaltsam gegen Wien vorzugehen, so wie man Krakau, Prag und Mailand besiegt hatte. Der kommandierende General von Niederösterreich und Wien, Graf Auersperg, plante schon um den 13. September eine militärische Besetzung der Aula und die Auflösung der akademischen Legion, wurde aber an diesem Vorhaben durch eine Gegenorder Latours, der den richtigen Zeitpunkt noch nicht für gekommen hielt, gehindert[2]. Der uns aus den Märztagen bekannte Diplomat Vitzthum von Eckstädt schrieb am 28. September in einem Brief, daß Truppen um Wien konzentriert würden, um im Fall einer Emeute die Stadt in Belagerungszustand erklären zu können[3]. Einem solchen Vorhaben stellte sich freilich die Schwäche der Wiener Garnison in den Weg, die sich nur auf 9000 Mann belief.

Im Sommer und Frühherbst waren zwischen Windischgrätz und Latour tiefgehende Meinungsverschiedenheiten entstanden, da sich Windischgrätz weigerte, auch nur Teile der von ihm in Böhmen kommandierten Truppen dem Wiener Kriegsminister zur Verfügung zu stellen. Latour mußte sich dem allmächtigen Feldmarschall, wenngleich zähneknirschend, beugen; sogar der naheliegende historische Vergleich mit Wallenstein kam ihm auf die Lippen. Windischgrätz machte geltend, daß er ebenso wie Radetzky seine gesamte Truppenmacht zur Niederhaltung der erst oberflächlich pazifizierten Provinz benötige – sein Hintergedanke dabei war aber, wie wir wissen, der Wunsch, im Einvernehmen mit den einflußreichen Hofkreisen um Erzherzogin Sofie selbst die Wiener Revolution zu unterwerfen[4].

Unter diesen Umständen versuchte das Wiener Kabinett, sich die Spaltungen innerhalb der Nationalgarde zunutze zu machen. Minister Bach erwartete schon für den 2. Oktober einen Aufstand in Wien und hoffte, die großbürgerlichen Teile der Nationalgarde gegen das Volk einsetzen zu können[5].

Der ungarisch-kroatische Konflikt ließ endlich das labile Gleichgewicht, in der sich die angespannte politische Situation Wiens befand, in offenen Konflikt umschlagen. Zunächst schien es, als ob Jellačić bei seinem Vormarsch keinen ernsthaften Widerstand finden würde. Die Führungskräfte Ungarns befanden sich in vollständiger Verwirrung; der Erzherzog-Palatin Stefan Victor floh angesichts des furchtbaren Dilemmas, in den ihn der Bürgerkrieg stürzte, außer Landes; die von Széchenyi und Batthyány repräsentierten liberalen Führungsschichten wurden vom Landesverteidigungsausschuß unter der energischen Führung Kossuths abgelöst (22. September). Die Machtübernahme durch die revolutionär-demokratischen Kräfte brachte mit dem Aufflammen des nationalen Widerstandes die Wende. Die ungarischen Kerntruppen, denen sich schon die Regimenter der jungen Honvédarmee und die Freiwilligenbataillone anreihten, gingen nicht zum Banus über und stellten sich ihm bei Pakózd am 29. September, drei Tagesmärsche vor der ungarischen Hauptstadt, zum Kampf. Jellačić wurde von Feldmarschalleutnant Móga, dem Kommandanten der ungarischen Armee, in diesem Gefecht zurückgeworfen, aber nicht entscheidend besiegt. Auf beiden Seiten widerstrebte es Offizieren und Soldaten, gegen ehemalige Kameraden, die nun durch kaum durchschaubare politische und nationale Verwirrungen zu Feinden geworden waren, zu fechten. Jellačić, dessen Flügelarmeen von dem sich erhebenden Volk abgeschnitten und zur Kapitulation gezwungen wurden, sah sich genötigt, in Eilmärschen zur österreichischen Grenze zu ziehen, um dort Verstärkungen abzuwarten. Am 5. Oktober stand er in Ungarisch-Altenburg; durch seine Kuriere forderte er von Latour dringlichst Verstärkung, um wieder den Vormarsch auf Ofen antreten zu können.

Die Unterbrechung der Kommunikation hatte in Wien zunächst dazu geführt, daß man den mehr oder weniger kampflosen Einzug des Banus in die ungarische Hauptstadt voraussetzte und demgemäß disponierte. Flugblätter – offenbar von offizieller Seite lanciert – meldeten Ende September/Anfang Oktober den Einmarsch der kaiserlichen Truppen in Pest: „Die kaiserlichen Fahnen wehen von Häusern und Türmen; die kaiserlichen Truppen haben im Namen des Kaisers Pest besetzt, und die ungarischen Wirren sind somit zu Ende. (. . .) Der Reichstag wird neu gebildet und Kossuth in Anklagezustand versetzt. (. . .) Die deutschen [!] Soldaten, welche unter den kaiserlichen Fahnen die Kossuth'sche Partei bekämpften, haben den Thron ihres Kaisers siegreich in Ungarn erhalten und die ihnen angetane Schmach blutig gerächt[6]." Diese Falschmeldungen entsprangen freilich nicht der Realität, sondern resultierten aus dem Wunschdenken des Wiener Ministeriums. Man glaubte auch vollendete Tatsachen zu bestätigen, als ein königliches Reskript vom 3. Oktober den ungarischen Reichstag für aufgelöst erklärte und Jellačić mit diktatorischer Gewalt bekleidete, zu einem Zeitpunkt, als er sich auf der kaum mehr bemäntelten Flucht aus Ungarn befand[7].

Nachdem in Wien die wahre Situation des erschöpft und derangiert an der österreichischen Grenze angelangten kroatischen Heeres bekannt geworden war, sendete ihm Latour Wiener Garnisonstruppen und Kriegsmaterial, konnte aber diese Transporte, welche die von ihm geleugneten Verbindungen zu Jellačić enthüllten, nicht länger verheimlichen. Nachdem schon vorher italienische Truppen abgeschickt worden waren, stieß der Plan, die schon viele Jahre in Wien garnisonierenden oberösterreichischen Richter-Grenadiere Jellačić zur Verfügung zu stellen, auf erbitterten Widerstand der Wiener Bevölkerung. Unteroffiziere dieses Grenadierbataillons hatten der Nationalgarde als Abrichter gedient, die Soldaten standen größtenteils im besten Einvernehmen mit der Bevölkerung. Am 4. Oktober erschienen mehrere hundert Grenadiere auf das Gerücht von ihrem Abmarschbefehl im Gasthof Engländer und wurden, wie der Bericht eines Mitglieds des Militärtribunals später sagte, durch „Spenden von Geld, Wein und Freuden der Liebe" von einer großen Volksmenge zum Bleiben veranlaßt[8].

Die Empörung gegen die verräterische Politik Latours stieg in diesen Tagen auf Siedehitze; man erwartete allgemein eine entscheidende Auseinandersetzung mit der Gegenrevolution. Im Reichstag gingen die Wogen hoch; am Abend des 5. Oktober stürzte Violand mit dem Ruf „Da kann nur eine neue Revolution helfen!" aus dem Sitzungssaal[9]. Der ehemalige Offizier Eduard Callot, ein Mitglied des demokratischen Vereins, veröffentlichte am selben Tag einen Aufsatz über die Chancen eines Barrikadenkampfes im Falle eines gegenrevolutionären Angriffs auf Wien: „Ein Straßen- und Barrikadenkampf muß aber szientifisch und strategisch geleitet werden[10]."

Am Vorabend des Tages, an dem die Richter-Grenadiere nach Ungarn abmarschieren sollten, dem verhängnisvollen 6. Oktober, wurde Latour von mehreren Seiten vor drohenden Unruhen eindringlich gewarnt. Der Bezirkschef der Gumpendorfer Nationalgarde, Braun, stellte an Latour das Ansuchen, den Marschbefehl rückgängig zu machen, und ließ nach dessen abschlägiger Antwort die Nationalgarde in Gumpendorf und auf der Wieden alarmieren, die – zum guten Teil aus kleinbürgerlich-radikalen Elementen bestehend – entschlossen war, dieses Unternehmen zu verhindern[11]. Auch der Kommandant der akademischen Legion, Aigner, war in der Nacht vor dem 6. Oktober beim Kriegsminister, machte ihn auf den bevorstehenden Konflikt aufmerksam und bat ihn dringend, Vorbeugungsmaßnahmen zu treffen[12].

In einer aufgewühlten Volksversammlung am Abend des 5. Oktober beim Sperl in der Leopoldstadt forderte Tausenau in einer Rede, „strotzend von zündlichen Elementen", den Abmarsch der Truppen um jeden Preis zu verhindern[13].

So war im frühen Morgengrauen des 6. Oktober, als die

Trommel die Richter-Grenadiere in der Gumpendorfer Kaserne zum Aufbruch rief, die Vorstadtbevölkerung schon auf den Beinen. Die Grenadiere, die nicht mehr auf die Befehle ihrer Offiziere hörten, wurden von noch loyal gebliebenen Truppen durch die dichtgedrängte Menge eskortiert, die immer wieder den Marsch verzögerte und die Reihen des Militärs ins Wanken brachte. Endlich am Nordbahnhof angekommen, fand man die Station besetzt, die Schienen aufgerissen. Nun sollten die bereits offen meuternden Grenadiere über die Donaubrücke zu den jenseits des Stroms liegenden Stationen der Nordbahn geführt werden, aber auch hier waren die Zugänge besetzt und die Brücke bereits teilweise abgetragen. Die akademische Legion hatte sich auf dem Eisenbahndamm postiert – ohne Führer, da Aigner sich an diesem gefährlichen Schauplatz nicht blicken ließ; der Volksdichter Friedrich Kaiser übernahm provisorisch das Kommando. Die Grenadiere und die sie eskortierenden Soldaten wurden von einer wachsenden Menge von Vorstadtgarden und Arbeitern umgeben, während die Offiziere angesichts der sich auflösenden Disziplin ihrer Truppe in Panik gerieten. Generalmajor Hugo von Bredy befahl, das Feuer zu eröffnen, um sich gegen die andrängende Menschenmenge Luft zu schaffen; auf die Decharge der Nassau-Infanterie antwortete die akademische Legion mit einer Salve, die Bredy tot zu Boden streckte. Die Grenadiere sprengten den Ring der sie einschließenden Truppen, die sich führerlos verliefen, und gingen zum Volk über. In der entstehenden Verwirrung hatte ein Haufen waffenloser Arbeiter, geführt von Maximilian J. Gritzner d. Ä., zwei Kanonen erbeutet[14].

Nationalgardisten, Arbeiter, Studenten, unter ihnen die übergelaufenen Grenadiere, zogen vom Tabor im Triumphgefühl des errungenen Sieges in die Innenstadt. Hier kam es zum Konflikt zwischen den revolutionären Vorstadtgarden und den „schwarzgelben“ Stadtgarden des Kärntner- und Widmerviertels, die, im Turm der Stephanskirche verschanzt, das Sturmläuten verhindern wollten und auf die gegen den Dom anstürmende Menge das Feuer eröffneten. Der schon lange schwelende und durch die Konfrontation in der Swoboda-Krise verstärkte Haß zwischen den Fraktionen der Nationalgarde entlud sich in einem Tote und Verletzte fordernden Gefecht im Innern des Domes[15]. Die über den Graben gegen das Kriegsministerium Am Hof vordringende Menge wurde vom Militär mit Kartätschen empfangen, über-

Der Bruder-Kampf oder was ist jetzt in Wien geschehen — seit 6. October.

Endlich hat Latour seinen Wunsch erreicht und der Wille der fluchbeladenen Camarilla ist geschehen.

Denn in Wien ist nun auch das Militär getheilt, es fließt bereits Bürgerblut. Der polnische Soldat (Regiment Nassau) schießt auf den Soldaten. Militär-Körper schießen auf einander. Ein General (Graf Bredi) und mehrere Oberoffiziere sind erschossen, drei Kanonen, nebst Pulverkarren, sind von den Arbeitern und Garden sogleich erobert, und eine vierte wegen Mangel an Bespannung in die Donau geworfen worden, die andern führten die Arbeiter durch die Taborer Hauptstraße zur Schlagbrücke, vor welcher ein Arbeiter mit einem Generalshut auf einer Stange vorausging. —

Kettenbrücke am Schanzel an der Donau. Früh 7 Uhr. Den 6. Oktober.

Von allen Seiten gehen, eilen und laufen einzelne Garden über die Brücken dem Nordbahnhofe zu, mehrere Compagnien von der tapfern Nationalgarde der Vorstadt Wieden passiren ebenfalls in derselben Richtung die Donauschlagbrücke. Sie stellen sich am Bahnhofe, zum Schutze der mit ihnen sympathisirenden Grenadiere auf, die ihren Schutz und Hülfe anriefen, indem diese Truppen Wien und die Wiener nicht verlassen, so wie auch nicht gegen die Ungarn ziehen wollten. Preußen, (ihr tapfern deutschen Brüder) warum habt ihr nicht auch so gehandelt?

Taborhauptstraße Karmeliterplatz. Mittags 11 Uhr.

Eine Cavallerie-Colonne von 20 Mann mit einem Offizier zieht beim großen Nationalgasthof vorüber gegen die Stadt; schon in der Taborhauptstraße läßt der Offizier schwenken, kehrt um und will durch die aufgestellte Nationalgarde; man verweigert ihr mit Ernst das Durchreiten, er nimmt den gewöhnlichen despotischen Militärton an, kommandirt: „Einhauen!“ Kaum ausgesprochen, stürzt er schon von einer freien Gardekugel tödtlich getroffen vom Pferde, zwei Cavalleristen mit ihm, mehrere verwundet, die ledigen Pferde entfliehen und die nicht gefallenen 18 Mann Chevauleger entfliehen nach.

Schon zwei Tage früher und Tags vorher zeigten sich die Folgen des militärischen Despotismus, indem sich die Grenadiere aller hier liegenden Regimenter gegen die Willkür der Offiziere und der Generäle bereits erklärten.

Mitttags halb ein Uhr. Stephansplatz.

Schüsse fallen aus der Stephanskirche auf die tapfern Wiedner-Garden, diese dringen in die Kirche, säubern selbe von der schwarzgelben Wimmer-Stadtviertel-Garde. Der Haupt-

rannte aber diesen Widerstand; die Truppen zogen sich bis auf kleine Besatzungen im Kriegsministerium und im kaiserlichen Zeughaus aus der Innenstadt auf das Glacis zurück. Der Zorn des Volks, das an diesem Tag schon einen hohen Blutzoll gezahlt hatte, richtete sich gegen Latour, der zu lange zögerte, den Feuerbefehl zurückzunehmen und seine Abdankung bekanntzugeben. Von einer rasenden Menge, die sich den Eingang in das Kriegsministerium erzwungen hatte, wurde Latour gelyncht, sein Leichnam auf einem Kandelaber Am Hof gehenkt.

Diese hier nur in ihren Hauptzügen resümierten, da schon oft und detailreich beschriebenen Ereignisse wurden von der Reaktion allen Revolutionären, die in ihren Augen zielbewußt auf dieses Verbrechen hingearbeitet hätten, angelastet. Die offizielle Darstellung sprach mit „unumstößlicher Gewißheit" davon, daß der Mord an Latour „bedacht und planmäßig beschlossen, auf der Aula angeordnet, vorbereitet, förmlich kundgemacht und von dort aus geleitet worden sei", ohne auch nur *einen* triftigen Beweis für diese Behauptung beibringen zu können[16]. Besonders verwerflich war die Tendenz der Militärgerichte, gerade jene Reichstagsabgeordneten der Linken, die auf die Kunde von der Bedrohung Latours zu seinem Schutz herbeieilten und ihn mit ihrem Leib zu decken versuchten, wie Goldmark und Fischhof, mit der Schuld an seinem Tod zu belasten. In Vorahnung dieses Rufmords an der Linken des Reichstags sagte Fischhof am 8. Jänner 1849: „Die Reaktion, meine Herren, macht es mit dem Morde Latours wie die Frauen mit dem Moschus. Wie diese mit einem Stäubchen desselben die ganze Wäsche, so parfümiert die Reaktion mit dieser einzigen Missetat des Volkes alle ihre Handlungen[17]." Goldmark, der seiner in absentia erfolgten Verurteilung zum Tod durch den Strang wegen Hochverrats und Teilnahme am Mord Latours durch seine Emigration in die USA entging, rollte seinen Prozeß 1867 noch einmal auf und erwies die Nichtigkeit der gegen ihn, die Reichstagslinke und die Aula erhobenen Beschuldigungen[18].

Das Studentenkomitee reagierte am Abend des 6. Oktober mit Bestürzung auf die Kunde vom gewaltsamen Ende Latours. Jene drei Arbeiter (der Schmiedgeselle Franz Wangler vom Südbahnhof, der Goldarbeiter Karl Brambosch und der Krawattenmacher Thomas Jurkovich), die im März 1849 als angebliche „Latourmörder" öffentlich gehenkt wurden, waren, wie selbst die viel-

26 Die Faust im Sack

27 Ernst Violand (1818–1875)

fach verfälschten Militärgerichtsakten zugeben mußten, ohne bestimmte Absichten zum Kriegsministerium gekommen. Sie hatten nur indirekt an der keinem bestimmten Individuum zuschreibbaren Tötung Latours mitgewirkt, auf den von allen Seiten Stiche und Hiebe geführt wurden; man hätte sie also von Rechts wegen nur der Teilnahme am Totschlag anklagen können. Bei der Beurteilung dieser Vorgänge muß die ungeheure Erbitterung der Menge berücksichtigt werden, die gerade von dem blutigen Kampf am Graben kam, wo auf Befehl des Kriegsministers mit Kartätschen auf sie geschossen worden war. „Das Proletariat", schrieb Friedrich Unterreiter, „hat in diesen Kämpfen am meisten gelitten – kann nicht ein Bruder, ein Sohn, ein Freund der Mörder waffenlos vom attackierenden Militär besonders den Pionieren gefallen sein und Rache hervorgerufen haben? – Wir verteidigen keineswegs diese entsetzliche Tat, glauben aber nicht, daß sich Tausende und Tausende bestechen oder zu einem Meuchelmorde fanatisieren lassen[19]."

Der Kampf war mit dem Angriff auf das Kriegsministerium noch nicht zu Ende; die waffenlosen Arbeiter stürmten vom Abend des 6. Oktober bis in die Morgenstunden des folgenden Tages Welle auf Welle gegen das kaiserliche Zeughaus in der Renngasse, das endlich, von den Basteien her in Brand geschossen, mit seinen riesigen, vielfach aber veralteten Waffenbeständen übergeben werden mußte. In diesem nächtlichen Kampf fielen die meisten Toten dieses blutigen Tages – die Gesamtzahl belief sich auf 500 Tote und Schwerverletzte, die Mehrzahl von ihnen Handwerker und Arbeiter[20]. Die Arbeiter waren nach dem Zeughaussturm zum erstenmal in der Revolution bewaffnet, freilich höchst unzulänglich, wie ein Beobachter schrieb: „Ich sah Trommler in glänzenden Ritterharnischen, die dereinst vielleicht die Herzöge von Österreich getragen hatten, Straßenjungen mit kostbar verzierten, eingelegten Rad- und Luntenflinten, Barbiergehilfen mit Helmen geschmückt, deren Beulen von mancher ruhmreichen Schlacht zu erzählen vermochten; Arbeiter mit ungeheuren zweihändigen Schlachtschwertern hielten Wache an den Barrikaden, auf welchen Fahnen und Roßschweife aus den Türkenkriegen flatterten[21]."

Die Revolution hatte noch einmal gegen die Reaktion gesiegt, deren Zeitplan durcheinandergeraten war, verstand es aber nicht, ihren Sieg rasch und energisch zu nützen. Die Entfernung des

Hofes, der von Schönbrunn nach Olmütz floh, stürzte Wien wie im Mai in Verwirrung. In der allgemeinen Ratlosigkeit über das, was nun zu geschehen habe, wurde die kostbarste Zeit versäumt. Die Wiener Revolutionäre gingen von der Fiktion aus, nicht gegen den Monarchen, sondern gegen seine schlechten Ratgeber und das gegen die Verfassung handelnde Militär unter hochverräterischen Feldherren zu kämpfen. Ein Arbeiter gab beim Barrikadenbau am 6. Oktober dieser Stimmung treffend Ausdruck: „So muß man sich plagen für seinen Kaiser[22]!"

Der Reichstag erlitt durch die Flucht vieler Abgeordneter der Rechten und des Zentrums eine schwere Einbuße seiner politischen Handlungsfähigkeit; das Rumpfparlament setzte einen Permanenzausschuß zur Führung der Geschäfte ein, der es allerdings trotz des Drängens der äußersten Linken nicht wagte, die exekutive Gewalt voll an sich zu reißen und sich als revolutionärer Konvent zu konstituieren[23]. Das Ministerium blieb in Wien nur noch durch den Finanzminister Krauß repräsentiert, einen geschickten Taktiker, der sein Doppelspiel zwischen der revolutionären Stadt und dem Olmützer Hof mit erstaunlicher Raffinesse meisterte[24].

Im Oberkommando der Nationalgarde herrschte arge Verwirrung, ein provisorischer Befehlshaber folgte auf den anderen. Die vom demokratischen Verein am 12. Oktober durchgesetzte Wahl des zwar wortreichen, aber tatenarmen Messenhauser erwies sich dann als wenig glücklich[25].

Angesichts der mangelnden Entschlußfreudigkeit in den Führungsgremien gewannen Studentenausschuß und demokratischer Verein vermehrte Bedeutung. Noch am 6. Oktober gaben sie einen gemeinsamen Appell an den Reichstag heraus, der von Habrowsky und Tausenau unterfertigt war. Sie forderten die Rücknahme der absolutistischen Maßnahmen gegen Ungarn, die Entfernung der unverantwortlichen Räte der Krone, den Rücktritt des Ministeriums, an dessen Stelle ein Kabinett Löhner-Borrosch treten sollte, sowie den Rückzug des Militärs aus der Stadt[26]. Freilich fehlten auch diesen Körperschaften die Machtmöglichkeiten, ihren Forderungen Gewicht zu verleihen. Während der Studentenausschuß eine leitende Funktion behaupten konnte[27], zerbröckelte die eben erst geschaffene zentralistische Organisation der Demokraten. Viele ihrer führenden Mitglieder verließen die Stadt, um von außen Hilfe zu organisieren, wie

Silberstein, der nach Berlin eilte, oder Tausenau, der die Hilfe der Ungarn beschleunigen wollte. Häfner, der wie Kudlich den Landsturm aufrufen wollte, wurde bei Krems gefangengenommen. An die Stelle Tausenaus trat Becher im Präsidium des Zentralausschusses, dessen Agenden dann allerdings von Chaises wahrgenommen wurden. Chaises' rastlose Tätigkeit konnte allerdings eine zielbewußte Führung nicht ersetzen; so zersplitterten sich die Kräfte des demokratischen Vereins in politischen Meinungsverschiedenheiten und persönlichen Querelen[28].

Der Gemeinderat wurde von der kleinen Schar seiner demokratischen Mitglieder vorangetrieben; die konservative Mehrheit blockierte aber jede echte Entscheidung für die Verteidigung der Revolution.

Trotz dieser Zerfahrenheit der demokratischen Kräfte hätten unmittelbar nach dem 6. Oktober noch Chancen bestanden, die ebenso und vielleicht noch mehr verwirrten Streitkräfte der Gegenrevolution entscheidend zu schlagen. Die zerrüttete Garnison von Wien zog sich unter dem Kommando Auerspergs, dessen militärische Unfähigkeit unübersehbar war, in den Schwarzenberggarten zurück. Die Wiener „Revolutionäre" lieferten den Truppen Proviant; diese Nachschubtransporte wurden sogar von Studenten eskortiert[29]! Dagegen erklärte der Arbeiterverein „im Namen der ganzen Arbeiterklasse Wiens" am 8. Oktober seine Solidarität mit dem Reichstag und stellte sich ihm zur Verteidigung „mit dem Leben gegen alle Angriffe, von welcher Seite sie immer kommen mögen", zur Verfügung[30]. Auch die Bauern „strömten den ganzen Tag vom Lande herein, um Waffen zu holen. Ihrem Verlangen konnte nur ungenügend willfahrt werden[31]". Der Reichstag lehnte dieses Angebot eines revolutionären Bündnisses mit den Arbeitern und Bauern ab. Er beschloß, die Eisenbahnarbeiter, die von den Baustellen bei Gloggnitz in die Stadt kommen wollten, vom Zuzug abzuhalten[32]. Studenten versuchten dennoch, am 12. Oktober einige hundert Arbeiter vom Semmering zu holen. Ein Transport kam bis Baden, wurde aber hier von Militär angehalten – der Führer, der Technikstudent Moritz Kohn, wurde von den Soldaten erschossen[33].

Die Kampfbereitschaft nach dem 6. Oktober wurde nicht genützt. Der Dichter Berthold Auerbach, dem wir den wohl lebendigsten Augenzeugenbericht über den Wiener Oktober verdanken, notierte am 9. Oktober: „In heller Kampfeslust wird

Jelasich auf der Flucht — die Ungarn in Wien.

Das ganze feindlich gesinnte Militär hat sich bis zum 11. October, auf dem höchsten Punkte der Stadt Wien conzentrirt und in fortwährender Angst, hingeschlachtet zu werden, Dinstag Abends den 10. October, den Schwarzenberg-Garten und das Belvevere verlassen und sich aus der Stadt Wien hinausgezogen. —

Am 10. October Nachts langten von Gratz und Brünn über 10000 Garden in Wien an, und kamen über 5000 Ungarn mit Dampfboten und auf Eisenbanen an, 16,000 Ungarn kommen noch nach.

Es komen von allen Seiten Bauern-Deputationen, die eine eben so große Ergebenheit an Wien zu Tage legten, als die biedern Tiroler in den Jahren 1805 und 1809 an den damaligen Kaiser.

Auersberg und Jelasich verlangten ausdrücklich: Beschränkung der Presse.

Jelasich auf der Flucht.

Der große Feldherr der Räuberhorden aus Croatien, der auf der Camerilla Befehl in ein fremdes Land (Ungarn) eingefallen ist, und seines Königs Befehle mißachtete, hat in einem erbärmlichen Zustande, statt Ungarn zu erobern, auf seinem Alexander-Feldzuge Oesterreich als Flüchtling betreten müssen.

Der Banus glaubte, mit seinen Horden recht bald Buda-Pest erobern und die Ungarn demüthigen zu können; aber schnell war seine böse That bestraft.

Sein Helfershelfer hat bereits als Lohn den Galgen und er, der unter dem trügerischen Vorwande, der Retter des Thrones zu sein, handelt, und gehet auf denselben schlechten Wegen.

Eine kaum 1000 Mann starke, regulaire und 1000 irregulaire Truppenzahl, sage, nur 2000 Mann im elendesten Zustande mit zerrissenen Kleidern, wovon auch die Offiziere keine Ausname machen, sind die Ueberbleibsel der Armee des feilen Banus, welcher sich jetzt mit seinem zusammengelaufenen Gesindel und Plünderern in Oesterreich fein züchtig aufführen muß, sonst jagen ihn die Wiener gelegenheitlich davon, wenn ihm vielleicht nicht gar ein anderes Schicksal bevorstehet.

Mit Ungeduld erwarten die unbewaffneten Wiener, wie die Garden und Akademiker, Jellasich anzugreifen und zu vernichten.

Wien ist gleichgültig über die Verblendung des gegen seine Umgebung zu nachsichtigen Kaisers. Wien kennt keine Angst, es ist in seinem vollen Rechte.

überall davon gesprochen, man müsse hinaus, Auersperg mit seinen Truppen angreifen und vernichten, bevor er sich mit Jellačić vereinigen könne[34]." Auch militärische Beobachter meinten, daß damals ein Angriff auf das Militär den Revolutionären Erfolg versprochen hätte: „Die größte Kampflust schien aber unter dem Proletariat zu walten, doch wogte es in ungeordneten Massen durch die Straßen[35]."

Jellačić überschritt, indem er nach den geänderten Verhältnissen rasch umdisponierte, die Leitha und vereinte sich am 10. Oktober mit der Wiener Garnison auf dem Wienerberg, um hier das Herannahen der Truppen Windischgrätz' zu erwarten.

Was sich schon im März und Mai als Schwäche der Wiener wie der deutschen Revolution erwiesen hatte, wurde nun verhängnisvoll: „Es ist wahrhaft lächerlich, daß die Revolutionsmänner eine autorisierte Revolution wollen[36]." Mit diesem Zögern ging die letzte Gelegenheit vorüber, eine Entscheidung zugunsten der Revolution herbeizuführen. Die ebenso auf halbem Weg stehengebliebenen und damit ganz gescheiterten Versuche, mit den Ungarn Verbindung aufzunehmen bzw. den bäuerlichen Landsturm aufzubieten, können hier nicht näher behandelt werden[36a].

Vom 11. bis zum 15. Oktober kamen enthusiastisch begrüßte Verstärkungen nach Wien, aus Brünn („meistens Arbeiter der dortigen Fabriken"[37]), Graz, Linz und Salzburg, doch belief sich ihre Zahl nur auf wenige hundert – zumeist brachten diese Helfer auch keine richtige Vorstellung vom Ernst der bevorstehenden Kämpfe mit.

Zu dieser Zeit schritt man auch an die Organisation der bewaffneten Arbeiter, die in Mobilgardecorps zusammengefaßt wurden. Man beabsichtigte damit allerdings nicht so sehr eine Stärkung der revolutionären Kampfkraft, sondern eine Kontrolle des Proletariats. Schuselka, ein führendes Mitglied der Reichstagspermanenz, sprach davon, daß man die Arbeiter „im Interesse der Ordnung und Sicherheit" organisieren müsse; 400 000 fl wurden aus der Staatskasse, 70 000 fl aus dem Gemeindebudget für diesen Zweck angewiesen[38]. Der Gemeinderat versprach allen in seinem Dienst Gefallenen Versorgung der Witwen und Waisen, den arbeitsunfähig Gewordenen Versorgung – ein Versprechen, von dem nach der Niederschlagung der Revolution nicht mehr die Rede war[39].

Als Führer dieser neuen Truppe bewährte sich einer der interessantesten Männer der Wiener Revolution – der alte polnische General Josef Bem, der dann 1849 im ungarischen Unabhängigkeitskrieg in Siebenbürgen focht und sein abenteuerliches Leben als türkischer Pascha beschloß. Bem, der am 14. Oktober seinen Dienst antrat, erwies sich Messenhauser gegenüber als die weitaus überlegenere militärische Führerpersönlichkeit. Er gewährte denjenigen, die eine bestimmte Anzahl von Mannschaften anwerben konnten, die entsprechenden Offiziersränge. Von den einzelnen so geschaffenen Corps sind besonders das der Universität unter Führung Habrowskys, ferner die Corps Sternau, Eisenbach, Wutschel, Franck und Gritzner zu nennen. Auch der Arbeiterverein, der Verein ,,Concordia" und Schumachers Gesellenverein reihten sich diesen Verbänden ein. Die Zahl der Mobilen wird mit 3672 Mann im Lager Bems im Belvedere angegeben, 3866 Mobilgarden waren am Linienwall verteilt[40]. Die Mobilgarden, so schlecht ausgerüstet und ungenügend geübt sie auch waren, bildeten doch die Hauptstütze der Verteidigung Wiens – die Nationalgarde war auf ein Drittel ihres Standes zusammengeschmolzen. Die großbürgerlichen Abteilungen der Garde, soweit ihre Angehörigen überhaupt noch in der Stadt verblieben waren, hinderten eher die Verteidigung; der Mangel an Kavallerie und geübten Mannschaften für die Artillerie ließ überhaupt die Möglichkeit einer effektiven Verteidigung Wiens als fraglich erscheinen. Gegen die Heeresmacht von Windischgrätz, der am 23. Oktober die Stadt einschloß, mußten die Verteidigungsanstalten Wiens als völlig unzulänglich erscheinen: Zusammen mit den ihm unterstellten Truppen Auerspergs und Jellačić' gebot Windischgrätz über 70 000 Mann.[41]

Bems strategisches Konzept, der sich über den Ausgang eines isolierten Kampfes Wiens gegen eine solche Übermacht keinen Illusionen hingab, beruhte auf dem Eingreifen der Ungarn, das dann – zu spät und mit ungenügenden Kräften unternommen – am 30. Oktober bei Schwechat scheiterte.

Angesichts dieser Umstände war der Kampfesmut des revolutionären Wien, der vor allem von den proletarischen Mobilgarden getragen wurde, bewundernswert. Der Werbeplatz der Mobilen vor der Universität bot ein buntes Bild: ,,Auf dem Platze trieben sich die verschiedenartigsten Leute herum. Bald sah man Männer mit mittelalterlichen Panzern, Helmen oder eisernen Hemden, bald lärmte ein Zug lachender Dirnen mit den schwersten Ge-

Windischgrätz beim Gabelfrühstück.

Wien und der Belagerungszustand.

Reichstag-Sitzung vom 21. Oktober Abends 5 Uhr; gegenwärtig über 193 Deputirte.

Schuselka trägt eine Zuschrift des Gemeinderaths der Stadt Wien vor, worin derselbe die Anzeige macht, daß sie vom F. M. L. Fürst Windischgrätz aus dem Hauptquartier Stammersdorf aufgefordert wird, daß sich ihm alle Civil- und Militärbehörden unterordnen, da er die Stadt Wien in Belagerungszustand erkläre und das Standrecht ausüben werde. Die Zuschrift und das Placat des Windischgrätz wird vorgelesen unter allgemeinem Zischen. Der Präsident Smolka macht die Deputation auf die Wichtigkeit dieses Gegenstandes aufmerksam und empfiehlt Besonnenheit. Schuselka als Berichterstatter des permanten Ausschußes der hohen Kammer erklärt nach Auseinandersetzung der vielen Gründe ganz ruhig, daß keine Ursache, weder von Seite des Kaisers noch von einer Militärherrschaft vorhanden wäre, das äußerste Mittel, das Standrecht auszuüben, da Sicherheit und Ordnung in Wien nie unterbrochen worden ist. Der hohe Reichstag erklärt daher einstimmig und unter ungeheuerem Beifall ein solches Verfahren ungesetzlich, demnach das teuflische Vorhaben der Camarilla entkräftet ist. Die Bekanntgebung durch Plakate wird beschlossen.

Neueste Nachrichten.

Nachdem gestern bereits um 5 Uhr Früh bei der Mariahülfer-Linie 300 Mann mit Sack und Pack zu uns übergegangen — verursachte der Uebergang einer Truppen-Abtheilung von Erzh. Ludwig Infanterie bei der Nußdorfer Linie die Allarmirung und das Sturmläuten um halb 11 Uhr,

wehren bewaffnet vorüber; jetzt sprang ein Rudel Knaben herbei, die mit alten, aus dem Zeughaus geholten Hellebarden und Lanzen sich bewaffnet hatten, und gleich darauf zogen Sensenmänner vorüber. Alte, schwarzgekleidete Damen und ihre Töchter, mit Karabinern bewaffnet, mischten sich unter Tiroler Schützen und Nationalgarden. Polnische Lanciers zu Pferd, akademische Legionäre, Bürgerwehrmänner, Soldaten, alles bunt durcheinander[42]."

Der Dichter Berthold Auerbach, der im Oktober in Wien weilte, gab eine plastische Schilderung der Anwerbung der Mobilen: „Wir sind also hier in einem Werbezelt der Mobilgarde. Jetzt schweigt die Musik. Eine hagere Gestalt in einem grauen Militärmantel, über den ein schwarz-rot-goldenes Band geschlungen, eine rote Studentenmütze auf dem Kopfe, unter der ein pfiffiges einäugiges Gesicht rechts und links ausschaut, wandelt rings um das Zelt und wiegt sich dabei auf den Sohlen, offenbar nach einer Melodie, die ihm in der Seele spielt. Er hat den gezückten Säbel hoch empor gehalten und ruft: ‚Lustig! kommt nur! hier hat man ein schön und gut Leben, täglich 25 Kreuzer Münz, und man läßt sich nur auf einen Monat einschreiben; wer da nicht will, kann wieder fortgehen. Lustig! ein schön und gut Leben!' (. . .) Während der Pausen trat selten einer herein, sobald aber die Musik anzustimmen begann, da drängten sie sich an die Tische zu den schreibenden Offizieren, die eigentlich erst dadurch Offiziere wurden, wenn sie die nötige Vollzahl der Angeworbenen hatten. Die Musik und das Johlen hatten in der Tat etwas, was zum freudigsten Kampfe aufrief und alle Bedenklichkeiten vergessen ließ. Das mochte ein Blechnergeselle neben mir ebenso empfinden, denn er sagte: ‚Es sterben nicht alle, und einmal sterben muß man doch'[42a]."

Der Gemeinderat gewährte den Waffenfähigen einen Tagessold von 25 kr; der Sold wurde am 14. Oktober auf 40 kr erhöht[43]. Bei der Vereidigung der Mobilen zeigte es sich, daß das alte Vertrauen auf den Kaiser in ihren Reihen schon im Schwinden war. Die Mehrzahl weigerte sich, die Bereitschaft zum Schutz des konstitutionellen Throns zu beschwören[44].

Die entschiedensten Demokraten forderten im Oktober den Bruch mit dem bisherigen Kompromißprogramm der demokratischen Monarchie. Sie verlangten ein offensives Vorgehen, die Einsetzung einer revolutionären Exekutive und – in letzter Konsequenz – den Sturz der Dynastie, die ihr Verfassungsversprechen gebrochen hatte: „Das bewaffnete Volk muß angreifen. Der Oberkommandant an der Spitze soll den Befehl zum Angriff erteilen. Nur auf diese Tat kann eine Entscheidung bald eintreten. (. . .) Eine Exekutivgewalt muß eingesetzt werden. (. . .) Er [der Hof] verläßt den Konstitutionalismus und kehrt zurück zum alten Absolutismus. Die Volkskämpfe richten sich jetzt aber nicht gegen die absolute Monarchie, auch nicht gegen die Verletzung der konstitutionellen Form, sondern sie kehren sich tatsächlich gegen die Dynastie im alten Sinne des Wortes[45]."

Über die „regulären" Mobilgarden hinaus, die ja selbst eine bunt genug zusammengewürfelte Truppe bildeten, scheinen sich weitere Tausende von Arbeitern spontan unter die Waffen gestellt zu haben. So wurde dem Gemeinderat am 14. Oktober gemeldet, daß in Fünfhaus 12 000 Arbeiter bewaffnet seien: „Aus Fünfhaus wird berichtet, daß Gritzner sich nicht auf die Organisierung des Landsturms beschränke, sondern die Leute in Fünfhaus harangiere, sich zum Kommandant der Nationalgarde daselbst aufwerfe und allerlei ungesetzliche Eingriffe in die Leitung des Nationalgarde-Dienstes erlaube[46]."

Siegfried Kapper schilderte die Kampfbereitschaft in den Fabriksvororten Wiens, in denen sich die Arbeiter im März zuerst erhoben hatten: „Da sehen Sie Jackenmänner, mit einer Muskete auf der Schulter, einen Säbel an der Seite, zwei Pistolen im Gürtel und einen Karabiner in der Hand, wandelnde Arsenale. Hier ist es, wo die Mädchen und Weiber am wütendsten sind und ganz nach Art der alten Germanen mit den Männern in den Kampf ziehen und Schnaderhüpfl singen über den Feigling[47]." Kapper gab auch eine eindrucksvolle Beschreibung der im Belvedere lagernden Mobilen: „Heute lagert um knisternde Feuer die Schar der neugeworbenen Freiwilligen, wilde Gesichter, verzweifelt, hohnlachend, bereit zu sterben, weil ihnen nur die Wahl bleibt zwischen Erschossenwerden oder Verhungern[48]." Die rote Farbe wurde zum politischen Symbol der Oktoberkämpfer: „Überhaupt konnte ich bald bemerken, daß jeder von den Mobilen etwas Rotes als Abzeichen zu tragen bereit war; der eine eine Feder, der andere eine Blume, der dritte ein Band[49]." Allerdings fehlte auch ein echt Wiener Zug nicht in diesem tragischen Bild: Die Paraden im Belvederegarten wurden durch „Strauß'sche Musikbanden" verschönt[50].

Selbst sonst der Arbeiterschaft mit Distanz gegenüberstehende liberale Beobachter wie Schuselka mußten die Disziplin der Mobilgarden rühmen: „Lob und Ehre diesem Volk. 26 Tage lang war das Proletariat von Wien in Waffen und faktisch Herr der ganzen Stadt mit allen ihren reichen Schätzen, und mit Ausnahme einiger, in Rücksicht auf die Verhältnisse gänzlich unbedeutender Ungebührlichkeiten (. . .) ist von allem öffentlichen und Privateigentum nichts verletzt worden[51].“ Sogar der eingefleischte Reaktionär Dunder räumte ein: „Unter den ungeheuren Mengen, die größtenteils zur niederen Klasse gehörten und heute vollständig mit Gewehr und Schießbedarf versehen wurden, wurde durchgängig keine Äußerung der Roheit, der Gesetzlosigkeit vernommen. (. . .) Die Arbeiter waren unermüdlich, unverdrossen, willig und äußerst wachsam[52].“

Sogar die Fabrikantentochter Auguste Zimmermann, die im März, Mai und August in schärfsten Worten das Auftreten der Arbeiterschaft mißbilligt hatte, bewunderte nun ihren Einsatz für die Sache der Demokratie: „Die Mindesten aus dem Volke waren die Ausdauerndsten, die Mutigsten. (. . .) Ich achte den gemeinsten Mann, der jetzt die Waffe führte für eine Idee, deren Wirklichwerden, deren Inslebentreten für sein bescheidenes, armseliges Leben keinen großen Einfluß haben kann, der, seine Gewalt benützend, ‚Herr‘ sein konnte über jeden Besitzenden und den sein eigenes Rechtsgefühl vor jeder niederen Tat bewahrte[53].“

Die Arbeiter und jene Teile der kleinbürgerlichen Nationalgarden und der akademischen Legion, die noch bei der Sache der Revolution ausharrten, kämpften freilich auf verlorenem Posten: „Die Paradehelden der Nationalgarde haben Wien verlassen, der Spießbürger verkriecht sich, es bleiben nur allein die wenigen Nationalgarden, die akademische Legion und ein Teil der Arbeiter, diese allein können das Vaterland nicht retten“, notierte der demokratisch gesinnte Eisenbahnbeamte Dr. Leopold Schiendl in seinem Tagebuch[54].

Die Versuche der Deputierten der Frankfurter Linken, namentlich Robert Blums, in letzter Stunde den Widerstandswillen Wiens aufzurütteln, waren von tragischer Vergeblichkeit gezeichnet. Blum trat in das von Ludwig Hauk am 25. Oktober begründete Elite-Corps ein, das auch den Arbeiterverein umfaßte, und kämpfte am 28. Oktober in den Reihen der Verteidiger Wiens[55].

Die Kämpfe um Wien, die nach einzelnen Scharmützeln am

28. Oktober mit dem Generalangriff auf die Vorstädte voll einsetzten, endeten am 31. Oktober mit der Einnahme der Innenstadt[56]. An der Sternbarrikade in der Leopoldstadt, wo Bem kommandierte, wurde erbitterter Widerstand geleistet, ebenso bei der Verteidigung des Südbahnhofs und mancher Abschnitte des Linienwalls vor allem bei St. Marx. Auerbach hörte in den letzten Tagen des Kampfes ein Zwiegespräch, das die verzweifelte Lage der Verteidiger kennzeichnete: „‚Man übergibt die Stadt aus Mangel an Munition' – ‚Nein, aus Überfluß an Verrat[57]!' "

Während die Verteidiger weitgehend ohne Führung auf verlorenem Posten kämpften und starben, verhandelte der Gemeinderat mit Windischgrätz über die Übergabe der Stadt. Nach der bereits geschlossenen Kapitulation flammte noch einmal Widerstand auf, als sich die in die Innenstadt gezogenen Mobilgarden am 31. Oktober ein letztesmal am Äußeren Burgtor zum Kampf stellten.

Gewiß war dieser Widerstand sinnlos geworden – die Wiener Revolution empfing aber den Todesstreich nicht kniend, sondern aufrecht stehend. „Nie werde ich", so schrieb Adolf Pichler in den letzten Tagen des Kampfes, „einen Arbeiter vergessen, der blaß und verwundet die Alserstraße herabkam. Auf der Schulter die Muskete mit brandigem Schloß, in der Hand den Säbel, blickte er von Zeit zu Zeit um, setzte dann wieder den Weg fort, für sich murmelnd: ‚Es ist alles umsonst, wir sind wieder verraten und verkauft'[58]."

Über die Zahl der in den Oktoberkämpfen Gefallenen liegen nur ungenaue Angaben vor. 14 Offiziere und 175 Soldaten wurden getötet, 42 Offiziere und 775 Mann verletzt. Ein „Verzeichnis der Oktobertoten" im Kriegsarchiv[59] gibt uns Einblick in die soziale Zusammensetzung der Verteidiger Wiens, soweit sie im Allgemeinen Krankenhaus agnosziert bzw. gepflegt wurden:

	Tot	*Verwundet*
Bürger, Handwerker, Handelsleute, Fabrikanten	105	45
Freie Beschäftigungen		25
Gesellen	139	339
Lehrlinge	17	22
Handlungskommis	3	10
Schauspieler, Sänger, Musiker, Zeichner, Maler, Lithographen	11	24

	Tot	*Verwundet*
Fabriksgeschäftsführer und Werkmeister	5	
Dienstleute	38	39
Taglöhner	31	106
Bauern und Knechte	1	3
Öffentliche Beamte	5	5
Private Beamte	3	7
Dr. jur. und med.	4	2
Studierende	13	23
Elite-Corps		1
Polnische Legion		3
Schweizer-Corps		1
Mobil Frank-Corps	2	18
Grazer Legionäre		2
Steirer Freiwillige		3
Linzer Garden		2
Scharfschützen	1	4
Munizipalgarden und Finanzwächter	1	7
Private	2	8
Chirurgische Gehilfen	6	
Ungarische Nationalgarde	1	
Soldaten	3	27
Frauen	20	22
	411	748

Im ganzen wurden nach dieser Aufstellung 928 Verwundete in den Krankenhäusern gepflegt und 843 Tote begraben; der Bericht rechnet aber mit einer weit höheren Dunkelziffer, da viele Verwundete vor allem aus Furcht vor Verfolgung zu Hause gepflegt wurden, bzw. viele Menschen verbrannten, wie etwa die Verteidiger des Odeons oder des Südbahnhofs. Hält man sich an die gesicherten Zahlen für die Opfer auf Seite des Militärs, so scheinen die zeitgenössischen Schätzungen von 2000 Zivilopfern noch eher zu gering gegriffen zu sein. Daß unter der unpräzis zusammengefaßten ersten Gruppe der Aufstellung des allgemeinen Krankenhauses weitgehend kleine Handwerker zu verstehen sind, lehrt ein Vergleich mit einer anderen detaillierten Berufsstatistik der Gefallenen[60].

Durch den Sieg der militärischen Gegenrevolution über Wien war mehr vernichtet worden als Menschenleben: die Hoffnung auf eine Weiterentwicklung der Demokratie in Österreich.

In Deutschland erkannte man zu spät, daß in Wien die Entscheidung über Sieg oder Niederlage der Revolution in Mitteleuropa gefallen war. Bitter rief August Silberstein, der am zweiten Demokratenkongreß in Berlin teilnahm, aus: „Es ist traurig genug, daß ihr gewartet und gezögert habt bis zu diesem Augenblick, wo Wien in Flammen steht! Die Demokratie hat wieder einmal bewiesen, daß sie sich immer mehr mit Worten als mit Taten abgibt[61]!" Der Einsatz Robert Blums, der zu einem Opfergang wurde, war vergeblich geleistet worden. Es war in der Tat so, wie damals gesagt wurde: Ganz Deutschland stand hinter Wien – auf den Zehen und schaute zu.

Die Revolution scheiterte nicht nur an der faktischen militärischen Übermacht des Gegners, sondern auch an der mangelnden Organisation der demokratischen Kräfte auf nationaler und internationaler Ebene sowie – und dies vor allem – an der Isolierung der großstädtischen Bewegung von den abseitsstehenden Bauern. Die Arbeiterschaft und die kleine Schar der Demokraten opferten sich in einem aussichtslosen Kampf für die Sache der bürgerlichen Revolution, die vom Bürgertum selbst schon längst als Preis für das Bündnis mit den alten Mächten im Stich gelassen worden war.

„SIEGENDE GESCHLAGENE“

In seinem großen Gedicht „Die Toten an die Lebenden“, in dem Freiligrath forderte, die „halbe Revolution zur ganzen zu machen“, schrieb er über die Niederlage der revolutionären Kämpfer des Pariser Juni:

„Der Kerkertore dumpf Geknarr im Norden und im Süden;
Für jeden, der zum Volke steht, das alte Kettenschmieden;
Der Bund mit dem Kosakentum; das Brechen jedes Stabes,
Ach, über euch, die wert ihr seid des lorbeerreichsten Grabes:
Ihr von des Zukunftsdranges Sturm am weitesten Getragnen!
Ihr – Juni-Kämpfer von Paris! Ihr siegenden Geschlagnen[1]!“

Schon die Zeitgenossen setzten die Bedeutung des Wiener Oktober dem Pariser Juni gleich. Cavaignac, der Bezwinger des Pariser Proletariats, ließ Windischgrätz durch den französischen Gesandten wissen, daß vom Ausgang des Oktoberkampfes „die Rettung Europas“, wie sie die Gegenrevolution verstand, abhinge[2]. Auf der Gegenseite schrieb Marx in der „Neuen Rheinischen Zeitung“ über den „Sieg der Konterrevolution zu Wien“: „In Wien ist soeben der zweite Akt des Dramas aufgeführt worden, dessen ersten Akt man zu Paris spielte unter dem Titel: ‚Die Junitage‘[3].“ Die Niederlage der Revolution setzte Marx auf die Rechnung des Bürgertums, das seine eigene Revolution verraten habe: „In Frankreich aber trat die Bourgeoisie an die Spitze der Konterrevolution, nachdem sie jede Schranke, die der Herrschaft ihrer eigenen Klasse im Wege stand, niedergeworfen hatte. In Deutschland befindet sie sich gedrückt im Gefolge der absoluten Monarchie und des Feudalismus, ehe sie auch nur die ersten Lebensbedingungen ihrer eigenen bürgerlichen Freiheit und Herrschaft sichergestellt. In Frankreich trat sie als Despot auf und machte ihre eigne Konterrevolution. In Deutschland tritt sie als Sklavin auf und macht die Konterrevolution ihrer eigenen Despoten. In Frankreich siegte sie, um das Volk zu demütigen. In Deutschland demütigte sie sich, damit das Volk nicht siege.

Die ganze Geschichte zeigt keine schmachvollere Erbärmlichkeit als die der deutschen Bourgeoisie[4].“ Es war ein furchtbarer Vorwurf, der hier erhoben wurde; für große Teile des wohlhabenden Wiener Bürgertums, das nach „Ruhe und Ordnung“ um jeden Preis rief und die Militärherrschaft jubelnd begrüßte, hatte er aber volle Geltung.

Das Phänomen der Gegenrevolution ist, was die österreichische Geschichte nach 1848 betrifft, in seinen machtpolitischen und sozialen Hintergründen noch kaum erforscht. Nicht einmal die augenfälligste Erscheinung dieser Zeit, die Unterdrückung der demokratischen und Arbeiterbewegung durch eine in den Dienst der Herrschenden gestellten Justiz, hat in der neueren Historiographie die ihr gebührende Beachtung gefunden[5].

Es wäre allerdings falsch, wollte man die „Konterrevolution“ als einen geschlossenen, einheitlich agierenden Block betrachten. Ein Vertreter der kompromißlosen Reaktion wie der sich nach seinen Siegen in Prag und Wien allmächtig fühlende Feldmarschall Fürst Windischgrätz mußte bald erkennen, daß sein Verlangen, die gesellschaftlichen Zustände auf vormärzliche Verhältnisse zurückzuschrauben, auf Widerstand stieß. Windischgrätz' Anwürfe gegen die Durchführung der Bauernbefreiung durch die Regierung seines Schwagers Schwarzenberg mußten anachronistisch wirken und schlossen ihn in Verbindung mit seinen Vorstellungen über eine Restaurierung der vormärzlichen Adelsmacht (auch in Ungarn) von der Teilnahme an der Macht aus. Er stellte sich selbst abseits von den politischen Entscheidungsprozessen, wenn er etwa 1850 – kompromißlos gegenüber allen Reformen – dem jungen Monarchen klagte: „Der hervorragendste Kommunist hat noch nicht zu begehren gewagt, was Euer Majestät Regierung praktisch durchführt[6].“

Im Gegensatz zu Windischgrätz verstand es Ministerpräsident Schwarzenberg, die Kräfte des Bürgertums in ökonomischer und administrativer Hinsicht für seine ehrgeizigen, die europäische Vormachtstellung der Habsburgermonarchie anvisierenden Pläne zu nutzen. Sein zynisches Wort, man müsse, ehe man wieder zu geordneten Rechtszuständen zurückkehren könne, „ein bißchen hängen“, zeigte allerdings die Schattenseiten dieses skrupellosen Machtpolitikers[7].

Handelsminister Bruck, der die wirtschaftliche Expansion der Donaumonarchie energisch förderte, sprach in diesem Sinn vom

Jahr 1848 als einem ,,dunklen Strich“, hinter den man nicht mehr zurückgehen könne[8]. Was die Französische Revolution verwirklicht hatte – den modernen Verwaltungsstaat – realisierte Justiz- bzw. Innenminister Bach in rastloser Organisations- und Administrationstätigkeit. Freilich fehlte dem Aufbau des neuen Staates, der nach 1848 entstand, das Element der Selbstverwaltung, wie es dem Reformkonservativen Graf Franz Stadion in seinem Gemeindegesetz vorschwebte, nahezu völlig: Die extreme Zentralisation der Ära Bach ließ das obrigkeitsstaatliche Denken tiefe Wurzeln schlagen und verhinderte für lange Zeit die Entstehung eines staatsbürgerlichen Verantwortungsbewußtseins. Die Widersprüche dieser nachrevolutionären Epoche mit ihrer gewaltigen wirtschaftlichen und verwaltungstechnischen Weiterentwicklung, der aber das Element bürgerlicher Freiheit und sozialen Fortschritts weitgehend fehlte, bedürfen im einzelnen noch intensiver Erforschung. Ein kluger Zeitgenosse, der demokratische Dichter Adolf Franckel, hat schon aus dem Programm, mit dem Schwarzenberg sein Kabinett dem Kremsierer Reichstag vorstellte, hellsichtig die Problematik des neoabsolutistischen Experiments herausgelesen:

,,Wir sind etwas liberal zwar, doch besonnen und verständig,
Konstitutionell von außen, aber absolut inwendig.
Mit dem Volke wird gemeinsam der Monarch Gesetze geben;
Für den Vorschlag der Minister wird die Kammer sich erheben;
Die Vollziehung ist ein Recht der konstitutionellen Kronen;
Viel Talent bewies die unsre kürzlich für Exekutionen.
(. . .)

Die Regierung wurde vielfach der Parteilichkeit verdächtigt,
Alle Nationalitäten sind fortan gleich unberechtigt.
Alle Nationalitäten sind von nun an gleich geschätzet:
Nöt'gen Falles wird die eine auf die andere gehetzet.
Solch' ein Palliativverfahren flickt für heute das Zerwürfnis,
Flickt die Großmacht, die bekanntlich für Europa ein Bedürfnis[9].“

Im Zusammenhang mit der Entwicklung Österreichs nach 1848 müßte auch die Frage der ,,Restauration“ gestellt werden, die jüngst Robert A. Kann in einem universalhistorischen Rahmen erneut aufgeworfen hat[10]. Die von der Revolution freigesetzten Emanzipationsprozesse auf allen Ebenen der sozialen und politischen Entwicklung konnten auf Dauer nicht unterdrückt werden; die Sieger waren in ihrem Handeln in stärkerem Maß von den neuen, letztlich unwiderruflichen Gegebenheiten abhängig, als ihnen selbst bewußt war. „Die Totengräber der Revolution von 1848 waren ihre Testamentvollstrecker geworden[11]" – formulierte der alte Friedrich Engels eine These über die nachrevolutionäre Entwicklung Europas, die auch für Österreich gründlich zu reflektieren wäre.

Unmittelbar nach der Revolution schien es allerdings, als ob alle Hoffnungen der Revolution durch einen Terror ohnegleichen für immer begraben werden sollten. Bei der Besetzung der Arbeitervorstädte Wiens wurde geplündert und gemordet. In einer einzigen Gasse, der Johannagasse auf der Wieden, zählte man 57 Zivilpersonen, die von den durch ihre Offiziere aufgehetzten Soldaten getötet wurden[12]. Wie der Konservative Helfert berichtet, hätten manche Offiziere vor dem Sturm auf die Wiener Vorstädte zu ihren Untergebenen gesagt, „wenn sie nach Wien kämen, dürften sie das Kind im Mutterleib nicht schonen[13]".

Die Urteile der Stand- und Kriegsgerichte wurden nicht wegen der Taten der vor ihr Tribunal gezogenen Angeklagten gefällt, sondern mit dem Ziel politischer Abschreckung. Die „Schuldigen", deren man habhaft werden konnte, wurden stellvertretend für bestimmte Gruppen „exemplarisch" bestraft. Blum fiel für das Frankfurter Parlament – Schwarzenberg diktierte mit dem Todesurteil für den Führer der Linken in Deutschland sein nationalpolitisches Programm. Messenhauser starb stellvertretend für jene nicht geringe Zahl ehemaliger Offiziere, die sich auf die Seite der Revolution gestellt hatten; die barbarische Härte der Militärjustiz traf mit Füsilierungen und dem furchtbaren „Gassenlaufen" die zum Volk übergangenen Soldaten. Becher und Jellinek endeten für die demokratisch-revolutionäre Presse unter den Kugeln der Hinrichtungspelotons. Der erschossene Pole Eduard Jelowicki vertrat buchstäblich die Stelle Bems, dessen man nicht habhaft werden konnte und von dem nur der Name an den Galgen geheftet wurde. An diesem einen Unbekannten betreffenden Beispiel sei gezeigt, mit welcher „Begründung" die Militärrichter ihre von höherer Stelle diktierten Terrorurteile fällten. Wie viele seiner Landleute hatte Jelowicki in der polnischen Erhebung von

1831 – als Oberst – gekämpft. Aus Algerien, wo er sich als Kolonist niedergelassen hatte, kehrte er 1848 nach Europa zurück, um sich an der Freiheitsbewegung zu beteiligen. Zufällig in Wien anwesend, betraute ihn Messenhauser mit der Leitung des Artillerie- und Fortifikationswesens der Stadt. Bereits am 25. Oktober, also noch vor Beginn der Kämpfe mit den kaiserlichen Truppen, legte Jelowicki sein Amt, dem er sich nicht gewachsen fühlte, zurück. Dem Akt liegt die eigenhändige Bestätigung Messenhausers über die Dienstquittierung bei, durch einen Schreibfehler auf den 25. November 1848 datiert. Mit bemerkenswerter Logik drehte das Militärgericht aus diesem Versehen – Messenhauser war ja schon am 16. November hingerichtet worden – den Strick für den Angeklagten. In einem ,,Verhör“ am 9. November wurde, ohne daß Jelowicki sich rechtfertigen konnte, schlicht festgestellt: ,,Es wird dem Verhafteten bedeutet, daß Messenhausers Bestätigung vom 25. November 1848 datiert, also vordatiert, auch darum für kein authentisches Dokument gelten könne, weil man sich von Messenhauser, der widersprechende Aufrufe vom Stefansturm erließ, eines fingierten Dokuments in dem Augenblick, wo es sich nur mehr um die Rettung der persönlichen Sicherheit handelte, wohl versehen könne[14].“ Im Morgengrauen des 10. November wurde Jelowicki erschossen.

Die Durchsicht der Akten der Kriegsgerichte und der Polizeibehörden ist eine bedrückende Lektüre. Unzählige Existenzen wurden durch willkürlich verhängte langjährige Kerkerstrafen vernichtet, tausende aufrechte Demokraten als ,,politisch bedenklich“ gebrandmarkt und von einem niederträchtigen Spitzeldienst überwacht.

Nur einige Beispiele seien herausgegriffen, um die Verfolgung der Arbeiterschaft zu kennzeichnen. In panischer Angst vor einem neuerlichen Aufflackern revolutionärer Empörung verhängte das Zivil- und Militärgouvernement schärfste Strafen für den Besitz von Waffen. Der Schmiedgeselle Johann Horváth wurde wegen des Besitzes eines Karabiners zum Tod verurteilt und am 7. Dezember erschossen, um der Anordnung der Waffenablieferung Nachdruck zu verleihen[15].

Mit diesen brutalen Unterdrückungsmaßnahmen ging eine kleinliche Schikanierung aller Assoziationsversuche der Arbeiterschaft Hand in Hand. Schon am 6. Dezember 1848 waren alle demokratischen und Arbeitervereine als ,,verbrecherisch und verderblich“ aufgelöst worden. Lediglich der Buchdrucker-Verein konnte als Hilfskasse weiterbestehen. 1852 wurde der Setzer Ferdinand Dorstenstein vor das Militärgericht gestellt; das geistige Haupt des Vereins, Karl Scherzer, befand sich damals schon im Ausland. Die Verbrechen des Vereins bestanden in folgenden Umständen: „Nebst den (. . .) in der Bibliothek aufgefundenen Druckschriften aus dem Jahr 1848 wurden bei der letzten Revision der Gutenberg-Bibliothek noch viele in dem Kataloge nicht verzeichnete Bücher, dann von den Zeitschriften aus dem Jahre 1848 die Constitution, Straßenzeitung und politischer Courier [Politischer Studenten-Courier] vorgefunden. Ebenso fanden sich daselbst zwei deutsche Fahnen vor. (. . .) Aus der Aufbewahrung dieser Gegenstände, aus dem Besitze einer Rednertribüne, von welcher aus, wie es sich aus den Revolutionsschriften ergibt, von Eckardt und Scherzer politische Reden gehalten wurden, ersieht man, daß der Verein eine politische Tendenz hatte.“ Aus Briefen Scherzers über gewerkschaftliche Bestrebungen der Buchdrucker leitete das Gericht den Vorwurf gegen Dorstenstein ab, „daß Scherzer und Sie unter dem Deckmantel eines wohltätigen Zwekkes eine Arbeiter-Phalanx zu gründen beabsichtigten, die seinerzeit als mächtige Opposition gegen die Arbeitgeber und Bürger bei einer politischen Bewegung im Sinne der Leiter tätig werden sollte[16].“

Der Verein wurde unterdrückt; Dorstenstein zu acht Wochen Arrest verurteilt, was für ihn den Verlust seines Berufs und seiner Existenz bedeutete.

Zu dieser Zeit kleidete sich die Militärjustiz bereits in die Formen einer regulären Rechtssprechung; unmittelbar nach der Niederwerfung der Revolution herrschte das Säbelregiment mit unverhüllter Grausamkeit. Von der Behandlung der wahllos zusammengerafften Gefangenen gibt der Bericht Friedrich Unterreiters ein anschauliches Bild, das in vielen Punkten an das Verhalten der Sieger gegenüber den gefangenen Kommunarden von Paris 1871 erinnert: „Die Anzahl der Gefangenen, welche 2600 wohl überschreiten mochte, wurde unter den empörendsten Mißhandlungen vorerst beraubt, dann unter allen ersinnlichen Qualen oft ausgekleidet bis aufs Hemd und Unterhosen, alle aber umso gewisser ohne Stiefel und Schuhe, welche man fast allen raubte, nach Hetzendorf und auch nach allen Kasernen transportiert, dann aber mehrere Tage gänzlich ohne Nahrung in einen für die Zahl stets unzulänglichen Raum gestoßen. (. . .) So wurde eine Anzahl von 24 Gefangenen beraubt, mißhandelt, nach der Getreidemarkt-Kaserne gebracht, dort mußten sie beten, ein Priester sprach sie von ihren Sünden los, die Grenadiere machten fertig und – eine Viertelstunde verging ohne das Zeichen des Todes. Es erschien ein Offizier, welcher meldete, die Gefangenen dürften nicht erschossen, sondern müßten aufgehängt werden. Man transportierte die Halbtoten nach einem andern Ort, uns dünkt, das Invalidenhaus, ließ die noch nicht bis aufs Hemd beraubten sich gänzlich entkleiden, in dem Hof durch eine Stunde in der Kälte der Nacht stehen, während man alle Anstalten zu dieser humanen Expedition machte. Es bekam abermals sein Abkommen, und sie durften mehrere Tage ohne alle Nahrung ein Lokal bewohnen, welches zu klein war, anders als stehend schlafen zu lassen. Alle aber wurden genau untersucht, ob Gesicht und Hände nicht von Pulver geschwärzt waren. Dicht an der Ecke der Singerstraße wurde deshalb ein junger Mann mit Kolben erschlagen, während das elegante Publikum, welches frei zusah – Beifall klatschte und ‚Recht geschieht den Hunden!‘ rief[17].“ In Wien kursierte eine Karikatur, die einen Arbeiter mit der „Faust im Sack“ zeigt, Sinnbild für den unterdrückten Groll des Proletariats.

Angesichts dieser Vorgänge und Zustände kann das Verhalten eines großen Teils des wohlhabenden Wiener Bürgertums nur als zutiefst beschämend bezeichnet werden. Selbst Konservative vermerkten den Gesinnungswechsel des Gemeinderats, der die kampfbereite Arbeiterschaft im Oktober mit leeren Phrasen hingehalten und in den Kampf geschickt hatte, mit Verachtung. Windischgrätz verweigerte dem politischen Gegner die jedem überwundenen Feind zukommende Achtung; er sprach von der Wiener Revolution als „Rotzbubenwirtschaft“. In welcher Weise sich der Wiener Gemeinderat vor diesem Mann erniedrigte, mußte den Abscheu aller wecken, die sich noch einen Rest von Gefühl für Würde und Anstand bewahrt hatten. Vitzthum schrieb am 1. November 1848: Der Gemeinderat „kroch heute auf den Knien, um dem Fürsten Windischgrätz zu danken für die Rettung der Stadt, für die Wiederherstellung der Ordnung und wahren Freiheit und für die Milde und Schonung, welche Seine Durchlaucht dabei zu betätigen geruht habe[18]“. Die sofort einsetzende Schreckensjustiz steigerte den Servilismus dieser sogleich von ihren demokratischen Mitgliedern gesäuberten Behörde noch. Der Gemeinderat machte sich im Dezember zum Fürsprecher einer von den Gumpendorfer Fabrikanten initiierten Petition an den Feldmarschall – um Fortbestand des Belagerungszustands[19].

Eine „äußerst zahlreiche Deputation sämtlicher Gremien des Handels- und Gewerbestandes der Stadt Wien“ erschien am 26. November vor Windischgrätz, „um Hochdemselben unseren und unserer zahlreichen Kommittenten tiefgefühlten Dank für die Herstellung der gesetzlichen Ordnung und Ruhe darzubringen, wodurch des Bürgers Sicherheit an Person und Eigentum allein gewährleistet wird. Diese unschätzbaren Güter, deren höchsten Wert besonders wir in unserem geschäftlichen Wirken ihrem ganzen Umfange nach zu würdigen vermögen, diese hohen Güter und ihre Wiedererlangung verdanken wir Ihnen, Durchlauchtigster Fürst, dem von Seiner Majestät unserm konstitutionellen Kaiser gesandten Befreier aller Gutgesinnten, aus der Nacht der Anarchie, aus den Fesseln der Schreckensherrschaft einer Partei, welche allen guten Bürgern Verderben zugeschworen und diesen einen Schwur sicher gehalten hätte[20].“

Wie die Militärbehörden über die Arbeiter Wiens dachten, zeigt die Stellungnahme des Gouverneurs Welden: „Auf den noch rauchenden Trümmern erblickte man Gestalten, denen nebst dem Elend noch weit mehr das Verbrechen auf der Stirn geschrieben stand. (. . .) Man glaubte sich in eine Banditenhöhle versetzt[21].“ Zur Kontrolle dieser mit höchstem Mißtrauen betrachteten „nahrungslosen Menschenklasse“, deren Zahl man auf 30 000 schätzte, rief er das Institut der „Vertrauensmänner“ ins Leben, das „aus allen Klassen der achtbarsten Bürger“ hervorging und zur „moralischen Überwachung“, d. h. Bespitzelung der Bevölkerung eingesetzt wurde[22]. Selbst dieser Offizier, der in Wien für Friedhofsstille sorgte, rügte aber die Haltung der Unternehmer zu den Arbeitern: „Mehrere Übelstände fielen offenbar den Arbeitgebern zur Last, und die entschiedene Weigerung, den gerechten Wünschen und Bitten der Arbeiter Gehör zu geben, hatte schon seit einer Reihe von Jahren zwischen beiden Teilen eine Erbitterung erzeugt, welche bis zum heutigen Tage nicht verringert ist. Der Fälle, daß Fabriksherren zur Erkenntnis gekommen sind, daß sie ihren Wohlstand größtenteils der Tätigkeit ihrer Arbeiter verdanken, und daß sie letztere zur Zeit der

Not dankbar und liebevoll aus Pflicht unterstützt hätten, gibt es leider nicht viele[23].“

Jeder Versuch, die Erinnerung an 1848 zu bewahren, sollte im Keim erstickt werden. Als sich „Menschen der niedersten Klasse“ in großer Zahl am Jahrestag der Märzrevolution bei den Gräbern der Gefallenen am Schmelzer Friedhof versammelten und ein „demokratischer Drechslergeselle begann, eine Rede zu halten“, wurde er „mitten im Flusse seines Vortrages arretiert, der Kirchhof mit Kroaten und Seressanern besetzt. (. . .) Ein Gleiches geschah auf dem Kirchhofe in Währing. Auch dort wurden von Trauernden Kränze an die Gräber gebracht, und aus den in Blumen gefügten Buchstaben war ersichtlich, daß sie dem Andenken Messenhausers, Blums, Bechers und Jellineks bestimmt waren. (. . .) Auch hier wurden die Kränze weggeschafft und der Friedhof geräumt und bewacht[24].“

In der Zusammensetzung der Arbeiterschaft Wiens waren seit August 1848 große Umschichtungen vor sich gegangen. Schon Ende September hatte durch die Tätigkeit einer „Arbeitersichtungskommission“ die Zahl der bei den öffentlichen Arbeiten Beschäftigten um die Hälfte abgenommen. Nach dem Oktober, während dessen die meisten Arbeiter in den Mobilgardedienst einbezogen wurden, trat die Kommission erneut zusammen. 30 000 Menschen meldeten sich, davon wurden 5000 als nicht zuständig aus Wien ausgewiesen; aber auch von den Verbleibenden wurden nur 4500 bei öffentlichen Arbeiten angestellt. Vom Recht auf Arbeit war nach der Niederwerfung der Revolution nicht mehr die Rede: „Die Arbeiterkommission hegt keinen anderen Gedanken, als daß man dem Ungestüm der Arbeiter mit allem Ernste entgegentreten müsse und nie die Meinung gelten lassen dürfe, der Arbeiter habe ein Recht auf Arbeit vom Staate[25].“

In den kommenden Jahren bauten die Arbeiter in Gestalt der beiden monströsen, die Innenstadt in die Zange nehmenden Kasernen (heute ist noch die Roßauer Kaserne erhalten) und des die Stadt beherrschenden Arsenals jene Zwingburgen, von denen aus jeder Erhebungsversuch schon im Keim erstickt werden sollte. Viele Erdarbeiter fanden bei den großen Bahnbauten, vor allem auf dem Semmering, ihren kargen Verdienst. Die Krise des traditionellen Wiener Kleingewerbes, die sich in der Revolution mit erschreckender Deutlichkeit gezeigt hatte, schleppte sich die folgenden Jahrzehnte hindurch fort; immer mehr Handwerker und Angehörige des Kleinhandels und des Dienstleistungsgewerbes sanken ins Proletariat ab.

Trotz der rigorosen Unterdrückung aller Assoziationsversuche blieb die Arbeiterschaft ein unruhiges Element. Am 7. November 1849 berichtete Minister Bruck: „Arbeitsverweigerungen von Gesellen des einen oder des andern Fabrikenzweiges nehmen überhand, und den Berufungen auf Vorteile und Erleichterungen, welche die Arbeiter während der Zeit der Gesetzlosigkeit im vergangnen Jahre allerdings teilweise nicht im Weg eines vollkommen freiwilligen Einverständnisses ihrer Fabriksherren sich zu verschaffen wußten und die sie nun zu behaupten streben, stehen die teilweise unter das Maß der Billigkeit herabsteigenden Versuche der Fabrikherren, jene Vorteile zu verringern, schroff entgegen und bieten so dem sozialen Kampf der Gegenwart täglich neue Nahrung[26].“ Und 1851 meldete die Polizei: „Längst schon haben die Bestrebungen der sozialdemokratischen Propaganda, sich aus der Arbeiterbevölkerung eine den Regierungen überall feindlich gegenüberstehende Macht herauszubilden, die Massen der Arbeiter zu organisieren und dem ganzen Körper durch eine gewisse Gliederung eine höchst gefährliche Bewegbarkeit zu geben, die Aufmerksamkeit aller Regierungen im hohen Grade in Anspruch genommen[27].“

Aufschlußreich für den Wandel der Anschauungen über die soziale Frage von der Revolutionszeit zur Reaktionsepoche ist ein Vergleich der Pläne Bachs für eine Sozialreform im Jahr 1848 mit einer amtlichen Denkschrift von 1850 in seinem Nachlaß. 1848 erwog Bach, damals noch liberal gesinnt, für die Arbeiter „Beteiligung an den politischen, Volks- und Gemeinderechten, Teilnahme an der eigenen Verwaltung ihrer Interessen und namentlich an den Schiedsgerichten zur Entscheidung der Differenzen zwischen Meistern und Gesellen, unentgeltlichen und ausreichenden Unterricht, Beteiligung der Arbeiter am Gewinn und Errichtung von gewerkschaftlichen Hilfsvereinen“. 1850 hieß es in der Befürchtung, daß eine „Influenzierung der Arbeiterklassen in Böhmen und Österreich“ durch die deutschen Arbeitervereine möglich sei: „Religion, Familie, das Eigentum sind die festesten Stützen der Staaten in ihrer gegenwärtigen Ordnung, und es wäre ebenso klug als gerecht, wenn die fortwährenden Angriffe auf jene unantastbaren Grundsätze gleich dem Verbrechen des Hoch-

Was erwartet uns, wenn der Feind siegt?

Der Zustand — mit dem man uns im Falle des Sieges der Militärmacht zu beschenken gesonnen ist — mag in obiger Darstellung eine Versinnlichung finden, indem man uns, um mit allen Foltern gegen uns losziehen zu können, sammt und sonders für Republikaner erklären wird.

Eine Kundmachung, vom Haupt-Quartier Hetzendorf datirt und von Windischgrätz gezeichnet, fordert nichts Geringeres als:

1. Die Stadt Wien habe sammt ihren Vorstädten und der nächsten Umgebung binnen 48 Stunden ihre Unterwerfung auszusprechen, die Waffen abzuliefern, und alle nicht in der Nationalgarde eingereihten Individuen zu entwaffnen.
2. Alle bewaffneten Corps und die Legion werden aufgelöst, die Aula gesperrt, die Vorsteher sammt 12 Studenten der Legion als Geißeln gestellt.
3. Mehrere noch zu bestimmende Individuen sind auszuliefern.
4. Alle Zeitungsblätter, mit Ausnahme der Wiener-Zeitung welche sich blos auf officielle Mittheilungen zu beschränken hat, werden während der Dauer des Belagerungs-Zustandes suspendirt.
5. Alle Fremden und Paßlosen sind aus Wien zu entfernen.
6. Alle Clubbs werden während des Belagerungs-Zustandes aufgehoben und geschlossen.
7. Wer sich diesen Anordnungen widersetzt, verfällt dem Standrechte.

verrats als crimen laesae societatis mit den härtesten Strafen belegt würden[28].“

Als Beispiel, in welchem Stil Arbeitskonflikte in der Reaktionszeit beigelegt wurden, sei das Vorgehen im Fall eines Ausstandes der Arbeiter der Speker'schen Maschinenfabrik am Tabor angeführt. Die Arbeiter waren „aus Anlaß der Zurückführung der Arbeitsstunden auf die vormärzliche Zeit“ aus dem Dienstverhältnis ausgetreten. Wegen der „gebotenen schleunigen Exemplifikation“ wurde die „sofortige Bestrafung“ der widerspenstigen Arbeiter angeordnet: 24 Arbeiter wurden zu Stockprügel (zumeist 25 Streiche) verurteilt, nicht „prügelfähige“ zu 14 Tagen Stockhausarrest in Eisen bei Wasser und Brot. „Diesen Beschluß hat das Kriegsgericht allen vorgenannten Individuen nach veranlaßter Ausrückung einer entsprechenden Anzahl von Militär-Polizei-Wachmannschaft öffentlich kundzumachen, die vorstehenden angeordneten Bestrafungen in Vollzug zu setzen[29]“ (1852).

Nur theoretische Bedeutung hatte die Diskussion des Arbeiterwahlrechts im Verfassungsausschuß des Reichstags von Kremsier. Ihre Argumente blieben aber bemerkenswert für die weiteren Auseinandersetzungen in dieser Frage. Die Liberalen leiteten von der Besitzlosigkeit die Unmöglichkeit ab, sich um öffentliche Angelegenheiten zu kümmern. Der schlesische Abgeordnete Franz Hain meinte im Sinn dieser Vorstellungen: „Denn die nichts haben, somit auch keine Steuer zahlen, sind den politischen Umtrieben viel zugänglicher als andere. Wollte man die Demokratie in jeder Hinsicht durchführen, so müßte man auch Frauen zur Wahl zulassen.“ Franz Ladislaus Rieger, der Schwiegersohn Palackýs, fürchtete: „Die große Masse der Nichtbesitzenden ist meist, ohne einer Aufhetzung zu bedürfen, ungerecht und kommunistisch. Die Proletarier werden Gleichgesinnte und Genossen ihrer Bestrebungen wählen, womit nicht die Stabilität der Gesetze, sondern der Umsturz gewinnt.“ Dagegen hielt die Linke – Vacano, Goldmark, Fischhof – am Prinzip des allgemeinen Wahlrechts fest; der Wiener Deputierte Rudolf Brestel, der spätere Minister der liberalen Ära, meinte: „Solange man diejenigen, die keine direkten Steuern zahlen, zum Militärdienste zwingt, so lange kann man sie vom aktiven Wahlrechte nicht ausschließen, denn die Wehrpflicht ist auch eine Steuer, ich möchte sie die Blutsteuer nennen.“ Freilich rechnete auch die

Linke nicht mit einer starken Vertretung der Arbeiterschaft; sie betrachtete eine Verbreiterung der Basis des parlamentarischen Systems als wichtiges Mittel für eine Integration der Arbeiterschaft in den Staat: ,,Die Wahl von zwei oder drei sogenannten Proletariern in den Reichstag ist noch kein Unglück. Daß sie aber daselbst ihre Vertreter haben, ist für die Achtung und Stabilität der Gesetze wichtig. (. . .) Ich bevorworte daher ihre Zulassung zur Wahl nicht aus Radikalismus, sondern im Interesse der Ordnung, der Stabilität der Gesetze[30].“

Erst 1867 konnte die Arbeiterbewegung in Österreich ihren nahezu zwei Jahrzehnte lang unterbrochenen Kampf um politische Gleichberechtigung und soziale Rechte wieder aufnehmen. Sie war es auch, die von allen politischen Lagern am intensivsten und – wie man hinzufügen darf – mit dem größten Recht die Traditionen von 1848 pflegte. Die Differenzierung der entstehenden Massenparteien in der zweiten Hälfte des 19. Jahrhunderts läßt sich an Art und Grad des Bekenntnisses zu 1848 gut verfolgen. Noch 1881 nahmen Georg von Schönerer, Engelbert Pernerstorfer und Victor Adler gemeinsam am Begräbnis Anton Füsters teil[31].

In der Folgezeit hielt nur noch eine kleine Gruppe von bürgerlichen Demokraten an der 1848-Tradition fest, während die Liberalen mit zunehmender Etablierung den revolutionären Ursprung der bürgerlichen Gesellschaftsordnung verdrängten und die Deutschnationalen nur den nationalen Aspekt reklamierten, wobei sie allerdings in der Gleichsetzung der demokratischen Bestrebungen von 1848 zur Herstellung der deutschen Staatlichkeit mit dem von ihnen verherrlichten Bismarckreich einem schwerwiegenden historischen Irrtum verfielen. So wurde der noch von der liberalen Gemeindeverwaltung errichtete Obelisk am Zentralfriedhof über den hierher überführten Gebeinen der Märzgefallenen zur Stätte heterogener politischer Kundgebungen, bis schließlich die 1848-Tradition weitgehend von der Sozialdemokratie allein getragen wurde – die Ehrengräber Victor Adlers und ihrer anderen großen Führer liegen ja in unmittelbarer Nähe des Märzobelisken. In den Jahren vor dem Ersten Weltkrieg waren die Märzfeiern Massendemonstrationen von vielen Tausenden, die durchaus gemeinsam mit den Maiaufmärschen genannt werden können[32]. Illustrierte Märzschriften wurden zu diesen Gelegenheiten herausgegeben, die die Bedeutung der

Revolution für die aktuellen politischen Bestrebungen – besonders den Kampf um das allgemeine und gleiche Wahlrecht – hervorhoben. Der Brauch der alljährlichen Märzfeiern, der noch in der Zeit der Ersten Republik intensiv gepflegt wurde, verschwand weitgehend in der Zweiten Republik – ein Substanzverlust an geschichtlicher Tradition, der gewiß in vieler Hinsicht zu bedauern ist.

Nicht nur die junge Arbeiterbewegung, sondern die demokratische Bewegung in ihrer Gesamtheit hatte durch die Niederwerfung der Revolution einen nicht wieder gut zu machenden Schaden erlitten. Nur ganz wenige Achtundvierzigerdemokraten beugten sich dem Druck und wurden ihrer Gesinnung untreu; die meisten zogen eine in vielen Fällen lebenslange Emigration und eine ungewisse Zukunft der Unterjochung ihres freien Denkens in der Heimat vor. Eine ganze Gruppe von Parlamentariern der Linken – Kudlich, Violand, Füster, Goldmark – wanderte, in ihrem Vaterland zum Tod verurteilt, in die Vereinigten Staaten aus und gehörte dort zu jenen Einwanderern, welche der Weiterentwicklung der amerikanischen Demokratie wertvolle Impulse vermittelten[33]. In Dresden und in der Pfalz kämpften österreichische Demokraten 1849 in den letzten Schlachten der deutschen Revolution; viele von ihnen erwarteten dann im Londoner oder Pariser Exil eine neue revolutionäre Welle[34].

Die totale Vernichtung und Vertreibung der demokratischen Intelligenz Wiens bedeutete einen Traditionsbruch in der politischen Entwicklung Österreichs. Die Tiefe dieses Einschnitts kann in einem Vergleich mit Deutschland ermessen werden, wo die Achtundvierziger-Überlieferung von Marx und Engels, Lassalle, Liebknecht und Herwegh an die Sozialdemokratie weitergegeben wurde. In Österreich hat keiner der 1848 hervorgetretenen Politiker des demokratischen Lagers auf die Arbeiterbewegung in der zweiten Hälfte des 19. Jahrhunderts Einfluß gehabt. Daß gerade im Zentrum der Monarchie die fortschrittlichen Bestrebungen am radikalsten ausgemerzt wurden, hat auch möglicherweise dazu beigetragen, daß der österreichische Parlamentarismus bis zum Ende der Monarchie keinen Integrationsfaktor des zerfallenden Staates bilden konnte.

In Ungarn kam die Politik des Jahres 1848 nach dem mißglückten Experiment des absolutistischen Regimes und den gescheiterten Verfassungsentwürfen im Ausgleich von 1867 gewissermaßen wieder zum Zug – Männer, die schon 1848 eine Rolle gespielt hatten wie Deák und Andrássy, bestimmten die Geschicke dieser Reichshälfte. Die demokratischen Ansätze der Revolution traten allerdings hinter den Bestrebungen nationalistischer Machtpolitik zurück. Für die Deutschen der Monarchie bedeutete die Wiederherstellung ihrer Vormacht durch einen antidemokratischen, absolutistischen Zentralismus eine schwere Kompromittierung ihrer politischen Entwicklung – eine Tendenz, die bekanntlich bis in die Reihen der Arbeiterbewegung verhängnisvolle Folgen zeitigte.

Gewiß hatte sich schon 1848 mehrfach gezeigt, daß nationaler Egoismus und „Realpolitik“ die großen Ideen einer Brüderschaft der Völker und des Internationalismus der demokratischen und der Arbeiterbewegung zu überwuchern drohten[35]. Dennoch war der aus der Revolution geborene Reichstag von Wien und Kremsier die erste – und einzige – Stätte, an der sich die Volksvertreter verschiedener Nationalitäten zu einer echten Gemeinsamkeit in wechselseitiger Kompromißbereitschaft zusammenfanden[36]. Das schärfste Urteil, das die Geschichte kennt, war aber auch über diese Bestrebungen gesprochen: zu spät!

Was blieb von 1848 außer enttäuschten Hoffnungen? Die unwiderrufliche Vernichtung der sozialen Grundlagen des Feudalismus eröffnete den Völkern der Donaumonarchie den Weg in die bürgerliche Gesellschaft. Die 1848 erstmals ins Bewußtsein getretenen Probleme sollten auf einer höheren Entwicklungsstufe immer wieder gestellt werden. Der Gedanke einer demokratischen Lösung der sozialen Frage und des Nationalitätenproblems wurde das Vermächtnis dieses großen Jahres. Was das Erbe des 19. Jahrhunderts an fortschrittlichen Ideen bis zum heutigen Tag bildet, war schon einmal in der die Massen in Bewegung setzenden Revolution des Jahres 1848 gedacht und gesagt worden. Diese Ideen konnten von der Gegenrevolution niemals vernichtet und aus dem Gedächtnis der Völker getilgt werden.

Den Bezwingern der Revolution von 1848, die an die Ewigkeit ihres gewaltsamen Sieges glaubten, rief Moritz Hartmann in dem Bewußtsein, zum unterlegenen, aber letztlich doch stärkeren Lager zu gehören, zu:

„Es geht nicht mehr so, wie es ging –
Die Köpfe schlägt man wohl vom Rumpf;
Doch die Idee – ein ander Ding –
Sie spielt euch doch den letzten Trumpf[37].“

ZUM VERHÄLTNIS ZWISCHEN „KLEINBÜRGERLICHER“ UND „SOZIALER“ DEMOKRATIE

Ehe wir abschließend am Beispiel einiger österreichischer Revolutionäre den Übergang von der kleinbürgerlichen zur sozialen Demokratie untersuchen, soll der Bedeutungsgehalt dieser Begriffe im zeitgenössischen politischen Denken analysiert werden.

Wer von „kleinbürgerlicher Demokratie“ in der Zeit um 1848 spricht, ist in seiner Terminologie bewußt oder unbewußt von der von Marx und Engels verwendeten Ausdrucksweise abhängig. Nun ist gerade hier, zu einer Zeit, als sich die Begründer des wissenschaftlichen Sozialismus von der „Demokratie“ älteren Typs abzugrenzen begannen, keine in sich geschlossene, eindeutige Begriffsbildung festzustellen. „Kleinbürgertum“ war für Marx und Engels um 1848 zum ersten ein soziologischer Begriff, der aus den objektiven gesellschaftlichen Gegebenheiten abgeleitet war, aber auch ein Schlagwort, mit dem Gegner im politischen Kampf negativ gekennzeichnet werden sollten. Beide Begriffshorizonte erscheinen in ihren Schriften miteinander vermengt.

Als Engels 1847 die „deutsche Misere“ analysierte, entfuhr ihm das ärgerliche Wort: „Die Kleinbürgerschaft ist nächst den Bauern die miserabelste Klasse, die zu irgendeiner Zeit in die Geschichte hineingepfuscht hat.“ Im Kompromiß zwischen Adel und Kleinbürgertum sah Engels die Wurzel des bürokratischen Herrschaftssystems, das von der Bourgeoisie gestürzt werden müsse, ehe überhaupt an Fortschritt zu denken sei[1].

Die Herausarbeitung des dominanten Klassengegensatzes der modernen Gesellschaft, des Antagonismus zwischen Bourgeoisie und Proletariat, veranlaßte Marx und Engels, die Bedeutung des kleinbürgerlichen Mittelstandes im Kommunistischen Manifest zu relativieren: „Die Mittelstände, der kleine Industrielle, der kleine Kaufmann, der Handwerker, der Bauer, sie alle bekämpfen die Bourgeoisie, um ihre Existenz als Mittelstände vor dem Untergang zu sichern. Sie sind also nicht revolutionär, sondern konservativ. Noch mehr, sie sind reaktionär, denn sie suchen das Rad der Zeit zurückzudrehen. Sind sie revolutionär, so sind sie es in Hinblick auf den ihnen bevorstehenden Übergang ins Proletariat, so verteidigen sie nicht ihre gegenwärtigen, sondern ihre zukünftigen Interessen, so verlassen sie ihren eigenen Standpunkt, um sich auf den des Proletariats zu stellen[2].“

Die Vermengung des soziologischen Begriffs „Kleinbürgertum“ mit einer politischen Gruppenbezeichnung tritt besonders in der „Ansprache der Zentralbehörde an den Bund“ vom März 1850 in Erscheinung, in der Marx und Engels ihre Theorie der „Revolution in Permanenz“ und der revolutionären Strategie und Taktik des Proletariats und seiner Partei umfassend entwickelten. Sie gehen dabei von den politischen Erscheinungsformen und Programmen der „Partei“ der „demokratischen Kleinbürger“ aus, die aus den „fortgeschrittensten Teilen der großen Bourgeoisie“, den „demokratisch-konstitutionellen Kleinbürgern“ und den „republikanischen Kleinbürgern“ bestehe. Die Erfahrungen von 1848 hatten gelehrt, daß sich die sozialen Mittelschichten noch nicht in den Gegensatz von Bourgeoisie und Proletariat aufgelöst hatten, sondern ein Faktor von selbständiger Bedeutung blieben. „Die kleinbürgerlich-demokratische Partei in Deutschland ist sehr mächtig, sie umfaßt nicht nur die große Mehrheit der bürgerlichen Einwohner der Städte, die kleinen Industriellen, Kaufleute und die Gewerbsmeister; sie zählt zu ihrem Gefolge die Bauern und das Landproletariat, solange dies noch nicht in dem selbständigen Proletariat der Städte eine Stütze gefunden hat.“ Aus der politischen Haltung des Kleinbürgertums leiteten Marx und Engels zwar taktische Bündnismöglichkeiten, aber prinzipiell verschiedene Ziele für die Partei des Proletariats ab: „Die demokratischen Kleinbürger, weit entfernt, für die revolutionären Proletarier die ganze Gesellschaft umwälzen zu wollen, erstreben eine Änderung der gesellschaftlichen Zustände, wodurch ihnen die bestehende Gesellschaft möglichst erträglich und bequem gemacht wird[3].“

In seiner Artikelserie „Revolution und Konterrevolution in Deutschland“ (1851) setzte sich Engels mit dem Kleinbürgertum und seiner politischen Ideologie weitläufig auseinander: „Dieses Kleinbürgertum, in jedem modernen Staat und bei allen modernen Revolutionen von höchster Bedeutung, ist besonders wichtig in Deutschland, wo es bei den jüngsten Kämpfen meist die entscheidende Rolle gespielt hat. (. . .) Sobald die Bourgeoisie ihre eigene Herrschaft gesichert hat, wird es von heftigen demokratischen Anwandlungen befallen, versinkt aber jämmerlich in Furcht und Zagen, sobald die Klasse unter ihr, das Proletariat, eine selbständige Bewegung wagt[4]." Man sieht, daß die Einordnung dieser noch auf vorindustriellen Produktionsverhältnissen beruhenden Gesellschaftsschichten und ihrer politischen Ideologie für ein auf die Klassengegensätze der kapitalistischen Wirtschaftsordnung abzielendes Revolutionsmodell große Schwierigkeiten aufwarf.

Seit der Französischen Revolution bildete „Demokratie" in unterschiedlichen Erscheinungsformen die Triebkraft des politischen und sozialen Fortschritts der in einem Umbruch von epochaler Bedeutung befindlichen europäischen Gesellschaft. Alexis de Tocqueville beschrieb die Demokratisierung als Prinzip von universeller Bedeutung für die Entstehung der modernen Welt. „Demokratie" konnte als dialektische Weiterentwicklung des Liberalismus verstanden werden, als Prinzip sozialer Gleichheit bis hinein in die Anfänge des Sozialismus und Kommunismus reichend. „Demokratie" ging eine Synthese mit dem aufsteigenden Nationalismus der europäischen Völker ein, konnte aber auch wie etwa bei Lamennais mit dem Christentum, bzw., wie wir an vielen Beispielen aus der Geschichte der österreichischen Revolution sahen, mit der Monarchie begrifflich verbunden werden. Im Vormärz bildete sich aus der fließenden Terminologie ein engerer Demokratiebegriff heraus, der etwa das Streben nach Volkssouveränität (dies konnte, mußte aber nicht in der Form des Republikanismus geschehen), nach nationaler Einheit und Völkerverbrüderung, politischer (und gegebenenfalls sozialer) Gleichheit umfaßte und sich mit dem Begriff des „Radikalismus" auf weite Strecken deckte[5].

Arthur Rosenberg betonte einen wichtigen Aspekt der „älteren Demokratie": „Die Demokratie im 18. Jahrhundert [man darf hinzufügen: in Mitteleuropa auch in der ersten Hälfte des 19. Jahrhunderts] war der Protest der werktätigen Volksmassen gegen die Übergriffe von Monarchie und Adel und zugleich gegen die Störung der gewohnten Lebensformen durch einen übermächtigen Kapitalismus[6]."

So verbanden sich im Kleinbürgertum und in der vorindustriellen Arbeiterschaft politisch fortschrittliche Tendenzen mit rückwärtsgewandten wirtschaftlichen Anschauungen. Nur mit Hilfe der Massen der ,,kleinen Leute" und des außerständischen ,,Pöbels" konnte das liberale Großbürgertum den absolutistischen Staat und den Feudalismus besiegen, andererseits bildeten die ökonomisch konservativen Tendenzen dieser Schichten einen Hemmschuh der kapitalistischen Wirtschaftsentwicklung. Im politischen Denken Rousseaus bzw. in der Praxis der Jakobiner und Robespierres fanden diese Widersprüche ihren wohl bedeutendsten und geschichtsmächtigsten Ausdruck.

Mit dem Auftreten der Klasse des modernen Industrieproletariats wurde die Lage des Kleinbürgertums weiter kompliziert. Die überkommene antikapitalistische Haltung dieser in sich wieder reich differenzierten Gesellschaftsschichten war ambivalent und konnte im Fall einer revolutionären Entwicklung in eine Kampfgemeinschaft mit der entstehenden Arbeiterbewegung einmünden. Die Entwicklung von der bürgerlichen zur ,,sozialen Demokratie" und ,,Sozialdemokratie", in der der politischen Ideologie des radikalen Kleinbürgertums eine wichtige Vermittlungsrolle zukam, ist, was diesen Aspekt betrifft, noch viel zu wenig untersucht worden[7].

In der Epoche der Revolution von 1848 war die Position des Kleinbürgertums diesen Voraussetzungen entsprechend schwankend. Es haßte im Kapital, das ihm in seinen Erscheinungsformen als Bankkapital, Industriekapital, ,,Wucher" und Wohnungszins entgegentrat, die potentielle Ursache der eigenen Deklassierung, mußte aber andererseits fürchten, daß sich die Unterschichten gegen die ,,Geldmacht" erheben und auch den Mittelstand in den Untergang reißen könnten. So kam die für die ,,Demokratie" des Jahres 1848 typische Haltung des ,,Einerseits-Andererseits" zustande. Die Stellung, welche die politische Mitte einnahm, wechselte mit den Entwicklungsphasen der Revolution – oft mit großer Schnelligkeit, je nachdem, ob die konservativ-feudalen, liberal-kapitalistischen oder proletarisch-revolutionären Kräfte gerade das Übergewicht hatten[8]. Diese Unsicherheit kam auch in der Tendenz, politische Probleme zu personalisieren, zum Ausdruck, was sich in der Wiener Revolution besonders deutlich beobachten läßt – man vergleiche die Kritik an Metternich, Sedlnitzky, Czapka und an Gruppen wie den Liguorianern, aber auch die Haltung gegenüber Schütte bzw. die Stellung zum Monarchen einerseits, zur ,,Camarilla" andererseits.

Während des Revolutionsjahrs vollzog sich auch in Wien der

Übergang von der auf formale Gleichberechtigung abzielenden politischen Demokratie zur „sozialen Demokratie"[8a]. Im Gegensatz zu den Liberalen, die die Grundrechte als Eingrenzung der staatlichen Macht gegenüber dem Individuum interpretierten, verstanden die Vertreter dieser Gruppe als Menschenrechte die aktive Unterstützung sozial schwacher Schichten durch die Gesellschaft und näherten sich somit der Arbeiterbewegung und deren Forderungen. Die Mehrheit des Kleinbürgertums leistete allerdings diesen Postulaten der fortgeschrittensten demokratischen Wortführer keine Gefolgschaft und trat der Arbeiterschaft, die sich auf das „Recht auf Arbeit" berief, entgegen.

Die Verbindung zwischen frühem Sozialismus und den Traditionen der revolutionären Demokratie war nicht von vornherein gegeben, sondern war das Resultat einer langen historischen Entwicklung. Bekanntlich lehnten Saint-Simon und Fourier und die meisten ihrer Anhänger die politische Revolution zur Durchsetzung ihrer Vorstellungen ab; in der Tradition der Aufklärung stehend, hofften sie, ihre Reformen durch friedliche Propaganda ihrer Ideen verwirklichen zu können. Erst Louis Blanc mit seiner Verbindung der Forderungen von Arbeiterassoziationen und allgemeinem Wahlrecht und vor allem Louis Auguste Blanqui mit seinem Rückgriff auf den plebejischen Egalitarismus der Großen Französischen Revolution und die Bestrebungen Babeufs stellten diese Verbindung her[9]. Diese in Westeuropa und den deutschen Auslandsvereinen schon lange vor 1848 theoretisch und organisatorisch durchgebildete Verschmelzung der Ideologie der bürgerlich-demokratischen Revolution mit den Gleichheitsforderungen des Sozialismus und den Anliegen der spontanen Arbeiterbewegung wurde in Deutschland und Österreich in einer raschen Entwicklung während des Revolutionsjahrs nachgeholt.

Die wohl beste Bestimmung des Ortes der historischen „sozialen Demokratie", die gemäß ihren Entstehungsbedingungen nur eine transitorische Erscheinung sein konnte, gab Lorenz Stein: „Sie [die soziale Demokratie] will die prinzipielle Gleichheit, die auch sie anerkennt, durch die Gewalt des Staates verwirklichen; sie will die Volksvertretung gebrauchen, um die Elemente des Staates auf ihre wahre Aufgabe, die Vernichtung der wirklichen Ungleichheit zurückzuführen; und da diese in der Lage der niederen Klasse gegeben ist, so ist es das Wesen aller Demokratie, die Volkssouveränität, die auch sie anruft, zur Hebung dieser niederen Klasse in Bewegung zu setzen. Sie bezeichnet daher den Punkt, wo die rein rechtliche Idee der Gleichheit, deren Ausdruck der Republikanismus ist, in die soziale Idee der Gleichheit übergeht; wo die Demokratie auftritt, da ist die soziale Frage der tiefere Inhalt aller politischen Bewegungen, und ist das einmal geschehen, so ist es unmöglich, zu dem reinen, abstrakten Republikanismus zurückzukehren. Wo daher die Demokratie in der industriellen Gesellschaft erscheint, da wird sie naturgemäß der politische Ausdruck des Gegensatzes der bloß arbeitenden Klasse gegen das Kapital[10]."

In Deutschland wurde die hier exakt beschriebene ideologische Entwicklung nach 1848 weitergeführt. Schon 1849 entsprach der nunmehr zusammengezogene Begriff der „Sozial-Demokratie" dem wachsenden Organisationsstand der Arbeiterbewegung – in Österreich konnte unter den Bedingungen der totalen Unterdrückung aller fortschrittlichen Strömungen nach dem Oktober 1848 diese Evolution nicht mehr stattfinden[11].

Auch in der Begriffsbildung von Marx und Engels läßt sich diese Entwicklung der „Demokratie" um die Mitte des 19. Jahrhunderts gut ablesen. Schon 1845 sagte Engels in Zusammenhang mit dem Aufstand der schlesischen Weber und den Unruhen unter den böhmischen Kattundruckern und Eisenbahnarbeitern: „Hierzulande sind Demokratie und Kommunismus, soweit es sich um die Arbeiterklasse handelt, völlig identisch[12]." In diesem Sinn konnten die Kommunisten gegenüber den „kleinbürgerlichen" Demokraten die allgemein verbreitete Parole der „Demokratie", erfüllt mit neuem Inhalt, auch für sich reklamieren, wie Friedrich Engels in der Auseinandersetzung mit Karl Heinzen schrieb: „Die Kommunisten, weit entfernt, unter den gegenwärtigen Verhältnissen mit den Demokraten nutzlose Streitigkeiten anzufangen, treten vielmehr für den Augenblick in allen praktischen Parteifragen selbst als Demokraten auf. Die Demokratie hat in allen zivilisierten Ländern die politische Herrschaft des Proletariats zur notwendigen Folge, und die politische Herrschaft des Proletariats ist die erste Voraussetzung aller kommunistischen Maßregeln[13]."

Prägnanter noch brachte das Kommunistische Manifest diesen Gedanken mit seiner berühmten Formulierung zum Ausdruck, „daß der erste Schritt in der Arbeiterrevolution die Erhebung des Proletariats zur herrschenden Klasse, die Erkämpfung der

Demokratie ist[14]“. Während sich das Kommunistische Manifest mit dem „feudalen“, „kleinbürgerlichen“, „wahren“, „kritisch-utopischen“ und „Bourgeois“-Sozialismus kritisch auseinandersetzte, findet sich in Engels' vorbereitender Schrift „Grundsätze des Kommunismus“ (1847) noch eine im ganzen durchaus positive Stellungnahme zu den „demokratischen Sozialisten“: „Diese demokratischen Sozialisten sind entweder Proletarier, die über die Bedingungen der Befreiung ihrer Klasse noch nicht hinreichend aufgeklärt sind, oder sie sind Repräsentanten der Kleinbürger, einer Klasse, welche bis zur Erringung der Demokratie und der aus ihr hervorgehenden sozialistischen Maßregeln in vieler Beziehung dasselbe Interesse haben wie die Proletarier[15].“ So bestand eine prinzipielle Bündnismöglichkeit, die ja auch in der politischen Taktik der „Neuen Rheinischen Zeitung“ zum Tragen kam. Ihr Untertitel „Organ der Demokratie“ bezeichnet diese Zusammenhänge sehr treffend; Marx und Engels verfolgten 1848 die Politik, das demokratische Lager als Ganzes nach links zu drängen, ehe sie um die Jahreswende 1848/1849 den Gedanken einer organisatorisch und ideologisch selbständigen proletarischen Klassenpartei ins Auge faßten.

Nach der Niederwerfung der Revolution analysierte Marx am Beispiel der „Klassenkämpfe in Frankreich“ die Zwischenstellung der „sogenannten Partei der Sozialdemokratie, der Partei der roten Republik“, die „zwischen der Bourgeoisie und dem Proletariat zermahlen wurde, weil sie sich zu spät auf die Seite des revolutionären Proletariats stellte[16]“. Seiner Meinung nach war die politische Rolle dieser Mittelgruppe nach ihrem Scheitern in der Revolution ausgespielt; die weithin gegebene Konservierung „kleinbürgerlicher“ Wirtschafts- und Gesellschaftsstrukturen gerade in Deutschland und Österreich ließ sein Urteil aber als verfrüht erscheinen.

Die Frage nach der Herkunft der Wortführer der „kleinbürgerlichen“ und der „sozialen Demokratie“, die nach Marx' Worten „von der kleinsten Reform der alten gesellschaftlichen Unordnung bis zur Umwälzung der alten gesellschaftlichen Ordnung, von dem bürgerlichen Liberalismus bis zum revolutionären Terrorismus“ ein so ungemein weit gefächertes Spektrum politischer Meinungsbildung umfaßte, drängt sich auf. Hier sind – paradox genug – zunächst unzufriedene Beamte zu nennen; man erinnere sich an Stifft, Violand oder an den Hofsekretär

Gritzner, der einer der entschlossensten Führer des bewaffneten Proletariats in den Oktoberkämpfen war. Auch die ansehnliche Gruppe der Offiziere, die zur Revolution übergingen (neben Messenhauser namentlich Fenner von Fenneberg, Ernst Haug und Ludwig Hauk, vor allem aber jene Offiziere, die für die ungarische Unabhängigkeitsbewegung fochten), ist in diesem Zusammenhang zu erwähnen. Schon in der Zusammensetzung der „Jakobiner“ in der frühen Regierungszeit Franz II. (I.) hatte sich eine ähnliche Konstellation im Gefüge der radikalen politischen Opposition gezeigt. Der bürokratische Staat hatte sich in Österreich noch vor dem Wachstum der großen Industrie, die zu ihrem Aufbau der bürgerlichen Intelligenz bedurfte und ihr entsprechende Aufgaben bieten konnte, entwickelt.

Eine Krise des in vieler Hinsicht hypertrophen Staatsapparats mußte zugleich eine Krise im loyalen Verhalten der Beamtenschaft herbeiführen. Dazu kam, daß gerade junge Beamte sich zu Beginn ihrer Laufbahn oft extremer materieller Not ausgesetzt sahen (die ersten Dienstjahre mußten ohne oder gegen eine lächerlich geringe Besoldung abgeleistet werden) und auf Schritt und Tritt einer üblen Protektionswirtschaft begegneten, die Adelssöhnen eine glanzvolle Karriere ohne entsprechende Leistung ermöglichte[17].

Wilhelm Heinrich Riehl sah in der Unzufriedenheit der Intelligenz eine wesentliche Ursache für das Engagement vieler Beamter in der Revolution: „Die Proletarier der Geistesarbeit sind in Deutschland die eigentliche ecclesia militans des vierten Standes. (. . .) Der Widerstreit des Erwerbs mit dem Bedürfnisse, der eingebildeten gesellschaftlichen Stellung mit der wirklichen ist bei dieser Gruppe des vierten Standes am unversöhnlichsten. (. . .) Was Wunder, wenn der proletarische Beamte die Opposition gegen seine herrische Stiefmutter, die bestehende Staatsgewalt, für gleichbedeutend nahm mit der Opposition gegen die Gesellschaft. (. . .) Wenn die proletarischen Beamten loskommen wollen vom vierten Stand, dann bleibt ihnen unter den gegebenen Staatsverhältnissen keine andere Wahl, als die ganze Gesellschaft in den vierten Stand aufzulösen[18].“

Eduard Bauernfeld, der selbst einst Beamter war und dem beim Eintritt ins Büro zumute war, „als sollte er gehenkt werden“, hat kurze Zeit nach der Revolution über die „kleinen Beamten“ gedichtet:

„Im Stillen untergräbt den Staat,
Wird gegen ihn sich rüsten
Das neue Proletariat:
Verheiratete Kopisten.

Sie sind eine Macht, sie sind ein Heer,
Sie trotzen allen Gewalten,
Und unzufrieden sind sie sehr
Mit ihren kleinen Gehalten.

Sie zeugen Kinder, hohl und bleich,
Die zum Büro Verdammten;
Zittre, du großes Österreich,
Vor deinen kleinen Beamten[19]!"

Eine bedeutende Rolle in den revolutionären Führungsgruppen spielte auch die freiberuflich tätige Intelligenz. Wir sahen die Mediziner in allen Phasen der Revolution aktiv[20]; Advokaten und Juristen traten im Reichstag hervor, zumeist in gemäßigt-liberalem Sinn. Noch ohne Rücksicht auf berufliche Stellung sprach sich die politische Opposition unter den Studenten aus. Daß das demokratische Element unter den freien Schriftstellern, Journalisten und Publizisten am stärksten vertreten war, bedarf keiner besonderen Erwähnung mehr[21].

Die Ungleichmäßigkeit und Sprunghaftigkeit der kapitalistischen Entwicklung in Österreich bot für diese während des Vormärz stark anwachsenden Intelligenzberufe keine entsprechenden Entfaltungsmöglichkeiten. Der Versuch, die Identifizierung mit dem feudal-bürokratischen Staat durch Zensur und Polizei zu erzwingen, bewirkte nur das Gegenteil. Große Teile der intellektuellen Führungsschichten wandten sich schroff von der Regierung ab; aus ihren Reihen kamen die Wortführer der Revolution; sie waren es, die die sozialen Forderungen der Unterschichten artikulierten und ihre noch unkoordinierten Bestrebungen in ersten Ansätzen politischer Parteibildung zusammenfaßten.

Auf die tödliche Schwäche der Demokratie von 1848 wies ihr konservativer Kritiker Riehl hin: „Die Demokratie verfuhr ganz wie der Polizeistaat, sie zog die Bauern und deren eigentümliches Wesen gar nicht in ihre politischen Berechnungen, sie sprach so viel vom Volk und vergaß, daß darunter die Bauern doch beiläufig auch mit einbegriffen sind. Über der Reaktion in den Palästen übersah sie die viel gefährlichere Reaktion in den Hütten[22]."

Diese Haltung wurde auch von der äußersten Linken her kritisiert. Bakunin wollte im Frühling 1849 von Sachsen aus Böhmen insurgieren. Mit den Siegen der Ungarn über die kaiserliche Armee im Frühjahrsfeldzug schien ihm die Möglichkeit eines revolutionären Bündnisses zwischen Deutschen, Slawen und Magyaren gegeben zu sein. In Prag kam es zu engen Kontakten zwischen der Burschenschaft Markomannia und der tschechischen Organisation „Českomoravske bratrstvo"[23].

Bakunin schwebte ein von den Vorstellungen Marx' und der deutschen Demokraten abweichendes Revolutionsmodell vor: „Ich setzte größere Hoffnungen auf die böhmischen, tschechischen und auch auf die deutschen Bauern als auf Prag und die städtischen Bewohner überhaupt. Der entscheidende Fehler der deutschen und anfangs auch der französischen Demokraten rührte meiner Meinung von der Beschränkung ihrer Propaganda auf die Städte her, sie kümmerten sich überhaupt nicht um die Bauern[24]." Bakunin erwartete auch in seiner russischen Heimat eine revolutionäre Erhebung. „Es war", so schrieb Roman Rosdolsky, dem wir eine wichtige Analyse der Gegensätze zwischen Bakunin einerseits, Marx und Engels andererseits verdanken, „der Gegensatz der noch ganz unreifen, ganz fernen, aber ihren mächtigen Schatten bereits vorauswerfenden plebejischen Revolution der Bauern und Arbeiter des russischen Reiches gegen die kaum geborene, aber schon lendenlahme und altersschwache bürgerliche deutsche Revolution von 1848, der sich in der phantastischen, widerspruchsvollen Ideologie dieses Feuergeistes ankündigte[25]."

Bakunins Hoffnungen auf einen „anarchischen Bauernkrieg"[26] gründeten sich nicht auf die Analyse der Klassenkräfte durch den marxistischen Sozialismus. Sie hatten diesem aber voraus, die revolutionäre Potenz der bäuerlichen Massen des europäischen Ostens erkannt zu haben, die etwa Engels im Rahmen seiner vom bürgerlichen Nationalismus beeinflußten Theorie der „geschichtslosen Völker", zu denen er vor allem die Slawen (mit Ausnahme der Polen und später der Russen) rechnete, negierte[27]. Die Erkenntnis von der Bedeutung des Bauerntums für die bürgerlich-demokratische, aber auch für eine zukünftige proletarische Revolution formulierte Marx 1856 in einem an Engels gerichteten Brief: „The whole thing in Germany wird abhängen von der Möglichkeit to back the Proletarian revolution by some second edition of the Peasants' war. Dann wird die Sache vorzüglich[28].“ Eine Einsicht, die für die Revolution von 1848 zu spät kam, die aber einen Sachverhalt bezeichnete, der in den Revolutionen unseres Jahrhunderts mit ungeheurer Dynamik weiterwirkt.

ZEITGENÖSSISCHE INTERPRETATIONSMODELLE DER REVOLUTION VON 1848: ANTON FÜSTER, ANTON H. SPRINGER, FERDINAND KÜRNBERGER, ERNST VIOLAND

Aus der Vielzahl jener Miterlebenden und Mithandelnden des gewaltigen Geschehens von 1848, die in Memoiren, historischen Schilderungen und politischen Analysen ihr Bild der Revolution zeichneten, sollen zum Schluß unserer Betrachtungen vier Männer ausgewählt werden, welche die soziale Frage als Kernproblem ihrer Zeit und der revolutionären Erschütterungen des 19. Jahrhunderts erkannten. Von einer gefühlsmäßigen, impulsiven Stellungnahme für die Unterdrückten und Entrechteten bei Füster spannt sich der Bogen zu einer klaren, rationalen Analyse der sozialen Triebkräfte der Revolution bei Violand.

Anton Füster[1] (1808–1881) wurde als Sohn eines Gerbers und Kleinhändlers in Radovljica im heutigen Slowenien geboren und kam, 1832 zum Priester geweiht, über Laibach, Triest und Görz 1847 nach Wien, wohin er als Professor für Religionswissenschaft und Pädagogik berufen wurde. Der feurige, begeisterungsfähige Priester übte großen Einfluß auf die studierende Jugend aus. Als ihm die Regierung in der angespannten Lage vor den Märztagen zumutete, auf die Studenten mäßigend einzuwirken, bestärkte er sie in seiner berühmt gewordenen Predigt in der Universitätskirche am 12. März erst recht in ihrer oppositionellen Haltung. Sein Wirken in der Revolution hat Füster selbst anschaulich in seinen zweibändigen Erinnerungen beschrieben. Die politische Tätigkeit des revolutionären Priesters war aufs engste verbunden mit der „Aula“; in den Maitagen erreichte sein Einfluß den Zenit. Füster war „der faktische, der Revolutionskommandant der Legion[2]“.

Im Reichstag, in dem sich Füster zur Linken gesellte, konnte er nur eine vergleichsweise unbedeutende Tätigkeit entfalten; seinem Temperament entsprachen die Rücksichtnahmen der parlamentarischen Taktik nicht[3]. Sein Vergleich der Abreise des Hofes aus Wien mit der Flucht Ludwigs XVI. skandalisierte die konservative Öffentlichkeit Wiens, die ihn als „Verführer der Jugend“ denunzierte. Für die kirchliche Obrigkeit war er schon lange nicht mehr tragbar. Sein Bekenntnis zur Toleranz und zur Gleichwertigkeit aller Konfessionen anläßlich des Begräbnisses der Märzgefallenen wurde ihm übel vermerkt. Füster trennte sich von der Kirche, die ihn vom Priesteramt ausschloß. Sein Verständnis des Christentums konnte von der Amtskirche nicht akzeptiert werden: „Das Christentum war ja auch eine Revolution, und zwar eine der größten, der blutigsten und der wirksamsten[4].“ – „Dem Hofe galt ich für Robespierre, der Geistlichkeit für Luther. Ich danke beiden, daß sie mich mit so ausgezeichneten Männern verglichen[5].“

Füsters Denken aus einem revolutionär verstandenen Christentum heraus wurde jüngst mit den modernen Ansätzen zu einer „Theologie der Revolution“ in Parallele gestellt: „Seine Gedanken vom parteilichen Engagement zugunsten der Unterdrückten aus religiöser Motivation, vom neuen Stellenwert der Ökumene im Rahmen einer solchen befreienden Praxis und von einem daraus resultierenden neuen Verständnis des Christentums selbst finden sich in ausgefeilterer Form auch in der heutigen Theologie wieder[6].“

Der Feldkaplan der akademischen Legion engagierte sich auch für die Sache der Arbeiter; wie erwähnt, hielt er am 30. Juli eine von vielen Tausenden besuchte Feldmesse am Glacis ab. In einer Aularede sprach Füster zu den Arbeitern: „Ihr wart die Blinden, man wollte euch blenden durch falsche Lehre; ihr solltet die Wahrheit nicht sehen. Ihr wart die Lahmen, ihr solltet nicht Fortschritte machen, nicht vorwärts streben, nicht die Aufklärung, die Freiheit erreichen. Ihr wart die Bresthaften, die Vielgedrückten, auf denen vom Tage der Geburt bis zum Tage des Begräbnisses ein doppelt schweres Joch lastete. Ihr sollet sehend sein, ihr sollet kräftig voranschreiten, ihr sollet euch erleichtert fühlen[7].“

Nach der Auflösung des Kremsierer Reichstags ging Füster über Leipzig nach London, wo er in Berührung mit dem Kreis um Marx kam – er war Mitglied des „Ausschusses zur Unterstützung deutscher Flüchtlinge in London“, dem auch Marx angehörte[8]. Im Oktober 1849 schiffte er sich nach den USA ein, wo er bis 1876 als Lehrer ein sehr dürftiges Leben fristete. Seine letzten Lebensjahre verbrachte er in Armut in Wien; sein Begräbnis vereinte noch einmal die letzten alten „Achtundvierziger“, soweit sie den Idealen ihrer Jugend treugeblieben waren[9].

Füster hat zeit seines Lebens keine theoretischen Vorstellungen von den sozialen Ursachen der Revolution entwickelt; der Arbeiterbewegung, deren Anfänge er im Revolutionsjahr miterlebt hatte, stand er mit Sympathie gegenüber, ohne allerdings ihre selbständige, vom Bürgertum unabhängige Organisation ganz zu billigen. In seinem aus der Emigration geschriebenen „Hirtenbrief an die Wiener akademische Legion" stellte Füster dem „gutgesinnten" Wiener Bürgertum das vielgelästerte Proletariat gegenüber: „Der Absolutismus, die zum Teile angeborene, zum Teile systematisch beförderte große Neigung des Wieners aus sogenannten höheren Klassen zu sinnlichen Genüssen haben seinen Charakter gänzlich vergiftet, und er ist der moralische Proletarier in vollster Herabwürdigung, und der sogenannte Proletarier ist sein Gegensatz an Mut, Biederkeit und Sittlichkeit[10]." Die Revolution hält Füster für ein unbesiegbares Prinzip: „Die Idee des Jahrhunderts ist unwiderstehlich, sie schafft eine neue bessere Zeit. – Mit der alten Zeit des Absolutismus, der konstitutionellen Heuchelei liegt im Kampfe die Idee des Jahrhunderts. Der Riesenkampf zwischen der alten und neuen Zeit wird geschlagen. Die Welt ist aus den Fugen; wehe den dynastischen und aristokratischen Zwergen, die geboren zu sein glauben, um sie wieder einzurichten nach alter Art, durch Belagerungszustand, durch Kanonen und Bajonette[11]!"

In seinen handschriftlichen Memoiren[12] „28 Jahre in der Verbannung. Lehr- und Wanderjahre", die er in New York niederschrieb, kam Füster noch öfter auf die soziale Frage zu sprechen: „Man kämpfe, wie man wolle, wider die Sozialisten und Kommunisten (. . .) und weise den Gegenstand ab wie kräftig, wie oft man wolle, er ist denn doch unveränderlich, bleibend, unabweislich im Völkerrate der Menschheit. (. . .) Mit dem Niederschmettern der Arbeiter, mit fanatischer Behandlung derselben wird die Frage nicht gelöset. Mit Kartätschen löst man nicht die sozialen Fragen[13]."

Die politische Freiheit der Vereinigten Staaten hatte auf Füster tiefen Eindruck hinterlassen; in seiner zweiten Memoirenschrift „Drei Jahre in der Heimat" zog er knapp vor seinem Tod einen nicht zugunsten Europas ausfallenden Vergleich: „Neue Maschinen werden dort erfunden – in Europa neue Mordinstrumente; die Sklaverei wird aufgehoben, hier beginnt eine neue politische Parforcejagd in dem sogenannten gebildetsten Staate, in Preußen, nämlich die Sozialisten-Hetze."

Lernten wir mit Füster einen Mann kennen, der trotz aller Anfeindungen und verfolgt von einem schweren Schicksal den Ideen von 1848 unbeirrbar die Treue hielt, so finden wir in Anton Heinrich Springer einen zwar weitaus bedeutenderen politischen Denker und scharfsichtigeren Analytiker der Revolution, aber einen Menschen, der später die Fahne wechselte und mit den gegebenen Machtverhältnissen seinen Frieden schloß.

Springers (1825–1891) Abstammung aus kleinbürgerlichem, fast schon proletarischem Milieu – sein Vater arbeitete als Geselle der Bierbrauerei des Prämonstratenserstiftes Strahov in Prag – gab dem früh verwaisten Knaben einen stark ausgeprägten Aufstiegswillen mit[14]. Seine ungemein rasche Auffassungsgabe und geistige Vielseitigkeit grenzte ans Geniale. Er war einer der wenigen Männer der österreichischen Revolution von 1848, die sich intensiv mit der Philosophie Hegels auseinandergesetzt hatten (sonst vor allem Jellinek). Diesem großen Denker war seine Tübinger Dissertation gewidmet, die in einer These über den Hegelschen Revolutionsbegriff gipfelte: „Eine bestehende Staatsform steht im Widerspruche mit dem Volksbewußtsein. Dasselbe kann sich von dem Widerspruche nicht befreien, daß es einen freieren Staatszustand neben den alten hinstellt, sondern es muß zuvor den alten zertrümmern und auflösen und an seine Stelle den dem weiter entwickelten Volkswillen entsprechenden setzen[15]."

Der Tag der Promotion Springers – der 13. März 1848 – war der Schicksalstag der österreichischen Revolution. Springer eilte sogleich nach Prag, wo er eine rege publizistische Tätigkeit entfaltete, die hier ebenso wie sein föderatives Nationalitätenkonzept für die Donaumonarchie außer Betracht bleiben muß. In unserem Zusammenhang sind besonders Springers Vorlesungen, die der erst 23jährige Dozent am Prager Carolinum seit November 1848 unter ungeheurem Zulauf der Studierenden hielt, von Interesse[16]. In diesen Vorlesungen zog er die Summe der revolutionären Epoche von 1789 bis 1848 und wies, vor allem auf der Grundlage von Lorenz Steins Gesellschaftslehre[17], die sozialen Ursprünge der politischen Revolutionen nach.

Mit Recht betonte Springer die „Neuheit des Gegenstandes für östreichische Schulen" und sein „Streben, die Wissenschaft der Geschichte vom Bücherstaube zu befreien und dem Leben zu vermählen". Sein Ziel war es, „mit aller Kraft der inneren Überzeugung die Berechtigung der Revolution zu proklamieren, ihren Charakter als notwendigen Durchgangspunkt der Menschheit, als das natürliche Ziel der Geschichte der letzten 300 Jahre zu zeigen, ihre weltgeschichtliche Bedeutung zu erörtern[18]". Unter den benützten Autoren nennt Springer außer den klassischen Schriften der bürgerlichen Revolutionshistoriker Radikale und Sozialisten wie Arnold Ruge, Karl Grün, Louis Blanc, Louis Auguste Blanqui und Friedrich Engels. In der Geschichte der Französischen Revolution analysierte er die „materiellen Interessen als das Mittel, durch welches der Geist der Freiheit mit verwirklicht wurde[19]". Von den halbvergessenen österreichischen Jakobinern sprach er als den „wackersten Männern des Landes[20]". Während er sich bei der Darstellung des französischen Sozialismus und Kommunismus stark an Lorenz Stein anlehnte, ist der Einfluß von Engels' „Lage der arbeitenden Klasse in England" bei der Schilderung britischer Zustände unverkennbar: „Dieses Proletariat ist die Schöpfung der modernen Industrie, deren Schicksal sich in England einst vollenden wird, welche aber bisher aus den tiefsten Widersprüchen sich nicht herausarbeiten konnte, statt den Reichtum der Menschheit zu erhöhen, die Massen in die bitterste Armut gestürzt, statt die Menschen von der Abhängigkeit von der Natur zu befreien, einen großen Teil von ihnen zur schwersten Sklaverei verurteilt hat. (. . .) So sind die modernen Proletarier entstanden, unfähig zu jeder selbständigen Produktion, willenlose Werkzeuge in den Händen des Kapitals, Menschen, die alle Nachteile der persönlichen Freiheit und der Sklaverei zugleich genießen, selbständig nur zum Verhungern, Sklaven in jeder anderen Beziehung, den alten Leibeigenen nur darin ungleich, daß ihr Herr nicht für ihren dauernden Unterhalt sorgt[21]."

Springers großangelegter Versuch einer Synopsis des Revolutionszeitalters bedeutete eine kritische Aufarbeitung der revolutionären Theorien seiner Epoche. Mit der Erkenntnis der sozialen Wurzeln politischer Konflikte fand er ein Erklärungsmodell, das er in seiner späteren historiographischen Tätigkeit allerdings wieder fallen ließ. Springer emigrierte, als auch in Böhmen die Reaktion voll einsetzte, nach Deutschland und wirkte als Universitätsprofessor in Bonn und Leipzig, namentlich als bedeutender Kunsthistoriker. Er stellte sich voll auf die Seite der preußisch-kleindeutschen Reichsgründung und verwarf als Nationalliberaler die demokratischen Ansätze seiner Jugendjahre. Für viele Aspekte der Revolutionszeit – etwa die ständische Bewegung und die Entwicklung des Reichstags – ist seine zweibändige „Geschichte Österreichs seit dem Wiener Frieden 1809" (1863–1865) immer noch ein unentbehrliches Standardwerk.

Eine ähnliche Entwicklung, die das Dilemma der Achtundvierziger-Demokraten in der Welt der nationalstaatlichen „Realpolitik" zeigte, nahm auch der Wiener Ferdinand Kürnberger[22] (1821–1879). Aus kleinen Verhältnissen stammend – er war der Sohn eines magistratischen Laternanzünders –, arbeitete er sich durch die Ausbildung seines literarischen Talents hoch. Seine kritische Feder, welche die Zensur so lange gehemmt hatte, kam 1848 zum Zug; vor allem in Frankls „Sonntagsblättern" veröffentlichte er bedeutende Essays über Politik, Kultur und Kunst. Wir verdanken Kürnberger eine der farbigsten Schilderungen der drei Märztage, die er mit den für die Stimmung der Zeit bezeichnenden Worten einleitete: „Die akademische Jugend sprach: es werde Licht und es ward Licht. In sechs Tagen ward die Welt erschaffen, in zwei Tagen Österreich. Der große Völkerpferch der Monarchie hat sich in einen zivilisierten Staat verwandelt, die Hundewache der geheimen Polizei und Zensur hat aufgehört, die Herden sind Nationen geworden[23]."

Im Oktober gehörte Kürnberger dem Studentenausschuß an; für die „Wiener Zeitung" verfaßte er den Bericht über das Verhalten dieser Körperschaft am 6. Oktober[24]. Nach der Niederlage der Revolution floh er aus der Stadt und lebte bis 1856, von der Polizei steckbrieflich verfolgt, in Deutschland. Als Meister der kritischen Prosa wirkte er bis zu seinem Tod als einer der führenden Publizisten Wiens, die Form des Feuilletons und des Essays erhielt durch ihn literarischen Rang. In Kürnbergers späterer Zeit überdeckte das nationale Interesse sein früheres Engagement für die demokratische Bewegung und die soziale Frage.

Unmittelbar nach der Revolution, als ihm seine Beteiligung am Dresdner Aufstand eine neunmonatige Haft eingebracht hatte, bekannte sich Kürnberger entschieden zum Sozialismus. Liberalismus und Demokratie hatten seiner Meinung nach gegenüber der sozialen Frage versagt. In einem Brief an seinen Bruder vom 29. August 1850 stellte er Proletariat und Ausbeuter scharf gegenüber: „Welchen Teil opfert der Proletarier, der mit seinem Weibe und seinem fünfjährigen Kinde in grauer Dämmerung aufsteht, sich zur Fabrik schleppt und sein volles Leben, die volle Summe seiner menschlichen Kräfte und Fähigkeiten an die Erwerbung einer Handvoll Kartoffel setzt; der Proletarier, der in der Dorfschule langsam verhungert und die Kinder seines eigenen Volkes in jenem Fluche verdummender Irrlehren erziehen muß, welche die erkünstelte Kultur der einen durch die erkünstelte Barbarei der anderen schützen soll; der Proletarier in der Kaserne, auf dessen striemenbedeckten Leib das edle Araberroß, das nie die Gerte seines edlen Reiters empfand, mit Verachtung herabblickt, und welcher von dem Teufel seiner Zucht gezwungen wird, den Bruder zu erschießen, der da kommt, ihn zu befreien; der Proletarier als Amtspraktikant, der die Arbeiten verrichtet, wofür ein anderer bezahlt wird, der die Frühlinge seiner Jugendjahre unter Streusand begräbt und der noch in der letzten freien Stunde die Kinder seines filzigen Bürochefs als Hauslehrer schulmeistern muß, ohne selbst vor dem vierzigsten Jahr dahin zu kommen, eine eigene Familie zu gründen, ein eigenes Kind zu erziehen – und welchen Teil dagegen opfert der Erbe von Millionen, der schon im zehnten Jahr mit seiner Aja die Freuden des Geschlechtes durchschwelgt, der mit seinem Gelde die Armee auf dem Lande, die Flotte auf dem Meere, den Richter auf dem Tribunale, das Gottesorakel auf der Kanzel, den Parlamentsredner in der Kammer, den Minister im Staatsrat kommandiert; welchen Teil seiner menschlichen Freiheiten und Rechte opfert er, der in Wahrheit nicht nur nichts opfert, sondern auch die Summe der sämtlichen Freiheiten, die um den Erdgürtel herum herrschen, in sich vereinigt? (. . .) Der Satz, den die Vernunft heischt, lautet: Der einzelne soll einen bestimmten Teil seiner persönlichen Rechte und Freiheiten der gesellschaftlichen Kultur zum Opfer bringen – aber der Satz, den die Wirklichkeit darstellt, heißt: Die eine Hälfte der Gesellschaft bringt all ihre menschlichen Rechte und Freiheiten zum Opfer und genießt dafür keine Kultur; die andere Hälfte der Gesellschaft bringt gar nichts zum Opfer und genießt dafür alle Kultur. Den letzten Satz zu stürzen und den ersten zur Wahrheit zu machen – das ist der Sozialismus[25]."

Dieses Ziel sozialer Gerechtigkeit scheint für Kürnberger nicht mehr wie für die utopischen Sozialisten durch die Aufstellung eines theoretischen Gegenmodells erreichbar zu sein, sondern nur in langwieriger gesellschaftlicher Praxis: „Eine Gesellschaftsform zu gründen, deren Gesetze allen Menschen gleiche Rechte und

Pflichten zuerkennen und deren organische Einrichtungen wenigstens eine wesentliche Ungleichheit des äußeren Besitzstandes unmöglich machen – das ist der Beruf des Sozialismus. Das ist der ideelle Begriff des Sozialen. Die praktische Ausführung desselben wird ein Resultat vieler Versuche, wird ein Werk vieler Generationen sein. Hirnlose Dummköpfe oder bewußte Teufel sind daher jene, welche, geschworene Feinde der sozialistischen Idee, desungeachtet vorgeben, dieselbe augenblicklich annehmen zu wollen, wenn man ihnen nur deren praktische Ausführbarkeit und Ermöglichung nachzuweisen imstande wäre. Da sie in Wahrheit Hyänen des Egoismus sind, stellen sie sich doch wie schlichte, einfältige Männer der Tat und verlangen mit scheinbarer Gerechtigkeit ein fertiges Bild dessen, wozu sie mitwirken, mithandeln sollen. Die Toren! Als ob die Zivilisation die Erfindung eines Einzelnen sein könnte wie Zündhölzchen[26]!"

Der Kampf der Klassen der modernen Gesellschaft hört in der Republik nicht auf, sondern kann erst in dieser Staatsform unverhüllt ausgetragen werden: „Der Sozialismus ist also ein Gesellschaftskampf zwischen den zwei großen Klassen der Besitzer und der Nichtbesitzer. So mindestens drückt man sich gewöhnlich aus, obwohl es nicht ganz richtig ist. Nicht um den Besitz als solchen wird gekämpft, sondern vielmehr um jenes zusammenhängende Ganze von Gesetzen, Privilegien, Monopolen, Vorurteilen und Mißbräuchen, welches der einen Partei so leicht und der andern Partei so schwer, ja unmöglich macht, die Mittel und Hebel der Kultur sich anzueignen. Die erste Partei wollen wir im allgemeinen die Bourgeoisie, die zweite das Proletariat nennen. Der Sozialismus ist also zunächst ein Klassenkampf zwischen Bourgeoisie und Proletariat. (. . .) Die Republik ist der gesäuberte Turnplatz des Sozialismus. Du siehst daher, was du von der politischen Bildung derjenigen zu halten hast, die jetzt Wunder glauben, hoch zu stehen, wenn sie für Republik schwärmen und sich Republikaner nennen. Wer bloß Republikaner ist und nicht zugleich Sozialist, dem möchte es schwer fallen zu erklären, was er eigentlich bezweckt mit der Republik? Freiheit! wird er sagen. Aber wer ist denn frei in einer Republik ohne Sozialismus? Bloß der Bürger, nicht der Mensch; bloß der Besitz, nicht die Arbeit; bloß eine Partei, nicht die Gesellschaft[27]." Bei Kürnberger war diese Stellungnahme bedingt durch eine Phase vorübergehender Radikalisierung, die in den Jahren der extremsten Reaktion viele

Achtundvierziger erfaßte – man denke etwa an die politische Entwicklung Hans Kudlichs.

Sowohl was die theoretische Begründung seiner politischen Haltung als auch die Treue zu einer einmal gefundenen Überzeugung betrifft, nimmt Ernst (von) Violand (1818–1875) unter den Männern der österreichischen Revolution von 1848 eine bedeutende Stellung ein[28]. Er entstammte einer verarmten, ursprünglich aus Italien stammenden Familie des Beamtenadels. Der junge Doktor der Rechte war im Vormärz beim niederösterreichischen Landrecht, der ständischen Gerichtsbehörde, angestellt; er entwickelte sich wie sein Amtskollege Stifft zu einem leidenschaftlichen Gegner der Privilegien des Adels. Im Sturmjahr stand Violand von der ersten bis zur letzten Stunde in erster Reihe des Geschehens und war Mitglied aller wichtigen, aus der Revolution geborenen Körperschaften. Er gehörte der akademischen Legion, dem politischen Zentralkomitee der Nationalgarde, dem Sicherheitsausschuß und dem Reichstag an, in dem er einer der markantesten und kühnsten Wortführer der Linken wurde. In der Heimat wegen Hochverrats zum Tod verurteilt, ging Violand über Hamburg 1850 in die Vereinigten Staaten, wo er als Zigarrenmacher nur dürftig sein Leben fristen konnte. Er starb „noch im kräftigsten Mannesalter an den Folgen von Überarbeiten und Nahrungssorgen" in Peoria/Illinois, ohne die Heimat wiedergesehen zu haben. Seinen radikaldemokratischen und sozialistischen Anschauungen, die er in der österreichischen Revolution entwickelt hatte, blieb er auch in der Neuen Welt treu. Er war aktiv in der Organisation von Turnvereinen, die in diesen Jahrzehnten in Amerika freidenkerische und sozialistische Auffassungen verbreiteten.

In dieser Darstellung wurde mehrfach auf Violands Schriften zur Wiener Revolutionsgeschichte zurückgegriffen; sie sind nicht nur wichtige Quellen besonders für die Stellung der Arbeiterschaft in der revolutionären Bewegung, sondern auch für die politische Entwicklung ihres Verfassers. In Leipzig erschienen 1849, „von einem Mitgliede der Linken des aufgelösten österreichischen Reichstages" verfaßt, seine anonymen „Enthüllungen aus Österreichs jüngster Vergangenheit", die eine klare Darstellung der Leistungen, aber auch der Schwächen des ersten österreichischen Parlaments bieten. Darüber hinaus betonte Violand bereits die Bedeutung der Arbeiterschaft in der Revolution. Er führte schon den Sieg der Märzrevolution hauptsächlich auf ihr Eingreifen zurück und rühmte ihren Mut und ihre Disziplin in den Kämpfen des Oktober: „Hätten alle anderen Menschen das Herz, den Mut, die Begeisterung für Recht und Gerechtigkeit, hätten sie die Uneigennützigkeit wie die Proletarier Wiens, ich bin überzeugt, die Erde wäre ein Paradies[29]."

Die kritische Auseinandersetzung mit den Schriften Lorenz Steins, aber auch die Berührung mit dem Londoner Emigrantenkreis um Marx[30] ermöglichte Violand eine theoretisch vertiefte Ausarbeitung seines Standpunkts in seiner „Sozialen Geschichte der Revolution in Österreich", die in Leipzig 1850 erschien. Violand arbeitete in dieser Schrift den Gegensatz zwischen einer nur formalen Demokratie und der „sozialen Demokratie", wie er sie verstand, scharf heraus: „Auch in der Demokratie, bei der alle gleiches Stimmrecht haben, wird die Majorität der Staatsglieder, welche der besitzenden Klasse angehören, auch zugleich die herrschende Klasse bilden, und sie wird das gesellschaftliche Recht bloß in ihrem Interesse erlassen und die Minorität willkürlich, ohne auf die Rechtsidee Rücksicht zu nehmen, aussaugen, beherrschen und unterdrücken, wie uns dies gegenwärtig die französische rein demokratische Republik beweist." Demokraten und soziale Demokraten unterscheiden sich nach Violand in dem Punkt voneinander, „daß die ersteren wohl die von der Vernunft geforderte Freiheit und Gleichheit, aber nicht die Bedingungen, unter denen sie allein bestehen kann, anstreben, während die letzteren auch diese, und zwar mit Gewalt, einführen wollen". Der erste Kampf um die soziale Demokratie war im Juni 1848 in Paris ausgefochten worden: „Wenn auch besiegt, rüsten sich doch die sozialen Demokraten, von der Idee des Rechtes begeistert, mit ihrem darnieder getretenen ungeheuren Anhange der ausgebeuteten Besitzlosen zu neuem erbitterten Kampfe[31]."

Seine Revolutionstheorie begründete Violand mit einer ansatzweise formulierten materialistischen Geschichtsauffassung. Er wies nachdrücklich darauf hin, daß ähnliche soziale Voraussetzungen in Paris und Wien hier wie dort zu parallelen politischen Entwicklungen und zum Entstehen vergleichbarer Ideologien geführt hatten, ohne daß eine direkte Berührung vorlag: „Die demokratischen, die sozialistischen Ideen sind demnach nicht, wie so manche meinen, eitle Spiele des blinden Zufalls, und nicht die Verhältnisse entspringen aus ihnen, sondern diese Ideen sind notwendige, aus dem Gesetze der Natur hervorgehende Resultate der sich allmälig gebildeten Verhältnisse selbst[32].“ Violand war der erste Österreicher, der im Entstehen der modernen Arbeiterklasse das größte revolutionäre Ereignis des 19. Jahrhunderts erkannte. Er konnte sich ihr geschichtliches Handeln jedoch noch nicht als organisierte Massenbewegung denken, sondern meinte, daß die „sozialen Demokraten“ sozusagen stellvertretend für sie die Macht ergreifen müßten[33]. Violands Auffassungen von der Durchsetzung der „sozialen Demokratie“ entsprachen den damals in Emigrationskreisen weitverbreiteten Vorstellungen von einer nahe bevorstehenden neuen revolutionären Welle. Die voluntaristische Abkürzung des geschichtlichen Prozesses, wie sie Violand und vielen anderen Revolutionären von 1848 vorschwebte, erwies sich als nicht gangbar. Die Emanzipation der Arbeiterklasse mußte das Werk der Arbeiterklasse selbst sein – auf einem langen, mühevollen, immer wieder von Rückschlägen unterbrochenen Weg. Dieser Weg wurde im Revolutionsjahr 1848 betreten und zugleich das Ziel, das erreicht werden sollte, bezeichnet: eine Gesellschaft, in der die freie Entwicklung eines jeden die Bedingung für die freie Entwicklung aller ist.

Als Violand sich als Abgeordneter zum Reichstag in der Uniform der akademischen Legion porträtieren ließ, schrieb er unter sein Bildnis einen Satz, der sehr viel von dem Geist der Männer der Revolution von 1848 aussagt. Sie fühlten, daß sie am Beginn eines neuen Zeitalters standen, wußten aber auch, daß es nicht ihnen, sondern erst kommenden Generationen gegönnt sein sollte, die Früchte ihres Wollens und Strebens zu ernten:

„*Die Demokraten der Gegenwart können fallen,*
aber die Sonne der wahren Völkerfreiheit
wird auf ihre Leichenhügel strahlen.“

ANMERKUNGEN

Vorbemerkung: Die vollständigen bibliographischen Angaben der gekürzt zitierten Werke sind im Quellen- bzw. Literaturverzeichnis enthalten.

Folgende *Abkürzungen* werden durchgehend verwendet:

AÖZ	Allgemeine Österreichische Zeitung
AVA	Allgemeines Verwaltungsarchiv, Wien
CDZ	Constitutionelle Donau-Zeitung
Con	Die Constitution
Fasz.	Faszikel
fl	Gulden
Flb.	Flugblatt
Freim	Der Freimütige
HHStA	Haus-, Hof- und Staatsarchiv, Wien
HZ	Historische Zeitschrift
IB	Informationsbüro
IfÖG	Institut für Österreichische Geschichtsforschung
KA	Kriegsarchiv Wien, Zivil- und Militärgouvernement Wien
kr	Kreuzer
Lith. Prot.	Lithographierte Protokolle des Sicherheitsausschusses
MEAS	Marx Karl – Engels Friedrich, Ausgewählte Schriften
MEW	Marx Karl – Engels Friedrich, Werke
MIÖG	Mitteilungen des Instituts für Österreichische Geschichtsforschung
NF	Neue Folge
ÖNB	Österreichische Nationalbibliothek, Flugschriftensammlung
Prot.	Protokolle des Sicherheitsausschusses
PSC	Politischer Studenten-Courier
Rad	Der Radikale
RTA	Reichstagsakten 1848/49
WKZ	Wiener Kirchenzeitung
WStA	Archiv der Stadt und des Landes Wien
WStB	Wiener Stadtbibliothek
WZ	Wiener Zeitung

EINLEITUNG

1 Über die Gründung des Arbeitervereins, in: Arbeiter-Zeitung, Nr. 3 (14. 9. 1848), 10.
2 Zitiert nach F. Seidel, Die soziale Frage (1964), 1.
3 R. Rosdolsky, Die Bauernabgeordneten im konstituierenden österreichischen Reichstag (1976).
4 L. Trotzki, Geschichte der russischen Revolution (1960), 13f.
5 P. H. Amann, Revolution and Mass Democracy (1975), XI.
6 Die Titel der von den angeführten Autoren verfaßten Werke siehe – wie auch bei den folgenden Angaben – im Literaturverzeichnis.
7 Über Zenkers wandlungsreiche politische Entwicklung, die man zum Verständnis seines Werkes kennen muß und die ihn von einer linksliberalen Haltung über mancherlei Umwege schließlich zum Nationalsozialismus führte, siehe seine Erinnerungen: Ein Mann im sterbenden Österreich (1935).
8 H. v. Srbik, Die Wiener Revolution in sozialgeschichtlicher Beleuchtung (1919), 837; ders., Metternich, Bd. 2 (1925), 274.
9 R. J. Rath, The Viennese Revolution (1957), 333, 340.
10 Vgl. A. Gérard, La révolution française (1970); W. Grab (Hg.), Die Debatte um die Französische Revolution (1975).
11 F. Baumgart, Die verdrängte Revolution (1976).
12 Vgl. etwa F. Meinecke, 1848. Eine Säkularbetrachtung (1948); W. Mommsen, Größe und Versagen des deutschen Bürgertums (^{2}1964). Der Titel der letzteren Schrift sagt bereits sehr viel über die angedeutete Verunsicherung aus.
13 Zur theoretischen Untermauerung dieser Ansätze vgl. namentlich H.-U. Wehler, Geschichte als Historische Sozialwissenschaft (1973); ders., Modernisierungstheorie und Geschichte (1975); R. Tilly – G. Hohorst, Sozialer Protest in Deutschland (1976).
14 Zuletzt: K. Obermann, Deutschland 1815–1849 (^{4}1976).
15 D. Dowe, Bibliographie zur Geschichte der deutschen Arbeiterbewegung (1976), 29. Ähnlich argumentiert auch F. D. Marquardt, A Working Class in Berlin in the 1840s?, in: Sozialgeschichte heute (1974), 191ff.
16 E. Zola, Arbeit (o. J.), 165.

DAS ZEITALTER DER MANUFAKTUR

1 K. Marx, Kapital, Bd. 1, in: MEW 23 (1969), 743.
2 Vgl. W. Treue, Wirtschaftsgeschichte der Neuzeit (^{2}1966), 216ff.; F. Tremel, Wirtschafts- und Sozialgeschichte Österreichs (1969), 177ff.
3 Die Geschichte der Linzer Wollzeugmanufaktur nahm den typischen Weg vieler dieser frühen Betriebe von der subventionierten Gründung über mißlungene Selbständigkeit bis zur Übernahme durch den Staat. Vgl. V. Hofmann, Die Wollzeugfabrik zu Linz (1919).
4 G. Otruba, Die Anfänge der Industrie in Niederösterreich (1953), 75. Vgl. L. Sommer, Die österreichischen Kameralisten (1920–1925).
5 H. Tietze, Wien (1931), 217; J. J. Hatschek, Das Manufakturhaus auf dem Tabor (1886).

6 K. Marx, Kapital, Bd. 1, in: MEW 23 (1969), 763, 765.
7 Codex Austriacus, Tl. 2 (1704), 546.
8 Ebd., Tl. 1 (1704), 209. Sehr bezeichnend ist die utilitaristische Begründung Bechers für sein Projekt: „Denn was nutzet ein Dieb, der umb fünffzig Gulden ist gehänckt worden, sich oder diesem, dem er gestohlen, da er doch im Werckhaus in einem Jahr wol viermal so viel verdienen kann?" M. Adler, Fabrik und Zuchthaus (1924), 62f.
9 Codex Austriacus, Tl. 3 (1748), 756.
10 K. Gutkas, Geschichte des Landes Niederösterreich (^{3}1974), 297f.
11 Zitiert nach S. Lausecker, Vor- und frühindustrielle Produktionsformen (1976), 6. Zum Kampf zwischen der staatlichen Wirtschaftspolitik und dem alten Handwerk im 17. und 18. Jahrhundert vgl. M. Adler, Die Anfänge der merkantilistischen Gewerbepolitik (1903).
12 H. Zatschek, Handwerk und Gewerbe (1947), 202.
13 Codex Austriacus, Tl. 4 (1752), 117.
14 K. E. Schimmer, Alt und Neu Wien, Bd. 2 (^{2}1904), 122f.; J. Deutsch, Geschichte der österreichischen Gewerkschaftsbewegung, Bd. 1 (^{2}1929), 10f.
15 Codex Austriacus, Tl. 4 (1752), 131. Diese noch unzulänglich erforschten Handwerkerbewegungen brachten auch in den Reichsstädten Unruhe, wie etwa den Augsburger Schusteraufstand (1726). 1731 unterstellte ein Reichstagsabschied die Bruderschaften der Gesellen der landesherrlichen bzw. städtischen Polizei und bedrohte Arbeitsniederlegung und Aufstand mit harten Strafen. Vgl. J. Bopp, Handwerksgesellentum (1932), 24.
16 K. Pribram, Geschichte der österreichischen Gewerbepolitik (1907).
17 S. Mayer, Handwerk und Großindustrie (1889), 236.
18 J. Ehmer, Familie, Haushalt und Beruf (1977), 36.
19 Vgl. Geschichte der Eisenbahnen, Bd. 1/1 (1898), 80.
20 Handbuch der historischen Stätten, Österreich, Bd. 1 (1970), 290f.; B. Handl, Die Industrie des Waldviertels (1975), 35.
21 J. H. G. Justi, Abhandlung von den Manufakturen, Tl. 2 (^{2}1780), 130f.
22 Ebd., Tl. 1, 47.
23 A. Brusatti, Österreichische Wirtschaftspolitik (1965), 18ff.
24 Justi, Tl. 1, 5f.
25 J. v. Sonnenfels, Grundsätze, Bd. 1 (^{8}1819), 189f.
26 H. Matis, Manufaktur und frühe Fabrik (1964), 108. Franz I. betrieb die Baumwollmanufaktur Sassin in der heutigen Slowakei in Eigenregie.
27 F. Schweickhardt, Darstellung des Erzherzogtums Österreich unter der Enns, VOWW, Bd. 7 (1837), 34ff.; F. Trischler, Obergrafendorf (1959), 112ff. Die ehemaligen Werksgebäude sind noch erhalten, ebenso wie das noch ganz im Stil eines barocken Adelssitzes erbaute, mit Fresken Daniel Grans geschmückte Schloß Grechtlers. Zusammen mit dem noch bestehenden kleinen Friedhof für die protestantischen Unternehmer und Facharbeiter der Fabrik ist Friedau ein charakteristisches Denkmal des Manufakturzeitalters in Niederösterreich, als solches leider vom Verfall bedroht.
28 V. Hofmann, Beiträge zur neueren österreichischen Wirtschaftsgeschichte (1926), 639f. Daß solche Zustände kein Einzelfall waren, beweist das Eingreifen des späteren Kaisers Leopold II. im Klagenfurter Waisenhaus. A. Wandruszka, Leopold II., Bd. 1 (1965), 395.
29 Vgl. zuletzt: G. Heiß, Erziehung der Waisen (1977).

30 J. H. G. Justi, Abhandlung von den Manufakturen, Tl. 1 (^{2}1780), 181. Das „Spinnschulenpatent" Maria Theresias von 1765 entsprang dieser Einstellung.

30a Diese Schrift dürfte aus dem Umkreis Ferdinand Kindermanns von Schulstein stammen, der seit 1777 in Böhmen Industrialschulen organisierte. 1787 bestanden bereits über hundert derartige Institute. Kindermann setzte in sehr bezeichnender Weise Arbeitsamkeit mit Moral gleich: „Dann eiferte mich noch mehr das Bewußtsein an, daß die arbeitsamsten und industriösesten Leute verhältnismäßig auch immer bei allen Nationen die besten moralischen Menschen sind." Vgl. K. Iven, Die Industrie-Pädagogik des 18. Jahrhunderts (1929), 100ff., wo auch die Beziehungen dieser pädagogischen Bestrebungen zur Erziehungstheorie Pestalozzis nachgewiesen werden. Vgl. ferner H. I. Bidermann, Die technische Bildung im Kaisertume Österreich (1854).

31 L. v. Mises, Zur Geschichte der österreichischen Fabriksgesetzgebung (1905), 211.

32 Ebd., 225f.

33 V. Hofmann, Beiträge zur neueren österreichischen Wirtschaftsgeschichte (1926), 652.

34 G. Otruba, Zur Geschichte der Frauen- und Kinderarbeit (1960), 174.

35 K. Grünberg, Die Bauernbefreiung, 2 Bde. (1893–1894); O. Bauer, Der Kampf um Wald und Weide (1925), 83.

36 A. Gürtler, Volkszählungen (1909), Anhang.

37 W. C. W. Blumenbach, Neueste Landeskunde, Bd. 1 (^{2}1834), 292, Bd. 2 (^{2}1835), 237.

38 G. Otruba, Manufakturbestand (1964), 523f.

39 F. Bujatti, Geschichte der Seidenindustrie Österreichs (1893), 60–62. Vgl. auch H. Deutsch, Entwicklung der Seidenindustrie in Österreich (1909), 80, die auf die Konjunkturschwierigkeiten dieser Luxusindustrie infolge der Hoftrauer seit 1765 hinweist. Zur qualitativen Leistungsfähigkeit siehe M. Dreger, Beginn und Blüte der Wiener Seidenweberei (1915).

40 E. K. Blümml – G. Gugitz, Altwienerisches, Bd. 2 (^{2}1921), 308.

41 Ebd., 313; Unvergängliches Wien (1964), 220.

42 W. Grab – U. Friesel, Noch ist Deutschland nicht verloren (1973), 44f.

43 Ediert von F. Schuh, Franz Hebenstreit (1974).

44 Ebd., XXVII. Vgl. zu diesem gegenwärtig intensiv erforschten und diskutierten Fragenkomplex: E. Wangermann, Von Josef II. zu den Jakobinerprozessen (1966); A. Körner, Die Wiener Jakobiner (1972); H. Reinalter (Hg.), Jakobiner in Mitteleuropa (1977).

DIE INDUSTRIELLE REVOLUTION UND DIE LAGE DER ARBEITERSCHAFT

1 F. Walter, Wien, Bd. 3 (1944), 37f.

2 Zitiert nach: Wien 1848–1888, Bd. 1 (1888), 242f.

3 J. Slokar, Geschichte der österreichischen Industrie (1914), 16.

4 F. v. Kuefstein, Über den Nutzen der Arbeits-Anstalten (1802), 102.

5 Ebd., 235.

6 Slokar, 46.

7 Zitiert nach: H. Matis, Manufaktur und frühe Fabrik (1964), 220.
8 Slokar, 50.
9 S. Mayer, Handwerk und Großindustrie (1889), 239.
10 H. Reschauer, Geschichte des Kampfes der Handwerkerzünfte (1882), 71.
11 A. Beer, Die österreichische Handelspolitik (1891), 16.
12 W. C. W. Blumenbach, Neueste Landeskunde, Bd. 2 (^{2}1835), 135.
13 Ebd., 134.
14 J. M. v. Liechtenstern, Handbuch der neuesten Geographie, Bd. 1 (1817), 43–45. Vgl. auch: ders., Skizze einer statistischen Schilderung (^{3}1805), 38, wo für die Monarchie 884 Städte, 2116 Märkte und 74 740 Dörfer genannt werden.
15 1764 Hargreaves' Jenny, 1769 Arkwrights Waterframe, 1778 Cromptons Mule. Der mechanische Webstuhl Cartwrights folgte erst 1804. Vgl. R. Rübberdt, Geschichte der Industrialisierung (1972), 19f.
16 W. Schwarz, Das Wiener Becken (1969), 83.
17 K. Hudeczek, Österreichische Handelspolitik (1918), 47.
18 E. Strauß, Die Entstehung der deutschböhmischen Arbeiterbewegung (1925), 20.
19 L. v. Mises, Zur Geschichte der österreichischen Fabriksgesetzgebung (1905), 220, 222.
20 I. Beidtel, Geschichte der österreichischen Staatsverwaltung, Bd. 2 (1898), 363.
21 W. O. Henderson, Die industrielle Revolution (1971), 138f.
21a Wertvolle Nachrichten über die Kinderarbeit in den Vorarlberger Textilfabriken veröffentlichte jüngst G. Wanner, Kinderarbeit (1977). Schon in der vorindustriellen Zeit wirkte sich der Bevölkerungsüberschuß des Bregenzerwaldes so aus, daß Kinder während des Sommers als Viehhirten in Schwaben arbeiteten – in Ravensburg und Friedrichshafen gab es dafür förmliche ,,Kindermärkte". Der human denkende Bregenzer Kreishauptmann Johann Ritter von Ebner führte einen beharrlichen, doch weitgehend erfolglosen Kampf gegen die ärgsten Mißbräuche der Fabrikskinderarbeit. So berichtete er 1836: ,,Das leichenblasse und ganz blöde Aussehen der Gesichter voller Runzeln wie alte Leute, ein ganz abgemagerter mühsam fortgeschleppter Körper sind ebensoviele wie schreiende Beweise des harten Loses dieser Kinder." Selbst angesichts der von diesem redlichen Beamten aufgedeckten himmelschreienden Mißstände – so verloren in der Kennelbacher Fabrik Kinder häufig ihre Finger, weil die Maschinen während ihrer Manipulationen nicht abgestellt wurden – verhielt sich das Innsbrucker Gubernium passiv.
22 Mises, 256.
23 J. J. Knolz, Darstellung der Verfassung und Einrichtung (1843), V.
24 Ebd., 47.
25 Ebd., 14.
26 Ebd., 18.
27 Ebd., 25.
28 Ebd., 21.
29 B. M. Gordon, The Challenge of Industrialization (1973/74), 34. Vgl. auch E. Weinzierl-Fischer, Visitationsberichte österreichischer Bischöfe (1953).
30 H. Killian, Georg Huebmer (1977), 213f.
31 H. Matis, Technik und Industrialisierung (1969), 23; V.-E. Riebe, Der Wiener Neustädter Schiffahrtskanal (1936).

32 W. Schwarz, Das Wiener Becken (1969), 70.
33 Siehe J. Mentschl, Österreichisches Industrie-Unternehmertum (1969) und die anderen Arbeiten dieses Autors im Literaturverzeichnis; H. Matis, Österreichs Wirtschaft (1972). Über den technologischen Stand der österreichischen Industrie in dieser Frühzeit informiert als wichtige Quelle: St. Keeß, Darstellung des Fabriks- und Gewerbewesens, 4 Bde. (1819–1821); St. Keeß – W. C. W. Blumenbach, Systematische Darstellung, 2 Bde. (1829–1830).
34 J. M. v. Liechtenstern, Skizze einer statistischen Schilderung (^{3}1805), 86.
35 Vgl. N. v. Preradovich, Die Führungsschichten (1955); P. Ghelardoni, Die feudalen Elemente (1961).
36 F. Putz, Die österreichische Wirtschaftsaristokratie (1975), 308, 311.
37 H. R. Ortner, Das Eindringen des Wiener Bürgertums (1969), 194ff.
38 G. Merk, Zwei Pioniere der österreichischen Industrie (1966).
38a Über die Lage der Montanarbeiter im 19. Jahrhundert vgl. S. Lipschitz, Die Eisenerzer Arbeiterunruhen 1806–1807 (1934); A. Löhmer, Die wirtschaftliche und soziale Lage der Haller Salzarbeiterschaft (1957); H. Gundacker, Die soziale Frage im steirischen Bergbau im 19. Jahrhundert (1967).
39 H. Müller, Die k. k. Nadelburger Fabrik (1941).
40 F. v. Neuman, Die Entstehung der Industrie im Bezirk Lilienfeld, in: Heimatkunde des Bezirkes Lilienfeld, Bd. 1 (1960), 128ff.
41 F. Schweickhardt, Darstellung des Erzherzogtums Österreich unter der Enns, VOWW, Bd. 13 (1838), 52f.
42 K. Hudeczek, Österreichische Handelspolitik (1918), 143.
43 R. Heinersdorff, Die k. u. k. privilegierten Eisenbahnen (1975), 11.
44 Geschichte der Eisenbahnen, Bd. 1/1 (1898), 91ff.
45 Das Prager Polytechnikum, gegründet 1806, war die älteste technische Hochschule Europas.
46 M. Bermann, Österreich-Ungarn im 19. Jahrhundert (1884), 565.
47 Vgl. A. Horn, Die Kaiser-Ferdinands-Nordbahn (1971). Die österreichische Eisenproduktion stieg von einem Jahresmittel von 1 372 954 q im Jahrfünft 1823/27 auf 3 128 279 q im Jahrfünft 1843/47 an. Die Kohlenproduktion erhöhte ihren Durchschnittsjahresertrag im gleichen Zeitraum von 2 832 860 q auf 12 660 249 q. F. Friese, Übersicht der österreichischen Bergwerksproduktion (1855), 9, 14.
48 P. F. Kupka, Die Eisenbahnen Österreich-Ungarns (1888), 31.
48a Vgl. A. Niel, Der Semmering und seine Bahn (1960), 22ff.; A. Niel, Carl Ritter von Ghega (1977); P. Mechtler, Bauunternehmer und Arbeiter (1968).
49 V. Bibl, Metternich (^{4}1941), 305.
50 K. v. Czoernig, Österreichs Neugestaltung (1857), 259.
51 Vgl. J. A. Ditscheiner, Das österreichische Post-, Eisenbahn- und Dampfschiffahrtswesen (1843).
52 N. Th. Gross, Industrialization in Austria (1966), 20.
53 H. Matis, Technik und Industrialisierung (1969), 28. Eine detaillierte Übersicht über die Fortschritte auf dem Sektor der Dampfkraft gibt J. Hain, Handbuch der Statistik, Bd. 2 (1853), 263.
54 K. E. Schimmer, Alt und Neu Wien, Bd. 2 (^{2}1904), 491.
55 W. Weber (Hg.), Österreichs Wirtschaftsstruktur, Bd. 1 (1961), 233f.
56 F. Grillparzer, Sämtliche Werke, Bd. 2 (1909), 103.
57 A. Beer, Die Finanzen Österreichs (1877).

58 Die Großindustrie Österreichs, Bd. 1 (1898), 129.
59 Vgl.: 110 Jahre Österreichischer Gewerbeverein (1949); Festschrift 125 Jahre Österreichischer Gewerbeverein (1964).
60 Bericht über die dritte allgemeine Gewerbeausstellung (1846), 35.
61 Auch in Deutschland erregte die Wiener Ausstellung Aufmerksamkeit. F. W. v. Reden, Denkschrift über die österreichische Gewerbe-Ausstellung (1846). Dieser berühmte Statistiker deutete im Gegensatz zum offiziellen österreichischen Bericht die sozialen Probleme der Industrialisierung im Hinblick auf die Leinenweber zumindest an. Ebd., 12f.
62 Bericht über die dritte allgemeine Gewerbeausstellung (1846), 861.
63 E. Wurm – E. Stöcklmayr, Industrie im Raum Wiener Neustadt (1970), 10, 31.
64 Vgl. dazu: D. Silagi, Der größte Ungar (1967); E. Andics, Metternich und die Frage Ungarns (1973); G. Spira, A Hungarian Count (1974).
65 G. Spira, Die Arbeiterbewegung der Monate der Revolution (1971), 1.
66 J. F. Reichardt, Vertraute Briefe, Bd. 2 (1915), 59.
67 A. Glaßbrenner, Bilder und Träume aus Wien (1922), 46.
68 Ebd., 190, 194.
69 Ebd., 197f.
70 P. E. Turnbull, Österreichs politische und soziale Zustände (1840), 54. Vgl. dazu neuerdings E. Zöllner, Wien um die Mitte des 19. Jahrhunderts (1978).
71 A. Stütz, Mineralogisches Taschenbuch (1807), 219.
72 O. Hecht, Die k. k. Spiegelfabrik zu Neuhaus (1909), 97ff.
73 J. A. Schultes, Ausflüge nach dem Schneeberge (1802), 35.
74 Ebd., 38.
75 J. A. F. Reil, Der Wanderer im Waldviertel (1929), 228, 232.
76 Zitiert nach K. Dinklage, Geschichte der Kärntner Arbeiterschaft (1976), 79f.
77 K. Marholz, Ein Handwerksbursche zur Kongreßzeit (1962), 19.
78 I. Wildner, Das österreichische Fabrikenrecht (1838), 143.
79 Ebd., 166f.
80 Ebd., 169.
81 Ebd., 173.
82 J. Kudler, Die Grundlehren der Volkswirtschaft, 2 Tle. (1846).
83 An dieser Stelle wird der Einfluß der Malthus'schen Bevölkerungstheorie besonders stark spürbar. Vgl. H. Evers, Das Problem der Armut bei Th. R. Malthus (1967); K. R. Flügge, Der Armutsbegriff (1972), 34ff.

DER PAUPERISMUS ALS PROBLEM DER MASSENARMUT IN DER INDUSTRIELLEN GESELLSCHAFT

1 E. Rachholz, Zur Armenfürsorge (1972), 5.
2 Codex Austriacus, Tl. 1 (1704), 211. Eine bisher in diesem Zusammenhang übersehene wichtige Quelle ist die Außführliche Relation (1696) in der WStB, die über die Arbeit einer im Bürgerspital 1693 amtierenden Kommission zur Sichtung der Armen berichtet. Viele „Unwürdige“ wurden abgewiesen, das Betteln wurde strengstens untersagt. Bei erstmaliger Betretung

wurden sechs Wochen Zuchthaus, beim zweitenmal ein Jahr, beim drittenmal schließlich lebenslange Zuchthausstrafe angedroht. Die vielfältigen Erscheinungsformen der Armut gibt folgende Aufstellung wieder: „Hauß-Arme / Item Geistliche / Pillgramb / Eremiten / Gefangene von Türcken / Abbrändler / Studenten / gemeine nothleidende bedürfftige Personen / arme Kinder / geschädigte Soldaten / deren / wie auch der allhiesigen Stadt-Guardy zur Arbeit untaugliche Weiber / und dann die fechten gehende Handwercks-Bursch."

3 E. Egg u. a., Von allerley Werkleuten (1976), 105. Vgl. zu diesem Problemkreis zuletzt H. Stekl, Österreichs Zucht- und Arbeitshäuser 1671–1920 (1978).

4 K. Weiß, Geschichte der öffentlichen Anstalten (1867), 73ff.

5 M. Kropf, Die Wohlfahrtspolitik des österreichischen Herrscherhauses (1966), 45, 58.

6 Ebd., 7.

7 J. K. Mayr, Zwei Reformatoren der Wiener Armenfürsorge (1951), 151ff.

7a Bei dieser Hofkommission meldeten sich in Wien 37 552 Arme; 18 951 Personen davon wurden als Fremde bzw. nicht Bedürftige ausgeschieden. Von den Verbleibenden wurden 9 246 zur Arbeit angewiesen, ein Teil ins Zwangsarbeitshaus überstellt. Man schätzte auf 14–15 Einwohner einen Bedürftigen; die Höchstunterstützung wurde mit 15 kr täglich festgesetzt. Besonders brennend war das Problem der verwahrlosten Kinder: „In beständigem Müßiggang laufen diese Kinder die meiste Zeit auf den Gassen herum, treiben Leichtfertigkeiten, betteln, stehlen auch mitunter, und mancher wird dadurch zum völligen Taugenichts. Dies macht den Wunsch nach Industrie-Schulen im höchsten Grade rege, um durch Gewöhnung der Nachkommenschaft an Arbeit, Einschränkung und Selbsterwerb der Armut den wirksamsten und dauerhaftesten Damm entgegenzusetzen." W. Klein, Nachrichten von dem neuesten Zustande, Heft 1 (1810), 12f.

8 K. A. Schimmer, Neuestes Gemälde von Wien (1837), 83.

9 Vgl. dazu: F. Hartl, Das Wiener Kriminalgericht (1973), 126ff.

10 Die Statuten dieser Anstalt bei: A. R. Kratochwill, Die Armenpflege (1846), 172ff.

11 K. E. Schimmer, Alt und Neu Wien, Bd. 2 (^{2}1904), 385.

12 B. Friedmann, Die Wohnungsnot in Wien (1857), 10.

13 Wien 1848–1888, Bd. 1 (1888), 235.

14 Friedmann, 15.

15 S. E. Koukolik, Studien zur Geschichte der Wiener aus den Ländern der böhmischen Krone (1971), 172.

16 G. Otruba – L. S. Rutschka, Die Herkunft der Wiener Bevölkerung (1957), 239.

17 Wien 1848–1888, Bd. 1 (1888), 241f.

18 F. Olegnik, Historisch-statistische Übersichten (1956), 20.

19 F. Czeike, Wien und seine Bürgermeister (1974), 261, 269. Die am Bäckerrummel vom 7. und 8. Juli 1805 beteiligte Menge setzte sich aus Fabriksarbeitern, Taglöhnern und Lehrbuben zusammen. Von den Plünderern auf der Wieden und in Mariahilf hörte die Polizei die Worte: „Wir hoben no nix gessen und wer'n nimmer warten, bis den großen Herren g'fällig is, ihre Schuldigkeit z'tun, wir wer'n uns sölber Recht verschaffen." Die Unruhen

pflanzten sich auch auf die Vorstädte Laimgrube, Neubau, Neustift, St. Ulrich und Josefstadt aus. Der Militäreinsatz forderte 10 Tote und 200 Verwundete. Von 400 eingefangenen Delinquenten wurden die Tauglichen zum Militär gesteckt; von der Prügelstrafe wurde ausgiebig Gebrauch gemacht. 1811 wurde ein Auflauf von 1 500 Schustergesellen von Kavallerie gesprengt. J. K. Mayr, Wien im Zeitalter Napoleons (1940), 123f. Eine anschauliche Beschreibung des Bäckerrummels findet sich auch in Adolf Bäuerles Erinnerungen, der die Unruhen als das Werk französischer agents provocateurs bezeichnet. J. Bindtner (Hg.), Alt-Wiener Kulturbilder (1926), 24ff.

20 Vgl. F. Rittler, Freimütige Enthüllungen (1818). Dieser Autor führte allerdings die Verelendung nicht auf wirtschaftliche und soziale Ursachen zurück, sondern auf die „Faulheit" der Betroffenen. Er wußte zu melden, daß die Wiener Bettler die Rumfordsuppe wegen der „sonst genossenen Brateln und Backhändeln" verschmähten (109), und sah in den fechtenden Handwerksburschen „unmäßige Branntweintrinker, als Aufwiegler oder als gar nichts gelernt habende Taugenichtse in keiner Werkstatt brauchbar" (171).

21 A. Töpfer, Betrachtungen über die Frage (1817).

22 Diesen Zug hebt ein noch heutigentags im niederösterreichischen Wallfahrtsort Maria Dreieichen verkauftes Büchlein hervor: Lebensgeschichte des verwegenen Räuberhauptmannes Johann Georg Grasel (o. J.).

23 W. Wadl, Liberalismus und soziale Frage (1979), 35. Vgl. parallel dazu die Arbeit von R. Sandgruber, Lebensstandard und Ernährung in Oberösterreich (1977).

24 A. Schmidt, Zeitgenössische Geschichten (1859), 349f. Zur zeitgenössischen Beurteilung dieser Konsumsteuer siehe A. Déssary, Systematisches Handbuch (^{2}1846) und (B. Friedmann), Die Preissteigerung der Lebensbedürfnisse (1851). In Kürze ist zu diesem Fragenkreis eine umfassende Arbeit von Edith Saurer zu erwarten (Steuerverweigerung und Schmuggel als Form sozialen Protests), so daß sich hier ein näheres Eingehen auf dieses Problem erübrigt.

25 E. Lichtenberger, Von der mittelalterlichen Bürgerstadt zur City (1973), 315. Vgl. auch die Arbeiten von H. Stekl.

26 H. Kaut, Kaufrufe aus Wien (1970).

27 K. A. Schimmer, Volkstümliche Beschreibung von Wien (1848), 339. Zur näheren Charakterisierung dieser Typen ist das bei Gustav Heckenast in Pest verlegte Sammelwerk Wien und die Wiener (1844) wichtig, an dem unter anderen Adalbert Stifter und Franz Stelzhamer als Milieuschilderer mitarbeiteten.

28 F. Grillparzer, Sämtliche Werke, Bd. 11 (1909), 37.

29 Zitiert nach: A. Eder, Literarische Sozialkritik im Vormärz (1973), 51. Über Groß-Hoffinger siehe G. Metzker-Tampier, Anton Johann Groß-Hoffinger (1967).

30 F. Mühleder, Die Schottenfelder Seidenindustrie (1953), 5.

31 Besonders bemerkenswert ist das Haus Andreasgasse 5 mit Reliefdarstellungen von Putten an Webstühlen in den Fensterlünetten (1809).

32 Ungemein aufschlußreich und geradezu ein Quellendokument für die Entwicklung der Wiener Seidenfabrikation und der mit ihr verbundenen sozialen Probleme ist Emil Ertls Romantrilogie „Ein Volk an der Arbeit" (1906–1911), besonders der Band „Freiheit, die ich meine" über die Zeit des Vormärz und der Revolution.

33 I. Beidtel, Geschichte der österreichischen Staatsverwaltung, Bd. 2 (1898), 321f.
34 F. Mühleder, Die Schottenfelder Seidenindustrie (1953), 76.
35 J. Ehmer, Familie, Haushalt und Beruf (1977), 49.
36 E. V. Zenker, Die Wiener Revolution 1848 (1897), 52.
37 M. Kropf, Die Wohlfahrtspolitik des österreichischen Herrscherhauses (1966), 52.
38 H. Oberhummer, Die Wiener Polizei, Bd. 1 (^{2}1938), 173–175.
39 Vgl. H. Obrovski, Das Wiener Vereinswesen im Vormärz (1970).
40 J. J. Knolz, Darstellung der Humanitäts- und Heilanstalten (1840), 24.
41 Ebd., 85. Vgl. auch F. Anhell, Caritas und Sozialhilfen im Wiener Erzbistum (1971), 56ff.
42 R. Melzer, Geschichte der Findlinge in Österreich (1846), 1. Vgl. auch die Zahlenangaben in: Tafeln zur Statistik (1845).
43 M. Mitterauer – R. Sieder, Vom Patriarchat zur Partnerschaft (1977), 161.
44 F. Olegnik, Historisch-statistische Übersichten (1956).
45 J. Marx, Die soziale Lage der Arbeiterschaft (1957).
46 F. Klenner, Die österreichischen Gewerkschaften, Bd. 1 (1951), 32f.
47 K. A. Schimmer, Neuestes Gemälde von Wien (1837), 80f.
48 H. Oberhummer, Die Wiener Polizei, Bd. 1 (^{2}1938), 185.
49 Vgl. K. Höger, Aus eigener Kraft! (1892); W. Häusler, Karl Scherzer (1978).
50 L. Brügel, Geschichte der österreichischen Sozialdemokratie, Bd. 1 (1922), 37.
51 E. Strauß, Die Entstehung der deutschböhmischen Arbeiterbewegung (1925), 33.
52 P. Mombert, Aus der Literatur über die soziale Frage und die Arbeiterbewegung (1921). Vgl. dazu die ergänzende Arbeit von L. Dilcher, Der deutsche Pauperismus und seine Literatur (1957). Erstere Arbeit führt einige Österreich betreffende Titel an, Dilcher berücksichtigt Österreich nicht.
53 H. Stein, Pauperismus und Assoziation (1936).
54 W. Abel, Der Pauperismus in Deutschland (1966); Massenarmut und Hungerkrisen im vorindustriellen Deutschland (1974); Massenarmut und Hungerkrisen im vorindustriellen Europa (1974).
55 R. Engelsing, Zur Sozialgeschichte deutscher Mittel- und Unterschichten (1973).
56 W. Fischer, Wirtschaft und Gesellschaft im Zeitalter der Industrialisierung (1972).
57 Engelsing, 167.
58 Fischer, 256.
59 W. Abel, Massenarmut und Hungerkrisen (1974), 305.
60 F. Engels, Die Lage der arbeitenden Klasse in England, in: MEW, Bd. 2 (1969), 237–239.
60a Die betreffende Stelle lautet: „Der moderne Arbeiter dagegen, statt sich mit dem Fortschritt der Industrie zu heben, sinkt immer tiefer unter die Bedingungen seiner eigenen Klasse herab. Der Arbeiter wird zum Pauper, und der Pauperismus entwickelt sich noch schneller als Bevölkerung und Reichtum. Es tritt hiermit offen hervor, daß die Bourgeoisie unfähig ist, noch länger die herrschende Klasse der Gesellschaft zu bleiben und die Lebensbedingungen ihrer Klasse der Gesellschaft als regelndes Gesetz aufzuzwingen. Sie ist unfä-

hig zu herrschen, weil sie unfähig ist, ihrem Sklaven die Existenz selbst innerhalb seiner Sklaverei zu sichern, weil sie gezwungen ist, ihn in eine Lage herabsinken zu lassen, wo sie ihn ernähren muß, statt von ihm ernährt zu werden." MEAS, Bd. 1 (^{25}1977), 37.

61 Überhaupt scheint es bei der Fortführung der Pauperismusdiskussion wesentlich zu sein, die vorindustriellen Modernisierungsprozesse stärker als bisher zu beachten.

62 K. Marx, Kapital, Bd. 1, in: MEW, Bd. 23 (1969), 675.

63 Unkosten.

64 Ebd., 673f. Siehe auch Register unter „Pauperismus".

65 J. Kuczynski, Bürgerliche und halbfeudale Literatur zur Lage der Arbeiter (1960).

66 Zitiert nach: J. K. Mayr, Zwei Reformatoren der Wiener Armenfürsorge (1949/50), 112.

67 Vgl. hiezu die interessanten Bemerkungen von E. Pankoke, Sociale Bewegung – Sociale Frage – Sociale Politik (1970), bes. 49ff.

68 Wieder abgedruckt u. a. in W. Fischer – G. Bajor, Die soziale Frage (1967) 17–48.

69 C. Jantke – D. Hilger (Hg.), Die Eigentumslosen (1965).

70 W. Krebs, Die sozialen Probleme Österreichs in der politischen Publizistik des Vormärz (1949), 65ff.

71 G. W. F. Hegel, Grundlinien der Philosophie des Rechts (1970), 377–379.

72 R. Bauer, Der Idealismus und seine Gegner in Österreich (1966).

73 St. P. Barta, Die politisch verfolgten österreichischen Professoren (1966).

74 E. Rüdegger, Die philosophischen Studien an der Wiener Universität (1964), 78.

75 F. Köppl, Matthias Koch (1948). M. Koch, Abhandlung über Armen-Kolonien (1835), V.

76 Ebd., 53ff.

77 Ebd., 79.

78 Vgl. über Baader: C. Jantke, Der vierte Stand (1955), 56ff.

79 (M. Koch), Österreichs innere Politik (1847), 118.

80 A. v. Hummelauer, Über die Verarmung der ackerbauenden Klasse (1836), 2.

81 Ebd., 12.

82 Ebd., 78.

83 A. v. Hummelauer, Von den Ursachen des Zustandes der arbeitenden Klassen (1849), 62f.

84 M. v. Kübeck (Hg.), Tagebücher des Carl Friedrich Freiherrn Kübeck von Kübau, 2 Bde. (1909).

85 A. J. E. Kraus-Elislago, Auto-Biographie (1849), 21. Folgerichtig erschien diesem Beamten die Revolution von 1848 als „politische Cholera". Ebd., 237.

86 Ebd., 229. Bezeichnenderweise ist hier das Motto Hörnigks „Österreich über alles, wenn es nur will" eingeflochten.

87 Ebd., 158.

88 Ich zitiere die folgenden Stellen nach dem Nachdruck bei C. Jantke – D. Hilger (Hg.), Die Eigentumslosen (1965), 338–360.

89 Ebd., 340.

90 Ebd., 342.
91 Ebd., 346.
92 Ebd., 348f.
93 Ebd., 360.
94 H. v. Perthaler, Auserlesene Schriften, Bd. 2 (1883), 100.
95 Ebd., 123.
96 F. Walter, Die böhmischen Arbeiterunruhen (1929).
97 K. Marx – F. Engels, Über Deutschland und die deutsche Arbeiterbewegung, Bd. 2 (1970), 125.
98 Ebd., 129.
99 St. Z. Pech, The Czech Revolution of 1848 (1969), 7, 17. Vgl. auch G. Otruba – R. Kropf, Bergbau und Industrie Böhmens (1971).
100 F. Walter, Die böhmischen Arbeiterunruhen (1929), 732f. Über das erwachende Solidaritätsbewußtsein der Kattundrucker wußte der Prager Stadthauptmann zu berichten: Die Revolte habe „in dieser Arbeiterklasse eine schon rebellisch disziplinierte Truppe gefunden, mit welcher ein förmlicher Kursus in den neuesten sozialistischen Doktrinen abgehandelt" werden konnte. E. Wolfgramm, Der böhmische Vormärz (1958), 199. Die Verständnislosigkeit des hauptverantwortlichen Ministers, Graf Kolowrat, für soziale Probleme ist belegt bei E. Herzog, Graf Franz Anton Kolowrat-Liebsteinsky (1970), 138ff. In der Frage der Eisenbahnarbeiter huldigte die Regierung dem Standpunkt des „laissez faire". Hofkammerpräsident Kübeck wendete sich mit folgender Argumentation gegen eine die Bauunternehmer und ihre Praktiken überwachende Untersuchungskommission: „Auf das Verhältnis zwischen den Unternehmern und ihren Arbeitern hat die Finanzverwaltung nie Einfluß genommen, noch war sie dazu berufen. Auch bei Nichteinhaltung der Verträge durch die Unternehmer haben die Arbeiter nicht den geringsten Grund der Beschwerde, so kümmerlich sich dabei das Los der Arbeiter stellen würde." P. Mechtler, Bauunternehmer und Arbeiter (1968), 321.
101 Revue österreichischer Zustände, Bd. 3 (1845), 30.
102 Ebd., 28f.
103 (F. v. Schirnding), Das Judentum in Österreich (1845), 132. Ein sächsischer Gendarmeriebericht meldete in diesem Sinn: „Der Krieg mit den Juden scheint eine Nebensache zu sein, obwohl man solche benutzt, die ausgebrochenen Spuren der Unzufriedenheit dadurch mit zu rechtfertigen." E. Wolfgramm, Der böhmische Vormärz (1958), 187.
104 (V. v. Andrian-Werburg), Österreich und dessen Zukunft, Bd. 1 (^{2}1843), 29. Vgl. F. Glanner, Viktor Franz von Andrian-Werburg (1961).
105 J. v. Dercsényi, Studien über ein humanes Mittel gegen den Kommunismus (1846), 1f. Dercsényi erklärte sich am 11. März 1848 im liberalen Sinn – für den k. k. Hofrat und Domänenreferenten bei der allgemeinen Hofkammer in Wien ein beachtlicher Zug von Gesinnungsstärke. Flb. IfÖG: Erklärung des Herrn Hofrates Baron Dercsényi vom 11. März 1848 zur Petition der Wiener Bürger an die niederösterreichischen Stände um Preßfreiheit, Konstitution etc.
106 Über ihn A. Wandruszka, Karl Moering (1939).
107 K. Moering, Sibyllinische Bücher aus Östreich, Bd. 1 (1848), 180.
108 Ebd., 184.
109 (J. Tuvora), Briefe aus Wien, Bd. 1 (1844), 6.

110 H. Reschauer, Geschichte des Kampfes der Handwerkerzünfte (1882), 108.
111 Soziale und politische Zustände (1847), 191.
112 Ebd., 180f.
113 Ebd., 190.
114 Ebd., 244. Von diesen „häufig bedrohlichen Umzügen" bettelnder Banden und der Häufung von Brandstiftungen und Einbrüchen wußten auch die Polizeiberichte dieser Jahre viel zu melden. J. Marx, Die öffentliche Sicherheit (1957), 73.
115 Soziale und politische Zustände, 1.
116 Ebd., 3.
117 Ebd., 7f.
118 K. Scherzer, Über das Armtum (1848), 8. Diese Schrift entstand noch im Vormärz, konnte aber erst nach dem Fall der Zensur veröffentlicht werden.
119 (K. Beidtel), Die Geldangelegenheiten Österreichs (1847), 32, 35.
120 Ebd., 111.
121 Ebd., 142f.
122 Ebd., 153f.
123 Ebd., 154f.
124 Ebd., 165.
125 Ebd., 176.
126 Ebd., 184.
127 Ebd., 272, 277, 283.
128 Ebd., VIIf.
129 (K. Beidtel), Das Eigentum (1848), 3f.
130 Ebd., 26.
131 Ebd., 66.
132 Ebd., 143f.
133 Vgl. Erläuterungen zur deutschen Literatur ([8]1965); F. Vaßen, Georg Weerth (1972), bes. 41ff.; J. Hermand (Hg.), Der deutsche Vormärz (1967); F. Vaßen (Hg.), Restauration, Vormärz und 48er Revolution (1975).
134 W. Steinitz (Hg.), Deutsche Volkslieder demokratischen Charakters, Bd. 1 (1954), 229ff.
135 N. Lenau, Sämtliche Werke, Bd. 2 (o. J.), 308. Vgl. O. Rommel (Hg.), Die politische Lyrik des Vormärz (o. J.); ders., Der österreichische Vormärz (1931); A. Mádl, Politische Dichtung in Österreich (1969).
136 Siehe K. Glossy, Literarische Geheimberichte aus dem Vormärz (1912); J. Marx, Die österreichische Zensur im Vormärz (1959).
137 V. Macháčková, Der junge Engels und die Literatur (1961); E. Hanisch, Der junge Engels und die österreichische Literatur des Vormärz (1975).
138 Ich bereite eine Studie zur Widerspiegelung der sozialen Realität des Vormärz im Werk von Beck und Meißner vor und beschränke mich hier nur auf die Wiedergabe einiger markanter Zitate.
139 K. Beck, Nächte (1838), 32.
140 K. Beck, Lieder vom armen Mann ([2]1846), 155.
141 Ebd., 39–42.
142 O. Wittner (Hg.), Briefe aus dem Vormärz (1911), 328.
143 Zitiert nach: O. Rommel (Hg.), Die politische Lyrik des Vormärz (o. J.), 159f.
144 J. Hermand (Hg.), Der deutsche Vormärz (1967), 231f.
145 A. Meißner, Revolutionäre Studien aus Paris, Bd. 1 (1849), 225.

VOR DEM STURM

1 Vgl. W. Bietak, Das Lebensgefühl des „Biedermeier" (1931). Zur Begriffsbildung vgl. P. Stein, Epochenproblem „Vormärz" (1974).
2 Vgl. A. Wandruszka, Die Männer von 1848 (1947), bes. 584, 590f.; G. Franz, Liberalismus (1955).
3 Über das Vereinswesen als wichtiges Phänomen sozialer und politischer Strukturierung der bürgerlichen Gesellschaft: Th. Nipperdey, Gesellschaft, Kultur, Theorie (1976), 174–205.
4 F. Engel-Janosi, Der Wiener juridisch-politische Leseverein (1923).
5 V. Bibl, Die niederösterreichischen Stände im Vormärz (1911), 301f.
6 Engel-Janosi, Der Wiener juridisch-politische Leseverein (1923), 65. Vgl. dazu auch J. Marx, Österreichs Kampf gegen die liberalen, radikalen und kommunistischen Schriften (1969).
7 K. Hudeczek, Österreichs Handelspolitik (1918), 146ff.
8 V. Bibl, Metternich ([4]1941), 312.
9 L. A. Frankl, Erinnerungen (1910), 177.
10 E. Bauernfeld, Ausgewählte Werke, Bd. 1 (1905), 41f.
11 Über ihn: F. Fellner, Franz Schuselka (1948). Die Titel der wichtigsten Broschüren dieses ungemein produktiven und wandlungsfähigen Publizisten siehe im Literaturverzeichnis.
12 J. Marx, Die wirtschaftlichen Ursachen der Revolution von 1848 (1965), 113ff., und statistische Tabellen im Anhang, 180–182.
13 H. Hautmann – R. Kropf, Die österreichische Arbeiterbewegung ([2]1976), 23f.
14 K. Glossy (Hg.), Wien 1840–1848, Tl. 2 (1919), 7.
15 Ebd., 68–70.
16 Ebd., 251f.
17 K. Weiß, Rückblicke auf die Gemeindeverwaltung (1875), 75.
18 Ebd., 74.
19 E. Kořan, Geschichte des Kreuzer-Vereines (1897).
20 Nach diesen Berichten kamen Fälle von Kannibalismus und des Hungertodes von Menschen auf offener Straße vor, während in den Tanzsälen und an den Tafeln der Reichen verschwenderischer Aufwand getrieben wurde. Grenzboten, (1847/1), 200, 282–285.
21 E. Violand, Die soziale Geschichte der Revolution (1850), 46. Weiteren Aufschluß über die Ursachen der in Wien ungemein verbreiteten Prostitution gibt der Publizist A. J. Groß-Hoffinger, Die Schicksale der Frauen (1847), 51: „Gewiß, das Los derjenigen Frauenspersonen, welche sich einem redlichen Erwerb zuwenden, muß schaudererregend sein, wenn ihm entgegengehalten das Los eines Freudenmädchens als ein anlockendes erscheinen und viele tausende armer Mädchen bewegen kann, sich solchem Elende und einem gewissen Tode in die Arme zu werfen!!!" Groß-Hoffinger bezeichnete als Existenzminimum ein Monatseinkommen von 30 fl, bemerkte aber gleichzeitig, daß Nähterinnen, Taglöhnersfrauen und Fabrikarbeiterinnen kaum ein Drittel davon durch ihre Arbeit verdienen könnten. Den Liebeslohn für eine „Straßendirne in Dienstbotenkleidung" gab er mit 20 kr, für ein „schlechtgekleidetes, gemeines Fabrikmädchen" mit 10 kr und für die letzte Klasse der Gassendirnen, ein „Mädchen, welches in die Kasernen

geht", mit 2 bis 5 kr an. Bei ihm findet sich auch ein bemerkenswerter Ansatz zur Kritik an der Justiz, der diese Ausgestoßenen preisgegeben waren: „Während die Polizei alle Hände voll zu tun hat, um die gesetzlich mit dem Namen Schanddirnen belegten Unglücklichen zu peitschen, einzusperren, abzuschieben, hütet man sich wohl, die Kunden dieser Schanddirnen, also die Schandbuben zu bestrafen oder auch nur ihnen die Unannehmlichkeit einer Vorforderung anzutun." Ebd., 343.

22 Ebd., 47.
23 Ebd., 42.
24 H. Reschauer, Das Jahr 1848, Bd. 2 (1872), 54–58. Detaillierte Nachrichten über diese Suppenküchen gibt einer ihrer Begründer, der Arzt F. R. Seligmann, Die Kochanstalt des Wiener allgemeinen Hilfsvereines (1852). 1848 stieg die Zahl der ausgegebenen Suppenportionen auf 823 215, um 1849 auf 315 438 bzw. im Jahr 1850 auf 80 125 abzusinken.
25 H. L. Mikoletzky, Österreich. Das entscheidende 19. Jahrhundert (1972), 308f.
26 K. Moering, Sibyllinische Bücher, Bd. 1 (1818), 149ff.
27 M. v. Kübeck (Hg.), Metternich und Kübeck (1910), 36f.
28 K. F. Vitzthum v. Eckstädt, Berlin und Wien (1886), 69.
29 F. Engels, Der Anfang vom Ende in Österreich, in: MEW, Bd. 4 (1969), 508.
30 V. Bibl, Metternich (^{3}1941), 331.
31 WZ, Nr. 64 (4. 3. 1848), 289.
32 H. Reschauer, Das Jahr 1848, Bd. 1 (1872), 106.
33 H. Oberhummer, Die Wiener Polizei, Bd. 1 (^{2}1938), 213.
34 Die Texte der Adressen bei: H. Reschauer, Das Jahr 1848, Bd. 1 (1872), 135, 143, 147f.
35 Ebd., 154f.
36 H. Kudlich, Rückblicke und Erinnerungen, Bd. 1 (1873), 141.

MÄRZERRUNGENSCHAFTEN UND MASCHINENSTURM

1 K. Glossy (Hg.), Aus Bauernfelds Tagebüchern, Bd. 1 (1895), 141.
2 L. A. Frankl, Erinnerungen (1910), 319.
3 H. Kudlich, Rückblicke und Erinnerungen, Bd. 1 (1873), 165.
4 A. Pichler, Aus den März- und Oktobertagen (1850), 6.
5 E. Violand, Die soziale Geschichte der Revolution (1850), 69.
6 Ebd.
7 R. Charmatz, Adolf Fischhof (1910), 20.
8 „C'est une révolte" – „Non, Sire, c'est une révolution." K. Griewank, Der neuzeitliche Revolutionsbegriff (^{2}1969), 189.
9 H. Reschauer, Das Jahr 1848, Bd. 1 (1872), 295.
10 J.-A. Helfert, Geschichte der österreichischen Revolution, Bd. 1 (1907), 263. Beim Begräbnis der Märzgefallenen gab es neben Fahnen mit den Aufschriften „Preßfreiheit und Constitution", „Einigkeit und Ausdauer", „Ihrem Blute danken wir die Freiheit" auch solche mit der Parole „Standrecht für

Raub und Brandlegung". Denkbuch der merkwürdigsten Tage Wiens (1850), 76.

11 Flb. ÖNB: Windischgrätz, Von Seiner k. k. apostolischen Majestät (14. 3. 1848). Dieses Plakat mit dem Beisatz des Belagerungszustandes gehört zu den größten Raritäten unter den Druckerzeugnissen des Revolutionsjahres, da es sofort eingezogen wurde.

12 F. Peyer, Wiener-Chronik (1850), März Nr. 5; Flb. ÖNB: Windischgrätz, Von Seiner k. k. apostolischen Majestät (15. 3. 1848).

13 F. Engel-Janosi, Kaiser Josef II. (1931), 66.

14 H. Reschauer, Das Jahr 1848, Bd. 1 (1872), 349, 384. Man half sich mit dem Trick, junge Leute, die Waffen forderten, in lateinischer Sprache anzureden, um so die Studenten unter ihnen herausfinden zu können.

15 F. Peyer, Wiener-Chronik (1850), März Nr. 11.

16 H. Reschauer, Das Jahr 1848, Bd. 1 (1872), 242, 313.

17 K. Marx, Die moralisierende Kritik und die kritisierende Moral, in: MEW, Bd. 4 (1969), 351f.

18 M. Hahn, Der Bezirk Sechshaus (1853), 93ff.

19 Hermann Meynert, Moderne Geheimnisse von Wien, in: Der österreichische Nationalgardist und konstitutionelle Staatsbürger, Nr. 13 (29. 4. 1848), 49f.

20 F. Schweickhardt, Denkschrift zur Aufhellung der Wahrheit (1850), 4.

21 J. Marx, Der Brand der Mariahilfer Linie 1848 (1972).

22 Dazu und zum folgenden: F. Schweickhardt, Denkschrift zur Aufhellung der Wahrheit (1850), 5f.; H. Reschauer, Das Jahr 1848, Bd. 1 (1872), 334ff.; E. Weyrich, Rudolfsheim und Fünfhaus (1922), 167f.; K. Hilscher, Ereignisse des Revolutionsjahres 1848 (1930), 3f.

23 E. Violand, Die soziale Geschichte der Revolution (1850), 72.

24 B. Imendörffer (Hg.), Zwei Mädchentagebücher (1927), 70.

25 H. Reschauer, Das Jahr 1848, Bd. 1 (1872), 116.

26 I. Fischer, Wiens Mediziner (1935), 15f.

27 A. Pichler, Aus den März- und Oktobertagen (1850), 9.

28 J. v. Härdtl, 25 Jahre im Staatsdienste (1882), 29.

29 Ebd.; E. Weyrich, Rudolfsheim und Fünfhaus (1922), 168; K. Glossy, Wiener Studien (1933), 32. Nach F. Schweickhardt, Denkschrift zur Aufhellung der Wahrheit (1850), 6, fielen bei diesem Bajonett- und Feuerangriff 18–19 Aufständische; 300 wurden verwundet.

30 A. Füster, Memoiren, Bd. 1 (1850), 54ff.

31 K. Höger, Die drei Märztage (1898), 6f. Vgl. auch: K. Streng, Verzeichnis (1848).

32 M. Bermann, Alt und Neu Wien (1880), 1106f.

33 K. Glossy, Wiener Studien (1933), 33f.

34 W. Löhnert, Die unmittelbaren Auswirkungen (1949), 24.

35 A. Latschka, Geschichte des niederösterreichischen Marktes Perchtoldsdorf (1884), 302f.

36 J. Ableidinger, Geschichte von Schwechat (1929), 98. In Schwechat, Guntramsdorf und Mödling drohten noch um den 30. September/1. Oktober Fabrikenstürme. Vgl. J. v. Härdtl, 25 Jahre im Staatsdienste (1882), 60.

37 Die Mödlinger Bürger, in: Con, Nr. 1 (20. 3. 1848), 3.

38 Die Mödlinger Bürger, in: Con, Nr. 3 (23. 3. 1848), 22. Ähnlich auch: Öffentliche Rechtfertigung, in: Theaterzeitung, Nr. 77 (30. 3. 1848), 309.

39 Gegenwart, Nr. 73 (29. 3. 1848), 289.
40 J. Qu. Endlich, Der Einfluß der Juden (1848), 59. Vgl. dazu auch: Ein Wort gegen die Gleichberechtigung der Konfessionen (1848), 7. Zur Beurteilung dieser antisemitischen Tendenzen von jüdischer Seite siehe den Artikel: Die Judenverfolgungen und die Judensache, in: Österreichisches Central-Organ, Nr. 6 (6. 5. 1848), 79: „Die Judenverfolgungen sind durchaus nur Konsequenzen der großen Eigentumsfrage. Der Pauperismus, die geistige sittliche Verwahrlosung, die das bisherige Regierungssystem in allen Ländern Europas verschuldet hat, haben sie erzeugt. (. . .) Die Juden personifizieren in der öffentlichen Meinung den Geldbesitz, weil sie verhältnismäßig am meisten den Geldverkehr in ihren Händen haben. (. . .) Es war somit natürlich, daß die ersten Angriffe der Proletarier, welche die praktische Erledigung der Eigentumsfrage versuchten, gegen die Juden, in denen sie die Besitzer ohne Arbeit, die Reichen ohne Mühe, die Glücklichen ohne Not sahen und beneideten, gerichtet sein mußten."
41 Flb. ÖNB: Franz Kargl, Wer hat die arbeitende Klasse zu seiner (!) jetzigen Entwürdigung geführt?
42 Vgl. zur Frage des frühen Antisemitismus in Wien zuletzt: W. Häusler, Das Judentum im Revolutionsjahr 1848 (1974); H. Novogoratz, Sebastian Brunner (1979).
43 W. Salzer, Vom Untertan zum Staatsbürger (1970), 24. Vgl. auch: H. Bednar, Das Jahr 1848 in Oberösterreich (1936).
44 Flb. IfÖG: Aloys Schmeißer, Das neue Urteil für sämtliche Verbrecher.
45 F. Peyer, Wiener-Chronik (1850), März Nr. 15.
46 Flb. ÖNB: Hess, Kundmachung (21. 3. 1848); Windischgrätz, Kundmachung (22. 3. 1848).
47 F. Peyer, Wiener-Chronik (1850), März Nr. 18.
48 Ebd., März, Nr. 40.
49 F. Hartl, Wiens Strafgerichtsbarkeit und Kriminalität (1972), 165ff.
50 Flb. ÖNB: Aufruf (4. 4. 1848).
51 K. Mellach – G. Fritsch, 1848 (1968), 35.
52 Flb. IfÖG: Aufhebung der Verzehrungssteuer zum Vorteile der unbemittelten Klasse und Einführung einer neuen Steuer auf Luxusgegenstände. Vgl. auch die Broschüre: Entwurf einer allgemeinen Steuer-Regulierung (1848).
53 E. Bauernfeld, Aus Alt- und Neu-Wien (1923), 215. Ähnlich: A. Pichler, Aus den März- und Oktobertagen (1850), 7f.
54 F. Meinecke, 1848 (1948), 11.
55 H. Meynert, Geschichte der Ereignisse in der österreichischen Monarchie (1853), 251.

„REVOLUTION" IN DER SICHT DER ZEITGENOSSEN

1 Vgl. H. Dachs, Neuere Ansätze zur Revolutionsforschung (1973), 69ff.
2 C. Brinton, Die Revolution und ihre Gesetze (1959), 349f.
3 H. Arendt, Über die Revolution (1963).
4 Th. Schieder, Das Problem der Revolution im 19. Jahrhundert (1950); ders., Revolution und Gesellschaft (1973).
5 Ch. Johnson, Revolutionstheorie (1971).

6 C. Lindner, Theorie der Revolution (1972); K. v. Reyme (Hg.), Empirische Revolutionsforschung (1973).
7 E. Hobsbawm, Europäische Revolutionen (1962).
8 R. A. Kann, Die Restauration (1974).
9 K. Griewank, Der neuzeitliche Revolutionsbegriff (^{2}1969). Vgl. auch den guten Überblick von K. Lenk, Theorien der Revolution (1973).
10 K. Griewank, Ursachen und Folgen des Scheiterns der deutschen Revolution (1950); W. Schmidt, Zur Rolle des Proletariats in der deutschen Revolution (1969); ders., Zur Rolle der Bourgeoisie in den bürgerlichen Revolutionen (1973); ders., Zur internationalen Stellung der deutschen Revolution (1973).
11 R. Metternich-Winneburg (Hg.), Aus Metternichs nachgelassenen Papieren, Bd. 3 (1881), 399f. (Politisches Glaubensbekenntnis, 1820).
12 Ebd., 418.
13 F. Hartig (Hg.), Metternich-Hartig (1923), 27f.
14 Aus Metternichs nachgelassenen Papieren, Bd. 7 (1883), 605.
15 Ebd., Bd. 8 (1884), 550.
16 K. Marx, Die Klassenkämpfe in Frankreich, in: MEAS, Bd. 1 (^{25}1977), 199.
17 F. Engels, Die Lage der arbeitenden Klasse in England, in: MEW, Bd. 2 (1969), 237.
18 K. Marx, Rede auf der Jahresfeier des ,,People's Paper", in: MEAS, Bd. 1 (^{25}1977), 331. Weitere Belegstellen für die Revolutionstheorie von Marx und Engels übersichtlich zusammengestellt bei H. Skrypczak, Marx, Engels, Revolution (1968).
19 M. Bakunin, Aufruf an die Slawen (1848), 8.
20 Ebd., 27. Über die Entstehung dieses Textes vgl. J. Pfitzner, Bakuninstudien (1932), 82ff.
21 J. Kudler, Revolution oder Reform, in: WZ, Nr. 14 (14. 4. 1848), 53.
22 Presse, Nr. 1 (3. 7. 1848), 1.
23 (W. Messenhauser), Deutschland und Österreich erwartet, daß jedermann seine Schuldigkeit tut, in: Volkstribüne, Heft 2 (1848), 9.
24 Zur Totenfeier, in: AÖZ, NF Nr. 117 (28. 7.1848), 983; H. Jellinek, Kritische Geschichte der Wiener Revolution (1848), 192; A. Silberstein, Geschichte der Aula (1849), 53. Abwertend wurde der Ausdruck von H. Laube, Das erste deutsche Parlament, Bd. 1 (1909), 139, gebraucht.
25 A. Silberstein, Geschichte der Aula (1849), 47.

PRESSE UND ÖFFENTLICHKEIT

1 Vgl. allgemein: Die Zeitungen und Zeitschriften Wiens im Jahre 1848 (1849); J. Winckler, Die periodische Presse Österreichs (1875); J. A. Helfert, Die Wiener Journalistik im Jahre 1848 (1877); E. V. Zenker, Geschichte der Wiener Journalistik während des Jahres 1848 (1893); S. Smotricz, Die demokratische Presse in der Wiener Revolution (1932); K. Skalnik, An der Wiege der österreichischen Journalistik (1958); R. Enöckl, Der Einfluß der revolutionären Wiener Journalistik (1967); W. Häusler, Die österreichische Publizistik und ihre Probleme im Revolutionsjahr 1848 (1979).
2 R. Charmatz, Adolf Fischhof (1910), 20.

3 K. Marx, Verteidigungsrede, in: MEW, Nr. 6 (1973), 234.
4 (L. Häfner), Wachsamkeit und Ausdauer, in: Con, Nr. 1 (20. 3.1848), 1f.
5 Die Journalistik in Wien, in: Grenzboten (1848/3), 489.
6 F. W. Ebeling, Zahme Geschichten aus wilder Zeit (1851), 92.
7 J. A. Helfert, Die Wiener Journalistik im Jahre 1848 (1877), 28.
8 W. Pollak, 1848 (1974), 177f. Der Verfasser beabsichtigt, Häfner als Publizist und politische Persönlichkeit in einer biographischen Skizze zu würdigen – der spätere Lebensweg dieses Wiener Journalisten führte ihn über Dresden und Hamburg nach Paris; zeitweise stand er mit der Emigration um Marx in engem Kontakt.
9 Im einzelnen differieren die Angaben voneinander (vgl. die in Anm. 1 genannten Werke); dies hängt mit der häufigen Umbenennung von Zeitungen zusammen.
10 Vgl. die Bemerkungen zu Flugblattsammlungen und -editionen im Quellenverzeichnis.
11 P. Kuderer, Die „Wiener Zeitung" im Revolutionsjahr 1848 (1957); F. Stamprech, Die älteste Tageszeitung der Welt (o. J.), 194ff.
12 E. Manas, Joseph Tuvora (1976).
13 H. Ullrich, Dr. Alfred Julius Becher und sein Wiener Kreis (1967/69); ders., Alfred Julius Becher (1974); W. Häusler, Hermann Jellinek (1976).
14 A. Wandruszka, Geschichte einer Zeitung (1958).
15 J. A. Helfert (Hg.), Der Wiener Parnaß (1882), Nr. 1930.

ERSTE FORMIERUNG DER DEMOKRATISCHEN OPPOSITION: AKADEMISCHE LEGION UND STUDENTENKOMITEE

1 F. Grillparzer, Sämtliche Werke, Bd. 2 (1909), 126f.
2 A. Silberstein, Geschichte der Aula (1849), 13.
3 P. Molisch, Die Wiener akademische Legion (1926), 16.
4 E. Büssem, Die Karlsbader Beschlüsse (1974).
5 A. Rosenfeld, Das Studenten-Komitee in Wien (1849), 19.
6 G. Stimmer, Die Mythologisierung der Revolution von 1848 (1975), 293.
7 Beispiele dafür bei: A. Füster, Memoiren, Bd. 1 (1850), 45f.
8 I. Fischer, Wiens Mediziner (1935); W. Häusler, Die Revolution von 1848 und die Wiener Mediziner (1973).
9 P. Molisch, Die Wiener akademische Legion (1926), 48.
10 F. Peyer, Wiener-Chronik (1850), März Nr. 35.
11 A. Rosenfeld, Das Studenten-Komitee in Wien (1849), 23.
12 A. Füster, Memoiren, Bd. 1 (1850), 38.
13 Die Texte der bei diesen Gelegenheiten ausgetauschten Reden und Adressen bei: A. Rosenfeld, Die Aula (1848).
14 K. Griewank, Deutsche Studenten und Universitäten (1949), 40ff.
15 G. Stimmer, Die Mythologisierung der Revolution von 1848 (1975), 270.
16 P. Molisch (Hg.), Eduard Neussers studentische Erinnerungen (1933), 70.
17 G. Friedrich, Die Wiener Studenten als Publizisten (1971).
18 F. Gall, Alma Mater Rudolphina (1965), 155.

FORDERUNGEN DER ARBEITER IM MÄRZ UND APRIL

1 Wiener Abendzeitung, Nr. 1 (27. 3. 1848), 2.
2 F. Unterreiter, Die Revolution in Wien, Bd. 1 (1848), 28f.
3 Verminderung der Arbeitsstunden, in: Con, Nr. 2 (22. 3. 1848), 16.
3a Bei Hof herrschte große Besorgnis, wie ein Kabinettschreiben Ferdinands I. an Pillersdorff vom 26. März 1848 verrät: „Es sind hier Gerüchte zur Kenntnis gebracht worden, daß eine tumultuarische Bewegung von Arbeitern in der doppelten Richtung auf morgen oder übermorgen zu besorgen sei, um einesteils die Abkürzung der Arbeitszeit auf zehn Stunden und andererseits für die Unbeschäftigten Arbeit zu erhalten. Man glaubt, daß durch Vorhineingewährung dieser Wünsche die drohende Bewegung der Arbeiter abgewendet werden dürfte." Am selben Tag riet Erzherzog Ludwig dringend dem provisorischen Ministerpräsidenten Kolowrat, daß der Magistrat „öffentliche Arbeiten" anordnen solle, um die „vielen brotlosen Fabrikarbeiter, welche an den Unruhen der Bewegung nicht teilgenommen haben, aber in den durch das Gesindel zerstörten Fabriken beschäftigt waren" zu beschäftigen, wie es schon im vergangenen Herbst geschehen sei. L. Brügel, Soziale Gesetzgebung in Österreich (1919), 32.
4 F. Peyer, Wiener-Chronik (1850), April Nr. 1.
5 Arbeiterversammlungen, in: CDZ, Nr. 1 (1. 4. 1848), 3; Petition der Maurergesellen, in: CDZ, Nr. 3 (3. 4. 1848), 20f.; Agitationen der Innungen, in: CDZ, Nr. 9 (9. 4. 1848), 72.
6 C. J., Zur Arbeiterfrage, in: CDZ, Nr. 29 (30. 4. 1848), 235f.
7 Andreas Witlačil, Verhältnisse der handarbeitenden Bevölkerung in Wien, in: Zeitschrift des Vereines für deutsche Statistik 2 (1848), 184.
8 Flb. ÖNB: Kundmachungen zu den betreffenden Tagen. Am 4. Mai folgten die Hutmacher und Kellner, am 16. Mai die Buchbindergesellen.
9 J. Deutsch, Geschichte der österreichischen Gewerkschaftsbewegung, Bd. 1 (^{2}1929), 30.
10 Ebd., 31.
11 Flb. (Sammlung Maderner): Herr Meister! Der Sonntag gehört uns!
12 Fr. Reinisch, Noch ein Wort für die Arbeiter!!, in: Opposition für Volk und Recht, Nr. 2 (7. 4. 1848), 10.
13 K. Mellach – G. Fritsch, 1848 (1968), 48f.
14 Faksimile bei: H. Steiner, Karl Marx in Wien (1978), 160f.
15 C. Rossi, Der Schauplatz unseres kommerziellen und kameralistischen Lebens, Heft 1 (1848), 9, 12. Dieser Aufsatz wurde schon am 14. März niedergeschrieben. Weitere Abhandlungen Rossis gelten der Maschinenproduktion, dem „Gespenst des Fabrikenproletariats" und der Verzehrungssteuer. Über „Österreichs freie Arbeiter" schrieb er: „Wir haben leider emanzipiert, aber zu organisieren unterlassen." Ebd., Heft 3 (1848), 25.
16 Andreas Witlačil, Verhältnisse der handarbeitenden Bevölkerung in Wien, in: Zeitschrift des Vereines für deutsche Statistik 2 (1848), 178.
17 Wiener Neuigkeits-Murmeleien, in: Freim, Nr. 9 (11. 4. 1848), 39.
18 F. Peyer, Wiener-Chronik (1850), April Nr. 11.
19 F. Reinisch, Der Verrat an der Nationalgarde, in: Opposition für Volk und Recht, Nr. 7 (12. 4. 1848), 26.
20 Gemeint ist Friedrich Wilhelm IV. von Preußen, der in der Wiener Publizi-

stik häufig als Tyrann dem „gütigen" Herrscher Ferdinand I. gegenübergestellt wurde.

21 Flb. IfÖG: Johann Fischer, Die neue Papiermühle oder: Der große errungene Vorteil der Arbeiter.

22 F. Reinisch, Ein Wort für das „Gesindel", in: Opposition für Volk und Recht, Nr. 1 (5. 4. 1848), 2f.

23 J. A. Helfert (Hg.), Der Wiener Parnaß (1882), Nr. 793.

24 L. A. Frankl, Häfner, in: WStB, Handschriftensammlung, IN 99 563.

25 (L. Häfner), Gebt Arbeit, in: Con, Nr. 8 (30. 3. 1848), 73.

26 J. A. Nitsche, Über die herrschende Hungersnot in der nördlichen Grenzgegend Böhmens im Jahre 1847 und 1848, in: Bohemia, Nr. 59 (13. 4. 1848); Nr. 60 (14. 4. 1848). Der Autor kritisierte besonders scharf, daß die Stadt Rumburg zum Zeitpunkt der Hungerkatastrophe 1 000 fl für die Festlichkeiten zum Empfang der beiden Söhne Franz Karls (Franz Josef und Ferdinand Maximilian) ausgab.

27 Ein freies Wort für gedrückte Arbeiter an den Herrn Direktor der k. k. Staatsdruckerei, in: Con, Nr. 13 (5. 4. 1848), 153. Die weitere Geschichte der österreichischen Buchdruckerorganisation im Jahr 1848 bespreche ich in meiner Studie: Karl Scherzer (1978).

28 Von den Seidenzeugmachern in Wien, in: Con, Nr. 14 (6. 4. 1848), 171.

29 Die Seidenfabrikanten an ihre Arbeiter, in Con, Nr. 17 (10. 4. 1848), 236.

30 Josef Bierstinger, Von den Kattundruckern und Formstechern, in: Con, Nr. 26 (20. 4. 1848), 395.

31 Gesuch um Errichtung eines Gremiums für Kattundrucker und Formstecher, in: Ebd., 396.

32 L. Häfner, An die Arbeiter, in: Con, Nr. 14 (6. 4. 1848), 172.

33 Der Ouvrier und Deutschland, in: Con, Nr. 14 (6. 4. 1848), 180f.

34 Con, Nr. 17 (10. 4. 1848), 242.

35 MEW, Bd. 5 (1973), 3–5.

36 Proklamation der deutschen Kommunisten, in: AÖZ, Nr. 99, Beil. (8. 4. 1848), 502f.

37 Proklamation der deutschen Kommunisten, in: Theaterzeitung, Nr. 110 (8. 5. 1848), 441.

38 J. Bernklau, Arbeiterunruhen, in: Theaterzeitung, Nr. 119 (18. 5. 1848), 480.

39 A. Silberstein, Politische Aufsätze an meine Mitbürger, in: Wanderer, Nr. 83 (6. 4. 1848), 84 (7. 4. 1848), 85 (8. 4. 1848).

40 Ein Gespräch zwischen einem Altgesellen und einem Lehrjungen (1848), 3f.

41 Mayer, Offener Brief eines Arbeiters (1848), 14.

42 J. Neumann, An die Fabriks-, Gewerbs- und Handwerksgesellen und Arbeiter Wiens (1848), 4, 6. Ähnlich A. Demarteau, Wie kann dem Gewerbsmanne schnell Erleichterung verschafft – dem Arbeiter Beschäftigung gegeben werden? (1848).

43 A. A. B., Proletariat und Pauperismus (1848), 4.

44 Das Proletariat und die Gewerbsfreiheit (1848), 12–14.

45 F. Peyer, Wiener-Chronik (1850), April Nr. 48.

46 Ebd., April Nr. 56.

47 F. Prinz, Die soziale Frage (1969), 111.

48 Flb. ÖNB: Kundmachung (25. 4. 1848).

49 R. Ullik, Das Ministerium für öffentliche Arbeiten (1975), 27.

DIE ANFÄNGE DES POLITISCHEN VEREINSWESENS UND DAS AUFTRETEN ANTON SCHÜTTES

1 P. H. Amann, Revolution and Mass Democracy (1975), 324. Die Pariser Klubbewegung, in der Louis Auguste Blanqui eine führende Rolle innehatte, war weitaus ausgebildeter und differenzierter als die Ansätze in Österreich und Deutschland. Schon um Mitte April zählte man in Paris 203 Klubs, davon waren 149 in einer Föderation vereint. Ebd., 33.
2 F. Müller, Korporation und Assoziation (1965); J. Brederlow, „Lichtfreunde" und „Freie Gemeinden" (1976), 46.
3 D. K., Die Klubs und die Regierungen, in: Sonntagsblätter, Nr. 30 (23. 7. 1848), 547f.
4 KA, Politische Erhebungskommission, Post 2, Nr. 7.
5 E. Violand, Die soziale Bedeutung der Revolution (1850), 146; Die politischen Vereine Wiens (1867).
6 AVA, Grundbuch politisch bedenklicher Personen, C 23.
7 M. Smets, Das Jahr 1848, Bd. 2 (1872), 619f.
8 W. G. Dunder, Denkschrift über die Wiener Oktober-Revolution (1849), 843; Die Revolutionsküche in Wien, in: Grenzboten (1849/1), 107.
9 Z. B.: F. Fenner von Fenneberg, Geschichte der Wiener Oktobertage, Tl. 1 (1849), 91; C. Grüner, Die Geschichte der Oktober-Revolution (1849), 125; F. Pulszky, Meine Zeit, mein Leben, Bd. 2 (1881), 301f.; F. Kaiser, 1848 (1948), 45. Vgl. auch H. Meyer, 1848 (1949), 30ff.
10 A. Füster, Memoiren, Bd. 1 (1850), 157.
11 Humorist, Nr. 71 (23. 3. 1848), 281.
12 Con, Nr. 5 (27. 3. 1848), 45.
13 F. Peyer, Wiener-Chronik (1850), April Nr. 68–70.
14 F. Hebbel, Tagebücher, in: Sämtliche Werke, 2. Abt., Bd. 3 (1905), 300.
15 A. Chaises, Vorträge des Dr. Schütte (1848), 7f.
16 Die Volksfreunde, in: Österreichische konstitutionelle deutsche Zeitung, Nr. 5 (16. 4. 1848), 17.
17 A. Chaises, Vorträge des Dr. Schütte (1848), 10f.
18 Ebd., 12.
19 Ebd., 15. Am 5. April 1848 erließ Pillersdorff ein Rundschreiben an die Landespräsidenten mit der dringenden Aufforderung, nur solchen Personen eine Reiserlaubnis nach Wien zu erteilen, die eine Arbeitsbewilligung nachweisen könnten: „Unter den dermaligen Verhältnissen ist es für die Erhaltung und Befestigung der öffentlichen Ruhe und Sicherheit in der Haupt- und Residenzstadt von der höchsten Wichtigkeit, erwerbslose, hierher nicht zuständige Leute entfernt zu halten." Angesichts der stagnierenden Geschäfte petitionierten die Vertreter des Baugewerbes schon am 3. April um die Organisation öffentlicher Bauten, „wenn man die bürgerliche Ordnung nicht den verzweifelten Menschenmassen ausgeliefert sehen will". L. Brügel, Soziale Gesetzgebung in Österreich (1919), 33–35.
20 Die Volksfreunde, in: Österreichische konstitutionelle deutsche Zeitung, Nr. 5 (16. 4. 1848), 18.
21 Vgl. W. Schulte, Volk und Staat (1951), 772; M. Smets, Das Jahr 1848, Bd. 2 (1872), 75ff. Wie mir Herr Rudolf Zewell, der an einer Biographie Schüttes arbeitet, mitteilt, ist Schüttes Name in den einschlägigen Universitätsmatriken nicht nachweisbar.

22 K. Glossy, Wiener Studien (1933), 42.

23 J. A. Helfert, Geschichte Österreichs, Bd. 3 (1872), Anm. 182. Die Untersuchungen der Militärbehörden hoben die Verdachtsmomente der Demokraten gegen Schütte stark hervor: Er sei ein „Lebemann, der überall zu haben ist, wo es etwas einträgt, am liebsten aber den Terroristen spielt. (. . .) Der demokratischen Partei früher schon verdächtig, wurde er dort [Breslau] auf Befehl des Zentralkomitees überwacht, als man endlich durch den aufgefundenen Brief eines hohen österreichischen Staatsbeamten an Schütte deutlich ersah, daß er seine Dienste diesem Staatsmann, der ihn auf spätere Zeiten vertröstete, angetragen haben müßte, wurde er in einem Zirkulare aller Vereine als Verräter denunziert." KA, Politische Erhebungskommission, Post 3, 19. Interessante Nachrichten über die Persönlichkeit Schüttes und seine weiteren Schicksale geben A. Meißner, Geschichte meines Lebens, Bd. 2 (1884), 57ff., 196f., 300ff.; F. Bodenstedt, Erinnerungen, Bd. 2 (1888), 285f., 339f.

24 Con, Nr. 13 (5. 4. 1848), 166.

25 A. Schütte, Zur Charakteristik unserer Bewegung, in: AÖZ, Nr. 94 (3. 4. 1848), 461f.; 97 (6. 4. 1848), 477; 97 Beil. (6. 4. 1848), 481.

26 A. Chaises, Vorträge des Dr. Schütte (1848), 23–26.

27 Die Volksfreunde, in: Österreichische konstitutionelle deutsche Zeitung, Nr. 5 (16. 4. 1848), 19.

28 A. Chaises, Vorträge des Dr. Schütte (1848), 27.

29 Flb. ÖNB: Euer Majestät (14. 4. 1848).

30 Flb. ÖNB: (W. Messenhauser), Aufruf zur Wahl des Oberkommandanten der Nationalgarde (6. 4. 1848).

31 Über die Entstehung der Pillersdorff'schen Verfassung, deren Beratung durch den ständischen Zentralausschuß zuerst vorgesehen war, die dann aber recht hastig kompiliert wurde, vgl. K. Hugelmann, Die Entwicklung der Aprilverfassung (1918/19).

32 In den Apriltagen erreichte die „schwarz-rot-goldene" Begeisterung ihren Höhepunkt. Am 2. April wurden am Stefansturm und an den wichtigsten öffentlichen Gebäuden Fahnen in den deutschen Farben gehißt. Ferdinand I. sanktionierte dieses politische Symbol, indem er die Hand an die Stange der Fahne an der Hofburg legte. Charakteristisch für die Unklarheit, die bezüglich des „Aufgehens" der Monarchie in Deutschland herrschte, war die von Emilie v. Weckbecker geschilderte enthusiastische Absingung des „Deutschen Vaterlands" von Arndt und der österreichischen Volkshymne im Redoutensaal am 9. April. O. Redlich (Hg.), Von Maria Theresia zu Franz Josef (1929), 155. Die Diskussion um „Bundesstaat" und „Staatenbund", wobei die Demokraten für die erstere, engere Form der Einigung eintraten, das Ministerium aber letztere Form bevorzugte, beherrschte gegen Ende April die öffentliche Meinung. Treffend bezeichnete Hebbel die schwierige Situation in einer Tagebuchnotiz vom 18. April 1848: „Die lieben Österreicher! Sie sinnen jetzt darüber nach, wie sie sich mit Deutschland vereinigen können, ohne sich mit Deutschland zu vereinigen! Das wird schwer auszuführen sein, ebenso schwer, als wenn zwei, die sich küssen wollten, sich dabei den Rücken zuzukehren wünschten!" F. Hebbel, Tagebücher, in: Sämtliche Werke, 2. Abt., Bd. 3 (1905), 301. Vgl. zuletzt zu diesem Fragenkreis, der hier nicht weiter verfolgt werden kann: F. Eyck, Deutschlands große Hoffnung (1973); G. Wollstein, Das „Großdeutschland" der Paulskirche (1977), bes. 266ff.

33 Möglicherweise schwebten Schütte die bekanntlich zur selben Zeit in London durchgeführten Massenpetitionen der Chartisten vor.
34 Großes Aufsehen erregte der Sturm auf die Wohnung des „Naschmarktkönigs" Anton Hein am 28. März.
35 F. Funk, Das Verzeichnis der Vielperzentigen (1848); ders., Das Büchlein von den Geldkupplern (1848).
36 E. Violand, Die soziale Geschichte der Revolution (1850), 91.
37 A. Langer, Kasernen für die Arbeiter (1848), 2. Wie der Titel der Flugschrift sagt, schlug Langer den Bau von „Kasernen" mit Kleinstwohnungen (ein Zimmer, eine Kammer) für Arbeiterfamilien und Schlafsälen für ledige Arbeiter vor. Zur weiteren Entwicklung der Wiener Wohnungsfrage in der zweiten Hälfte des 19. Jahrhunderts vgl. neuerdings P. Feldbauer, Stadtwachstum und Wohnungsnot (1977); G. Pirhofer, Linien einer kulturpolitischen Auseinandersetzung (1978).
38 Flb. ÖNB: C. Mith, Meine Brüder! Euer Zins ist ja schon gezahlt!
39 Ähnlich auch: Con, Nr. 24 (17. 4. 1848), 372. Im ganzen gesehen fand die Zinsfrage in den Zeitungen weit weniger Widerhall als in den Flugblättern.
40 Flb. ÖNB: Julius Neidl, Offener Brief an alle Hausherren.
41 Flb. IfÖG: J. G. Erhart, Ein freies Wort über Arbeitsgeber, Inwohner und Hausherren!
42 O. Redlich (Hg.), Von Maria Theresia zu Franz Josef (1929), 162.
43 WStA, Häberlin-Briefe. HA-Akten, B 1297.
44 H. Laube, Das erste deutsche Parlament, Bd. 1 (1909), 127ff.
45 F. Peyer, Wiener-Chronik (1850), April Nr. 30.
46 Flb. IfÖG: Niederösterreichischer Gewerbeverein, An die Arbeiter! Brave Mitbürger und Freunde! (18. 4. 1848).
47 F. Peyer, Wiener-Chronik (1850), April Nr. 32.
48 CDZ, Nr. 16 (16. 4. 1848), 127.
49 K. Hock, Was wir wollen und was wir tun, in : CDZ, Nr. 18 (18. 4. 1978), 137.
50 Tagesfragen, in: CDZ, Nr. 20 (20. 4. 1848), 154.
51 Con, Nr. 26 (20. 4. 1848), 393f.
52 K. H(ock), in: CDZ, Nr. 25 (26. 4. 1848), 195.
53 A. Schütte, An die Bürger und Studenten von Wien, in: AÖZ, Nr. 156 (5. 6. 1848), 754. Einem Rückkehrgesuch Schüttes an Pillersdorff wurde nicht stattgegeben. J. A. Helfert, Graf Leo Thun (1896), 183f. Es ist bemerkenswert, daß Schütte den in Sachsen selbst unter den Demokraten weitverbreiteten antitschechischen Ressentiments entschieden entgegentrat. In einem Vortrag im Dresdner Vaterlandsverein betonte Schütte die Schuld der Deutschen und der aristokratischen Führung der tschechisch-nationalen Bewegung gegenüber den Bauern und forderte – unter dem Beifall der anwesenden Arbeiter – „die gerechte Anerkennung einer ehrenwerten, in ihrem Bewußtsein erwachenden fremden Nationalität". R. Weber, Die Revolution in Sachsen 1848/49 (1970), 153. In der Folge nahm Schütte am Eisenacher Studententag teil. J. Hrczka, An seine Kameraden in Wien, in: Con, Nr. 73 (20. 6. 1848), 867. Er war auch als Repräsentant Wiens Teilnehmer am Frankfurter Demokratenkongreß. CDZ, Nr. 90 (2. 7. 1848), 744; G. Lüders, Die demokratische Bewegung (1909), 140. Im August kehrte Schütte wieder nach Wien zurück.

54 M. G. Lautner, Beleuchtung der bisher völlig verzeichneten Schilderungen über die Odeon-Versammlung, in: Humorist, Nr. 95 (20. 4. 1848), 385.
55 Flb. ÖNB: Mitbürger! (19. 4. 1848).
56 Flb. IfÖG: J. M. Oewel, Er ist fort, der gefährliche Dr. Schütte! Eine Triumphrede auf seinen Fortgang und der Geschichte Rückgang. Ähnlich auch B. Mild, Dr. Schütte vor dem Schriftstellerverein. Ebd.
57 Flb. IfÖG: Das Lied vom Bürgermeister.
58 Vgl. dazu: R. Till, Die Wiener Stadtverwaltung im Jahre 1848 (1948), 20ff.; ders., Die Mitglieder der ersten Wiener Gemeindevertretung (1950), 61ff.; ders., Geschichte der Wiener Stadtverwaltung (1957), 38ff.
59 Namentlich Karl Freund, Andreas v. Stifft der Jüngere, Alois Wessely.
60 F. Peyer, Wiener-Chronik (1850), April Nr. 46.
61 Die „Katzenmusiken" hatten von einem Theaterstück von Roderich Benedix „Das bemooste Haupt" ihren Ausgang genommen; Johann Nestroy verewigte diese volkstümlichen Kundgebungen in seiner „Freiheit in Krähwinkel".
62 M. Smets, Das Jahr 1848, Bd. 2 (1872), 91.
63 A. Chaises, Vorträge des Dr. Schütte (1848), 20.
64 Deutscher Adler, in: Humorist, Nr. 89 (13. 4. 1848), 358f. Vgl. auch die weiteren Berichte: Ebd., Nr. 93 (18. 4. 1848), 378; Nr. 99 (25. 4. 1848), 403.
65 Engländer, der nach der Niederwerfung der Revolution nach Westeuropa emigrierte, war in späteren Jahren Freund und Vertrauter Friedrich Hebbels und starb im hohen Alter in Turin (1902).
66 S. Engländer, Die politische Bildung der unteren Volksklassen, in: CDZ, Nr. 64 (4. 6. 1848), 504f.; Nr. 70 (10. 6. 1848), 555f.; Nr. 76 (17. 6. 1848), 604f.
67 „Innerhalb der Legion begann eben die Klärung, und ein erster Hauch des Bewußtseins sozialer Pflichten war da. Ich erinnere mich nur eines einzigen Kameraden, der uns mit Vorliebe von diesen Dingen, namentlich von Proudhon und seinem Leben sprach. Das war ein schlanker, schwarzhaariger, kränklich aussehender junger Mann namens Mannheimer. Er war ein schüchterner Doktrinär, der selten hervortrat, und ich zweifle daran, daß er je öffentlich zu Arbeitern gesprochen habe." E. Sueß, Erinnerungen (1916), 35.
68 Flb. ÖNB: Niederösterreichischer Gewerbeverein, An den Klub, welcher sich nennt: ‚Der Deutsche Adler' (28. 4. 1848).
69 F. Peyer, Wiener-Chronik (1850), April Nr. 67 und 72.
70 Ein Bruder Sigmund Engländers.
71 Flb. ÖNB: Der deutsche Adler, Euer Exzellenz (8. 5. 1848).
72 Flb. ÖNB: Der deutsche Adler über Wiens gegenwärtige Lage, Juni 1848.
73 E. Mautner, Das Sicherheitskomitee, in: Wiener Abendzeitung, Nr. 25 (24. 4. 1848), 103f.

DER STREIT UM DIE APRILVERFASSUNG

1 Die alten Institutionen verschwanden nahezu unbemerkt in der Versenkung: Am 21. März legte der Oberste Kanzler, Graf Inzaghi, sein Amt nieder; die Polizeihofstelle wurde am 29. März, der Staatsrat am 4. April formell aufge-

hoben. Erzherzog Ludwig resignierte am 5. April von den Staatsgeschäften; an seiner Stelle sollte Erzherzog Franz Karl den Kontakt zum Ministerrat pflegen.

2 R. Kißling, Die Revolution im Kaisertum Österreich, Bd. 1 (1948), 48ff; F. Walter, Die Geschichte der Ministerien (1964), 5ff; F. Prinz, Prag und Wien (1968), 16f.

3 F. Unterreiter, Die Revolution in Wien, Bd. 1 (1848), 97.

4 E. Katzenbeißer, Freiherr von Pillersdorff als Minister (1936).

5 J. Redlich, Das österreichische Staats- und Reichsproblem, Bd. 1 (1920), 124ff.; P. Burian, Die Nationalitäten in ‚Cisleithanien' (1962), 27ff.

6 Zitiert nach: K. Obermann, Die österreichischen Reichstagswahlen 1848 (1973), 343.

7 F. Peyer, Wiener-Chronik (1850), April Nr. 33.

8 L. v. Ficquelmont, Aufklärungen (1850), 75. Vgl. auch: F. v. Pillersdorff, Handschriftlicher Nachlaß (1863), 98ff.

9 L. v. Ficquelmont, Aufklärungen (1850), 96.

10 Faksimile bei: K. Mellach – G. Fritsch, 1848 (1968), 59f.

11 K. Hugelmann, Die Entwicklung der Aprilverfassung (1918/19), 268ff.

12 F. Peyer, Wiener-Chronik (1850), April Nr. 18.

13 Der juridisch-politische Leseverein, in: Con, Nr. 34 (1. 5. 1848), 529–531. Vgl. zu diesem Streit auch: Ebd., Nr. 37 (4. 5. 1848), 587.

14 L. Häfner, Standrecht und Konstitution, in: Con, Nr. 29 (25. 4. 1848), 441–444; Vorläufige Beurteilung der neuen Konstitution, in: Con, Nr. 31 (27. 4. 1848), 471–474.

15 Die Konstitution des Vaterlandes tritt ins Leben, in: Freim, Nr. 14 (17. 4. 1848), 60.

16 F. Kürnberger, Keine Zweikammer-Verfassung, in: Freim, Nr. 23 (27. 4. 1848), 95.

17 Vgl. W. Häusler, Hermann Jellinek (1976).

18 A. Stifft, Einige Worte über die österreichische Konstitution vom sozialen Standpunkte, in: Kritischer Sprechsaal, Heft 2 (1848), 7, 10–12.

19 H. Jellinek, Kritische Thesen über die Verfassungsurkunde vom 25. April für das Kaisertum Österreich, in: Kritischer Sprechsaal, Heft 2 (1848), 25–28.

20 Bei den Kundgebungen gegen Ficquelmont könnte der Einfluß der damals in Wien weilenden polnischen Deputation aus Galizien maßgebend gewesen sein. Vgl. F. Strobl von Ravelsberg, Metternich, Bd. 1 (1906), 386.

21 Volks-Demonstration in Wien, in: Freim, Nr. 29 (4. 5. 1848), 118f.

DIE „ZWEITE REVOLUTION" IM MAI – EIN SIEG DER DEMOKRATIE?

1 Unger prägte das berühmtgewordene, für seine Generation typische Wort: „Geboren wurde ich 1828, das Licht der Welt erblickt habe ich 1848."

2 F. Peyer, Wiener-Chronik (1850), Mai Nr. 4.

3 Ebd., Mai Nr. 6.

4 Die Organisation der Wiener Nationalgarde ist noch so gut wie unerforscht. Ihr theoretischer Mannschaftsstand sollte sich auf 192 Kompagnien à

208 Mann belaufen. Vgl.: Über die taktische Abteilung der Wiener Nationalgarde, in: Zeitung für die Wiener Nationalgarde, Nr. 4 (8. 6. 1848), 23f. Dieses bis zum 26. Oktober erscheinende Blatt mit dem Abdruck der Tagesbefehle und Kundmachungen ist die wichtigste Quelle für die äußere Organisationsgeschichte der Nationalgarde, bietet aber kaum Informationen über ihre politische Entwicklung. Für die Verhältnisse außerhalb Wiens vgl. O. Niedermayr, Die Leobener Nationalgarde (1978).

5 Flb. ÖNB: W. Taussig – Dr. Hruby, Von dem politischen Zentralkomitee der gesamten Nationalgarde Wiens (7. 5. 1848).

6 J. A. Helfert, Wien 1848 (1906), 72.

7 F. Peyer, Wiener-Chronik (1850), Mai Nr. 12.

8 Auch die Con, Nr. 44 (12. 5. 1848), 639, trat für das Arbeiterwahlrecht ein: „Unter den Arbeitern ist weit mehr gesunde Intelligenz als unter unserm Spießbürgertum, das die Freiheit unbequem und nur im alten Systeme den Rettungsanker findet. Dieser Ausschluß einer ungeheuren Klasse unter unsern Staatsbürgern ist eine schreiende Ungerechtigkeit, die sich bitter rächen wird."

9 Österreichische konstitutionelle deutsche Zeitung, Nr. 20 Beil. (10. 5. 1848).

10 Ansichten eines Deutschen in Wien (1848), 76.

11 F. Prinz, Prag und Wien 1848 (1968), 41.

12 Die Erörterungen im Zentralkomitee hatten auch auf nationalpolitisches Gebiet übergegriffen. Die Forderungen einer Deputation galizischer Polen in Wien wurden vom Zentralkomitee unterstützt, was gleichfalls das Mißtrauen der Regierung erregte. Vgl. W. Häusler, Die österreichische Revolution von 1848 und die polnische Frage (1978).

13 F. Peyer, Wiener-Chronik (1850), Mai Nr. 17.

14 In diesem Sinn sagte Fischhof vor dem Kriegsgericht aus: „Ich hörte, daß die Arbeiter einen Zug durch die Stadt halten wollten, um dem Ministerium und der Aula für die bewilligten öffentlichen Arbeiten zu danken und daß man dabei Exzesse befürchte. Ich ging zu Pillersdorff und bemerkte ihm, daß es den Arbeitern gestattet werden könnte, in kleinen Abteilungen durch ein Tor in die Stadt und durch ein anderes gleich wieder aus derselben zu ziehen, wodurch die Ordnung nicht gestört und die Arbeiter befriedigt würden." KA, Latour-Akten, Nr. 11.

15 F. Kaiser, 1848 (1948), 58.

16 Ebd., 46.

17 E. Violand, Die soziale Geschichte der Revolution (1850), 107. Auch J. Fröbel zählte Tausenau zu den „bedeutendsten Männern", die er in Wien kennenlernte. J. Fröbel, Briefe über die Wiener Oktober-Revolution (1849), 20f.

18 Die politischen Vereine Wiens, in: Neues Wiener Tagblatt, Nr. 256 (24. 11. 1867); K. Hugelmann, Historisch-politische Studien (1915), 58.

19 KA, Politische Erhebungskommission, Post 1, 100/97. Vgl. auch: Der Verein der Volksfreunde, in: Freim, Nr. 35 (11. 5. 1848), 142.

20 Komische Briefe des Hans Jörgel, Nr. 14 (1848), 4.

21 A. Stifft, Die europäische Bedeutung des 15. Mai 1848, in: AÖZ, Nr. 137 (17. 5. 1848), 675. H. Jellinek schrieb in der AÖZ, Nr. 138 (18. 5. 1848), 679: „Das Wiener Volk mit seiner praktischen Energie ohnegleichen, mit seinem glücklichen Instinkte wird nie und nimmermehr eine halbe Freiheit gelten lassen. – Der 15. Mai hat es bewiesen: das Volk hat gearbeitet um die ganze Freiheit."

22 Letztes Wort an die verantwortlichen Minister, in: Freim, Nr. 39 (16. 5. 1848), 159f.
23 F. Sauter, Den Proletariern, in: Con, Nr. 46 (15. 5. 1848), 661.
24 J. A. Helfert, Wien 1848 (1906), 87.
25 L. Olscher, Das Bild der Dynastie (1975). Das Idealbild eines „demokratischen Fürsten" sahen die Wiener in Erzherzog Johann.
26 K. F. Vitzthum v. Eckstädt, Berlin und Wien (1886), 113: „Wien ist grauslich. (. . .) Alles ist geflüchtet; die Aristokratie am 18., die Bourgeoisie nach dem 26. (Mai)."
27 H. Laube, Das erste deutsche Parlament, Bd. 1 (1909), 145f.
28 Ebd., 152.
29 L. Häfner, Zweimal verhaftet, in: Leuchtturm, Nr. 13 (1849), 192–194. Häfner beklagte bitter die im Frühsommer 1848 versäumten Gelegenheiten einer allgemeinen demokratischen Erhebung unter Einbeziehung des Proletariats. Ebd., Nr. 14 (1849), 210f.
30 P. Schulz, Marginalien über die Wiener Revolution (1856), 105f.
31 Entdeckter Hochverrat, in: Der Mann des Volkes, Nr. 1 (15. 5. 1848), 1–3. Das fragliche Plakat konnte in keiner der durchgesehenen Flugblattsammlungen aufgefunden werden.
32 M. Smets, Das Jahr 1848, Bd. 2 (1872), 211f.
33 So M. Mahler, Der verantwortliche Redakteur des ‚Freimütigen' an die Bevölkerung Wiens, in: Freim, Nr. 42 (20. 5. 1848), 171f.
34 Con, Nr. 50 (22. 5. 1848) 687f. In seinen späteren Erinnerungen schrieb Gritzner dann allerdings, Häfner sei „in die Fabriksdistrikte der Vorstädte geeilt, um die Arbeiterbevölkerung zu einer massenhaften Gegenerhebung unter Entfaltung der Fahne der Republik aufzurufen." M. C. Gritzner, Flüchtlingsleben (1867), 244.
35 Con, Nr. 52 (24. 5. 1848), 703.
36 F. Peyer, Wiener-Chronik (1850), Mai Nr. 30 und 38; M. Bach, Geschichte der Wiener Revolution (1898), 411ff.
37 K. Mellach – G. Fritsch, 1848 (1968), 85.
38 G. Franck, Die Wiener Revolution, in: Con, Nr. 53 (25. 5. 1848), 712f.
39 Flb. ÖNB: Josef Knes, Ehre, dem Ehre gebührt oder auch ein Wort zur Verteidigung der Wiener Studenten (23. 5. 1848).
40 Flb. ÖNB: Was am 15. Mai in Wien geschehen ist und warum der Kaiser am 17. Mai seine Hauptstadt verlassen hat (24. 5. 1848).
41 Flb. ÖNB: J. Hrcka, Das ist die Studentenschaft (24. 5. 1848).
42 F. Peyer, Wiener-Chronik (1850), Mai Nr. 43.
43 KA. Latour-Akten, Nr. 11.
44 Ebd.
45 F. Prinz, Prag und Wien (1968), 41ff. Vgl. auch: M. Bach, Geschichte der Wiener Revolution (1898), 431ff.
46 F. Peyer, Wiener-Chronik (1850), Mai Nr. 47 und 48.
47 F. Kaiser, 1848 (1948), 74ff.
48 F. Unterreiter, Die Revolution in Wien, Bd. 3 (1848), 111.
49 J. A. Helfert (Hg.), Der Wiener Parnaß (1882), Nr. 1139.
50 Hye und Hoyos wurden gefangengenommen; auch Colloredo und Montecuccoli sollten unter Anklage gestellt werden, doch brachte das verschleppte Verfahren keine Ergebnisse.

51 Flb. ÖNB: Forderungen des Wiener Volkes.
52 Flb. ÖNB: Was haben wir noch zu tun? (27. 5. 1848).
53 K. Obermann (Hg.), Flugblätter der Revolution (1972), 182.
54 F. Peyer, Wiener-Chronik (1850), Juni Nr. 11.
55 F. Engels, Revolution und Konterrevolution in Deutschland, in: K. Marx – F. Engels, Über Deutschland und die deutsche Arbeiterbewegung, Bd. 2 (1970), 442.
56 M. Smets, Das Jahr 1848, Bd. 2 (1872), 269.
57 K. Mellach – G. Fritsch, 1848 (1968), 102.
58 A. Füster, Memoiren, Bd. 1 (1850), 167.
59 F. Peyer, Wiener-Chronik (1850), Mai Nr. 49.

DER SICHERHEITSAUSSCHUSS ALS ORGAN DER DEMOKRATIE UND DAS RECHT AUF ARBEIT IN DER BÜRGERLICHEN REVOLUTION

1 Vgl. M. Smets, Das Jahr 1848, Bd. 2 (1872), 323ff.; M. Bach, Geschichte der Wiener Revolution (1898), 452ff.; R. Till, Der Sicherheitsausschuß des Jahres 1848 (1951), 11ff. Am alten Rathaus erinnert eine Gedenktafel an den Zusammentritt dieser Körperschaft.
2 (E. Violand), Enthüllungen (1849), 32, 34.
3 A. Stifft, Monolog, in: AÖZ, NF Nr. 99 (10. 7. 1848), 907.
4 F. Peyer, Wiener-Chronik (1850), Mai Nr. 61.
4a Der erste politische Theoretiker, der aus dem Naturrecht auf Existenz das Recht auf Arbeit ableitete, war John Locke (1690). Ähnlich umschrieb Montesquieu in ,,L'esprit des lois" (1748) das Recht auf Unterhalt durch die Gesellschaft; ausdrücklich meinte auch Rousseau im ,,Contrat social" (1762): ,,Tout homme a naturellement droit à tout ce qui lui est nécessaire." Vgl. P. Jaccard, Histoire sociale du travail (1960), 219ff. Demgegenüber ist zu betonen, daß die Formulierung Turgots im Edikt vom 12. März 1776 die Gewerbefreiheit meinte, die allerdings erst durch die Revolution – durch die loi le Chapelier von 1791 – eingeführt wurde (,,Dieu, en donnant à l'homme des besoins, en lui rendant nécessaire la ressource du travail, a fait du droit de travailler la propriété de tout homme, et cette propriété est la première, la plus sacrée et la plus imprescriptible de toutes"). R. Singer, Das Recht auf Arbeit (1895), 2. Gewerbefreiheit und Recht auf Arbeit – als logische Konsequenz der Pflicht zur Arbeit – sind dialektisch aufeinander bezogene Konsequenzen der bürgerlich-liberalen Wirtschafts- und Gesellschaftsordnung; das Recht auf Arbeit gewann aber in der Perspektive des frühen Sozialismus eine über den Kapitalismus hinausweisende Dimension. Vgl. F.-X. Schaller, Le Droit au travail (1946).
5 W. Grab (Hg.), Die französische Revolution (1973), 152. Bezeichnenderweise lehnte sich die ,,Erklärung der Menschenrechte", wie sie die deutschen Demokraten auf ihrem zweiten Kongreß zu Berlin im Oktober 1848 verkündeten, eng an die Deklaration von 1793 an: ,,Art. 10. Die Gesellschaft ist verpflichtet, für das Auskommen aller ihrer Mitglieder zu sorgen, sei es nun, daß sie ihnen Arbeit verschafft, oder daß sie den Arbeitsunfähigen Existenzmittel sichert." G. Lüders, Die demokratische Bewegung in Berlin (1909),

169ff. Auf die Formulierung dieser, eine soziale Bindung des Eigentums beinhaltenden Punkte hatte Robespierre maßgebenden Einfluß genommen, der dem Konvent in der Debatte über die Grundrechte zurief: „Ihr habt eine Vielzahl von Artikeln verfaßt, um eine möglichst große Freiheit in der Ausübung des Eigentumsrechtes zu gewährleisten, und ihr habt nicht ein einziges Wort gesagt, um den legitimen Charakter des Eigentums zu bestimmen, sodaß eure Erklärung nicht für die Menschen im allgemeinen, sondern für die Reichen, die Spekulanten, die Wucherer und die Tyrannen gegeben zu sein scheint." M. Robespierre, Ausgewählte Texte (1971), 399. Zur Diskussion des „Rechts auf Arbeit" in der Paulskirche vgl. W. Blos, Die deutsche Revolution (1978), 389f.

6 K. Marx, Die Klassenkämpfe in Frankreich, in: MEAS, Bd. 1 (^{25}1977), 156.

6a Charles Fourier gab die erste umfassende Begründung des „droit au travail" im sozialistischen Sinn – er nannte es in scharfer Polemik gegen die nur formalen Menschen- und Bürgerrechte von 1789 „le seul droit précieux pour le pauvre" (1819). R. Singer, Das Recht auf Arbeit (1895), 10f. Diese Auffassung steht auch hinter St. Simons „plan général des travaux", während unter den Frühsozialisten Proudhon das vom Staat verbürgte Recht auf Arbeit durch den Mutualismus, die freie Kooperation der Produzenten, ersetzt sehen wollte.

7 Vgl. P. Keller, L. Blanc und die Revolution von 1848 (1926); D. C. McKay, The National Workshops (1933); Ch. Schmidt, Des Ateliers Nationaux aux barricades de Juin (1948).

8 R. Ullik, Das Ministerium für öffentliche Arbeiten (1975), 56.

9 F. Prinz, Die soziale Frage (1969), 115f.

10 Ämtliche Verhandlungsprotokolle des Gemeinde-Ausschusses (1848), 2.

11 Ebd., 3.

12 HHStA, RTA, Fasz. 149, 5. Vgl. auch E. Springer, Die Baubehörden (1971).

13 Als Hauptquelle dienen die gedruckten Protokolle des Sicherheitsausschusses, die seit 29. Mai der Österreichischen konstitutionellen deutschen Zeitung beigegeben wurden (in der Folge zitiert als: Prot.). Zum Teil abweichend und in manchen Punkten ergänzend sind die lithographisch vervielfältigten Protokolle, die bei den RTA erliegen (Fasz. 137–144); sie werden in der Folge zitiert als: Lith. Prot. Diese für die Diskussion der Arbeiterfrage in der Wiener Revolution ungemein aufschlußreichen Quellen wurden bisher nicht entsprechend ausgewertet.

14 Prot. (29. 5. 1848).

15 Prot. (30. 5. 1848).

16 Prot. (31. 5. 1848). Dr. Herrmann ist vermutlich identisch mit dem Mediziner Hermann, der am 13. März den Zettel der Stände im Landhaushof zerrissen hatte. H. Reschauer, Das Jahr 1848, Bd. 1 (1872), 198.

17 Flb. ÖNB: L. Schahrl, An alle Feinde der Freiheit (31. 5. 1848). Der Verfasser dieses Flugblatts, ein Nationalgardist, wollte zwar eine eigene Arbeiterlegion, in welche aber „nur die laut entsprechenden Zeugnissen bravsten und sittlichsten" Arbeiter aufzunehmen wären. Eine wesentlich andere Sprache führte eine Zuschrift des Frankfurter Arbeitervereins vom 4. Juni 1848 „An die Arbeiter zu Wien", in der den Wienern zu ihrer Teilnahme an der Mairevolution gratuliert wurde: „Brüder! Wir teilen die Bewunderung, aber nicht

das Erstaunen, das in der ganzen Welt euer edles Benehmen erregte. Wir haben stets die Überzeugung gehabt, welche durch eure neuesten Großtaten wiederum gerechtfertigt worden ist, daß im Arbeitervolke alle Tugenden und edlen Eigenschaften vereinigt sind, durch welche Menschen groß und glücklich werden. Die Arbeit, welche das Glück der Völker und die Stärke der Staaten ausmacht, diese ewige Mutter alles Schönen, Guten und Edlen, heiligt und kräftigt den ganzen Stand, der ihr angehört. Da es nichts Edleres und Besseres gibt als die Arbeit, kann es auch keinen edleren besseren Stand geben als den der Arbeiter. Nur sie haben den Willen und die Kraft an sich, uns jene freie herrliche Zukunft zu verschaffen, nach der die ganze zivilisierte Menschheit sehnlichst verlangt. Dem Volk der Arbeiter gehört die ganze Zukunft, es ist der Träger der neuen Weltgeschichte." KA, Politische Erhebungskommission, Post 5, 13.

18 K. Mellach – G. Fritsch, 1848 (1968), 103.

18a Flb. ÖNB: Sicherheitsausschuß, Liebe Mitbürger (2. 6. 1848); Sicherheitsausschuß, An die Arbeiter (3. 6. 1848).

19 Flb. ÖNB: Sicherheitsausschuß, Verschiedene Fabrikanten (3. 6. 1848).

20 Ämtliche Verhandlungsprotokolle des Gemeindeausschusses (1848), 4.

21 Flb. ÖNB: Landesregierung, Kundmachung (1. 6. 1848).

22 Die Arbeiter rufen: „Man will uns nur von Wien fortlocken – wir sollen lediglich zum Kanonenfutter dienen! – Wir gehen freiwillig zum Militär, wenn dem Vaterlande Gefahr droht, aber es ist keine Gefahr, da sò viel Militär überall untätig herumliegt. – Das Militär soll früher auf die Konstitution geschworen haben, wir wollen als konstitutionelle Staatsbürger Militärdienste leisten! – Diese Werbehütten seien nur Fallen." Flb. ÖNB: Die Werbehütten auf dem Glacis und wie sie zertrümmert wurden.

23 Prot. (3. 6. 1848).

24 Flb. ÖNB: Sicherheitsausschuß, An die braven Arbeiter; Sicherheitsausschuß, Liebe Freunde Arbeiter (3. 6. 1848). Die widerspruchsvolle Haltung des Ausschusses, der ja selbst dem Protest gegen den Einsatz des Militärs sein Entstehen verdankte, in der Frage der Freiwilligenwerbung kritisierte treffend B. Becker, Die Reaktion in Deutschland (^{2}1869), 87f.

25 Prot. (3. 6. 1848).

26 Flb. ÖNB: Sicherheitsausschuß, Kundmachung an die Arbeiter (6. 6. 1848).

27 M. Bach, Geschichte der Wiener Revolution (1898), 635f. Vgl. auch: Soziale Wünsche, Meinungen und Rügen, in: Der freie Wiener, Nr. 27 (30. 6. 1848), 107. Am 11. Juli erforderten die Staatsbauten an Lohnzahlungen täglich 3 515 fl 10 kr.

28 Archiv für Niederösterreich, Stadthauptmannschaftsakten 1848, Karton 80.

29 Willner war der Sohn eines Straßenkommissärs aus Gröschelmauth in Mähren und wurde 1855 zum Dr. jur. promoviert. S. E. Koukolik, Studien zur Geschichte der Wiener aus den Ländern der böhmischen Krone (1971), 327, 342.

30 Die Revolutionsküche in Wien, in: Grenzboten (1849/1), 71f.

31 E. Violand, Die soziale Geschichte der Revolution (1850), 122.

32 Vgl. dazu: M. Smets, Das Jahr 1848, Bd. 2 (1872), 406ff.; G. Weis, Die Arbeiterfrage des Jahres 1848, (1950), 129ff.; S. Zeidler, Wirtschaftliche und soziale Probleme (1977), 127ff.

33 Prot. (5. 6. 1848).

34 Prot. (7. 6. 1848).
35 Prot. (8. 6. 1848).
36 A. Füster, Memoiren, Bd. 1 (1850), 210. Füsters Tschechenhaß manifestierte sich später gegenüber den tschechischen Reichstagsabgeordneten: „Die Tschechen sind ohngeachtet ihrer geistigen Begabungen der Slawen Schande!“ Ebd., Bd. 2 (1850), 7.
37 Lith. Prot. (12. 6., 15. 6. 1848).
38 Prot. (15. 6. 1848).
39 HHStA, RTA, Fasz. 149, 167.
40 Flb. ÖNB: Sicherheitsausschuß, Kundmachung (15. 6. 1848).
41 Flb. ÖNB: Sicherheitsausschuß, An die Arbeiter bei den öffentlichen Bauten (15. 6. 1848).
42 Flb. ÖNB: Sicherheitsausschuß, An die Arbeiter! (16. 6. 1848).
43 Lith. Prot. (16. 6. 1848).
44 Lith. Prot. (17. 6. 1848).
45 A. Füster, Memoiren, Bd. 1 (1850), 231f. Über die gereizte Stimmung in der Nationalgarde vgl. auch: WStA, Häberlin-Briefe, HA-Akten, B 1297, 16. 6.–20. 6. 1848.
46 Flb. ÖNB: Sicherheitsausschuß, An die Arbeiter (17. 6. 1848).
47 Flb. ÖNB: Auersperg-Pannasch, Kundmachung (18. 6. 1848).
48 Prot. (19. 6. 1848).
49 St. Born, Erinnerungen eines Achtundvierzigers ([2]1898), 134, unterschied vom „vierten“ einen „fünften“ Stand der „nicht gelernten Arbeiter, der bloßen Handlanger oder Tagelöhner, denen gegenüber die gelernten eine Art Aristokratie bildeten“.
50 Flb. ÖNB: Löblicher Sicherheitsausschuß (19. 6. 1848).
51 Flb. ÖNB: Hochlöblicher Ausschuß! (19. 6. 1848).
52 HHStA, RTA, Fasz. 117, 23. Das Gesuch wurde an den Reichstag weitergeleitet, fand aber keine Erledigung. Die Arbeiter am Gloggnitzer und am Nordbahnhof wiederholten diese Bitte am 15. Juli, wurden aber abgewiesen. Prot. (15. 7. 1848).
53 Flb. ÖNB: A. Baumgartner, Kundmachung (28. 6. 1848).
54 HHStA, RTA, Fasz. 149, 110.
55 Prot. (4. 7. 1848; 4. 8. 1848). Flb. ÖNB: Sicherheitsausschuß, Verordnung (10. 7. 1848).
56 HHStA, RTA, Fasz. 149, 121.
57 Prot. (3. 7. 1848).
58 HHStA, RTA, Fasz. 149, 180.
59 F. Peyer, Wiener-Chronik (1850), Juni Nr. 5.
60 Die Verbrüderung der akademischen Legion mit den Arbeitern, in: AÖZ, Nr. 150 (30. 5. 1848), 724.
61 A. Stifft, Das Wahlrecht des vierten Standes, in: AÖZ, Nr. 162 (11. 6. 1848), 779.
62 A. Stifft, Der vierte Stand, in: Kritischer Sprechsaal, Heft 3 (1848), 15, 19.
63 Ebd., 16–18.
64 Ebd., 13.
65 K. Obermann (Hg.), Flugblätter der Revolution (1972), 185.
66 Lith. Prot. (9. 6. 1848).
67 An die braven Arbeiter, in: Allgemeine Straßenzeitung, Nr. 8 (13. 6. 1848), 29.

68 H. Friedjung, Österreich von 1848 bis 1860, Bd. 1 ([4]1918), 27.
69 F. Prinz, Die soziale Frage (1969), 117; K. Obermann, Die österreichischen Reichstagswahlen 1848 (1973), 347f.
70 K. Obermann (Hg.), Flugblätter der Revolution (1972), 189.
71 K. T(erzky), Was für Pflichten hat der Arbeiter als Urwähler?, in: Wiener Gassen-Zeitung, Nr. 10 (14. 6. 1848), 40.
72 Vgl. K. Flanner, Die Revolution von 1848 in Wiener Neustadt (1978), 141.
73 An sämtliche Einwohner Wiens, in: Wiener Gassen-Zeitung, Nr. 16 (20. 6. 1848), 62.
74 A. Niederhuber, Das Wahlgesetz, in: Con, Nr. 63 (7. 6. 1848), 784. Vgl. auch die weiteren Artikel in diesem Blatt: L. Hauk, Unsere Zustände, Nr. 64 (8. 6. 1848), 791f.; M. Gritzner, Nr. 65 (9. 6. 1848), 799; L. Häfner, Nr. 66 (10. 6. 1848), 805; E. Wintersberg, Für Arbeiterwahlrecht, ebd., 805f.; J. H. Hillisch, Petition eines ruhigen Arbeiters um das Wahlrecht, ebd., 808.
75 J. H. Hillisch, An die Arbeiter!, in: Con, Nr. 67 (13. 6. 1848), 816.
76 F. Sander, Schlechte Wahlen – schlechte Wahlmänner – schlechte Deputierte – schlechte Gesetze!, in: Con, Nr. 72 (19. 6. 1848), 855.
77 M. Bach, Geschichte der Wiener Revolution (1898), 584ff.
78 HHStA, RTA, Fasz. 149, 150.

DIE PARISER JUNISCHLACHT IM LICHT DER WIENER PUBLIZISTIK

1 F. Engels, Marx und die „Neue Rheinische Zeitung“, in: MEAS, Bd. 2 ([25]1977), 308.
2 MEW, Bd. 5 (1973), 132, 137.
3 So schrieb der sonst auf der Seite der Arbeiterschaft stehende F. Unterreiter, Die Revolution in Wien, Bd. 5 (1848), 37f., die Berichte der bürgerlichen Presse über die „grauenhaften Untaten“ und „Handlungen unglaublicher Barbarei“ der Aufständischen nach.
4 Die Bedeutung der letzten Ereignisse in Paris, in: CDZ, Nr. 93 (5. 7. 1848), 761.
5 Bilder aus Paris, in: Freiheit inner den Grenzen des Rechtes und der Mäßigung, Nr. 16 (9. 7. 1848), 62.
6 Die Krisis in Frankreich, in: Presse, Nr. 3 (5. 7. 1848), 10; Frankreich, in: ebd., Nr. 7 (9. 7. 1848), 27.
7 Politische Wochenschau, in: Wiener Sonntagsblätter, Nr. 29 (16. 7. 1848), 525.
8 Es wird Licht, in: Gerad'aus!, Nr. 44 (3. 7. 1848), 2. Ähnlich argumentierte das Journal des österreichischen Lloyd, Nr. 224 (27. 9. 1848): „Die Revolutionäre der Junitage waren die Reaktionäre, welche Frankreich seine Freiheit entzogen haben. Wo die äußerste Rechte zur Macht gelangt, verdankt sie ihre Thronbesteigung der äußersten Linken. Die Extreme berühren sich. Louis Blanc und seine Freunde gaben Cavaignac die Diktatur von Frankreich.“
9 L. Häfner, in: Con, Nr. 81 (1. 7. 1848), 925f.
10 Tagesgeschichten mit Randglossen, in: Con, Nr. 83 (4. 7. 1848), 947f. Selbst die Deportation der Aufständischen in überseeische Kolonien wurde hier eine „jedenfalls weise und humane Maßregel“ genannt.

11 Die Kriegspartei am Ruder in Frankreich, in: Freim, Nr. 79 (5. 7. 1848), 324.

12 M. J. J(anowitz), Das Proletariat, in: Freim, Nr. 117 (19. 8. 1848), 474. Ähnlich widersprüchlich war auch ein politisches Wörterbuch, das 1848 in Wien erschien: In Anlehnung an Lorenz Steins Sozialtheorie ging dieses Wörterbuch von einer schroffen Klassenspaltung aus: ,,Bourgeois" sei derjenige, ,,dem der Staat allein die Vertretung zugewendet hat, der mit Leichtigkeit Geld gewinnen kann und dessen einziges Sinnen und Trachten dahin geht, Geld zu gewinnen; auf dem allein der dermalige Staat ruht, den er ausbeutet und mit seiner ganzen Wucht wieder auf den untern Klassen liegt." Das Proletariat ist ein Produkt des Zeitalters der Industrie: ,,Der eigentümliche Einfluß der Maschinen ruht darauf, daß der Arbeitslohn nie hoch genug steht, um zu einem eigentlichen Kapital für die Arbeiter werden zu können, und daß selbst, wo dieses der Fall wäre, das zur Maschinenarbeit erforderliche Kapital so groß ist, daß ein Arbeiter nie ein Unternehmer werden kann, wie das im Handwerk der Regel nach noch der Fall ist. Die Maschinenarbeit bildet daher durch das in ihr ruhende Gesetz der Güterverteilung aus den Arbeitern einen Stand, das ist eine Klasse von Menschen, die aus dem Kreise der ihr durch Geburt und Erziehung gegebenen Beschäftigung durch eigene Anstrengungen in eine höhere oder bessere Klasse der Regel nach nicht übergehen kann." Trotz dieser Einsicht stellt sich das Lexikon in den ,,Schlachten der Besitzer und Nichtbesitzer in Paris" auf die Seite der ersteren: ,,Wenn auch das Herz über den Wahnsinn des Elends blutet, so muß doch der Wahnsinn mit unbeugsamer Gewalt niedergehalten werden, und wenn wir die Folgen einer unzeitigen Milde erwägen, so dünkt uns ein Cavaignac menschlicher als ein Lamartine." Politischer Rechtsschatz für das deutsche Volk (1848), 19, 120, 140f.

13 Völkerbund, Nr. 14 (30. 6. 1848), 55. Noch drastischer formulierte Saphirs ,,Humorist" die Bedeutung des Pariser Juni für die österreichische Arbeiterschaft: ,,Jetzt nach der schrecklichen Niederlage der Ochlokraten an der Seine werden auch unsere Proletarier sich es noch einmal reiflich überlegen, bevor sie es auszuführen gedenken, was sie etwa Arges im Schilde führen. Darum – vive la France!" F. Falk, Lamartine und seine Anhänger, in: Humorist, Nr. 182 (31. 7. 1848), 751.

14 Gemeint ist Erzbischof Affre von Paris, der sich als Vermittler in den Kampfbereich begab und wahrscheinlich durch eine verirrte Kugel der ,,Ordnungstruppen" fiel.

15 W. M., Pauperismus und Proletariat, in: Journal des österreichischen Lloyd, Nr. 166 (21. 7. 1848), 536f.

16 Die Nationalwerkstätten in Frankreich, in: Die neue Zeit, Nr. 131 (1. 10. 1848), 525.

17 M. E(ngel), Was uns dringend nottut, in: AÖZ, NF Nr. 90 Beil. (1. 7. 1848).

18 A. Stifft, Pariser Zustände, in: AÖZ, NF Nr. 131 (11. 8. 1848), 1043.

19 A. Stifft, Bankier Fould und Arrestant Raspail, drei Wahlen des französischen Volkes, in: AÖZ, NF Nr. 179 Abendbl. (28. 9. 1848).

20 S. E(ngländer), Auszug aus dem Programm, in: Reform, Nr. 1 (16. 8. 1848).

21 Soziale Bedeutung der Pariser Arbeiter-Revolution im Juni, in: Reform, Nr. 7 (23. 8. 1848).

22 Paris 30. Juni, in: Rad, Nr. 16 (7. 7. 1848), 63.
23 A. Meißner, Revolutionäre Studien aus Paris, Bd. 1 (1849), 51, 61. Meißners Stellungnahme dürfte mit seinen Kontakten zum Kreis um die „Neue Rheinische Zeitung“ zusammenhängen; er erwähnt, daß er die Silvesternacht 1848/49 in Köln im Kreis von Marx und Freiligrath verbrachte. Ebd., 5.
24 A. Franckel, 1848, in: Wiener Boten (1849), 254.
25 Geschichte des Kommunismus und Sozialismus, in: Nationalblatt, Nr. 1 (3. 7. 1848), 3f.; Nr. 2 (4. 7. 1848), 7f.; Nr. 3 (5. 7. 1848), 11; Nr. 4 (6. 7. 1848), 14f; Nr. 5 (7. 7. 1848), 18f.; Nr. 6 (8./9. 7. 1848), 22f.
26 F. Engels, Vorwort zum Manifest der Kommunistischen Partei, in: MEAS, Bd. 1 (^{25}1977), 23. Vgl. zur Begriffsgeschichte die sorgfältige Dokumentation von H. Müller, Ursprung und Geschichte des Wortes Sozialismus (1967).
27 F. Fenner v. Fenneberg, Handbuch für Zeitungsleser (1847), 105, 116.
28 Ebd., 450f.
29 Kommunismus, in: Allgemeine Straßenzeitung, Nr. 23 (29. 6. 1848), 92.
30 L. Stein, Der Sozialismus und Kommunismus des heutigen Frankreichs (1842), 4, nennt den Kommunismus „ein finstres drohendes Gespenst“. Marx' und Engels' ironisch akzentuierter Einleitungssatz des Kommunistischen Manifests scheint sich gegen diese Wortschöpfung Steins zu wenden, die von den Zeitgenossen bereitwillig übernommen wurde.
31 E. Violand, Die soziale Geschichte der Revolution (1850), 158f.
32 F. Laß, Der Sozialismus und die Volksvertreter unserer Zeit, in: Sonntagsblätter, Nr. 26 (25. 6. 1848), 455–459.
33 H. Jellinek, Die Schalttagsrevolution, nationale Politik und das kritische Prinzip des Kommunismus, in: AÖZ, Nr. 154 (3. 6. 1848), 744.
34 H. Jellinek, Kritik der Reichstagssitzung vom 24. Juli, in: AÖZ, NF Nr. 114 (25. 7. 1848), 971. Vgl. zur Beurteilung des „Kommunismus“ auch: F. Tuvora, Zur Arbeiterfrage, in: Rad, Nr. 3 (20. 6. 1848), 11 (Verbindung Kommunismus–Reaktion); S. Kolisch, Das Proletariat, in: Rad, Nr. 8 (28. 6. 1848), 33 („Das bestehende Proletariat dünkt uns gar nicht gefährlich, aber das im Werden begriffene macht uns bange“); ders., Die Krankheit der Gesellschaft, in: Rad, Nr. 13 (4. 7. 1848), 49 (französische utopische Sozialisten und Kommunisten bzw. Robert Owen seien „große aber schwärmerische Geister“; Nationalwerkstätten seien „so unpraktisch, so ganz und gar nicht anzuwenden, daß sie sich selbst aufheben und das vorhandene Übel noch vergrößern müßten“); M(essenhauser?), Die Arbeiter und das Proletariat, in: Rad, Nr. 21 (13. 7. 1848), 80 („der Arbeiter will sichere Beschäftigung und durch sie angemessene Erhaltung und Bequemlichkeit seines Lebens; der Proletarier erhebt Ansprüche auf das Eigentum anderer“); Konstitution, Kommunismus und Republik, in: PSC, Nr. 42 (8. 8. 1848), 173 („entweder Konstitutioneller oder Republikaner, aber kein Kommunismus; denn er ist unausführbar; er führt nur zu Blut und Zwietracht, wie wir es auch jetzt in Paris gesehen haben“).
35 Vgl. etwa die Ergebnisse der Untersuchungen von R. Weber, Die Revolution in Sachsen 1848/49 (1970), 131–133. In diesem Land – einem Bollwerk der kleinbürgerlichen Demokratie – äußerte sich die gesamte Presse im Sinn des Bürgertums über den Junikampf. Lediglich der von sozialistischen Theorien beeinflußte radikaldemokratische Verleger Emil Ottokar Weller nahm für die Sache der Arbeiter Partei. Die Begriffsbildung bezüglich Sozialismus und

Kommunismus während des Vormärz dürfte in Österreich wie in Deutschland auch durch die Behandlung dieser Fragen in der Augsburger „Allgemeinen Zeitung" beeinflußt worden sein. Vgl. F. Klitzsch, Sozialismus und soziale Bewegung (1934).

DIE BEWÄHRUNGSPROBE DER WIENER DEMOKRATIE IM SOMMER 1848

1 Soweit ich sehe, hat erstmals Dr. Leone, Die gemütliche Anarchie, in: Theaterzeitung, Nr. 119 (18. 5. 1848), 479, diese zum geflügelten Wort gewordene Wendung gebraucht. Vor ihm sprachen schon die WZ, Abendbeil. Nr. 11 (11. 4. 1848), 41, und Con, Nr. 19 (12. 4. 1848), 279, von einer „friedlichen Anarchie". S. Engländer, Der jetzige Moment, in: CDZ, Nr. 72 (13. 6. 1848), 571, verwendete auch den Ausdruck „gemütliche Anarchie". Später hat man diese Wortschöpfung Robert Blum zugeschrieben. Die Revolutionsküche in Wien, in: Grenzboten (1849/1), 67. Auch Vitzthum gebrauchte den Ausdruck am 7. Oktober zur Kennzeichnung der Wiener Zustände. R. Weber (Hg.), Revolutionsbriefe 1848/49 (1973), 235.

2 G. Wollstein, Das „Großdeutschland" der Paulskirche (1977), 193.

3 I. I. Udalzow, Aufzeichnungen (1953), 43ff.

4 E. K. Sieber, Ludwig von Löhner (1965), 25ff.

5 Vgl. zuletzt: St. Z. Pech, The Czech Revolution (1969), 145ff.; J. Polyšenský, Revoluce a kontrarevoluce (1975), 170ff.

6 J. A. Helfert, Graf Leo Thun (1896), 197.

7 Schon im Mai war es in Prag zu Unruhen mit sozialen Ursachen (Brotpreise, Arbeitslosigkeit) gekommen; am 3. Juni forderte die Zerstreuung eines Auflaufs ein Todesopfer. Pech, 293ff.

8 Der k.k. österreichische FM Fürst Windischgrätz (o. J.), 111; H. Kriebel, Über die Bezwingung innerer Unruhen (1929), 34, 39.

9 L. Usznula, Wien und die Slawenfrage (1937).

10 Die Tschechen und ihre Sprache, in: Con, Nr. 5 (27. 3. 1848), 43–45.

11 G. Franck, Panslawismus vor der Tür, in: Con, Nr. 41 (9. 5. 1848), 616.

12 L. Häfner, in: Con, Nr. 61 (5. 6. 1848), 765f.

13 L. Häfner, in: Con, Nr. 71 (17. 6. 1848), 845.

14 J. Tuvora. Die Ereignisse in Prag, in: Rad, Nr. 1 (16. 6. 1848), 4.

15 Der Kampf in Prag, in: Rad, Nr. 4 (21. 6. 1848), 18.

16 Das Prager Blutbad, in: Freim, Nr. 62 (16. 6. 1848), 256.

17 Neuestes aus Prag, in: Freim, Nr. 63 (17. 6. 1848), 259.

18 I. Heller, Der Kampf in Prag, Nationalität und Freiheit, in: Freim, Nr. 64/65 (18. 6. 1848), 265. Ein weiterer Artikel kam zur Erkenntnis: „Man hat uns schön hintergangen durch die Erzählungen, wie die Tschechen alle Deutschen auffressen wollten." Wie man die Wiener gefoppt hat, in: Freim, Nr. 68 (22. 6. 1848), 280.

19 A. Stifft, Die Prager Ereignisse, in: AÖZ, Nr. 167 (17. 6. 1848), 803.

20 Vgl. dazu: R. Weber, Die Revolution in Sachsen 1848/49 (1970), 152ff. Auch die Wiener Publizistik blieb nicht frei von chauvinistischen Ausfällen. Typische Zitate bei R. Rosdolsky, Die Bauernabgeordneten im konstituierenden österreichischen Reichstag (1976), 191ff. Rosdolskys Auswahl ist jedoch

einseitig, da er die zahlreichen, für die Tschechen und gegen Windischgrätz eintretenden Artikel vernachlässigte.

21 H. Jellinek, Die Parteien und die wahre deutsche Freiheit, in: AÖZ, Nr. 174 (25. 6. 1848), 839.

22 M. Smets, Das Jahr 1848, Bd. 2 (1872), 378f.

23 F. Prinz, Prag und Wien (1968), 68ff.

24 M. Bach, Geschichte der Wiener Revolution (1898), 570.

25 KA, Politische Erhebungskommission, Post 3, 1. Vgl. E. Violand, Die soziale Geschichte der Revolution (1850), 147; E. V. Zenker, Die Wiener Revolution 1848 (1897), 176.

26 KA, Politische Erhebungskommission, Post 2, 100/21.

27 Freim, Nr. 138 (14. 9. 1848), 558; Nr. 141 (17. 9. 1848), 570.

28 A. Chaises – A. Löbenstein, Vorträge und Debatten (1848), 8.

29 Flb. WStB: Einladung zum Eintritte in den demokratischen Klub (12. 6. 1848). Der demokratische Verein beabsichtigte damit, „den Anfang einer ausgedehnteren Wirksamkeit zu machen über die Grenzen seiner Mitglieder hinaus". Rad, Nr. 1 (16. 6. 1848), 5.

30 G. Lüders, Die demokratische Bewegung (1909), 25.

31 Ebd., 136, 142.

32 Der Zentralausschuß der demokratischen Vereine an das deutsche Volk, in: Der Unparteiische, Nr. 63 (9. 8. 1848), 252.

33 Provisorische Statuten und Geschäftsordnung (1848), § 1.

34 A. Silberstein, Eine Besprechung mit Erzherzog Johann, in: Demokrat, Nr. 169 (17. 7. 1848).

35 E. Satzinger, Alexander Bach während des Jahres 1848 (1944).

36 Das neue Ministerium, in: AÖZ, NF Nr. 108 Beil. (19. 7. 1848).

37 Flb. ÖNB: Manifest des Wiener demokratischen Vereins (15. 7. 1848).

38 Die komplizierten Vorgänge um die Frage der Entschädigung am klarsten dargestellt bei: F. Prinz, Hans Kudlich (1962), 93ff.

39 R. Rosdolsky, Die Bauernabgeordneten im konstituierenden österreichischen Reichstag (1976), bietet zu dieser für den Ausgang der Revolution letztlich entscheidenden Frage erste kritische Ansätze, doch bleiben hier vor allem in sozialgeschichtlicher Hinsicht noch viele Probleme offen. Vgl. J. Mentschl, Die Wiener Presse und das Problem der Bauernbefreiung (1948); S. Koppensteiner, Die Regelung der bäuerlichen Verhältnisse in Niederösterreich (1949); G. Haag, Die Bauernbefreiung in Österreich (1961).

40 Die Beziehungen zur Bauernschaft blieben auf den Austausch von eher nichtssagenden Adressen beschränkt. Flb. ÖNB: Adresse des Wiener demokratischen Vereines an die Gemeinden des VUMB (22. 7. 1848).

41 Provisorische Statuten und Geschäftsordnung (1848), §§ 13, 14, 26.

42 Ebd., § 2.

43 Ebd., § 3.

44 Zeitung für demokratische Vereine, in: Demokrat, Nr. 177 (26. 7. 1848). Dieses Blatt führte eine Weile eine Rubrik unter diesem Titel mit Mitteilungen über die Aktivitäten des demokratischen Vereins.

45 I. Heller, Die Schwarzgelben mit den roten Lappen, in: Freim, Nr. 57 (10. 6. 1848), 233.

46 E. Rose, Politische Sturmglocke, in: Wiener Katzenmusik, Nr. 56 (23. 8. 1848), 217.

47 A. Silberstein, Der Prinzregent und die gewesenen Liberalen, in: Demokrat, Nr. 154 (29. 6. 1848). Eine interessante Darstellung der „Parteien in Wien" gab Dr. Comfort, in: Österreichischer Courier, Nr. 212 (3. 9. 1848), 855. Er unterschied die „historische Partei" mit „Reaktionären", „Schwarz-Gelben" (für sie „nur das alte Österreich das Paradies"), „Konservativen" („achtbare Bürger, Beamte etc., alle etwas zopfig"), die „Reformpartei" mit „Konservativ-Liberalen" („ein starkes, unbeugsames Ministerium; keine Volkssouveränität; nur nichts überstürzen; die fremden Aufwiegler wegjagen"), „Liberale" („lieber Milde als Gewalt"), „liberale Demokraten" („Volkssouveränität", „engster Anschluß an Deutschland"). Zur „Revolutionspartei" zählte Comfort „Radikale" („können wir auf legalem Wege nicht die Volksfreiheit erreichen, so greifen wir zu den Waffen; geht es nicht mit der Konstitution, so wollen wir Republik"), „Republikaner" und „Anarchisten" („Fahne blutrot").

48 A. Stifft, Die Konstitution und die Radikalen, in: AÖZ, NF Nr. 97 Beil. (8. 7. 1848).

49 Was wir wollen, in: Rad, Nr. 1 (16. 6. 1848), 1. Ähnlich: Wiener Katzenmusik, Nr. 1 (9. 6. 1848), 1.

50 Doppler, Sonntag den 12. ist der Kaiser in Wien, in: National-Zeitung, Nr. 18 (9. 8. 1848), 69.

51 Der Republikaner in der Alservorstadt, in: PSC, Nr. 16 (11. 7. 1848), 63.

52 Die Republik in Wien, in: PSC, Nr. 17 (12. 7. 1848), 65f.

53 Die Russen in Wien, in: PSC, Nr. 20 (15. 7. 1848), 79.

54 A. Uetz, Des Volkes Stimme ist Gottes Stimme, in: PSC, Nr. 21 (16. 7. 1848), 81–84.

55 M. Smetacko, Unsere glorreichen Habsburger, in: PSC, Nr. 40 (5. 8. 1848), 165.

56 J. Baeck, Der erste Preßprozeß des PSC, in: PSC, Nr. 57 (25. 8. 1848), 233f. Auch weiterhin finden sich im PSC prorepublikanische Stellungnahmen: E. Bondi, Das Königtum, in: PSC, Nr. 81 (22. 9. 1848), 331; E. Heimbuch, Die deutschen Republikaner, in: PSC, Nr. 84 (26. 9. 1848), 341f.; die Herausgeber betonten aber, „durchaus keine sogenannten roten Republikaner sein zu wollen". Die roten Republikaner, in: PSC, Nr. 89 (1. 10. 1848), 361.

57 E. Wintersberg, 100 Sätze vom Staate (1848), §§ 39–41.

58 A. Stifft, Tschechophobie und Liberalismus, in: AÖZ, Nr. 170 (20. 6. 1848), 815.

59 Flb.ÖNB: Beschreibung des großen Kampfes, welcher in der Nacht vom 20. auf den 21. Juli zwischen dem demokratischen Verein als Republikaner und den absolut schwarzgelben Wirten und Kaffeesiedern als Judenfressern im Gasthaus zum römischen Kaiser stattfand.

60 Flb. ÖNB: Th. Scheibe, Extrablatt! Wie in Wien heute Nacht der demokratische Klub gesprengt worden ist.

61 Die ausführlichste Beschreibung bei dem mit diesem Exzeß sympathisierenden S. Brunner, Woher? Wohin? (^{3}1890), 154ff.

62 Fiat justitia, in: Geißel, Nr. 24 (19. 8. 1848), 94f..; Wiener Postillon Nr. 19 (23. 7. 1848), 75; Volksfreund, Nr. 74 (25. 7. 1848), 300.

63 Flb. ÖNB: Max Veitel Stern, Die jüdischen Federhelden oder: Das politisch-literarische Schabesgärtle in Wien. Über die Auflösung des Pseudonyms

R. Ritzen, Der junge Sebastian Brunner (1927), Bibliographie. Es heißt hier etwa: „Herr Jellinek, Rabulist, Sophist, Sozialist, Fatalist, Antichrist, Talmudist."

64 Der Wiener demokratische Verein, in: Geißel, Nr. 29 (25. 8. 1848), 115.

65 J. Ebersberg, Herr Mahler und der Demokratenverein, in: Wiener Zuschauer, Nr. 118 (26. 7. 1848), 939.

66 Kosmos, Der ewige Jude, in: ebd., Nr. 140 (2. 9. 1848), 1127.

67 Con, Nr. 132 (31. 8. 1848), 1333. Vgl. weitere Belege bei D. Weiß, Der publizistische Kampf der Wiener Juden (1971); W. Häusler, Das Judentum im Revolutionsjahr 1848 (1974).

68 I. Heller, Aufschwung des demokratischen Vereins, in: Freim, Nr. 95 (23. 7. 1848), 388.

69 Prot. (27. 7. 1848).

70 A. Füster, Memoiren, Bd. 2 (1850), 47ff.

71 O. Falke, Die Aula, in: PSC, Nr. 52 (19. 8.1848), 214f.; Hecker und sein neuester Brief, in: PSC, Nr. 53 (20. 8. 1848), 217f.; Hecker und Deutschland, in: ebd., 218f. Flb. ÖNB: Dr. Schütte als Prophet.

72 Flb. ÖNB: Hohe deutsche Nationalversammlung! (20. 8. 1848).

73 Vgl. J. A. Helfert, Die confessionale Frage (1888), 195ff.; C. Scholl, Aus hohen Tagen (1891); A. Libal, Die Neuordnung der Stellung der christlichen Bekenntnisse in Österreich (1948), 168ff.

74 Eine gute Einschätzung des Deutschkatholizismus gibt der Artikel von S. E(ngländer), Die Deutschkatholiken in Wien, in: Reform, Nr. 2 (17. 8. 1848): „Sein Himmel ist die Erde, und dies ist das soziale Element des Deutschkatholizismus. Diese Religion weist nicht mehr auf eine Belohnung jenseits hin, sie ruft den Massen zu: Wenn ihr diesseits hungert, so hofft nicht auf jenseits. (. . .) Es wird aber nicht mehr möglich sein, die hungernden Massen zu betrügen und die sozialen Forderungen zu verweigern, wenn die Massen nicht mehr an Himmel und Hölle und Wunder glauben werden, und dies wird der Deutschkatholizismus befördern."

75 J. Ronge, Erste Rede (1848).

76 G. Habres, Der Deutschkatholizismus in Österreich (1960), 75.

77 Der prominenteste Besucher des demokratischen Vereins war wohl Richard Wagner, der im Juli in Wien für seine Theaterreformpläne warb. „Ich hörte da einen Herrn Sigmund Engländer sprechen! (. . .) Die Ungeniertheit, mit welcher er und andere über die gefürchtetsten Personen sich an diesem Abend vernehmen ließen, setzte mich fast ebenso in Erstaunen als die Seichtigkeit der dabei zu Tage tretenden politischen Meinungen." M. Th.Wanderer (Hg.), Revolutionsstürme Achtundvierzig (1948), 87. Vgl. auch: F. Uhl, Aus meinem Leben (1908), 57f.

78 Flb. ÖNB: Österreichischer Klub.

79 Verzeichnis der Mitglieder des österreichischen Klubs, in: Con, Nr. 41 (9. 5. 1848), 616.

80 Flb. ÖNB: Patriotenverein (4. 5. 1848).

81 Flb. ÖNB: Patriotenverein (8. 8. 1848).

82 Flb. ÖNB: Der österreichische Patriotenverein (2. 9., 23. 9. 1848).

83 Flb. IfÖG: J. S. Hohenblum, Statuten zur Bildung des Vereines der Freunde der konstitutionellen Ordnung und wahrer Freiheit.

84 Flb. ÖNB: J. S. Hohenblum, Tendenz des Vereins der Freunde der gesetzlichen Ordnung und wahren Freiheit im konstitutionellen Staatsleben.

DIE „PRATERSCHLACHT“: KLASSENKONFLIKT UND KRISE DER DEMOKRATIE

1 H. Steiner, Karl Marx in Wien (1978).
2 Spießbürgertum, in: Volksfreund, Nr. 89 (10. 8. 1848), 358.
3 M. Smets, Das Jahr 1848, Bd. 2 (1872), 486.
4 (E. Violand), Enthüllungen (1849), 58.
5 R. Ullik, Das Ministerium für öffentliche Arbeiten (1975), 156f..
6 Ebd., 157. Der konservative A. v. Hübner, Ein Jahr meines Lebens (1891), 193, sah Schwarzer in der Rolle eines Strohmanns der gegenrevolutionären Politik.
7 M. Gritzner, in: Con, Nr. 124 (22. 8. 1848), 1269..
8 Volksfreund, Nr. 101 (25. 8. 1848), 406.
9 AÖZ, NF Nr. 142 (22. 8. 1848), 1089.
10 Die Arbeiterfrage, in: AÖZ, NF Nr. 142 Beil. (22. 8. 1848).
11 HHStA, RTA, Fasz. 145, A 231. In der veröffentlichten Fassung des Ministerialbeschlusses fehlte die Ankündigung der Lohnsenkung für Männer, dagegen wurde die allgemeine Einführung der Akkordarbeit festgesetzt. K. Mellach – G. Fritsch, 1848 (1968), 125.
12 Lith. Prot. (21. 8. 1848).
13 HHStA, RTA, Fasz. 145, A 226.
14 Archiv für Niederösterreich, Stadthauptmannschaftsakten 1848, Karton 80. Hier erliegt auch eine Note der Stadthauptmannschaft an das Nationalgardeoberkommando vom 19. August mit dem Befehl, Mannschaften in der Nähe der großen Bauplätze bereit zu halten, „da diese Maßregel Unzufriedenheit und Exzesse herbeiführen könnte“ und um „derlei Arbeiterexzesse im Beginn unterdrücken zu können“.
15 HHStA, RTA, Fasz. 145, A 267.
16 Ebd., A 238.
17 Ebd., A 240.
18 Ebd., Fasz. 149, 354.
19 K. Mellach – G. Fritsch, 1848 (1968), 135.
20 J. A. Helfert, Aufzeichnungen und Erinnerungen (1904), 124f.
21 Die Arbeiter fingierten einen Trauerzug: „Vier Kreuzer habe der Minister verschluckt, am fünften sei er erstickt.“
22 Seit dem Juni bestanden für die Nationalgarde Vorschriften für das Vorgehen im Fall von Zusammenrottungen und Unruhen. Erst nach dreimaligem Trommelschlag sollte – mit dem Gewehrkolben nach vorn – vorgegangen werden, erst bei tätlichen Angriffen sollte vom Bajonett, und nur bei fortgesetztem Aufstand von der Feuerwaffe Gebrauch gemacht werden. Österreichische militärische Zeitschrift, Heft 11 (1848), 196. Im August attackierten Nationalgarde und Munizipalwache ohne jede vorherige Warnung die Arbeiter.
23 Flb. ÖNB: Namensverzeichnis der verwundeten Arbeiter im Spitale bei den barmherzigen Brüdern (August 1848).
24 K. Mellach – G. Fritsch, 1848 (1968), 127.
25 J. A. Helfert, Aufzeichnungen und Erinnerungen (1904), 127.
26 Zeitung für die Wiener Nationalgarde, Nr. 37 (24. 8. 1848), 207; Nr. 38 (26. 8. 1848), 211.

27 Ebd., Nr. 38 (26. 8. 1848), 210; Nr. 39 (29. 8. 1848), 214.
28 HHStA, RTA, Fasz.145, A 64.
29 Ebd., A 28.
30 Der Verein unterhielt Beziehungen zum Linzer „Verein zur Bildung des Volkes und Wahrung seiner Rechte", zum Studentenkomitee und zum Arbeiterverein „Concordia". Ebd., A 12, A 16, A 22.
31 Arbeiter-Zeitung, Nr. 1 (7. 9. 1848), 1; Nr. 2 (10. 9. 1848), 8; Nr. 4 (17. 9. 1848), 16; Nr. 5 (21. 9. 1848), 20. Durch den Abgeordneten Füster überreichten die „gesamten Arbeiter bei den öffentlichen Bauten" dem Reichstag am 30. August eine umfangreiche Petition. Sie klagten über „gewaltige und willkürliche Eingriffe gegen unsere politischen und Menschenrechte", forderten „baldige Befreiung unserer gefangenen Mitbrüder" und die „Fortbezahlung des früheren Taglohnes". Sie machten darauf aufmerksam, daß die körperlich schwachen Fabriksarbeiter den Anforderungen der Akkordarbeit nicht gewachsen seien. Sie protestierten auch gegen ihre Verschickung an entfernte Bauplätze, vor allem zum Bau der Semmeringbahn. Die Erdarbeiter erklärten sich solidarisch mit den unter ihnen befindlichen Tschechen. HHStA, RTA, Fasz. 130, 822. Zum letzten Punkt siehe auch: MEW, Bd. 22 (1970), 403.
32 Vgl. S. Zeidler, Wirtschaftliche und soziale Probleme der Wiener Revolution (1977), 376ff.
33 Flb. ÖNB: Hört und richtet uns! Eine Verteidigungsrede von den Arbeitern (26. 8. 1848).
34 Flb. ÖNB: Einige Bemerkungen über die Wiener Arbeiter-Ereignisse samt Nutzanwendung (27. 8. 1848).
35 R. Ullik, Das Ministerium für öffentliche Arbeiten (1975), 171f. Über Schwarzers nationalökonomische Anschauungen informiert seine Schrift: Geld und Gut in Neu-Österreich (1857).
36 F. Kürnberger, Wiener Bilder, in: Presse, Nr. 50 (24. 8. 1848), 197f.; Nr. 51 (25. 8. 1848), 201; Nr. 53 (27. 8. 1848), 209.
37 A. D., Der 23. August, in: AÖZ, BF Nr. 145 Beil. (25. 8. 1848).
38 H. Jellinek, Die ministeriellen Utopien vom 13. September 1848, in: Rad, Nr. 78 (15. 9. 1848), 316.
39 Verhandlungen des österreichischen Reichstages, Bd. 2 (1848), 37.
40 Ebd., 391.
41 W. E(hrlich), Schicksal der Arbeiter, in: Nazional-Zeitung, Nr. 34 (27. 8. 1848), 133.
42 Johne, Die reichen Prasser und das Gesindel, in: ebd., Nr. 45 (10. 9. 1848), 180.
43 Doppler, Denkwürdige Ereignisse auf der Universität, in: ebd., Nr. 32 (25. 8. 1848), 126f.
44 Flb. IfÖG: Die Feierlichkeit am 3. September zu Ehren der getöteten Arbeiter.
45 J. Fröbel, Die Bourgeoisie und das Volk, in: PSC, Nr. 65 (3. 9. 1848), 265–267. Über seinen Aufenthalt in Wien und seine Begegnung mit Marx und Schütte: J. Fröbel, Ein Lebenslauf, Bd. 1 (1890), 190ff. Fröbel betonte weiterhin das Prinzip der „demokratischen Monarchie" als die „für Deutschland jetzt einzig mögliche Staatsform". J. Fröbel, Wien, Deutschland und Europa (1848), 25. Vgl. E. Feuz, Julius Fröbel (1932), 164ff.
46 Rad, Nr. 64 (31. 8. 1848), 261.

47 Siehe G. Hermann, Karl Marx in Wien (1908); A. Cornu, Karl Marx et la révolution de 1848 (1948), 35ff.; H. Meyer, Karl Marx und die deutsche Revolution von 1848 (1951); E. Priester, Karl Marx in Wien (1953); H. Kümhof, Karl Marx und die „Neue Rheinische Zeitung" (1961), 58ff.; J. Strey – G. Winkler, Marx und Engels 1848/49 (1972), 115ff.; Karl Marx. Biographie (1973), 235ff.; MEW, Bd. 5 (1973), 490f.; E. Hanisch, Marx, Engels und Österreich (1975), 183ff.; W. Häusler, Hermann Jellinek (1976), 159ff.; H. Steiner, Karl Marx in Wien (1978).

48 Neue Rheinische Zeitung, Nr. 105 (17. 9. 1848). Ich verdanke den Hinweis auf diese Stelle Herrn R. Zewell.
Vgl. auch: Neue Rheinische Zeitung, Nr. 116 (14. 10. 1848).

49 E. v. (Müller-)Tellering, Freiheit und Juden (1848). Vgl. W. Blumenberg, Eduard von Müller-Tellering (1951); W. Häusler, Das Judentum im Revolutionsjahr 1848 (1974), 51f. Zu Tellerings problematischer Persönlichkeit zuletzt R. Zewell, Die österreichische Revolution von 1848/49 und die Rheinländer (1979), 50ff.

DER WIENER ARBEITERVEREIN

1 L. Eckardt, Der erste Arbeiterverein ist gegründet (1848).

2 J. H. Hillisch, Arbeiter-National-Bibliothek, in: Con, Nr. 36 (3. 5. 1848), 561–565.

3 R. Charmatz, Lebensbilder (1947), 11ff. E. V. Zenker, Die Wiener Revolution 1848 (1897), 175, bezeichnete Sander als Schustergesellen, welche Angabe dann allgemein übernommen wurde. Die wahre Berufsangabe Sanders findet sich in dem Flb. ÖNB: Grab-Reden bei dem Totenfeste für die Märzhelden oder: Der Arbeiterverein im Gottesacker.

4 F. Sander, Stimme eines Arbeiters, in: Con, Nr. 25 (19. 4. 1848), 385–387.

5 F. Sander, in: Con, Nr. 37 (4. 5. 1848), 584. Sander sagte selbst bezüglich des Arbeitervereins, „Erfahrung als Mitglied solcher Institute zu haben". F. Sander, Arbeiterverein, in: Con, Nr. 39 (6. 5. 1848), 602.

6 F. Sander, Meine Freunde und Kollegen! In: Wiener allgemeines Arbeiterblatt, Nr. 1 (Probeblatt, 18. 5. 1848), 1; ders., Arbeiterverein, in: ebd., 2.

7 F. Sander, Zensus, in: ebd., Nr. 2 (23. 5. 1848), 3.

8 F. Sander, Die Barrikaden, in: ebd., Nr. 5 (29. 5. 1848), 9.

9 F. Sander, Arbeiterverein, in: Const., Nr. 45 (13. 5. 1848), 653.

10 F. Sander, Das Wahlgesetz. Stimme eines Arbeiters, in: Con, Nr. 46 (15. 5. 1848), 655f.

11 J. H. Hillisch, Für Arbeiterinnen, in: Con, Nr. 46 (15. 5. 1848), 658–660. Hillisch macht interessante Angaben über die Lohnhöhe einzelner Gruppen weiblicher Arbeiter. Das Einkommen einer Handschuhnäherin bezifferte er auf 12 kr täglich, einer Weißnäherin auf 8 bis 10 kr. Zur Hebung der sozialen Lage der Arbeiterinnen schlug er die Errichtung eines „Kommunal-Pensionats für Arbeiterinnen" vor.

12 Wild, Vorschlag in der Arbeiter-Angelegenheit, in: Con, Nr. 67 (13. 6. 1848), 818f.

12a J. Deutsch, Geschichte der österreichischen Gewerkschaftsbewegung, Bd. 1 (^{2}1929), 37. Der Arbeiterverein teilte dem Sicherheitsausschuß in einer Zuschrift seine Gründung mit. HHStA, RTA, Fasz. 149, 169.

13 KA, Politische Erhebungskommission, Post 3, 1. E. Violand, Die soziale Geschichte der Revolution (1850), 148f., gab die Zahl der Mitglieder mit 2 000 an.
14 F. Sander, Die Arbeiterfrage, in: Con, Nr. 78 (27. 6. 1848), 905.
15 F. Sander, Die Arbeiter-Proletarier, in: Con, Nr. 82 (3. 7. 1848), 939.
16 F. Sander, Der Sozialismus, in: Con, Nr. 90 (12. 7. 1848), 1002.
17 F. Sander, Arbeiter-Angelegenheiten, in: Con, Nr. 103 (27. 7. 1848), 1107.
18 Arbeiterverein, in: Con, Nr. 114 (9. 8. 1848), 1196; Arbeiterverein in: Gerad'aus!, Nr. 75 (8. 8. 1848), 5f. Nicht alle Mitglieder des Vereines erreichten das hohe Niveau Sanders; so wollte Anton Schmit die Arbeiter ermahnen, sich „von allen politischen Umtrieben" fernzuhalten.
19 Arbeiterverein, in: Con, Nr. 118 (13. 8. 1848), 1227; Arbeiterverein, in: Con, Nr. 119 (15. 8. 1848), 1236.
20 Arbeiterverein, in: Con, Nr. 133 (1. 9. 1848), 1347f.; Nr. 136 (5. 9. 1848), 1371.
21 J. H. Hillisch, Der Buchdrucker in seinem Verhältnis zu anderen Arbeitern, in: Österreichische Typographia, Nr. 6/7 (23. 7. 1848), 22.
22 F. Bösl, Über den Wiener Typographen-Verein, in: ebd., Nr. 12/13 (13. 8. 1848), 49. Die Separationstendenzen kamen namentlich in den Versuchen, eine eigene Typographen-Legion aufzustellen, bzw. sich der akademischen Legion anzuschließen, zum Ausdruck. Diese Ansätze wurden durch einen Tagesbefehl der Nationalgarde vom 22. August endgültig unterbunden.
23 Der soziale Kampf und die Buchdrucker, in: Reform, Nr. 28 (18. 9. 1848). Vgl. K. Höger, Aus eigener Kraft! (1892), 73ff.
24 F. Sander, Gedanken an den Augustgräbern, in: Arbeiter-Zeitung, Nr. 2 (10. 9. 1848), 6.
25 Vgl. E. Bernstein, Die Geschichte der Berliner Arbeiterbewegung (1907); F. Balser, Sozial-Demokratie 1848/49–1863 (1962); P. H. Noyes, Organization and Revolution (1966); E. Schraepler, Handwerkerbünde und Arbeitervereine (1972).
26 Beschlüsse des Arbeiterkongresses in Berlin vom 23. 8. bis 3. 9. 1848 (1848), 25f.
27 F. Sander, Arbeiter-Ausschuß aller Gewerbe, in: Arbeiter-Zeitung, Nr. 2 (10. 9. 1848), 8. Dasselbe in: Con, Nr. 142 (13. 9. 1848), 1420.
28 Protokolle des Arbeitervereins, in: Arbeiter-Zeitung, Nr. 4 (17. 9. 1848), 16. Flb. ÖNB: Zentral-Gremiums- und Innungs-Komitee (8. 8. 1848).
29 Nachträgliche Protokolle, in: Arbeiter-Zeitung, Nr. 5 (21. 9. 1848), 20.
30 Protokolle des Arbeitervereins, in: Arbeiter-Zeitung, Nr. 5 (21. 9. 1848), 20.
31 Arbeiterverein, in: ebd., Nr. 6 (24. 9. 1848), 24.
32 J. Seegen – M. Schlesinger (Hg.). Politisches ABC, Bd. 2 (^{2}1848), 96–99.
33 Flb. ÖNB, A. Witlačil, An die gesamten arbeitenden Volksklassen in Wien und der Umgebung.
34 Aufruf an die Arbeiter, in: Wiener Gassen-Zeitung, Nr. 74 (19. 8. 1848), 298.
35 Der Arbeiterklub Concordia, in: ebd., Nr. 92 (9. 9.1848), 369.
36 Verein der selbständigen Fabriksarbeiter und Gesellen, in: Österreichischer Courier, Nr. 174 (21. 7. 1848), 703.
37 Wiener Gassen-Zeitung, Nr. 74 (19. 8. 1848), 298; Gesellenverein, in: Reform, Nr. 13 (30. 8. 1848), 32.

38 KA, Ziviluntersuchungen 55. „Er [der Gemeinderat] hat nicht bloß das ganze Proletariat Wiens bewaffnet, nicht bloß allen Offizieren Stellen und bedeutende Gehalte verheißen, welche bei dieser Bewaffnung mitwirkten, er hat nicht bloß 60 Kanonen armiert, sondern auch die Artilleristen neu erschaffen, er hat alle Mittel an Munition erschöpft, und zuletzt noch die Schnellfabrikation von Schießpulver eingeführt; alle diese Handlungen hat er aber damit gekrönt, daß er diejenigen, die auf seine Aufforderung, von seinen Verheißungen bewogen, sich zur Verteidigung der Stadt disponibel machten, mit dem Brandmale des Verbrechens stempeln hilft und dem hilflosen Eingekerkerten selbst den geringen Sustentationsbetrag entzieht, durch den sie etwas besser als Verbrecher der niedrigsten Art wenigstens während der Untersuchung gestellt werden. Es sind auf einmal alle jene Quellen versiegt, aus welchen der Gemeinderat täglich 50 000 fl CM und in den letzten Tagen selbst 80 000 fl CM zur Verfügung des Oberkommandos stellte, und vergessen sind seine Beschlüsse, die Stadt bis auf das letzte zu verteidigen."

39 Flb. ÖNB: Der Verein zur Beschäftigung brotloser Arbeiter an seine Mitbürger (10. 8. 1848).

40 Faksimile in F. Patzer (Hg.), Die Wiener Stadt- und Landesbibliothek (1976), 23.

41 Th. Regner, Die Welt ohne Geld (1848), 9, 13.

42 Ebd., 14f.

43 Ebd., 34f.

44 Ebd., 56f.

45 Ebd., 69.

46 Kommunismus, Sozialismus und Humanismus, in: Wiener Katzenmusik, Nr. 65 (2. 9. 1848), 253. Der Verfasser dieses und des folgenden Artikels ist wahrscheinlich S. Engländer.

47 Gott und Geld. Eine soziale Betrachtung, in: ebd., Nr. 66 (3. 9. 1848), 257f. Vgl. M. Hess, Philosophische und soziale Schriften (1961), 337ff. „Das Wesen der modernen Schacherwelt, das Geld, ist das realisierte Wesen des Christentums. Der Krämerstaat, der sogenannte ‚freie' Staat ist das verheißene Gottesreich, die Krämerwelt das verheißene Himmelreich – wie umgekehrt Gott nur das idealisierte Kapital, der Himmel nur die theoretische Krämerwelt ist" („Über das Geldwesen", 1845/46). Zum Einfluß dieser und ähnlicher Stellen bei Hess auf Marx siehe P. Kägi, Genesis des historischen Materialismus (1965), 232; D. McLellan, The Young Hegelians and Karl Marx (1969), 157.

48 O. Hörhan, Die Petitionen an den Kremsierer Reichstag (1966), bes. 159ff.

49 W. Häusler, Die Petition der Spinnereiarbeiter (1978). Vom Kreisamt des VUWW wurden die Beschwerden der Spinner am 8. Mai 1849 als „ungegründet" abgewiesen. Sie hatten unter anderem um Begrenzung der täglichen Arbeitszeit auf 13 (!) Stunden gebeten. Österreich unter Kaiser Franz Joseph I. (1978), 168.

50 HHStA, RTA, Fasz. 128, 4732 (24. 2. 1849).

51 J. A. Helfert (Hg.), Der Wiener Parnaß (1882), Nr. 1548.

52 Ebd., Nr. 1414.

53 Ebd., Nr. 1498, 1937.

54 J. Schwenda, Proletarier, in: Con, Nr. 69 (15. 6. 1848), 836.

55 J. A. Helfert (Hg.), Der Wiener Parnaß (1882), Nr. 1716.

56 Ebd., Nr. 1828.

DIE ANTWORT DES KONSERVATISMUS UND DER KATHOLISCHEN KIRCHE AUF DIE PROBLEME DER INDUSTRIEGESELLSCHAFT IN ÖSTERREICH

1 Eine Geschichte des österreichischen Konservatismus fehlt. Eine erste Überschau bietet J. Ch. Allmayer-Beck, Der Konservatismus in Österreich (1959).

2 Die Erforschung der Zusammenhänge zwischen konservativer Ideologie und staatlicher Restaurationspolitik im frühen 19. Jahrhundert steckt noch in den Anfängen. Überhaupt sind die Repräsentanten des frühen Konservatismus in Österreich und ihre Auseinandersetzung mit der sozialen Frage weit weniger bekannt als etwa die gleichzeitigen Bestrebungen eines Franz von Baader, Franz Josef von Buß oder Wilhelm von Ketteler in Deutschland. Vgl. zuletzt: E. Hanisch, Konservatives und revolutionäres Denken (1975) mit umfassenden Literaturhinweisen.

3 Vgl. J. Baxa, Adam Müller (1930); G. Silberbauer, Österreichs Katholiken und die Arbeiterfrage (1966), 13ff.; R. Knoll, Zur Tradition der christlichsozialen Partei (1973), 62ff.

3a A. Müller, Ausgewählte Abhandlungen (1921), 46f.

4 In politischer Hinsicht wirkte Müllers konservative Theorie stark auf Friedrich von Gentz, der sich von der Sympathie seiner Jugendzeit für die Französische Revolution radikal abgewendet hatte und sich der Restauration verschrieb. Ideengeschichtlich sind die Parallelen zu Karl von Vogelsang in der zweiten Hälfte des 19. Jahrhunderts unverkennbar. Vgl. jüngst E. Hanisch, Der „vormoderne" Antikapitalismus (1978).

5 Vgl. F. Valjavec, Der Josephinismus (1944); M. Langmann, Das Verhältnis des Staates zur katholischen Kirche im vormärzlichen Österreich (1929).

6 Vgl. O. Folkert, Das Sturmjahr 1848 und die Kirche (1948), 170ff.; H. Belovari, Christlicher Demokratismus und christlicher Sozialismus im Jahre 1848 in Wien (1960), 87ff.

7 Zusammenfassend: E. Winter, Bernard Bolzano (1969). Vgl. auch: A. Kolman, Bernard Bolzano (1963).

8 E. Winter (Hg.), Bolzano-Brevier (1947), 27f.

9 Ebd., 111.

10 Ebd., 115.

11 Ein Hinweis auf ein öffentliches Bekanntwerden des sozialpolitischen Denkens Bolzanos findet sich bei F(rankl?), Drei Bücher, in: Sonntagsblätter, Nr. 26 (25. 6. 1848), 482f., wo neben der erwähnten Broschüre Regners die Werke Cabets und das „Büchlein vom besten Staat" zum Studium der sozialen Frage empfohlen werden.

12 Bezeichnende Stellen bei: E. Winter, Die Sozial- und Ethnoethik Bernard Bolzanos (1977), bes. 107ff.

13 E. Winter (Hg.), Bolzano-Brevier (1947), 48.

14 Vgl. die Hinweise bei: E. Winter, Romantismus, Restauration und Frühliberalismus im österreichischen Vormärz (1968); ders., Revolution, Neoabsolutismus und Liberalismus in der Donaumonarchie (1969).

15 E. Hosp, Kirche im Sturmjahr (1953), 34f.

16 J. A. Helfert, Die confessionale Frage in Österreich 1848 (1883), 77ff., (1884), 113ff.. Vgl. auch G. Otruba, Katholischer Klerus und „Kirche" im Spiegel der Flugschriftenliteratur (1970).

17 S. Brunner, Die Aufgabe der WKZ, in: WKZ, Nr. 2 (18. 4. 1848), 6.
18 Siehe H. Belovari, Christlicher Demokratismus und christlicher Sozialismus im Jahre 1848 (1960), bes. 173ff.
19 R. Ritzen, Der junge Sebastian Brunner (1927), 157ff.
20 S. Brunner, Der Nebeljungen Lied (1845), 111.
21 Ebd., 60.
22 S. Brunner, Welt und Kirche in der Gegenwart, in: WKZ, Nr. 4 (22. 4. 1848), 14. Vgl. auch Brunners Artikel: Klostereinziehung, in: WKZ, Nr. 2 (18. 4. 1848), 6f.; Athanasius, in: WKZ, Nr. 9 (2. 5. 1848), 33–35.
23 S. Brunner, Nachtgedanken eines Volkswehrmannes, in: WKZ, Nr. 70 (9. 9. 1848), 277.
24 Vgl. E. Weinzierl-Fischer, Österreichs Klerus und die Arbeiterschaft (1957), 617.
25 E. Hosp, Kirche Österreichs im Vormärz (1971), 346.
26 Beide Künstler waren Ausschußmitglieder des Katholikenvereins.
27 J. Paul, Das religiöse Moment der Staatswirtschaftswissenschaft, in: WKZ, Nr. 16 (13. 5. 1848), 62.
28 Statuten des Katholikenvereines, Beilage zur WKZ.
29 Ebd.
30 Konstitutionelles Bürgertum und Sozialismus, in: Aufwärts, Nr. 18 (2. 9. 1848), 151f.
31 A. Gruscha, Randglossen zur Tagesgeschichte, in: WKZ, Nr. 113 (19. 12. 1848), 453f.
32 A. Bebel, Aus meinem Leben, Bd. 1 (1910), 27.
33 W. Gärtner, in: Der Sprecher für Staat und Kirche, Nr. 1 (8. 7. 1848), 4, 7.
34 W. Gärtner, Die Bürgerschlacht in Paris auf ihr Wesen zurückgeführt, in: ebd., Nr. 2 (15. 7. 1848), 38.
35 F. Arbeiterkapläne, in: ebd., Nr. 5 (5. 8. 1848), 91.
36 Siehe außer J. A. Helfert, Die confessionale Frage (durchgehend): D. Weiß, Der publizistische Kampf der Wiener Juden (1971), 222ff.; W. Häusler, Das Judentum im Revolutionsjahr 1848 (1974), 46ff.
37 Unsere Stellung zu den Juden, in: WKZ, Nr. 7 (29. 4. 1848), 26.
38 Ausführliche Belege bei H. Novogoratz, Sebastian Brunner und der frühe Antisemitismus (1979). Novogoratz weist auf eine interessante, Marx betreffende Stelle der WKZ hin: Das Leben eines Kommunisten, in: WKZ, Nr. 48 (16. 6. 1857), 379.
39 J. E. Veith, Politische Passionspredigten (1849), 43f.
40 Ebd., 243–245. Veith hielt diese Predigt beim Trauergottesdienst für Latour am 28. 3. 1849; der reaktionäre Publizist Johann B. Weis war der Veranstalter dieser Seelenmesse.
41 WKZ, Nr. 79 (3. 7. 1849), 321f.

DIE ORGANISATION DES KREDITS UND DIE REVOLTE DES KLEINBÜRGERTUMS

1 O. Hörhan, Die Petitionen an den Kremsierer Reichstag (1966), 129f.
2 Ebd., 130f.
3 Ebd., 138.

4 Flb. IfÖG: D. P. F. Fürst, Nieder mit dem Wucher! Programm eines wechselseitigen Kreditvereines, besonders für Handels- und Gewerbsleute, dann für alle Bewohner des Kaisertums Österreich mit Einschluß Ungarns und seiner Nebenländer (26. 3. 1848).

5 In der Presse wurde noch einigemale auf den Verein hingewiesen: D. P. F. Fürst, Über Geld- und Kreditwesen, in: Con, Nr. 93 (15. 7. 1848), 1028; G. Winiwarter, Freie Vereine als Hilfsmittel für die gewerbetreibende und arbeitende Bevölkerung in jetziger bedrückter Zeit, in: Gerad'aus!, Nr. 80 Beil. (13. 8. 1848), 1–4.

6 E. V. Zenker, Die Wiener Revolution 1848 (1897), 150f.

7 Flb. ÖNB: A. Swoboda, Offener Brief an alle vermöglichen Bewohner Wiens (27. 5. 1848).

8 Flb. ÖNB: A. Swoboda, Plan. Mittel zur Aufbringung der 6 Millionen.

9 K. Mellach – G. Fritsch, 1848 (1968), 138.

10 Siehe P. J. Proudhon, Bekenntnisse eines Revolutionärs (1969), 147ff.

11 E. Violand, Die soziale Geschichte der Revolution (1850), 157.

12 L. Engländer, Die wahre Lage der untern Volksklassen (1848), 4.

13 L. Engländer, Der Nachtwächter oder die wahre Lage des Volkes (1848), 4.

14 L. Engländer, Offener Brief an jene Hausherren (1848).

15 L. Engländer, Statuten-Entwurf (1848). Siehe auch das Plakat Engländers bei K. Mellach – G. Fritsch, 1848 (1968), 139.

16 Flb. ÖNB: Offener Brief an alle Menschenfreunde (8. 8. 1848). Vom 10. August ist eine Aufforderung zum Beitritt zu einer „Universal-Verein-Gründung" für „Freunde der Arbeiter und der Steuerbar-Unbemittelten" datiert, die wohl auch mit den Projekten Engländers zusammenhängt. Ebd. Engländer versuchte auch in einer Zeitung seinem Gedankengut Verbreitung zu verschaffen, die allerdings nur in zwei Nummern erschien: „Der allgemeine Nothelfer".

17 L. Engländer, Statuten des Wiener Schuldentilgungs-, Hilfs- und Versicherungsvereines (1848), 3.

18 Ebd., 15.

19 Die Flugschriftensammlung der WStB bewahrt das bei E. O. Weller in Leipzig gedruckte Manifest Proudhons, das aber erst im Jahr 1849 gedruckt wurde. In der demokratischen Intelligenz ist mit der Bekanntheit Proudhons schon 1848 zu rechnen (so bei H. Jellinek). 1849 schloß sich A. Meißner seinen Theorien an. Vgl. auch: J. Hrczka, Proudhons Banque du peuple, in: Wiener Boten (1849/2), 187: „Der gründlichste Sozialist ist Proudhon. Er hat der sozialistischen Frage bis auf die tiefste Wurzel nachgespürt, er hat den Strom des gesellschaftlichen Lebens bis auf seinen Ursprung verfolgt."

20 K. Marx – F. Engels, Manifest der Kommunistischen Partei, in: MEAS, Bd. 1 (^{25}1977), 48.

21 Es sei in diesem Zusammenhang nur an die Pläne des österreichischen Christlichsozialen Josef Schlesinger, die „Freigeld"-Lehre Silvio Gesells, die „Brechung der Zinsknechtschaft", die Gottfried Feder ins Programm der NSDAP einbrachte, erinnert. Vgl. W. Hofmann, Ideengeschichte der sozialen Bewegung (^{3}1977), 64f.

22 Flb. ÖNB: Doblhoff, Kundmachung (12. 9. 1848).

23 Den Ablauf der turbulenten Ereignisse schildern u. a.: A. Füster, Memoiren, Bd. 2 (1850), 124ff.; M. Smets, Das Jahr 1848, Bd. 2 (1872), 505ff.; R. J. Rath, The Viennese Revolution of 1848 (1957), 306ff.

24 Flb. ÖNB: Bürger Wiens! (13. 9.1848).
25 Nach dem 25. September finden sich keine Lebenszeichen des Vereins mehr. Flb. ÖNB: A. Swoboda, Das Komitee des ersten Wiener Privat-Anlehen-Vereins (25. 9. 1848).
26 Verhandlungen des österreichischen Reichstages, Bd. 2 (1848), 344.
27 E. Zdekauer, Über die Organisation von Handwerker- und Gewerbevereinen (1849), 21.
28 E. V. Zenker, Die Wiener Revolution 1848 (1897), 154f.

VOR DEM ENTSCHEIDUNGSKAMPF

1 M. Gritzner, in: Con, Nr. 132 (31. 8. 1848), 1333. Der Text dieses Aufrufs erschien auch als Flb. ÖNB: M. Gritzner, An Wien (30. 8. 1848).
2 E. Violand, Die soziale Geschichte der Revolution (1850), 142.
3 Der 23. August, in: PSC, Nr. 70 (9. 9. 1848), 286.
4 F. W. Ebeling, Historische Darstellung und Kritik des ersten österreichischen Reichstags (1848), 18.
5 Verhandlungen des österreichischen Reichstages, Bd. 2 (1848), 212.
6 Ebd., 226.
7 H. Steiner, Karl Marx in Wien (1978), 179ff.
8 Literatur siehe Kapitel: Die Bewährungsprobe der Wiener Demokratie im Sommer 1848, Anm. 38–39.
9 KA, Politische Erhebungskommission, Post 3, 17/4.
10 F. Hauptmann, Jellačić's Kriegszug nach Ungarn (1975); W. Häusler, Das Gefecht bei Schwechat (1977), 4ff., mit weiterführenden Literaturangaben.
11 W. Strobach, Ungarn im Spiegel der öffentlichen Meinung Wiens 1848 (1947).
12 Con, Nr. 141 (12. 9. 1848), 1411.
13 Plenarversammlung der Volksvereine Wiens im Odeon, in: Freim, Nr. 136 (12. 9. 1848), 550; Rad, Nr. 75 (12. 9. 1848), 305; Volksversammlung im Odeon, in: Wiener Gassen-Zeitung, Nr. 95 (13. 9. 1848), 382.
14 Flb. ÖNB: Der Frauenaufruhr im Volksgarten oder: Die Waschanstalt der Wiener Damen.
15 M. E., Deutscher Frauenverein in Wien, in: Sonntagsblätter, Nr. 36 (3. 9. 1848), 662.
16 KA, Politische Erhebungskommission, Post 1, 100/115.
17 B. v. Frankl-Hochwart, Aus Bechers letzten Tagen (1898), 119.
18 H. Jellinek, Der 13. September, in: Rad, Nr. 77 (14. 9. 1848), 311.
19 Geißel, Nr. 21 (16. 8. 1848), 84.
20 K. Glossy (Hg.), Aus Bauernfelds Tagebüchern, Bd. 1 (1895), 142.
21 Flb. ÖNB: Programm des konstitutionellen Vereins (8. 9. 1848).
22 Der konstitutionell-monarchische Verein (1848), 25.
23 Flb. ÖNB: Der konstitutionelle Verein hat sich eines Verbrechens schuldig gemacht, weil er binnen den ersten acht Tagen seines Bestehens bereits 25 000 Mitglieder zählt (September 1848).
24 F. Pulszky, Meine Zeit, mein Leben, Bd. 2 (1881), 201f.
25 F. C. Weidmann, Gang und Richtung der Wiener Revolution (1849), 377f.
26 Rechtnitz, Sitzung des demokratischen Vereins, in: PSC, Nr. 82 (23. 9. 1848), 355f.

27 Julius Fröbel nimmt Abschied von seinen Freunden, in: Wiener Gassen-Zeitung, Nr. 106 (26. 9. 1848), 425.
28 Wiener Neuigkeiten, in: ebd., Nr. 99 (17. 9. 1848), 397.
29 Versammlung im Odeon, in: Freim, Nr. 154 (3. 10. 1848), 622.
30 Siehe: Con, Nr. 152 (24. 9. 1848), 1500; Gerad'aus!, Nr. 117 (26. 9. 1848), 2f.; Freim, Nr. 148 (26. 9. 1848), 597f.; Wiener Gassen-Zeitung, Nr. 107 (27. 9. 1848), 429f.; A. Willner, Rede (1848).
31 M. Mahler, Aufruf an alle Bauern, in: Bauernzeitung (Beilage zum Freim), Nr. 10 (13. 9. 1848), 37f. Ausführlicher Bericht über diese Kundgebung und die Wiedergabe der gehaltenen Reden, in: ebd., Nr. 11 (30. 9. 1848), 41–43.
32 Der Text der Rede Kudlichs nach: M. Smets, Das Jahr 1848, Bd. 2 (1872), 534.
33 H. Knepler, Der Prozeß Goldmark (1868), 33. Vgl. auch: H. Kudlich, Rückblicke und Erinnerungen, Bd. 2 (1873), 217f. Am Hauptplatz von Großenzersdorf erinnert eine Gedenktafel an diese Versammlung.
34 Journalisten-Verein, in: Reform, Nr. 38 (29. 9. 1848), 131. Siehe auch: J. A. Helfert, Die Wiener Journalistik (1877), 61ff.; E. V. Zenker, Geschichte der Wiener Journalistik während des Jahres 1848 (1893), 104f.
35 H. Jellinek, Kritik der revolutionären Sitzung der Nationalversammlung vom 19. September 1848, in: Rad, Nr. 85 (23. 9. 1848), 346.
36 H. Jellinek, Eine Prophezeiung, in: Rad, Nr. 94 (4. 10. 1848), 388.
37 H. Jellinek, Der Kampf des Volkes und des Militärs gegen die Hofpartei am 6. Oktober, in: Rad, Nr. 98 (10. 10. 1848), 397; Nr. 100 (12. 10. 1848), 401; Nr. 101 (14. 10. 1848), 405.
38 KA, Ziviluntersuchungen Nr. 54.
39 V. Bibl, Von Revolution zu Revolution (1924), 157. Schon am 23. Mai hatte der in Galizien kommandierende General Hammerstein den Vorschlag gemacht, das revolutionäre Wien mit Waffengewalt zu bezwingen. P. Müller, FM Fürst Windischgrätz (1934), 110. Hier auch nähere Angaben über das Zustandekommen der Vollmachten für Windischgrätz.
40 Flb. ÖNB: Der Windischgrätz ist da (21. 9. 1848).
41 Flb. ÖNB: Wien fliegt in die Luft oder werden Windischgrätz, Jellačić und Radetzky die Residenz belagern? (28. 9. 1848); Flb. (Sammlung Häusler): Über das Gerücht: Wien wird belagert.
42 Die Reichsacht gegen die demokratischen Vereine Deutschlands, in: Wiener Postillon, Nr. 77 (29. 9. 1848), 305. Ähnlich: Doppler, Die projektierte Belagerung von Wien, in: National-Zeitung, Nr. 62 (3. 10. 1848), 246f.
43 A. J. Becher, Der aufgefangene Kurier, in: Rad, Nr. 91 (30. 9. 1848), 369.
44 Verhandlungen des österreichischen Reichstages, Bd. 2 (1848), 645.
45 Vgl. F. Fenner von Fenneberg, Österreich und seine Armee (1847), 251ff.; A. Schmidt-Brentano, Die Armee in Österreich (1975), 422ff.
46 Flb. ÖNB: Der Militär-Krawall in der Gumpendorfer Kaserne wegen 25 Stockschlägen (September 1848).
47 KA, Politische Erhebungskommission, Post 3, 100/47–48.
48 Freim, Nr. 150 (29. 9. 1848), 607.
49 Flb. ÖNB: Die Demokraten Wiens an ihre Brüder die Soldaten.
50 Entwurf der Grundrechte, in: WZ, Abendbeil. Nr. 171 (29. 9. 1848), 677f.
51 W. Grab (Hg.), Die Französische Revolution (1973), 37ff., 60ff.
52 A. Fischel (Hg.), Die Protokolle des Verfassungsausschusses über die Grundrechte (1912), 35.
53 H. Jellinek, Erzherzog Stephan, in: Rad, Nr. 87 (26. 9. 1848), 353.

DIE DEMOKRATEN UND ARBEITER WIENS IM OKTOBER 1848

1 G. Szabo, Die Revolution des Jahres 1948 im Spiegel der Memoiren (1948); R. Ploninger, Die Wiener Oktoberereignisse im Spiegel der Memoirenliteratur (1975).
2 E. Castle (Hg.), Einfache Darstellung der Ereignisse in Wien (1957), 286.
3 K. F. Vitzthum von Eckstädt, Berlin und Wien (1886), 141.
4 M. Bach, Geschichte der Wiener Revolution von 1848 (1898), 570ff.
5 H. Friedjung, Österreich von 1848 bis 1860, Bd. 1 (^{4}1918), 83, 492.
6 Flb. IfÖG: Extra-Blatt, Stafette von Pest (September 1848); Extra-Blatt, Der Kurier von Jellačić! Vollständiger Sieg der Kroaten! Das Sturmgeheule und die Verzweiflung in Pest! (Oktober 1848).
7 A. Schütte, Die Wiener Oktober-Revolution (1848), Anhang Nr. 1.
8 KA, Politische Erhebungskommission, Post 15, 2: Geschichte der Nationalgarde von Wien in den Tagen des Oktober 1848 von Hauptmann-Auditor von Sauer, 21 (in der Folge zitiert als: Sauer, Nationalgarde).
9 J. A. Helfert, Aufzeichnungen und Erinnerungen aus jungen Tagen (1904), 239.
10 E. Callot, Eine Belehrung über den Straßen- und Barrikadenkampf, bezüglich der Verteidigung bei einem Angriffe auf Wien, in: Nazional-Zeitung, Nr. 64 (5. 10. 1848), 253f. Seitens konservativer Historiker ist oft eine planmäßige Verhetzung der Bevölkerung zum Mord an Latour behauptet worden. Dabei wurde auf die Darstellung von Galgen für ,,Aristokratie" und ,,Bourgeoisie" in dem nur in zwei Nummern erschienenen Blatt ,,Wiener Krakehler" hingewiesen. Das volkstümliche Ministerium in Krakehlien, in: ebd., Nr. 1 (o. D.), 4. Auch dem PSC, der am 4. Oktober das revolutionäre Gedicht ,,A la lanterne" brachte, wurde die Schuld am Tod Latours gegeben. J. A. Helfert, Der Wiener Parnaß (1882), Nr. 1937. Dazu ist zu sagen, daß die Demokraten und die Revolutionäre Wiens einen bewaffneten Konflikt mit dem Militär voraussahen und sich darauf vorbereiteten. Eine bewußte Planung des Mordes an Latour, wie sie von den Anhängern der noch zu besprechenden Verschwörungstheorie behauptet wurde, konnte selbst von den von dieser vorgefaßten Meinung ausgehenden Militärgerichten nicht nachgewiesen werden.
11 Sauer, Nationalgarde, 22f.
12 KA, Politische Erhebungskommission, Post 1, 52.
13 F. Unterreiter, Die Revolution in Wien, Bd. 6 (1848), 8f.
14 F. Kaiser, 1848 (1948), 120ff.
15 In der Nähe des Leopoldaltars ist innen an der Mauer noch heute eine von diesen Kämpfen herrührende Kugeldelle zu sehen, daneben die eingemeißelte Inschrift: ,,6. Oktober 1848".
16 Ergebnisse der von dem k. k. Militärgericht geführten Untersuchung (1850), 105.
17 Verhandlungen des österreichischen Reichstages, Bd. 4 (1849), 283.
18 H. Knepler, Der Prozeß Goldmark (1868); J. Goldmark, Pilgrims of '48 (1930), 272ff.
19 F. Unterreiter, Die Revolution in Wien, Bd. 6 (1848), 66. Bezüglich der Verdächtigungen, ungarische Bestechungsgelder seien beim Mord an Latour

im Spiel gewesen, siehe: A. Károlyi, Németujvári gróf Batthyány Lajos, Bd. 2 (1932), bes. Nr. 40.

20 Verzeichnis bei W. G. Dunder, Denkschrift über die Wiener Oktober-Revolution (1849), 197–201.

21 W. Hamm, Wiener Eindrücke, in: Grenzboten (1848/4), 135.

22 H. Pröhle, Aus dem Kaiserstaat (1849), 172.

23 Siehe H. Traub, Die Reichstagspermanenz im Oktober 1848 (1915). Ein Zeitgenosse bemerkte treffend: „Alle Ehre dem guten Willen des Reichstags, alle Anerkennung seinen schlaflosen Nächten, aber zum Feldherrn oder Diplomaten der Revolution war er nicht geschaffen; er war ihr eifriger Rechtsbeistand während des Prozesses, ihr mitfühlender Beichtvater vor der Hinrichtung und ihr wehmütiger Nekrolog in Kremsier.“ (J. Schmidt), Bilder aus Österreich (1851), 138.

24 A. v. Hübner, Ein Jahr meines Lebens (1891), 252.

25 J. F. Nitschner, Wenzel Messenhauser (1849); M. Ehnl, Wenzel Cäsar Messenhauser (1948).

26 K. Mellach – G. Fritsch, 1848 (1968), 155. Eine dauernde Verbindung zwischen demokratischem Verein und Studentenausschuß kam aber nicht zustande. C. Grüner, Die Geschichte der Oktober-Revolution in Wien (1849), 20f.; A. Krawani, Der Vormärz und die Oktober-Revolution 1848 (1898), 73f.

27 Seine vielfältigen Agenden beschrieben anschaulich A. Buchheim – O. Falke, Die Wiener Oktoberrevolution (1848); 50f.: „Brachte jemand milde Spenden von was immer für einem Orte, so überlieferte er es dem Studentenausschusse, denn derselbe versah die Dürftigen und Notleidenden mit Speise, Geld und Nahrung. Kein Armer ging vom Studentenausschusse mit leeren Händen weg. Hatte jemand eine Entdeckung gemacht, die für die Zeitumstände nützlich war, hatte jemand einen für die Verteidigung nützlichen Plan erdacht oder wollte jemand Waffen und Munition, so war es wieder der Studentenausschuß, an den man sich wandte. Man kam aber auch mit Denuntiationen über verdächtige Individuen zu ihm. Diese fanden jedoch stets die mildesten und gelassensten Richter. Gefangene Soldaten, wirkliche und vermeintliche Spione wurden nicht zum Gemeinderat oder zum Oberkommando der Nationalgarde gebracht, sondern zum Studentenausschuß.“

28 A. Schütte, Die Wiener Oktober-Revolution (1848), 33ff.; W. G. Dunder, Denkschrift über die Wiener Oktober-Revolution (1849), 543ff.

29 F. Fenner v. Fenneberg, Geschichte der Wiener Oktobertage, Bd. 1 (1849), 193.

30 W. G. Dunder, Denkschrift über die Wiener Oktober-Revolution (1849), 220.

31 Ebd., 223.

32 F. Walter, Der permanente Ausschuß des österreichischen Reichstages (1925), 51.

33 J. A. Helfert, Geschichte Österreichs, Bd. 1 (1869), 107.

34 B. Auerbach, Tagebuch aus Wien (1849), 68.

35 Sauer, Nationalgarde, 44, 52.

36 B. Auerbach, Tagebuch aus Wien (1849), 119.

36a Über die Kontakte mit den Ungarn vgl. F. Walter, Magyarische Rebellenbriefe 1848 (1964); W. Häusler, Das Gefecht bei Schwechat (1977). Über die

Versuche, den Landsturm aufzubieten, berichtet ausführlich H. Kudlich in seinen Erinnerungen.

37 Gedenkbuch eines Augenzeugen (1848), 11.

38 F. Schuselka, Deutsche Fahrten, Bd. 2 (1849), 399f. Vgl. auch KA, Politische Erhebungskommission, Post 12, 252: Hier wird von der Reichstagspermanenz argumentiert, die Arbeiter sollten militärische Dienste leisten, um „dadurch zugleich unter Kontrolle gehalten werden zu können". Vgl. auch M. Bach, Geschichte der Wiener Revolution (1898), 642f.

39 W. G. Dunder, Denkschrift über die Wiener Oktober-Revolution (1849), 280.

40 KA, Politische Erhebungskommission, Post 13, 902; Sauer, Nationalgarde, 155f.

41 H. Kerchnawe, Die Überwindung der ersten Weltrevolution (1932), 55ff.; H. Schulz, Großkampftage der Revolution (1929), 31.

42 Aus den Oktobertagen Wiens, in: Morgenblatt für gebildete Leser, Nr. 33 (7. 2. 1849), 130.

42a B. Auerbach, Tagebuch aus Wien (1849), 128f.

43 W. G. Dunder, Denkschrift über die Wiener Oktober-Revolution (1849), 339, 399.

44 F. Fenner v. Fenneberg, Geschichte der Wiener Oktobertage, Bd. 2 (1849), 160.

45 H. Jellinek, Unsere Lage. Der Belagerungszustand, in: Rad, Nr. 110, (25. 10. 1848), 441.

46 Beiträge zur Geschichte der Wiener Oktobertage (1898), 267–269.

47 S. K(apper), Gang durch Wien, in: Bohemia, Nr. 202 (22. 10. 1848).

48 Ebd., Nr. 203 (24. 10. 1848).

49 S. K(apper), Wiener Oktober-Memoiretten, in: ebd., Nr. 222 (15. 11. 1848).

50 W. G. Dunder, Denkschrift über die Wiener Oktober-Revolution (1849), 479. Johann Strauß Sohn stellte sich im Gegensatz zu seinem Vater, der den Radetzkymarsch komponierte, mit Musikstücken wie dem Revolutions- oder Studentenmarsch auf die Seite der Revolution, was ihm nach 1848 das Mißtrauen der Behörden zuzog – hatte er es ja auch gewagt, die Marseillaise zu spielen.

51 F. Schuselka, Deutsche Fahrten, Bd. 2 (1849), 402.

52 W. G. Dunder, Denkschrift über die Wiener Oktober-Revolution (1849), 272, 375.

53 B. Imendörffer (Hg.), Zwei Wiener Mädchentagebücher (1927), 167, 173.

54 WStA, Tagebuch Leopold Schiendl (18. 10. 1848).

55 W. G. Dunder, Denkschrift über die Wiener Oktober-Revolution (1849), 667; S. Schmidt, Robert Blum (1971), 236ff.

56 Die gründlichste Darstellung dieser Kämpfe ist immer noch J. Czeike, Die Zernierung und Erstürmung Wiens (1909). Vgl. H. Größing, Der Kampf um Wien im Oktober 1848 (1973).

57 B. Auerbach, Tagebuch aus Wien (1849), 186.

58 A. Pichler, Aus den März- und Oktobertagen zu Wien (1850), 34. Vgl. auch die von M. Hartmann, Revolutionäre Erinnerungen (1919), 74, geschilderte Szene des einsamen Trommlers am 31. Oktober.

59 KA, Politische Erhebungskommission, Post 10, 39.

60 P. Schulz, Marginalien über die Wiener Revolution (1856), 272ff. Zur beruf-

lichen Zusammensetzung der Oktobertoten – vor allem Kleinbürger, Arbeiter und Gesellen – siehe auch: F. Unterreiter, Die Revolution in Wien, Bd. 8 (1849), 111–120.

61 G. Lüders, Die demokratische Bewegung in Berlin (1909), 184. Silberstein wurde wenig später Korrespondent der „Neuen Rheinischen Zeitung". R. Weber, Die Revolution in Sachsen 1848/49 (1970), 309f.

„SIEGENDE GESCHLAGENE"

1 F. Freiligrath, Werke (1967), 130. Ganz ähnlich formulierte E. M. Arndt im nationalen Lager: „Wir sind geschlagen, nicht besiegt. In solcher Schlacht erliegt man nicht." J. Bab, Die deutsche Revolutionslyrik (1919), 198.

2 H. Kerchnawe, Die Überwindung der ersten Weltrevolution (1932), 62.

3 MEW, Bd. 5 (1973), 457.

5 Siehe zuletzt: M. Kovarik, Das Attentat Johann Libényis (1976); W. Häusler, Vom Standrecht zum Rechtsstaat (1977), mit weiterführenden Literaturangaben.

6 H. Friedjung, Politische Aufsätze (1919), 44.

7 J. Redlich, Kaiser Franz Joseph (1928), 71.

8 G. Franz, Liberalismus (1955), Anm. 455.

9 J. A. Helfert (Hg.), Der Wiener Parnaß (1882), Nr. 2032.

10 R. A. Kann, Die Restauration als Phänomen in der Geschichte (1974).

11 F. Engels, Einleitung zu: Die Klassenkämpfe in Frankreich (1895), in: MEAS, Bd. 1 (^{25}1977), 116.

12 W. G. Dunder, Denkschrift über die Wiener Oktober-Revolution (1849), 756ff.

13 J. A. Helfert, Geschichte Österreichs, Bd. 1 (1869), 272.

14 KA, Ziviluntersuchungen Nr. 2.

15 Ebd., Nr. 22.

16 Ebd., Nr. 3228–3229.

17 F. Unterreiter, Die Revolution in Wien, Bd. 8 (1849), 91f. Es ist erstaunlich, daß diese die „Intelligenz und Humanität der k. k. Truppen" (3) schonungslos kritisierende Darstellung die freilich schlecht genug funktionierende Militärzensur passieren konnte. Unterreiter büßte seine Kritik mit einem Jahr Festungsarrest in Eisen. W. G. Dunder, Denkschrift über die Wiener Oktober-Revolution (1849), 908. Vgl. über die brutale Behandlung der Gefangenen auch: A. Ullmayer, Merkwürdige Schicksale eines Wiener Oktober-Gefangenen (1850).

18 K. F. Vitzthum v. Eckstädt, Berlin und Wien (1886), 181f.

19 Ebd., 208. J. A. Helfert, Geschichte Österreichs, Bd. 3 (1872), 434. Über die Funktion des Belagerungszustands im gegenrevolutionären Herrschaftssystem siehe zuletzt: H. Boldt, Rechtsstaat und Ausnahmezustand (1967).

20 WZ, Abendbeil. Nr. 215 (27. 11. 1848), 843.

21 L. v. Welden, Episoden aus meinem Leben (1853), 47.

22 Ebd., 50.

23 G. Wolf, Aus der Revolutionszeit (1885), 98. In der Publizistik nach 1848 werden die Arbeiter und Studenten als „gefährliche Klassen" bezeichnet. So schätzte (R. Fröhlich), Die gefährlichen Klassen Wiens (1851), 30ff., die Zahl

der Arbeiter Wiens auf 130 000, „lasterhaft" davon seien 30 000, die Hälfte von diesen sei als „gefährlich" einzustufen. Von der Seichtigkeit der nachrevolutionären Beschäftigung mit der Arbeiterfrage gibt etwa die Broschüre von K. Müller, Der Haushalt des Arbeiters (1849), eine Vorstellung. Ähnlich in der Tendenz ist auch I. Wildner-Maithstein, Populäre Gespräche (1849), der in einem fingierten Dialog einen Arbeiter sagen läßt: „Wohlan denn, wir wollen unser trauriges Geschick willig ertragen und hoffnungsvoll zum Himmel flehen, daß er es uns erleichtere." – Auf welche Äußerung ein Fabrikant ausruft: „Leutchen, ihr glaubt gar nicht, was ihr mir mit solchen Grundsätzen für ein Seelenvergnügen macht!" Das Niveau der Auseinandersetzung mit der sozialen Frage sank nach 1848 tief unter das der vormärzlichen Literatur hinab.

24 F. C. Weidmann, Die Zustände Wiens seit 1. Dezember 1848 (1850), 261f.

25 WZ, Abendbeil. Nr. 228 (12. 12. 1848), 895f.

26 HHStA, IB-Akten 1849/51, A 820.

27 Ebd., A 4344.

28 F. Walter, Eine österreichische Denkschrift (1963), 206, 215f.

29 KA, Ziviluntersuchungen Nr. 2740/2753. Das Urteil trägt die eigenhändige Unterschrift Kempens – ein Zeichen für die exemplarische Bedeutung, die man dem Fall zumaß.

30 A. Springer (Hg.), Protokolle des Verfassungsausschusses (1885), 184ff.

31 E. Leisching, Denkschrift (1882), 32.

32 Siehe einen typischen Bericht über die Feiern von 1898 in: Das Jahr 1848 und das Haus der niederösterreichischen Stände (1948), 47f. Weitere Berichte zum 13. März sind in den Jahrgängen der Arbeiterzeitung enthalten. Vgl. Ch. Willinger, Die Revolution des Jahres 1848 im Spiegel der sozialdemokratischen Presse (1976).

33 Über die politisch verfolgten Parlamentarier Deutschlands und Österreichs siehe H. Jessen (Hg.), Die Deutsche Revolution 1848/49 in Augenzeugenberichten (1968), 369ff.

34 Ich werde auf die österreichische Emigration nach 1848 noch in anderem Zusammenhang zurückkommen, beschränke mich daher hier auf wenige Andeutungen.

35 Zuletzt: A. Hanschmidt, Republikanisch-demokratischer Internationalismus im 19. Jahrhundert (1977).

36 R. A. Kann, Das Nationalitätenproblem der Habsburgermonarchie, Bd. 2 (1964), 13ff.

37 M. Hartmann, Gesammelte Werke, Bd. 1 (1874), 24.

ZUM VERHÄLTNIS ZWISCHEN „KLEINBÜRGERLICHER" UND „SOZIALER" DEMOKRATIE

1 F. Engels, Der Status quo in Deutschland (1847), in: MEW, Bd. 4 (1969), 47.

2 MEAS, Bd. 1 (^{25}1977), 35.

3 Ebd., 100f.

4 K. Marx – F. Engels, Über Deutschland und die deutsche Arbeiterbewegung, Bd. 2 (^{25}1977), 385f.
5 Geschichtliche Grundbegriffe, Bd. 1 (1972), 821ff.; P. Wende, Radikalismus im Vormärz (1975).
6 A. Rosenberg, Demokratie und Sozialismus (1962), 22.
7 Vgl. die immer noch grundlegenden Studien von G. Mayer von 1912/13, die unter dem Titel „Radikalismus, Sozialismus und bürgerliche Demokratie" 1969 neu herausgegeben wurden.
8 Vgl. A. Leppert-Fögen, Die deklassierte Klasse (1974).
8a Der früheste mir bekannte Beleg für den Gebrauch dieses Begriffs in der Arbeiterbewegung ist ein Aufruf für die Einberufung eines deutschen Arbeiterparlaments in der Zeitung „Volk" vom 27. 6. 1848: „Unsere Stimme ist eine schwere und versäumen wir nicht, sie in die Waagschale der sozialen Demokratie zu legen!" E. Bernstein, Die Geschichte der Berliner Arbeiterbewegung, Tl. 1 (1907), 59f.
9 Siehe dazu: G. D. H. Cole, Socialist Thought. The Forerunners (1953); Th. Ramm, Der Frühsozialismus (1956); W. Schieder, Anfänge der deutschen Arbeiterbewegung (1963); D. Caute, Die Linke in Europa (1966); G. Lichtheim, Ursprünge des Sozialismus (1968); F. Deppe, Verschwörung, Aufstand und Revolution (1970); M. Vester, Die Frühsozialisten, 2 Bde. (1971).
10 L. Stein, Geschichte der sozialen Bewegung in Frankreich, Bd. 2 (1850), 476.
11 H. Müller, Ursprung und Geschichte des Wortes Sozialismus (1967), 156.
12 K. Marx – F. Engels, Über Deutschland und die deutsche Arbeiterbewegung, Bd. 2 (1970), 129.
13 MEW, Bd. 4 (1969), 317.
14 MEAS, Bd. 1 (^{25}1977), 44.
15 MEW, Bd. 4 (1969), 378f.
16 MEAS, Bd. 1 (^{25}1977), 202f.
17 Vgl. G. Blenk, Die Beamten im vormärzlichen Österreich (1947/48); H. Grausam, Der österreichische Staatsbeamte (1964). Eine farbige Quelle für die Mißstimmung in der unteren Beamtenschaft ist (C. A. Naske), Wiener Kanzlei-Zustände (1846), wo die köstliche Bezeichnung „Staats-Hämorrhoidarius" geprägt wurde (80).
18 W. H. Riehl, Die bürgerliche Gesellschaft (1851), 299, 301, 334f.
19 E. Bauernfeld, Ausgewählte Werke, Bd. 1 (1905), 67.
20 I. Fischer, Wiens Mediziner (1935); W. Häusler, Die Revolution von 1848 und die Wiener Mediziner (1973).
21 Zusammenfassend: L. O'Boyle, The Democratic Left in Germany 1848 (1961).
22 W. H. Riehl, Die bürgerliche Gesellschaft (1851), 98f.
23 Siehe W. K. Ernst, Gefängniserlebnisse Prager Studenten (1913), 3ff.
24 M. Bakunin, Beichte (1973), 153. Vgl. auch: H. K. Tannewitz, Michael A. Bakunins publizistische Persönlichkeit (1962).
25 R. Rosdolsky, Friedrich Engels und das Problem der „geschichtslosen" Völker (1964), 232.
26 M. Herwegh (Hg.), Briefe von und an Georg Herwegh (1896), 226.
27 MEW, Bd. 5 (1973), 270ff.
28 MEAS, Bd. 2 (^{25}1977), 424.

ZEITGENÖSSISCHE INTERPRETATIONSMODELLE DER REVOLUTION VON 1848

1 E. Leisching, Denkschrift (1882); P. Molisch, Anton Füster (1925); M. Britovšek, Anton Füster (1970).
2 A. Füster, Memoiren, Bd. 2 (1850), 105.
3 R. Hamerling, Stationen meiner Lebenspilgerschaft, in: Sämtliche Werke, Bd. 13 (o. J.), 93, überlieferte einen Spottvers auf Füsters korpulente Erscheinung: „Der Linken dickste Eckgewalt und radikale Speckgestalt, der Herr Expater Füster." Diese Verspottung zählte noch zu den harmlosesten Angriffen. Vgl. J. A. Helfert (Hg.), Der Wiener Parnaß (1882), Nr. 1999.
4 A. Füster, Memoiren, Bd. 1 (1850), 98.
5 Ebd., Bd. 2 (1850), 21.
6 W. Sauer, Anton Füster (1975), 255.
7 A. Füster, Memoiren, Bd. 1 (1850), 164f.
8 Karl Marx, Chronik seines Lebens (1971), 79f.
9 Das Grab Füsters am Wiener Zentralfriedhof ist noch erhalten.
10 A. Füster, Hirtenbrief (1849), 11.
11 Ebd., 14.
12 WStA, Nachlässe 23.
13 Füster spielt auf die Pariser Kommune an.
14 A. Springer, Aus meinem Leben (1892); J. Weichinger, A. Springer (1953). 1979 erscheint im Jahrbuch des Instituts für deutsche Geschichte meine Studie über Springer als Revolutionstheoretiker.
15 A. Springer, Die Hegel'sche Geschichtsauffassung (1848), 91.
16 Damals herrschten in Prag relativ liberale Zustände, da die Regierung die Tschechen bei guter Stimmung halten wollte, um im Kampf gegen Ungarn freie Hand zu haben.
17 Über die Bedeutung Steins für die Entwicklung der Gesellschaftswissenschaften in Deutschland und Österreich siehe zusammenfassend: D. Blasius, Lorenz von Stein (1970).
18 A. Springer, Geschichte des Revolutionszeitalters (1849), V, VII.
19 Ebd., 41.
20 Ebd., 195.
22 J. Halpern, Ferdinand Kürnberger (1928); R. Wessely, Ferdinand Kürnberger (1948); W. Immergut, Ferdinand Kürnberger und Österreich (1951).
23 F. Kürnberger, Die Wiener Revolution. Fragmentarischer Bericht, in: Sonntagsblätter, Nr. 12 (19. 3. 1848), 130.
24 WZ, Abendbeil. Nr. 178 (7. 10. 1848), 706.
25 F. Kürnberger, Briefe eines politischen Flüchtlings (1920), 106f.
26 Ebd., 108.
27 Ebd., 110f.
28 M. Hattinger, Ernst von Violand (1950); W. Häusler, Ernst Violand (1977).
29 (E. Violand), Enthüllungen (1849), 196.
30 Ich wies diese in den Akten des IB belegbaren Beziehungen in einem bei einer Tagung über die demokratischen Bewegungen in Deutschland und Österreich im Mai 1977 in Berlin gehaltenen Referat nach, das voraussichtlich 1979 in den Veröffentlichungen der Historischen Kommission zu Berlin erscheinen wird. Siehe dazu: E. Hanisch, Karl Marx und die Berichte der österreichischen Geheimpolizei (1976), 13.

31 E. Violand, Die soziale Geschichte der Revolution (1850), 9f.

32 Ebd., 13.

33 Violand spricht in diesem Zusammenhang von einer „Diktatur", um „jedes Privilegium abzuschaffen und (. . .) die die Arbeit beherrschende Macht des Kapitals zu brechen". Ebd., 10. Zu ähnlichen Auffassungen wie Violand gelangte in der Emigration auch Max Gritzner d. J.: „Von der Bourgeoisie, die die Freiheitsbewegung von 1848 vereitelt und die Einheitsbewegung von 1866 großgesäugt hat, hat die Sache der Freiheit im herannahenden Weltkampfe zwischen Absolutismus und Demokratie nichts zu erwarten. Die Armee der Freiheit ist der Arbeiterstand." M. C. Gritzner, Politisches (1866), 87.

QUELLEN- UND LITERATURVERZEICHNIS

QUELLENVERZEICHNIS

1. ARCHIVBESTÄNDE

Haus-, Hof- und Staatsarchiv Wien
Akten des österreichischen Reichstags 1848/49 (RTA)
Fasz. 115–132 Petitionen
Fasz. 135–151 Akten des Sicherheitsausschusses
Akten des Informationsbüros 1849/51 (IB)

Allgemeines Verwaltungsarchiv Wien
Grundbuch politisch bedenklicher Personen
(Die übrigen Akten der Obersten Polizeibehörde konnten wegen ihrer ausnahmslosen Sperrung durch die Direktion als „Brandakten" für diese Arbeit nicht herangezogen werden.)

Kriegsarchiv Wien
Akten des Zivil- und Militärgouvernements Wien 1848–1853
Politische Erhebungskommission, Post 1–15
Justizsektion: Ziviluntersuchungen / Militäruntersuchungen
Latour-Akten

Archiv der Stadt und des Landes Wien
Nachlässe 23: Füster
HA-Akten B 1297: Häberlin-Briefe
HA-Akten B 281: Tagebuch Schiendl

Archiv für Niederösterreich
Stadthauptmannschaftsakten 1848
Karton 80

2. GEDRUCKTE QUELLEN

a) Flugblätter
Für diese Arbeit wurden hauptsächlich die Bestände der Österreichischen Nationalbibliothek (ÖNB) und der Wiener Stadtbibliothek (WStB), die einander gut ergänzen, benützt. Datierte Flugblätter sind in diesen Sammlungen chronologisch eingereiht, undatierte nach dem Autor, bzw. nach dem Schlagwort des Titels oder des Inzipit. Weitere öffentliche Flugblattsammlungen zur Geschichte der Revolution von 1848 befinden sich im Haus-, Hof- und Staatsarchiv (bei den Reichstagsakten), Kriegsarchiv (Sammlung Seis) und in der Niederösterreichischen Landesbibliothek. Sie enthalten vor allem amtliche Kundmachungen. In letztgenannter Sammlung wird derzeit an einer Katalogisierung gearbeitet, die leider in den anderen Instituten noch nicht in Angriff genommen wurde. Zur Ergänzung konnte ich die reichhaltige Wiener Privatsammlung Walter Maderner und einen Bestand im Institut für Österreichische Geschichtsforschung (IfÖG) einsehen.
Eine bedeutende amerikanische Flugblattsammlung der österreichischen Revolution katalogisierte jüngst J. E. Walsh (1976). Eine nicht zu übersehende zeitgenössische Flugblattsammlung (bis Mai 1848) bietet F. Peyer, Wiener-Chronik

(1850); die Oktoberflugblätter und -kundmachungen sind großteils bei A. Schütte (1848) und W. G. Dunder (1849) abgedruckt. Eine gute Auswahl bieten K. Obermann (1972) und K. Mellach – G. Fritsch (1968), letztere Ausgabe mit guten Faksimiles. Einzelprobleme der Wiener Revolution behandeln anhand der Flugblätter die Dissertationen von D. Weiß (1971) und S. Zeidler (1977). G. Otruba bereitet nach bereits erschienenen Einzelstudien eine Edition von Wiener Flugblättern zur sozialen Frage vor.

b) Zeitungen

Wenn nicht anders angegeben, handelt es sich um in Wien 1848 erschienene Blätter. Die reichsten Bestände an Zeitungen des Revolutionsjahrs verwahrt die Österreichische Nationalbibliothek; Wiener Stadtbibliothek und Universitätsbibliothek bieten wertvolle Ergänzungen. Verzeichnisse mit Anspruch auf Vollständigkeit siehe in den in Anm. 1 des Kapitels „Presse und Öffentlichkeit" genannten Werken. Die Angabe von Erscheinungsjahren bezieht sich nur auf verwendete, nicht auf alle erschienenen Jahrgänge.

Wiener Abendzeitung.
Das Wiener allgemeine Arbeiterblatt.
Wiener Arbeiter-Courier.
Arbeiter-Zeitung.
Aufwärts. Ein Volksblatt für Glauben, Freiheit und Gesittung.
Österreichischer Beobachter. Fortgesetzt als: Österreichische Zeitung (seit 31. 3. 1848) bzw. Allgemeine Österreichische Zeitung (seit 13. 4. 1848).
Bohemia. Prag 1848.
Die Wiener Boten. Deutsche Wochenschrift für Politik und Literatur. Leipzig 1849.
Komische Briefe des Hans Jörgel von Gumpoldskirchen an seinen Schwager in Feselau über Wien und seine Tagesbegebenheiten.
Österreichisches Buchdrucker-Organ.
Österreichisches Central-Organ für Glaubensfreiheit, Kultur, Geschichte und Literatur der Juden.
Die Constitution. Tagblatt für konstitutionelles Volksleben und Belehrung.
Österreichischer Courier. Siehe: Allgemeine Theaterzeitung.
Der Demokrat. Siehe: Wanderer.
Constitutionelle Donau-Zeitung.
Freiheit inner den Grenzen des Rechts und der Mäßigung. Ein österreichisch-politisches Centralblatt.
Der Freimütige. Zeitschrift für Denker und Lacher.
Mit Beilage: Bauernzeitung.
Wiener Gassen-Zeitung.
Die Gegenwart. Politisch-literarisches Tagblatt.
Die Geißel. Tageblatt aller Tageblätter.
Gerad'aus! Politisches Abendblatt für's Volk.
Die Grenzboten. Leipzig 1846–1849.
Habt Acht! Gerad'aus! Politisches Tagblatt für das Volk.
Der Humorist.
Journal des Österreichischen Lloyd. Centralorgan für Handel, Industrie, Schiffahrt und Volkswirtschaft.

Wiener Katzenmusik (Charivari). Politisches Tagblatt für Spott und Ernst mit Karikaturen.

Wiener Kirchenzeitung für Glauben, Wissen, Freiheit und Gesetz in der katholischen Kirche.

Wiener Krakehler.

Der Leuchtturm. Leipzig 1848–1849.

Der Mann des Volkes. Ein Blatt für Reform, Opposition und Tagesneuigkeiten.

Morgenblatt für gebildete Leser. Stuttgart – Tübingen 1849.

Die rote Mütze. Demokratische Zeitschrift.

Nationalblatt. Volkszeitung für wahre Freiheit und freie Wahrheit.

Der österreichische Nationalgardist und konstitutionelle Staatsbürger.

Nazional-Zeitung. Politisches Volksblatt für demokratische Interessen.

Der allgemeine Nothelfer. Central-Organ des Wiener Schuldentilgungs-, Hilfs- und Versorgungs-Vereins.

Der Ohnehose. Volksblatt für unumschränkte Freiheit und soziale Reform.
Umgewandelt in: Der Proletarier (seit 16. 7. 1848)
Der Volksmann (seit 24. 7. 1848).

Der Omnibus. Central-Tagblatt für Freiheit, Aufschwung und Volksregierung.

Opposition für Volk und Recht.

Wiener Postillon. Tagblatt zur Aufklärung, Belehrung und Erheiterung für Alle.

Ostdeutsche Post.

Die Presse.

Der Proletarier. Siehe: Der Ohnehose.

Der Radikale.

Die Reform. Politisch-soziales Tagblatt.

Wiener Sonntagsblätter.

Der Sprecher für Staat und Kirche. Katholisch-politische Wochen-Zeitung vom deutschen Standpunkte.

Kritischer Sprechsaal für die Hauptfragen der österreichischen Politik.

Allgemeine Straßenzeitung. Wiener Tagblatt für das Volk.

Neue politische Straßenzeitung. Ein Volksblatt.

Wiener Studenten-Blatt.

Politischer Studenten-Courier.

Allgemeine Theaterzeitung.
Umgewandelt in: Österreichischer Courier (seit 26. 6. 1848).

Österreichische Typographia. Journal für Arbeiter von Arbeitern.

Der Unparteiische.

Völkerbund. Soziales Blatt mit besonderem Hinblick auf Ungarn.

Der Volksfreund. Zeitschrift für Aufklärung und Erheiterung des Volkes.

Der Volksmann. Siehe: Der Ohnehose.

Die Volkstribüne.

Wanderer.
Umgewandelt in: Der Demokrat (seit 24. 6. 1848).

Der freie Wiener. Wochenschrift für Scherz und Ernst, Novelle und Erzählung, Ironie und Satire, Kunst und Literatur, Politik und Volksinteressen.

Die neue Zeit. Central-Organ für Politik, Handel und Gewerbe.

Östreichische militärische Zeitschrift. 1848–1849.

Allgemeine Österreichische Zeitung. Siehe: Österreichischer Beobachter.

Illustrierte Zeitung. Leipzig 1848.

Zeitung für die Wiener Nationalgarde.
Österreichische konstitutionelle deutsche Zeitung. Ein Blatt für Politik, Kunst und Wissenschaft aller Völker.
Wiener Zeitung.
Wiener Zuschauer. Zeitschrift für Gebildete.

c) Bücher, Broschüren und Quellenpublikationen

(Andrian-Werburg Victor von), Österreich und dessen Zukunft. 2 Bde., Hamburg ²1843–1847.
Angeli Moriz von, Wien nach 1848. Wien – Leipzig 1905.
Ansichten eines Deutschen in Wien. (Wien 1848.)
Äußerungen der Repräsentanten der kärntnerischen Eisenindustrie über die vom hohen Handels-Ministerium aufgestellte Frage über den Anschluß an den deutschen Zollverein. Klagenfurt 1848.
Auerbach Berthold, Tagebuch aus Wien. Von Latour bis auf Windischgrätz (September bis November 1848). Breslau 1849.
Aufzeichnungen aus den Wiener Oktobertagen. Zur Chronik des Jahres 1848. Leipzig ²o. J.
Bab Julius, Die deutsche Revolutionslyrik. Eine geschichtliche Auswahl. Wien – Leipzig 1919.
Badenfeld Wilhelm von, Die ultra-liberale und radikale Bewegung und deren Bekämpfung in Österreich, vom staatsrechtlichen Standpunkte betrachtet, und die hieraus hervorgehende Stellung des Reichstages und der Regierung. Brünn 1849.
Bäuerle Adolf, Was verdankt Österreich der beglückenden Regierung Seiner Majestät Kaiser Franz des Ersten? Wien 1834.
Bakunin Michael A., Aufruf an die Slawen. Koethen 1848.
Bakunin Michael A., Beichte aus der Peter-Pauls-Festung an Zar Nikolaus I. (Insel Taschenbuch 29). Frankfurt/M. 1973.
Bauer Bruno, Die bürgerliche Revolution in Deutschland seit dem Anfang der deutsch-katholischen Bewegung bis zur Gegenwart. Berlin 1849.
Bauernfeld Eduard, Ausgewählte Werke, 4 Bde., Leipzig 1905.
Aus Bauernfelds Tagebüchern (Hg. Karl Glossy). 2 Bde., Wien 1895–1896.
Bauernfeld Eduard, Aus Alt- und Neu-Wien (Deutsche Hausbücherei 87). Wien 1923.
Bebel August, Aus meinem Leben. 3 Bde., Stuttgart 1910–1914.
Beck Karl, Nächte. Gepanzerte Lieder. Leipzig 1838.
Beck Karl, Lieder vom armen Mann. Leipzig ²1846.
Beidtel Ignaz, Geschichte der österreichischen Staatsverwaltung 1740–1848 (Hg. Alfons Huber). 2 Bde., Innsbruck 1896–1898.
(Beidtel Karl), Die Geldangelegenheiten Österreichs. Leipzig 1847.
(Beidtel Karl), Das Eigentum. Stuttgart 1848.
Beiträge zur Geschichte der Wiener Oktobertage des Jahres 1848, in: Wiener Communal-Kalender und Städtisches Jahrbuch 26 (1888), 259–291.
Bensen Heinrich-Wilhelm, Die Proletarier. Eine historische Denkschrift. Stuttgart 1847.
Bericht über die dritte allgemeine Gewerbeausstellung in Wien 1845. Wien 1846.
Beschlüsse des Arbeiter-Kongresses zu Berlin vom 23. August bis 3. September 1848. Berlin 1848.

Über die Bildung der Jugend zur Industrie. Prag 1785.
Bindtner Josef (Hg.), Alt-Wiener Kulturbilder. Aus Adolf Bäuerles Memoiren (Tagblatt-Bibliothek 322/323). Wien 1926.
Blanc Louis, Geschichte der zehn Jahre 1830–1840. 5 Bde., Kassel 1852.
Blanqui Louis Auguste, Schriften zur Revolution, Nationalökonomie und Sozialkritik. Reinbek bei Hamburg 1971.
Blumenbach Wenzel Carl Wolfgang, Neueste Landeskunde von Österreich unter der Enns. 2 Bde., Güns ^{2}1834–1835.
Bodenstedt Friedrich, Erinnerungen aus meinem Leben. 2 Bde., Berlin 1888.
Born Stefan, Erinnerungen eines Achtundvierzigers. Leipzig ^{2}1898.
Brunner Sebastian, Der Nebeljungen Lied. Regensburg 1845.
Brunner Sebastian, Denkpfennige zur Erinnerung an Personen, Zustände und Erlebnisse vor, in und nach dem Explosionsjahre 1848. Würzburg – Wien 1886.
Brunner Sebastian, Woher? Wohin? Geschichten, Gedanken, Bilder und Leute aus meinem Leben (Gesammelte Erzählungen und poetische Schriften 11–12). Regensburg ^{3}1890.
Buchheim Adolf – Falke Oskar, Die Wiener Oktoberrevolution. Mannheim 1848.
Castle Eduard (Hg.), Einfache Darstellung der Ereignisse in Wien von dem Momente der Generalkommandoübernahme durch FML Karl Graf Auersperg bis zur Wiedereinnahme von Wien und Begründung der Motive seiner Handlungen, in: Anzeiger der Österreichischen Akademie der Wissenschaften, phil.-hist. Klasse 94 (1957), 281–296.
Chaises Adolf, Vorträge des Dr. Schütte und politische Debatten der Gesellschaft der Volksfreunde. Heft 1 (mehr nicht erschienen), Wien 1848.
Chaises Adolf – Löbenstein Aloys, Vorträge und Debatten, gehalten im Verein der Gesellschaft der Volksfreunde und Liberalen. Heft 1 (mehr nicht erschienen), Wien 1848.
Codex Austriacus. 6 Teile, Wien 1704–1777.
Genaue Darstellung der denkwürdigen Wiener Ereignisse des Jahres 1848 in ihren Ursachen und Folgen. Wien 1849.
Denkbuch der merkwürdigsten Tage Wiens. Eine ausführliche Darstellung aller Ereignisse und Begebenheiten des Jahres 1848 in und um Wien, die Bekanntgebung der erschienenen Proklamationen, gehaltenen Reden und Feierlichkeiten. Wien 1850.
Demarteau Am., Wie kann dem Gewerbsmanne schnell Erleichterung verschafft – dem Arbeiter Beschäftigung gegeben werden? Wien 1848.
Dercsényi Johann von, Studien über ein humanes Mittel gegen den Kommunismus oder über das Humanitätssystem der Volkswirtschaft, des Volksunterrichts und des politischen Volkslebens. Pest 1846.
Déssary Alois, Systematisches Handbuch der Gesetze und Vorschriften über die in den k. k. österreichischen Staaten bestehende allgemeine Verzehrungssteuer. Wien ^{2}1846.
Ditscheiner Josef Alois, Das österreichische Post-, Eisenbahn- und Dampfschifffahrtswesen. Wien 1843.
Dunder Wenzel G., Denkschrift über die Wiener Oktober-Revolution. Ausführliche Darstellung aller Ereignisse aus ämtlichen Quellen geschöpft, mit zahlreichen Urkunden begleitet, dann nach eigenen Erlebnissen und nach authentischen Berichten von Augenzeugen und Autoritäten. Wien 1849.

Ebeling Friedrich Wilhelm, Historische Darstellung und Kritik des ersten österreichischen Reichstages bis zu seiner Prorogation. Regensburg 1848.

Ebeling Friedrich Wilhelm, Zahme Geschichten aus wilder Zeit. Leipzig 1851.

Eckardt Ludwig, Der erste Arbeiterverein ist gegründet! Verhandlungen der Wiener Tipografia (!). (Wien 1848.)

Endlich Johann Quirin, Der Einfluß der Juden auf unsere Zivilisation mit besonderer Rücksicht auf Industrial-Anstalten in Österreich. Wien 1848.

Engländer Leopold, Die wahre Lage der untern Volksklassen. (Wien 1848.)

Engländer Leopold, Offener Brief an jene Hausherren, welche unerschwingliche Zinsen verlangen. (Wien 1848.)

Engländer Leopold, Der Nachtwächter oder die wahre Lage des Volkes, seine Gesinnungen, seine Wünsche, seine Hoffnungen und seine natürlichen Rechte. (Wien 1848.)

Engländer Leopold, Statuten-Entwurf des allgemeinen Schuldentilgungs-, Wucher-Aufhebungs-, Versorgungs- und Hilfsvereines. (Wien 1848.)

Engländer Leopold, Statuten des Wiener Schuldentilgungs-, Hilfs- und Versorgungs-Vereines. Wien 1848.

Engländer Leopold, Statuten des Vereines zur Aufhebung und Ausrottung des Wuchers, zur Tilgung der sämtlichen Schulden seiner Mitglieder, zur allgemeinen Versorgung, Unterstützung, Dienstgebung und Aufhebung jedes Unglükkes und jedes Elends, zur Versorgung der Witwen und Waisen und zur allgemeinen jeden Menschen mit Liebe umfassenden Hilfe und Rettung. Wien 1848.

Die Ereignisse in und um Wien im Oktober 1848. Wien 1848.

Entwurf einer allgemeinen Steuer-Regulierung oder freiwilligen National-Vermögens-Besteuerung. Wien 1848.

Ergebnisse der von dem kaiserlich-königlichen Militär-Gerichte geführten Untersuchung wider die Mörder des k. k. Kriegsministers General-Feldzeugmeisters Theodor Grafen Baillet von Latour. Wien 1850.

Fenner von Fenneberg Ferdinand Daniel, Österreich und seine Armee. Leipzig 1847.

Fenner von Fenneberg Ferdinand Daniel, Handbuch für Zeitungsleser. Ulm 1847.

Fenner von Fenneberg Ferdinand Daniel, Geschichte der Wiener Oktobertage. 2 Teile, Leipzig 1849.

Fenske Hans (Hg.), Vormärz und Revolution 1840–1849 (Quellen zum politischen Denken der Deutschen im 19. und 20. Jahrhundert. Freiherr vom Stein-Gedächtnisausgabe 4). Darmstadt 1976.

Ficquelmont Ludwig von, Aufklärungen über die Zeit vom 20. März bis zum 4. Mai 1848. Leipzig 1850.

Fischel Alfred (Hg.), Die Protokolle des Verfassungsausschusses über die Grundrechte. Ein Beitrag zur Geschichte des österreichischen Reichstags vom Jahre 1848. Wien – Leipzig 1912.

Frankl Ludwig August, Erinnerungen (Bibliothek deutscher Schriftsteller aus Böhmen 29). Prag 1910.

Freiligrath Ferdinand, Werke. Berlin – Weimar 1967.

Friedmann Bernhard, Die Wohnungsnot in Wien. Wien 1857.

(Friedmann Bernhard), Die Preissteigerung der Lebensbedürfnisse in Wien und im österreichischen Kaiserstaate, ihre Progression, Ursachen und Heilmittel. Wien 1851.

Friese Franz, Übersicht der österreichischen Bergwerksproduktion in den Jahren 1823–1854. Wien 1855.

Fröbel Julius, Wien, Deutschland und Europa. Wien 1848.
Fröbel Julius, Briefe über die Wiener Oktober-Revolution mit Notizen über die letzten Tage Robert Blums. Frankfurt/M. 1849.
Fröbel Julius, Ein Lebenslauf. Aufzeichnungen, Erinnerungen und Bekenntnisse. 2 Bde., Stuttgart 1890–1891.
(Fröhlich Rudolf), Die gefährlichen Klassen Wiens. Darstellung ihres Entstehens, ihrer Verbindungen, ihrer Taktik, ihrer Sitten und Gewohnheiten und ihrer Sprache. Mit belehrenden Winken über Gaunerkniffe und einem Wörterbuche der Gaunersprache. Wien 1851.
Füster Anton, Hirtenbrief an die Wiener akademische Legion und ihre Freunde. Mannheim 1849.
Füster Anton, Memoiren vom März 1848 bis Juli 1849. Beitrag zur Geschichte der Wiener Revolution. 2 Bde., Frankfurt/M. 1850.
Funk Franz, Das Verzeichnis der Vielperzentigen. Ein zeitgemäßes Schema renommierter Kapitalisten Wiens, die für 12, 18, 24, 36 und mehr Prozent ihr Geld ausleihen. Wien 1848.
Funk Franz, Das Büchlein von den Geldkupplern, Zubringern, Unterhändlern (G'schaftelbergern), Mäklern und Sensalen. Eine interessante Sammlung berühmter und berüchtigter Leute. Wien 1848.
Gedenkbuch eines Augenzeugen über die Ereignisse zu Wien vom 6. Oktober bis zum 1. November 1848. Graz 1848.
Die Gegenwart. Eine enzyklopädische Darstellung der neuesten Zeitgeschichte für alle Stände. 10 Bde., Leipzig 1848–1855.
Gerstner Franz Josef von, Zwei Abhandlungen über Frachtwägen und Straßen und über die Frage, ob und in welchen Fällen der Bau schiffbarer Kanäle, Eisenwege oder gemachter Straßen vorzuziehen sei. Prag 1813.
Ein Gespräch zwischen einem Altgesellen und einem Lehrjungen. Wien 1848.
Glaßbrenner Adolf, Bilder und Träume aus Wien. Wien – Berlin – Leipzig – München 1922.
Glossy Karl (Hg.), Literarische Geheimberichte aus dem Vormärz. 3 Teile, Wien 1912.
Glossy Karl (Hg.), Wien 1840–1848. Eine amtliche Chronik (Schriften des literarischen Vereins in Wien 23–24). 2 Bde., Wien 1917–1919.
Goldammer Peter (Hg.), 1848. Augenzeugenberichte der Revolution. Briefe, Tagebücher, Reden, Berichte. Berlin 1973.
Grab Walter (Hg.), Die Französische Revolution. Eine Dokumentation. München 1973.
Grillparzer Franz, Sämtliche Werke. 16 Bde., Leipzig 1909.
Gritzner Max C., Politisches. Zürich 1866.
Gritzner Max C., Flüchtlingsleben. Zürich 1867.
Groß-Hoffinger Anton Johann, Die Schicksale der Frauen und die Prostitution im Zusammenhange mit dem Prinzip der Unauflöslichkeit der katholischen Ehe und besonders der österreichischen Gesetzgebung und der Philosophie des Zeitalters. Leipzig 1847.
Grüner Carl, Die Geschichte der Oktober-Revolution in Wien, ihre Ursachen und nächsten Folgen. Leipzig 1849.
Die Grundentlastung in Österreich. Nach amtlichen Quellen dargestellt. Wien 1857.
Habit Karl, Erlebnisse in den Tagen der Oktober-Revolution des Jahres 1848. Wien 1907.

Härdtl Josef von, Fünfundzwanzig Jahre im Staatsdienste. Lose Blätter aus dem Papierkorbe eines Unbedeutenden. Wien 1882.

Hahn Michael, Der Bezirk Sechshaus. Eine Beschreibung der Ortschaften Braunhirschen, Fünfhaus, Gaudenzdorf, Ober- und Untermeidling mit Wilhelmsdorf, dann Reindorf, Rustendorf und Sechshaus in historischer, topographischer, statistischer, kommerzieller und industrieller Beziehung. Wien 1853.

Haidinger Andreas, Das wohltätige und gemeinnützige Wien. Wien 1848.

Hain Joseph, Handbuch der Statistik des österreichischen Kaiserstaates. 2 Bde., Wien 1852–1853.

Hamerling Robert, Sämtliche Werke. 16 Bde., Leipzig o. J.

(Hartig Franz von), Genesis der Revolution in Österreich im Jahre 1848. Leipzig 1850.

Hartig Franz (Hg.), Metternich – Hartig. Ein Briefwechsel des Staatskanzlers aus dem Exil 1848–1851. Wien – Leipzig 1923.

Hartmann Moritz, Gesammelte Werke. 10 Bde., Stuttgart 1874.

Hartmann Moritz, Revolutionäre Erinnerungen (Deutsche Revolution. Eine Sammlung zeitgemäßer Schriften 4). Leipzig 1919.

Hartung Fritz, Die Entwicklung der Menschen- und Bürgerrechte von 1776 bis zur Gegenwart (Quellensammlung zur Kulturgeschichte 1). Göttingen ^{4}1972.

Hauer Ferdinand von, Praktische Darstellung des Untertanswesens in Niederösterreich. Wien ^{3}1848.

Hebbel Friedrich, Tagebücher, in: Sämtliche Werke, 2. Abt., Bd. 1–4. Berlin 1903–1905.

Hegel Georg Wilhelm Friedrich, Grundlinien der Philosophie des Rechts oder Naturrecht und Staatswissenschaft im Grundrisse (Reclams Universalbibliothek 8388–8393). Stuttgart 1970.

Helfert Josef Alexander (Hg.), Der Wiener Parnaß im Jahre 1848. Wien 1882.

Helfert Josef Alexander, Aufzeichnungen und Erinnerungen aus jungen Jahren. Im Wiener konstituierenden Reichstag Juli bis Oktober 1848. Wien 1904.

Hermand Jost (Hg.), Der deutsche Vormärz. Texte und Dokumente (Reclams Universalbibliothek 8794–8798). Stuttgart 1967.

Herwegh Marcel (Hg.), Briefe von und an Georg Herwegh. Paris – Leipzig – München 1896.

Hess Moses, Philosophische und sozialistische Schriften 1837–1850. Eine Auswahl (Hg. Auguste Cornu – Wolfgang Mönke). Berlin 1961.

Hoffmann C. F. L., Vollständiges politisches Taschenwörterbuch. Leipzig 1849. Nachdruck Frankfurt/M. 1972.

Hohenblum J. S., Statuten zur Bildung des Vereines der Freunde der konstitutionellen Ordnung und wahren Freiheit. Wien 1848.

Hübner Alexander von, Ein Jahr meines Lebens 1848–1849. Leipzig 1891.

Hummelauer Albert von, Über die Verarmung der ackerbauenden Klasse. Wien 1836.

Hummelauer Albert von, Von den Ursachen des Zustandes der arbeitenden Klasse und den Mitteln, denselben, den Erfordernissen des geselligen Seins entsprechend, zu verbessern. Ein Beitrag zu einer künftigen Organisation der Arbeit. Klagenfurt 1849.

Imendörffer Benno (Hg.), Zwei Wiener Mädchentagebücher aus dem Jahre 1848/49. Wien – Leipzig 1927.

Instruktionen für die Vertrauensmänner der Gewerbskorporationen. Wien 1848.

Jantke Carl – Hilger Dietrich (Hg.), Die Eigentumslosen. Der deutsche Pauperismus und die Emanzipationskrise in Darstellungen und Deutungen der zeitgenössischen Literatur. Freiburg i. B. 1965.
Jellinek Hermann, Kritische Geschichte der Wiener Revolution vom 13. März bis zum konstituierenden Reichstag. Wien 1848.
Jessen Hans (Hg.), Die Deutsche Revolution in Augenzeugenberichten. Düsseldorf 1968.
Justi Johann Heinrich Gottlob von, Vollständige Abhandlung von den Manufakturen und Fabriken. 2 Tle., Berlin ^{2}1780.
Kaiser Friedrich, 1848. Ein Wiener Volksdichter erlebt die Revolution. Wien 1948.
Károlyi Arpád, Németujvári gróf Batthyány Lajos elsö magyar miniszterelnök föbenjáró pöre. 2 Bde., Budapest 1932.
Keess Stefan von, Darstellung des Fabriks- und Gewerbswesens im österreichischen Kaiserstaat. 4 Bde., Wien 1819–1821.
Keess Stefan von – Blumenbach Wenzel Carl Wolfgang, Systematische Darstellung der neuesten Fortschritte in den Gewerben und Manufakturen und des gegenwärtigen Zustandes. 2 Bde., Wien 1829–1830.
Klein Tim (Hg.), Der Vorkampf deutscher Einheit und Freiheit. Erinnerungen, Urkunden, Berichte, Briefe. München – Leipzig 1914.
Klein Wilhelm, Nachrichten von dem neuesten Zustande der Volksmenge, des Armenstandes und der vorzüglichsten Wohltätigkeits-Anstalten in Wien. 2 Hefte, Wien 1810–1814.
Knepler Hermann, Der Prozeß Goldmark aktenmäßig dargestellt. Wien 1868.
Knolz Josef Johann, Darstellung der Humanitäts- und Heilanstalten im Erzherzogtume Österreich unter der Enns. Wien 1840.
Knolz Josef Johann, Darstellung der Verfassung und Einrichtung der Baumwoll-Spinnerei-Fabriken in Niederösterreich. Mit besonderer Rücksicht auf die moralisch-intellektuelle und physische Erziehung der daselbst verwendeten Kinder und die diesfalls bestehenden gesetzlichen Vorschriften. Wien 1843.
Koch Matthias, Abhandlung über Armenkolonien und ihre Errichtung im österreichischen Kaiserstaate. Wien 1835.
(Koch Matthias), Österreichs innere Politik mit Beziehung auf die Verfassungsfrage. Stuttgart 1847.
Körner Alfred (Hg.), Die Wiener Jakobiner. Schriften und Dokumente (Deutsche revolutionäre Demokraten 3). Stuttgart 1972.
Kopetz Gustav W., Allgemeine österreichische Gewerbs-Gesetzkunde, oder systematische Darstellung der gesetzlichen Verfassung der Manufakturs- und Handelsgewerbe in den deutschen, böhmischen, galizischen, italienischen und ungarischen Provinzen des österreichischen Kaiserstaates. 2 Bde., Wien 1829–1830.
Kotelmann Albert, Vergleichende statistische Übersicht über die landwirtschaftlichen und industriellen Verhältnisse Österreichs und der deutschen Zollvereinsstaaten. Berlin 1852.
Kratochwill Anton Rudolf, Die Armenpflege der k.k. Haupt- und Residenzstadt Wien, verbunden mit einer besonderen Abhandlung über die Zuständigkeit oder das Heimatrecht. Wien 1846.
Kraus-Elislago Anton Joseph Emanuel, Eine seinen Kindern und Freunden hinterlassene Auto-Biographie. Wien 1849.

Krawani August, Der Vormärz und die Oktoberrevolution 1848. Wien 1898.
Kuczynski Jürgen, Bürgerliche und halbfeudale Literatur aus den Jahren 1840–1847 zur Lage der Arbeiter. Eine Chrestomathie (Geschichte der Lage der Arbeiter unter dem Kapitalismus 9). Berlin 1960.
Kudler Josef, Die Grundlehren der Volkswirtschaft. 2 Teile, Wien 1846.
Kudlich Hans, Rückblicke und Erinnerungen. 3 Bde., Wien – Pest – Leipzig 1873.
Kübeck Max von (Hg.), Tagebücher des Carl Friedrich Freiherrn Kübeck von Kübau. 2 Bde., Wien 1909.
Kübeck Max von (Hg.), Metternich und Kübeck. Ein Briefwechsel. Wien 1910.
Kuefstein Ferdinand von, Über den Nutzen der Arbeits-Anstalten. Wien 1802.
Kürnberger Ferdinand, Briefe eines politischen Flüchtlings (Hg. Otto Erich Deutsch). Leipzig – Wien 1920.
Langer Anton, Kasernen für die Arbeiter. Ein Wort an den Minister der Arbeit. Wien 1848.
Langer Anton, Östreich als Republik. (Wien 1848.)
Laube Heinrich, Das erste deutsche Parlament (Gesammelte Werke 36–38). 3 Bde., Leipzig 1909.
Lebensgeschichte des verwegenen Räuberhauptmannes Johann Georg Grasel, Horn o. J.
Lenau Nikolaus, Sämtliche Werke. 2 Bde., Berlin – Leipzig o. J.
Liechtenstern Joseph Marx von, Skizze einer statistischen Schilderung des österreichischen Staates. Wien ^{3}1805.
Liechtenstern Joseph Marx von, Handbuch der neuesten Geographie des österreichischen Kaiserstaates. 3 Bde., Wien 1817–1818.
Likawetz-Oberhauser August, Die Demokratie in Österreich. Prag 1849.
Marholz Kurt, Ein Handwerksbursche zur Kongreßzeit in Wien. Reisebericht aus der Biedermeierzeit (Österreich-Reihe 184). Wien 1962.
Marx Karl – Engels Friedrich, Werke. 39 Bde. und 2 Ergänzungsbde. Berlin 1964ff. (MEW)
Marx Karl – Engels Friedrich, Über Deutschland und die deutsche Arbeiterbewegung. 2 Bde., Berlin 1970.
Marx Karl – Engels Friedrich, Ausgewählte Schriften. 2 Bde., Berlin ^{25}1977. (MEAS)
Mayer, Offener Brief eines Arbeiters an seine Kameraden. Wien 1848.
Meißner Alfred, Revolutionäre Studien aus Paris (1849). 2 Bde., Frankfurt/M. 1849.
Meißner Alfred, Geschichte meines Lebens. 2 Bde., Wien – Teschen 1884.
Mellach Kurt – Fritsch Gerhard, 1848. Protokolle einer Revolution. Wien – München 1968.
Melzer Raimund, Geschichte der Findlinge in Österreich mit besonderer Berücksichtigung ihrer Verhältnisse in Illyrien. Leipzig 1846.
Messenhauser Wenzel, Staatsbürgerlicher Rechtsschatz. Wien 1848.
Metternich-Winneburg Richard (Hg.), Aus Metternichs nachgelassenen Papieren. 8 Bde., Wien 1880–1887.
Moering Karl, Sibyllinische Bücher aus Östreich. 2 Bde., Hamburg 1848.
Molisch Paul (Hg.), Eduard Neussers studentische Erinnerungen aus dem Jahre 1848, in: Mitteilungen des Vereines für Geschichte der Stadt Wien 13/14 (1933), 65–83.

Moshammer Josef, Wien und Buda-Pest im Herbste 1848, in: Austria. Österreichischer Universalkalender 10 (1849), 384–426.
Müller Adam H., Ausgewählte Abhandlungen (Hg. Jakob Baxa). Jena 1921.
Müller Karl, Der Haushalt des Arbeiters. Oder: Wie soll es der Arbeiter anfangen, um sich und den Seinigen ein rechtliches Fortkommen und ein reichliches Auskommen zu sichern? Mit Gutheißung des h. Unterrichts-Ministeriums. Wien 1849.
(Naske C. A.), Wiener Kanzlei-Zustände. Aus den Memoiren eines österreichischen Staatsbeamten. Leipzig 1846.
Österreichische National-Enzyklopädie oder alphabetische Darlegung der wissenswürdigsten Eigentümlichkeiten des österreichischen Kaiserstaates. 6 Bde., Wien ²1838.
Nestroy Johann, Sämtliche Werke (Hg. Fritz Brukner und Otto Rommel). 15 Bde., Wien 1924–1930.
Neumann Josef, An die Fabriks-, Gewerbs- und Handwerksgesellen und Arbeiter Wiens, Wien 1848.
Nitschner Jakob F., Wenzel Messenhauser. Sein Leben, Wirken und sein Ende. Wien 1849.
Nordstein F. A., Geschichte der Wiener Revolution (Historische Hausbibliothek 15). Leipzig 1850.
Obermann Karl (Hg.), Flugblätter der Revolution. Eine Flugblattsammlung zur Geschichte der Revolution von 1848/49 in Deutschland (dtv 4111). München 1972.
Perthaler Hans von, Auserlesene Schriften. 2 Bde., Wien 1883.
Peyer Franz, Wiener-Chronik für das Jahr 1848. Wien 1850.
Pichler Adolf, Aus den März- und Oktobertagen zu Wien. Innsbruck 1850.
Pillersdorff Franz von, Handschriftlicher Nachlaß. Wien 1863.
Pisling Theophil, Nationalökonomische Briefe aus dem nordöstlichen Böhmen. Prag 1856.
Politzer Leopold Maximilian, Die Frage des konstituierenden Reichstages. Wien 1848.
Pröhle Heinrich, Aus dem Kaiserstaat. Wien 1849.
Pröhle Heinrich, Berlin und Wien. Ein Skizzenbuch. Berlin 1850.
Das Proletariat und die Gewerbsfreiheit. Salzburg 1848.
A. A. B., Proletariat und Pauperismus oder: Taglöhnerschaft und Armut, nebst einigen Gedanken über die Aufgabe eines Ministeriums der öffentlichen Arbeiten. Wien 1848.
Proudhon Pierre Joseph, Bekenntnisse eines Revolutionärs. Reinbek bei Hamburg 1969.
Pulszky Franz, Meine Zeit, mein Leben. 4 Bde., Preßburg – Leipzig 1880–1883.
Rabus A., Vor fünfzig Jahren. Erinnerungen an Wien aus dem Jahre 1848. Würzburg 1898.
Ramm Thilo (Hg.), Der Frühsozialismus. Ausgewählte Quellentexte (Kröners Taschenausgaben 223). Stuttgart 1956.
Politischer Rechtsschatz für das deutsche Volk. Fundgrube alles politischen Wissens oder Taschenwörterbuch der bürgerlichen und politischen Freiheit und Rechte freier Völker. Wien 1848.
Reden Friedrich Wilhelm von, Denkschrift über die österreichische Gewerbe-Ausstellung in Wien 1845, deren Verhältnis zur Industrie des Deutschen Zollvereins und die gegenseitigen Handelsbeziehungen. Berlin 1846.

Redlich Oswald (Hg.), Von Maria Theresia zu Franz Joseph. Zwei Lebensbilder aus dem alten Österreich. Berlin 1929.
Regner Theodor, Die Welt ohne Geld. Buch für die Arbeiter. Wien 1848.
Reichardt Johann Friedrich, Vertraute Briefe geschrieben auf einer Reise nach Wien und den österreichischen Staaten zu Ende des Jahres 1808 und zu Anfang 1809. 2 Bde., München 1915.
Reil Johann Anton Friedrich. Der Wanderer im Waldviertel. Ein Tagebuch vom Jahre 1815 für Freunde österreichischer Gegenden. (Neuausgabe) Eggenburg 1929.
Reichstags-Galerie. Geschriebene Porträts der hervorragendsten Deputierten des ersten österreichischen Reichstages. Wien 1849.
Außführliche Relation und Ordnung / Wie und wasgestalten auff Ihro Kayserliche Majestät Befelch die allhier sehr häuffig befundene allerhand Bettler ordentlich beschriben / examinirt und untersucht (. . .) Wien 1696.
Revue österreichischer Zustände. 3 Bde., Leipzig 1842–1845.
Riehl Wilhelm Heinrich, Die bürgerliche Gesellschaft. Stuttgart – Tübingen 1851.
Rittler Franz, Freimütige Enthüllung der wahren Ursachen des täglich sich mehrenden Bettelunwesens und wohlgemeinte Vorschläge, ihm mit sicherm Erfolg zu steuern. Wien 1818.
Robespierre Maximilien, Ausgewählte Texte. Hamburg 1971.
Rommel Otto (Hg.), Die politische Lyrik des Vormärz (Deutschösterreichische Klassikerbibliothek 33). Wien – Teschen – Leipzig o. J.
Rommel Otto (Hg.), Der österreichische Vormärz 1816–1847 (Deutsche Literatur. Politische Dichtung 4). Leipzig 1931.
Ronge Johannes, Erste Rede, gehalten in einer Versammlung der freien christlichen (deutsch-katholischen) Gemeinde zu Wien, am 17. September 1848. Wien 1848.
Rosenfeld Albert, Die Aula. Erinnerungsblätter für Studenten, Bürger und Nationalgarde. 2 Tle., Wien 1848.
Rosenfeld Albert, Das Studenten-Komitee in Wien im Jahre 1848. Zum Besten deutscher Flüchtlinge in der Schweiz. Bern 1849.
Rosental Kl., Politisches Taschen-Wörterbuch, in welchem mehr als 4 000 politische Wörter enthalten sind, unentbehrlich für alle Teilnehmer an der politischen Jetztzeit, besonders für Zeitungsleser, Reichstagsanwohner, Gerichtsparteien, Militäristen etc. Wien 1848.
Rossi Carl, Der Schauplatz unseres kommerziellen und kameralistischen Lebens. Eine Galerie volkstümlicher Schilderungen. 3 Hefte, Wien 1848.
Rotteck Carl – Welcker Carl, Das Staatslexikon. Enzyklopädie der sämtlichen Staatswissenschaften für alle Stände. 12 Bde., Altona ^{2}1845–1847.
Rüdegger Franz, Geschichte der Wiener März- und Mairevolution bis zu den Ereignissen des 23. August 1848, Wien 1848.
Schattenseiten der österreichischen Staatsverwaltung und gesellschaftlichen Zustände. Hamburg 1846.
Scherzer Karl, Über das Armtum. Wien 1848.
Schimmer Karl August, Neuestes Gemälde von Wien in topographischer, statistischer, kommerzieller, industriöser und artifizieller Beziehung. Wien 1837.
Schimmer Karl August, Vollständige Beschreibung von Wien, dessen Eigentümlichkeiten, innere und äußere Gestaltung, Merkwürdigkeiten, amtliches und Geschäftsleben, Industrie, Handel und Gewerbe, Kunst, Literatur und gesellschaftliches Leben. Wien 1848.

(Schirnding Ferdinand von), Das Judentum in Österreich und die böhmischen Unruhen. Leipzig 1845.

Schmidl Adolf, Wien und seine nächsten Umgebungen. Wien 1847.

Schmidt Adolf, Zeitgenössische Geschichten. Berlin 1859.

(Schmidt Julian), Bilder aus Österreich (1848 bis 1849) von einem deutschen Reisenden. Leipzig 1851.

Scholl Carl, Aus hohen Tagen. Das Erwachen der Geister in Österreich. Reden und Ansprachen, gehalten während der Revolution in Wien und Graz vom September 1848 bis zu meiner Ausweisung im Mai 1849. Berlin 1891.

Schraepler Ernst (Hg.), Quellen zur Geschichte der sozialen Frage in Deutschland (Quellensammlung zur Kulturgeschichte 6, 9). 2 Bde., Göttingen – Berlin – Frankfurt 1955–1959.

Schütte Anton, Die Wiener Oktober-Revolution. Aus dem Tagebuche des Dr. Schütte. Prag 1848.

Schuh Franzjosef (Hg.), Franz Hebenstreit 1747–1795. Mensch unter Menschen (Schriften aus dem Karl-Marx-Haus Trier 11). Trier 1974.

Schultes Josef A., Ausflüge nach dem Schneeberge in Unterösterreich. Wien 1802.

Schulz Paul, Marginalien über die Wiener Revolution vom Jahre 1848 und ihre wichtigsten Folgen in der spätesten Zeit. Leipzig 1856.

Schulz Paul, Die Wiener Revolution vom Jahre 1848. Satirisch-komisch dargestellt. Leipzig 1856.

Schumacher Andreas, Wiener allgemeiner Gewerbs- und Fabriksgesellen-Verein. Wien 1848.

(Schuselka Franz), Deutsche Worte eines Österreichers. Hamburg 1843.

Schuselka Franz, Österreichische Vor- und Rückschritte. Hamburg 1847.

Schuselka Franz, Österreich über alles, wenn es nur will. Hamburg 1847.

Schuselka Franz, Deutsche Fahrten. 2 Bde., Wien 1849.

Schwarzer Ernst von, Geld und Gut in Neuösterreich. Wien 1857.

Schweickhardt von Sickingen Franz X., Darstellung des Erzherzogtums Österreich unter der Enns. 37 Bde., Wien 1831–1841.

Schweickhardt von Sickingen Franz X., Denkschrift zur Aufhellung der Wahrheit und Entgegnung böswilliger Lügen und Verdächtigungen der Ereignisse im Jahre 1848 gegen die Gemeinden Fünfhaus, Sechshaus, Braunhirschen, Reindorf und Rustendorf. Wien 1850.

Seegen Josef – Schlesinger Max (Hg.), Politisches ABC fürs Volk. Ein unentbehrlicher Führer im konstitutionellen Staat. 2 Bde., Wien ^{2}1848.

Seligmann Franz Romeo, Die Kochanstalt des Wiener allgemeinen Hilfsvereins. Wien 1852.

Silberstein August, Geschichte der Aula. Die Wiener Universität und die akademische Legion vom März bis Ende Oktober 1848. Mannheim 1849.

Sonnenfels Josef von, Grundsätze der Polizei, Handlung und Finanz. 3 Bde., Wien ^{8}1819–1822.

Springer Anton, Die Hegel'sche Geschichtsanschauung. Eine historische Denkschrift. Tübingen 1848.

Springer Anton, Geschichte des Revolutionszeitalters (1789–1848). In öffentlichen Vorlesungen an der Prager Universität übersichtlich dargestellt. Prag 1849.

Springer Anton (Hg.), Protokolle des Verfassungs-Ausschusses im österreichischen Reichstage 1848–1849. Leipzig 1885.

Springer Anton, Aus meinem Leben (Grote'sche Sammlung von Werken zeitgenössischer Schriftsteller 39), Berlin 1892.

Statuten für das Komitee zur Unterstützung mittelloser Gewerbsleute in Wien. Wien 1848.

Provisorische Statuten und Geschäftsordnung des Wiener demokratischen Vereins. Wien 1848.

Stein Lorenz, Der Sozialismus und Kommunismus des heutigen Frankreichs. Leipzig 1842.

Stein Lorenz, Geschichte der sozialen Bewegung in Frankreich von 1789 bis auf unsere Tage. 3 Bde., Leipzig 1850.

Steinitz Wolfgang (Hg.), Deutsche Volkslieder demokratischen Charakters aus sechs Jahrhunderten (Veröffentlichungen des Instituts für deutsche Volkskunde 4/1–2). 2 Bde., Berlin 1954–1962.

Streng Karl, Verzeichnis der an den drei Märztagen Gefallenen, nebst Angabe des ärztlichen Befundes. Wien 1848.

Struve Gustav – Rusch Gustav, Zwölf Streiter der Revolution. Berlin 1867.

Stütz Andreas, Mineralogisches Taschenbuch enthaltend eine Oryctographie von Unterösterreich zum Gebrauche reisender Mineralogen. Wien – Triest 1807.

Sueß Eduard, Erinnerungen. Leipzig 1916.

Suntinger Karl Franz, Darstellung der Kultur und Humanität des kaiserlichen österreichischen Hofes. Wien – Triest 1808.

Tafeln zur Statistik der österreichischen Monarchie für das Jahr 1841. Wien 1845.

Tagebuch der Wiener Ereignisse im Jahre 1848 mit dem jeweiligen Kurs der 5% Staatsschuldverschreibungen. Wien 1849.

Tebeldi Albrecht, siehe: Beidtel Karl.

Tęgoborski Ludwik von, Über die Finanzen, die Staatsschuld, die finanziellen Hilfsquellen und das Steuersystem Österreichs. 2 Bde., Wien 1845.

Tellering Eduard, Freiheit und Juden. Zur Beherzigung für alle Volksfreunde. Wien 1848.

Töpfer Anton, Betrachtungen über die Frage: Sind die in Österreich bestehenden Fabriken und Manufakturen dem Vaterlande nützlich, verdienen sie Unterstützung und worin kann diese vorzüglich bestehen? Wien 1817.

Turnbull Peter E., Österreichs politische und soziale Zustände. Leipzig 1840.

(Tuvora Josef), Briefe aus Wien. 2 Bde., Hamburg 1844.

Statistische Übersicht der wichtigsten Produktionszweige in Österreich unter der Enns. Wien 1855.

Uhl Friedrich, Aus meinem Leben. Stuttgart – Leipzig 1908.

Ullmayer Anton, Merkwürdige Schicksale eines Wiener Oktober-Gefangenen des Jahres 1848, welcher auf seinem Transporte von der Leopoldstadt nach Hetzendorf neunmal gehenkt und viermal erschossen wurde und doch noch lebt. Wien 1850.

Unterreiter Friedrich, Die Revolution in Wien. Mit allen ihren Ursachen und Wirkungen fortlaufend bis auf die nächsten Tage, auf das freisinnigste nach eigener Anschauung und den besten Quellen dargestellt. 8 Bde., Wien 1848–1849.

Vaßen Florian (Hg.), Restauration, Vormärz und 48er Revolution (Die deutsche Literatur 10. Reclams Universalbibliothek 9637–9640). Stuttgart 1975.

Veith Johann Emanuel, Politische Passionspredigten. Wien 1849.

Der konstitutionell-monarchische Verein für den österreichischen Kaiserstaat, Wien 1848.

Verhandlungen des österreichischen Reichstages nach der stenographischen Aufnahme. 5 Bde., Wien 1848–1849.

Ämtliche Verhandlungsprotokolle des Gemeindeausschusses der Stadt Wien vom 25. Mai bis 5. Oktober 1848. Wien 1848.

Vester Michael (Hg.), Die Frühsozialisten 1789–1848. 2 Bde., Reinbek bei Hamburg 1970–1971.

(Violand Ernst), Enthüllungen aus Österreichs jüngster Vergangenheit. Hamburg 1849.

Violand Ernst, Die soziale Geschichte der Revolution in Österreich. Leipzig 1850.

Vitzthum von Eckstädt Karl Friedrich, Berlin und Wien in den Jahren 1845–1852. Politische Privatbriefe. Stuttgart 1886.

Vogl Johann N. (Hg.), Österreichischer Volkskalender. Wien 1849–1850.

Walsh James E., 1848 Austrian Revolutionary Broadsides and Pamphlets: A Catalogue of the Collection on the Houghton Library Harvard University. Boston/Mass. 1976.

Walter Friedrich (Hg.), Der permanente Ausschuß des österreichischen Reichstages 6.–31. Oktober 1848. Ein Beitrag zur Geschichte der Oktoberrevolution, in: Mitteilungen des Vereins für Geschichte der Stadt Wien 5 (1925), 42–77.

Walter Friedrich (Hg.), Magyarische Rebellenbriefe 1848. Aemtliche und Privat-Korrespondenzen der magyarischen Rebellenregierung, ihrer Führer und Anhänger (Buchreihe der Südostdeutschen Historischen Kommission 13). München 1964.

Wanderer Maria Theresia (Hg.), Revolutionsstürme Achtundvierzig. Ereignisse, Urkunden, Briefe, Dichtungen. Wien 1948.

Weber Rolf (Hg.), Revolutionsbriefe 1848/49 (Reclams Universalbibliothek 517). Leipzig 1973.

Weidmann F. C., Gang und Richtung der Wiener Revolution vom 13. März bis 6. Oktober 1848, in: Austria. Österreichischer Universalkalender 10 (1849), 304–383.

Weidmann Franz Carl, Die Zustände Wiens seit 1. Dezember 1848, in: Austria. Österreichischer Universalkalender 11 (1850), 221–320.

Welden Ludwig von, Episoden aus meinem Leben. Beiträge zur Geschichte der Feldzüge der österreichischen Armee in den Jahren 1848 und 1849. Graz 1853.

Wessenberg Johann Philipp von, Briefe aus den Jahren 1848–1858 an Isfording-Kostnitz, österreichischen Legationsrat a. D. 2 Tle., Leipzig 1877.

Wien und die Wiener, in Bildern aus dem Leben. Pest 1844.

Wildner Ignaz, Das österreichische Fabrikenrecht. Wien 1838.

Wildner-Maithstein Ignaz, Populäre Gespräche über menschliche Bestimmung und Würde, über Recht und Freiheit, Eigentum, Güterverteilung, Reichtum und Armut, Arbeitslohn, Arbeitslosigkeit und Maschinengebrauch, rote Republik, Brüderlichkeit. Wien 1849.

Willner Anton, Rede, gehalten in der Volksversammlung im Odeon. Wien 1848.

Winter Eduard (Hg.), Bolzano-Brevier. Sozialethische Betrachtungen aus dem Vormärz. Wien 1947.

Winter Eduard, Die Sozial- und Ethnoethik Bernard Bolzanos. Humanistischer Patriotismus oder romantischer Nationalismus im vormärzlichen Österreich. Bernard Bolzano contra Friedrich Schlegel. Eine Dokumentation (Sitzungsberichte der Österreichischen Akademie der Wissenschaften, phil.-hist. Klasse 316). Wien 1977.

Wintersberg Engelbert, Hundert Sätze vom Staate. Dem ersten österreichischen Volkstag. Wien 1848.

Wittner Otto (Hg.), Briefe aus dem Vormärz. Eine Sammlung aus dem Nachlaß Moritz Hartmanns (Bibliothek deutscher Schriftsteller aus Böhmen 30). Prag 1911.

Ein Wort gegen die Gleichstellung der Konfessionen. Von einem Christen für seine minderbelehrten Mitbürger. Wien 1848.

Zdekauer Emanuel, Über die Organisation von Handwerker- und Gewerbevereinen in Verbindung mit Vorschußkassen, Industriehallen und wissenschaftlichen Organen für gewerbliche Bildung. Prag 1848.

Ziegler Anton, Vaterländische Bilder-Chronik aus der Geschichte des österreichischen Kaiserstaates. Die neueste Zeit. 2 Bde., Wien 1850.

Zola Emile, Arbeit. Berlin o. J.

Soziale und politische Zustände Österreichs mit besonderer Beziehung auf den Pauperismus. Leipzig 1847.

LITERATURVERZEICHNIS

Abel Wilhelm, Der Pauperismus in Deutschland am Vorabend der industriellen Revolution (Vortragsreihe der Gesellschaft für Westfälische Wirtschaftsgeschichte 14). Dortmund 1966.

Abel Wilhelm, Massenarmut und Hungerkrisen im vorindustriellen Deutschland (Kleine Vandenhoeckreihe 352–354). Göttingen 1972.

Abel Wilhelm, Massenarmut und Hungerkrisen im vorindustriellen Europa. Versuch einer Synopsis. Hamburg – Berlin 1974.

Ableidinger Johann, Geschichte von Schwechat. Schwechat 1929.

Achinger Hans, Sozialpolitik als Gesellschaftspolitik. Von der Arbeiterfrage zum Wohlfahrtsstaat (Rowohlts deutsche Enzyklopädie 47). Reinbek bei Hamburg 1958.

Actes du Congrès Historique du Centenaire de la Révolution de 1848. Paris 1848.

Adler Georg, Die Geschichte der ersten sozialistischen Arbeiterbewegung in Deutschland mit besonderer Rücksicht auf die einwirkenden Theorien. Ein Beitrag zur Entwicklungsgeschichte der sozialen Frage. Breslau 1885.

Adler Max, 1848. Wien 1905.

Adler Max, Die Anfänge der merkantilistischen Gewerbepolitik in Österreich (Wiener staatswissenschaftliche Studien 4/3). Wien – Leipzig 1903.

Adler Max, Fabrik und Zuchthaus. Eine sozialhistorische Untersuchung (Kultur- und Zeitfragen 10). Leipzig 1924.

Ahlberg René, Das Proletariat. Die Perspektiven der Arbeiterklasse in der Industriegesellschaft (Urban-Taschenbuch 861). Stuttgart – Berlin – Köln – Mainz 1974.

Allmayer-Beck Johann Christoph, Der Konservatismus in Österreich (Konservative Schriftenreihe 4). München 1959.

Amann Peter H., Revolution and Mass Democracy. The Paris Club Movement in 1848. Princeton – London 1975.

Andics Erzsébet, Metternich und die Frage Ungarns. Budapest 1973.

Andics Hellmut, Das österreichische Jahrhundert. Die Donaumonarchie 1804–1918. Wien – München – Zürich 1974.

Anhell Ferdinand, Caritas und Sozialhilfen im Wiener Erzbistum 1802–1918 (Veröffentlichungen des kirchenhistorischen Instituts der katholisch-theologischen Fakultät der Universität Wien 10). Wien 1971.

Arendt Hannah, Über die Revolution. München 1963.

Das öffentliche Armenwesen in Wien. Eine Skizze seiner geschichtlichen Entwicklung. Wien 1946.

Averbuch Rebekka Abramovna, Revoljucija v Austrii (1848–1849 gg.). Moskau 1970.

Baar Lothar, Die Berliner Industrie in der industriellen Revolution (Veröffentlichungen des Instituts für Wirtschaftsgeschichte an der Hochschule für Ökonomie Berlin – Karlshorst 4). Berlin 1966.

Bach Maximilian, Geschichte der Wiener Revolution im Jahre 1848. Wien 1898.

Bachinger Karl, Der Niedergang der Kleineisenindustrie der niederösterreichischen Eisenwurzen 1850–1914 (Dissertationen der Universität Wien 86). Wien 1972.

Bammer Winfried, Beiträge zur Sozialstruktur der Bevölkerung Wiens aufgrund der Verlassenschaftsakten des Jahres 1830. Diss. Wien 1968.

Balser Frolinde, Sozial-Demokratie 1848/49–1863. Die erste deutsche Arbeiterorganisation „Allgemeine Arbeiterverbrüderung" nach der Revolution (Industrielle Welt. Schriftenreihe des Arbeitskreises für moderne Sozialgeschichte 2). Stuttgart 1962.

Bandion Erwin, Das Wiener Gewerbe und die Wiener Industrie im Rahmen der österreichischen Monarchie in der ersten Hälfte des 19. Jahrhunderts. Diss. Wien 1949.

Baron Gerhart, Der Beginn. Die Anfänge der Arbeiterbildungsvereine in Oberösterreich. Linz 1971.

Barta Stephan Peter, Die politisch verfolgten österreichischen Professoren im Vormärz. Diss. Wien 1966.

Bauer Otto, Der Kampf um Wald und Weide. Studien zur österreichischen Agrargeschichte und Agrarpolitik (Agrarsozialistische Bücherei 1). Wien 1925.

Bauer Roger, Der Idealismus und seine Gegner in Österreich. Heidelberg 1966.

Bauer Wilhelm, Die öffentliche Meinung in der Weltgeschichte. Potsdam 1929.

Baumgart Franzjörg, Die verdrängte Revolution. Darstellung und Bewertung der Revolution von 1848 in der deutschen Geschichtsschreibung vor dem Ersten Weltkrieg (Geschichte und Gesellschaft. Bochumer Historische Studien 14). Düsseldorf 1976.

Baxa Jakob, Adam Müller. Ein Lebensbild. Jena 1930.

Becker Bernhard, Die Reaktion in Deutschland gegen die Revolution von 1848 beleuchtet in sozialer, nationaler und staatlicher Beziehung. Wien ^{2}1869.

Bednar Hans, Das Jahr 1848 in Oberösterreich mit besonderer Berücksichtigung von Linz. Diss. Wien 1936.

Beer Adolf, Die Finanzen Österreichs im 19. Jahrhundert. Prag 1877.

Beer Adolf, Die österreichische Handelspolitik im 19. Jahrhundert. Wien 1891.

Beier Gerhard, Schwarze Kunst und Klassenkampf. Frankfurt 1966.

Beispiele früher Industrie- und Nutzbauten in Wien (Katalog der 46. Sonderausstellung des Historischen Museums der Stadt Wien). Wien 1976.

Belovari Hermann, Christlicher Demokratismus und christlicher Sozialismus im Jahre 1848 in Wien. Diss. Wien 1960.

Benedikt Heinrich, Die wirtschaftliche Entwicklung in der Franz-Joseph-Zeit (Wiener historische Studien 4). Wien – München 1958.

Benedikt Heinrich, Alexander von Schoeller 1805–1886. Ein Lebensbild. Wien 1958.

Bergeron Louis – Furet François – Koselleck Reinhart, Das Zeitalter der europäischen Revolution 1780–1848 (Fischer Weltgeschichte 26). Frankfurt/M. 1969.

Berghaus Erwin, Auf den Schienen der Erde. Eine Weltgeschichte der Eisenbahn. München 1960.

Berindei Dan – Gesemann Wolfgang u. a. (Hg.), Der Bauer Mittel- und Osteuropas im sozioökonomischen Wandel des 18. und 19. Jahrhunderts. Beiträge zu seiner Lage und deren Widerspiegelung in der zeitgenössischen Publizistik und Literatur (Studien zur Geschichte der Kulturbeziehungen in Mittel- und Osteuropa 2). Wien – Köln 1973.

Bermann Moriz, Alt und Neu-Wien. Geschichte der Kaiserstadt und ihrer Umgebungen. Wien – Pest – Leipzig 1880.

Bermann Moriz, Österreich-Ungarn im 19. Jahrhundert. Wien 1884.

Bernstein Eduard, Die Geschichte der Berliner Arbeiterbewegung. Ein Kapitel zur Geschichte der deutschen Sozialdemokratie. 2 Tle., Berlin 1907.

Beyme Klaus von (Hg.), Empirische Sozialforschung. Opladen 1973.

Bibl Viktor, Die niederösterreichischen Stände im Vormärz. Ein Beitrag zur Vorgeschichte der Revolution des Jahres 1848. Wien 1911.

Bibl Viktor, Von Revolution zu Revolution. Wien – Berlin – Leipzig – München 1924.

Bibl Viktor, Die Wiener Polizei. Eine kulturhistorische Studie. Leipzig – Wien – New York 1927.

Bibl Viktor, Kaiser Franz, der letzte römisch-deutsche Kaiser. Leipzig – Wien 1938.

Bibl Viktor, Metternich, der Dämon Österreichs. Leipzig – Wien ^{4}1941.

Bidermann Hermann Ignaz, Die technische Bildung im Kaisertume Österreich. Ein Beitrag zur Geschichte der Industrie und des Handels. Wien 1854.

Bietak Wilhelm, Das Lebensgefühl des „Biedermeier" in der österreichischen Dichtung. Wien – Leipzig 1931.

Biedermeierausstellung. Friedrich Gauermann und seine Zeit (Katalog des Niederösterreichischen Landesmuseums NF 2). Wien 1962.

Birker Karl, Die deutschen Arbeiterbildungsvereine 1840–1870 (Einzelveröffentlichungen der Historischen Kommission zu Berlin 10). Berlin 1973.

Blasius Dirk, Lorenz von Stein. Grundlagen und Struktur seiner politischen Ideenwelt. Diss. Köln 1970.

Blasius Dirk, Bürgerliche Gesellschaft und Kriminalität. Zur Sozialgeschichte Preußens im Vormärz (Kritische Studien zur Geschichtswissenschaft 22). Göttingen 1976.

Blenk Gustav, Die Beamten im vormärzlichen Österreich, in: Der öffentlich Angestellte, Nr. 1–10 (1947), Nr. 1–12 (1948), Nr. 1–4 (1949).

Blos Wilhelm, Die deutsche Revolution. Geschichte der deutschen Bewegung von 1848 und 1849. Stuttgart 1893 (Neudruck Stuttgart 1978).

Blümml Emil – Gugitz Gustav, Altwienerisches. Bilder und Gestalten. 2 Bde., Wien – Prag – Leipzig 1921.

Blum Hans, Robert Blum. Ein Zeit- und Charakterbild für das deutsche Volk. Leipzig 1878.

Blum Hans. Die deutsche Revolution 1848–1849. Eine Jubiläumsausgabe für das deutsche Volk. Florenz – Leipzig 1897.

Blum Jerome, Nobel Landowners and Agriculture in Austria 1815–1848. A Study in the Origins of the Peasant Emancipation of 1848 (The John Hopkins University Studies in Historical and Political Sciences LXV/2). Baltimore 1948.

Blum Jerome, The End of the Old Order in Rural Europe. Princeton N. J. 1978.

Blumberg Horst, Die deutsche Textilindustrie in der industriellen Revolution (Veröffentlichungen des Instituts für Wirtschaftsgeschichte an der Hochschule für Ökonomie Berlin – Karlshorst 3). Berlin 1965.

Blumberg Werner, Eduard von Müller-Tellering. Verfasser des ersten antisemitischen Pamphlets gegen Marx, in: Bulletin of the International Institute of Social History, Amsterdam 6 (1951), 178–197.

Böhme Helmut, Prolegomena zu einer Sozial- und Wirtschaftsgeschichte Deutschlands im 19. und 20. Jahrhundert (edition suhrkamp 233). Frankfurt 1968.

Böhmer Günther, Die Welt des Biedermeier. München 1968.

Boldt Hans, Rechtsstaat und Ausnahmezustand. Eine Studie über den Belagerungszustand als Ausnahmezustand des bürgerlichen Rechtsstaats im 19. Jahrhundert (Schriften zur Verfassungsgeschichte 6). Berlin 1967.

Boldt Werner, Die Anfänge des deutschen Parteiwesens. Fraktionen, politische Vereine und Parteien in der Revolution 1848. Darstellung und Dokumente. Paderborn 1971.

Bolognese-Leuchtenmüller Birgit, Bevölkerungsentwicklung und Berufsstruktur, Gesundheits- und Fürsorgewesen in Österreich 1750–1918 (Materialien zur Wirtschafts- und Sozialgeschichte 1). Wien 1978.

Bopp Josef, Die Entwicklung des deutschen Handwerksgesellentums im 19. Jahrhundert unter dem Einfluß der Zeitströmungen. Diss. München 1932.

Bossi-Fedrigotti Anton, Kaiser Franz Joseph und seine Zeit. Zürich – München 1978.

Brakelmann Günter, Die soziale Frage des 19. Jahrhunderts (Materialreihe der evangelischen Sozialseminare von Westfalen 1–2). 2 Bde., Witten/Ruhr 1962.

Brandt Harm-Hinrich, Der österreichische Neoabsolutismus: Staatsfinanzen und Politik 1848–60 (Schriftenreihe der Historischen Kommission bei der Bayerischen Akademie der Wissenschaften 15). Göttingen 1978.

Brandtner Beatrix Maria, Das Schlagwort in der Wiener Bewegung 1848 mit besonderer Berücksichtigung der Märzrevolution. Diss. Wien 1940.

Braunthal Julius, Geschichte der Internationale. 3 Bde., Berlin – Bonn ^{2}1978.

Brederlow Jörn, „Lichtfreunde“ und „Freie Gemeinden“. Religiöser Protest und Freiheitsbewegung im Vormärz und in der Revolution von 1848/49 (Studien zur modernen Geschichte 20). München – Wien 1976.

Brenner Winfried, Die Arbeiterfrage im Vormärz. Ideelle Grundlagen und geschichtliche Folgen. Diss. Wien 1955.

Briggs Asa (Hg.), Das neunzehnte Jahrhundert. Politik, Wirtschaft, Wissenschaft und Kunst im Zeitalter des Imperialismus. München – Zürich 1972.

Brinton Crane, Die Revolution und ihre Gesetze. Frankfurt/M. 1959.

Britovšek Marjan, Anton Füster in Revolucija 1848 v Austriji. Maribor 1970.

Brügel Ludwig, Soziale Gesetzgebung in Österreich von 1848 bis 1918. Wien – Leipzig 1919.

Brügel Ludwig, Geschichte der österreichischen Sozialdemokratie. 5 Bde., Wien 1922–1925.
Brunner Otto, Das Wiener Bürgertum. Eine historisch-soziologische Skizze, in: Monatsblatt des Vereines für Geschichte der Stadt Wien 15 (1933), 220–231.
Brusatti Alois, Unternehmensfinanzierung und Privatkredit im österreichischen Vormärz, in: Mitteilungen des Österreichischen Staatsarchivs 13 (1960), 331–379.
Brusatti Alois, Österreichische Wirtschaftspolitik vom Josefinismus zum Ständestaat. Wien 1965.
Brusatti Alois, Wirtschafts- und Sozialgeschichte des industriellen Zeitalters. Graz – Wien – Köln ^{2}1968.
Buchheim Karl, Deutsche Kultur zwischen 1830 und 1870. Frankfurt/M. 1966.
Buchmann Bertrand Michael, Der Wiener Linienwall und die Linienämter, in: Wiener Geschichtsblätter 33 (1978), 65–76.
Büsch Otto, Industrialisierung und Gewerbe im Raum Berlin/Brandenburg 1800–1850. Eine empirische Untersuchung zur gewerblichen Wirtschaft einer hauptstadtgebundenen Wirtschaftsregion in frühindustrieller Zeit (Einzelveröffentlichungen der Historischen Kommission zu Berlin 7). Berlin 1971.
Büsch Otto (Hg.), Die frühsozialistischen Bünde in der Geschichte der deutschen Arbeiterbewegung. Vom „Bund der Gerechten" zum „Bund der Kommunisten" 1836–1847 (Beiheft zur Internationalen Wissenschaftlichen Korrespondenz 2). Berlin 1975.
Büssem Eberhard, Die Karlsbader Beschlüsse. Die endgültige Stabilisierung der restaurativen Politik im Deutschen Bund nach dem Wiener Kongreß von 1814/15. Hildesheim 1974.
Bujatti Franz, Die Geschichte der Seidenindustrie Österreichs, deren Ursprung und Entwicklung bis in die neueste Zeit (Monographien des Museums für Geschichte der österreichischen Arbeit 4). Wien 1893.
Burian Peter, Die Nationalitäten in „Cisleithanien" und das Wahlrecht der Märzrevolution 1848/49. Zur Problematik des Parlamentarismus im alten Österreich. Graz – Köln 1962.
Caute David, Die Linke in Europa. Eine Ideologie- und Systemanalyse ab 1789. München 1966.
Čechura Radim, Die industrielle Revolution im 19. Jahrhundert in den böhmischen Ländern. Diplomarbeit der Hochschule für Welthandel Wien 1974.
Charmatz Richard, Adolf Fischhof. Das Lebensbild eines österreichischen Politikers. Stuttgart – Berlin 1910.
Charmatz Richard, Lebensbilder aus der Geschichte Österreichs. Wien 1947.
Christophersen Jens A., The Meaning of „Democracy" as used in European Ideologies from the French to the Russian Revolution. A Historical Study in Political Language. Oslo 1966.
Cole George Douglas Howard, Socialist Thought. The Forerunners 1789–1850. London 1953.
Conze Werner (Hg.), Staat und Gesellschaft im deutschen Vormärz 1815–1848 (Industrielle Welt. Schriftenreihe des Arbeitskreises für moderne Sozialgeschichte 1). Stuttgart 1962.
Coons Ronald E., Steamships, Statesmen and Bureaucrats. Austrian Policy towards the Steam Navigation Company of the Austrian Lloyd 1836–1848. Wiesbaden 1975.
Cornu Auguste, Karl Marx et la Révolution de 1848. Paris 1948.

Czaczkes-Tissenboin Schmeril, Der Anteil der Juden an der Wiener Revolution von 1848. Diss. Wien 1926.
Czaschka Jürgen, Sozialgeschichte der Wiener Gemeindebezirke Josefstadt und Hietzing von 1840–1910. Diss. Wien 1967.
Czeike Felix – Lugsch Walter, Studien zur Sozialgeschichte von Ottakring und Hernals (Wiener Schriften 2). Wien 1955.
Czeike Felix, Wien und seine Bürgermeister. Sieben Jahrhunderte Wiener Stadtgeschichte. Wien – München 1974.
Czeike Josef, Die Zernierung und Erstürmung Wiens im Oktober 1848, in: Mitteilungen des k. u. k. Kriegsarchivs, 3. Folge 6 (1909), 307–420.
Czoernig Karl von, Österreichs Neugestaltung 1848–1857. Wien 1857.
Dachs Herbert, Neuere Ansätze zur Revolutionsforschung, in: Zeitgeschichte 1 (1973), 69–73.
Dahrendorf Ralf, Soziale Klassen und Klassenkonflikt in der industriellen Gesellschaft. Stuttgart 1957.
Deißinger Hans, Ferdinand Sauter. Sein Leben und Dichten. Wien 1926.
Deppe Frank, Verschwörung, Aufstand und Revolution. Auguste Blanqui und das Problem der sozialen Revolution im 19. Jahrhundert. Frankfurt/M. 1970.
Deutsch Helene, Die Entwicklung der Seidenindustrie in Österreich 1660–1840 (Studien zur Sozial-, Wirtschafts- und Verwaltungsgeschichte 3). Wien 1909.
Deutsch Julius, Geschichte der österreichischen Gewerkschaftsbewegung. 2 Bde., Wien ²1929–1932.
Dilcher Liselotte, Der deutsche Pauperismus und seine Literatur. Diss. Frankfurt/M. 1957.
Dinklage Karl, Geschichte der Kärntner Arbeiterschaft. Klagenfurt 1976.
Dittrich Erhard, Die deutschen und österreichischen Kameralisten (Erträge der Forschung 23). Darmstadt 1974.
Dowe Dieter, Aktion und Organisation. Arbeiterbewegung, sozialistische und kommunistische Bewegung in der Rheinprovinz 1820–1852. Bonn – Bad Godesberg 1970.
Dowe Dieter, Bibliographie zur Geschichte der deutschen Arbeiterbewegung, sozialistischen und kommunistischen Bewegung von den Anfängen bis 1863 (Archiv für Sozialgeschichte, Beiheft 5). Bonn – Bad Godesberg 1976.
Dreger Moritz, Beginn und Blüte der Wiener Seidenweberei. Wien 1915
Drimmel Heinrich, Oktober achtundvierzig. Die Wiener Revolution. Wien 1978.
Droz Jacques, Les Revolutions Allemandes de 1848. Paris 1957.
Droz Jacques, Die religiösen Sekten und die Revolution von 1848, in: Archiv für Sozialgeschichte 3 (1963), 109–118.
Droz Jacques (Hg.), Histoire Générale du Socialisme. Bd. 1, Paris 1972.
Durdik Christel, Bevölkerungs- und Sozialstatistik in Österreich im 18. und 19. Jahrhundert, in: Helczmanovski Heimold (Hg.), Beiträge zur Bevölkerungs- und Sozialgeschichte Österreichs. Wien 1973. 225–226.
Eberlein Alfred, Die Presse der Arbeiterklasse und der sozialen Bewegungen von den dreißiger Jahren des 19. Jahrhunderts bis zum Jahre 1967. 5 Bde., Frankfurt/M. 1969–1970.
Eder Alois, Literarische Sozialkritik im Vormärz. Nestroys Werk als Quelle der Sozialgeschichte, in: Beiträge zur historischen Sozialkunde 3 (1973), 48–53.
Egg Erich – Pfaundler Wolfgang – Pizzinini Meinrad, Von allerley Werkleuten und Gewerben. Eine Bildgeschichte der Tiroler Wirtschaft. Innsbruck – Wien – München 1976.

Ehmer Josef, Familie, Haushalt und Beruf in Wien in der industriellen Revolution. Unter besonderer Berücksichtigung der Vorstadt Gumpendorf 1857. Diss. Wien 1977.

Ehnl Maximilian, Wenzel Cäsar Messenhauser. Nationalgarde-Oberkommandant von Wien 1848. Wien 1948.

Eisenmann Louis, Le compromis Austro-Hongrois de 1867. Etude sur le dualisme. Paris 1904.

Elbinger Carl, Witz und Satire anno 1848. Wien 1948.

Endler Franz, Wien im Biedermeier. Wien 1978.

Endres Robert, Revolution in Österreich 1848. Wien 1947.

Engel-Janosi Friedrich, Der Wiener juridisch-politische Leseverein. Seine Geschichte bis zur Märzrevolution, in: Mitteilungen des Vereines für Geschichte der Stadt Wien 4 (1923), 58–66.

Engel-Janosi Friedrich, Kaiser Josef II. in der Wiener Bewegung des Jahres 1848, in: Mitteilungen des Vereines für Geschichte der Stadt Wien 11 (1931), 53–72.

Engelsing Rolf, Zur Sozialgeschichte deutscher Mittel- und Unterschichten (Kritische Studien zur Geschichtswissenschaft 4). Göttingen 1973.

Enöckl Reinhold, Der Einfluß der revolutionären Wiener Journalistik auf die Politik des Jahres 1848. Diss. Wien 1967.

Erläuterungen zur deutschen Literatur. Zur Literatur des Vormärz 1830–1848. Leipzig [8]1965.

Ernst Wenzel Karl, Gefängniserlebnisse von Prager Studenten in den Jahren 1848–1854. Prag 1913.

Ertl Emil, Freiheit, die ich meine. Roman aus dem Sturmjahr. Leipzig 1925.

Evans Eric John (Hg.), Social Policy 1830–1914. Individualism, Collectivism and the Origins of the Welfare State. London 1978.

Evers Heinz, Das Problem der Armut bei Thomas Robert Malthus. Diss. Köln 1967.

Eyck Frank, Deutschlands große Hoffnung. Die Frankfurter Nationalversammlung 1848/49. München 1973.

Falke Jacob von, Die k. k. Wiener Porzellanfabrik. Ihre Geschichte und die Sammlung ihrer Arbeiten im k. k. österreichischen Museum. Wien 1887.

Feigl Helmuth, Die niederösterreichische Grundherrschaft (Forschungen zur Landeskunde von Niederösterreich 16). Wien 1964.

Fejtö François (Hg.), The Opening of an Era: 1848. A Historical Symposium. London 1948.

Feldbauer Peter, Stadtwachstum und Wohnungsnot. Determinanten unzureichender Wohnungsversorgung in Wien 1848 bis 1914 (Sozial- und wirtschaftshistorische Studien 9). Wien 1977.

Feldbauer Peter, Die Wohnverhältnisse der Unterschichten im Franziskojosephinischen Wien. Thesen und Probleme, in: Jahrbuch des Vereins für Geschichte der Stadt Wien 34 (1978), 358–389.

Fellner Fritz, Franz Schuselka. Ein Lebensbild. Diss. Wien 1948.

Festschrift 125 Jahre Österreichischer Gewerbeverein 1839–1964. Wien 1964.

Feuz Ernst, Julius Fröbel. Seine politische Entwicklung bis 1849 (Berner Untersuchungen zur Allgemeinen Geschichte 4). Bern – Leipzig 1932.

Fink Karl, Karl Anton Freiherr von Doblhoff-Dier. Diss. Wien 1948.

Fischer Ernst, Österreich 1848. Probleme der demokratischen Revolution in Österreich. Wien 1946.

Fischer Isidor, Wiens Mediziner und die Freiheitsbewegung des Jahres 1848 (Wiener medizingeschichtliche Beiträge 1). Wien 1935.
Fischer Wolfram – Bajor Georg, Die soziale Frage. Neuere Studien zur Lage der Fabrikarbeiter in den Frühphasen der Industrialisierung. Stuttgart 1967.
Fischer Wolfram, Wirtschaft und Gesellschaft im Zeitalter der Industrialisierung (Kritische Studien zur Geschichtswissenschaft 1). Göttingen 1972.
Flanner Karl, Die Revolution von 1848 in Wiener Neustadt (Materialien zur Arbeiterbewegung 8). Wien 1978.
Flügge Karl Ralf, Der Armutsbegriff und seine Wandlung im Zeitablauf. Diss. Graz 1972.
Förder Herwig, Marx und Engels am Vorabend der Revolution. Die Ausarbeitung der politischen Richtlinien für die deutschen Kommunisten 1846–1848 (Schriften des Instituts für Geschichte der Deutschen Akademie der Wissenschaften zu Berlin I/7). Berlin 1960.
Folkert Oskar, Das Sturmjahr 1848 und die Kirche in Österreich, in: Wissenschaft und Weltbild 1 (1948), 165–174.
Frankl-Hochwart Bruno von, Aus Bechers letzten Tagen, in: Die Zeit 16 (1898), 88–90, 102–104, 118–120, 134–135.
Franz Georg, Liberalismus. Die deutschliberale Bewegung in der habsburgischen Monarchie. München 1955.
Fraser Derek (Hg.), The Poor Law in the Nineteenth Century. London 1976.
Frieben Birgit, Die Sozialstruktur Wiens am Anfang des Vormärz. Diss. Wien 1967.
Friedjung Heinrich, Österreich von 1848 bis 1860. 2 Bde., Stuttgart–Berlin ^{4}1918.
Friedjung Heinrich, Historische Aufsätze. Stuttgart – Berlin 1919.
Friedrich Gerhard, Die Wiener Studenten als Publizisten im Revolutionsjahr 1848. Diss. Wien 1971.
Gall Franz, Alma Mater Rudolphina 1365–1965. Die Wiener Universität und ihre Studenten. Wien 1965.
Gamillscheg Johannes, Witz, Satire und Karikatur in der Wiener Revolution von 1848. Ein Beitrag zur Wirkung von Aussagen der Massenmedien in der Revolution. Diss. Wien 1977.
Geiss Imanuel – Tamchina Rainer (Hg.), Ansichten einer künftigen Geschichtswissenschaft. Revolution – ein historischer Längsschnitt (Reihe Hanser 154). München 1974.
Geist-Lányi Paula, Das Nationalitätenproblem auf dem Reichstag zu Kremsier 1848/49. Ein Beitrag zur Geschichte der Nationalitäten in Österreich. München 1920.
Gérard Alice, La révolution française, mythes et interpretations 1789–1970. Paris 1970.
Gerschenkron Alexander, Economic Backwardness in Historical Perspective. Harvard 1962.
Geschichte der Eisenbahnen der österreich-ungarischen Monarchie. 6 Bde., Wien – Teschen – Leipzig 1898–1908.
Illustrierte Geschichte der deutschen Revolution. Berlin 1973.
Gesellschaft in der industriellen Revolution (Neue wissenschaftliche Bibliothek 56). Köln 1973.
110 Jahre Österreichischer Gewerbeverein. Wien 1949.

Ghelardoni Paul, Die feudalen Elemente in der österreichischen bürgerlichen Gesellschaft von 1803 bis 1914. Diss. Wien 1961.

Glanner Friederike, Viktor Franz von Andrian-Werburg. Ein Lebensbild. Diss. Wien 1961.

Glossy Karl, Wiener Studien und Dokumente. Wien 1933.

Goldmark Josephine, Pilgrims of '48. One Man's Part in the Austrian Revolution of 1848 and a Family Migration to America. New Haven 1930.

Gordon Bertram M., The Challenge of Industrialization: The Catholic Church and the Working Class in and around Vienna, 1815–1848, in: Austrian History Yearbook 9/10 (1973/74), 123–142.

Grab Walter – Friesel Uwe, Noch ist Deutschland nicht verloren. Eine historisch-politische Analyse unterdrückter Lyrik von der Französischen Revolution bis zur Reichsgründung (dtv 875). München 1973.

Grab Walter (Hg.), Die Debatte um die Französische Revolution. München 1975.

Grausam Helmuth, Der österreichische Staatsbeamte im Spiegel der Memoirenliteratur. Vom josefinischen Jahrzehnt bis zum Beginn des Konstitutionalismus. Diss. Wien 1964.

Grebing Helga, Geschichte der deutschen Arbeiterbewegung. Ein Überblick (dtv 674). München 1970.

Griewank Karl, Deutsche Studenten und Universitäten in der Revolution von 1848. Weimar 1949.

Griewank Karl, Ursachen und Folgen des Scheiterns der deutschen Revolution von 1848, in: HZ 170 (1950), 495–523.

Griewank Karl, Der neuzeitliche Revolutionsbegriff. Entstehung und Entwicklung. Frankfurt/M. ²1969.

Größing Helmuth, Josip Jellačić, Banus von Kroatien, und sein Wiener Berichterstatter im Jahre 1848, in: Jahrbuch des Vereins für Geschichte der Stadt Wien 27 (1971), 135–148.

Größing Helmuth, Der Kampf um Wien im Oktober 1848 (Militärhistorische Schriftenreihe 23). Wien 1973.

Größing Helmuth, Der Kampf im Stephansdom am 6. Oktober 1848, in: Auftrag und Verwirklichung. Wien 1974, 219–225.

Gross Nachum Theodor, Industrialization in Austria in the Nineteenth Century. Diss. Berkeley/Cal. 1966.

Die Großindustrie Österreichs. 6 Bde., Wien 1898.

Grüll Georg, Bauer, Herr und Landesfürst. Sozialrevolutionäre Bestrebungen der oberösterreichischen Bauern von 1650 bis 1848 (Forschungen zur Geschichte Oberösterreichs 8). Graz – Köln 1963.

Grünberg Karl, Die Bauernbefreiung und die Aufhebung des gutsherrlich-bäuerlichen Verhältnisses in Böhmen, Mähren und Schlesien. 2 Bde., Leipzig 1893–1894.

Geschichtliche Grundbegriffe. Historisches Lexikon zur politisch-sozialen Sprache in Deutschland (Hg. Otto Brunner u. a.). Bd. 1, Stuttgart 1972.

Gürtler Alfred, Die Volkszählungen Maria Theresias und Josephs II. 1753–1790. Innsbruck 1909.

Gundacker Harald, Die soziale Frage im steirischen Bergbau des 19. Jahrhunderts. Diss. Graz 1967.

Gurwitsch Alexander, Das Revolutionsproblem in der deutschen staatswissenschaftlichen Literatur, insbesondere des 19. Jahrhunderts (Historische Studien 269). Berlin 1935.

Gutkas Karl, Geschichte des Landes Niederösterreich. St. Pölten – Wien ^{3}1973.

Haag Gertraud, Die Bauernbefreiung in Österreich. Ihre Entwicklungsgeschichte, ökonomische und soziale Bedeutung. Diss. Wien 1961.

Habermas Jürgen, Theorie und Praxis. Sozialphilosophische Studien (Politica 11). Neuwied – Berlin 1963.

Habres Gertrud, Der Deutschkatholizismus in Österreich. Diss. Wien 1960.

Häusler Wolfgang, Die Revolution von 1848 und die Wiener Mediziner, in: Österreichische Ärztezeitung 28 (1973), 883–885.

Häusler Wolfgang u. a., Das Judentum im Revolutionsjahr 1848 (Studia Judaica Austriaca 1). Wien – München 1974.

Häusler Wolfgang, Hermann Jellinek im Vormärz. Seine Entwicklung zum revolutionären Demokraten, in: Beiträge zur neueren Geschichte Österreichs. Wien – Köln – Graz 1974. 345–362.

Häusler Wolfgang, Hermann Jellinek (1823–1848). Ein Demokrat in der Wiener Revolution, in: Jahrbuch des Instituts für Deutsche Geschichte 5 (1976), 125–175.

Häusler Wolfgang, Ernst Violand (1818–1875). Der Lebensweg eines österreichischen Demokraten, in: Jahrbuch des Instituts für Deutsche Geschichte 6 (1977), 181–213.

Häusler Wolfgang, Das Gefecht bei Schwechat am 30. Oktober 1848 (Militärhistorische Schriftenreihe 34). Wien 1977.

Häusler Wolfgang, Vom Standrecht zum Rechtsstaat. Politik und Justiz in Österreich (1848–1867), in: Justiz und Zeitgeschichte. Salzburg 1977. 1–42.

Häusler Wolfgang, Aus den Briefen Faust Pachlers (1819–1891). Ein Beitrag zur Geschichte der Wiener Revolution von 1848, in: Jahrbuch des Vereins für Geschichte der Stadt Wien 34 (1978), 239–275.

Häusler Wolfgang, Die Petition der Spinnereiarbeiter des Viertels unter dem Wienerwald an den österreichischen Reichstag (1848). Ein Beitrag zur Frühgeschichte der niederösterreichischen Arbeiterbewegung in: Unsere Heimat 49 (1978), 3–21.

Häusler Wolfgang, Die österreichische Revolution von 1848 und die polnische Frage bis zur Einberufung des Reichstags, in: Zeszyty naukowe Uniwersytetu Jagiellońskiego (1978). 107–127.

Häusler Wolfgang, Karl Scherzer (1821–1903) und die Anfänge der österreichischen Arbeiterbewegung im Revolutionsjahr 1848, in: Bewegung und Klasse. Studien zur österreichischen Arbeitergeschichte. Wien – Frankfurt – Zürich 1978. 43–61.

Häusler Wolfgang, Vor 130 Jahren: Simmering im Sturmjahr 1848, in: Simmeringer Museumsblätter, Heft 3 (1978), 3–11.

Häusler Wolfgang, Ein unbekannter Aufruf Robert Blums aus der Wiener Oktoberrevolution 1848, in: Wiener Geschichtsblätter 33 (1978), 173–187.

Häusler Wolfgang, Revolution 1848 und die Anfänge der österreichischen Arbeiterbewegung, in: Geschichte der österreichischen Arbeiterbewegung. Wien 1979. 7–22.

Häusler Wolfgang, Die österreichische Publizistik und ihre Probleme im Revolutionsjahr 1848. Erscheint 1979 im Tagungsbericht der 21. Historikertagung in St. Pölten.

Häusler Wolfgang, Politische und soziale Probleme des Vormärz in den Dichtungen Karl Becks (1817–1879). Erscheint 1979 in der Festschrift für Walter Grab.

Häusler Wolfgang, Anton Heinrich Springer (1825–1891). Ein österreichischer Revolutionstheoretiker des 19. Jahrhunderts. Erscheint 1979 im Jahrbuch des Instituts für Deutsche Geschichte.

Häusler Wolfgang, Demokratie und Sozialismus um die Mitte des 19. Jahrhunderts. Am Beispiel des österreichischen Demokraten Ernst Violand (1818–1875). Erscheint 1979 in den Veröffentlichungen der Historischen Kommission zu Berlin.

Hahn Manfred, Bürgerlicher Optimismus im Niedergang. Studien zu Lorenz Stein und Hegel. München 1969.

Halpern Julius, Ferdinand Kürnberger 1821–1879. Ein österreichisches Schicksal. Diss. Wien 1928.

Hamerow Theodore S., Restoration, Revolution, Reaction. Economics and Politics in Germany 1815–1871. Princeton/New Jersey 1958.

Hammen Oscar J., Die roten Achtundvierziger, Karl Marx und Friedrich Engels. Frankfurt/M. 1972.

Hammer Käthe, Die Judenfrage in den westlichen Kronländern Österreichs im Jahre 1848. Diss. Wien 1948.

Hanauska Fritz, Die Industriegeschichte des Triestingtales in ihren Grundzügen. Hirtenberg 1955 (Typoskript in der Niederösterreichischen Landesbibliothek).

Handbuch der historischen Stätten. Österreich. 2 Bde., Stuttgart 1966–1970.

Handl Brigitte, Die Industrie des Waldviertels als Typbeispiel für die Industrialisierung einer Mittelgebirgslandschaft. Diss. Wien 1975.

Hanisch Ernst, Der junge Engels und die österreichische Literatur des Vormärz, in: Österreich in Geschichte und Literatur 19 (1975), 160–169.

Hanisch Ernst, Konservatives und revolutionäres Denken. Deutsche Sozialkatholiken und Sozialisten im 19. Jahrhundert (Veröffentlichungen des Instituts für kirchliche Zeitgeschichte am Internationalen Forschungszentrum für Grundfragen der Wissenschaft Salzburg II/3), Wien – Salzburg 1975.

Hanisch Ernst, Marx, Engels und Österreich. Vom Vormärz bis zur liberalen Epoche. Habilitationsschrift Salzburg 1975.

Hanisch Ernst, Karl Marx und die Berichte der österreichischen Geheimpolizei (Schriften aus dem Karl-Marx-Haus Trier 16), Trier 1976.

Hanisch Ernst, Der kranke Mann an der Donau. Marx und Engels über Österreich. Wien – München – Zürich 1978 (Druckfassung der Habilitationsschrift).

Hanisch Ernst, Der „vormoderne" Antikapitalismus der Politischen Romantik. Das Beispiel Adam Müller, in: Richard Brinkmann (Hg.), Romantik in Deutschland. Ein interdisziplinäres Symposion. Stuttgart 1978. 132–146.

Hanschmidt Alwin, Republikanisch-demokratischer Internationalismus im 19. Jahrhundert. Ideen-Formen-Organisierungsversuche (Historische Studien 430), Husum 1977.

Hartl Friedrich, Wiens Strafgerichtsbarkeit und Kriminalität im Revolutionsjahr 1848. Eine Darstellung aus den Quellen des Wiener Kriminalgerichts, in: Jahrbuch des Vereins für Geschichte der Stadt Wien 28 (1972), 131–172.

Hartl Friedrich, Das Wiener Kriminalgericht. Strafrechtspflege vom Zeitalter der Aufklärung bis zur österreichischen Revolution (Wiener Rechtsgeschichtliche Arbeiten 10). Wien – Köln – Graz 1973.

Hartwig Helmut – Riha Karl, Politische Ästhetik und Öffentlichkeit. 1848 im Spaltungsprozeß des historischen Bewußtseins. Fernwald 1974.

Hassinger Herbert, Johann Joachim Becher 1635–1682. Ein Beitrag zur Geschichte des Merkantilismus (Veröffentlichungen der Kommission für neuere Geschichte Österreichs 38). Wien 1951.
Hatschek Johann J., Das Manufakturhaus auf dem Tabor in Wien. Leipzig 1886.
Haupt Heinz-Gerhard, Zur historischen Analyse von Gewalt, in: Geschichte und Gesellschaft. Zeitschrift für Historische Sozialwissenschaft 3 (1977), 236–256.
Hattinger Maria, Ernst von Violand. Leben und Wirken. Diss. Wien 1950.
Hauptmann Ferdinand, Jellačić's Kriegszug nach Ungarn 1848 (Zur Kunde Südosteuropas II/5). 2 Bde., Graz 1975.
Hautmann Hans – Kropf Rudolf, Die österreichische Arbeiterbewegung vom Vormärz bis 1945. Sozialökonomische Ursprünge ihrer Ideologie und Politik (Schriftenreihe des Ludwig Boltzmann Instituts für Geschichte der Arbeiterbewegung 4). Wien ²1976.
Hecht Otto, Die k. k. Spiegelfabrik zu Neuhaus in Niederösterreich 1701–1844. Ein Beitrag zur Geschichte des Merkantilismus (Studien zur Sozial-, Wirtschafts- und Verwaltungsgeschichte 4). Wien 1909.
Heimatkunde des Bezirkes Lilienfeld. 4 Bde., Wien 1960–1965.
Heinersdorff Richard. Die k. k. privilegierten Eisenbahnen der österreichisch-ungarischen Monarchie 1828–1918. Wien – München – Zürich 1975.
Heiß Gernot, Erziehung der Waisen zur Manufakturarbeit. Pädagogische Zielvorstellungen und ökonomische Interessen der maria-theresianischen Verwaltung, in: MIÖG 85 (1977), 316–331.
Helfert Josef Alexander, Geschichte Österreichs vom Ausgange des Wiener Oktober-Aufstandes. 4 Bde., Leipzig – Prag 1869–1886.
Helfert Josef Alexander, Die Wiener Journalistik im Jahre 1848. Wien 1877.
Helfert Josef Alexander, Die confessionale Frage in Österreich. Zugleich ein Beitrag zur Tages- und Flugschriftenliteratur jener Zeit, in: Österreichisches Jahrbuch 6 (1882), 86–182; 7 (1883), 61–196; 8 (1884), 113–220; 9 (1885), 301–341; 10 (1886), 110–242; 11 (1887), 45–152; 12 (1888), 127–238; 13 (1889), 83–278.
Helfert Josef Alexander, Graf Leo Thun, in: Österreichisches Jahrbuch 15 (1891), 123–212; 16 (1892), 84–166; 17 (1893), 57–146; 18 (1894), 93–158; 19 (1895), 225–234; 20 (1896), 179–254; 21 (1897), 1–271.
Helfert Josef Alexander, Wien 1848 ‚im wunderschönen Monat Mai', in: Österreichisches Jahrbuch 30 (1906), 59–116.
Helfert Josef Alexander, Geschichte der österreichischen Revolution im Zusammenhange mit der mitteleuropäischen Bewegung der Jahre 1848–1849. 2 Bde., Freiburg – Wien 1907–1909.
Helfert Josef Alexander, Die Wiener Oktober-Revolution bis zum Beginn der Belagerung, in: Österreichisches Jahrbuch 34 (1910), 125–297.
Helmert Heinz – Usczeck Hansjürgen, Bewaffnete Volkskämpfe in Europa 1848/49. Berlin 1973.
Henderson William O., Die industrielle Revolution. Europa 1780–1914. Wien – München – Zürich 1971.
Henning Friedrich-Wilhelm, Die Industrialisierung in Deutschland 1800–1914 (Uni-Taschenbücher 145). Paderborn ³1976.
Herkner Heinrich, Die Arbeiterfrage. Eine Einführung. 2 Bde., Berlin – Leipzig ⁷1921.
Hermann G., Karl Marx in Wien, in: Der Kampf 1 (1908), 266–271.

Herre Franz, Franz Joseph von Österreich. Sein Leben – seine Zeit. Köln 1978.
Herrmann Alfred, Berliner Demokraten. Ein Buch der Erinnerung an das Jahr 1848. Berlin 1948.
Herzog Elisabeth, Graf Franz Anton Kolowrat-Liebsteinsky. Seine politische Tätigkeit in Wien (1826–1848). Diss. Wien 1970.
Hilscher Karl, Ereignisse des Revolutionsjahres 1848 in den zum heutigen 12. Wiener Gemeindebezirke vereinigten Vorortegemeinden und deren Umgebung. Wien 1930.
Hobsbawm Eric John, Europäische Revolutionen. Zürich 1962.
Hobsbawm Eric John, Labouring Men. Studies in the History of Labour. London [5]1976.
Hobsbawm Eric John, Die Blütezeit des Kapitals. Eine Kulturgeschichte der Jahre 1848–1875. München 1977.
Höger Karl, Aus eigener Kraft! Die Geschichte eines österreichischen Arbeitervereines seit 50 Jahren. Wien 1892.
Höger Karl, Die drei Märztage der Wiener Revolution, in: Märzschrift 1898, 3–8.
Hörhan Otto, Die Petitionen an den Kremsierer Reichstag 1848/49. Diss. Wien 1966.
Hoffmann Alfred – Meixner Erich, Wirtschaftsgeschichte des Landes Oberösterreich. 2 Bde., Salzburg – Linz 1952.
Hofmann Marie, Frauenarbeit in der niederösterreichischen Textilindustrie bis 1848. Diss. Wien 1940.
Hofmann Viktor, Die Wollenzeugfabrik zu Linz an der Donau, in: Archiv für Österreichische Geschichte 108 (1919), 350–776.
Hofmann Viktor, Beiträge zur neueren österreichischen Wirtschaftsgeschichte. Die Anfänge der modernen Baumwollwarenindustrie in den österreichischen Alpenländern im 18. Jahrhundert, in: Archiv für österreichische Geschichte 110 (1926), 415–741.
Hofmann Werner, Ideengeschichte der sozialen Bewegung im 19. und 20. Jahrhundert (Sammlung Göschen 1205). Berlin [3]1970.
Holzmann Gustav, Unternehmer aus Niederösterreich (Schriftenreihe der Handelskammer für Niederösterreich 7). Wien 1967.
Horn Alfred, Die Kaiser-Ferdinands-Nordbahn (Die Bahnen Österreich-Ungarns 2). Wien 1971.
Hosp Eduard, Kirche im Sturmjahr. Erinnerungen an Johann Michael Häusle. Wien 1953.
Hosp Eduard, Kirche Österreichs im Vormärz 1815–1850 (Forschungen zur Kirchengeschichte Österreichs 9). Wien – München 1971.
Hudeczek Karl, Österreichische Handelspolitik im Vormärz 1815–1848 (Studien zur Sozial-, Wirtschafts- und Verwaltungsgeschichte 11). Wien 1918.
Hülber Hans, Arbeitsnachweise, Arbeitsvermittlung und Arbeitsmarktgeschehen in Österreich in vorindustrieller Zeit unter besonderer Berücksichtigung Wiens. Eine sozial- und wirtschaftshistorische Studie, in: Wiener Geschichtsblätter 30 (1975), Sonderheft 1.
Hugelmann Karl, Der ständische Zentralausschuß in Österreich im April 1848, in: Jahrbuch für Landeskunde von Niederösterreich 12 (1913), 170–261.
Hugelmann Karl, Die Landtagsbewegung des Jahres 1848 in Österreich unter der Enns, in: Jahrbuch für Landeskunde von Niederösterreich 13/14 (1914/15), 495–530.

Hugelmann Karl, Historisch-politische Studien. Gesammelte Aufsätze zum Staatsleben des 18. und 19. Jahrhunderts, insbesondere Österreichs. Wien 1915.
Hugelmann Karl, Die Entwicklung der Aprilverfassung von 1848, in: Jahrbuch für Landeskunde von Niederösterreich 17/18 (1918/19), 235–278.
Hympan Albert, Die Entwicklung der Zuckerfabrikation in Niederösterreich und die Leopoldsdorfer Zuckerfabrik, in: Unsere Heimat 4 (1931), 23–27.
Immergut Walter, Ferdinand Kürnberger und Österreich. Diss. Wien 1951.
Iven Kurt, Die Industrie-Pädagogik des 18. Jahrhunderts. Eine Untersuchung über die Bedeutung des wirtschaftlichen Verhaltens für die Erziehung (Göttinger Studien zur Pädagogik 15). Langensalza – Berlin – Leipzig 1929.
Jaccard Pierre, Histoire sociale du travail de l'antiquité a nos jours. Paris 1960.
Das Jahr 1848 in Oberösterreich und Hans Kudlich. Sonderausstellung des Oberösterreichischen Landesmuseums. Linz 1978.
Das Jahr 1848 und das Haus der niederösterreichischen Stände. (Wien 1948).
125 Jahre Kommunistisches Manifest und bürgerlich-demokratische Revolution 1848/49. 21. Tagung der Kommission der Historiker der DDR und der UdSSR 21–22. Mai 1973 in Berlin. Berlin 1975.
100 Jahre österreichische Eisenbahnen (Verkehrswissenschaftliche Rundschau. Monatsschrift für das gesamte Verkehrswesen 5 (1937), Heft 11).
Hundert Jahre österreichischer Wirtschaftsentwicklung 1848–1948. Wien 1949.
Jantke Carl, Der vierte Stand. Die gestaltenden Kräfte der deutschen Arbeiterbewegung im 19. Jahrhundert. Freiburg 1955.
Kaeber Ernst, Berlin 1848. Zur Hundertjahrfeier der Märzrevolution. Berlin 1948.
Kägi Paul, Genesis des historischen Materialismus. Karl Marx und die Dynamik der Gesellschaft. Wien – Frankfurt – Zürich 1965.
Kamnitzer Heinz, Die wirtschaftliche Struktur Deutschlands zur Zeit der Revolution 1848. Berlin 1952.
Kann Robert A., Das Nationalitätenproblem der Habsburgermonarchie. Geschichte und Ideengehalt der nationalen Bestrebungen vom Vormärz bis zur Auflösung des Reiches im Jahre 1918. 2 Bde., Graz – Köln 1964.
Kann Robert A., Die Restauration als Phänomen in der Geschichte. Graz – Wien – Köln 1974.
Kann Robert A., Geschichte des Habsburgerreiches 1526–1958 (Forschungen zur Geschichte des Donauraumes 4). Wien – Köln – Graz 1977.
Karner Reinhold, Ernst von Schwarzer als Minister. Diss. Wien 1940.
Kaser Kurt, Steiermark im Jahre 1848. Graz 1913.
Katzenbeisser Ernst, Freiherr von Pillersdorff als Minister. Diss. Wien 1936.
Kaut Hubert, Der Student und die Wiener Revolution von 1848, in: Österreichische Hochschulkunde, Wien 1965, 69–94.
Kaut Hubert, Der Technikstudent und die Wiener Revolution von 1848, in: 150 Jahre Technische Hochschule. Eine Geschichte ihrer Studenten. Wien 1965. 56–65.
Kaut Hubert, Kaufrufe aus Wien. Volkstypen und Straßenszenen in der Wiener Graphik von 1775–1914. Wien – München 1970.
Keil Wilhelm (Hg.), Deutschland 1848–1948. Beiträge zur historisch-politischen Würdigung der Volkserhebung von 1848/49. Stuttgart 1948.

Keller Paul, Louis Blanc und die Revolution von 1848. Ein Beitrag zur Geschichte des Sozialismus und der Volkswirtschaft Frankreichs in der ersten Hälfte des 19. Jahrhunderts (Zürcher Volkswirtschaftliche Forschungen 10). Zürich 1926.

Kerchnawe Hugo, Die Überwindung der ersten Weltrevolution. Innsbruck 1932.

Kersten Kurt, 1848. Die deutsche Revolution, Berlin 1933.

Kesting Hanno, Herrschaft und Knechtschaft. Die ‚soziale Frage' und ihre Lösungen (Rombach Hochschul Paperback 57). Freiburg i. B. 1973.

Killian Herbert, Georg Huebmer und seine Werke im Spiegel zeitgenössischer Quellen, in: Centralblatt für das gesamte Forstwesen 94 (1977), 195–224.

Kißling Rudolf, Die Revolution im Kaisertum Österreich 1848–1849. 2 Bde., Wien 1948.

Klemm Volker, Größe und Grenzen der kleinbürgerlich-demokratischen Bewegung in der Revolution von 1848/49 in Deutschland. Berlin 1968.

Klenner Fritz, Die österreichischen Gewerkschaften. Vergangenheit und Gegenwartsprobleme. 2 Bde., Wien 1951–1953.

Klitzsch Fritz, Sozialismus und soziale Bewegung im Spiegel der Augsburger „Allgemeinen Zeitung" 1840–1850. Diss. München 1934.

Klötzer Wolfgang – Moldenhauer Rüdiger – Rebentisch Dieter (Hg.), Ideen und Strukturen der deutschen Revolution 1848 (Archiv für Frankfurts Geschichte und Kunst 54). Frankfurt/M. 1974.

Klusacek Christine – Stimmer Kurt, Rudolfsheim/Fünfhaus. Zwischen Wienfluß und Schmelz. Wien 1978.

Knoll Reinhold, Zur Tradition der christlichsozialen Partei. Ihre Früh- und Entwicklungsgeschichte bis zu den Reichsratswahlen 1907 (Studien zur Geschichte der österreichisch-ungarischen Monarchie 13). Wien – Köln – Graz 1973.

Kobylinski Hanna, Die französische Revolution als Problem in Deutschland 1840–1848 (Historische Studien 237). Berlin 1933.

Koch Rainer, Demokratie und Staat bei Julius Fröbel (1805–1893). Liberales Denken zwischen Naturrecht und Sozialdarwinismus (Veröffentlichungen des Instituts für Europäische Geschichte 84). Wiesbaden 1978.

Koch Lotte, Wandlungen der Wohlfahrtspflege im Zeitalter der Aufklärung. Erlangen 1933.

Koehler Ernst, Arme und Irre. Die liberale Fürsorgepolitik des Bürgertums (Wagenbach Taschenbuch 79). Berlin 1977.

Köppl Franz, Matthias Koch. Diss. Wien 1948.

Köster Johanna, Der rheinische Frühliberalismus und die soziale Frage (Historische Studien 342). Berlin 1938.

Kohl Irma, Zeitgenössische Beleuchtung der sozialen Ursachen der Märzrevolution 1848. Diss. Wien 1933.

Kolman Arnošt, Bernard Bolzano. Berlin 1963.

Der Wiener Kongreß 1. September 1814 bis 9. Juni 1815. Ausstellungskatalog. Wien 1965.

Koppensteiner Sylvester, Die Regelung der bäuerlichen Verhältnisse in Niederösterreich. Eine Darstellung der Grundentlastung und ihrer Vorgeschichte. Diss. Wien 1949.

Kořan Ernst, Geschichte des Kreuzer-Vereines zur Unterstützung von Wiener Gewerbsleuten von seinem Ursprunge 1847 bis zur Feier seines 50jährigen Bestehens. Wien 1897.

Koselleck Reinhart, Preußen zwischen Reform und Revolution. Allgemeines Landrecht, Verwaltung und soziale Bewegung von 1791 bis 1848 (Industrielle Welt 7). Stuttgart ²1975.

Kossok Manfred (Hg.), Studien über die Revolution. Berlin ²1971.

Kossok Manfred (Hg.), Rolle und Formen der Volksbewegung im bürgerlichen Revolutionszyklus. Berlin 1976.

Kostanecki Anton von, Arbeit und Armut. Ein Beitrag zur Entwicklungsgeschichte sozialer Ideen. Freiburg i. B. 1909.

Koukolik Sylvia Erna, Studien zur Geschichte der Wiener aus den Ländern der böhmischen Krone in der ersten Hälfte des 19. Jahrhunderts. Diss. Wien 1971.

Kovarik Michaela, Das Attentat Johann Libényis auf Kaiser Franz Joseph 1853 und die Gründung der Votivkirche. Eine Studie zur Ära des österreichischen Neoabsolutismus. Diss. Wien 1976.

Kraft Josef, Die Industrie Niederösterreichs vor 1848, in: Arbeiterfreund. Katholischer Familienkalender 1932, 92–98.

Kraus Antje, Die Unterschichten Hamburgs in der ersten Hälfte des 19. Jahrhunderts. Entstehung, Struktur und Lebensverhältnisse. Eine historisch-statistische Untersuchung (Sozialwissenschaftliche Studien. Schriftenreihe des Seminars für Sozialwissenschaft der Universität Hamburg 9). Stuttgart 1965.

Krause Hans, Die demokratische Partei von 1848 und die soziale Frage. Ein Beitrag zur Geschichte der ersten deutschen Revolution. Frankfurt/M. 1923.

Krause Peter, Die Lehre von der Arbeit in der Philosophie des deutschen Idealismus und ihre Bedeutung für das Recht. Diss. Saarbrücken 1965.

Krebs Walter, Die sozialen Probleme Österreichs in der politischen Publizistik des Vormärz. Diss. Wien 1949.

Kriebel Hermann, Über die Bezwingung innerer Unruhen nach den Erfahrungen der Geschichte in der ersten Hälfte des 19. Jahrhunderts (Beiträge für die Geschichte der Jahre 1848–1849, 1). Innsbruck 1929.

Kropf Maria, Die Wohlfahrtspolitik des österreichischen Herrscherhauses im Vormärz, Diss. Wien 1966.

Kuczynski Jürgen, Die wirtschaftlichen und sozialen Voraussetzungen der Revolution von 1848/49. Berlin 1948.

Kuczynski Jürgen, Darstellung der Lage der Arbeiter in Deutschland von 1789–1849 (Die Geschichte der Lage der Arbeiter unter dem Kapitalismus I/1). Berlin 1961.

Kuczynski Jürgen, Das Entstehen der Arbeiterklasse, München 1967.

Kuderer Peter, Die „Wiener Zeitung“ im Revolutionsjahr 1848. Diss. Wien 1957.

Kümhof Hermann, Karl Marx und die „Neue Rheinische Zeitung“ in ihrem Verhältnis zur demokratischen Bewegung des Revolutionsjahrs 1848/49. Berlin 1961.

Kunst der bürgerlichen Revolution von 1830–1848/49. Berlin 1972.

Kupka Peter Friedrich, Die Eisenbahnen Österreich-Ungarns 1822–1867. Leipzig 1888.

Langewiesche Dieter, Liberalismus und Demokratie in Württemberg zwischen Revolution und Reichsgründung (Beiträge zur Geschichte des Parlamentarismus und der politischen Parteien 52). Düsseldorf 1974.

Langmann Maria, Das Verhältnis des Staates zur katholischen Kirche im vormärzlichen Österreich (1815–1848). Diss. Wien 1929.

Larsson Reidar, Theories of Revolution. From Marx to the First Russian Revolution (Skrifter utgivna av statsvetenskapliga föreningen i Uppsala 53). Stockholm 1970.

Latschka Adam, Geschichte des niederösterreichischen Marktes Perchtoldsdorf. Wien 1884.

Lausecker Sylvia, Vor- und frühindustrielle Produktionsformen am Beispiel der Seiden- und Baumwollindustrie in Wien und Niederösterreich (1740–1848). Diss. Wien 1976.

Lehner Peter Ulrich, Der Traum von einer Sache. Die Arbeiterschaft vor und in der bürgerlichen Revolution von 1848, in: Mitbestimmungsinformation. Zeitschrift für Demokratisierung der Arbeitswelt, Heft 3/4 (1978), 7–31.

Leisching Eduard, Denkschrift aus Anlaß der Enthüllung des Grabmonuments für weiland Prof. Dr. Anton Füster gewesener Feldkaplan der akademischen Legion im Jahre 1848. Wien (1882).

Lenk Kurt, Theorien der Revolution. München 1973.

Leppert-Fögen Annette, Die deklassierte Klasse. Studien zur Geschichte und Ideologie des Kleinbürgertums. Frankfurt/M. 1974.

Libal Adalbert, Die Neuordnung der Stellung der christlichen Bekenntnisse in Österreich im Jahre 1848 im Spiegel der öffentlichen Meinung Wiens. Diss. Wien 1948.

Lichtenberger Elisabeth, Von der mittelalterlichen Bürgerstadt zur City. Sozialstatistische Querschnittsanalysen am Wiener Beispiel, in: Beiträge zur Bevölkerungs- und Sozialgeschichte Österreichs. Wien 1973, 297–331.

Lichtheim George, Ursprünge des Sozialismus, Gütersloh 1969.

Lindner Clausjohann, Theorie der Revolution. Ein Beitrag zur verhaltenstheoretischen Soziologie. München 1972.

Lipschitz Susanna, Die Eisenerzer Arbeiterunruhen 1806–1807. Diss. Wien 1934.

Löhmer Alfred, Die wirtschaftliche und soziale Lage der Haller Salzarbeiterschaft im 19. Jahrundert (Tiroler Wirtschaftsstudien 3). Innsbruck 1957.

Löhnert Walter, Die unmittelbaren Auswirkungen der Revolution 1848 in Niederösterreich. Diss. Wien 1949.

Lönne Karl Eugen, Zur Bedeutung der Unterschichten für die Revolution von 1848 in Deutschland, in: Zeitgeschichte 5 (1978), 311–321.

Lorenz Florian, Karl Ludwig Graf Ficquelmont als Diplomat und Staatsmann, Diss. Wien 1966.

Lücker Gerhard, Das Judentum in der Wiener Journalistik. Diss. Wien 1939.

Lüders Gustav, Die demokratische Bewegung in Berlin im Oktober 1848 (Abhandlungen zur Mittleren und Neueren Geschichte 11). Berlin – Leipzig 1909.

Lütge Friedrich (Hg.), Die wirtschaftliche Situation in Deutschland und Österreich um die Wende vom 18. zum 19. Jahrhundert (Forschungen zur Sozial- und Wirtschaftsgeschichte 6). Stuttgart 1964.

Lütge Friedrich, Deutsche Sozial- und Wirtschaftsgeschichte. Ein Überblick. Berlin – Heidelberg – New York ^{3}1966.

Macartney Carlile A., The Habsburg Empire 1790–1918. London 1968.

Macháčková Věra, Der junge Engels und die Literatur (1838–1844). Berlin 1961.

Mádl Antal, Politische Dichtung in Österreich (1830–1848). Budapest 1969.

Maimann Helene, Arbeitergeschichte und Arbeiterbewegung. Dissertationen und Diplomarbeiten in Österreich 1918–1978. Wien 1978.

Manas Elisabeth, Joseph Tuvora als politischer Publizist. Ein Beitag zur österreichischen Pressegeschichte und Pressepolitik in den Jahren 1840–1871. Diss. Wien 1976.

Marcuse Herbert, Vernunft und Revolution. Hegel und die Entstehung der Gesellschaftstheorie (Soziologische Texte 13). Neuwied 1962.

Martin Gunther, Das Silberne Vlies. Die österreichischen Krupps in Berndorf (Schriftenreihe der Handelskammer Niederösterreich 10). Wien 1971.

Marx Julius, Die öffentliche Sicherheit in den österreichischen Ländern von 1840–1848, in: MIÖG 65 (1957), 70–92.

Marx Julius, Die soziale Lage der Arbeiterschaft Wiens im Vormärz, in: Die Großstadt Wien als Lebensstätte der Wiener. Wien 1957, 55–74.

Marx Julius, Die österreichische Zensur im Vormärz. Wien 1959.

Marx Julius, Die wirtschaftlichen Ursachen der Revolution von 1848 in Österreich (Veröffentlichungen der Kommission für neuere Geschichte Österreichs 51). Graz – Köln 1965.

Marx Julius, Österreichs Kampf gegen die liberalen, radikalen und kommunistischen Schriften 1835–1848 (Archiv für österreichische Geschichte 128/1). Wien 1969.

Marx Julius, Der Brand der Mariahilfer Linie 1848, in: Wiener Geschichtsblätter 27 (1972), 420–423.

Karl Marx, Chronik seines Lebens in Einzeldaten. Zürich 1934. Neudruck Frankfurt/M. 1971.

Karl Marx, Biographie. Berlin 1973.

Matis Herbert, Die Manufaktur und frühe Fabrik im Viertel unter dem Wienerwald. Eine Untersuchung der großbetrieblichen Anfänge vom Zeitalter des Merkantilismus bis 1848. Diss. Wien 1964.

Matis Herbert, Über die sozialen und wirtschaftlichen Verhältnisse österreichischer Fabrik- und Manufakturarbeiter um die Wende vom 18. zum 19. Jahrhundert, in: Vierteljahresschrift für Sozial- und Wirtschaftsgeschichte 53 (1966), 433–476.

Matis Herbert, Die industriellen Anfänge im Viertel unter dem Wienerwald, in: Unsere Heimat 37 (1966), 248–264.

Matis Herbert, Niederösterreichs Ärarialfabriken während des 18. und frühen 19. Jahrhunderts, in: Unsere Heimat 39 (1968), 202–210.

Matis Herbert, Zwei Jahrhunderte österreichischer Industriepolitik (1648–1848), in: Österreich in Geschichte und Literatur 12 (1968), 197–206.

Matis Herbert, Technik und Industrialisierung im österreichischen Vormärz, in: Technikgeschichte 36 (1969), 12–37.

Matis Herbert, Österreichs Wirtschaft 1848–1913. Konjunkturelle Dynamik und gesellschaftlicher Wandel im Zeitalter Franz Josephs I. Berlin 1972.

Mauke Michael, Die Klassentheorie von Marx und Engels. Frankfurt/M. 1970.

Mayer Franz Martin, Die Anfänge des Handels und der Industrie und die Orientalische Handelskompagnie. Innsbruck 1882.

Mayer Gustav, Friedrich Engels. Eine Biographie. 2 Bde., Haag 1934.

Mayer Gustav, Radikalismus, Sozialismus und bürgerliche Demokratie (edition suhrkamp 310). Frankfurt/M. 1969.

Mayer Sigmund, Handwerk und Großindustrie in Wien 1700–1850. Wien 1889.

Mayer Sigmund, Die soziale Frage in Wien. Studie eines „Arbeitgebers“. Wien 1871.

Mayr Josef Karl, Wien im Zeitalter Napoleons. Staatsfinanzen, Lebensverhältnisse, Beamte und Militär (Abhandlungen zur Geschichte und Quellenkunde der Stadt Wien 6). Wien 1940.
Mayr Josef Karl, Zwei Reformatoren der Wiener Armenfürsorge. Eine sozialgeschichtliche Studie, in: Jahrbuch des Vereins für Geschichte der Stadt Wien 8 (1949/50), 110–135; 9 (1951), 151–186.
McKay Donald Cope, The National Workshop. A Study in the French Revolution of 1848 (Harvard Historical Studies 35). London 1933.
McLellan David, The Young Hegelians and Karl Marx. London – Melbourne – Toronto 1969.
Mechtler Paul, Bauunternehmer und Arbeiter in der ersten Staatsbahnperiode Österreichs (1842–1858), in: Österreich in Geschichte und Literatur 12 (1968), 318–330.
Meier Eberhard, Die außenpolitischen Ideen der Achtundvierziger (Historische Studien 337). Berlin 1938.
Meinecke Friedrich, 1848. Eine Säkularbetrachtung. Berlin 1848.
Meisser Hans, Demokratie und Liberalismus in ihrem Verhältnis zueinander. Diss. Zürich 1941.
Menkes Ingeborg, Die Stellungnahme des Dichters Friedrich Hebbel zum politischen Österreich vornehmlich in den Jahren 1848/59 und 1861. Diss. Wien 1938.
Mensch und Arbeit. Wien 1973.
Mentschl Josef, Die Wiener Presse und das Problem der Bauernbefreiung des Jahres 1848. Diss. Wien 1948.
Mentschl Josef, Österreichische Wirtschaftspioniere. Wien 1948.
Mentschl Josef – Otruba Gustav, Österreichische Industrielle und Bankiers (Österreich-Reihe 279–281). Wien 1965.
Mentschl Josef, Österreichisches Industrieunternehmertum im 19. Jahrhundert, in: Österreich in Geschichte und Literatur 13 (1969), 289–294.
Merk Grete, Zwei Pioniere der österreichichen Industrie. Alois Miesbach und Heinrich Drasche (Wiener Forschungen zur Wirtschafts- und Sozialgeschichte 1). Graz – Wien – Köln 1966.
Messner Robert, Der Alsergrund im Vormärz (Topographie von Alt-Wien 2). Wien 1970.
Messner Robert, Die Josefstadt im Vormärz (Topographie von Alt-Wien 3). Wien 1973.
Messner Robert, Die Leopoldstadt im Vormärz (Topographie von Alt-Wien 1). Wien 1962.
Messner Robert, Die Wieden im Vormärz (Topographie von Alt-Wien 4). Wien 1975.
Meyer Eva, Lorenz von Stein und die Anfänge des Sozialismus in Deutschland, Diss. Frankfurt/M. 1965.
Meyer Hermann, 1848. Studien zur Geschichte der deutschen Revolution. Darmstadt 1949.
Meyer Hermann, Karl Marx und die deutsche Revolution von 1848, in: HZ 172 (1951), 517–534.
Meyer Werner, Vormärz. Die Ära Metternich. Potsdam 1948.
Meyer Werner, Schicksalsjahr 1848. Potsdam 1948.
Meynert Hermann, Geschichte der Ereignisse in der österreichischen Monarchie während der Jahre 1848 und 1849 in ihren Ursachen und Folgen. Wien 1853.

Michel Ernst, Sozialgeschichte der industriellen Arbeitswelt, ihrer Krisenformen und Gestaltungsversuche. Frankfurt/M. ³1953.

Mikoletzky Hanns Leo, Kaiser Franz I. Stephan von Lothringen und der Ursprung des Habsburgisch-lothringischen Familienvermögens. Wien 1961.

Mikoletzky Hanns Leo, Österreich. Das entscheidende 19. Jahrhundert. Geschichte, Kultur, Wirtschaft. Wien 1972.

Milne Andrew, Metternich. Totowa/New Jersey 1975.

Milward Alan S. – Saul S. B., The Economic Development of Continental Europe 1780–1870. London 1973.

Mischler Ernst – Ulbrich Josef, Österreichisches Staatswörterbuch. Handbuch des gesamten öffentlichen Rechtes. 4 Bde., Wien 1905–1909.

Mises Ludwig von, Zur Geschichte der österreichischen Fabriksgesetzgebung, in: Zeitschrift für Volkswirtschaft, Sozialpolitik und Verwaltung 14 (1905), 209–271.

Mitterauer Michael – Sieder Reinhard, Vom Patriarchat zur Partnerschaft. Zum Strukturwandel der Familie (Beck'sche Schwarze Reihe 158). München 1977.

Möller Heidrun von, Großdeutsch und Kleindeutsch. Die Entstehung der Worte in den Jahren 1848–1849 (Historische Studien 321). Berlin 1937.

Molisch Paul, Anton Füster als Politiker und politischer Schriftsteller. Ein Beitrag zum Lebensbilde eines Achtundvierzigers, in: Mitteilungen des Vereines für Geschichte der Stadt Wien 5 (1925), 78–92.

Molisch Paul, Die Wiener akademische Legion und ihr Anteil an den Verfassungskämpfen des Jahres 1848, in: Archiv für österreichische Geschichte 110 (1926), 1–208.

Molisch Paul, Die politischen Ideen im ersten österreichischen Reichstag, in: Nachrichtenblatt des Vereines für Geschichte der Stadt Wien 1 (1939), 25–33.

Mombert Paul, Aus der Literatur über die soziale Frage und die Arbeiterbewegung in Deutschland in der ersten Hälfte des 19. Jahrhunderts, in: Archiv für die Geschichte des Sozialismus und der Arbeiterbewegung 9 (1921), 169–236.

Mommsen Wilhelm, Größe und Versagen des deutschen Bürgertums. Ein Beitrag zur politischen Bewegung des 19. Jahrhunderts, insbesondere zur Revolution 1848/49. München ²1964.

Mottek Hans, Wirtschaftsgeschichte Deutschlands. Ein Grundriß. 2 Bde., Berlin 1957–1964.

Mühleder Ferdinand, Die Schottenfelder Seidenindustrie 1820–1850. Diss. Wien 1953.

Mühlher Robert und Adelinde, Um Zeitliches und Ewiges. Ein Querschnitt durch Österreichs kämpferische Lyrik. Wien – München – Zürich – New York 1947.

Müller Friedrich, Korporation und Assoziation. Eine Problemgeschichte der Vereinigungsfreiheit im deutschen Vormärz (Schriften zum öffentlichen Recht 12). Berlin 1965.

Müller Hans, Ursprung und Geschichte des Wortes Sozialismus und seiner Verwandten. Hannover 1967.

Müller Herta, Die k. k. Nadelburger Fabrik zu Lichtenwörth. Ihre Geschichte von 1751–1815. Diss. Wien 1941.

Müller Paul, Feldmarschall Fürst Windischgrätz. Revolution und Gegenrevolution in Österreich. Wien – Leipzig 1934.

Namier Lewis B., The Revolution of the Intellectuals, London 1946.

Nasr Ahmed, Die wirtschaftliche und gesellschaftliche Verproletarisierung des Industriearbeiters im 19. Jahrhundert. Diss. Graz 1972.
Neumüller Michael, Liberalismus und Revolution. Das Problem der Revolution in der deutschen liberalen Geschichtsschreibung des 19. Jahrhunderts. Düsseldorf 1973.
Niedermayr Otto, Die Leobener Nationalgarde 1848–1851. Diss. Wien 1978.
Niel Alfred, Eisenbahn und Gesellschaft. Diss. Wien 1952.
Niel Alfred, Der Semmering und seine Bahn. Wien 1960.
Niel Alfred, Carl Ritter von Ghega. Ein Leben für die Eisenbahnen in Österreich (Spurkranz-Publikationen 12). Wien 1977.
Nipperdey Thomas, Gesellschaft, Kultur, Theorie. Gesammelte Aufsätze zur neueren Geschichte (Kritische Studien zur Geschichtswissenschaft 18). Göttingen 1976.
Novogoratz Hans, Sebastian Brunner und der frühe Antisemitismus. Diss. Wien 1979.
Novotny Alexander, 1848. Österreichs Ringen um Freiheit und Völkerfrieden vor hundert Jahren. Graz – Wien 1948.
Novotny Alexander, Politische Strömungen im Vormärz, in: Österreich in Geschichte und Literatur 10 (1966), 279–287.
Noyes Paul H., Organization and Revolution. Working-Class Associations in the German Revolutions of 1848–1849. Princeton/New Jersey 1966.
Oberhummer Hermann, Die Wiener Polizei im Revolutionsjahr 1848. Wien 1928.
Oberhummer Hermann, Die Wiener Polizei. Neue Beiträge zur Geschichte des Sicherheitswesens in den Ländern der ehemaligen österreichisch-ungarischen Monarchie. 2 Bde., Wien ²1938.
Obermann Karl, Einheit und Freiheit. Deutsche Geschichte 1815–1850. Berlin 1950.
Obermann Karl, Die ungarische Revolution von 1848/49 und die demokratische Bewegung in Deutschland. Budapest 1971.
Obermann Karl, Die österreichischen Reichstagswahlen 1848. Eine Studie zur Frage der sozialen Struktur und der Wahlbeteiligung auf der Grundlage der Wahlakten, in: Mitteilungen des Österreichischen Staatsarchivs 26 (1973), 342–374.
Obermann Karl, Deutschland von 1815 bis 1849. Berlin ⁴1976.
O'Boyle Lenore, The Democratic Left in Germany 1848, in: The Journal of Modern History 33 (1961), 374–383.
Obrovski Herta, Das Wiener Vereinswesen im Vormärz. Diss. Wien 1970.
Österreich unter Kaiser Franz Joseph I. Historische Sonderausstellung im Schloß Pottenbrunn. St. Pölten 1978.
Olegnik Felix, Historisch-statistische Übersichten von Wien. Sonderhefte zu: Mitteilungen aus Statistik und Verwaltung der Stadt Wien (1956–1958).
Olscher Lucia, Das Bild der Dynastie im Lichte der Flugschriften der Revolution 1848. Hausarbeit Wien 1975.
Oppolzer Albin, Karl Scherzer. Diss. Wien 1949.
Ortner Heidemarie, Renate, Das Eindringen des Wiener Bürgertums und Geldadels in den landtäflichen Grundbesitz Niederösterreichs 1815–1895. Diss. Wien 1969.
Orton Lawrence D., The Prague Slave Congress of 1848 (East European Monographs 46). New York 1978.

Otruba Gustav, Industrietopographie Niederösterreichs vom Zeitalter des Merkantilismus bis zum Ersten Weltkrieg (Der niederösterreichische Arbeiter. Studien zur Sozial- und Wirtschaftsgeschichte Niederösterreichs in Vergangenheit und Gegenwart 5). Wien 1956.

Otruba Gustav – Rutschka L. S., Die Herkunft der Wiener Bevölkerung in den letzten 150 Jahren, in: Jahrbuch des Vereins für Geschichte der Stadt Wien 13 (1957), 227–274.

Otruba Gustav, Zur Geschichte der Frauen- und Kinderarbeit im Gewerbe und den Manufakturen Niederösterreichs, in: Jahrbuch für Landeskunde von Niederösterreich 34 (1960), 143–179.

Otruba Gustav, Der Manufakturbestand in Österreich unter der Enns zur Zeit Maria Theresias und Josefs II., in: Jahrbuch für Landeskunde von Niederösterreich 36 (1964), 521–542.

Otruba Gustav, Wirtschaft und soziale Lage Österreichs im Vormärz, in: Österreich in Geschichte und Literatur 10 (1966), 161–176.

Otruba Gustav – Kropf Rudolf, Die Entwicklung von Bergbau und Industrie in Oberösterreich. Von der Manufakturperiode bis zur Frühindustrialisierung, in: Oberösterreichische Heimatblätter 23 (1969), Heft 3/4, 3–19, 70–85.

Otruba Gustav, Katholischer Klerus und „Kirche" im Spiegel der Flugschriftenliteratur des Revolutionsjahres 1848, in: Festschrift Franz Loidl zum 65. Geburtstag, Bd. 2. Wien 1970. 265–313.

Otruba Gustav – Kropf Rudolf, Bergbau und Industrie Böhmens in der Epoche der Frühindustrialisierung (1820–1848), in: Bohemia. Jahrbuch des Collegium Carolinum 12 (1971), 53–232.

Otruba Gustav, Der Deutsche Zollverein und Österreich, in: Österreich in Geschichte und Literatur 15 (1971), 121–134.

Otruba Gustav, Die Revolution 1848 in den Alpenländern im Spiegel Wiener Flugschriftensammlungen, in: Oberösterreichische Heimatblätter 31 (1977), 154–172.

Pankoke Eckart, Sociale Bewegung – Sociale Frage – Sociale Politik. Grundfragen der deutschen „Sozialwissenschaft" im 19. Jahrhundert (Industrielle Welt. Schriftenreihe des Arbeitskreises für moderne Sozialgeschichte 12). Stuttgart 1970.

Patzer Franz (Hg.), Die Wiener Stadt- und Landesbibliothek. Ein kleiner Führer durch eine große Sammlung. Wien 1976.

Paulinyi Ákoš, Der technische Fortschritt im Eisenhüttenwesen der Alpenländer und seine betriebswirtschaftlichen Auswirkungen (1600–1860), in: Michael Mitterauer (Hg.), Österreichisches Montanwesen. Produktion, Verteilung, Sozialformen. München 1974. 144–180.

Paupié Kurt, Die Arbeiterpresse vor Hainfeld, in: Archiv. Mitteilungsblatt des Vereins für Geschichte der Arbeiterbewegung 2 (1962)–4 (1964).

Pavelka Hedwig, Englisch-österreichische Wirtschaftsbeziehungen in der ersten Hälfte des 19. Jahrhunderts (Wiener Forschungen zur Wirtschafts- und Sozialgeschichte 2). Graz – Wien – Köln 1968.

Pech Stanley Z., The Czech Revolution of 1848. Chapel Hill 1969.

Pemmer Hans, Der Wiener Zentralfriedhof. Seine Geschichte und seine Denkmäler. Wien 1924.

Petermann Reinhard E., Wien im Zeitalter Kaiser Franz Josephs I. Wien ^{3}1913.

Peukert Will Erich, Volkskunde des Proletariats (Schriften des Volkskundlichen Seminars der Pädagogischen Akademie Breslau 1). Frankfurt/M. 1931.

Pirchegger Hans – Töpfner Rudolf, Eisen immerdar. Steirisches Eisen in Vergangenheit und Gegenwart. Graz – Wien – München 1951.

Pirhofer Gottfried, Linien einer kulturpolitischen Auseinandersetzung in der Geschichte des Wiener Arbeiterwohnungsbaues, in: Wiener Geschichtsblätter 33 (1978), 1–23.

Plaschka Richard Georg, Zur Einberufung des Slawenkongresses 1848, in: Bausteine zur Geschichte Österreichs. Festgabe für Heinrich Benedikt. Wien 1966. 196–207.

Ploninger Rita, Die Wiener Oktoberereignisse im Spiegel der Memoirenliteratur. Hausarbeit Wien 1975.

Pölzl Karl, Die öffentliche Meinung in Wien 1848 und die Neuordnung Deutschlands. Diss. Wien 1948.

Pollak Walter, 1848 – Revolution auf halbem Wege. Wien 1974.

Polišenský Josef und Vomačkovă Vĕra, Boj dělniků na stavbách našich prvních železnic (Die Kämpfe der Arbeiter bei den ersten Eisenbahnlinien). Prag 1956.

Polišenský Josef, Revoluce a kontrarevoluce v Rakousko 1848. Prag 1975.

Preradovich Nikolaus von, Die Führungsschichten in Österreich und Preußen (1804–1918) mit einem Ausblick bis zum Jahre 1945 (Veröffentlichungen des Instituts für europäische Geschichte 11). Wiesbaden 1955.

Pribram Karl, Geschichte der österreichischen Gewerbepolitik von 1740–1798. Leipzig 1907.

Priester Eva, Karl Marx in Wien, in: Zeitschrift für Geschichtswissenschaft 1 (1953), 718–726.

Prinz Friedrich, Hans Kudlich (1823–1917). Versuch einer historisch-politischen Biographie (Veröffentlichungen des Collegium Carolinum 11). München 1962.

Prinz Friedrich, Die böhmischen Länder von 1848 bis 1914, in: Karl Bosl (Hg.), Handbuch der Geschichte der Böhmischen Länder. Bd. 3, Stuttgart 1968, 1–235.

Prinz Friedrich, Prag und Wien 1848. Probleme der nationalen und sozialen Revolution im Spiegel der Wiener Ministerratsprotokolle (Veröffentlichungen des Collegium Carolinum 21). München 1968.

Prinz Friedrich, Die soziale Frage und die Anfänge der österreichischen Arbeitergesetzgebung im Jahre 1848, in: Saeculum 20 (1969), 110–120.

Putz Franz, Die österreichische Wirtschaftsaristokratie von 1815–1859. Diss. Wien 1975.

Quarck Max, Die Arbeiterverbrüderung 1848/49. Erinnerungen an die Klassenkämpfe der ersten deutschen Revolution. Frankfurt/M. 1900.

Rachholz Elisabeth, Zur Armenfürsorge der Stadt Wien von 1740 bis 1904. Von der privaten zur städtischen Fürsorge. Diss. Wien 1972.

Rath R. John, The Viennese Revolution of 1848. Austin/Texas 1957.

Redlich Josef, Das österreichische Staats- und Reichsproblem. Geschichtliche Darstellung der inneren Politik der habsburgischen Monarchie von 1848 bis zum Untergang des Reichs. 2 Bde., Leipzig 1920–1926.

Redlich Josef, Kaiser Franz Joseph von Österreich. Eine Biographie. Berlin 1928.

Reichl Sepp, Der große Aufstieg. Eine Geschichte der arbeitenden Menschen und der Arbeiterbewegung in der Steiermark. Graz 1966.

Reinalter Helmut (Hg.), Jakobiner in Mitteleuropa. Innsbruck 1977.

Reinwald Otto, Die Wiener Presse und das Frankfurter Parlament. Diss. Wien 1948.

Reschauer Heinrich – Smets Moritz, Das Jahr 1848. Geschichte der Wiener Revolution. 2 Bde., Wien 1872.

Reschauer Heinrich, Geschichte des Kampfes der Handwerkerzünfte und der Kaufmannsgremien mit der österreichischen Bürokratie. Vom Ende des 17. Jahrhunderts bis zum Jahre 1860. Wien 1882.

Die bürgerlich-demokratische Revolution von 1848/49 in Deutschland. Studien zur Geschichte und Wirkung (Jahrbuch für Geschichte 7–8). 2 Bde., Berlin 1974.

Riebe Valerie-Else, Der Wiener Neustädter Schiffahrtskanal. Geschichte eines niederösterreichischen Bauwerks von seinem Entstehen bis zur Gegenwart. Wien 1936.

Riedmatten Léon de, Le problème social a travers l'histoire. Paris ^{2}1957.

Ritzen Renatus, Der junge Sebastian Brunner in seinem Verhältnis zu Jean Paul, Anton Günther und Fürst Metternich. Aichach 1927.

Robertson Priscilla, Revolutions of 1848. A Social History. Princeton/New Jersey 1952.

Roer Walter, Soziale Bewegung und politische Lyrik des Vormärz 1840–1848. Diss. Münster 1933.

Rörig Alexander, Die Ansichten über den Pauperismus in der ersten Hälfte des 19. Jahrhunderts. Ein Beitrag zur Vorgeschichte des marxistischen Sozialismus. Diss. Köln 1921.

Rogge Walter, Österreich von Világos bis zur Gegenwart. 3 Bde., Wien – Leipzig 1872–1873.

Rosdolsky Roman, Friedrich Engels und das Problem der „geschichtslosen" Völker. Die Nationalitätenfrage in der Revolution 1848–1849 im Lichte der „Neuen Rheinischen Zeitung", in: Archiv für Sozialgeschichte 4 (1964), 87–282.

Rosdolsky Roman, Die Bauernabgeordneten im konstituierenden österreichischen Reichstag 1848–1849 (Materialien zur Arbeiterbewegung 5). Wien 1976.

Rosenberg Arthur, Demokratie und Sozialismus. Zur politischen Geschichte der letzten 150 Jahre. Frankfurt/M. 1962.

Rosenberg Hans, Politische Denkströmungen im deutschen Vormärz (Kritische Studien zur Geschichtswissenschaft 4). Göttingen 1972.

Rossberg Ralf Roman, Geschichte der Eisenbahn. Künzelsau 1977.

Rossiwall Gertrude, Die Kritik der Augsburger Allgemeinen Zeitung an der österreichischen Revolution des Jahres 1848. Diss. Wien 1934.

Rothfels Hans, 1848. Betrachtungen im Abstand von hundert Jahren (Libelli 290). Darmstadt ^{2}1972.

Rudé Georges, The Crowd in History. A Study of Popular Disturbances in France and England 1730–1848. New York – London – Sydney 1964.

Rübberdt Rudolf, Geschichte der Industrialisierung. Wirtschaft und Gesellschaft auf dem Weg in unsere Zeit. München 1972.

Rüdegger Erika, Die philosophischen Studien an der Wiener Universität 1800 bis 1848. Diss. Wien 1964.

Rühle Otto, Illustrierte Kultur- und Sittengeschichte des Proletariats. Berlin 1930.

Ruggiero Guido de, Geschichte des Liberalismus in Europa. München 1930. Neudruck Aalen 1964.

Salzer Wilhelm, Vom Untertan zum Staatsbürger. Oberösterreich von 1848 bis 1918. Linz 1970.

Sandgruber Roman, Lebensstandard und Ernährung in Oberösterreich im 18. und 19. Jahrhundert, in: Österreich in Geschichte und Literatur 21 (1977), 273–294.
Sandgruber Roman, Die Agrarrevolution in Österreich. Ertragsteigerung und Kommerzialisierung der landwirtschaftlichen Produktion im 18. und 19. Jahrhundert, in: Alfred Hoffmann (Hg.), Österreich-Ungarn als Agrarstaat. Wirtschaftliches Wachstum und Agrarverhältnisse in Österreich im 19. Jahrhundert (Sozial- und wirtschaftshistorische Studien 10). Wien 1978. 195–271.
Sandgruber Roman, Österreichische Agrarstatistik 1750–1918 (Materialien zur Wirtschafts- und Sozialgeschichte 2). Wien 1978.
Satzinger Elisabeth, Alexander Bach während des Jahres 1848; ein politisches Charakterbild. Diss. Wien 1944.
Sauer Walter, Anton Fürster – Priester der Wiener Revolution 1848, in: Zeitgeschichte 2 (1975), 249–256.
Schadendorf Wulf, Das Jahrhundert der Eisenbahn (Bibliothek des Germanischen Nationalmuseums Nürnberg zur deutschen Kunst- und Kulturgeschichte 24). München 1965.
Schächter Hersch, Die Judenfrage in der Publizistik vor dem Jahre und während des Jahres 1848 in Österreich-Ungarn. Diss. Wien 1932.
Schaller François-Xavier, Le Droit au travail. Lausanne 1946.
Scheininger Dorian, Österreich und die Polen im Bewegungsjahre 1848. Diss. Wien 1926.
Scheuch Manfred, Geschichte der Arbeiterschaft Vorarlbergs bis 1918. Wien 1961.
Schieder Theodor, Das Problem der Revolution im 19. Jahrhundert, in: HZ 170 (1950), 233–271.
Schieder Theodor, Revolution und Gesellschaft. Theorie und Praxis der Systemveränderung (Herderbücherei 462). Freiburg i. B. 1973.
Schieder Wolfgang, Anfänge der deutschen Arbeiterbewegung. Die Auslandsvereine im Jahrzehnt nach der Julirevolution von 1830 (Industrielle Welt. Schriftenreihe des Arbeitskreises für moderne Sozialgeschichte 4). Stuttgart 1963.
Schimmer Karl Eduard, Alt und Neu Wien. Geschichte der österreichischen Kaiserstadt. 2 Bde., Wien – Leipzig ²1904.
Schlieper Inge, Wurzeln der Demokratie in der deutschen Geschichte. Bonn – Wien – Zürich ²1972.
Schmidt Charles, Des Ateliers Nationaux aux Barricades de Juin. Paris 1948.
Schmidt Siegfried, Robert Blum. Vom Leipziger Liberalen zum Märtyrer der deutschen Demokratie. Weimar 1971.
Schmidt Walter, Zur Rolle des Proletariats in der deutschen Revolution von 1848/49, in: Zeitschrift für Geschichtswissenschaft 17 (1969), 270–288.
Schmidt Walter, Zur internationalen Stellung der deutschen Revolution von 1848/49, in: Jahrbuch für Geschichte 7 (1973), 9–52.
Schmidt Walter, Zur Rolle der Bourgeoisie in den bürgerlichen Revolutionen von 1789 und 1848, in: Zeitschrift für Geschichtswissenschaft 21 (1973), 301–320.
Schmidt-Brentano Antonia, Die Armee in Österreich. Militär, Staat und Gesellschaft 1848–1867 (Militärgeschichtliche Studien 20). Boppard am Rhein 1975.
Schneider Dieter – Kuda Rudolf F., Mitbestimmung. Weg zur industriellen Demokratie (dtv 606). München 1969.

Schneider Franz, Pressefreiheit und politische Öffentlichkeit. Studien zur politischen Geschichte Deutschlands bis 1848 (Politica. Abhandlungen und Texte zur politischen Wissenschaft 24). Neuwied – Berlin 1966.

Johann Christian Schoeller. Karikatur und Satire im Biedermeier und Vormärz (54. Sonderausstellung des Historischen Museums der Stadt Wien). Wien 1978.

Schraepler Ernst, Handwerkerbünde und Arbeitervereine 1830–1853. Die politische Tätigkeit deutscher Sozialisten von Wilhelm Weitling bis Karl Marx (Veröffentlichungen der Historischen Kommission zu Berlin 34). Berlin – New York 1972.

Schröter Alfred – Becker Walter, Die deutsche Maschinenbauindustrie in der industriellen Revolution (Veröffentlichungen des Instituts für Wirtschaftsgeschichte an der Hochschule für Ökonomie Berlin-Karlshorst 2). Berlin 1962.

Schulte Wilhelm, Volk und Staat. Westfalen im Vormärz und in der Revolution 1848/49. Münster 1954.

Schulz Hugo, Großkampftage der Revolution 1848/49. Wien 1929.

Schwarz Wolfgang, Das Wiener Becken – ein alter Industrieraum. Eine dynamische Länderkunde des niederösterreichischen Industrieviertels. Diss. Wien 1969.

Ségur-Cabanac Viktor Graf, Kaiser Ferdinand I. als Regent und Mensch. Wien 1912.

Seidel Bruno – Jenkner Siegfried (Hg.), Klassenbildung und Sozialschichtung (Wege der Forschung 137). Darmstadt 1968.

Seidel Friedrich, Die soziale Frage in der deutschen Geschichte. Mit besonderer Berücksichtigung des ehemaligen Fürstentums Waldeck-Pyrmont. Wiesbaden 1964.

Sheehan J. J. (Hg.), Industrialization und Industrial Labour in 19th Century Europe. New York 1973.

Sibitz Bernd T., Die Textilindustrie als Promotor der industriellen Revolution. Diss. Wien 1973.

Sieber Ernst Karl, Ludwig von Löhner. Ein Vorkämpfer des Deutschtums in Böhmen, Mähren und Schlesien im Jahre 1848/1849 (Veröffentlichungen des Collegium Carolinum 18). München 1965.

Sigmann Jean, Eighteen–Fortyeight. The Romantic and Democratic Revolutions in Europe (The Great Revolutions 7). London 1973.

Silagi Denis, Der größte Ungar. Graf Stephan Széchenyi. Wien – München 1967.

Silber Erika, Beiträge zur Sozialstruktur Wiens im Vormärz. Eine sozial- und wirtschaftsgeschichtliche Arbeit aufgrund der magistratischen Verlassenschaftsakten des Jahres 1840. Diss. Wien 1978.

Silberbauer Gerhard, Österreichs Katholiken und die Arbeiterfrage. Graz – Wien – Köln 1966.

Simon Karlheinz, Die Stellung des österreichischen Reichstages zur deutschen Frage 1848/49. Diss. Köln 1953.

Singer Rudolf, Das Recht auf Arbeit in geschichtlicher Darstellung. Jena 1895.

Skalnik Kurt, An der Wiege der österreichischen Journalistik. Die Wiener Presse im Jahre 1848 (Österreich-Reihe 55). Wien 1958.

Skrypczak Henryk, Marx, Engels, Revolution. Standortbestimmung des Marxismus in der Gegenwart. Berlin 1968.

Slokar Johann, Geschichte der österreichischen Industrie und ihrer Förderung unter Kaiser Franz I. Wien 1914.

Smets, siehe Reschauer Heinrich.

Smotricz Siegfried, Die demokratische Presse in der Wiener Revolution von 1848. Diss. Wien 1932.

Sombart Werner, Der Bourgeois. Zur Geistesgeschichte des modernen Wirtschaftsmenschen. München – Leipzig 1920.

Sombart Werner, Die deutsche Volkswirtschaft im 19. Jahrhundert und im Anfange des 20. Jahrhunderts. Eine Einführung in die Nationalökonomie. Berlin [7]1927.

Sombart Werner, Sozialismus und soziale Bewegung im 19. Jahrhundert. Wien – Frankfurt – Zürich 1966.

Sommer Luise, Die österreichischen Kameralisten in dogmengeschichtlicher Darstellung. 2 Bde., Wien 1920–1925.

Sonnemann Ulrich, Der kritische Wachtraum. Deutsche Revolutionsliteratur von den Jakobinern zu den Achtundvierzigern. München 1971.

Sozialgeschichte Heute. Festschrift für Hans Rosenberg zum 70. Geburtstag (Kritische Studien zur Geschichtswissenschaft 11). Göttingen 1974.

Spira György, Die Arbeiterbewegung der Monate der Revolution von 1848 in den Schwesternstädten Pest, Ofen und Altofen. Referat der VII. Linzer Konferenz. Linz 1971.

Spira György, A Hungarian Count in the Revolution of 1848. Budapest 1974.

Springer Anton, Geschichte Österreichs seit dem Wiener Frieden 1809. 2 Teile, Leipzig 1863–1865.

Springer Elisabeth, Die Baubehörden der österreichischen Zentralverwaltung in der Mitte des 19. Jahrhunderts. Hausarbeit am Institut für Österreichische Geschichtsforschung. Wien 1971.

Srbik Heinrich von, Die kaiserliche Spiegelfabrik zu Neuhaus 1701–1725, in: MIÖG 32 (1911), 294–317.

Srbik Heinrich von, Die Wiener Revolution des Jahres 1848 in sozialgeschichtlicher Beleuchtung, in: Schmollers Jahrbuch 43 (1919), 829–868.

Srbik Heinrich von, Metternich. Der Staatsmann und der Mensch. 3 Bde., München 1925–1954.

Stadelmann Rudolf, 1848. Soziale und politische Geschichte der Revolution von 1848. München 1948 (Neudruck 1962).

Stadelmann Rudolf, Die Märzrevolution 1848 und die deutsche Arbeiterbewegung, in: Schweizer Beiträge zur Allgemeinen Geschichte 7 (1949), 117–139.

Stammhammer Joseph, Bibliographie des Sozialismus und Kommunismus. 3 Bde., Jena 1893–1909. (Neudruck Aalen) 1963.

Stamprech Franz, Die älteste Tageszeitung der Welt. Werden und Entwicklung der Wiener Zeitung. Wien o. J.

Stein Hans, Pauperismus und Assoziation. Soziale Tatsachen und Ideen auf dem westeuropäischen Kontinent von Ende des 18. bis zur Mitte des 19. Jahrhunderts, unter besonderer Berücksichtigung des Rheingebiets. Leiden 1936.

Stein Peter, Epochenproblem „Vormärz“ (1815–1848) (Sammlung Metzler 132). Stuttgart 1974.

Steiner Herbert, Karl Marx in Wien. Die Arbeiterbewegung zwischen Revolution und Restauration 1848. Wien – München – Zürich 1978.

Stekl Hannes, Österreichs Aristokratie im Vormärz. Herrschaftsstil und Lebensformen der Fürstenhäuser Liechtenstein und Schwarzenberg. Wien 1973.

Stekl Hannes, Hausrechtliche Abhängigkeit in der industriellen Gesellschaft. Das häusliche Personal vom 18. bis ins 20. Jahrhundert, in: Wiener Geschichtsblätter 30 (1975), 301–313.

Stekl Hannes, Häusliches Personal und ‚Soziale Frage', in: Jahrbuch des Vereins für Geschichte der Stadt Wien 34 (1978), 342–357.
Stekl Hannes, Österreichs Zucht- und Arbeitshäuser 1671–1920. Institutionen zwischen Fürsorge und Strafvollzug (Sozial- und wirtschaftshistorische Studien 12). Wien 1978.
Stern Alfred, Geschichte Europas von 1830–1848. 3 Bde., Stuttgart – Berlin 1905–1911.
Stiassny Paul, Der österreichische Staatsbankrott von 1811. Wien – Leipzig 1912.
Stimmer Gernot, Die Mythologisierung der Revolution von 1848 als Modell einer Studentenrevolution, in: Student und Hochschule im 19. Jahrhundert (Studien zum Wandel von Gesellschaft und Bildung im 19. Jahrhundert 12). Göttingen 1975, 243–302.
Strauß Emil, Die Entstehung der deutschböhmischen Arbeiterbewegung. Prag 1925.
Strey Joachim – Winkler Gerhard, Marx und Engels 1848/49. Die Politik und Taktik der „Neuen Rheinischen Zeitung" während der bürgerlich-demokratischen Revolution in Deutschland. Berlin 1972.
Strobach Wolfgang, Ungarn im Spiegel der öffentlichen Meinung Wiens 1848. Diss. Wien 1947.
Strobl von Ravelsberg Ferdinand, Metternich und seine Zeit. 2 Bde., Wien – Leipzig 1906–1907.
Swoboda Wolfram W., The Changing Views of Marx and Engels about the Nationalities in the Austrian Monarchy 1845–1855, in: Austrian History Yearbook 9/10 (1973/74), 3–28.
Szabó Erwin, Aus den Parteien- und Klassenkämpfen in der ungarischen Revolution von 1848, in: Archiv für die Geschichte des Sozialismus und der Arbeiterbewegung 8 (1919), 258–307.
Szabo Gertrude, Die Revolution des Jahres 1848 in der österreichisch-ungarischen Monarchie im Spiegel der Memoiren und Tagebücher der Zeitgenossen. Diss. Wien 1948.
Tampier-Metzker Gertraud, Anton Johann Groß-Hoffinger. Leben und Werk eines Publizisten im Vormärz, in: MIÖG 75 (1967), 403–430.
Tannewitz Hans-Karl, Michael A. Bakunins publizistische Persönlichkeit, dargestellt an seiner politisch-journalistischen Arbeit 1849 in Dresden. Diss. Berlin 1962.
Tautscher Anton, Wirtschaftsgeschichte Österreichs auf der Grundlage abendländischer Kulturgeschichte. Berlin 1974.
Taylor Alan John Percivale, The Habsburg Monarchy 1809–1918. A History of the Austrian Empire and Austria-Hungary. London ²1948.
Tetsch Hartmut, Die permanente Revolution. Ein Beitrag zur Soziologie der Revolution und zur Ideologiekritik. Opladen 1973.
Wiener Theater des Biedermeier und Vormärz. Ausstellungskatalog Österreichisches Theatermuseum. Wien 1978.
Theiß Viktor, Erzherzog Johann, der steirische Prinz. Ein Lebensbild. Graz 1950.
Tietze Hans, Das vormärzliche Wien in Wort und Bild. Wien 1925.
Tietze Hans, Wien. Kultur, Kunst, Geschichte. Wien – Leipzig 1931.
Till Rudolf, Die Wiener Stadtverwaltung im Jahre 1848, in: Jahrbuch des Vereins für Geschichte der Stadt Wien 7 (1948), 19–40.

Till Rudolf, Die Mitglieder der ersten Wiener Gemeindevertretung im Jahre 1848, in: Wiener Geschichtsblätter 5 (1950), 61–72.

Till Rudolf, Der Sicherheitsausschuß des Jahres 1848, in: Festschrift zur Feier des zweihundertjährigen Bestandes des Haus-, Hof- und Staatsarchivs. Bd. 2, Wien 1951, 111–123.

Till Rudolf, Geschichte der Wiener Stadtverwaltung in den letzten 200 Jahren. Wien 1957.

Till Rudolf, Ignaz Czapka, Freiherr von Winstetten. Der letzte Bürgermeister des vormärzlichen Wien, in: Jahrbuch des Vereins für Geschichte der Stadt Wien 14 (1958), 57–84.

Tilly Charles, Louise und Richard, The Rebellious Century 1830–1930. Cambridge/Mass. 1975.

Tilly Richard – Hohorst Gerhard, Sozialer Protest in Deutschland im 19. Jahrhundert: Skizze eines Forschungsansatzes, in: Jarausch Konrad H. (Hg.), Quantifizierung in der Geschichtswissenschaft. Probleme und Möglichkeiten. Düsseldorf 1976. 232–278.

Todt Elisabeth – Radandt Hans, Zur Frühgeschichte der deutschen Gewerkschaftsbewegung 1800–1849. Berlin 1950.

Traub Hugo, Die Reichstagspermanenz im Oktober 1848, in: MIÖG 36 (1915), 96–155.

Tremel Ferdinand, Wirtschafts- und Sozialgeschichte Österreichs. Wien 1969.

Treue Wilhelm, Wirtschaftsgeschichte der Neuzeit. Das Zeitalter der technisch-industriellen Revolution 1700–1966 (Kröners Taschenausgaben 208). Stuttgart ^{2}1966.

Treue Wilhelm, Gesellschaft, Wirtschaft und Technik Deutschlands im 19. Jahrhundert (dtv 4217). München ^{3}1978.

Trischler Franz, Beiträge zur Geschichte der Marktgemeinde Obergrafendorf. St. Pölten 1959.

Trotzki Leo, Geschichte der russischen Revolution. Berlin 1960.

Udalzow I. I., Aufzeichnungen über die Geschichte des nationalen und politischen Kampfes in Böhmen im Jahre 1848. Berlin 1953.

Uhlirz Karl und Mathilde, Handbuch der Geschichte Österreichs und seiner Nachbarländer Böhmen und Ungarn. Bd. 2/1. Graz – Wien – Leipzig 1930.

Ullik Rudolf, Das Ministerium für öffentliche Arbeiten im Jahre 1848. Ein Beitrag zur staatlichen Wirtschafts- und Sozialpolitik Österreichs im Jahre 1848. Diss. Wien 1975.

Ullrich Hermann, Dr. Alfred Julius Becher (1803–1848) und sein Wiener Kreis, in: Jahrbuch des Vereins für Geschichte der Stadt Wien 23/25 (1967/69), 293–334.

Ullrich Hermann, Alfred Julius Becher. Der Spielmann der Wiener Revolution (Studien zur Musikgeschichte des 19. Jahrhunderts 40). Regensburg 1974.

Urbach Reinhard (Hg.), Wien und Europa zwischen den Revolutionen (1789–1848). 15. Wiener Europagespräch 1977. Wien – München 1978.

Usznula Ludwig, Wien und die Slawenfrage von 1848. Das Problem dargestellt aus der Wiener Presse des Jahres 1848. Diss. Wien 1937.

Valentin Veit, Geschichte der deutschen Revolution von 1848/49. 2 Bde., (Neudruck) Köln – Berlin 1970.

Valjavec Fritz, Der Josephinismus. Zur geistigen Entwicklung Österreichs im 18. und 19. Jahrhundert. Brünn – München – Wien 1944.

Vaßen Florian, Georg Weerth. Ein politischer Dichter des Vormärz und der Revolution von 1848/49. Stuttgart 1971.

Ven Frans van der, Sozialgeschichte der Arbeit (dtv 4082–4084). 3 Bde., München 1972.

Die politischen Vereine Wiens im Jahre 1848, in: Neues Wiener Tagblatt, Nr. 255–259 (23. 11.–27. 11. 1867).

Vester Michael, Die Entstehung des Proletariats als Lernprozeß. Die Entstehung antikapitalistischer Theorie und Praxis in England 1792–1848. Frankfurt/M. 1970.

Volkmann Heinrich, Kategorien des sozialen Protests im Vormärz, in: Geschichte und Gesellschaft. Zeitschrift für Historische Sozialwissenschaft 3 (1977), 164–189.

Die Volksmänner des Jahres 1848, in: Konstitutionelle Vorstadt-Zeitung, Nr. 177–205 (1. 7.–29. 7. 1867).

Vossler Otto, Die Revolution von 1848 in Deutschland (edition suhrkamp 210). Frankfurt/M. ^{2}1969.

Wachenheim Hedwig, Die deutsche Arbeiterbewegung 1844–1914. Köln – Opladen 1967.

Wadl Wilhelm, Liberalismus und soziale Frage in Österreich. Diss. Wien 1979.

Waldegg Richard, Sittengeschichte von Wien. Stuttgart – Bad Cannstatt ^{4}1965.

Walter Friedrich, Die böhmischen Arbeiterunruhen des Jahres 1844, in: MIÖG, Ergänzungsbd. 11 (1929), 717–734.

Walter Friedrich, Wien. Die Geschichte einer deutschen Großstadt an der Grenze. 3 Bde., Wien 1940–1944.

Walter Friedrich, Eine österreichische Denkschrift über den Stand der sozialen Bewegung zu Anfang des Jahres 1850, in: Vierteljahresschrift für Sozial- und Wirtschaftsgeschichte 50 (1963), 204–216.

Walter Friedrich, Die Geschichte der Ministerien Kolowrat, Ficquelmont, Pillersdorff, Wessenberg-Doblhoff und Schwarzenberg (Veröffentlichungen der Kommission für neuere Geschichte Österreichs 49–50). 2 Bde., Wien 1964.

Wandruszka Adam, Karl Moering. Ein deutscher Soldat und Politiker aus dem alten Österreich, in: MIÖG 53 (1939), 79–185.

Wandruszka Adam, Die Männer von 1848. Der Zwiespalt im österreichischen Liberalismus, in: Wort und Wahrheit 2 (1947), 583–591.

Wandruszka Adam, Österreich und die europäische Revolution, in: Wort und Wahrheit 3 (1948), 265–272.

Wandruszka Adam, Parteien und Ideologien im Zeitalter der Massen, in: Otto Schulmeister (Hg.), Spectrum Austriae. Wien 1957. 287–314.

Wandruszka Adam, Geschichte einer Zeitung. Das Schicksal der ‚Presse' und der ‚Neuen Freien Presse' von 1848 zur Zweiten Republik. Wien 1958.

Wandruszka Adam, Leopold II. 2 Bde., Wien – München 1965.

Wandruszka Adam, Grillparzer und die Politik, in: Sitzungsberichte der Österreichischen Akademie der Wissenschaften, phil.-hist. Klasse 280 (1972), 17–34.

Wangermann Ernst, Von Josef II. zu den Jakobinerprozessen. Wien 1966.

Wanner Gerhard, Kinderarbeit in Vorarlberger Fabriken im 19. Jahrhundert. Feldkirch 1977.

Wassmund Hans, Revolutionstheorien. Eine Einführung (Beck'sche Schwarze Reihe 176). München 1978.

Weber Rolf, Die Revolution in Sachsen 1848/49. Entwicklung und Analyse ihrer Triebkräfte (Schriften des Zentralinstituts für Geschichte II/11). Berlin 1970.

Weber Wilhelm (Hg.), Österreichs Wirtschaftsstruktur gestern – heute – morgen. Strukturwandlungen der österreichischen Volkswirtschaft in der Vergangenheit und ihre Bedeutung für Strukturprobleme der Gegenwart und der Zukunft. 2 Bde., Berlin 1961.

Weg – Leistung – Schicksal, Geschichte der sudetendeutschen Arbeiterbewegung in Wort und Bild. Stuttgart 1972.

Wehler Hans-Ulrich, Geschichte als Historische Sozialwissenschaft (edition suhrkamp 650). Frankfurt/M. 1973.

Wehler Hans-Ulrich, Modernisierungstheorie und Geschichte (Kleine Vandenhoeck-Reihe 1407). Göttingen 1975.

Wehler Hans-Ulrich, Bibliographie zur modernen deutschen Sozialgeschichte (Arbeitsbücher zur modernen Geschichte 1). Göttingen 1976.

Weichinger Johann, Anton Springer als Historiker und seine politische Haltung. Diss. Wien 1953.

Weinzierl-Fischer Erika, Visitationsberichte österreichischer Bischöfe an Kaiser Franz I. (1804–1835), in: Mitteilungen des Österreichischen Staatsarchivs 6 (1953), 240–311.

Weinzierl-Fischer Erika, Österreichs Klerus und die Arbeiterschaft. Ihr Verhältnis im 19. Jahrhundert nach den Quellen, in: Wort und Wahrheit 12 (1957), 613–620.

Weis Eberhard, Der Durchbruch des Bürgertums 1776–1847 (Propyläen -Weltgeschichte, 4). Frankfurt – Berlin – Wien 1978.

Weis Gertrude, Die Arbeiterfrage des Jahres 1848 in Österreich. Diss. Wien 1950.

Weiß Dorothea, Der publizistische Kampf der Wiener Juden um ihre Emanzipation in den Flugschriften und Zeitungen des Jahres 1848. Diss. Wien 1971.

Weiß Karl, Geschichte der öffentlichen Anstalten, Fonde und Stiftungen für die Armenversorgung in Wien. Wien 1867.

Weiß Karl, Rückblicke auf die Gemeindeverwaltung der Stadt Wien in den Jahren 1838–1848. Wien 1875.

Wende Peter, Radikalismus im Vormärz. Untersuchungen zur politischen Theorie der frühen deutschen Demokratie (Frankfurter Historische Abhandlungen 11). Wiesbaden 1975.

Wessely Robert, Ferdinand Kürnberger. Mensch und Kritiker. Diss. Wien 1948.

Weyrich Edgar, Rudolfsheim und Fünfhaus. Ein Heimatbuch. Wien 1922.

Whitridge Arnold, Men in Crisis. The Revolutions of 1848. New York 1949.

Widmann Eva Sibylle, Idee und Wirklichkeit der Universität Wien im Spiegel autobiographischer Quellen des 19. Jahrhunderts. Diss. Wien 1974.

Wien 1800–1850. Empire und Biedermeier. Katalog des Historischen Museums der Stadt Wien. Wien 1969.

Wien 1848–1888. Denkschrift zum 2. Dezember 1888. 2 Bde., Wien 1888.

Wien 1848 (55. Sonderausstellung des Historischen Museums der Stadt Wien im Schloß Schallaburg bei Melk). Wien 1978.

Wien, am Graben 21. 150 Jahre Erste österreichische Spar-Casse. 150 Jahre österreichische Geschichte. Wien 1969.

Unvergängliches Wien. Ein Gang durch die Geschichte von der Urzeit bis zur Gegenwart. Wien 1964.

Willinger Christine, Die Revolution des Jahres 1848 im Spiegel der sozialdemokratischen Presse bis 1914. Hausarbeit Wien 1974.

Winckler Johann, Die periodische Presse Österreichs. Eine historisch-statistische Studie. Wien 1875.

Der k. k. österreichische Feldmarschall Fürst Windischgrätz. Eine Lebensskizze. Leipzig ^{2}o.J.

Winter Eduard, Romantismus, Restauration und Frühliberalismus im österreichischen Vormärz. Wien 1968.

Winter Eduard, Bernard Bolzano. Ein Lebensbild. Stuttgart 1969.

Winter Eduard, Revolution, Neoabsolutismus und Liberalismus in der Donaumonarchie. Wien 1969.

Die Wirtschaftsgeschichte Österreichs, hgg. vom Institut für Österreichkunde. Wien 1971.

Wittner Otto, Moritz Hartmanns Leben und Werke. Ein Beitrag zur politischen und literarischen Geschichte Deutschlands im 19. Jahrhundert (Bibliothek deutscher Schriftsteller aus Böhmen 18–19). 2 Bde., Prag 1906–1907.

Wolf Gerson, Aus der Revolutionszeit in Österreich-Ungarn 1848–1849. Wien 1885.

Wolfgramm Eberhard, Der böhmische Vormärz, im besonderen die böhmischen Arbeiterunruhen des Jahres 1844 in ihren sozialen und politischen Zusammenhängen, in: Obermann Karl – Polišenský Josef (Hg.), Aus 500 Jahren deutsch-tschechoslowakischer Geschichte (Schriftenreihe der Kommission der Historiker der DDR und der ČSSR 1). Berlin 1958. 171–227.

Wollstein Günter, Das „Großdeutschland" der Paulskirche. Nationale Ziele in der bürgerlichen Revolution 1848/49. Düsseldorf 1977.

Wurm Ernst – Stöcklmayr Erwin, Industrie im Raum Wiener Neustadt. Unternehmensschicksale in drei Jahrhunderten (Schriftenreihe der Handelskammer Niederösterreich 9). Wien 1970.

Wurzbach Constant von, Biographisches Lexikon des Kaisertums Österreich. 60 Bde. und ein Registerbd., Wien 1856–1923.

Zatschek Heinrich, Handwerk und Gewerbe in Wien. Von den Anfängen bis zur Erteilung der Gewerbefreiheit im Jahre 1859. Wien 1947.

Zechlin Egmont, Die deutsche Einheitsbewegung (Ullstein-Buch 3842). Frankfurt/M. – Berlin 1967.

Zeidler Sylvia, Wirtschaftliche und soziale Probleme der Wiener Revolution von 1848 im Spiegel der Wiener Flugschriftenliteratur. Diss. Wien 1977.

Die Zeitungen und Zeitschriften Wiens im Jahre 1848. Alphabetisch geordnet. (Wien 1849?).

Von den Zeitungsschreibern Anno 48, in: Neues Wiener Tagblatt, Nr. 194–198 (17. 7.–21. 7. 1877).

Zelfel-Bucek Margarete, Geschichte der Seidenfabrikanten Wiens im 18. Jahrhundert (Dissertationen der Universität Wien 105). Wien 1974.

Zenker Ernst Victor, Geschichte der Wiener Journalistik. Ein Beitrag zur deutschen Kulturgeschichte. 2 Bde., Wien – Leipzig 1891–1893.

Zenker Ernst Victor, Geschichte der Journalistik in Österreich. Wien 1900.

Zenker Ernst Victor, Die Wiener Revolution 1848 in ihren sozialen Voraussetzungen und Beziehungen. Wien – Pest – Leipzig 1897.

Zenker Ernst Victor, Ein Mann im sterbenden Österreich. Erinnerungen aus meinem Leben. Reichenberg 1935.

Zewell Rudolf, „Liberalismus" und „Demokratie" in der Wiener Revolution von 1848. Hausarbeit Wien 1975.

Zewell Rudolf, Die österreichische Revolution von 1848/49 im Urteil der Rheinländer. Diss. Wien 1979.

Zimmermann Alfred, Blüte und Verfall des Leinengewerbes in Schlesien. Gewerbe und Handelspolitik dreier Jahrhunderte. Breslau 1885.

Zöllner Erich, Geschichte Österreichs von den Anfängen bis zur Gegenwart. Wien ^{6}1978.

Zöllner Erich, Wien um die Mitte des 19. Jahrhunderts in der Sicht seiner fremden Gäste, in: Wiener Geschichtsblätter 33 (1978), 116–137.

ABBILDUNGSVERZEICHNIS

1 „Holzscheiber." Lithographie von A. Zampis (um 1840). Bildarchiv der Österreichischen Nationalbibliothek (in der Folge: ÖNB).
Die Holzscheiber waren beim Transport und beim Zerkleinern des mit den Donauflößen und auf dem Wiener Neustädter Kanal herbeigeschafften Brennholzes beschäftigt. Als manuelle Schwerstarbeiter repräsentieren sie den vormärzlichen Arbeitertypus, der noch keine wirkungsvollen Organisationsformen entwickelt hatte.

2 „Die Straßenpflasterer." Lithographie von J. Lanzedelli d. J. (um 1840). ÖNB.
Die Pflasterung der Wiener Straßen mit Granitwürfeln (die dann in der Revolution das Material für den Barrikadenbau abgeben sollten) wurde im Vormärz in der Innenstadt und für die wichtigsten Verkehrsflächen der Vorstädte zügig durchgeführt.

3 „Der Weber." Lithographie von P. J. N. Geiger und M. Brems (aus der Serie: „Der Mensch und sein Beruf", 1835–1841). Historisches Museum der Stadt Wien (in der Folge: HM).
Die Darstellung gewährt Einblick in die vom Verlagssystem geprägte Textilproduktion, die durch die harte Konkurrenz mit der Maschinenindustrie einem qualvollen Untergang geweiht war. Abgebildet sind Frauen am Spinnrad und im Hintergrund mehrere, bereits in einer größeren Werkstatt zusammengefaßte Handwebstühle.

4 „Haus und Seidenband Fabrik des Herrn Joseph Göbl am Schottenfeld Zieglergasse No. 486."

5 „Mestrozi'sches Haus und Seidenzeug Fabrik des Herrn Ludwig Rüdelmann am Schottenfeld Feldgasse No. 318." Beide Darstellungen sind den Randveduten des Vasquez-Planes von Wien (1827–1837, hier: St.Ulrich) entnommen. HM.
Diese Ansichten sind wertvolle Dokumente des Manufakturbaues im Vormärz. Die abgebildeten „Fabriken" dokumentieren den Übergang von den dem barocken Adelspalais entlehnten Stilformen (Göbel) zu nüchternen Zweckbauten (Mestrozi). Angesichts der Stattlichkeit dieser Gebäude, die die Wohnung der wohlhabenden Fabrikanten und die sich noch tief in die Höfe hineinziehenden Arbeitsräume der Seidenweber beherbergten, nannte man die Vorstadt Schottenfeld im Vormärz „Brillantengrund". Gerade dieses Zentrum der traditionsreichsten und höchstentwickelten Wiener „Industrie" der Biedermeierzeit wurde aber infolge der Krise der vierziger Jahre zum Notstandsgebiet.

6 Scheuende Pferde vor einem Zug der Südbahn. Aquarellierte Zeichnung von L. Ruß (1847). ÖNB (nach dem Original des HM).
Die Konfrontation der durch den Erntewagen verkörperten bäuerlichen Welt mit der das Zeitalter des Dampfes und der Technik symbolisierenden Lokomotive wird zum Sinnbild einer Epoche rapiden wirtschaftlichen und sozialen Wandels.

7 „Arbeits-Saal No. II im Apollo-Saale." Lithographie von F. X. Sandmann (um 1845). HM.
Zwischen 1808 und 1839 bestand am Neubau (Zieglergasse 15) der Apollosaal, eine der beliebtesten Vergnügungsstätten Alt-Wiens. Die Räumlichkeiten wurden 1839 in eine Kerzenfabrik umgewandelt („Apollokerzen"), die nach dem Brand von 1876 einging. Die Abbildung – eine der ganz wenigen Darstellungen von Fabriksinnenräumen aus dem Vormärz – veranschaulicht den arbeitsteiligen Produktionsprozeß sowie den starken Anteil der Frauen am entstehenden Industrieproletariat.

8 Kaiser Franz I. und seine Gemahlin Carolina Augusta besichtigen die Notstandserdarbeiten am Wienfluß (1831). Stahlstich von A. Clarot und A. Geiger aus A. Bäuerle, Was verdankt Österreich der beglückenden Regierung Seiner Majestät Kaiser Franz des Ersten? (Wien 1834).
Der Stich spiegelt die patriarchalische Haltung des Monarchen gegenüber seinen Untertanen gut wider. Man beachte die große Zahl von Frauen und Jugendlichen unter den Erdarbeitern.

9 „Szene in der Gloggnitzer Eisenbahn-Maschinenfabrik (11. März 1848)." Xylographie aus H. Reschauer, Das Jahr 1848. Geschichte der Wiener Revolution, Bd. 1 (Wien 1872), 61.
Die Darstellung zeigt deutlich die Besorgnisse des liberalen Bürgertums vor der in der Revolution erwachten Arbeiterschaft. Ein Agitator ruft die Maschinenarbeiter, infolge ihrer Integration in den technisch am meisten fortgeschrittenen Produktionszweig die geschlossenste Gruppe des entstehenden modernen Proletariats, zum Streik auf. Die Arbeiter schmieden ihre Werkzeuge in Piken um. Im Vergleich mit der vorhergehenden Abbildung wird der Wandel des Erscheinungsbildes des Arbeiters im bürgerlichen Bewußtsein seit dem Revolutionsjahr 1848 schlagartig deutlich.

10 „Der Brand der k. k. landesprivilegierten Druck-Fabrik der Herren A. & E. Granichstädten zu Sechshaus nächst Wien." Lithographie (1848). ÖNB.
Der Zorn der Arbeitslosen und Deklassierten richtete sich bei den Fabrikenstürmen in den Vororten Wiens und im Wiener Becken vor allem gegen jene Großbetriebe, in denen Perotinen, Spinnmaschinen und mechanische Webstühle aufgestellt waren.

11 Einschreiten von Militär gegen „Raubgesindel" vor dem Mariahilfer Pfarrhof am 14. März 1848. Lithographie von Günther (1848). ÖNB.
Die Lithographie veranschaulicht das rücksichtslose Vorgehen der vom Bürgertum zu Hilfe gerufenen Truppen gegen das Proletariat der westlichen Vorstädte und Vororte Wiens, aus dessen Reihen die meisten „Märzgefallenen" stammten.

12 „Große National-Katzenmusik." Lithographie von C. Melerid (1848). HM.
Nationalgarde schützt Hausherren, Bäcker und Fleischhauer vor den Attacken der Katzenmusikanten. Die Karikatur wendet sich gegen Zins- und Lebensmittelwucher und das in der Nationalgarde repräsentierte Besitzbürgertum.

13 „Das projectirte Monstre-Meeting in Wien den 16. April 1848." Lavierte Federzeichnung von J. Ch. Schoeller (1848). HM.
Die Karikatur illustriert die Ängste des Großbürgertums vor den Forderungen des Kleinbürgertums und des Proletariats, die im Zusammenhang mit dem Auftreten Schüttes im April erhoben wurden. Die politischen und sozialen Anliegen der kleinen Leute wurden als „kommunistische" Umtriebe gebrandmarkt (siehe die Inschrift auf der Fahne links: „Vivat die Communisten").

14 „Die Kaiser-Barricade am 26. Mai 1848 in Wien." Lithographie im Verlag F. Werner (1848). ÖNB.
Die „k. k. Barricade" stand am Ausgang der Naglergasse zum Graben. Mit der schwarz-rot-goldenen Fahne der deutschen Einigungsbestrebungen geschmückt, veranschaulicht sie drastisch die Widersprüche der demokratischen Phase der Wiener Revolution. Man beachte, daß nur die Studenten und Nationalgardisten bewaffnet sind, während die unbewaffneten Arbeiter mit Hacken und Schaufeln als Barrikadenerbauer fungieren. Auf den fest ver-

schlossenen Türen der Geschäftsgewölbe liest man die mit Kreide geschriebene Parole ,,Heilig das Eigenthum" – die hier zum Ausdruck kommende Furcht verspottete Nestroy in seiner Posse ,,Freiheit in Krähwinkel". Trotz der kriegerischen Vorbereitungen (siehe die in den Fenstern aufgestapelten Pflastersteine) ist diese Barrikade für die Passage des im Hintergrund sichtbaren eleganten Publikums geöffnet.

15 Die slawische Barrikade. Lithographie von F. Kollarz (1848). ÖNB.
Die Verbrüderungsszene der Träger der schwarz-rot-goldenen mit denen der rot-weiß-blauen Trikolore verdeutlicht die Solidarität zwischen den Bestrebungen der deutschen und tschechischen Demokraten in den Maitagen, die dann allerdings – namentlich nach der Niederwerfung des Prager Pfingstaufstandes – von nationalistischen Strömungen überlagert wurde.

16 ,,Leichenrede für die am 23. August gefallenen Arbeiter." Lavierte Bleistiftzeichnung von C. Goebel (1848). HM.
Nach einer Notiz auf der Rückseite des Blattes war die Zeichnung als Vorlage für eine Zeitungsillustration (wohl für die ,,Leipziger Illustrierte Zeitung") konzipiert. Wir dürfen annehmen, daß auch andere Künstler als ,,Bildreporter" die Geschehnisse des Revolutionsjahres an deren Schauplatz festhielten, so daß ihren Darstellungen hoher Dokumentationswert zukommt. Die Szene stellt die Ansprache eines Angehörigen der akademischen Legion an ein aus Studenten, Nationalgardisten und in der Mehrzahl Arbeitern und Arbeiterinnen bestehendes Publikum bei der Gedenkfeier für die in der ,,Praterschlacht" ums Leben gekommenen Erdarbeiter dar (3. September 1848). Neben der schwarz-rot-goldenen Fahne sind die Fahne der Totenkopflegion (einer radikalen Fraktion der akademischen Legion) und Fahnen mit Aufschriften (,,26. Mai–23. August", ,,Der demokratische Verein von Gratz") erkennbar. Die Feier fand am Währinger Friedhof statt.

17 ,,Die Bestürmung des k. k. Zeughauses in Wien. In der Nacht vom 6. zum 7. Oktober 1848, wobei das Marienbild ober dem Thore wie durch ein Wunder unter dem düchtesten Kugel-Regen vor allen Schaden verschont blieb."
Man beachte unter den Angreifern die mit Keulen und Krampen bewaffneten Arbeiter. Die ,,wunderbar" von den Kugeln verschont gebliebene Madonnenstatue aus dem 17. Jahrhundert kam nach der Revolution in die Kirche ,,Maria vom Siege" im Wiener Arsenal, wo sie noch heute zu sehen ist.

18 ,,Mobil-Garden-Piquet am Linienwall in Wien, im October 1848." Lithographie von B. Bachmann-Hohmann (1848). ÖNB.
Das Blatt zeigt die heterogene Zusammensetzung und die uneinheitliche und unzulängliche Bewaffnung der hauptsächlich aus dem Proletariat rekrutierten Wehrkörper des revolutionären Wien im Oktober 1848.

19 ,,Das Lager des General Bem im Belveder, im October 1848 in Wien." Lithographie im Verlag F. Werner (1848). HM.
Im Hintergrund der bewegten Szene aus dem Lager der Mobilgarden ist ein Abschnitt des Linienwalls und das Gebäude des Raaber Bahnhofs zu erkennen. Von den Höhen des Wienerbergs hat die Artillerie der kaiserlichen Truppen das Feuer auf die Stadt bereits aufgenommen.

20 ,,Der Angriff bei der St. Marxer Linie den 28. October 1848." Lithographie von J. Albrecht (1848). HM.
Ein Offizier der akademischen Legion zu Pferd ruft zum letzten verzweifelten Widerstand gegen die bereits über die in St. Marx nur von Palisaden und Barrikaden gebildete Linie vorgedrungenen kroatischen Sturmtruppen auf (an

ihrer Spitze die gefürchteten Seressaner). Das schwarz-gelb gestrichene Lattentor im Hintergrund gehört zu dem Verzehrsteueramt am Linienwall.

21 „Die Erstürmung des Gloggnitzer Bahnhofes bei Wien." Lithographie im Verlag F. Werner (1848). ÖNB.
Die Einnahme des Gloggnitzer Bahnhofs, wo sich Eisenbahnarbeiter und Abteilungen der akademischen Legion verschanzt hatten, erforderte am 28. Oktober den Einsatz starker Militärverbände. Die hartnäckig verteidigten Bahnhofs- und Werkstättengebäude gingen bei diesen Kämpfen in Flammen auf.

22 „Herauskitzeln." Aquarell von F. Gaul d. J. HM.
Auf der Rückseite beschriftet: „Während der Kampf an den Linien tobte, gingen bewaffnete Mobilgardisten von Haus zu Haus, um alle wehrfähigen Männer auszuheben und dieselben zu den Linien zu escortieren, wo sie sich am Kampf betheiligen mußten. Man nannte das ‚Herauskitzeln'. Die Herauskitzler waren alle große Maulhelden, die nur herumschrien, Drohungen ausstießen, sich aber zumeist weit vom Schußbereich hielten."
Die Serie der Aquarelle Gauls gehört zu den lebendigsten Bilddokumenten aus den letzten Tagen der Kämpfe um Wien bzw. aus der Zeit des Belagerungszustands. Der Künstler hat hier Jugendeindrücke in späteren Jahren festgehalten und kommentiert.

23 Szene aus den letzten Oktoberkämpfen. Bleistiftzeichnung von L. Passini (1851). HM.
Eine von einem akademischen Legionär kommandierte Abteilung der Mobilgarde bringt ein Geschütz gegen die bereits in die Stadt eindringenden kaiserlichen Truppen in Stellung.

24 „Studentenvater während der Revolution."

25 „Studentenvater nach der Revolution." Lithographien von A. Zampis (aus der Serie „Erinnerungsbilder aus Wiens October-Tagen", 1848). HM.
Die Karikaturen Zampis' sind eine scharfe Satire gegen die politische Anpassungsfähigkeit und Gesinnungslosigkeit des Wiener Spießbürgertums. Während der Studentenvater (wohlhabende Bürger unterstützten im Frühling und Sommer 1848 notleidende Studenten) sich in der Revolutionszeit mit Kalabreser, Pistolen und Schleppsäbel höchst martialisch gebärdete, dokumentierte er seine „gute Gesinnung" nach der Niederwerfung der Revolution durch betont korrekte Kleidung und glänzenden Zylinder, für welche Kopfbedeckung damals die treffende Bezeichnung „Angströhre" aufkam.

26 Die Faust im Sack. Lithographie von J. Lanzedelli d. J. (1849). HM.
Die Karikatur bringt im Dialog der beiden Handwerker den ohnmächtigen Zorn des Volkes gegen die brutale Herrschaft des Militärs zum Ausdruck. Im Hintergrund erblickt man die auf den Basteien aufgefahrenen Geschütze und Militär zur Niederhaltung der besiegten Stadt.

27 Ernst Violand (1818–1875). Lithographie von E. Kaiser (1848). ÖNB.
Der demokratische Reichstagsabgeordnete Violand, der als erster die sozialen Ursachen der Wiener Revolution erkannte und analysierte, ist in der Uniform der akademischen Legion porträtiert.

Die Originale der im Text faksimilierten Flugblätter befinden sich im Institut für Österreichische Geschichtsforschung, Universität Wien.

Die Titelvignette (Holzschnitt mit der Darstellung lesender Erdarbeiter) ist der Wiener Gassen-Zeitung entnommen.

PERSONENREGISTER